D1719913

Heghmanns
Das Arbeitsgebiet des Staatsanwalts

Aschendorffs Juristische Handbücher

Das Arbeitsgebiet des Staatsanwalts

von

Prof. Dr. Michael Heghmanns
Europa-Universität Viadrina Frankfurt (Oder)

**3. neu bearbeitete
und erweiterte Auflage**

2003

Aschendorff
Rechtsverlag
Münster

Verlag
Dr. Otto Schmidt
Köln

oUs

Bibliografische Information Der Deutschen Bibliothek

Die Deutsche Bibliothek verzeichnet diese Publikation in der Deutschen Nationalbibliografie; detaillierte bibliografische Daten sind im Internet über <http://dnb.ddb.de> abrufbar.

Aschendorff Rechtsverlag
Unter den Ulmen 96–98, 50968 Köln
Tel.: 02 21/9 37 38-08, Fax: 02 21/9 37 38-9 25
e-mail: info@otto-schmidt.de
www.otto-schmidt.de

ISBN 3-933188-20-2

Umschlaggestaltung: Jan P. Lichtenford, Mettmann

Gesamtherstellung:
Aschendorff Medien GmbH & Co. KG, Druckhaus · Münster, 2003

Printed in Germany

Vorwort zur 3. Auflage

Zahlreiche Änderungen im Strafprozessrecht, in der Ermittlungspraxis und im materiellen Strafrecht hatten eine gründliche Neubearbeitung und Ergänzung der Vorauflage erforderlich gemacht. Neu aufgenommen wurden bei dieser Gelegenheit eingehendere Darstellungen zur Anordnung von DNA-Analysen, zum Täter-Opfer-Ausgleich und zur Amtshaftung. Die Abschnitte über Einsatz der Datenverarbeitung bei der Strafverfolgung, Datenverarbeitungsanlagen als Objekt von Ermittlungen, Telekommunikationsüberwachung, Videoaufzeichnung von Vernehmungen, Fahndung, Verfahrenseinstellungen aus Opportunitätsgründen, Verständigung und die Rechtsfolgenerwägungen im Rahmen des Plädoyers erfuhren eine vollständige Überarbeitung. Darüber hinaus wurde das gesamte Werk auf den aktuellen Stand von Rechtsprechung, Literatur und Praxis gebracht.

Wichtigstes Ziel des *Arbeitsgebiets* bleibt es weiterhin, jüngeren Staatsanwälten und Referendaren zu helfen, sich in die Praxis der Verfahrensbehandlung einzufinden und Routine zu entwickeln. Deshalb wurden über den bisherigen Stand hinaus weitere Beispiele von Verfügungen und Abschlussentscheidungen in das Buch aufgenommen. Erfahrenere Dezernenten sollen es aber ebenso als Nachschlagewerk in ungewöhnlicheren Verfahrenskonstellationen nutzen können. Vor allem für sie sind bei aktuelleren Streitfragen gegenüber der Vorauflage zusätzliche Hinweise auf weiterführende Literatur eingearbeitet worden. Trotz meines Wechsels in die Wissenschaft habe ich mich bemüht, die Sicht des Praktikers beizubehalten. Dabei geholfen haben mir zahlreiche Hinweise und Ratschläge früherer Kollegen, von denen ich StA Dr. Dieter Rauhe, StA Hannover, und OStAin Angelika Gresel, MJ Niedersachsen, hervorheben möchte. Dank schulde ich aber vor allem meinen studentischen Mitarbeitern Susanne Spieß, Juliane von Behren, Doreen Göcke, Sascha Kische und Michael Ziern für ihre unermüdliche Mithilfe bei der Erstellung des Manuskripts und der Verzeichnisse.

Frankfurt (Oder), im Dezember 2002   Michael Heghmanns

Aus dem Vorwort zur 1. Auflage

Die große Bandbreite staatsanwaltlicher Berufsausübung stellt jüngere Staatsanwälte und Referendare oftmals in Alltag, Probezeit und Ausbildung vor Probleme, die weniger juristischer als vielmehr formaler, technischer oder organisatorischer Natur sind. Sie zu bewältigen will dieses Buch helfen, indem es die Arbeit des Staatsanwalts im Laufe des Strafverfahrens von seiner Einleitung bis hin zur Vollstreckung einer Strafe aus der Sicht des Praktikers mit Hinweisen, Ratschlägen und Hilfestellungen begleitet. Ich habe mich dabei bemüht, durch zahlreiche Beispiele, die auf die tägliche Dezernatsarbeit übertragen werden können, ein leichteres Einfinden in die praktische Tätigkeit des Staatsanwalts, die zudem leider häufig durch Arbeitsüberlastung gekennzeichnet ist, zu ermöglichen. Viele Anregungen zur konkreten Ausgestaltung verdanke ich dabei dem Werk von Burchardi-Klempahn-Wetterich, das zuletzt 1982 in 5. Auflage in diesem Verlag mit ähnlichem Titel erschienen ist.

Zwei Hinweise liegen mir am Herzen: In den praktischen Beispielen habe ich der Anschaulichkeit halber zahlreiche Namen verwandt. Diese sind ausnahmslos frei erfunden; jegliche Ähnlichkeit mit tatsächlich existenten Personen wäre zufällig. In dem Buch wird ferner stets von „dem" Staatsanwalt gesprochen. Dies beruht nicht etwa auf böser Absicht oder gar darauf, dass ich Staatsanwältinnen und Referendarinnen geringer schätzen würde als ihre männlichen Kollegen. Vielmehr handelt es sich um eine sicherlich unzulängliche Notlösung des Dilemmas, dass eine andere sprachlich zufriedenstellende und zugleich geschlechtsneutrale Formulierung nicht zu finden ist.

Hannover, im April 1993   Michael Heghmanns

Inhaltsübersicht

Inhaltsverzeichnis

Verzeichnis der Beispiele
für Verfügungen ua

Die Beispiele sind dem Lauf des Verfahrens entsprechend systematisch geordnet. Die Fundstellen bezeichnen die jeweiligen Randnummern im Text.

Abkürzungsverzeichnis

Bezüglich des abgekürzt zitierten Schrifttums wird hierneben auf das allgemeine Literaturverzeichnis verwiesen. Auf nähere Angaben zu den gebräuchlicheren Gesetzeswerken wurde verzichtet.

AA	Amtsanwalt
aA	anderer Ansicht
Abs	Absatz
AFG	Arbeitsförderungsgesetz (jetzt: SGB III)
AG	Amtsgericht
AGGVG	Ausführungsgesetze zum GVG der einzelnen Bundesländer
AktO	Aktenordnung
AL	Abteilungsleiter
AnzBd	Anzeigenband
AO	Abgabenordnung
AR	Registerzeichen für allgemeine Rechtssachen
Art	Artikel
AsylVfG	Asylverfahrensgesetz idF vom 26. 6. 1992
AÜG	Arbeitnehmerüberlassungsgesetz idF vom 14. 6. 1985, BGBl I 1068
AuslG	Ausländergesetz vom 9. 7. 1990
AV	Allgemeinverfügung
AWG	Außenwirtschaftsgesetz vom 28. 4. 1961
Az	Aktenzeichen
AZR	Ausländerzentralregister
AZRG	Gesetz über das Ausländerzentralregister vom 2. 9. 1994, BGBl I 2265
BA	Beiakte(n)
BAK	Blutalkoholkonzentration
BAnz	Bundesanzeiger
Bay	Bayerische/s
BBG	Bundesbeamtengesetz
Bbg	Brandenburg/ische/s
Bd	Band
BegrVO	Verordnung über die Begrenzung der Geschäfte des Rechtspflegers bei der Vollstreckung in Straf- und Bußgeldsachen vom 26. 6. 1970, BGBl I 992

BeStrA	Anordnung über die Berichtspflicht in Strafsachen
BewH	Bewährungsheft
BGBl	Bundesgesetzblatt
BGH	Bundesgerichtshof
BGHSt	Entscheidungssammlung des BGH in Strafsachen
BJagdG	Bundesjagdgesetz idF vom 27. 9.1976, BGBl I 2849
BKA	Bundeskriminalamt
BKAG	Gesetz über die Einrichtung eines Bundeskriminalamtes vom 7. 7. 1997, BGBl I 1650
BL	Behördenleiter
Bl	Blatt
BO	Beweisordner
BRRG	Beamtenrechtsrahmengesetz
BRs	Registerzeichen Abkürzungsverzeichnis für Bewährungssachen
BtM	Betäubungsmittel
BtMG	Betäubungsmittelgesetz vom 28. 7. 1981
BVerfG	Bundesverfassungsgericht
BVerfGE	Entscheidungssammlung des Bundesverfassungsgerichts
BW	Baden-Württemberg/ische/s
BZR	Bundeszentralregister
BZRG	Bundeszentralregistergesetz vom 18. 3. 1971
ca	circa
CR	Computer und Recht (zitiert nach Jahr und Seite)
Cs	Registerzeichen für Strafbefehlssachen
dA	der Akten
DJ	Deutsche Justiz (zitiert nach Jahr und Seite)
DNA-IFG	DNA-Identitätsfeststellungsgesetz vom 3. 6. 1999, BGBl I 1242
DRiG	Deutsches Richtergesetz
DRiZ	Deutsche Richterzeitung (zitiert nach Jahr und Seite)
Ds	Registerzeichen für Strafrichtersachen

EB	Empfangsbekenntnis
EGGVG	Einführungsgesetz zum Gerichtsverfassungsgesetz vom 21. 1. 1877
EGStGB	Einführungsgesetz zum Strafgesetzbuch vom 2. 3. 1974
EN	Einstellungsnachricht
EuAbgG	Europaabgeordnetengesetz vom 6. 4. 1979, BGBl I 413
EuRHÜbk	Europäisches Rechtshilfeübereinkommen vom 20. 4. 1959
f	folgende(s)
Fa	Firma
FAG	Fernmeldeanlagengesetz idF vom 3. 7. 1989, BGBl I 1455
ff	folgende (Mehrzahl)
G	Gesetz
GA	Goltdammers Archiv für Strafrecht (zitiert nach Jahr und Seite)
GewO	Gewerbeordnung
GG	Grundgesetz
ggf	gegebenenfalls
GmbH	Gesellschaft mit beschränkter Haftung
GmbHG	Gesetz betreffend die Gesellschaften mit beschränkter Haftung idF vom 20. 5. 1898
GnH	Gnadenheft
Gns	Registerzeichen für Gnadensachen
Gs	Registerzeichen für Haft- und Ermittlungssachen des Amtsgerichts
GVG	Gerichtsverfassungsgesetz
HA	Handakte
HB	Vordermayer/v Heintschel-Heinegg (vgl Literaturverzeichnis)
HGB	Handelsgesetzbuch
HK	Heidelberger Kommentar zur Strafprozessordnung (vgl Literaturverzeichnis)
hM	herrschende Meinung
Hrsg	Herausgeber
HSH	Haftsonderheft

iA	im Auftrag
idF	in der Fassung
IRG	Gesetz über die internationale Rechtshilfe in Strafsachen idF vom 27. 6. 1994, BGBl I 1537
iVm	in Verbindung mit
JA	Juristische Arbeitsblätter für Ausbildung und Examen (zitiert nach Jahr und Seite)
JGG	Jugendgerichtsgesetz idF vom 11. 12. 1974
JGH	Jugendgerichtshilfe
JMBl	Justiz- und Ministerialblatt
JR	Juristische Rundschau (zitiert nach Jahr und Seite)
Js	Registerzeichen für Ermittlungsverfahren der Staatsanwaltschaft
JVA	Justizvollzugsanstalt
JZ	Juristenzeitung (zitiert nach Jahr und Seite)
KG	Kammergericht
KHK	Kriminalhauptkommissar
KK	Karlsruher Kommentar zur StPO (vgl Literaturverzeichnis)
Kls	Registerzeichen für Strafkammersachen
KM	Kleinknecht/Meyer-Goßner, Strafprozeßordnung (vgl Literaturverzeichnis)
KMR	Kommentar zur Strafprozeßordnung (vgl Literaturverzeichnis)
KPI	Kriminalpolizeiinspektion
Ks	Registerzeichen für Schwurgerichtssachen
lfd	laufende
LG	Landgericht
LK	Leipziger Kommentar zum Strafgesetzbuch (vgl Literaturverzeichnis)
LKA	Landeskriminalamt
LR	Löwe-Rosenberg, Kommentar zur StPO (vgl Literaturverzeichnis)
Ls	Registerzeichen für Schöffengerichtssachen

MDR	Monatsschrift für Deutsches Recht (zitiert nach Jahr und Seite)
MiStrA	Anordnung über die Mitteilungen in Strafsachen
MiZi	Mitteilung in Zivilsachen
MMR	Multimedia und Recht (Zeitschrift, zitiert nach Jahr und Seite)
MRK	Europäische Menschenrechtskonvention idF vom 17. 5. 2002, BGBl II 1054
MschKrim	Monatsschrift für Kriminologie und Strafrechtsreform (Zeitschrift, zitiert nach Jahr und Seite)
Nds	Niedersächsisch/e/s
Nr	Nummer
Ns	Registerzeichen für Berufungssachen
NStZ	Neue Zeitschrift für Strafrecht (zitiert nach Jahr und Seite)
OHG	Offene Handelsgesellschaft
OK	Organisierte Kriminalität
OLG	Oberlandesgericht
OrgStA	Anordnung über Organisation und Dienstbetrieb der Staatsanwaltschaft
OStA	Oberstaatsanwalt
Owi	Ordnungswidrigkeit
OWiG	Ordnungswidrigkeitengesetz idF vom 19. 2. 1987
PC	Personal Computer
PflVersG	Pflichtversicherungsgesetz vom 5. 4. 1965, BGBl I 213
RA	Rechtsanwalt
RiAG	Richter am Amtsgericht
RiJGG	Richtlinien zum Jugendgerichtsgesetz
RiStBV	Richtlinien für das Straf- und Bußgeldverfahren
RiVASt	Richtlinien für den Verkehr mit dem Ausland in Strafsachen
RJM	Reichsjustizministerium
Rn	Randnummer
RPflG	Rechtspflegergesetz vom 5. 11. 1969, BGBl I 2065
RpflEntlG	Gesetz zur Entlastung der Rechtspflege vom 11. 1. 1993, BGBl I 1993, 50
RStPO	Reichsstrafprozessordnung

Sbd	Sonderband
SDÜ	Schengener Durchführungsübereinkommen vom 19. 6. 1990, BGBl II 1993, 1013
SGB	Sozialgesetzbuch
SH	Sonderheft
SIS	Schengener Informationssystem
sog	so genannt(e/r/s)
SpurA	Spurenakte
S/S	Schönke/Schröder, Strafgesetzbuch (vgl Literaturverzeichnis)
Ss	Registerzeichen für Revisionssachen
StA	Staatsanwalt/Staatsanwaltschaft
StGB	Strafgesetzbuch idF vom 13. 11. 1998, BGBl I 3322
StPO	Strafprozessordnung
StrEG	Gesetz über die Entschädigung für Strafverfolgungsmaßnahmen vom 8. 3. 1971
StV	Strafverteidiger (Zeitschrift, zitiert nach Jahr und Seite)
StVÄG	Strafverfahrensänderungsgesetz
StVG	Straßenverkehrsgesetz idF vom 19. 12. 1952
StVK	Strafvollstreckungskammer
StVollstrO	Strafvollstreckungsordnung vom 1. 4. 2001, BAnz 9157
StVollzG	Strafvollzugsgesetz vom 16. 3. 1976
1. StVRG	Erstes Gesetz zur Reform des Strafverfahrensrechts vom 9. 12. 1974, BGBl I 3393
TF	Tröndle/Fischer, Strafgesetzbuch (vgl Literaturverzeichnis)
TOA	Täter-Opfer-Ausgleich
UA	Urteilsausfertigung
ua	und andere/unter anderem
uä	und ähnliche/s
ÜAG	Ausführungsgesetz zum Abkommen über die Überstellung verurteilter Personen vom 21. 3. 1983, BGBl I 1991, 1954
U-Haft	Untersuchungshaft
UJs	Registerzeichen für Ermittlungsverfahren gegen Unbekannt
UmA	Urschriftlich mit Akten

usw	und so weiter
uU	unter Umständen
UVollzO	Untersuchungshaftvollzugsordnung idF vom 15. 12. 1976
Verf	Verfassung
Vfg	Verfügung
vgl	vergleiche
VH	Vollstreckungsheft
VO	Verordnung
VRs	Registerzeichen für Vollstreckungssachen
VRS	Verkehrsrechtssammlung (zitiert nach Band und Seite)
VStGB	Völkerstrafgesetzbuch vom 26. 6. 2002, BGBl I 2002, 2254
WaffG	Waffengesetz
WaffVO	(1.) Verordnung zum Waffengesetz vom 10. 3. 1987, BGBl I 777
Wistra	Zeitschrift für Wirtschafts- und Steuerstrafrecht (zitiert nach Jahr und Seite)
WStG	Wehrstrafgesetz idF vom 24. 5. 1974, BGBl I 1213
Wv	Wiedervorlage
zB	zum Beispiel
Ziff	Ziffer
Zs	Registerzeichen für Beschwerdeverfahren der Generalstaatsanwaltschaft bei Beschwerden gegen Verfahrenseinstellungen
ZSHG	Gesetz zur Harmonisierung des Schutzes gefährdeter Zeugen vom 11. 12. 2001, BGBl I 3510
zT	zum Teil
ZU	Postzustellungsurkunde
zZt	zur Zeit

Literaturverzeichnis

Weiterführende oder speziellere Literatur ist jeweils eingangs derjenigen Unterabschnitte aufgeführt, in welchen sie zitiert wird.

Beulke, Werner: Strafprozeßrecht, 6. Auflage, Heidelberg 2002

Brunner, Rudolf: Jugendgerichtsgesetz, 9. Auflage, Berlin ua 1991

Eisenberg, Ulrich: Jugendgerichtsgesetz, 8. Auflage, München 2000

Heidelberger Kommentar zur Strafprozessordnung (Lemke/Julius/Krehl/Kurth/Rautenberg/Temming), 3. Auflage, Heidelberg 2001 (zitiert: HK-Bearbeiter)

Hellmann, Uwe: Strafprozeßrecht, Berlin ua 1998

Leipziger Kommentar zum Strafgesetzbuch, herausgegeben von Jescheck/Ruß/Willms, 10. Auflage, Berlin ua 1978ff (zitiert LK-Bearbeiter)

Karlsruher Kommentar zur StPO, herausgegeben von Gerd Pfeiffer, 4. Auflage, München 1999 (zitiert KK-Bearbeiter)

KMR Kommentar zur Strafprozeßordnung (Müller/Sax/Paulus), 7. Auflage (Loseblatt-Ausgabe), Darmstadt 1980ff (zitiert KMR-Bearbeiter)

Körner, Hans Harald: Betäubungsmittelgesetz, 5. Auflage, München 2001

Kleinknecht/Meyer-Goßner: Strafprozeßordnung, 45. Auflage, München 2001 (zitiert KM)

Löwe-Rosenberg: Die Strafprozeßordnung und das Gerichtverfassungsgesetz, Großkommentar, 24. Auflage, Berlin ua 1987ff (zitiert LR-Bearbeiter); 25. Auflage, Berlin ua 1997ff (zitiert LR[25]-Bearbeiter)

Peters, Karl: Strafprozeß, 4. Auflage, Heidelberg 1985

Ranft, Otfried: Strafprozeßrecht, 2. Auflage, Stuttgart ua 1995

Roxin, Claus: Strafverfahrensrecht, 25. Auflage, München 1998 (zitiert nach §§ und Rn)

Schönke/Schröder: Strafgesetzbuch, 26. Auflage, München 2001 (zitiert S/S-Bearbeiter)

Tröndle, Herbert/Fischer Thomas: Strafgesetzbuch und Nebengesetze, 50. Auflage, München 2001 (zitiert: TF)

Vordermayer, Helmut/von Heintschel-Heinegg, Bernd: Handbuch für den Staatsanwalt, Neuwied ua 2000 (zitiert HB-Bearbeiter)

A. Einführung

Literatur: Elling: Die Einführung der Staatsanwaltschaft in Deutschland, Breslau 1911, Neudruck Frankfurt/Main 1977; Krey/Pföhlert: Zur Weisungsgebundenheit des Staatsanwalts, NStZ 1985, 145ff; Roxin: Rechtsstellung und Zukunftsaufgaben der Staatsanwaltschaft, DRiZ 1969, 385ff; Rüping: Die Geburt der Staatsanwaltschaft in Deutschland, GA 1992, 147ff; ders: Die Staatsanwaltschaft – Stiefkind der Revolution, StV 1997, 276ff; Eberhard Schmidt: Zur Rechtsstellung und Funktion der Staatsanwaltschaft als Justizbehörde, MDR 1964, 629ff, 713ff; Schaefer: Anspruch und Wirklichkeit – eine staatsanwaltliche Reflexion, NJW 1994, 2876ff; Thiemann: Zur „Parteistellung" und Weisungsgebundenheit des Staatsanwalts, DRiZ 1950, 255f; Wohlers: Entstehung und Funktion der Staatsanwaltschaft, Berlin 1994.

I. Aufgaben, Personal und Organisation der Staatsanwaltschaft

1. Die Staatsanwaltschaft als Organ der Rechtspflege

Die wichtigste **Aufgabe der Staatsanwaltschaft** ist zweifellos die Strafverfolgung. Im beruflichen Alltag des Staatsanwalts konkretisiert sie sich vor allem in der verantwortlichen Führung des Ermittlungsverfahrens (§ 160 StPO), der Entscheidung über die Erhebung der öffentlichen Klage (§ 170 StPO), der Vertretung der Anklage in der Hauptverhandlung und schließlich in der Strafvollstreckung (§ 451 StPO). **1**

Daneben obliegen der Staatsanwaltschaft aber eine Reihe weiterer Aufgaben außerhalb des Strafrechts. So vertritt sie im **Ordnungswidrigkeitenverfahren** die staatlichen Verfolgungsinteressen nach Erhebung des Einspruchs gegen den Bußgeldbescheid. Im Verfahren zur Todeserklärung ist sie antrags- und rechtsmittelbefugt (§§ 16 II, 30 I VerschG[1]) und in einer Reihe bürgerlich-rechtlicher Rechtsstreitigkeiten vertritt sie den Landesjustizfiskus[2]. Schließlich ist die Staatsanwaltschaft als Gnadenbehörde nach Maßgabe der Gnadenordnung des jeweiligen Bundeslandes zur Entscheidung befugt oder zumindest am Gnadenverfahren beteiligt. **2**

---

1 Verschollenheitsgesetz vom 4. 7. 1939, RGBl I 1186, zuletzt geändert durch Gesetz vom 27. 6. 2000, BGBl I 897.
2 Zu den Einzelheiten vgl insoweit das jeweilige Landesrecht.

3 Die **Entstehungsgeschichte** der Staatsanwaltschaft beginnt in Deutschland noch vor 1848. Mündlichkeit und Öffentlichkeit der Hauptverhandlung eines auf objektive Wahrheit und materielle Gerechtigkeit zielenden Prozesses vertrugen sich nicht mit der aus dem Inquisitionsverfahren überkommenen Rolle des Gerichts als gleichermaßen verfolgendes wie entscheidendes Justizorgan. Vielmehr musste das Gericht auch nach außen hin als unabhängig und unparteiisch erscheinen, woraus sich die notwendige Konsequenz ergab, die Verfolgerrolle in der Hauptverhandlung anderweitig zu besetzen[1]. Diese Rolle übernahmen die Staatsanwaltschaften, die nach französischem Vorbild zugleich als Aufsichtsorgan gegenüber den bis dahin im Inquisitionsprozess allmächtigen Gerichten geschaffen wurden[2]. Sie hatten dabei in den einzelnen Ländern zunächst noch höchst unterschiedliche Aufgaben und ihre Kompetenzen waren im Vergleich zu heute gering[3]. Die Ermittlungen und die Anklageentscheidung etwa oblagen oft noch dem Gericht, während die Staatsanwaltschaft nur das Recht hatte, Anträge zum weiteren Verfahren zu stellen und Rechtsmittel einzulegen. Erst durch die RStPO 1877 erfolgte eine Vereinheitlichung der bis dahin geltenden Verfahrensordnungen der Länder und eine Stärkung der Staatsanwaltschaft. Ihre heute beherrschende Stellung im Ermittlungsverfahren erlangte sie aber erst nach und nach, insbesondere in Folge des schrittweisen Abbaus und der schließlichen Abschaffung der richterlichen Voruntersuchung sowie der Zuweisung bislang dem Richter vorbehaltener Zwangsmittel (etwa der Möglichkeit zur Vorführung des Beschuldigten, § 163a III StPO) durch das 1. StVRG 1974.

4 Die Staatsanwaltschaft ist zwar eine Behörde, indes stellt sie keine reine Verwaltungsbehörde im klassischen Sinne dar, weil sie insbesondere bei der Einstellung des Ermittlungsverfahrens eine judizielle Entscheidung trifft, die uU sogar materielle Rechtskraft erlangen kann (vgl § 153a I 5 StPO). Wegen ihrer Weisungsgebundenheit (§§ 146f GVG) und ihrem Initiativrecht bei der Aufnahme von Ermittlungen kann sie aber andererseits nicht zur Judikative gezählt werden[4]. Sie ist daher eine „Institution sui gene-

---

1 Wohlers 90, 94.
2 Schaefer NJW 1994, 2877; kritisch dazu Rüping StV 1997, 278.
3 Vgl dazu die Darstellungen bei Elling und Rüping GA 1992, 147ff.
4 Vgl Art 92, 97 GG.

ris"[1], ein der dritten Gewalt zugeordnetes **Organ der Rechtspflege**[2]. Dieser besondere Charakter der Staatsanwaltschaft hat für die Rechtsstellung des einzelnen Staatsanwalts[3] und seine Pflichten Bedeutung. So ist er nicht Partei des Strafverfahrens in dem Sinne, dass er nur das Belastungsmaterial zusammenzustellen hätte (wie etwa die vergleichbaren Behörden im anglo-amerikanischen Recht). Vielmehr obliegt es ihm auch, die entlastenden Umstände zu ermitteln (§ 160 II StPO) und er kann (und muss im Einzelfall sogar) Rechtsmittel auch zu Gunsten des Beschuldigten einlegen[4].

Staatsanwaltschaftliche Aufgaben werden in den Fällen des § 120   5 GVG von der Generalbundesanwaltschaft (§§ 142a, 147 Nr 1 GVG) und damit einer Bundesbehörde, ansonsten aber von den Staatsanwaltschaften als **Landesbehörden** (§ 147 Nr 2 GVG) wahrgenommen.

Nach § 141 GVG soll zwar bei jedem Gericht eine Staatsanwaltschaft bestehen. In der Praxis ist dies aber nur bei den Land- und Oberlandesgerichten der Fall, während für die Amtsgerichte regelmäßig die Staatsanwaltschaften bei den jeweils übergeordneten Landgerichten zuständig sind. Die den Oberlandesgerichten zugeordneten Staatsanwaltschaften führen je nach landesrechtlicher Regelung die **Bezeichnung** „Staatsanwaltschaft bei dem Oberlandesgericht X" bzw „Generalstaatsanwaltschaft X", die den Landgerichten zugehörigen Behörden heißen „Staatsanwaltschaft bei dem Landgericht Y" bzw „Staatsanwaltschaft Y".

Die Landesjustizverwaltungen haben zT für einzelne größere oder entfernt liegende Amtsgerichte **Zweigstellen** der ansonsten zuständigen Staatsanwaltschaft eingerichtet. Diese werden als „Staatsanwaltschaft X Zweigstelle Z" bezeichnet.

2. Behördenstruktur

Die einzelnen Länder haben Anordnungen über Organisation und   6 Dienstbetrieb der Staatsanwaltschaft (OrgStA) erlassen, die die **Behördenstruktur** und den Aufgabenbereich der dort tätigen

---

1 KM Rn 6 vor § 141 GVG
2 Eberhard Schmidt MDR 1964, 629ff, 713f; Vogel DRiZ 1974, 236.
3 Vgl unten Rn 18ff.
4 § 296 II StPO, vgl auch Roxin § 10 Rn 9.

Beamten regeln. Die OrgStA gehen auf einen Beschluss der Justiz-
ministerkonferenz zurück und stimmen deshalb weit gehend überein.

7 In der Praxis werden die staatsanwaltschaftlichen Aufgaben hauptsächlich von Staatsanwälten und Amtsanwälten wahrgenommen.
Sie werden dabei von Rechtspflegern und Geschäftstellen unterstützt und von Abteilungs- und Behördenleitern beaufsichtigt.
Zum Staatsanwalt kann nur ernannt werden, wer die Befähigung
zum Richteramt besitzt (§ 122 DRiG). Zum **Amtsanwalt** hingegen
werden Beamte des gehobenen Dienstes oder auch Referendare
ernannt (§ 142 III GVG).

Die Arbeit und die Aufgaben des Amtsanwalts entsprechen strukturell weit gehend denen des Staatsanwalts. Der Amtsanwalt darf
jedoch nur in Sachen ermitteln, anklagen und die Sitzungsvertretung wahrnehmen, die in die Zuständigkeit des Amtsgerichts fallen
(§§ 142 II, 145 II GVG). In Jugendsachen kann er wegen § 36 JGG
nicht tätig werden.

8 Die OrgStA machen innerhalb der genannten gesetzlichen Grenzen
die **Zuständigkeit des Amtsanwalts** von dem jeweiligen Tatvorwurf abhängig. So werden ihm grundsätzlich keine Schöffen-
gerichtssachen übertragen (was allerdings durch Einzelzuweisung
von Fall zu Fall möglich bleibt). Von den Strafrichtersachen sind
dem Amtsanwalt übertragen:

a) Vergehen, die im Höchstmaß mit sechs Monaten Freiheitsstrafe
bedroht sind (zB §§ 107b, 184a, 285 StGB, § 32 IV Heimarbeitsgesetz),

b) die folgenden Vergehen aus dem StGB (soweit nicht zugleich der
Verdacht eines anderen, hier nicht genannten Delikts besteht):

(1) Hausfriedensbruch (§ 123 StGB),

(2) Amtsanmaßung (§ 132 StGB),

(3) Verletzung amtlicher Bekanntmachungen (§ 134 StGB),

(4) Verstrickungs- und Siegelbruch (§ 136 StGB),

(5) Unerlaubtes Entfernen vom Unfallort (§ 142 StGB), sofern
nur Sachschaden eingetreten ist,

(6) Missbrauch von Notrufen und Beeinträchtigung von Unfall-
verhütungs- und Nothilfemitteln (§ 145 StGB),

(7) Verstoß gegen ein Berufsverbot (§ 145c StGB),

(8) Beleidigung (§§ 185 bis 187 StGB), sofern nicht die Voraussetzungen des § 194 IV StGB vorliegen,

(9) Körperverletzung nach den §§ 223, 224, 229 StGB, sofern nicht eine der Folgen des § 226 StGB eingetreten ist,

(10) Nötigung (§ 240 StGB),

(11) Bedrohung (§ 241 StGB),

(12) Unbefugter Gebrauch eines Fahrzeugs (§ 248b StGB),

(13) Missbrauch von Ausweispapieren (§ 281 StGB),

(14) Unbefugter Gebrauch von Pfandsachen (§ 290 StGB),

(15) Gefährdung des Straßenverkehrs in den Fällen des § 315c I Nr 1a StGB,

(16) Trunkenheit im Verkehr (§ 316 StGB),

(17) Vollrausch (§ 323a StGB), sofern es sich bei der Rauschtat um ein Amtsanwaltsdelikt handelt,

(18) Gefährdung einer Entziehungskur (§ 323b StGB);

c) die folgenden Vergehen aus anderen Strafgesetzen:

(1) § 31 Heimarbeitsgesetz,

(2) Fahren ohne Fahrerlaubnis und Kennzeichenmissbrauch (§§ 21–22a StVG),

(3) § 6 Pflichtversicherungsgesetz,

(4) § 9 des Gesetzes über die Haftpflichtversicherung für ausländische Kraftfahrzeuge und Kraftfahrzeuganhänger;

d) die folgenden Vergehen, sofern der tatbestandliche Schaden 1000 Euro nicht übersteigt:

(1) Diebstahl (§ 242 StGB),

(2) Diebstahl nach § 243 I Nr 1, 2 StGB, sofern aus einem Kraftfahrzeug oder ein gesichertes Fahrzeug gestohlen wird,

(3) Unterschlagung (§ 246 StGB),

(4) Entziehung elektrischer Energie (§ 248c StGB),

(5) Betrug (§ 263 StGB),

(6) Erschleichen von Leistungen (§ 265a StGB),

(7) Sachbeschädigung und gemeinschädliche Sachbeschädigung (§§ 303, 304 StGB),

(8) Kraftfahrzeugsteuerhinterziehung (§ 370 AO);

e) die folgenden Vergehen, wenn der Amtsanwalt zur Verfolgung der jeweiligen Vortat zuständig wäre:

(1) Begünstigung (§ 257 StGB),

(2) Strafvereitelung (§ 258 StGB),

(3) Hehlerei (§ 259 StGB und § 148b GewO).

9　Im **Ordnungswidrigkeitenverfahren** nach dem Einspruch gegen den Bußgeldbescheid ist der Amtsanwalt zuständig, sofern es sich nicht um eine Ordnungswidrigkeit aus einem Spezialgebiet handelt, welches ausschließlich Staatsanwälte bearbeiten (zB Umweltsachen).

10　Der Amtsanwalt ist somit für einen ganz erheblichen Teil der Kriminalität zuständig (rund 50 % aller Verfahren), während der Rest in das Arbeitsgebiet des Staatsanwalts fällt. Gewöhnlich sind Staats- und Amtsanwälte in einer Behörde zusammengefasst, doch gibt es vereinzelt neben den Staatsanwaltschaften eigenständige **Amtsanwaltschaften** bei dem Amtsgericht (zB in Berlin).

11　Die Aufteilung der anfallenden Arbeit unter die einzelnen Staats- und Amtsanwälte wird durch einen von jeder Staatsanwaltschaft jährlich aufzustellenden **Geschäftsverteilungsplan** geregelt. Dabei werden eine Reihe von **Dezernaten** gebildet, die normalerweise jeweils von einem Staats- oder Amtsanwalt mit seiner gesamten Arbeitskraft verwaltet werden. Hierbei ist zwischen allgemeinen und Spezialdezernaten zu unterscheiden. Ein Vorgang ist nur dann in einem allgemeinen Dezernat zu bearbeiten, wenn kein Spezialdezernat zuständig ist, dh die Zuständigkeit der allgemeinen Dezernate ist eine prinzipiell subsidiäre.

12　Gewöhnlich werden für folgende Sachen **Spezialdezernate** gebildet:

a) Jugend- und Jugendschutzsachen,

b) Wirtschaftsstrafsachen,

c) Betäubungsmitteldelikte,

d) politische und Pressedelikte,

e) Brandsachen,

f) Falschgelddelikte,

g) Verfahren wegen militärischer Straftaten,

h) Umweltdelikte,

i) Rechtshilfesachen,

j) Organisierte Kriminalität.

Besonders in größeren Behörden gibt es daneben oft noch eine 13
Reihe weiterer Sachen, die einem einzelnen **Spezialdezernenten**
zugewiesen sind (zB Mordsachen, Verkehrsstrafsachen, Sexualde-
likte). Die Einrichtung solcher speziellen Zuständigkeiten dient der
effektiveren Strafverfolgung und ist vor allem bei nicht alltäglicher
Kriminalität unentbehrlich. Zur sachgerechten Bearbeitung von
Umweltdelikten etwa ist eine Flut von Rechts- und Verwaltungs-
vorschriften zu beachten sowie technisches Wissen notwendig.
Dies alles vermag sich nur ein Dezernent zu erarbeiten, der seine
Arbeitskraft hierauf konzentrieren kann, nicht jedoch ein Staats-
anwalt, für den Umweltdelikte nur einen kleinen Teil der täglichen
Arbeit ausmachen.

Bearbeiten mehrere Dezernenten allgemeine Dezernate oder gibt es 14
für eine Spezialmaterie mehr als einen Dezernenten, so kann die
Zuweisung der einzelnen Verfahren auf unterschiedliche Weise
im Geschäftsverteilungsplan geregelt sein. Möglich ist eine Aufteilung nach den Anfangsbuchstaben der Beschuldigten, nach einem
Turnus oder durch Einzelzuweisung des Behörden- oder Abteilungsleiters.

Jeweils etwa 3 Dezernate werden zu einer **Abteilung** zusammenge- 15
fasst, die von einem Oberstaatsanwalt als Abteilungsleiter (AL)
geführt wird. Allerdings beschränkt sich die Tätigkeit der AL heute
nicht mehr nur auf ihre Leitungsfunktion, sondern üblicherweise
haben auch sie ein eigenes Dezernat zu verwalten, das indes regelmäßig nicht den vollen Umfang eines staatsanwaltlichen Dezernats
erreicht. Bei sehr großen Staatsanwaltschaften wird zudem aus
mehreren Abteilungen eine Hauptabteilung gebildet, der dann ein
Hauptabteilungsleiter vorsteht. Auch der Leiter der Zweigstelle
einer Staatsanwaltschaft hat in der Regel die Stellung eines Abteilungsleiters.

Über den Abteilungsleitern steht der **Behördenleiter** (BL), der die 16
Bezeichnung „Leitender Oberstaatsanwalt" führt. Ihn unterstützen

eine aus Beamten des gehobenen und mittleren Dienstes gebildete Verwaltungsabteilung sowie einzelne AL oder Dezernenten, die neben ihrer sonstigen Tätigkeit Verwaltungsaufgaben wie die Sitzungseinteilung, die Zusammenarbeit mit der Presse, das Personalwesen und die Ausbildung wahrnehmen.

17 Neben Dezernenten, AL und BL sind eine Reihe von **Rechtspflegern, Geschäftsstellenbeamten, Schreibkräften** und **Wachtmeistern** in jeder Staatsanwaltschaft tätig.

18 **Rechtspfleger** sind Beamte des gehobenen Justizdienstes[1]. Ihnen ist zur Entlastung des Staatsanwalts eine ganze Reihe von Aufgaben übertragen worden. So sind sie insbesondere bei der Vollstreckung zuständig, solange es nicht um Aufschub und Unterbrechung der Vollstreckung von Freiheitsstrafen oder um die Beantragung einer richterlichen Entscheidung geht. Auch kann der Rechtspfleger einzelne Sachen wegen rechtlicher Schwierigkeit dem Staatsanwalt vorlegen (§ 31 RPflG iVm der VO über die Begrenzung der Geschäfte des Rechtspflegers bei der Vollstreckung von Straf- und Bußgeldsachen[2]).

19 Die **Geschäftsstelle**, die für jedes Dezernat eingerichtet ist, verwaltet die in dem Dezernat bearbeiteten Akten, die Post und die Fristen. Sie legt die Akten dem Dezernenten oder Rechtspfleger vor und führt deren Verfügungen aus.

20 Die **Schreibkräfte** wurden bislang gewöhnlich in Schreibgruppen zusammengefasst, also keinem bestimmten Dezernat zugeordnet. Sie erledigen den Schriftverkehr nach Anweisung von Dezernenten und Rechtspflegern.

21 Den **Wachtmeistern** schließlich obliegen der Transport der Akten, die Postversendung und -verteilung sowie Sicherheitsfragen.

22 In zunehmendem Maße fasst man heute allerdings Geschäftsstellen, Schreibkräfte und zT auch Wachtmeister in sogenannten **Serviceeinheiten** zusammen, die jeweils für ein oder mehrere Dezernate ausschließlich tätig werden. Hierdurch sollen unter anderem Aktenlaufzeiten verkürzt und ein persönlicherer Bezug der Bediensteten zu „ihren" Verfahren hergestellt werden.

---

1 Vgl dazu §§ 1ff RPflG.
2 Vom 26. 6. 1970, BGBl I 992, zuletzt geändert durch VO vom 16. 2. 1982, BGBl I 188.

Der Staatsanwalt sollte sich in jedem Fall um eine partnerschaftli- 23
che **Zusammenarbeit** mit allen für sein Dezernat tätigen Mitarbeitern bemühen, ihre Eigenverantwortlichkeit berücksichtigen und
keinesfalls in eine Vorgesetztenrolle verfallen. Zwar ist er es, der in
der Sache letztendlich entscheidet, doch ohne die engagierte Mithilfe insbesondere von Geschäfsstelle und Rechtspfleger bei der
Umsetzung und Vorbereitung der staatsanwaltlichen Tätigkeit
kann kein Dezernent auskommen. Was nützt die beste Arbeit des
Staatsanwalts, wenn Teile seiner Verfügung nicht oder verspätet
ausgeführt werden, wenn wichtige Post nicht schnellstens vorgelegt
oder er mit jeder Kleinigkeit, welche auch die Geschäftstelle selbst
erledigen könnte, behelligt wird?

II. Leitung und Dienstrecht

1. Weisungsrecht

Nach § 146 GVG haben die Beamten der Staatsanwaltschaft den 24
dienstlichen Weisungen ihrer Vorgesetzten nachzukommen. Zu
den Vorgesetzten zählen gemäß § 147 Nr 2, 3 GVG die Landesjustizverwaltungen (sog **externes Weisungsrecht**), die Generalstaatsanwälte und die Behördenleiter der Staatsanwaltschaften (sog **inter-
nes Weisungsrecht**). Hingegen besteht kein Weisungsrecht des
Generalbundesanwalts gegenüber den Staatsanwaltschaften.

Weisungen können allgemeiner Art sein (wie zB in den RiStBV, 25
RiJGG, RiVASt, MiStrA oder den Anordnungen über die Berichtspflichten) oder den Einzelfall betreffen. Sie können die rechtliche[1]
oder die tatsächliche Sachbehandlung (zB die Frage, welche Ermittlungen zu führen sind) betreffen.

Einzelfallweisungen haben sich immer an den jeweils nachgeord- 26
neten Beamten zu richten, der diese ggf weiterzuleiten hat. Insbesondere kann das Justizministerium nicht einen Dezernenten
unmittelbar anweisen. Es muss vielmehr wegen § 145 GVG den
Weg über den Behördenleiter nehmen, weil dieser die volle Verantwortung für die Tätigkeit seiner Beamten hat.

---

1 ZB die Frage, wann öffentliches Interesse an der Verfolgung einer Körperverletzung besteht, vgl Nr 233 RiStBV.

27   Allerdings spielt das Weisungsrecht heute nur noch bei außerge-
      wöhnlichen Verfahren eine Rolle. In der Praxis hat der Staatsanwalt
      zu Recht eine Unabhängigkeit erlangt, die der des Richters nahezu
      gleichkommt. Dies ist auch organisatorisch notwendig: In einer grö-
      ßeren Behörde ist die ständige Überwachung oder Anleitung des
      einzelnen Dezernenten kaum möglich, so dass dieser einen Großteil
      seiner Arbeit in **voller Eigenverantwortung** leisten kann und muss.

28   Die **Grenzen des Weisungsrechts** sind zudem keinesfalls klar
      bestimmt[1]. Soweit der Staatsanwalt bei seiner Entscheidung im
      Rahmen des Legalitätsprinzips allein der Wahrheit und Gerechtig-
      keit verpflichtet ist[2], kann er nicht gegen sein Gewissen zu einer
      anderen als der von ihm als einzig richtig erkannten Entscheidung
      gezwungen werden[3]. Ist er selbst hingegen noch unentschieden
      oder hält er die ihm angetragene Lösung neben seiner für ebenfalls
      vertretbar, so hat er einer entsprechenden Weisung nachzukommen.
      Unzulässig sind Weisungen, wie im Plädoyer Beweisergebnisse zu
      würdigen oder welches Strafmaß zu beantragen ist; beides ist viel-
      mehr allein aus dem Inbegriff der Hauptverhandlung zu gewinnen.
      „Alle Anweisungen in dieser Richtung hören an der Schwelle des
      Sitzungssaales auf."[4]

29   Wo der Staatsanwalt einen **Ermessensspielraum** hat (zB bei der
      Frage, welche Taktiken bei den Ermittlungen angewandt oder ob
      beim Vorliegen der gesetzlichen Voraussetzungen nach § 153a
      StPO eingestellt werden soll), sind diesbezügliche Weisungen
      grundsätzlich zulässig[5].

30   Wird ein Staatsanwalt nach seiner Auffassung rechtswidrig ange-
      wiesen, so hat er die Pflicht zur **Remonstration** (§§ 56 II BBG, 38 II
      BRRG). Auch nach vergeblicher Remonstration darf er eine Wei-
      sung zu einem vermeintlich strafbaren Verhalten (zB nach den
      §§ 258a, 344, 345 StGB) nicht befolgen. Andererseits vermag er sich
      auch nicht einfach darüber hinwegzusetzen, zumal seine weisungs-

---

1 Vgl Eberhard Schmidt MDR 1964, 714; KM Rn 3ff zu § 146 GVG.
2 ZB bei der Einleitung des Verfahrens oder der Anklageentscheidung,
   §§ 152, 170 StPO, beim Plädoyer in der Hauptverhandlung oder der Einlegung eines Rechtsmittels.
3 Roxin § 10 Rn 11, Beulke Rn 85, aA Krey/Pföhler NStZ 1985, 151f.
4 Freisenberger, zitiert nach Thiemann DRiZ 1950, 256.
5 Eberhard Schmidt MDR 1964, 718; zu den Grenzen vgl Krey/Pföhler
   NStZ 1985, 149f.

widrige Handlung nach außen hin voll wirksam wäre (§ 144 GVG). In diesen zum Glück höchst selten vorkommenden Situationen kann er nur die weitere Sachbehandlung ablehnen und dies mit schriftlich begründetem Handaktenvermerk dem Vorgesetzten kundtun. § 145 GVG gibt in solchen Fällen nachdrücklicher Weigerung dem Behördenleiter und dem Generalstaatsanwalt die Möglichkeit, die Sache entweder an sich zu ziehen und selbst zu bearbeiten (**Devolutionsrecht**) oder aber einen anderen Sachbearbeiter als den zunächst zuständigen zu beauftragen (**Substitutionsrecht**). Letzteres steht auch dem Justizministerium zu[1]. Generalstaatsanwalt und Justizministerium können zudem nicht nur den einzelnen Bearbeiter ersetzen, sondern darüber hinaus auch eine völlig andere Staatsanwaltschaft mit der weiteren Sachbehandlung betrauen[2].

2. Zeichnungsbefugnis und Vortragspflichten

Grundsätzlich kann ein Staatsanwalt die von ihm ausgearbeiteten Verfügungen, Erklärungen und Anträge **selbst unterzeichnen**. Im Außenverhältnis ist dies jedenfalls stets wirksam (§ 144 GVG). Innerdienstlich hingegen ist die Zeichnung einer Reihe bedeutsamer, wenn auch nicht alltäglich vorkommender Entscheidungen dem Behörden- oder dem Abteilungsleiter vorbehalten. Entsprechende Regelungen enthalten die OrgStA und möglicherweise auch die jeweiligen Geschäftsverteilungspläne.   31

Nach den OrgStA bestehen **Zeichnungsvorbehalte des Behörden-leiters** für folgende Schriftstücke: 32

a) Berichte an übergeordnete Behörden (Generalstaatsanwaltschaft und Justizministerium),

b) Schreiben an oberste Bundes- und Landesbehörden sowie den Generalbundesanwalt,

c) Schriftwechsel mit ausländischen Behörden,

d) die abschließenden Verfügungen, durch die ein Gnadenerweis gewährt oder widerrufen wird, ausgenommen die Bewilligung von Ratenzahlungen und ihr Widerruf,

---

1 KM Rn 2 zu § 145 GVG.
2 BGH Wistra 1998, 155ff.

e) die ihm durch anderweitige Verwaltungsanordnung vorbehaltenen Entscheidungen,

f) die Verfügungen, die er sich allgemein (zB im Geschäftsverteilungsplan) oder im Einzelfall vorbehalten hat.

Sachen, die der BL zu unterzeichnen hat, sind **über den AL vorzulegen** (Nr 13 III OrgStA).

33 Der Behördenleiter kann in diesen Sachen mit Zustimmung des
Generalstaatsanwalts das Zeichnungsrecht ganz oder teilweise seinem Vertreter oder einem **Abteilungsleiter** übertragen. Üblich ist
dies etwa bei Berichten an die Generalstaatsanwaltschaft in
Beschwerdesachen oder im Auslandsverkehr. Der Geschäftsverteilungsplan gibt hier über die jeweilige Regelungslage Auskunft.
Nach den OrgStA zeichnet der Abteilungsleiter:

a) die Verfügungen, die ihm der Leiter der Staatsanwaltschaft allgemein vorbehalten hat (uU die Anordnung oder Beantragung
einer Telekommunikationsüberwachung nach § 100a StPO, eines
Lauschangriffs nach § 100c StPO, die Einlegung oder Rücknahme von Rechtsmitteln oder die Gewährung von Strafaufschub; vgl auch hierzu den jeweiligen Geschäftsverteilungsplan),

b) die Verfügungen, die er sich selbst im Einzelfall innerhalb seiner
Abteilung vorbehalten hat.

34 Ferner hat der Staatsanwalt eine Reihe von Sachen, obwohl er sie
selbst zeichnen darf, dem AL oder BL **vor Abgang zur Kenntnis
und Billigung** vorzulegen. Nach den OrgStA bestehen solche Vor-
lagepflichten gegenüber dem AL bei

a) ablehnenden Entscheidungen in Gnadensachen, ausgenommen
die Entscheidungen auf Ratenzahlungsgesuche (die der Rechtspfleger zeichnet),

b) der Einlegung, Begründung, Beschränkung oder Rücknahme
von Rechtsmitteln,

c) Anträgen der Staatsanwaltschaft auf Wiederaufnahme des Verfahrens und Erklärungen, die sich auf einen solchen Antrag
beziehen,

d) Sachen, die der Behördenleiter zu unterzeichnen hat, vor Vorlage an diesen,

e) der Ablehnung der von einer anderen Staatsanwaltschaft erbete-
nen Übernahme eines Verfahrens.

Auch hier können sich im Geschäftsverteilungsplan abweichende Regelungen finden (zB die Vorlage aller Strafkammeranklagen oder Einstellungen vor Abgang oder die Vorlage auch gegenüber dem BL).

Im Gegensatz zum Zeichnungsvorbehalt bleibt bei einer **Vorlage** 35 **vor Abgang** die Entscheidung grundsätzlich eine solche des Dezernenten. Die Vorlage dient primär der Unterrichtung des Vorgesetzten. Dieser wird deshalb auch nur bei erheblichen inhaltlichen Bedenken in der Sache selbst eingreifen und eine andere Entscheidung anregen.

Richter auf Probe, die zeitweise das Amt eines Staatsanwalts wahr- 36 nehmen, haben während der Einarbeitungszeit eine zT eingeschränkte Zeichnungsbefugnis. Während der Dauer von 3 bis 6 Monaten haben sie ihre Verfügungen nach näherer Anweisung des BL ganz oder teilweise einem Gegenzeichner (meist einem AL oder einem erfahrenen Staatsanwalt) zur Billigung vorzulegen. Dies mag zunächst den Anschein der Bevormundung erwecken. Im Nachhinein wird die Zeit der Vorlagepflicht indes von denen, die sie absolviert haben, angesichts der doch erheblichen Unsicherheiten jedes Anfängers bei Entscheidungsfindung und -umsetzung eher als wertvolle Hilfe empfunden, solange nur der Gegenzeichner ein wenig Einfühlungsvermögen gezeigt hat.

Zur Unterrichtung der Vorgesetzten und zu ihrer Beteiligung an der 37 Entscheidungsfindung kann im Geschäftsverteilungsplan oder im Einzelfall angeordnet werden, dass der Dezernent in wichtigen Sachen diese vor seiner Entschließung dem BL und/oder dem AL **vorzutragen** hat. In Betracht kommen hierfür zB Schwurgerichtsanklagen, Revisionsbegründungen, Sachen mit Rechtsfragen von grundsätzlicher Bedeutung oder zweifelhafte Gnadenentscheidungen.

Die formlose **Rücksprache**, zu welcher der Dezernent jeweils im 38 Einzelfall von AL oder BL verpflichtet wird (zB durch ein „+" in der Akte) oder die er von sich aus zur eigenen Orientierung und Absicherung suchen kann und soll, dient primär der Abstimmung des weiteren Vorgehens.

Der **Vortrag** ist zu Recht als typische Praxisleistung von einigen 39 Prüfungsordnungen in der Form des Kurzvortrages zum Gegenstand des (zweiten) juristischen Staatsexamens gemacht worden.

Er beginnt mit einem Bericht des zur Entscheidung anstehenden Sachverhalts. Daran schließt sich ein Entscheidungsvorschlag sowie dessen nähere Begründung an. Der Vortrag sollte vom Dezernenten gründlich vorbereitet werden, nicht länger als 10 Minuten dauern und frei gehalten werden. Er darf sich nicht in Einzelheiten verlieren, muss die Aufmerksamkeit des Zuhörers fesseln, gleichwohl diesem aber auch alles an Material bieten, was zum vollständigen Nachvollziehen und Überprüfen der vorgeschlagenen Entscheidung notwendig ist.

40 Ist ein **Vortrag beim BL** angeordnet, so ist normalerweise zunächst dem AL vorzutragen, der sodann den Dezernenten zum BL begleitet. In Eilfällen oder bei Sachen von unterdurchschnittlicher Bedeutung kann jedoch in gegenseitigem Einvernehmen von der Beteiligung des AL abgesehen werden.

41 Die **Rücksprache** ist in der Regel kürzer, zumal ein Sachvortrag nicht notwendig ist, weil beide Seiten im Zweifel den Sachverhalt bereits weitgehend kennen. Auch hier gilt allerdings, dass sich der Dezernent durch Beschaffung des uU noch notwendigen Materials (Akten, weitere Beiakten, BZR-Auszüge, Auskünfte anderer Art) sowie durch Vorprüfung etwaiger Rechtsfragen gründlich auf alle eventuellen Nachfragen vorbereiten sollte.

3. Ausschließung und Befangenheit des Staatsanwalts

42 Eine **Ausschließung** oder **Befangenheit** des Staatsanwalts mit der Folge, dass er an der weiteren Bearbeitung einer Sache gehindert oder von den anderen Prozessbeteiligten wie ein Richter nach den §§ 24ff StPO abgelehnt werden kann, ist (bundes-)gesetzlich nicht vorgesehen. Allerdings entspricht es dem Gebot eines rechtsstaatlichen Verfahrens, dass kein Staatsanwalt ein Verfahren führt, der mit dem Beschuldigten oder dem Opfer verwandt oder verschwägert ist bzw in einem anderen Amt (zB als Verteidiger oder Richter) mit derselben Sache bereits befasst war[1]. Einige Länder haben entsprechende Regelungen in ihre Ausführungsgesetze zum GVG aufgenommen (zB § 11 AGGVG Baden-Württemberg, § 7 Niedersächsisches AGGVG). Ein weiterer Ausschlussgrund wäre selbstver-

---

1 KM Rn 3 vor § 22 StPO.

ständlich der Verdacht einer Beteiligung an der Tat, die Verfahrensgegenstand ist[1].

Im Hinblick auf § 160 II StPO wird auch eine grob **einseitige Amtsführung** des Staatsanwalts Anlass zu seiner Ablösung bieten, wobei aber die Grenzziehung noch unklar und heftig umstritten ist. Jedenfalls können die Maßstäbe hier nicht so streng sein, wie dies für den Richter der Fall ist[2].   43

Einen nur teilweisen Ausschließungsgrund stellt die **Vernehmung eines Sitzungsvertreters** der Staatsanwaltschaft als Zeuge in der Hauptverhandlung für das weitere Verfahren dar. Dieser darf weiterhin die Aufgaben der Staatsanwaltschaft in der fraglichen Sitzung wahrnehmen, soweit diese nicht in einem unlösbaren Zusammenhang mit dem Inhalt seiner Aussage stehen. Selbst plädieren kann der vernommene Staatsanwalt noch, er darf dabei aber nicht seine eigene Aussage würdigen. Um die dadurch entstehenden Lücken zu schließen, ist es notwendig, dass während der Aussage und für den weiteren Verlauf der Hauptverhandlung ein zweiter Sitzungsvertreter bestellt wird und die Aufgaben sodann arbeitsteilig erledigt werden. Selbst wenn sich – insbesondere bei einfachen Sachverhalten – eine Trennung von Aussageinhalt und den übrigen Verfahrensfragen nicht vornehmen lässt und folglich der als Zeuge vernommene Sitzungsvertreter gänzlich aus dem Verfahren ausscheiden muss, bleibt es möglich, dass er für den Rest der Hauptverhandlung – dann allerdings ohne Robe – dem neuen Sitzungsvertreter als Gehilfe zur Hand geht[3].   44

Zuständig für die Entscheidung über eine Ablösung ist der jeweilige Dienstvorgesetzte, der ggf die Substitution eines Staatsanwalts, dessen Mitwirkung aus den oben genannten Gründen unzulässig wäre, gemäß § 145 I GVG vorzunehmen hat. Diesem Vorgesetzten ist die Akte mit Handaktenverfügung unverzüglich vorzulegen, wenn Beschuldigter, Verteidigung oder andere Verfahrensbeteiligte eine Befangenheit oder einen Ausschluss des bearbeitenden Staatsanwalts behaupten. Bei wirklich ernst zu nehmenden Anträgen ist bei dieser Gelegenheit sogleich zu dem Vorbringen des Antragstellers Stellung zu nehmen.   45

---

1 Vgl ferner die Übersicht bei HB-Hammer 1069.
2 Vgl zum Streitstand KM Rn 3ff vor § 22 StPO, Roxin § 10 Rn 13.
3 HB-Hammer 1071.

46 Wenn ein Staatsanwalt **von sich aus Bedenken** hat, ob er aus persönlichen Gründen (zB wegen einer Bekanntschaft mit einem der Prozessbeteiligten) ein Verfahren führen darf oder nicht, legt er die Sache mit einem entsprechenden Vermerk in den Handakten seinem AL zur Entscheidung vor.

4. Haftung

47 Rechtswidriges Verhalten des Staatsanwalts löst uU Ansprüche der Betroffenen wegen **Amtspflichtverletzung** nach Art 34 GG, § 839 BGB aus. Denkbare Anlässe wären etwa die unberechtigte Einleitung von Ermittlungen, deren verzögerliche Führung oder die verspätete Einstellung des Verfahrens, unrichtige Anklageerhebung[1] oder die fehlerhafte Anordnung oder Beantragung von Zwangsmaßnahmen. Soweit Entscheidungen von der Anwendung unbestimmter Rechtsbegriffe mit Beurteilungsspielraum abhängen (zB Anfangsverdacht, hinreichender Verdacht, öffentliches Interesse), beschränkt sich die Haftung allerdings auf Fälle nicht mehr vertretbarer Subsumtion. Dasselbe gilt, wenn die Anwendung eines Strafgesetzes auf den Sachverhalt im Lichte bisheriger Rechtsprechung zweifelhaft ist. Es darf der Staatsanwaltschaft nicht verwehrt sein, ihre Auffassung der Klärung durch richterliche Entscheidung zuzuführen[2].

48 Zur Auslösung einer Ersatzpflicht muss neben die Pflichtverletzung **Verschulden** treten, für dessen Beurteilung es allerdings nicht auf die Fähigkeiten des betreffenden Bearbeiters, sondern eines pflichtgetreuen Durchschnittsbeamten ankommen soll[3]. Dieser sehr weite Maßstab wird durch die sogenannte **Kollegialitätsrichtlinie** relativiert, wonach das Verschulden in der Regel zu verneinen ist, wenn ein mit mehreren Berufsrichtern besetztes Kollegialgericht die Amtshandlung für rechtmäßig gehalten, also etwa auf die fehlerhafte Anklage hin das Hauptverfahren vor der Strafkammer eröffnet hat. Freilich gilt dies nur so lange, wie auch eine gründliche Prüfung durch das Gericht vorliegt; hat dieses sich von einer rechtlich verfehlten Betrachtungsweise nicht lösen können oder den Sachverhalt nicht erschöpfend gewürdigt, bleibt es beim haftungs-

---

1 BGH StV 2001, 579 m Anm Thode.
2 BGH StV 2001, 581.
3 BGH StV 2001, 581.

auslösenden Verschulden des Staatsanwalts[1]. Ebensowenig hilft die Kollegialitätsrichtlinie dort, wo der Straf-, Schöffen- oder Ermittlungsrichter zu entscheiden hatte.

Nach Art 34 GG richten sich die Ersatzansprüche zwar nicht gegen   49
den Beamten selber, sondern gegen den jeweiligen **Dienstherrn**. Gleichwohl sollte sich der Staatsanwalt der vermögensrechtlichen Risiken seines Handelns stets bewusst sein und seine Entscheidungen schnell, aber gründlich durchdacht treffen. Keinesfalls darf er etwa einen Verfahrensabschluss aus Unsicherheit wochenlang vor sich herschieben. Sicherlich ist es zulässig, über schwierigen Verfahren auch einmal eine Nacht zu schlafen. Wenn man aber nach einigen Tagen immer noch unentschlossen ist, darf man sich nicht scheuen, den Rat von erfahrenen Kollegen oder des Abteilungsleiters zu suchen, um die Sache sodann zügig abzuschließen.

Ein persönliches Haftungsrisiko trifft den Staatsanwalt folglich   50
nicht unmittelbar. Nach § 46 I BRRG kann er jedoch, wenn die schuldhafte Amtspflichtverletzung auf Vorsatz oder grober Fahrlässigkeit beruht, in **Regress** genommen werden. Faktisch ist dieses Risiko äußerst gering. Zudem kann man sich – wenn man will und dies persönlich für nötig hält – dagegen teilweise durch den Abschluss einer **Berufs-Haftpflichtversicherung** schützen, die vorsätzliches Handeln selbstverständlich nicht abdeckt. Deshalb ist, damit eine solche Versicherung überhaupt Sinn hat, darauf zu achten, dass sie bei grober Fahrlässigkeit nicht ebenfalls einen Haftungsausschluss vornimmt und dass die Versicherungssumme den je nach Dezernat unterschiedlichen Risiken entspricht.

---

1 Vgl BGH StV 1988, 441, 444; NJW 1998, 751, 752.

B. Arbeitsplatz und -technik des Staatsanwalts

51 Die praktische Tätigkeit des Staatsanwalts besteht weit gehend aus der büromäßigen **Aktenbearbeitung**. Sie ist daher am ehesten einer Verwaltungstätigkeit vergleichbar. Eigene Ermittlungen außer Haus, selbst die persönliche Vernehmung von Beschuldigten und Zeugen im Dienstzimmer, haben leider Ausnahmecharakter, weil der damit verbundene Zeitaufwand neben der Dezernatsarbeit oft nicht mehr geleistet werden kann. Etwas anderes gilt zumeist nur noch für Spezialdezernate, in denen die Zahl der anhängigen Verfahren geringer ist und wo deshalb dem einzelnen Vorgang mehr Aufmerksamkeit gewidmet werden kann (beispielsweise in Umwelt- und Wirtschaftsdezernaten).

52 Neben der Arbeit im Dezernat gehört es zur Aufgabe des Staatsanwalts, ein- bis zweimal in der Woche die **Sitzungsvertretung** in der Hauptverhandlung zu übernehmen[1]. Nicht selten ist er deshalb zur Wahrnehmung von Terminen bei auswärtigen Amtsgerichten ortsabwesend und muss an den folgenden Tagen die währenddessen liegen gebliebene Arbeit mit erledigen.

I. Die Akten

Literatur: Kockel/Vossen-Kempkens: Zur Sachbehandlung von unschlüssigen, haltlosen, beschimpfenden, sich inhaltlich wiederholenden „querulatorischen" Strafanzeigen, NStZ 2001, 178ff; Rautenberg: Immune Abgeordnete, NJW 2002, 1090ff.

53 Sämtliche Tätigkeiten der Strafverfolgungsbehörden sind schriftlich zu dokumentieren. Die so gefertigten Vermerke, Berichte, Protokolle, Gutachten, Anordnungen und Entscheidungen werden, soweit sie dasselbe Ermittlungs- oder Strafverfahren betreffen, zu einer **Akte** zusammengefasst. Diese hat im Interesse der Rechtssicherheit und aller am Verfahren Beteiligten **klar und vollständig** zu sein. Sie darf grundsätzlich nachträglich nicht mehr verändert werden. Notwendige Umstrukturierungen größerer Vorgänge oder die vorübergehende Entfernung einzelner Aktenteile (zB bei einer beschränkten Akteneinsicht nach den §§ 147 II, 406e StPO) müssen so dokumentiert werden, dass der vorherige Stand jederzeit erkennbar und rekonstruierbar bleibt.

---

1 Vgl dazu unten bei Rn 885ff.

Die Behandlung der Akten, ihre Führung, Registrierung und Aufbewahrung richtet sich nach den Vorschriften der jeweiligen **Aktenordnung** (AktO). Hierbei handelt es sich um eine von den Ländern weitgehend einheitlich erlassene Verwaltungsvorschrift.

Die in die Akten zu nehmenden Schriftstücke sind grundsätzlich **chronologisch** nach ihrem Eingang bei Staatsanwaltschaft, Polizei bzw Gericht **zu ordnen** und mit **Blattzahlen** zu versehen. Die Akte beginnt daher regelmäßig mit der Anzeige einer Straftat (§ 158 I StPO) oder dem Vermerk von Polizei oder Staatsanwalt über einen bestimmten Tatverdacht (§ 152 II StPO). Es folgen die einzelnen Ermittlungshandlungen, die Entscheidung über Anklage oder Einstellung, ggf die gerichtlichen Handlungen im Zwischen- und Hauptverfahren, schließlich Hauptverhandlung und Urteil, ggf dessen Anfechtung und die Entscheidung hierüber. Soll in späteren Verfügungen auf ein vorangegangenes Schriftstück Bezug genommen werden, so wird es zur Konkretisierung mit seiner Fundstelle genannt (zB: die Anzeige Bl 1 dA). 54

Ab einem gewissen Umfang wird die einzelne Akte unhandlich. Aus diesem Grund erfolgt die Anlegung eines **zweiten Aktenbandes**, sobald dies der Übersichtlichkeit wegen geboten ist. Spätestens aber endet der erste Aktenband, wenn er 250 Blatt erreicht hat. Bei der Nennung einer Fundstelle ist dann jeweils die Nummer des Aktenbandes mit anzuführen (zB: das Vernehmungsprotokoll Bl 132 Bd II dA). 55

Ferner ist es üblich, insbesondere bei größeren Verfahren zusätzlich zur eigentlichen (Haupt-, Ermittlungs- oder Sach-)Akte Nebenakten anzulegen, in denen alles gesammelt wird, was bestimmte abgrenzbare Tat- oder Sachkomplexe betrifft. So können etwa Ablichtungen aus vorübergehend beigezogenen Akten eines Zivilrechtsstreits in **Sonderhefte** (SH) oder Sonderbände (SBd) genommen werden (Bezeichnung dann etwa: die eidesstattliche Versicherung Bl 12 SH IV). Sind eine Vielzahl von Taten Gegenstand eines Verfahrens, so kann sich die Anlage von **Anzeigenbänden** (AnzBd) für die einzelnen Delikte empfehlen, in die alles genommen wird, was zu der jeweiligen Tat gehört. Im Falle umfangreicher Ermittlungen bei zunächst unaufgeklärten Kapitalverbrechen wird für jede verfolgte Spur eine **Spurenakte** (SpurA) angelegt. Größere Mengen sichergestellter Dokumente sollten in **Beweismittelordnern** (BO) zusammengefasst werden. 56

57 Werden Akten anderer Verfahren oder Gerichte benötigt, so werden diese nicht in die Akten des anhängigen Verfahrens integriert, sondern als **Beiakten** (BA) geführt (Bezeichnung dann zB: das Urteil Bl 143 d BA 45 C 142/99 AG Bonn). Diese Beiakten sind nach Gebrauch, spätestens aber nach Abschluss des Verfahrens wieder zu trennen und zurückzugeben. Da Beiakten von der aktenführenden Stelle selbst wieder benötigt werden können, sollte man, wenn die beigezogenen Akten für das eigene Verfahren voraussichtlich länger benötigt werden, die wesentlichen Teile kopieren und in Sonderhefte nehmen, soweit dies keinen unzumutbaren Aufwand mit sich bringt. Danach kann die Beiakte sofort wieder getrennt und zurückgesandt werden. Sagt man eine solche Vorgehensweise schon bei der Erforderung von Beiakten zu, so wird dies zudem der Bereitschaft, solchen Anforderungen unverzüglich nachzukommen, nur dienlich sein.

58 Befindet sich der Beschuldigte in Haft, so sollte ein vollständiges Doppel der Akten, das sog **Haftsonderheft** (HSH), angelegt werden. Dies ermöglicht auch bei Versendung der Akten, etwa an die Polizei zur Fortführung der Ermittlungen, die jederzeitige Durchführung von Haftprüfungen oder Entscheidung über Haftbeschwerden.

59 Auch die weiteren Vorgänge im Strafverfahren nach der rechtskräftigen Aburteilung, nämlich Strafvollstreckung und ggf Bewährungsüberwachung, sind aktenmäßig zu dokumentieren. Der besseren Übersicht halber werden jedoch auch sie in gesonderten Aktenteilen zusammengefasst, den **Vollstreckungsheften** (VH), **Bewährungsheften** (BewH) und ggf **Gnadenheften** (GnH).

60 Schließlich legt die Staatsanwaltschaft einen Retent an, sobald die Akte außer Haus versandt wird, die sog **Handakte** (HA), die niemals aus der Hand gegeben wird. In ihr wird zunächst festgehalten, wohin die Akten gegangen sind, so dass deren Verbleib jederzeit nachvollziehbar ist. Daneben enthält die HA aber auch alle für die Sitzungsvertretung bedeutsamen Schriftstücke aus der Akte in Kopie, insbesondere die Anklageschrift. Ferner verbleiben nicht für die übrigen Beteiligten bestimmte interne Vorgänge in den HA, etwa Zuständigkeitsstreitigkeiten zwischen einzelnen Dezernenten, Vorentwürfe der Anklage, schriftliche Weisungen und Berichte gegenüber übergeordneten Behörden.

Wird eine Akte zum ersten Mal dem Dezernenten vorgelegt, so hat   61
sie zumeist bereits einen längeren Weg innerhalb der Behörde hinter sich. Eine in der Poststelle eingehende Strafanzeige oder ein
erstmals von der Polizei übersandter Ermittlungsvorgang wird
zunächst der **Eingangsstelle** übergeben, die anhand des Geschäftsverteilungsplans feststellt, welches Dezernat voraussichtlich die
Bearbeitung übernehmen muss. Die Anzeige wird dann dem für
dieses Dezernat zuständigen AL (oder, falls im Geschäftsverteilungsplan so geregelt, auch dem BL) vorgelegt, der die Zuständigkeit überprüft und die Akte dann endgültig für das betreffende
Dezernat auszeichnet (oder sie andernfalls dem für das seiner Meinung nach berufene Dezernat zuständigen AL zuleitet).

Nach geschehener Auszeichnung erfolgt die Registrierung in der   62
Verfahrenskartei (vgl §§ 483–486 StPO), dem zentralen **Js-Register**,
das heute überall mit Hilfe einer EDV-Anlage geführt wird. In ihm
werden die Namen der Beschuldigten, der Tatvorwurf und das vorgesehene Dezernat eingespeichert, teilweise darüber hinaus die Tatzeiten sowie die Namen von Tatbeteiligten oder des Anzeigeerstatters. Der Computer gibt dann ein Aktenzeichen sowie eine Liste der
gegen denselben Beschuldigten früher an der Behörde anhängig
gewesenen Ermittlungsverfahren aus, aus welcher sich auch Hinweise auf die Erledigung dieser früheren Verfahren, zT auch über
die dabei verhängten Strafen, ergeben.

Bereits anlässlich der Eintragung erfolgt zumeist auch eine Mittei-   63
lung an das **Länderübergreifende (zentrale) staatsanwaltliche
Verfahrensregister** (ZStV, § 492 StPO), welches 1999 in Betrieb
genommen wurde und dieselben Daten speichert wie die behör-
deninternen Dateien. Aus ihm kann ersehen werden, wo weitere
Verfahren gegen denselben Beschuldigten anhängig sind, so dass
insbesondere überörtlich handelnde Beschuldigte sachgerecht verfolgt werden können. Weil es beim ZStV allerdings im Unterschied zum Js-Register nicht um Vorgangsverwaltung (§ 485
StPO) geht, sind insbesondere Verfahren, die auf offensichtlich
unbegründete Anzeigen zurückgehen, nicht dem ZStV mitzuteilen. Um dies zu gewährleisten, muss der Staatsanwalt in einigen
Fällen (insbesondere bei Anzeigen von Privatpersonen) selber entscheiden, ob eine Mitteilung erfolgen soll. Ansonsten wird die
Akte erst nach diesen Eintragungen und Mitteilungen dem Dezernenten vorgelegt.

64 Neben den genannten Ermittlungsverfahren gegen einen bestimmten Tatverdächtigen wegen des Verdachts einer Straftat werden im Js-Register auch **Todesermittlungssachen,** bei der Staatsanwaltschaft anhängig gewordene Ermittlungsverfahren wegen Ordnungswidrigkeiten, Owi-Verfahren nach Einspruch und Abgabe durch die Verwaltungsbehörde, Sicherungsverfahren (§§ 413ff StPO) und selbständige Einziehungsverfahren (§ 440 StPO) eingetragen. Schließlich gelangen auch sog **qualifizierte Verfahren gegen Unbekannt** in das Js-Register, nämlich solche, die ein Verbrechen zum Gegenstand haben, die in einem Spezialdezernat zu bearbeiten wären oder sich aus sonstigen Gründen nicht zur Verwaltung in der zentralen UJs-Geschäftsstelle[1] eignen.

65 Das der Sache mit der Eintragung zugewiesene **Aktenzeichen** gilt für das Verfahren bis zu seiner endgültigen Weglegung nach Abschluss der Vollstreckung. Es ist nach dem Muster Dezernat/Js/Nummer/Jahr aufgebaut. Das Verfahren 84 Js 23465/91 ist also eine Js-Sache in Dezernat 84 aus dem Jahre 1991, und zwar für die gesamte Behörde das 23465ste. Nach Anklageerhebung wird das Aktenzeichen zur besseren Handhabung durch die Gerichte ergänzt durch die Nummer der Strafkammer oder der Abteilung des Amtsgerichts sowie durch eine Buchstabenfolge, die den jeweiligen Spruchkörper bezeichnet (etwa bei einer Strafrichteranklage im obigen Beispiel: 24 Ds 84 Js 23465/91). Dabei werden folgende Bezeichnungen verwendet:

Ds   (Straf- oder Jugendrichtersache)

Ls   (Schöffen- oder Jugendschöffengerichtssache)

Cs   (Strafbefehlsantrag)

KLs (Straf- oder Jugendkammersache)

Ks   (Schwurgerichtssache)

Ns   (Berufungsverfahren)

Ss   (Revisionssachen)

Owi (Bußgeldverfahren)

66 Kein Aktenzeichen stellt das gelegentlich anzutreffende **gerichtliche Kontrollzeichen** dar, das nach dem Muster Abteilung (Kammer)/Nummer/Jahr aufgebaut ist (zB 212–45/98, also die 45ste

---

1 Siehe dazu Rn 67.

Sache in Abteilung 212 aus dem Jahre 1998). Es dient nur der internen Registrierung auf der Geschäftsstelle des Gerichts und wird deshalb vom Staatsanwalt grundsätzlich nicht benutzt. Auch darf es nicht anstelle des Aktenzeichens auf Urteile und Beschlüsse gesetzt werden, sondern lediglich in Verbindung mit diesem Verwendung finden.

Neben dem zentralen Js-Register gibt es noch einige weitere Register. Da ist zunächst das ebenfalls zentral geführte **vereinfachte UJs-Register**, in welches, mit Ausnahme der bereits genannten Sonderfälle[1], alle Verfahren wegen angezeigter Straftaten eingetragen werden, bei denen ein Täter (noch) nicht hatte ermittelt werden können. Ein UJs-Aktenzeichen wird nach dem gleichen Muster wie ein Js-Aktenzeichen aufgebaut (zB: 38 UJs 34511/01). Wird später ein Täter ermittelt, so erfolgt die Übertragung in das Js-Register und die Vergabe eines völlig neuen Js-Aktenzeichens.

67

Ebenfalls zentral wird das Allgemeine Register (**AR-Register**) geführt. In dieses gehören alle Anfragen und Mitteilungen, die nicht auf die Einleitung eines Ermittlungsverfahrens gerichtet sind. Dazu zählen etwa Mitteilungen der Vollstreckungsgerichte über die Eröffnung von Insolvenzverfahren (nach der Anordnung über Mitteilungen in Zivilsachen, MiZi), allgemeine Anfragen sowie eingehende Schreiben, bei denen noch unklar ist, wohin sie letztlich gehören. Auch Eingaben von offenbar Geistesgestörten, die ersichtlich keiner Prüfung mehr bedürfen[2], werden als AR- und nicht als JS-Sachen geführt[3]. Schließlich werden Vorgänge, die den Rechtshilfeverkehr mit dem Ausland betreffen, als AR-Sachen eingetragen. Entgegen einer weit verbreiteten Übung sind dagegen Verfahren gegen (noch immune) Abgeordnete nicht als AR-Sachen, sondern sogleich als Js-Sachen zu behandeln[4]. Eine AR-Sache erhält ein eigenes Aktenzeichen nach demselben Muster wie eine Js-Sache (zB 63 AR 3312/01). Ergibt sich im Laufe der Nachforschungen des Dezernenten ein Tatverdacht (etwa nach einer MiZi durch Einsichtnahme in die Insolvenzakten ein Verdacht nach den §§ 84, 64 GmbHG), so erfolgt die Übernahme in das Js-Register. Ansonsten wird, ggf nach Durchführung ansonsten notwendiger Maßnahmen, etwa einer ent-

68

---

1 Rn 64.
2 Vgl dazu aber unten bei Rn 186.
3 Kockel/Vossen-Kempkens NStZ 2001, 179.
4 Rautenberg NJW 2002, 1090f.

sprechenden Mitteilung an den Einsender, schließlich das Weglegen angeordnet.

69 In das **Gns-Register** werden alle Gnadenverfahren eingetragen. Diese führen dann neben dem alten Registerzeichen, das weiter gilt, vorübergehend ein Gns-Aktenzeichen (zB: 84 Gns 4/90, dh die vierte Gnadensache in Dezernat 84 im Jahre 1990).

70 Das früher übliche **VRs-Register** für alle Vollstreckungssachen hat heute nur noch für Amtsanwaltssachen praktische Bedeutung, da die Amtsanwälte keine Vollstreckungstätigkeiten übernehmen dürfen und diese daher in einem anderen (Staatsanwalts-)Dezernat erfolgen muss. Ansonsten wird die Vollstreckung üblicherweise unter dem alten Js-Aktenzeichen im Ursprungsdezernat betrieben, so dass ein weiteres VRs-Aktenzeichen dafür nicht mehr notwendig ist.

71 Wichtiger hingegen ist das bei den Gerichten der Bewährungsaufsicht (§§ 453b, 453, 462a I, II StPO) geführte Bewährungsregister (**BRs-Register**). In dieses wird jede Bewährungssache mit einem eigenen Aktenzeichen eingetragen (zB 12 BRs 29/89). Dieses Bewährungsaktenzeichen ist stets anzugeben, wenn Akten oder Schriftstücke dem betreffenden Gericht übersandt werden, um diesem die Zuordnung zu dem jeweiligen Bewährungsvorgang zu ermöglichen[1].

72 Bei den Amtsgerichten wird ferner ein **Gs-Register** über alle Haft- und richterlichen Ermittlungssachen geführt. Das in diesem Zusammenhang verwendete Gs-Zeichen (zB 42 Gs 345/91) wird vor allem beim Schriftverkehr mit dem Haftrichter benötigt, um diesem die Zuordnung einzelner Schriftstücke zu seinen Vorgängen zu erlauben.

73 Nicht mit den obengenannten Registern verwechselt werden darf die vornehmlich statistischen Zwecken dienende Registrierung der einzelnen Verfahren durch die Geschäftsstelle, was heute ebenfalls regelmäßig mit Hilfe der Datenverarbeitung erledigt wird. Mit Hilfe dieser sog **Zählkartenstatistik** (der Name erinnert noch da-

---

1 Das Js-Aktenzeichen der Staatsanwaltschaft ist hierfür ausnahmsweise nicht tauglich, weil es vorkommen kann, dass ein Gericht auch für Sachen zuständig ist, die in den Zuständigkeitsbereich anderer als der „eigenen" Staatsanwaltschaft fallen, und es so theoretisch möglich ist, dass dasselbe Js-Aktenzeichen mehrfach vergeben ist.

ran, wie hier früher vorgegangen wurde) lassen sich die jeweilige Belastung eines Dezernats, die Bearbeitungsdauer für die Verfahren sowie die Erledigungszahlen des Dezernenten erfassen. Die Zählkartenstatistik dient daher auch der Kontrolle des Dezernenten, obwohl etwa die Zahl der laufenden Verfahren oder der Erledigungen nicht unbedingt aussagekräftig sein kann, weil einerseits die unterschiedliche Arbeitsaufwändigkeit einzelner Sachen nicht erfasst wird und es andererseits Wege und Mittel gibt, eine Statistik auch dann passabel aussehen zu lassen, wenn tatsächlich etliches im Argen liegt.

Auf der Geschäftsstelle wird ferner eine **Bewegungskartei** geführt, 74 aus welcher sich stets ersehen lässt, wo sich die Akten (oder zumindest die HA), wenn sie nicht der Geschäftsstelle selber vorliegen, innerhalb der Behörde gerade befinden. Auf diese Weise sollte es möglich sein, auch dann eine Akte binnen kürzester Zeit zu erhalten, wenn diese gerade auf der Kanzlei oder beim Rechtspfleger liegt, der Dezernent sie aber, etwa wegen eines Telefonats, schnell benötigt.

Die Polizei registriert die bei ihr geführten Vorgänge und die von 75 ihr im Auftrag des Staatsanwalts bearbeiteten Verfahren übrigens nicht primär nach dem staatsanwaltschaftlichen Aktenzeichen. Vielmehr erhält dort jeder Vorgang und jede Strafanzeige eine **Tagebuch-Nummer**, auch wenn sie bereits ein Js-Aktenzeichen aufweisen. Dies hat zwar ausschließlich polizeiinterne Bedeutung. Wird jedoch ein bestimmter Vorgang bei der Polizei gesucht, so erleichtert es seine Auffindung, wenn der Dezernent neben dem Aktenzeichen auch die Tagebuch-Nummer anzugeben weiß.

Nach dem vollständigen Abschluss des Verfahrens, also entweder 76 nach endgültiger Verfahrenseinstellung, nach Vollstreckung einer ausgeurteilten Strafe oder nach Abrechnung der Kosten im Falle des Freispruchs, ist das **Weglegen der Akten** zu verfügen. Bevor dies geschehen kann, sind allerdings noch alle vorhandenen Beiakten zu trennen, Asservate abzuwickeln und notwendigen Mitteilungen zu machen, so dass die Akte in einen Zustand versetzt wird, in welchem sie später auch vernichtet werden könnte. Allerdings bedeutet das Weglegen nicht etwa die Freigabe zur sofortigen Vernichtung oder auch nur, dass die Akten danach nicht mehr greifbar wären. Sie werden vielmehr für eine bestimmte Zeit im Aktenarchiv aufbewahrt und können von dort aus bei Bedarf jederzeit wieder beigezogen werden. Erst nach Ablauf der jeweiligen **Auf-**

bewahrungsfrist erfolgt dann die Vernichtung. Urteile und andere wichtige Schriftstücke werden aber selbst dann noch von der Vernichtung ausgenommen.

77   Die maßgeblichen **Aufbewahrungsbestimmungen** beruhen auf einem Beschluss der Konferenz der Justizverwaltungen von Bund und Ländern vom 23. 11. 1971. Danach beträgt die Aufbewahrungsfrist:

5 Jahre bei einer Verfahrenseinstellung oder der Verurteilung wegen einer Ordnungswidrigkeit,

10 Jahre bei einer Verurteilung zu nicht mehr als 3 Monaten Freiheitsstrafe oder nicht mehr als 1 Jahr Jugendstrafe durch Strafrichter, Jugendrichter, (Jugend-)Schöffengericht oder (Jugend-)Strafkammer,

15 Jahre bei einer Verurteilung zu mehr als 3 Monaten Freiheitsstrafe oder 1 Jahr Jugendstrafe durch Strafrichter, (Jugend-)Schöffengericht oder (Jugend-)Strafkammer, ferner bei Verurteilungen durch das Schwurgericht, in denen nicht auf lebenslange Freiheitsstrafe erkannt worden ist (diese sind dauernd aufzubewahren),

20 Jahre in Brandermittlungssachen,

30 Jahre wenn auf Sicherungsverwahrung oder auf Unterbringung nach § 63 StGB erkannt worden ist, bei Einstellungen wegen Schuldunfähigkeit sowie in Todesermittlungssachen.

78   In Einzelfällen muss der Dezernent allerdings noch **längere Aufbewahrungsfristen** verfügen. Dies ist insbesondere bei Kapitalverbrechen, bei denen zunächst ein Täter nicht ermittelt werden konnte, erforderlich. Hier darf die Akte nicht vor Ablauf der Verfolgungsverjährung (§§ 78ff StGB) vernichtet werden. Bei Verbrechen, die keiner Verjährung unterliegen (§ 211 StGB sowie gemäß § 5 VStGB alle Verbrechen nach dem VStGB), ist zu beachten, dass erst der Tod des Täters die Akte mit Sicherheit entbehrlich macht. Hier ist die Akte solange aufzubewahren, wie eine Strafverfolgung den Umständen nach noch als möglich erscheint.

79   Spätestens bei der Weglegung ist auf dem Aktendeckel zu kennzeichnen, ob die Akte als **Prüfungsakte** dem Landesjustizprüfungsamt oder als für die politische oder kulturelle Geschichte Deutschlands bedeutsam dem jeweiligen **Staatsarchiv** anzubieten ist.

80   Seit der Abschaffung der Hausarbeit im zweiten juristischen Staatsexamen eignen sich nur noch überschaubare Sachverhalte als **Prüfungsakten**. Für Klausuren kommt es dabei weniger darauf an,

dass die Vorgänge als Ganzes brauchbar sind, weil die Prüfungsämter diese hier ohnehin nur als Vorlage bzw als Fundgrube für Ideen benutzen, die Aufgabe aber im Wesentlichen selber neu erstellen. Gesucht werden daher eher Akten, bei denen sich interessante, aber noch innerhalb von fünf Stunden lösbare Probleme auftun. Dagegen können Themen von Kurzvorträgen nur solche Standardprobleme sein, die der Bearbeiter auch innerhalb einer Stunde zu lösen vermag, so dass sich insoweit durchaus alltägliche Verfahren eignen. Im Übrigen werden alle Namen von den Prüfungsämtern verändert, weshalb schließlich weder die Prüfungsakten noch die Lösungsvermerke Hinweise auf die früheren staatsanwaltschaftlichen Bearbeiter enthalten. Auch die Qualität der bisherigen Bearbeitung ist für die Prüfungsämter ohne Interesse, so dass es keinen Grund gibt, nicht jedes von der Sache her geeignete Verfahren als Prüfungsakte anzubieten. Vielmehr wird Engagement insoweit bei vorgesetzten Behörden ausschließlich positiv vermerkt.

Die **Archivwürdigkeit** wird dagegen nur in seltenen Ausnahmefällen zu bejahen sein. In Frage kommen etwa Verfahren wegen Hoch- und Landesverrats, nationalsozialistischer Gewalttaten, Regierungskriminalität oder gegen bekannte Persönlichkeiten des öffentlichen Lebens. Die Länder haben dazu jeweils Regelungen erlassen, die im Bedarfsfall auf der Verwaltungsgeschäftsstelle zu erfragen sind.   81

Im Zweifelsfall sollten aber Prüfungseignung wie auch Archivwürdigkeit eher bejaht als verneint werden. Nur so wird vermieden, dass dem Prüfungsamt oder dem Staatsarchiv, die die fragliche Eignung viel besser beurteilen können, verwertbare Akten vorenthalten werden und so für alle Zeiten verloren gehen.

II. Aktenbearbeitung und Verfügungstechnik

Jede der ihm vorgelegten Akten hat der Staatsanwalt daraufhin zu prüfen, welche Maßnahmen zur Förderung der Sache angezeigt sind. Um sich hier die Arbeit zu erleichtern, ist ein **rationeller Zugriff auf die Akte** notwendig.   82

Dabei hilft es am ehesten, zunächst nach dem **Grund der Aktenvorlage** zu suchen. Gewöhnlich ist dieser anhand des von der Geschäftsstelle in die Akte eingelegten Kartonstreifens („Aktenschwanz") leicht auszumachen. An der dadurch markierten Stelle   83 ist nämlich entweder ein Posteingang, im Falle des Eingangs der gesamten Akte die entsprechende Übersendungsverfügung des Gerichts oder der einsendenden Stelle, die Vorlageverfügung eines anderen Behördenangehörigen oder der Vermerk der Geschäftsstelle, dass wegen Fristablaufs vorgelegt wird, zu finden. Falls man trotz gründlicher Durchsicht gleichwohl nicht herausfindet, warum die Akte vorgelegt worden ist, sollte man sich nicht scheuen, bei der Geschäftsstelle (oder in Vollstreckungssachen beim Rechtspfleger) nachzufragen. Auf diese Weise lässt sich oft schnell klären, was ansonsten viel unnütz aufgewendete Zeit kosten kann.

84   Ferner ist es notwendig, sich schnell darüber zu orientieren, wie der **Stand des vorgelegten Verfahrens** ist. Wird ein VH, GnH oder BewH mit vorgelegt, so handelt es sich um eine Sache, bei der das Hauptverfahren bereits beendet ist. Eine Durcharbeitung der Akte selbst ist dann zumeist entbehrlich und eine partielle Lektüre des betreffenden Heftes, auf das sich die Vorlage bezieht, ausreichend. Wenn nur die Ermittlungsakte vorgelegt wird, dann ist häufig aus dem Aktendeckel ersichtlich, ob bereits Anklage und Urteil vorliegen, weil die entsprechenden Fundstellen in der Regel darauf angegeben sind. Ferner sollte man bei noch unbekannten Verfahren stets einen Blick in die Handakte werfen, um aus den Versendungsvermerken der Geschäftsstelle zu ersehen, ob der Vorgang vollständig ist oder ob etwa ein bereits existentes VH versandt ist und sich noch anderweitig befindet. Finden sich keine Hinweise auf Anklage, Urteil oder einen Vollstreckungsvorgang, so kann man immerhin auf dem Aktendeckel feststellen, ob noch eine Zählkarte angelegt ist oder nicht, ob also das Ermittlungsverfahren noch läuft oder bereits eingestellt ist.

85   Anhand der so gewonnenen Orientierung können gewöhnlich der Grund der Aktenvorlage nachvollzogen und so die möglicherweise notwendigen Maßnahmen festgestellt werden. Auch kann der Dezernent jetzt meistens ermessen, inwieweit eine gründlichere **Durchsicht der Akte** (bzw von VH, BewH usw) notwendig ist. Insbesondere bei bereits eingestellten oder angeklagten Verfahren ist es in aller Regel nicht erforderlich, die Akte vollständig durchzuarbeiten. Zweckmäßigerweise liest man diese deshalb **von hinten beginnend** so weit **rückwärts**, wie dies notwendig erscheint. Häufig sind nämlich nur die jeweils letzten Vorgänge von Bedeutung für die jetzt anstehenden Maßnahmen. Bei noch laufenden Ermittlungsver-

fahren hingegen, zumal bei solchen, die möglicherweise abschlussreif sind, empfiehlt sich ein Durchlesen von Anfang an, sofern nicht sofort erkennbar ist, dass etwa nur über die Gewährung von Akteneinsicht gegenüber einem Verteidiger oder über eine andere Anordnung, die keine umfassende Aktenkenntnis voraussetzt, zu entscheiden ist.

Die Anordnungen, die das Ergebnis seiner Überlegungen sind, hat   86
der Dezernent in jedem Fall schriftlich niederzulegen. Dies
geschieht in Form einer **Verfügung**. Sie abzufassen mutet nur auf
den ersten Blick schwierig an. Die Regeln der Verfügungstechnik
sind aber in sich logisch und nachvollziehbar; hat man sie einmal
verstanden, dann wird es auch gelingen, in jedem Fall zu einem
verständlichen und nachvollziehbaren Ergebnis zu gelangen.

Adressat der Verfügung ist in erster Linie die Geschäftsstelle,   87
welche die getroffenen Anordnungen auszuführen hat. Eine Verfügung kann aber auch **Sachentscheidungen** enthalten (zB die
Einstellung des Verfahrens, den Verzicht auf Rechtsmittel), die in
erster Linie Außenwirkung haben und keiner weiteren Umsetzung durch die Geschäftsstelle bedürfen. Schließlich kann eine
Verfügung auch der Dokumentation von Ereignissen, Besprechungen oder Überlegungen in Form des so genannten **Vermerks** dienen.

Je nach Regelungsinhalt können Verfügungen sehr verschieden aussehen. Gleichwohl müssen aber stets bestimmte **Formalien** beachtet   88
werden. So hat jede Verfügung das **Datum** ihrer Abfassung und
eine **Unterschrift** nebst Dienstbezeichnung des Unterzeichnenden
zu tragen. Letztere kann durch ein **Namenskürzel** ersetzt werden,
wenn es sich um eine Verfügung handelt, die weder außer Haus
gehen soll noch eine Sachentscheidung enthält.

Verfügungen mit Entscheidungen in der Sache und solche, die   89
außer Haus gehen, müssen hingegen neben der vollen Unterschrift
mit der **Behördenbezeichnung** versehen werden.

Die **Angabe des Aktenzeichens** darf im Kopf der Verfügung   90
jedenfalls dann nicht fehlen, wenn sie auf ein neues loses Blatt
gesetzt wird, das noch nicht fest in die Akte eingeheftet ist. Dies
erlaubt eine Zuordnung, falls, was immer wieder geschieht, beim
Transport der Akte die noch lose Verfügung aus dem Vorgang herausfällt.

91 Schließlich ist es üblich, als **Überschrift** das Wort „Verfügung" (bzw abgekürzt „Vfg" oder gar „V") zu verwenden.

92 Soll eine Verfügung mehrere Anordnungen oder Entscheidungen enthalten, so ist sie in Unterpunkte, die mit arabischen Ziffern **nummeriert** werden, zu gliedern. Dies entfällt bei Verfügungen mit nur einer einzigen Anordnung.

93 Danach wird eine **Verfügung mit einer Sachentscheidung** etwa so aussehen:

Beispiel

Staatsanwaltschaft Trier   13. 4. 1999
34 Js 43513/98

Vfg

1. Verfahrenseinstellung gemäß § 170 II StPO aus den Gründen zu 2.

2. ...

3. ...

Meier
(Staatsanwältin)

Hingegen könnte eine einfache **Verfügung ohne Sachentscheidung** in demselben Verfahren wie folgt gefasst sein:

Beispiel

34 Js 43513/98

Vfg

1. ...

2. ...

Me, 13. 4. 1999

Auch für die inhaltliche Abfassung der einzelnen Verfügungs- 94
punkte gibt es Grundregeln. Die getroffenen **Anordnungen** müssen
eindeutig und klar sein, um Missverständnisse bei ihrer Ausführung zu vermeiden. Dabei muss man sich vor Augen halten, dass
die Geschäftsstelle in aller Regel den Akteninhalt nicht kennt und
auch nicht die Zeit hat, Unklarheiten durch Aktenlektüre selbst zu
beheben. Es wäre daher verkehrt, etwa nur „Bundeszentralregister-
auszüge für die Beschuldigten erfordern" zu verfügen, weil nunmehr Geschäftsstelle oder Kanzlei selbst die gesamten Akten durch-
arbeiten müssten, um alle Beschuldigten nebst der erforderlichen
Geburtsdaten zu finden. Richtig wäre daher die Anordnung: „Bun-
deszentralregisterauszüge für Besch. Meier (Bl 23), Wagener (Bl 26)
und Popovic (Bl 45) erfordern."

Begründungen, Merkposten für einen späteren Bearbeiter oder Pro- 95
tokollierungen, etwa einer formlosen Besprechung, erfolgen als **Vermerk**. Ein Vermerk ist immer als solcher zu kennzeichnen, schon
um es der Geschäftsstelle zu ersparen, darin nach einer Anordnung
suchen zu müssen. Eine entsprechende Verfügung könnte wie folgt
aussehen:

Beispiel

56 Js 2317/01

V

1. Vermerk: RA Pohlenz, der Vertreter des Anzeigeerstatters, rief
heute an und erkundigte sich nach dem Sachstand. Ich habe
ihm mitgeteilt, dass die Ermittlungen noch andauern und vor
Ablauf von 3 Wochen mit einer Entscheidung über die Anklageerhebung nicht zu rechnen ist.

2. Zur Frist.

St, 23. 1. 2001

Entscheidungen in der Sache müssen immer begründet werden 96
und als solche erkennbar sein. *Falsch* wäre daher etwa die Anordnung: „Vermerk: Das Verfahren wird eingestellt." Zweckmäßigerweise sollten die erforderlichen Begründungen in gesonderten Verfügungspunkten niedergelegt werden, auf die dann verwiesen
wird, etwa Vermerke oder Schreiben, welche die Begründung ohne-

hin enthalten müssen, zB Einstellungsbescheide nach § 171 StPO. *Richtig* wäre also etwa die folgende Fassung:

Beispiel

Staatsanwaltschaft Bielefeld   12. 3. 2002
132 Js 34557/01

Vfg

1. Vermerk: Aufgrund des nunmehr vorliegenden Blutalkoholgutachtens (Bl 12 dA), das zu einer mittleren BAK von nur 0,41 g ‰ kommt, lässt sich eine Fahruntüchtigkeit nicht nachweisen. Fahrfehler sind nicht beobachtet worden. Auch der Verdacht einer Owi gemäß § 24a I StVG besteht angesichts der geringen Alkoholisierung nicht mehr.

2. Einstellung des Verfahrens gemäß § 170 II StPO aus den Gründen zu 1.

3. pp

...

Gerold, StA

97 Die **Versendung der Akten** erfolgt üblicherweise „Urschriftlich mit Akten" (U m A), was bedeutet, dass die Verfügung im Original (die „Urschrift") unter Beifügung der Akten versandt wird. Hierbei ist vollständig und genau zu bezeichnen, was überhaupt (nur) abgesandt werden soll. So darf für das VH nicht „U m A" verfügt werden, sondern es muss heißen „U m VH". Wird mehr als ein Band versandt, so ist dies anzugeben, um dem Empfänger die Kontrolle zu ermöglichen, ob er auch alles erhalten hat, also zB „U m BewH (1 Bd), VH (3 Bde) und Gnh (1 Heft) ...". Dabei wird als erstes der Aktenteil genannt, in welchem sich die Verfügung befindet. Im letztgenannten Beispiel wäre dies das BewH.

Staatsanwaltschaft Hannover   12. 9. 1999
84 Js 32554/98

Verfügung

1. U m A (2 Bd) und BA 56 Js 2324/97 (1 Bd)

dem Polizeikommissariat
in Springe

mit dem Ersuchen übersandt, den Beschuldigten Schwarz (Bl 23 dA) zum Vorwurf der Falschaussage in der Hauptverhandlung vom 1. 2. 98 vor dem AG Springe in dem Verfahren 56 Js 2324/97 (Bl 34ff dBA) zu vernehmen.

2. Frist: 14. 10. 1999.

Klinke
(Staatsanwalt)

Ausnahmsweise kann die **Versendung** auch **formlos** angeordnet 98 und der Geschäftsstelle das Anschreiben des Empfängers überlassen werden. Diese unpersönlichere Art der Verfügung sollte aber nur dann angewandt werden, wenn nicht mit dem zuständigen Gericht oder mit einem unmittelbar Verfahrensbeteiligten verkehrt wird. Ein Beispiel wäre die Aktenversendung an ein Zivilgericht, das die Ermittlungsakten zu Beweiszwecken benötigt. Die Verfügung des Dezernenten könnte dann wie folgt lauten:

34 Js 67888/00

Vfg

1. Akte versenden an LG Hildesheim zu 23 O 45/00 für 1 Woche

2. 18. 4.

Tr, 5. 4.

99 Einfache **Mitteilungen, Aktenanforderungen** und **kurze Schreiben** müssen in der Verfügung nicht ausformuliert, sondern nur angeordnet werden. Das Weitere kann der Geschäftsstelle oder der Kanzlei überlassen werden. Dabei sind allerdings Empfänger und Inhalt so genau zu bezeichnen, dass keine Missverständnisse möglich sind[1].

100 Kompliziertere oder längere Schreiben hingegen werden im Wortlaut verfügt. Daneben ist anzugeben, welche Versendungsart in Frage kommt (formloser Brief, Postzustellungsurkunde oder bei Anwälten und Behörden Empfangsbekenntnis).

Beispiel in Ziffer 3 der Vfg:

(Aktenzeichen)

Vfg

1. BZR-Auszug für Besch Müller (Bl 5) erfordern.

2. Mitteilung an Anzeigeerstatter Smit (Bl 1), dass die Ermittlungen noch andauern.

3. Schreiben an Zeugen Carlson (Bl 3) – höflich/formlos –

In pp

haben Sie in Ihrer Vernehmung durch die Polizei in Memmingen erklärt, Sie besäßen noch Unterlagen über den Kauf eines weiteren Fahrzeuges von dem Beschuldigten Müller. Ich darf Sie bitten, mir diese baldmöglichst zuzuleiten. Für Ihre Mühe bedanke ich mich im Voraus.

4. 12. 11. 2001.

Su, 16. 10.

101 Jede Verfügung schließt mit einer Anordnung, die vorerst den weiteren **Verbleib der Akte** – bzw bei einer Versendung der Akte den Verbleib der HA – regelt. Hierfür kommen alternativ die Anord-

---

1 Vgl Ziff 2 der Vfg Rn 100.

nung einer Frist, der sofortigen Wiedervorlage, der Vorlage an BL, AL oder Rechtspfleger und schließlich des Weglegens in Betracht.

Das **Weglegen** wird ausschließlich nach endgültigem Abschluss des Verfahrens verfügt. Bei einem Ermittlungsverfahren würde dies also nur nach endgültiger Einstellung, dem Ablauf einer möglichen Beschwerdefrist, dem Trennen vorhandener Beiakten und der Abwicklung etwaiger Beweisstücke geschehen. 102

Beispiel

(Aktenzeichen)

Vfg

1. Vermerk: Die Beschwerdefrist ist verstrichen.

2. Einstellungsnachricht an Beschuldigten Merbach (Bl 35).

3. Weglegen.

Sie, 3. 3. 2002

Nach Erteilung der Einstellungsnachricht wird die Geschäftsstelle im obigen Beispiel die Akte nebst aller etwaigen Sonderhefte und der HA in das Archiv geben, wo sie für die Dauer der **Aufbewahrungsfrist**[1] verbleiben wird, um nach deren Ablauf **vernichtet** zu werden.

Die Anordnung einer **Wiedervorlage** kommt nur dann in Betracht, wenn der Dezernent die Akte sofort wieder benötigt, etwa um die bereits begonnene Anklage weiter zu entwerfen, die er wegen einer keinen Verzug duldenden Maßnahme kurzfristig unterbrechen musste. Grundsätzlich ist es jedoch anzustreben, alle notwendigen Maßnahmen in einer einzigen Verfügung zu konzentrieren, da die Stückelung in mehrere kleinere Verfügungen unnötigen Aktenumlauf, immer neue Einarbeitung und damit Zeitverlust bedeutet. Zudem erhöht sich durch eine nur nach und nach erfolgende Abarbeitung die Fehlerträchtigkeit, weil der Überblick und damit die Kontrolle, ob man auch alles Notwendige erledigt hat, dann schwerer fällt. 103

---

1 Rn 77.

Beispiel

(Aktenzeichen)

V

1. Als BA erfordern: 772 M 34665/00 AG Hannover.

2. Wv

Wa, 23. 5. 2001

104 Die **anderweitige Vorlage**, etwa an den Rechtspfleger, ohne die gleichzeitige Anordnung einer Frist zur eigenen Wiedervorlage wird nur dann verfügt, wenn die Arbeit des Dezernenten in der Sache voraussichtlich beendet ist, etwa nach Rückkehr der Akten vom Gericht mit einem rechtskräftigen Urteil, das nunmehr der Vollstreckung harrt. Die Verfügung lautet dann schlicht:

Beispiel

Vfg

Herrn/Frau Rechtspfleger(in)

St, 16. 9. 2001

105 Die Regel ist allerdings die **Anordnung einer Frist**, nach deren Ablauf die Geschäftsstelle die Vorgänge erneut dem Dezernenten vorzulegen hat, damit dieser prüfen kann, was nunmehr zu veranlassen ist. Die Frist ist zur Verfahrensbeschleunigung möglichst knapp zu bemessen, sie muss aber auf der anderen Seite ausreichen, um anschließend eine sinnvolle Weiterbearbeitung zu ermöglichen. Sind etwa die Akten zu polizeilichen Ermittlungen versandt worden, so sollte die Frist nicht kürzer sein als die Zeit, die von der Polizei voraussichtlich zur Durchführung der Ermittlungen benötigt wird. Andernfalls würde nach Fristablauf wegen des Fehlens der noch bei der Polizei befindlichen Akte allein die HA vorgelegt. Der Dezernent könnte jetzt nichts tun, als eine weitere Frist zu verfügen, da vorzeitige Erinnerungen oder Sachstandsanfragen nichts der Sache Förderliches bewirken werden. War hingegen die Frist so bestimmt worden, dass nach ihrem Ablauf davon ausgegangen

werden kann, die angeordneten Maßnahmen hätten zwischenzeitlich bei normalem Lauf der Dinge durchgeführt werden können, besteht nach Fristablauf durchaus Anlass zur Rückfrage bei der Polizei. Denn nunmehr kann nicht mehr ausgeschlossen werden, dass die Akte verlorengegangen ist oder versehentlich unerledigt zur Seite gelegt wurde.

Auf der anderen Seite ist auch eine zu großzügige **Fristbestimmung** zu vermeiden. Sie birgt die Gefahr, dass das Verfahren ohne Grund verzögert wird, weil eine an sich schon längst mögliche Maßnahme erst Wochen später nach der neuerlichen Aktenvorlage angeordnet werden kann. **106**

Fristen werden heute normalerweise von der Geschäftsstelle nicht mehr gesondert notiert. Vielmehr werden die Fristen dadurch überwacht, dass die Akte je nach ihrer Frist in eines von mehreren **Fristenfächern** gelegt wird, deren Inhalte jeweils zu bestimmten Terminen durchgesehen werden, um die fälligen Fristen zu erkennen und dann vorzulegen. **107**

Die **Ausgestaltung der Fristanordnung** ist je nach Organisation der Geschäftsstellen unterschiedlich. Teilweise ist es üblich, Fristen von zB „1 Monat" oder „3 Wochen" anzuordnen. Die Geschäftsstelle hat dann die Aufgabe, den Wiedervorlagetag selbständig zu errechnen. Bei anderen Behörden wird das Datum des Fristablaufs genannt. Allerdings hat der Dezernent dabei nicht die freie Wahl, sondern er darf regelmäßig nur bestimmte Daten verwenden. So war es früher üblich, Fristen ausschließlich auf den 10., 20. und 30. eines jeden Monats zu legen. Heute hat sich weit gehend das System der Endziffernfrist etabliert: Das Datum der Frist muss die gleiche Endziffer aufweisen wie das Aktenzeichen (beim Az 23 Js 23452/89 kämen also der 2., 12. und 22. jeden Monats in Frage). Diese Regeln dienen allein der einheitlichen Behandlung in den jeweiligen Behörden und damit der Arbeitserleichterung auf der Geschäftsstelle, aber auch der zuverlässigeren Fristenkontrolle. Sie sind von den Dezernenten daher tunlichst zu beachten. **108**

Kann der Dezernent unter Beachtung der an seiner Behörde üblichen Fristenregeln keine passende Frist finden, weil an einem ganz bestimmten anderen Tag eine Maßnahme zu ergreifen ist (etwa die Wahrnehmung eines Vernehmungstermins oder in einer Haftsache die Übersendung des HSH an das Gericht zwecks einer Haftprüfung), so besteht ausnahmsweise auch die Möglichkeit der Anord- **109** nung einer **genauen Frist**. Akten mit genauen Fristen werden gesondert aufbewahrt, die Frist zudem im Fristenkalender auf der Geschäftsstelle notiert, so dass eine Vorlage auch außerhalb der Reihe möglich ist.

110 Eine Sonderstellung hat die **notierte Frist**. Sie wird gewählt, wenn eine besonders lange Frist notwendig wird, etwa bei der nach jeweils drei Jahren notwendigen Erneuerung einer Fahndung. Akten mit notierten Fristen werden ebenfalls nicht in den normalen Fristenfächern aufbewahrt, um diese zu entlasten. Auch hier erfolgt die Fristüberwachung über eine Eintragung im Fristenkalender.

111 Beispiele für **Fristanordnungen**:

a) *einfache Frist (je nach ortsüblicher Handhabung)*: 12. 4. *oder*: 10. 4. *oder*: 1 Monat

b) *genaue Frist:* am 12. 4. genau!

c) *notierte Frist:* 1. Frist notieren zum 30. 10. 04
2. zur notierten Frist

112 Werden die Akten vor Ablauf einer Frist vorgelegt, weil etwa ein Posteingang erfolgt ist, und meint der Dezernent, es sei vor dem ausstehenden Fristablauf nichts weiter zu veranlassen, so kann er auch schlicht **„zur Frist"** anordnen. Es bleibt dann bei der zuletzt bestimmten Frist. Nennt er hingegen eine neue Frist, so tritt diese automatisch an die Stelle der vorherigen. Eine Vorlage an dem ursprünglich genannten Tag erfolgt dann nicht mehr (Ausnahme: Eine notierte Frist bleibt trotz neuer Fristanordnungen bis zu ihrem Ablauf bestehen, sofern nicht vorher „notierte Frist löschen" verfügt wird).

113 Unbedingt empfehlenswert ist es, hinter der Fristanordnung in Klammern zu notieren, welche Maßnahme man nach Fristablauf zu ergreifen gedenkt. Mit derartigen **Klammervermerken** erspart sich der Dezernent (und noch mehr sein Krankheits- oder Urlaubsvertreter) bei der Wiedervorlage in vielen Fällen die sonst notwendige erneute Durcharbeitung der Akte, weil er sofort ersehen kann, worauf es jetzt ankommt.

Beispiel

(voller Kopf der Verfügung)

1. Verfahrenseinstellung gemäß § 170 II StPO aus den Gründen zu 2.

...

5. Wv 23. 5. (Beschwerde? Sonst EN an Besch Bl 24 und weglegen)

Steinberg, StA

Wird die Akte im obigen Beispiel am 23. 5. vorgelegt und war zwischenzeitlich keine Beschwerde gegen die Einstellung eingegangen, so weiß der Dezernent ohne erneutes Durchlesen, dass er jetzt nur noch die Einstellungsnachricht an den Beschuldigten, dessen Personalien auf Bl 24 zu finden sind, sowie das Weglegen der Akte zu verfügen hat.

Wichtig ist es, einen **logischen Aufbau** der Verfügung zu wählen, weil die Geschäftsstelle die einzelnen Anordnungen in ihrer jeweiligen Reihenfolge abarbeitet. Deshalb ist es verkehrt, unter Ziff 1 der Verfügung die Versendung der Akten anzuordnen, unter Ziff 2 jedoch die Fertigung eines Schreibens. Da die Verfügung mit der Akte gemäß Ziff 1 abgesandt wird, kann Ziff 2 danach nicht mehr ausgeführt werden.   114

Eine **Ausnahme** von dieser strikt zu beachtenden Regel gilt nur für die **Fristbestimmung**. Diese erfolgt in den meisten Bundesländern noch am Schluss der Verfügung, auch wenn zuvor die Aktenversendung angeordnet wird. Insoweit logischer ist die Handhabung ua in Bayern, Baden-Württemberg und Sachsen, wo im Falle einer Versendung die Frist als vorletzter, die Versendung aber als letzter Verfügungspunkt steht.   115

Beispiel

(voller Verfügungskopf)

1. Vermerk: ...

2. Wv 10.6.

3. U m A

dem AG – Ermittlungsrichter – in Erlangen

mit dem Antrag übersandt, ...

Pfeiffer, OStA

116 Im Übrigen ist es möglich, **gleichzeitig mehrere** getrennte **Verfügungen** zu fertigen. Man sollte dies jedoch nur tun, wenn sie entweder jeweils in verschiedene Teile des Vorgangs gehören oder aber, um für Teile der Verfügung einen Vordruck zu verwenden. Im Interesse der Übersichtlichkeit und Fehlervermeidung sollte man diese Vorgehensweise aber ansonsten vermeiden und versuchen, alles in einer Verfügung zu konzentrieren. Notwendig ist eine getrennte Verfügung aber beispielsweise, wenn eine Aktenmit einer Handaktenverfügung kombiniert werden muss. Es ist dabei erforderlich, durch gegenseitige Bezugnahmen der Geschäftsstelle eine bestimmte Reihenfolge der Ausführung vorzugeben.

Beispiel

a) Verfügung in den Akten:

(voller Verfügungskopf)

1. Vfg in den HA ausführen.

2. U m A

dem Amtsgericht
– Jugendrichter –
in Wennigsen

zurückgesandt. Ich nehme die Berufung gegen das dortige Urteil vom 13. 1. zurück.

3. Wv 20. 2. (Akte nach Rückkehr an Rpfl zur Vollstreckung).

Müller, StA

b) gleichzeitige Verfügung in den HA:

(Aktenzeichen)

1. Herrn AL: Nach Durchsicht des schriftlichen Urteils sehe ich keine Aussicht, die Berufung mit Erfolg durchzuführen. Ich werde sie deshalb zurücknehmen.

2. Vfg in den Akten weiter ausführen.

Mü, 3. 2.

Bei welcher Verfügung die Geschäftsstelle auch beginnen wird, die Vorgänge (Akte und Handakte) werden stets zuerst dem AL vorgelegt (hier notwendig gemäß 14 II b OrgStA wegen der Rechtsmittelrücknahme), danach erfolgt die Übersendung der Akten (ohne Handakten) an das Gericht. Die Gründe der Rechtsmittelrücknahme sind Interna, die keinem der übrigen Verfahrensbeteiligten gegenüber offenbart werden, weshalb sie in die Handakten gehören.

III. Das Berichtswesen

Besondere Probleme bereiten die im gelegentlichen Schriftverkehr mit übergeordneten Behörden (Generalstaatsanwaltschaft, Justizministerium) zu fertigenden **Berichte**. Hierbei kommen im wesentlichen vier Berichtsformen vor: der Übersendungsbericht an die Generalstaatsanwaltschaft, falls eine Entscheidung des OLG herbeizuführen ist (etwa auf Beschwerde gegen eine Entscheidung der Strafkammer oder im Fall der §§ 121f StPO), der Übersendungsbericht auf eine Beschwerde des Anzeigeerstatters nach § 172 I 1 StPO, der Gnadenbericht und schließlich der Bericht zur Information von Generalstaatsanwaltschaft und/oder Justizministerium über bedeutendere Verfahren.   117

Beim **Übersendungsbericht** zwecks Veranlassung einer Entscheidung des OLG fungiert die Generalstaatsanwaltschaft nicht als Dienstaufsichtsbehörde, weshalb der Bericht auch von der „Staatsanwaltschaft" an die „Generalstaatsanwaltschaft" bzw an die „Staatsanwaltschaft beim dem OLG" adressiert wird. Dieser Bericht ist auch der einzige, der aus der Akte heraus verfügt und vom Dezernenten unterzeichnet werden kann.   118

Selbst dabei gibt es gelegentliche Zeichnungsvorbehalte zugunsten des AL, vornehmlich bei den **Vorlageberichten im Rahmen des Haftprüfungsverfahrens nach §§ 121f StPO**.   119

Beispiel

Staatsanwaltschaft Dresden   23. 9. 1996
12 Js 5443/96

Vfg

Eilt! Haft!

Berichten:

1. An die Generalstaatsanwaltschaft in Dresden

   Betr.: Ermittlungsverfahren gegen Robert Clausen
   wegen schweren Raubes

   hier: Haftkontrolle gemäß §§ 121, 122 StPO

   Anlagen: 2 Bände Ermittlungsakten
   1 Berichtsdoppel

   Berichtsverfasser: StA Larsen (Tel.: …)

   Hiermit werden die vorbezeichneten Anlagen zur Weiterleitung an den Strafsenat überreicht. Der Haftbefehl befindet sich auf Bl 34 Bd I dA. Der Beschuldigte befindet sich seit dem 14. 4. 1996 in Untersuchungshaft in dieser Sache in der JVA Bautzen (Bl 45 Bd I). Sein Verteidiger ist RA Martin (Vollmacht Bl 30 Bd I). Die Untersuchungshaft war nicht unterbrochen. Auf den von der Staatsanwaltschaft gestellten Antrag auf Haftfortdauer Bl 109 Bd II dA wird verwiesen. Die Vorlageverfügung der Strafkammer befindet sich Bl 112 Bd II dA.

   Ein Abschluss des Verfahrens war bislang nicht möglich. Nachdem die umfangreichen polizeilichen Ermittlungen ohne erkennbare Verzögerung am 27. 6. abgeschlossen worden waren (Bl 234 Bd I), hatte RA Martin Gelegenheit zur Akteneinsicht und zur Stellungnahme bis zum 21. 7. (Bl 240 Bd I). Aufgrund des Verteidigungsvorbringens war die psychiatrische Begutachtung des Beschuldigten notwendig geworden. Das Gutachten des Sachverständigen lag bereits am 22. 8. 1996 vor (Bl 65 Bd II). Mit Datum vom 1. 9. 1996 wurde Strafkammeranklage erhoben (Bl 98 Bd II). Die Strafkammer hat das Hauptverfahren am 20. 9. eröffnet und Hauptverhandlungstermin auf den 30. 10. bestimmt (Bl 110 Bd II). In der Vorlageverfügung Bl 112 Bd II, auf die

Bezug genommen wird, ist ausgeführt, dass wegen anderer laufender Sitzungen ein früherer Termin nicht möglich ist.

2. Dem Schreiben zu 1. eine Durchschrift sowie die Akten beifügen.

3. Frist: 13. 10.

Larsen, StA

Wegen eines **Berichts zwecks Durchführung eines Beschwerdeverfahrens** vor dem OLG vgl unten bei Rn 1007, 1011.

Bei allen **übrigen Berichtsformen** fungieren die Generalstaatsanwaltschaft und ggf auch das Justizministerium als Aufsichtsbehörden, weshalb hier als Absender (auch oder alleine) „Der Leitende Oberstaatsanwalt" angegeben wird[1]. Adressaten sind nunmehr „Herr Generalstaatsanwalt" bzw „Frau Generalstaatsanwältin". Die Berichtsverfügung erfolgt dabei aus den HA oder aus dem GnH heraus und verbleibt dort. Gezeichnet werden solche Berichte entweder vom AL oder vom BL, wobei im letzteren Fall der AL mitzeichnet. Der Dezernent hat lediglich sein Namenskürzel in die rechte untere Ecke der Berichtsverfügung zu setzen. Das Datum lässt er in der Verfügung hier ausnahmsweise offen, da dieses vom Zeichnungsberechtigten am Tage der endgültigen Unterzeichnung eingefügt wird. 120

Wird dem **Justizministerium** berichtet, so wird der Bericht diesem auf dem Dienstweg über die Generalstaatsanwaltschaft zugeleitet. Für diese ist ein Berichtsdoppel beizufügen. In Eilfällen kann dem Justizministerium auch unmittelbar über Telefax berichtet werden, allerdings ist dann ein Berichtsdoppel gesondert der Generalstaatsanwaltschaft zu ihrer Unterrichtung mit einem weiteren Übersendungsbericht zuzuleiten. 121

Die Notwendigkeit zum Bericht kann sich zum einen aus einer **Berichtsaufforderung** der vorgesetzten Behörde ergeben. Diese Aufforderung wird, wenn sie von der Generalstaatsanwaltschaft stammt, Auftrag und, wenn sie vom Justizministerium kommt, Erlass genannt. Zum anderen ist gelegentlich auch **von Amts wegen** zu berichten. Wann dies der Fall ist, ergibt sich aus den 122

---

1 Ausnahme Berlin, wo auch der Leiter der Staatsanwaltschaft „Generalstaatsanwalt" heißt.

von den Ländern weitgehend einheitlich erlassenen „Anordnungen über Berichtspflichten in Strafsachen" (sog BeStrA). Danach ist insbesondere in Strafsachen zu berichten, die in rechtlicher oder tatsächlicher Hinsicht von außergewöhnlicher Bedeutung oder an denen Persönlichkeiten des politischen Lebens, Richter, Staatsanwälte, Rechtsanwälte oder Notare beteiligt sind.

Beispiel

Beispiel einer Berichtsverfügung an das Justizministerium (Folgebericht):

123 Staatsanwaltschaft Frankfurt/Main Frankfurt/M, ...
– Der Leitende Oberstaatsanwalt –
672 Js 125644/98

Verfügung

1. Herrn/Frau AL

2. Herrn BL

3. Berichten:

An das Hessische Justizministerium
in Wiesbaden

durch die Generalstaatsanwaltschaft
in Frankfurt/Main

Betr.: Strafverfahren gegen den Rechtsanwalt und Notar Messerschmitt aus Frankfurt

wegen fahrlässiger Tötung und Trunkenheit im Verkehr

Bezug: Letzter Bericht vom 12. 11. 1999 zu 4210.3 E 175 4

Anlagen: 1 Urteilsausfertigung

Berichtsverfasser: StA Dr. Großmann (Tel. ...)

Die Strafkammer hat den Angeklagten am 7. 1. 2000 freigesprochen. Ich habe gegen das mir am 25. 2. 2000 zugestellte Urteil (siehe Anlage) vorsorglich Revision eingelegt. Angesichts der tatsächlichen Feststellungen verspricht diese allerdings keinen Erfolg, weshalb ich sie zurücknehmen werde, falls ich nicht andere Weisung erhalte.

4. Dem Bericht sind beizufügen:

a) 1 Durchschrift, auf die zu setzen ist „Für die Generalstaatsanwaltschaft in Frankfurt, Vorgänge dort zu AR 345/99"

b) 2 Ausfertigungen des Urteils Bl 156, wobei auf eine zu setzen
ist „Für die Generalstaatsanwaltschaft".

5. *(ggf, sofern eine solche noch besteht)* Berichtskontrolle Nr 45/99
löschen.

6. Dieses Blatt und eine Berichtsabschrift zu den Handakten nehmen.

7. 24. 3. (Weisung? Sonst Rücknahme Revision).

(Unterschrift des BL)   Gro, 1. 3.

Bei der **Bezugsangabe** wählt man die Formulierung „Letzter
Bericht vom …", wenn es bereits mehr als einen vorherigen Bericht
gegeben hat, ansonsten heißt es hier nur „Bericht vom …". Beim
erstmaligen Bericht ohne Aufforderung wird hier anstelle eines
Aktenzeichens die einschlägige BeStrA genannt. Wird dagegen auf
Aufforderung erstmals berichtet, werden an dieser Stelle der einschlägige Erlass bzw Auftrag näher bezeichnet.

Handelt es sich um einen Erstbericht nach der BeStrA oder um   124
einen Bericht auf Aufforderung, so ist, falls nicht auf eine bei-
gefügte Anklage oder ein Urteil Bezug genommen werden kann,
im **Berichtstext** eine ausführlichere Schilderung des Tatvorwurfes
bzw des Sachverhalts erforderlich. Hierbei ist das mutmaßliche
Informationsinteresse der vorgesetzten Behörde zu berücksichtigen
und nur das zu berichten, was voraussichtlich dort benötigt wird.
Bei einem **Erstbericht** könnte beispielsweise folgender Berichtstext
in Betracht kommen:

Beispiel

Der 45jährige Ortsbürgermeister von R-Dorf, der Landwirt Heinrich
Zimmermann, hat in der Nacht zum 4. August 1984 auf einem Feld-
weg in der Nähe von R-Dorf den von einer Viehversteigerung heim-
kehrenden Viehhändler Fritz Schulz überfallen, durch mehrere
Schläge mit einem Stein getötet und dessen Brieftasche mit etwa

9000 DM an sich genommen. Zimmermann wurde am 7. August festgenommen und befindet sich aufgrund des Haftbefehls des AG S-Stadt vom 8. August in der JVA S-Stadt. Zimmermann ist geständig.

Die Ermittlungen werden in Kürze beendet sein. Voraussichtlich wird sodann Anklage wegen Mordes in Tateinheit mit schwerem Raub zum Schwurgericht in S-Stadt zu erheben sein. Ich werde weiter berichten.

125   Vor allem bei der **Schilderung** voraussichtlichen **zukünftigen Vorgehens** muss der Wortwahl im Bericht besondere Sorgfalt gewidmet werden. So ist es teilweise üblich, die Worte „ich beabsichtige …" nur dann zu verwenden, wenn man die vorherige Billigung durch die vorgesetzte Behörde abwarten will, während die Formulierung „ich werde…" so gedeutet werden kann, dass die geplante Maßnahme durchgeführt werden wird, falls die vorgesetzte Behörde nicht umgehend widerspricht[1].

126   Bei einem noch laufenden Ermittlungs- oder Hauptverfahren ist, falls nicht ausdrücklich eine andere Weisung erteilt wird, beim Bericht an vorgesetzte Behörden von der **Beifügung der Akten** abzusehen. Ist das Verfahren hingegen abgeschlossen, so sollten die Vorgänge, sofern sie entbehrlich sind, mit übersandt werden, insbesondere bei Gnadenberichten oder Berichten auf Landtagseingaben hin. Wenn die Beifügung der Vorgänge angeordnet oder sonst unabdingbar ist, diese aber andererseits noch bei der Staatsanwaltschaft dringend benötigt werden, muss notfalls eine **Ersatzakte** angelegt werden. So kann etwa in Gnadensachen die Übersendung des VH erforderlich sein, dieses aber noch für die laufende Vollstreckung gebraucht werden. In diesen Fällen ist in der Berichtsverfügung die Anlage eines entsprechenden Ersatzvorgangs anzuordnen, welcher dann für die zwischenzeitlich notwendigen Maßnahmen bei der Behörde verbleibt.

---

1 Vgl HB-Nötzel, 955f.

(Verfügungskopf)

1. Ablichtungen fertigen von Bl 1–25, 30–35, 56–60, 62, 71–79 VH.
2. Aus Ablichtungen zu 1. Ersatz-VH bilden.
3. pp

IV. Hilfsmittel zur rationellen Arbeit

1. Die traditionellen Arbeitstechniken

Wieviel Zeit dem Dezernenten für die gründliche Durcharbeitung 127
einzelner Vorgänge angesichts der täglichen Aktenflut noch bleibt,
hängt neben der persönlichen Arbeitsgeschwindigkeit auch wesentlich davon ab, wie er seine **Arbeit organisiert** und welcher Hilfsmittel er sich bedient. Grundsätzlich gilt, dass das Bestreben schon
im eigenen Interesse, aber auch in demjenigen der anderen Verfahrensbeteiligten dahin gehen muss, ein Verfahren möglichst schnell
endgültig abzuschließen und dabei unnötigen Aktenumlauf zu vermeiden.

Zunächst sollte sich der Dezernent innerhalb seiner Behörde immer 128
um einen **„kurzen Dienstweg"** bemühen. Benötigt er Unterlagen,
beispielsweise eine Anklageabschrift, aus einem anderen Verfahren,
so sollte er diese nicht schriftlich erfordern, sondern die fragliche
Geschäftsstelle aufsuchen und sich ein Exemplar geben lassen. Er
erspart sich damit eine zusätzliche Verfügung, seiner Geschäftsstelle
Schreibarbeit und der Sache einiges an Zeit. Zudem sollte der Wert
der persönlichen Kommunikation mit den übrigen Bediensteten
nicht unterschätzt werden.

Grundsätzlich gebührt dem **Telefon** der Vorzug vor schriftlichen 129
Anfragen. Nicht alles, aber vieles, was sonst nur mit Zeitverlust
auf dem Postwege erledigt werden könnte, ist telefonisch um vieles
schneller und einfacher zu klären. Dazu gehören Rückfragen bei
Anzeigeerstattern, Zeugen, Verteidigern, Polizei, Behörden und
Sachverständigen ebenso wie Auskünfte des Einwohnermeldeam-
tes, des Js-Registers oder der Schuldnerkartei des Amtsgerichts.
Man gelangt aber nicht nur wesentlich schneller an die gewünschte

Information, sondern hat zudem die Möglichkeit, unerwartet notwendig werdende Ergänzungsfragen sofort zu stellen bzw Missverständnisse über den Zweck oder den Inhalt der Anfrage ohne Reibungsverluste aufzuklären. Vor allem aber erfährt man gesprächsweise oft mehr, als schriftlich mitgeteilt werden würde. Nicht umsonst wird das Telefon gelegentlich als das wichtigste Ermittlungsinstrument des Staatsanwalts bezeichnet.

130 Nicht nur bei fristgebundenen Erklärungen, sondern überall dort, wo eine schnelle schriftliche Kommunikation sachdienlich ist, sollte man die Möglichkeit nutzen, per **Telefax** Auskünfte einzuholen oder zu erteilen, Anträge zu stellen oder Stellungnahmen abzugeben, zumal dies teilweise sogar billiger ist als gewöhnlicher Postverkehr. Das Fax ist zudem hilfreich, wenn die andere Seite vor telefonischer Auskunfterteilung auf einer schriftlichen Anfrage für die eigenen Unterlagen besteht, was gelegentlich ua bei Versicherungen oder Banken zu beobachten ist. Der Umgang mit dem Telefaxgerät sollte daher jedem Dezernenten vertraut sein, vor allem, um bei der Bedienung nicht auf die Arbeitszeiten von Geschäftsstelle oder Kanzlei angewiesen zu sein.

131 Beim Schreiben der Verfügungen sollte sich der Staatsanwalt neben der bereits oben genannten **Konzentration aller Maßnahmen** in möglichst nur einer einzigen Verfügung auch bemühen, durch die Form der Verfügung ihre Ausführung zu erleichtern. Sofern er eine einigermaßen lesbare Handschrift hat, ist es besser, kürzere Verfügungen nicht zu diktieren sondern handschriftlich abzufassen. Eine diktierte Verfügung muss nämlich erst von der Kanzlei geschrieben und danach dem Dezernenten erneut zur Unterzeichnung vorgelegt werden, was einen Verzug von etlichen Tagen bis zur Ausführung der getroffenen Anordnungen bedeuten kann. Sind hingegen in einer Verfügung ohnehin längere Schreiben anzuordnen, so ist dem im Zweifel schneller gesprochenen und für die Kanzlei leichter zu erledigenden Diktat der Vorzug zu geben.

132 Die Landesjustizverwaltungen und die Behörden haben für eine Vielzahl von häufig wiederkehrenden Verfügungen **Formulare** entworfen, die zur handschriftlichen Ausfüllung oder sogar zur weiteren Verarbeitung auf dem PC zur Verfügung stehen. Der Dezernent sollte sich nicht scheuen, von diesen Hilfestellungen ausgiebig Gebrauch zu machen. Die Ausfüllung eines Formulares ist in aller Regel schneller beendet als die handschriftliche Abfassung oder das

Diktat. Zudem besteht eine geringere Gefahr, notwendige Formulierungen zu vergessen oder formale und inhaltliche Fehler zu machen.

Der Dezernent sollte sich vor allem auch mit der **Organisation** sei- 133
ner eigenen **Geschäftsstelle** vertraut machen. Ein vernünftiger
Geschäftstellenverwalter weiß es stets zu schätzen, wenn der Dezernent sich auch dort auskennt und einzelne Akten, die er gerade
benötigt, notfalls selbst zu finden in der Lage ist. Dies erspart nicht
nur der Geschäftsstelle Arbeit. Vielmehr kann es immer wieder vorkommen, dass die Geschäftsstelle wegen Krankheit, Urlaub, Mittagspause oder nach Dienstschluss zeitweilig unbesetzt ist, der
Dezernent aber dringend einen bestimmten Vorgang benötigt.
Nichts ist ärgerlicher, als dann nicht weiterarbeiten zu können, nur
weil die Geschäftsstelle „terra incognita" geblieben ist.

2. Computer und Internet

In vielen Behörden ist mittlerweile die Ausrüstung der Dezernenten 134
mit Computern, zumindest für bestimmte Abteilungen, entweder
geplant oder bereits erfolgt. Man sollte sich nicht scheuen, dieses
Hilfsmittel kennen- und nutzen zu lernen. Wie bei jeder Bürotätigkeit wird auch der Beruf des Staatsanwalts und Richters auf lange
Sicht ohne **Nutzung eines PC** nicht mehr denkbar sein. Allerdings
haben es die Justizverwaltungen nicht geschafft, bundesweit eine
einheitliche Ausrüstung mit bestimmten Hard- und Softwaresystemen zu vereinbaren. Sogar innerhalb einzelner Länder gibt es
unterschiedliche und nicht miteinander kompatible Anlagen bei
einzelnen Gerichten, Staatsanwaltschaften und der Polizei.

Wo die Ausstattung noch nicht so weit fortgeschritten ist, man aber 135
den PC für unerlässlich hält, um effektiv arbeiten zu können,
besteht prinzipiell natürlich die Möglichkeit, ein **eigenes Gerät** einzusetzen (wie man ja auch seinen eigenen Füllfederhalter benutzen
kann). Freilich sollte man ein solches Vorhaben der Verwaltung
anzeigen, um eventuell bereits vorhandene Anschlussmöglichkeiten an das Internet nutzen zu können und sich nicht im Nachhinein
mit versicherungstechnischen oder sonstigen Bedenken auseinandersetzen zu müssen.

Allerdings ist der PC keine Allzweckwaffe, sondern nur für diejeni- 136
gen Arbeitsabläufe sinnvoll einsetzbar, in welchen seine **spezi-**

fischen Stärken zur Geltung kommen können. So ist der Einsatz des PC als Schreibgerät nur dann sinnvoll, wenn nicht die herkömmlichen Hilfsmittel, insbesondere das Diktat, effektiver sind. Die Arbeitszeit des Staatsanwalts wird zu teuer bezahlt, als dass sie mit Schreibtätigkeiten ausgefüllt werden dürfte. Dies schließt nicht aus, insbesondere komplexere Anklagen selber am PC zu entwerfen, weil dann die Stärke der Textverarbeitung, nämlich problemlos nachträgliche Veränderungen und Verschiebungen etwa von einzelnen Tatschilderungen vornehmen zu können, genutzt werden kann. Hingegen erscheint es wenig hilfreich, längere Textpassagen wie etwa Begründungen von Einstellungsentscheidungen, die man nach kurzer Zeit aus dem Stegreif formulieren kann, selber in die Tastatur einzugeben. In solchen Fällen hat man die Sache mit dem Diktiergerät meist viel schneller vom Tisch. Dagegen ist die abschließende Überarbeitung diktierter und von der Kanzlei geschriebener Entwürfe am eigenen Bildschirm insbesondere dann zu empfehlen, wenn nicht nur Schreibfehler zu berichtigen, sondern größere Umgestaltungen vorzunehmen bleiben.

137 Auch das **Ausfüllen von Formularen am PC** ist der handschriftlichen Ausfüllung des ausgedruckten Formulars zumeist unterlegen. Dies gilt umso mehr, wenn ohnehin eine Weiterverarbeitung durch Kanzlei oder Geschäftsstelle zu erfolgen hat, weil angeordnete Schreiben in **Reinschrift** auszufertigen sind. Der geringe Zeitgewinn, der in solchen Fällen durch eine weitergehende Vorleistung des Dezernenten zu erreichen wäre, ist am Ende durch seine Belastung mit berufsunspezifischen Tätigkeiten zu teuer erkauft.

138 Der Einsatz von **Datenbankprogrammen** ist vor allem in Ausnahmefällen sinnvoll, beispielsweise bei der Erfassung und Aufbereitung komplexer und umfangreicher Vorgänge. In größeren Wirtschaftsstrafsachen sind so Geschäftsvorgänge, Liquidität und Überschuldung effektiver als durch jede „Handarbeit" zu erfassen und festzustellen. Datenbankprogramme sind aber auch tauglich zur Ordnung unübersichtlicher Vorgänge mit einer Vielzahl von Beweismitteln und Zeugenaussagen, etwa im Bereich der Bandenkriminalität oder bei anderen Großverfahren. Voraussetzung ist jedoch, dass der Dezernent mit den entsprechenden Programmen vertraut ist, was man zu Zeiten üben sollte.

Die Möglichkeit, zentrale **Rechtsprechungskarteien** oder ähnliche Informationsdateien anzulegen, auf die jeder angeschlossene

Dezernent bei Bedarf zugreifen kann, dürfte angesichts der zunehmenden Rolle des Internets für die Informationsbeschaffung mittlerweile etwas in den Hintergrund getreten sein. Soweit die Behörde einen Juris-Zugang besitzt, kann man aber über diese Sammlung auch unveröffentlichte Entscheidungen jeder Art recherchieren.

Sobald eine Behörde weitgehend vernetzt ist, erleichtert dies vor allem auch die interne Kommunikation durch die Möglichkeit, jedem angeschlossenen Teilnehmer **E-Mails** zu senden. Dies hat zum einen den Vorteil, dass man – anders als bei telefonischer Kommunikation – nicht darauf angewiesen ist, dass der Empfänger gerade in seinem Zimmer weilt. Zum anderen ist diese Form der Mitteilung um vieles schneller als die normale schriftliche Kommunikation, die auf den Transport durch Wachtmeister angewiesen ist und daher oft einen Tag oder länger benötigt, um ans Ziel zu gelangen. Soweit sich solche Mitteilungen auf ein Verfahren beziehen, darf aber nicht vergessen werden, dass abgesandte bzw empfangene E-Mails wegen des Gebots der Aktenvollständigkeit auszudrucken und der Akte beizugeben sind. **139**

In einigen Behörden ist es bereits möglich, auch das **Internet** für Recherchen und Kommunikation zu nutzen. Hierbei wird es – von den Fällen der Internetkriminalität abgesehen – weniger um unmittelbare Ermittlungen in einzelnen Verfahren gehen, sondern überwiegend um die Gewinnung von mittelbar bedeutsamen Erkenntnissen und Informationen allgemeiner Natur. Wegen des ständig wechselnden Angebots sollen an dieser Stelle nur einige wenige Adressen genannt werden[1], wobei hier nur kostenlose Dienste oder solche genannt werden, die lediglich eine kostenfreie Nutzerregistrierung verlangen: **140**

Nichtjuristische Informationen: **141**

Reiseverbindungsauskunft der Bahn (einschließlich Fahrkartenbestellungen): www.reiseauskunft.bahn.de

Auskunft der Deutschen Lufthansa (einschließlich Buchungsservice): www.lufthansa.com

Telefonauskunft: www.teleauskunft.de

Gelbe Seiten: www.gelbe-seiten.de

---

1 Weitere nützliche Adressen bei HB-Messer, S 202ff.

Ortspläne: www.mapquest.de; www.falk.de

Metasuchmaschinen: meta.rrzn.uni-hannover.de

Juristische Informationen:

Gesetzestexte: www.staat-modern.de/gesetze; lawcrawler.findlaw.com

Aktuelle Gesetzgebungsvorhaben, BT-Drucksachen: dip.bundestag.de

Gesetzblätter, BR-Drucksachen: www.parlamentspiegel.de

Urteilsdatenbanken: www.bundesgerichtshof.de; www.caselaw.de

Juristische Fakultäten (über die Linksammlung der Universität Saarbrücken): www.jura.uni-sb.de/internet/jurfak.html

Linksammlungen: www.rechts-links.com; www.jura-lotse.de; www.zurecht.de/xlinks.htm; www.kochheim.de/edv-workshop

V. Umgang mit Publikum und Medien

Literatur: Schroers: Versteckte Probleme bei der Zusammenarbeit zwischen Staatsanwaltschaften und Medien, NJW 1996, 969ff.

142   Der Staatsanwalt hat zwar staatliche Strafverfolgungsinteressen wahrzunehmen, er dient mit seiner Arbeit aber auch dem einzelnen Bürger. Dies bestimmt auch sein **Verhalten gegenüber dem Publikum**.

143   Im schriftlichen und mündlichen Umgang sind unabhängig davon, ob mit dem Beschuldigten oder einem anderen Beteiligten kommuniziert wird, die allgemein üblichen Formen der **Höflichkeit** zu wahren. Dazu gehört es auch, dass Fragen nach dem Stand einer Angelegenheit soweit tunlich umgehend beantwortet werden. Der Dezernent sollte sich niemals nur hinter seiner Unzuständigkeit verschanzen, sondern dem Ratsuchenden immer einen geeigneten Weg aufzeigen, die gewünschte Information oder Hilfe zu erhalten. Keinesfalls darf das Gegenüber, wer immer es auch sei, von oben herab behandelt werden. Notwendige Anordnungen erfolgen nicht im Befehlston, sondern ggf zwar nachdrücklich, jedoch stets in verbindlichem Ton.

Es ist selbstverständlich, dass der Staatsanwalt **gegenüber dem**   144
Beschuldigten[1] ein Mindestmaß an Distanz wahren muss, schon
um in diesem nicht unberechtigte und später enttäuschte Hoffnun-
gen zu erwecken. Auch darf das Entgegenkommen in der Form
nicht zu einem unangemessenen Nachgeben in der Sache führen.
Oft erfordert dies Härte gegenüber nur zu verständlichen Bitten,
echten und vorgetäuschten Tränen oder Versprechungen, insbesondere wenn es um Fragen der Strafvollstreckung geht. Die Ablehnung eines Gnadengesuchs etwa mag schriftlich leicht fallen, ist
aber gegenüber dem persönlich anwesenden Verurteilten nicht
immer einfach. Hier muss mit Einfühlungsvermögen dargelegt
werden, warum so und nicht anders entschieden werden konnte.
Zugleich sollte dies aber mit einem nachdrücklichen Ernst geschehen, der die Endgültigkeit der getroffenen Entscheidung sofort
erkennen lässt.

Jede Staatsanwaltschaft hat ihre amtsbekannten **Querulanten**, die   145
dem Dezernenten mit unbegründeten Anzeigen, Eingaben,
Beschwerden und Anträgen das Leben schwer zu machen suchen.
Das Vorbringen dieser Querulanten kann natürlich nicht ungeprüft
bleiben, weil sich in Ausnahmefällen auch ernstzunehmende
Inhalte darunter finden. Jedoch ist mit dem gebotenen Misstrauen
zu untersuchen, ob überhaupt Maßnahmen geboten erscheinen.

Sind **Bescheide** oder Schreiben an derartige Personen zu fertigen,
so müssen diese ganz besonders knapp und sorgfältig formuliert
werden, weil jede Ungenauigkeit oder auch ein bloßer Schreibfehler
sofort weitere Beschwerden auslösen können.

Bei bekanntermaßen geistig verwirrten oder völlig uneinsichtigen
Personen kann es angezeigt sein, diesen gegenüber gar nicht zu reagieren. Manchmal ist es angebracht, zwar einen einmaligen
Bescheid zu erteilen, darin aber zugleich anzudrohen, künftige Eingaben desselben Inhalts nicht mehr zu beantworten.

Presse, Rundfunk und Fernsehen haben ein berechtigtes Interesse,   146
über Vorgänge von öffentlichem Interesse schnell und richtig informiert zu werden. Andererseits ist es leider aber auch so, dass
bereits das Bekanntwerden staatsanwaltschaftlicher Ermittlungen
für den Betroffenen einen sozialen Makel und die öffentliche Vorverurteilung bedeuten kann. Oftmals ist selbst die später bekannt-

---

1 Zum Umgang mit Verteidigern vgl unten bei Rn 354ff.

gegebene Verfahrenseinstellung nicht geeignet, sämtliche aus der Publizierung des Verfahrens einmal erwachsenen Nachteile wieder zu beseitigen. Im Interesse der Betroffenen muss deshalb sorgfältig abgewogen werden, ob und ggf welche Informationen an die Medien weitergegeben werden können. Dabei ist zu beachten, dass die Presse ein anderes Informations- und Tatsachenverständnis hat, auf Grund dessen sie als Fakt interpretiert, was noch unter dem Vorbehalt der Unschuldsvermutung steht[1]. Die oft nicht juristisch ausgebildeten Journalisten sind zudem nur bedingt in der Lage, bedeutsame Nuancen in der Wortwahl (zB den Unterschied von Geldauflage, Geldbuße und Geldstrafe) zu verstehen. Aus demselben Grund besteht die Gefahr, dass sie umfangreichere Informationen aus redaktionellen Gründen nur verkürzt veröffentlichen, dabei aber der Information durch unbedachte Selektion vermeintlich unwesentlicher Details eine völlig neue und ungewollte Dimension verleihen.

147 Für die schwierige Abwägung zwischen Individual- und Allgemeininteresse sind bei den meisten Staatsanwaltschaften erfahrene Staatsanwälte oder Abteilungsleiter als **Pressesprecher** bestellt. Diese allein dürfen Auskünfte erteilen. Selbst die unverfänglichsten Fragen aus Kreisen der Medienvertreter sollte der Staatsanwalt deshalb nicht beantworten, sondern an den Pressesprecher weiterverweisen. Im Übrigen ist die Institution des Pressesprechers den Medien selbstverständlich bekannt; gleichwohl versuchen es einzelne Reporter immer wieder, die gelegentlich notwendig restriktive Informationspolitik der Staatsanwaltschaft dadurch zu unterlaufen, dass sie unmittelbar an den Sachbearbeiter herantreten, dem sie ein Mehr an Information zu entlocken hoffen.

148 Gegenüber dem Pressesprecher kann der Dezernent natürlich völlig offen sein (sofern es sich nicht um eine auch behördenintern geheime oder vertrauliche Sache handelt). Er muss diesen aber darauf hinweisen, wenn eine Veröffentlichung die **sachgemäße Durchführung des Verfahrens erschweren** würde.

149–159 *Frei.*

---

1 Beispiele bei Schroers, NJW 1996, 970.

C. Das Ermittlungsverfahren

I. Die Zuständigkeit des Staatsanwalts

Bei der erstmaligen Vorlage eines Ermittlungsvorgangs hat der Staatsanwalt zunächst zu prüfen, ob er für die Bearbeitung überhaupt zuständig ist. Dabei ist einmal die **Zuständigkeit der Behörde** zu beachten. Sie richtet sich gemäß § 143 I GVG nach der Zuständigkeit der Gerichte, für welche die jeweilige Staatsanwaltschaft eingerichtet ist, also nach den §§ 1–13 StPO, 24, 74ff, 120 GVG. Allerdings erlaubt es § 143 IV GVG abweichend von diesem Grundsatz, einer Staatsanwaltschaft bestimmte Strafsachen für den Bezirk mehrerer Behörden zuzuweisen. Solche bezirksübergreifenden Zuständigkeitskonzentrationen sind für größere Wirtschaftsstrafsachen üblich (die sog Zentralstellen für Wirtschaftsstrafsachen, entsprechend der Regelung in § 74c III GVG), kommen aber beispielsweise auch für OK, Korruption, Betäubungsmittelkriminalität oder die Verbreitung pornographischer Schriften in Frage.

160

Ist bei der eigenen Staatsanwaltschaft keine Zuständigkeit begründet, so muss weiter geprüft werden, ob bestimmte Ermittlungshandlungen wegen **Gefahr im Verzug** keinen Aufschub dulden. Diese hat nämlich auch ein an sich unzuständiger Staatsanwalt sofort zu veranlassen (§ 143 II GVG). Ein solcher Fall läge beispielsweise vor, wenn Durchsuchungen durchzuführen sind, deren Erfolg in Frage gestellt wäre, würde nicht sofort zugegriffen.

161

Wenn die eigene Behörde unzuständig ist und auch keine weiteren Sofortmaßnahmen erforderlich sind, wird das Verfahren **an die zuständige Staatsanwaltschaft abgegeben**. Die entsprechende Verfügung könnte wie folgt lauten:

162

Beispiel

Staatsanwaltschaft Bielefeld
142 Js 34566/99

12. 6. 1999

Verfügung

1. U m A

der Staatsanwaltschaft Essen

mit der Bitte um Übernahme des Verfahrens übersandt. Tatort und Wohnort des Beschuldigten liegen im dortigen Bezirk. Hier ist dagegen keine Zuständigkeit ersichtlich. Ich bitte um Übernahmenachricht und Benachrichtigung des Anzeigeerstatters von dort aus.

2. 6. 7.

Köstner, StAin

163 Der Dezernent der Staatsanwaltschaft, an welche die Sache abgegeben werden soll, hat nunmehr zu entscheiden, ob er das Verfahren übernimmt. Er muss dies tun, wenn seine Behörde zuständig ist, ansonsten darf er es nicht. Die möglicherweise auch bestehende **Zuständigkeit einer dritten Behörde** stellt dabei kein Entscheidungskriterium dar, vielmehr ist alleine auf die abgebende und die angerufene Staatsanwaltschaft zu schauen. Es darf also nicht sein (wie es freilich leider häufig geschieht), dass der Streit zwischen zwei Behörden, welche von beiden vorrangig zuständig ist, auf dem Rücken einer unzuständigen Behörde, bei der das Verfahren zufällig anhängig gemacht wurde, ausgetragen wird mit der Folge, dass es dieser nicht gelingt, die Sache abzugeben. In solchen Konstellationen hat vielmehr die zuerst angerufene der prinzipiell zuständigen Staatsanwaltschaften das Verfahren von der abgebenden Behörde zu übernehmen. Anschließend mag dann die übernehmende Staatsanwaltschaft ihrerseits versuchen, die Sache an eine vermeintlich noch eher zur Verfolgung berufene Behörde abzugeben[1].

164 Bis zur Entscheidung über die **Übernahme** ist das Verfahren noch bei der abgebenden Behörde anhängig. Erst nach Eingang der Übernahmenachricht erfolgt die Austragung im dortigen Js-Register und das Weglegen der Handakte. Die Übernahme geschieht zB wie folgt:

Beispiel

StA Essen   22. 6. 1999

                                    Vfg

1. Das Verfahren wird übernommen.

2. Übernahmenachricht an StA Bielefeld zu 142 Js 34566/99.

---

1 Vgl Rn 172.

3. Eintragen als Js-Sache gegen … wegen …

4. Mitteilung an Anzeigeerstatter Gottschlich (Bl 1), dass das Verfahren nunmehr hier geführt wird.

5. pp *(weitere Anordnungen in der Sache selbst)*.

Meinersen, StAin

Eine **Ablehnung der Übernahme** erfolgt also nur, wenn sich die angerufene Staatsanwaltschaft überhaupt nicht oder die abgebende für eher zuständig hält. Die Ablehnung sollte in jedem Fall kurz begründet werden.   **165**

Beispiel

StA Essen   22. 6. 1999

Vfg

1. Frau AL III zK[1].

2. Hier austragen.

3. U m A

   der StA Bielefeld
   zu 142 Js 34566/99

   unter Ablehnung der Übernahme zurückgesandt. Der Tat- und Wohnort X-Stadt liegt entgegen der dortigen Annahme nicht im hiesigen Bezirk, sondern in demjenigen der StA Paderborn. Ich rege an, das Verfahren nach dort abzugeben.

Meinersen, StAin

Bestehen in tatsächlicher Hinsicht **Unklarheiten** über die Zuständigkeit der angerufenen Staatsanwaltschaft, so kann diese vor einer Entscheidung über die Übernahme prüfen lassen, ob sie tatsächlich zur Verfolgung berufen ist. Dies darf allerdings nicht zu vermeidbaren Verzögerungen in der Sache selbst führen.   **166**

---

1 Vgl Rn 34.

Beispiel

(voller Verfügungskopf)

1. Übernahme bleibt vorbehalten.

2. U m A

   der Polizei in X-Stadt

   mit der Bitte um Überprüfung, ob sich der Beschuldigte tatsächlich dort unter der Anschrift Bl 45 dA aufhält. Sollte dies der Fall sein, so bitte ich, ihn verantwortlich zu vernehmen, andernfalls um sofortige Rückgabe der Akte.

3. Frist: 20. 7. (Beschuldigter hier aufhältig? Übernahme oder deren Ablehnung?)

   Meinersen, StAin

167 Können sich zwei Behörden über Abgabe und Übernahme nicht einigen, so wird der **Zuständigkeitsstreit** im Wege der Dienstaufsicht durch die Generalstaatsanwaltschaft, wenn beide zu demselben Bezirk gehören, durch das Justizministerium, wenn beide in demselben Bundesland liegen, und ansonsten durch den Generalbundesanwalt gemäß § 143 III GVG entschieden.

168 Es kommt häufiger vor, dass für ein Verfahren an sich mehrere Gerichte und damit auch mehrere Staatsanwaltschaften zuständig wären, wenn etwa der Tatort (§ 7 StPO) in Köln, der Wohnort des Beschuldigten (§ 8 StPO) in Essen und sein Ergreifungsort (§ 9 StPO) in Dortmund liegen, ferner aber noch in München ein weiteres Verfahren gegen ihn wegen einer dort begangenen Tat geführt wird (§ 13 StPO). Bei diesen Fällen **konkurrierender Zuständigkeit** besteht grundsätzlich der **Vorrang des Tatortes** (Nr 2 I RiStBV), allerdings mit einigen Ausnahmen.

169 Zunächst kann es vorkommen, dass Tatorte im Bezirk mehrerer Staatsanwaltschaften zu finden sind. In derartigen Fällen verlangt Nr 25 RiStBV die Verbindung zu einem **Sammelverfahren**. Für die zentrale Bearbeitung ist die Behörde zuständig, in deren Bezirk der Schwerpunkt des Verfahrens liegt. Die **Bestimmung des Schwerpunkts** richtet sich dabei nicht einseitig nach der Zahl der Taten, sondern ist das Ergebnis einer zusammenfassenden Betrachtung

aller Umstände. Dabei sind neben anderen Kriterien auch der Sitz einer Organisation oder einer geschäftlichen Niederlassung, aus welcher heraus die Taten begangen wurden, sowie der Wohnsitz des Beschuldigten zu berücksichtigen (Nr 26 II RiStBV). Der Nachteil einer solchen, an sich sachlich richtigen Zusammenschau vieler einzelner Gesichtspunkte besteht darin, dass die Bewertung je nach Interessenlage von abgebender oder angerufener Staatsanwaltschaft eine andere sein kann, Zuständigkeitsstreitigkeiten somit vorprogrammiert sind. Ist ein Schwerpunkt nicht feststellbar, so gebührt der zuerst mit einem Teil des Sachverhalts befassten Staatsanwaltschaft der Vorrang (Nr 26 III RiStBV).

Betrifft das Verfahren einen **Jugendlichen**, so ist statt des Tatortes in erster Linie sein Aufenthaltsort bzw der Ort des für ihn zuständigen Vormundschaftsrichters oder Vollstreckungsleiters maßgebend (§ 43 II JGG). Bei Heranwachsenden gilt dies grundsätzlich entsprechend, sofern nicht wegen einer Vielzahl am Tatort wohnender Zeugen diesem ausnahmsweise aus prozessökonomischen Gründen der Vorzug zu geben ist[1].   170

Daneben gibt es **Vereinbarungen der Generalstaatsanwälte** über abweichende Zuständigkeitsregeln für bestimmte Gruppen von Delikten, nämlich für (maßgeblicher Ort *kursiv* in Klammern):   171

a) Unterhaltspflichtverletzungen (*Wohnsitz des Unterhaltsberechtigten*),

b) Vergehen nach den §§ 15, 16 WStG durch Nichtbefolgen des Einberufungsbescheides zum Grundwehrdienst oder zur Wehrübung (*Wohnort des Beschuldigten*),

c) Vergehen nach den §§ 15, 16 WStG in allen übrigen Fällen (*Standort der Truppe*),

d) Vergehen nach den §§ 52, 53 Zivildienstgesetz durch Nichtbefolgen des Einberufungsbescheides (*Wohnort des Beschuldigten*),

e) Straftaten unlauterer Werber von Verlagsprodukten (*Wohnort des Beschuldigten*),

f) Verfahren wegen § 6 UWG gegen freie Mitarbeiter der Organisatoren von Pyramiden- oder Schneeballsystemen (*Sitz der Organisation; nach vollständiger Aufklärung der Personal- und Organisationsstruktur Abgabe an Wohnortbehörde*),

---

1 §§ 43, 108 JGG, RiJGG 108,1; BGH bei Böhm NStZ 1987, 443.

g) Straftaten von Ausländern gegen AuslG und AsylVfG sowie das Erschleichen von Sozialleistungen durch Ausländer, auch wenn daneben tateinheitlich weitere Delikte oder tatmehrheitlich typischerweise mit den genannten Delikten zusammenhängende Straftaten vorliegen (*Wohnort des Beschuldigten*)[1],

h) Vergehen nach den §§ 264, 265b StGB (*Firmensitz des Subventions- oder Kreditnehmers*),

i) Illegale Beschäftigung von Arbeitnehmern nach den §§ 227, 227a AFG, 406, 407 SGB III, 263, 266a StGB, 370 AO, 15, 15a AÜG, 92, 92a, 92b AuslG (*Firmensitz des Arbeitgebers bzw Verleihers*),

j) Sammelverfahren wegen strafbarer Einlösung von Euroschecks (*Sitz der Filiale des bezogenen Kreditinstituts mit den meisten Geschädigten, sonst der Ort mit den meisten Einlösungen*),

k) Ermittlungsverfahren wegen missbräuchlicher Benutzung der Bahncard und wegen Beförderungserschleichung zum Nachteil der Deutschen Bahn AG (*Wohnsitz des Beschuldigten; falls ein solcher nicht existiert oder der Beschuldigte vor Anklageerhebung den Wohnsitz wechselt: Ort des Fahrtantritts*),

l) Ermittlungsverfahren wegen Verbreitens strafrechtlich relevanter Filme, Ton- und Bildträger einschließlich Computerspiele, Rundfunk- und Fernsehsendungen (*Erscheinungsort*),

m) Missbrauch der Zugangsdaten zu Computer-Netzwerken und Internet nach den §§ 202a, 303a, 303b StGB (*bei Einwahl aus dem Festnetz: Ort des Anschlusses; bei Einwahl über einen Mobilanschluss: Sitz des Mobilanschlussinhabers*).

172 **Abgabe- und Übernahmeverfahren** bei konkurrierender Zuständigkeit entsprechen dem bei Unzuständigkeit einer Behörde[2] mit der Maßgabe, dass nunmehr die Übernahme oder Ablehnung allein davon abhängt, ob die übernehmende gegenüber der abgebenden Behörde in ihrem Bezirk eine stärkere oder schwächere Zuständigkeit begründet sieht. Auch hier ist eine möglicherweise bestehende Drittzuständigkeit prinzipiell kein Grund, die Übernahme zu verweigern. Anders wäre dies nur, wenn bereits eine dritte Behörde

---

1 Nach einem Beschluss der Justizminister ist in Abweichung zu dieser Vereinbarung bei Feststellung einer Mehrfachidentität von Ausländern ein Sammelverfahren durch diejenige Staatsanwaltschaft zu führen, in deren Bezirk die Tat erstmals aufgefallen ist.
2 Vgl oben Rn 162ff.

ein Sammelverfahren eröffnet hat. Bei der Abgabe zwecks Initiierung eines Sammelverfahrens sind die speziellen Vorschriften von Nr 27 RiStBV zu beachten.

Hat das Verfahren **Ordnungswidrigkeiten** zum Gegenstand, so ist gemäß § 42 OWiG auch für deren Verfolgung die sachliche Zuständigkeit des Staatsanwalts gegeben, solange zugleich der Verdacht einer mit den Ordnungswidrigkeiten zusammenhängenden Straftat besteht[1]. Entfällt dieser Verdacht, so hat dies automatisch auch den Verlust der Zuständigkeit für die Verfolgung übrigbleibender Ordnungswidrigkeiten zur Folge. Das Verfahren ist dann an die zuständige Verwaltungsbehörde abzugeben. 173

Beispiel

StA Braunschweig   31. 10. 2001
142 Js 32457/01

Verfügung

1. Vermerk: Der Beschuldigte hat offensichtlich erstmals den ihm zum Aufenthalt zugewiesenen Landkreis Goslar verlassen. Es liegt daher keine wiederholte Zuwiderhandlung im Sinne von § 85 Nr 2 AsylVfG vor.

2. Verfahrenseinstellung gemäß § 170 II StPO aus den Gründen zu Ziff 1, soweit der Verdacht einer Straftat besteht.

3. Kein Bescheid, weil Ermittlungen von Amts wegen eingeleitet wurden.

4. Keine Einstellungsnachricht, weil Beschuldigter nicht vernommen wurde.

5. U m A

   dem Landkreis Goslar
   Ausländerstelle des Ordnungsamtes

---

1 Eine Ausnahme kann aufgrund § 36 I Nr 2a, II OWiG für bestimmte Ordnungswidrigkeiten nach dem jeweiligen Landesrecht gelten, zB für Ordnungswidrigkeiten nach den §§ 8 Rechtsberatungsgesetz, 115 OWiG. Deren Verfolgung obliegt in einigen Ländern originär der Staatsanwaltschaft, die insoweit Verwaltungsbehörde im Sinne von § 35ff OWiG ist.

gemäß § 43 I OWiG zur Verfolgung der etwaigen Ordnungswidrigkeit nach § 86 AsylVfG in eigener Zuständigkeit übersandt.

Ich bitte um Mitteilung des Aktenzeichens, unter dem das dortige Verfahren geführt wird.

6. 17. 11. (Az Landkreis? Dann Mitteilung an Js-Register und weglegen).

Starnberg, StAin

174 Ist zwar die richtige Staatsanwaltschaft mit der Sache befasst, jedoch der Staatsanwalt aufgrund der Regelungen des Geschäftsverteilungsplans **innerbehördlich unzuständig**, so hat er die Abgabe an den zuständigen Dezernenten zu verfügen. Dies erfolgt allerdings nicht aus den Akten heraus, sondern als interne Angelegenheit durch eine Handaktenverfügung.

Beispiel

124 Js 4776/01

Vfg

1. U m HA und A

(*ggf:* über Frau/Herrn AL ...
und Frau/Herrn AL ...)[1]

Frau Dezernentin 129 vorgelegt mit der Bitte um Übernahme des Verfahrens zu dem dort bereits anhängigen, älteren Verfahren 129 Js 432/01. Um Übernahmenachricht wird gebeten.

2. 16. 10. (Ü-Nachricht?)

Mü, 2. 10.

---

1 Ob eine Abgabe über die betroffenen AL erfolgt oder unmittelbar zwischen den Dezernenten, hängt von den Regelungen des Geschäftsverteilungsplans ab. Dass es sich um eine Handaktenverfügung handelt, ist aus der Formulierung „U m HA und A" erkennbar. Der maßgebliche Teil des Vorgangs wird stets zuerst genannt.

Da die Handakte in diesem Fall mit versandt wird, muss die 175
Geschäftsstelle ein **Ersatzretent** anlegen, um die Frist zu überwachen. Auch hier ist es so, dass erst mit der Übernahmenachricht
die Austragung im alten Dezernat erfolgen darf.

II. Die Einleitung des Verfahrens

Literatur: Ambos: Der Fall Pinochet und das anwendbare Recht, JZ 1999,
16ff; Brocker: Umfang und Grenzen der Immunität des Abgeordneten im
Strafverfahren, GA 2002, 44ff; Eisenberg/Conen: § 152 II StPO: Legalitätsprinzip im gerichtsfreien Raum? NJW 1998, 2241ff; Heghmanns: Öffentliches und besonderes öffentliches Interesse an der Verfolgung von Softwarepiraterie, NStZ 1991, 112ff; Kockel/Vossen-Kempkens: Zur Sachbehandlung von unschlüssigen, haltlosen, beschimpfenden, sich inhaltlich
wiederholenden „querulatorischen" Strafanzeigen, NStZ 2001, 178ff; Krause: Verfolgungspflicht bei privater Kenntnis und Strafvereitelung im Amt,
JZ 1984, 548ff.

Die Einleitung und Durchführung des Ermittlungsverfahrens erfor- 176
dert zumindest den **Anfangsverdacht** einer Straftat (§ 152 II StPO).
Fehlt dieser von Anfang an oder entfällt er im Zuge der Ermittlungen, so ist das Verfahren unverzüglich gemäß § 170 II StPO einzustellen[1].

Liegt der Anfangsverdacht vor, so gebietet das **Legalitätsprinzip** 177
grundsätzlich die Verfolgung mit dem Ziel von Herstellung oder
Ausschluss des hinreichenden Tatverdachts zum Zwecke der Entscheidung über die Anklageerhebung. Allerdings wird der Verfol-
gungsgrundsatz durch das **Opportunitätsprinzip**, welches insbesondere in den Regelungen der §§ 153ff, 376 StPO, 45, 47 JGG
zum Ausdruck kommt, relativiert.

Für den Staatsanwalt bedeuten diese Grundsätze, dass er sich **in** 178
jeder Lage des Verfahrens, also schon bei seiner ersten Verfügung,
zu fragen hat,

a) ob (noch) zumindest ein Anfangsverdacht besteht oder ob dieser
nie bestanden hat bzw mittlerweile entfallen und das Verfahren
daher einzustellen ist,

---

1 BGH NStZ 1988, 510.

b) ob bei Annahme zumindest eines Anfangsverdachts ein Grund vorliegt, das Verfahren aus Opportunitätserwägungen einzustellen,

c) ob in den verbleibenden Sachen schon hinreichender Tatverdacht besteht, also bereits über die Anklage zu entscheiden ist, oder ob dieser nicht mehr erreichbar erscheint, das Verfahren daher einzustellen wäre.

Danach bedarf es **weiterer Ermittlungen** nur, wenn der Anfangsverdacht fortbesteht und ein hinreichender Tatverdacht zwar nicht vorliegt, aber noch möglich erscheint, sowie ferner kein Grund zur Einstellung aus Opportunitätserwägungen besteht. In allen übrigen Fällen ist das Verfahren entweder **anzuklagen oder einzustellen**.

1. Anfangsverdacht

179 **Anfangsverdacht** besteht, wenn es nach kriminalistischen Erfahrungen möglich erscheint, dass eine verfolgbare Straftat vorliegt[1]. Es muss also eine gewisse, wenn auch noch relativ geringe Wahrscheinlichkeit bestehen, dass sich ein Sachverhalt, der unter eine Strafnorm subsumierbar ist, ereignet hat. Ferner müssen die Prozessvoraussetzungen vorliegen oder zumindest ihr Fehlen als behebbar erscheinen[2].

180 Völlig außerhalb der Realität liegende Sachverhaltsschilderungen genügen diesen Anforderungen ebensowenig wie die lediglich pauschale Beschuldigung, man sei betrogen worden, wenn dazu keinerlei diese Behauptung stützende Tatsachen vorgetragen werden. Hingegen ist es nicht notwendig, dass bereits die **Person** des Beschuldigten oder eines Tatverdächtigen bekannt ist. Dessen Ermittlung ist ja oft gerade erst das Ziel der Strafverfolgungsbehörden. Folglich genügt es, wenn überhaupt eine lebende[3] natürliche Person als grundsätzlich ermittelbarer Verantwortlicher einer möglichen strafbaren Handlung in Betracht kommt.

181 Ob letztlich die Voraussetzungen von § 152 II StPO zu bejahen sind, liegt nicht etwa im Ermessen der Staatsanwaltschaft. Vielmehr han-

---

1 KM Rn 4 zu § 152 StPO.
2 LR-Rieß Rn 23ff, 30 zu § 152 StPO.
3 Selbstverständlich ist gegen Tote nicht mehr zu ermitteln, weil diese auch nicht mehr strafrechtlich zur Verantwortung gezogen werden können.

delt es sich bei der Figur des Anfangsverdachts um einen unbestimmten Rechtsbegriff, der auszulegen und auf den konkreten Fall anzuwenden ist. Allerdings besteht dabei ein **Beurteilungsspielraum**, der, ähnlich wie bei Prüfungsentscheidungen, dem Staatsanwalt bei der Subsumtion auf den konkreten Sachverhalt in Grenzen einen gewissen Freiraum lässt, eigenverantwortlich seine Entscheidung auf der Basis seiner persönlichen kriminalistisch-forensischen Erfahrungen und notgedrungen subjektiven Bewertungen zu treffen. Jede danach zumindest als vertretbar zu bewertende Einschätzung des Sachverhalts ist deshalb korrekt und damit zugleich rechtmäßig[1].

Völlig unerheblich ist es, wie der Staatsanwalt Kenntnis von der Tat erlangt hat, solange dies nicht über illegale Ermittlungsmethoden[2] geschieht. Deshalb sind auch **anonyme Anzeigen** grundsätzlich zu prüfen (Nr 8 RiStBV), allerdings mit besonderer Vorsicht. Hier wird ein Anfangsverdacht nur zu bejahen sein, wenn die Tatschilderung in sich plausibel erscheint. Stammt eine solche Anzeige aus dem näheren sozialen Umfeld des Beschuldigten, was man gelegentlich an detaillierten Schilderungen persönlicher Umstände erkennen kann, so mag sich gerade darin ein nachvollziehbares Motiv für ihre Anonymität finden. In solchen Fällen ist die Anonymität nicht von vorneherein ein Indiz gegen den Wahrheitsgehalt der Anzeige. Erhebt jedoch ein offensichtlich Außenstehender anonym Vorwürfe etwa gegen Bedienstete einer Behörde, so beruht die Anonymität oft genug darauf, dass der Anzeigende gerade wegen des zweifelhaften Inhalts seiner Darstellungen für diese nicht einstehen will. Derartige Anzeigen stellen daher in der Regel keinen Grund für ein Einschreiten dar. | 182

Bei **Selbstanzeigen** wird der Staatsanwalt nur ermitteln, wenn der Anzeigende die Tat entweder einräumt oder sie trotz seines Bestreitens denkbar erscheint. Wird hingegen eindeutig nur die behördliche Feststellung der Unschuld beabsichtigt und erscheint ein anderes Ergebnis eines Verfahrens auch nicht als realistisch, so liegen keine zureichenden Anhaltspunkte für eine Straftat im Sinne von § 152 II StPO vor. | 183

---

1 Vgl LR-Rieß Rn 28 zu § 152 StPO, BGH NStZ 1988, 510, 511; kritisch Eisenberg/Conen NJW 1998, 2241ff.
2 ZB eine von § 100a StPO nicht gedeckte Telekommunikationsüberwachung, vgl KM Rn 21 zu § 100a StPO.

184 Dienstlich erlangtes Wissen ist für den Staatsanwalt stets Anlass einer Verdachtsprüfung und ggf der Verfahrenseinleitung. Bei **außerdienstlich erlangter Kenntnis** einer Straftat darf er jederzeit ein Verfahren einleiten, etwa wenn er in einem Zeitungsartikel von einem Sachverhalt erfährt, der möglicherweise auch strafrechtlich von Relevanz ist. Er ist darüber hinaus zur Weitergabe seines Wissens an seine Behörde verpflichtet, sofern es sich um ein schwerwiegendes Delikt handelt. Die Abgrenzung ist hier allerdings im einzelnen unklar und höchst umstritten[1].

185 Bei **verworrenen, unklaren** oder **formal ungenügenden Anzeigen** muss der Staatsanwalt jedenfalls dann, wenn die Mängel offenbar auf der Ungeschicklichkeit oder dem Unvermögen eines prinzipiell gutwilligen Anzeigeerstatters beruhen, sich schriftlich auszudrücken, versuchen, diese Mängel zu beheben, um eine Beurteilung der Verdachtslage überhaupt zu ermöglichen. Es empfiehlt sich in derartigen Fällen, den Vorgang der örtlichen Polizei mit der Bitte zuzuleiten, den Anzeigeerstatter vorzuladen und ergänzend dazu zu vernehmen, was er dem Beschuldigten zur Last lege.

186 Anzeigen eines amtsbekannten **Querulanten** oder Geistesgestörten freilich geben dann, wenn sie zudem keinen zureichenden Sachvortrag enthalten, keinen Grund, überhaupt etwas zu veranlassen. In diesem Fall wäre sofort der Anfangsverdacht zu verneinen und das Verfahren einzustellen. Ist hingegen die Anzeige in sich nachvollziehbar und plausibel, so darf man sie nicht allein wegen ihres Urhebers als haltlos einstufen[2], zumal dies ausschlösse, dass auch einem Querulanten einmal tatsächliches Unrecht geschehen könnte. Dass dies aber eine ihrerseits wirklichkeitsfremde Fehleinschätzung wäre, liegt auf der Hand.

187 Sobald nach diesen Grundsätzen materiell ein Anfangsverdacht vorliegt, ist weiter zu überlegen, ob die **formellen Voraussetzungen** eines Verfahrens vorliegen und ob insbesondere keine Verfahrenshindernisse bestehen. Dazu zählen unter anderem die fehlende

---

1 Vgl BGHSt 12, 277, 280f, wo eine Anzeigepflicht bei Berührung „der Belange der Öffentlichkeit und der Volksgesamtheit" angenommen wird; ebenso OLG Köln NJW 1981, 1794 und OLG Karlsruhe NStZ 1988, 503; Roxin § 37 Rn 3 stellt auf den Katalog von § 138 StGB ab; ablehnend LR-Rieß Rn 29 zu § 160 StPO, Krause JZ 1984, 548ff.
2 Kockel/Vossen-Kempkens NStZ 2001, 179.

deutsche Gerichtsbarkeit, Immunität, fehlender Strafantrag oder Verjährung.

a) Exterritorialität

Mitglieder diplomatischer Missionen, deren Angehörige und sogar ihre privaten Hausangestellten sind von der deutschen Gerichtsbarkeit befreit (§ 18 GVG). Dasselbe gilt für Mitglieder **konsularischer Vertretungen** (§ 19 GVG). Hinsichtlich der Einzelheiten sind insoweit die Regelungen der Wiener Übereinkommen über diplomatische Beziehungen vom 18. 4. 1961[1] und über konsularische Beziehungen vom 24. 4. 1963[2, 3] zu beachten. Daneben unterfallen auch **Repräsentanten fremder Staaten** und deren Begleiter, sofern sie sich auf Einladung der Bundesrepublik hier aufhalten, sowie Personen, die nach Völkerrecht ebenfalls Exterritoriale sind, nicht der deutschen Gerichtsbarkeit[4]. Ausnahmen gelten möglicherweise, wenn die betreffenden Personen sich schwerer völkerrechtswidriger Verbrechen schuldig gemacht haben[5].

188

Jeder Strafverfolgungsakt gegen Exterritoriale ist grundsätzlich ohne deren Zustimmung **unzulässig** (Nr 193 RiStBV). Besteht ein Tatverdacht gegen einen Exterritorialen, so ist lediglich der Sachverhalt aufzuklären, soweit dies ohne Inanspruchnahme des Beschuldigten möglich ist. Danach ist dem Bundesminister der Justiz über die Landesjustizverwaltung unter Beifügung der Akten zu berichten. Eine Berichtsabschrift für das Auswärtige Amt ist beizufügen (Nr 195 I RiStBV). In besonders eiligen Fällen kann auch unmittelbar telefonisch oder per Telefax Auskunft eingeholt werden (wegen der einschlägigen Rufnummern vgl Nr 195 II RiStBV). Über Verkehrsordnungswidrigkeiten ist dem Auswärtigen Amt unmittelbar und ohne Akten zu berichten; eine Einschaltung der Landes- und Bundesjustizverwaltung ist nicht erforderlich (Nr 195 IV RiStBV).

189

---

1 BGBl 1964 II 957.
2 BGBl 1969 II 1585.
3 Auszugsweise wiedergegeben bei KM Rn 11 zu § 18 GVG.
4 § 20 GVG, vgl dazu KM Rn 4.
5 Vgl Ambos JZ 1999, 16, 21ff.

b) NATO-Angehörige

190   Im Zuge des weitgehenden Rückzugs in Deutschland stationierter ausländischer Truppenverbände in Zeiten von Entspannung und Wiedervereinigung sind auch Straftaten durch **Angehörige** dieser **verbündeten Truppen** heute deutlich zurückgegangen. Es werden sich aber weiterhin NATO-Verbände und Soldaten anderer NATO-Staaten im Rahmen der internationalen militärischen Zusammenarbeit in Deutschland aufhalten, so dass auch in Zukunft Straftaten durch Mitglieder ausländischer NATO-Verbände, deren Angehörige sowie das zivile Gefolge nicht auszuschließen sind.

191   Der genannte Personenkreis unterliegt nur eingeschränkt der deutschen Gerichtsbarkeit. Nach dem **NATO-Truppenstatut**[1] besteht die ausschließliche Gerichtsbarkeit des Entsendestaates, wenn die Tat zwar nach dessen Recht strafbar, nach deutschem Recht aber straflos ist. Im umgekehrten Fall besteht die ausschließliche deutsche Gerichtsbarkeit (Art VII Abs 2 NATO-Truppenstatut). Im ersten Fall ist das Verfahren an die zuständige Militärdienststelle des Entsendestaates abzugeben, im zweiten Fall aber von der Staatsanwaltschaft in eigener Zuständigkeit zu verfolgen. Hiervon ist die Militärdienststelle des Entsendestaates zu unterrichten.

192   Ist die Tat, was zumeist der Fall ist, sowohl nach dem Recht des Entsendestaates als auch nach deutschem Recht strafbar (sog **konkurrierende Gerichtsbarkeit**), so besteht ein Vorrecht des Entsendestaates bei Taten gegen seine Einrichtungen oder andere Militärangehörige sowie bei Taten in Ausübung des Dienstes (Art VII Abs 3a NATO-Truppenstatut). Auch in diesem Fall ist das Verfahren an die zuständige Dienststelle des Entsendestaates abzugeben. In besonderen Ausnahmefällen kann die Bundesrepublik allerdings den Entsendestaat ersuchen, auf sein Vorrecht zu verzichten (Art VII Abs 3c NATO-Truppenstatut). Denkbar wäre dies bei Kapitalverbrechen.

193   In allen verbleibenden Fällen bestünde zwar grundsätzlich das **Vorrecht des Aufnahmestaates**, also der Bundesrepublik (Art VII Abs 3b NATO-Truppenstatut). Diese hat aber auf ihr Vorrecht generell verzichtet und sich nur im Einzelfall die Rücknahme des Verzichtes binnen 21 Tagen nach einer entsprechenden Mitteilung des Entsendestaates über die Tat vorbehalten (Art 19 Zusatzabkommen

---

1 BGBl II 1961, 1190ff.

zum NATO-Truppenstatut, BGBl II 1961, 1218ff). Eine solche Rücknahme des Verzichts kommt jedoch nur bei Tötungs- und anderen Kapitaldelikten in Betracht. Im Ergebnis wird also auch hier im Regelfall das Verfahren an die Militärbehörden des Entsendestaates abzugeben sein.

Beispiel

Staatsanwaltschaft Hannover   12. 4. 1992   194
776 Js 5442/92

Verfügung

1. Einstellung des Verfahrens gegen den Beschuldigten Smith (Bl 2) gemäß § 170 II wegen fehlender deutscher Gerichtsbarkeit.

2. Frau/Herrn AL wegen des Schreibens zu Ziff 3[1].

3. Schreiben unter „Der Leitende Oberstaatsanwalt" an

   US-Rechtsverbindungsstelle
   HQ, V Corps
   Abrams-Gebäude
   60323 Frankfurt[2]

   Betr.: Verkehrsvorfall in Hameln, Extaler Str, am 20. 2. 1992, dortiges Aktenzeichen: ...

   Anlage: 1 Blattsammlung

   Ich übersende Ablichtungen meiner Vorgänge mit der Bitte um weitere Veranlassung gegen den Soldaten Adam Smith, Dienstnummer ...

---

1 Nicht zwingend, wegen der Zeichnungsberechtigung für die Abgabe vgl die Regelungen des jeweiligen Geschäftsverteilungsplans.
2 Für französische Soldaten ist zuständig das Oberkommando der französischen Streitkräfte in Deutschland, Abteilung Justizsachen, Schwarzwaldstr. 155, 76532 Baden-Baden, für britische Truppenangehörige die Police Advisory Branch Joint Services Liaison Organisation, Grünewaldstr., 40474 Düsseldorf, für niederländische der Kommandeur der Brigade Königliche Marechaussee Seedorf, Verbindungsstelle, Twistenberg 120, 27404 Seedorf. Dienststellen anderer NATO-Staaten sind auf der Verwaltungsgeschäftsstelle zu erfragen.

Gegen ihn besteht der Verdacht der Straßenverkehrsgefährdung durch Trunkenheit im Verkehr (§ 315c I Nr 1a StGB). Es dürfte ein Fall konkurrierender Gerichtsbarkeit vorliegen.

Eine Rücknahme des gemäß Art 19 I des Zusatzabkommens zum NATO-Truppenstatut erklärten Verzichts auf das den deutschen Behörden zustehende Vorrecht (Art VII Abs 3b des NATO-Truppenstatuts) wird im vorliegenden Falle nicht erklärt (Art 19 III des Zusatzabkommens).

Im Auftrag

(Oberstaatsanwältin/Oberstaatsanwalt)

4. Gesamten Vorgang ablichten.

5. Ablichtungen zu Ziff 4 dem Schreiben zu Ziff 3 beifügen.

6. Abgabenachricht an Anzeigeerstatter Bl 34 (höflich/formlos)

Betr.: Ihre Strafanzeige vom 21. 2. 1992 gegen den Soldaten Adam Smith wegen Straßenverkehrsgefährdung.

Das Verfahren ist an die US-Rechtsverbindungsstelle, Grueneburgplatz, 60323 Frankfurt, Az ..., wegen fehlender deutscher Gerichtsbarkeit abgegeben worden.

7. Weglegen.

Retzin, StA

195   Soll ausnahmsweise die **Rücknahme des Verzichts** auf das Vorrecht erklärt oder ein Ersuchen um Verzicht auf das fremde Vorrecht gestellt werden, so ist an das Justizministerium zu berichten. Das entsprechende Schreiben an die zuständige Militärbehörde des Entsendestaates muss eine genaue Sachverhaltsschilderung und den Wortlaut der in Frage kommenden deutschen Strafgesetznormen enthalten.

c) Immunität

196   Aufgrund Art 46 GG, der einschlägigen Bestimmungen der meisten Länderverfassungen[1] sowie der Art 9, 10 des Protokolls über die

---

1 Eine Ausnahme gilt in Brandenburg wegen der Regelung in Art 58 BbgVerf, wonach die Immunität erst durch Verlangen des Parlaments her-

Vorrechte und Befreiungen der EG[2] genießen **Abgeordnete** des Deutschen Bundestages, der Länderparlamente sowie des Europäischen Parlaments Immunität. Dies bedeutet, dass Einleitung und Durchführung eines Ermittlungsverfahrens nur mit Genehmigung des jeweiligen Parlaments zulässig sind. Bei einer Doppelmitgliedschaft im Europäischen Parlament und im Deutschen Bundestag bedarf es sogar der Genehmigung beider Parlamente (§ 5 II EuAbgG).

Diese Grundsätze gelten aber nicht uneingeschränkt. So sind **genehmigungsfrei** möglich die Einleitung eines Verfahrens zum Zwecke seiner sofortigen Einstellung ohne Ermittlungen, die Anhörung des Abgeordneten zur Prüfung der Frage, ob ein Vorwurf offenbar unbegründet ist, eine Spurensicherung am Tatort und die Entnahme einer Blutprobe (Nr 191 III RiStBV). Die Genehmigung ist ferner entbehrlich, wenn der Abgeordnete bei der Begehung der Tat oder spätestens im Laufe des folgenden Tages festgenommen wird (Art 46 II GG)[3].

197

Die Genehmigung zur Durchführung von Ermittlungsverfahren mit Ausnahme solcher wegen Beleidigungen mit politischem Charakter wird vom Bundestag und den Länderparlamenten, nicht aber vom Europäischen Parlament, zu Beginn einer Legislaturperiode regelmäßig **generell vorab erteilt**. Die generellen Genehmigungen umfassen allerdings nicht die Erhebung der öffentlichen Klage, freiheitsbeschränkende Maßnahmen, Durchsuchung und Beschlagnahme (Nr 192a II RiStBV).

198

Ist ein Verfahren nicht allgemein genehmigt oder soll eine nicht von der Genehmigung erfasste Maßnahme durchgeführt werden, so muss ein **Beschluss des betreffenden Parlaments** herbeigeführt werden (Nr 192 I RiStBV). Der entsprechende Antrag ist (mit Durchschriften für die Landesjustizverwaltung und ggf den Bundesminister der Justiz) auf dem Dienstweg an den Präsidenten des fraglichen Parlaments zu richten (Nr 192 III, 192a IV, 192b V

199

---

gestellt wird, wenn die Strafverfolgung „die parlamentarische Arbeit des Landtags beeinträchtigt". Bis zu einer entsprechenden Entschließung des Landtags ist dort also jegliche Strafverfolgung uneingeschränkt zulässig.

2 BGBl 1965 II 1453,1482.

3 Eine Sonderregelung gilt nach Art 51 III der Verfassung von Berlin. Dort ersetzt nur die Festnahme bei Tatbegehung die Genehmigung des Parlaments.

RiStBV). Dabei ist eine ausführliche Sachdarstellung, eine Erläuterung der Rechtslage sowie die Angabe der betreffenden Strafvorschriften erforderlich (Nr 192 II RiStBV). Vom Aufbau her empfiehlt sich eine Orientierung an einer Anklageschrift. In einigen Fällen ist es notwendig, zuvor den Abgeordneten zu hören (Nr 192a V, 192b IV RiStBV). Ergibt sich später die Notwendigkeit, die Ermittlungen über die zunächst mitgeteilte bzw genehmigte Tat hinaus auszudehnen, muss dafür eine weitere Mitteilung gemacht bzw eine weitere Genehmigung eingeholt werden[1].

200 Ist das Verfahren in der Folge einer Festnahme auf frischer Tat genehmigungsfrei, so ist über seine Einleitung, von jeder Freiheitsbeschränkung und der Erhebung der öffentlichen Klage dem Parlamentspräsident unmittelbar **Mitteilung** zu machen. Gleichzeitig ist der Landesjustizverwaltung, ggf auch dem Bundesministerium der Justiz, zu berichten (Nr 191 V RiStBV). Ist das Verfahren allgemein genehmigt, so ist auf die gleiche Weise die beabsichtigte Einleitung mitzuteilen (Nr 192a III RiStBV). Die Verfahrenseinleitung selbst darf dann erst 48 Stunden nach Eingang der Mitteilung beim Parlamentspräsidenten erfolgen[2]. Bis zum Fristablauf besteht folglich das Verfahrenshindernis der Immunität fort[3].

201 In jedem Fall ist gemäß § 8a EGStPO die das Verfahren **abschließende Entscheidung** einschließlich ihrer Begründung von der Staatsanwaltschaft dem jeweiligen Parlamentspräsidenten mitzuteilen. Mitteilungen an den Präsidenten des Deutschen Bundestages und des Europäischen Parlaments erfolgen dabei – und insoweit unter Einhaltung des Dienstweges – über das Bundesministerium der Justiz (Nr 192a IV, 192b V iVm Nr 192 V RiStBV). Dies gilt allerdings nur, sofern der Beschuldigte noch Abgeordneter ist. Ansonsten entfällt diese Mitteilungspflicht.

d) Strafantrag

202 Soweit die Strafverfolgung nur auf Strafantrag möglich ist, bedarf es genauer Prüfung, ob der Antragsberechtigte (§ 77 StGB) den Antrag rechtzeitig (§ 77b StGB) und formgerecht (§ 158 II StPO)

---

1 Brocker GA 2002, 51.
2 Vgl Geschäftsordnung des Bundestages gemäß Bekanntmachung vom 28. 6. 1988, BGBl I 1009.
3 Brocker GA 2002, 46.

gestellt hat. Dabei ist zu beachten, dass ein Strafantrag nicht als solcher bezeichnet sein muss, sondern auch eine Strafanzeige genügt, sofern sie ein **eindeutiges Verfolgungsverlangen** zum Ausdruck bringt[1].

Bei **fehlendem Strafantrag** ist zu überlegen, ob dieser noch eingeholt werden kann und soll. Voraussetzung ist zunächst, dass die Antragsfrist von 3 Monaten noch nicht verstrichen ist. Hierbei ist zu beachten, dass diese Frist erst mit der Kenntnis des Berechtigten von Tat und Täter zu laufen beginnt (§ 77b II StGB). Gelegentlich wird es vorkommen, dass dem Berechtigten die Person des nachträglich ermittelten Täters bislang unbekannt geblieben ist und der Fristenlauf deshalb noch gar nicht eingesetzt hat. Der Staatsanwalt hat in solchen Fällen dem Antragsberechtigten die Personalien des Täters mitzuteilen, um ihm die Möglichkeit zu eröffnen, über eine Antragstellung zu entscheiden. Grund ist die auf dem Legalitätsprinzip beruhende Verpflichtung zu klären, ob die Behebung eines bestehenden Verfahrenshindernisses wie zB eines fehlenden Strafantrages noch möglich ist[2]. 203

Allerdings kann von einer solchen Unterrichtung des Antragsberechtigten abgesehen werden, wenn auch bei gestelltem Strafantrag aus Opportunitätsgründen eine staatliche Verfolgung nicht stattfinden würde. Bei einem **Privatklagedelikt**, an dessen Verfolgung kein öffentliches Interesse besteht (§ 376 StPO), oder beim Vorliegen der **Voraussetzungen der §§ 153, 153b ff** (nicht aber § 153a!) StPO kann daher bereits von der Unterrichtung des Berechtigten abgesehen werden, wenn letztlich trotz Strafantrages nur die sanktionslose Verfahrenseinstellung bliebe. 204

Auch ohne Strafantrag ist bei den **relativen Antragsdelikten** (zB §§ 223, 229, 248a, 303 StGB) eine Verfolgung möglich, wenn das besondere öffentliche Interesse besteht. Ob dieses bejaht werden kann, hat der Staatsanwalt in eigener Verantwortung zu entscheiden. Eine gerichtliche Kontrolle findet insoweit auch im späteren Hauptverfahren nicht statt[3]. 205

Das **besondere öffentliche Interesse** stellt eine Steigerung des in den §§ 153f, 376 StPO erwähnten (einfachen) öffentlichen Interesses 206

---

1 KM Rn 4 zu § 158.
2 LR-Rieß Rn 30 zu § 152 StPO.
3 BVerfG NJW 1979,1591, LK-Hirsch Rn 11ff zu § 232 StGB.

dar. Für Körperverletzungen wird es bei einschlägigen Vorstrafen, besonderer Rohheit oder Leichtfertigkeit sowie bei erheblichen Tatfolgen anzunehmen sein (Nr 234 I RiStBV), im Straßenverkehr auch bei alkoholischer Beeinflussung des Täters (Nr 243 III RiStBV). Für Vergehen nach dem UWG ist Nr 260a RiStBV, für Taten nach dem UrhG und verwandten Rechtsvorschriften Nr 261a RiStBV zu beachten[1]. Verallgemeinernd lässt sich sagen, dass das besondere öffentliche Interesse ein deutlich über dem Normalfall des betreffenden Delikts liegendes Präventionsbedürfnis voraussetzt, also eine überdurchschnittliche Straferwartung, die wiederum in aller Regel mit einer gesteigerten Tatschuld einhergeht.

207 Zur Klarstellung für das Gericht und die übrigen Verfahrensbeteiligten empfiehlt es sich, die Annahme des besonderen öffentlichen Interesses an der Verfolgung in einem **Vermerk** in den Akten niederzulegen. Form- oder Fristvorschriften sind dabei nicht zu beachten, auch ist die Erklärung jederzeit zurücknehmbar[2]. Im Falle der Anklageerhebung wird der entsprechende Hinweis am Ende des Anklagesatzes angebracht[3].

208 Bei fehlendem, aber noch möglichem Strafantrag (und Nichtvorliegen des besonderen öffentlichen Interesses bei relativen Antragsdelikten) sind **Ermittlungshandlungen, die keinen Aufschub dulden**, gleichwohl vorsorglich vorzunehmen. Im Extremfall ist sogar der Erlass eines Haftbefehls zulässig (§ 130 StPO). In derartigen Fällen ist der Antragsberechtigte sofort zu unterrichten und ihm eine kurze Frist (zB von einer Woche) zur Erklärung über die Stellung des Strafantrages zu setzen. Nach fruchtlosem Fristablauf sind noch andauernde Zwangsmaßnahmen aufzuheben und das Verfahren einzustellen.

e) Verjährung

209 Keinesfalls darf der Eintritt der **Strafverfolgungsverjährung** nach § 78 StGB übersehen werden. Anlass zur genaueren Prüfung besteht immer dann, wenn Taten bereits mehrere Jahre zurückliegen. Vergehen etwa nach den §§ 123, 132a, 163, 241, 265a, 316, 323c StGB verjähren nämlich schon nach 3 Jahren (§ 78 III Nr 5 StGB). Bei

---

1 Für Softwarepiraterie vgl Heghmanns NStZ 1991, 112ff.
2 LK-Hirsch Rn 18f, 22 zu § 232 StGB.
3 Vgl unten Rn 808.

Taten aus dem Nebenstrafrecht, insbesondere bei **Pressedelikten**, sind zT von § 78 StGB abweichende, noch kürzere Fristen maßgebend[1]. Besondere Aufmerksamkeit ist der Verjährung **mitverfolgter Ordnungswidrigkeiten** zu widmen. Hier beträgt die Verjährungsfrist je nach Bußgeldandrohung zwischen 6 Monaten und 3 Jahren (§ 31 OWiG), bei allen Verkehrsordnungswidrigkeiten (außer denen nach § 24a StVG) sogar nur 3 Monate, solange noch kein Bußgeldbescheid ergangen oder Klage erhoben ist, und danach 6 Monate (§ 26 III StVG).

Ergibt die Prüfung, dass in absehbarer Zeit der Verjährungseintritt droht, so sollte dies in einem Vermerk festgehalten werden. Der Staatsanwalt hat dann zu gegebener Zeit zu überlegen, ob er auf eine **Unterbrechung der Verjährung** nach § 78c StGB hinwirken soll oder dies unterbleiben kann. Bei kürzeren Verjährungsfristen wird eine Unterbrechung regelmäßig angebracht sein, insbesondere auch bei Ordnungswidrigkeiten im Straßenverkehr, damit diese verfolgbar bleiben, falls eine Verurteilung wegen einer Straftat nicht erfolgen kann (Nr 274 RiStBV). 210

Ansonsten sollte aber nicht jede Verjährungsfrist wahllos unterbrochen werden. Vielmehr muss der Staatsanwalt stets im Auge behalten, dass ein langer **Zeitablauf** seit der Tat oder auch eine **überlange Verfahrensdauer** von der Rechtsprechung als erhebliche Strafmilderungsgründe angesehen werden[2], die es uU rechtfertigen, das Verfahren auch bei an sich schwereren Taten gemäß § 153 StPO einzustellen[3]. Das ist selbstverständlich nur dann der Fall, wenn der Täter nicht durch eigenes missbräuchliches Prozessverhalten selbst für die Verzögerung gesorgt hat. Erscheint aber danach eine erhebliche Bestrafung oder eine solche in absehbarer Zeit nicht mehr erreichbar, so kann und soll der Ablauf der Verjährungsfrist hingenommen werden (Nr 22 RiStBV). 211

Praktisch relevant ist die Verjährung insbesondere dann, wenn nach dem Täter gefahndet wird, weil dieser **unbekannten Aufenthalts** ist. Solange die Klage nicht erhoben ist, sind außer dem oft nicht angemessenen Erlass des Haftbefehls (§ 78c I Nr 5 StGB) keine weiteren Unterbrechungshandlungen möglich. Anders ist dies nach Klageerhebung. Nunmehr **unterbricht** die vorläufige Verfahrens- 212

---

1 Vgl Nachweise bei TF Rn 8f zu § 78 StGB.
2 BGH NStZ 1986, 217, 218, StV 1990, 17.
3 BGH NJW 1990, 1000.

einstellung durch das Gericht gemäß § 205 StPO sowie jede weitere Fahndungsmaßnahme des Staatsanwalts die Verjährung (§ 78c I Nr 10 StGB). Dazu zählen auch die Ausschreibung zur Aufenthaltsermittlung, ihre regelmäßige Verlängerung sowie die Niederlegung eines Suchvermerkes im Bundeszentralregister. Die Sonderregelung für das zeitweilige **Ruhen der Verjährung** bestimmter Delikte nach Eröffnung des Hauptverfahrens in § 78b IV StGB ist zu beachten. Sobald ein – auch auf Freispruch oder Einstellung wegen eines Verfahrenshindernisses lautendes – **Urteil ergangen** ist, besteht für das betreffende Verfahren keine Verjährungsgefahr mehr[1].

213 Nach jeder Unterbrechung läuft die Verjährungsfrist erneut von vorne, sie endet aber gleichwohl spätestens beim Erreichen des Doppelten der ursprünglichen Frist (sog **absolute Verjährung**, § 78c III StGB), bei kürzeren Verjährungsfristen aber nicht vor dem Ablauf von 3 Jahren bei Straftaten (§ 78c III 2 StGB) bzw von 2 Jahren bei Ordnungswidrigkeiten (§ 33 III OWiG).

214 Nach **eingetretener Verjährung** sind keinerlei Strafverfolgungsmaßnahmen hinsichtlich des betreffenden Delikts mehr zulässig. Betrifft die Verjährung die gesamte prozessuale Tat, so muss das Verfahren insoweit wegen eines Verfahrenshindernisses gemäß § 170 II StPO eingestellt werden.

2. Die Verfahrenseinleitung

215 Ist Anfangsverdacht zu bejahen und bestehen auch keine dauernden Verfahrenshindernisse, so hat der Staatsanwalt, soweit dies noch nicht geschehen ist, das **Ermittlungsverfahren einzuleiten**, die notwendigen Ermittlungen zu veranlassen bzw, falls Letzteres nicht (mehr) erforderlich ist, über die Anklageerhebung oder die Einstellung zu entscheiden.

216 Bei der **Einleitung** eines Ermittlungsverfahrens ist zu beachten, dass das neue Verfahren aus sich heraus verständlich sein muss. Deshalb sind bei Einleitungen aus einem bereits laufenden Verfahren heraus die dazu notwendigen Ablichtungen oder Vermerke beizufügen.

---

1 Vgl BGHSt 32, 209f; 46, 159, 167.

Beispiel 1 (Eine noch nicht eingetragene Strafanzeige liegt vor):

Beispiel

Staatsanwaltschaft Münster   7. 9. 2001   217

Verfügung

Mit anliegendem Schreiben als neue Js-Sache gegen

Harro Großschmitt, 6. 7. 1953
wegen Untreue

in Dez 221 eintragen und vorlegen.

Theuerkorn, StAin

Beispiel 2 (Eine als AR-Vorgang eingetragene Sache
soll in das Js-Register eingetragen werden):

Beispiel

12 AR 7/01   5. 12. 2001   218

Vfg

1. Vermerk: Nach erst jetzt möglicher gründlicher Durchsicht der
   anliegenden umfangreichen und ungeordneten Blattsammlung
   muss wohl doch davon ausgegangen werden, dass der Einsender die Strafverfolgung seines ehemaligen Arbeitgebers wegen
   der nicht gezahlten Löhne für Mai bis September 2001 begehrt.
   Denkbar erscheint eine Täuschung über die Zahlungswilligkeit
   bereits bei der Einstellung Mitte April 2001.

2. Als AR-Sache austragen.

3. Als neue Js-Sache gegen Carl Weber wegen Betruges in Dezernat 12 eintragen und wieder vorlegen.

Sichelschmidt, StA

Beispiel **Beispiel 3** (Einleitungsverfügung des Sitzungsvertreters wegen einer Falschaussage, Vfg in der HA):

219   Staatsanwaltschaft Schweinfurt   4. 2. 2002
      75 Js 2345/01

Vfg

1. Vermerk: In der heutigen Hauptverhandlung vor dem Strafrichter in Schweinfurt gegen Seegers wegen Diebstahls hat der als Zeuge vernommene Arbeiter Peter Müller ausgesagt, Seegers habe sich zur Tatzeit bei ihm zu Hause aufgehalten. Seegers selbst hat keine Angaben gemacht. Die Zeugen Ernsting, Wanders und Grafenhorst haben hingegen glaubhaft ausgesagt, den Angeklagten Seegers bei der Tatausführung beobachtet zu haben. Aufgrund dieser Aussagen ist der Angeklagte wegen Diebstahls – noch nicht rechtskräftig – zu einer Geldstrafe von 30 Tagessätzen verurteilt worden. Danach besteht gegen Müller der Verdacht einer uneidlichen Falschaussage und einer versuchten Strafvereitelung.

2. Ablichtung der Anklageschrift fertigen.

3. Ablichtung zu 2. unter Voranstellung einer beglaubigten Abschrift von Ziffern 1–3 dieser Vfg als neue Js-Sache gegen

Peter Müller, 23. 7. 1939
wegen §§ 153, 258, 22, 23 StGB

in Dezernat 75 eintragen und vorlegen.

4. HA Herrn Dezernenten vorlegen.

Wiegand, StA

220   Sofern bei der Eintragung die **Person des Täters noch unbekannt** ist, erfolgt die Eintragung im Js-Register (sofern keine Eintragung im vereinfachten UJs-Register angebracht ist) nicht „gegen Unbekannt". Vielmehr wird der Name des Geschädigten mit einem entsprechenden Zusatz eingetragen.

Es liegt eine noch nicht eingetragene Strafanzeige des Geschädigten Müller vor:

Beispiel

Staatsanwaltschaft Freiburg   23. 8. 2001

Vfg

Mit anliegendem Schreiben als neue Js-Sache

wegen Betruges
zum Nachteil Otto Müller (Geschädigter)

in Dezernat 13 eintragen und vorlegen.

Stade, StAin

Bei einer bereits **erfolgten Eintragung** ist zu **überprüfen**, ob diese   221
richtig vorgenommen wurde, also alle Beschuldigten erfasst und
die zutreffenden Strafvorschriften genannt sind. Andernfalls ist die
Berichtigung der Eintragung zu veranlassen.

Beispiel

(Aktenzeichen)

Verfügung

1. Js-Sache gegen

   a) Zbigniew Slozil (Bl 12) wegen uneidlicher Falschaussage,

   b) Rainer Müller (Bl 13) wegen Meineides.

2. Eintragung entsprechend Ziff 1 berichtigen.

3. pp *(zB Anordnung von Ermittlungen)*.

(Datum, Unterschrift)

Ist die Eintragung korrekt, so muss insoweit nichts veranlasst werden. Die gelegentlich zu findende Verfügung „Js-Sache wie eingetragen" ist überflüssig.

Einen Unterfall der Einleitung stellt die **Abtrennung** des Verfahrens   222
gegen bestimmte Beschuldigte oder wegen einzelner Taten aus

einem bestehenden Verfahren heraus dar. Diese ist immer dann geboten, wenn sie ohne wesentlich erhöhten Aufwand eine bessere Übersichtlichkeit oder Bearbeitung des gesamten Komplexes gewährleistet. Eine Abtrennung empfiehlt sich etwa, wenn neben einer Anklageerhebung das Verfahren wegen anderer Vorwürfe nach § 154 StPO vorläufig eingestellt werden soll, damit diese nicht nach Durchführung des Hauptverfahrens in Vergessenheit geraten. Ebenso bietet sich eine Abtrennung an, wenn eine Teileinstellung nach § 170 II StPO mit Bescheid und Rechtsmittelbelehrung erfolgen muss, damit ein etwaiges Beschwerdeverfahren nicht das Hauptverfahren wegen der angeklagten Taten verzögert. Auch kann es insbesondere in Haftsachen angezeigt sein, bereits abschlussreife Teile des Verfahrens zwecks gesonderter Anklage abzutrennen, wenn wegen anderer Beschuldigter oder Taten noch umfangreiche Ermittlungen notwendig sind.

223 **Gegenanzeigen wegen falscher Verdächtigung** sind immer in gesonderte Verfahren überzuleiten. Hintergrund ist, dass insoweit grundsätzlich eine vorläufige Einstellung nach § 153e StPO bis zur Klärung erfolgt, ob die ursprünglich angezeigte Straftat anzuklagen ist[1]. Auch hier verfolgt die Abtrennung den Zweck, die Gegenanzeige nicht in Vergessenheit geraten zu lassen.

224 Bei der **Abtrennungsverfügung** muss der Staatsanwalt darauf achten, dass der neue Vorgang aus sich heraus verständlich ist. Es sind daher alle relevanten Aktenteile abzulichten oder, falls sie für das Restverfahren nicht bedeutsam sind, im Original beizufügen.

Beispiel

Staatsanwaltschaft Osnabrück   23. 4. 2001
45 Js 8832/01

Vfg

1. Vermerk: Das Verfahren gegen den Beschuldigten Dietrich ist jetzt abschlussreif. Um die Anklageerhebung nicht zu verzögern, soll das Verfahren gegen den Beschuldigten Wanstorf, hinsichtlich dessen noch weitere zeitaufwändige Ermittlungen zu führen sind, abgetrennt werden.

---

1 Vgl Rn 714ff.

2. Das Verfahren gegen den Beschuldigten Wanstorf wird abgetrennt.

3. Ablichtungen fertigen von Bl 1–3, 5–10, 12, 13, 18–23, 26–34 dA.

4. Entheften und durch Kopie ersetzen: Bl 4, 50–52 dA.

5. Ablichtungen zu Ziff 3 mit den an entsprechender Stelle einsortierten enthefteten Originalen zu Ziff 4 sowie dem BZR-Auszug bzgl Wanstorf unter Voranstellung einer beglaubigten Abschrift von Ziff 1–5 dieser Verfügung als neue Js-Sache gegen

Werner Wanstorf, 25. 4. 1963,
wegen Diebstahls im besonders schweren Fall

über Frau AL IV

in Dezernat 45 eintragen und vorlegen.

6. pp *(zB Anklageerhebung gegen Dietrich usw)*

Solmbacher, StA

Sind an einer Behörde und insbesondere in demselben Dezernat 225 mehrere Verfahren gegen einen Beschuldigten anhängig oder besteht sonst ein Zusammenhang, so sind sie grundsätzlich im Wege der **Verbindung** zusammenzuführen (Nr 17 II RiStBV). Dies geschieht zum einen aus prozessökonomischen Erwägungen, aber auch wegen der besseren Übersichtlichkeit und nicht zuletzt im Interesse des Beschuldigten, der andernfalls erfahrungsgemäß schnell den Überblick darüber verliert, welche Verfahren noch gegen ihn anhängig sind und wie der jeweilige Verfahrensstand ist.

Aus der **Verbindungsverfügung** muss vor allem klar ersichtlich 226 sein, unter welchem Aktenzeichen das Verfahren künftig geführt werden soll.

Beispiel

341 Js 265/02

Vfg

1. Die Verfahren 341 Js 265/02 und 341 Js 4251/02 werden verbunden, das erstgenannte Verfahren führt.

2. Das verbundene Verfahren hier nachheften. (*Alternative*: Das bisherige Verfahren 341 Js 4251/02 als Bd II dA führen.)

3. pp (*zB Ermittlungsanordnungen*)

(Datum, Unterschrift)

227 Zu prüfen ist anlässlich der Verfahrenseinleitung bzw bei der ersten Vorlage einer Sache, ob eine **Berichtspflicht** besteht[1]. Ggf ist vor weiteren Maßnahmen ein entsprechender Erstbericht zu fertigen[2].

228 Daneben sind bei bestimmten Delikten oder Beschuldigten **Mitteilungen** von der Verfahrenseinleitung nach der MiStrA erforderlich. Bei der MiStrA[3] handelt es sich um eine von Bund und Ländern vereinbarte, bundesweit einheitliche Verwaltungsvorschrift, die ihre gesetzliche Grundlage in § 12 V EGGVG findet. Gegenstand sind die diversen Verpflichtungen ua der Staatsanwaltschaft, in den einzelnen Verfahrensstadien (insbesondere bei Verfahrenseinleitung, Inhaftierung, Anklage und rechtskräftiger Verurteilung) anderen Behörden Mitteilung vom Verfahrensgegenstand und Sachstand zu machen. Inhalt und Form richten sich dabei nach dem Zweck der Mitteilung und den Umständen des Einzelfalls (Nr 6 I MiStrA). In der Regel dürfte es ausreichen, den Namen des Beschuldigten und das Delikt zu benennen. Anlässlich der Verfahrenseinleitung finden sich Mitteilungspflichten zB in MiStrA Nr 14 (Ermittlungen in Todesfällen), 32–34 (Jugendliche), 41 (Konsulatsangehörige), 42 (Ausländer), 43 (Gefangene), 44 (Betriebsunfälle), 47 (Delikte nach SGB III und AÜG) und 51 (Umweltdelikte). Zu

---

1 Vgl oben Rn 122.
2 Vgl oben Rn 123f.
3 Anordnung über Mitteilungen in Strafsachen v 29. 4. 1998, Abdruck bei KM im Anhang 16.

beachten ist auch Nr 256 IV RiStBV (Mitteilungspflicht bei Waffen- und Sprengstoffdelikten).

Ferner muss der Staatsanwalt sich fragen, ob der Pflicht, den Verletzten der Straftat auf seine Rechte nach den §§ 395, 397a, 406d, 406e, 406f und 406g StPO hinzuweisen (§ 406h StPO), Genüge getan worden ist. Die **Belehrung des Verletzten** sollte so früh wie möglich erfolgen[1], also spätestens mit der ersten Verfügung in der Sache. Oft ist sie allerdings bereits durch die Polizei oder durch die Eingangsstelle bei der Staatsanwaltschaft erfolgt. Viele Behörden sind durch die Staatsanwaltschaften allgemein auf ihre Rechte als Geschädigte einer Tat hingewiesen worden und brauchen daher im Einzelfall nicht mehr belehrt zu werden.   229

Ist ein Verletzter noch nicht belehrt, so hat dies der Staatsanwalt bei seiner ersten Verfügung in der Sache nachzuholen (Nr 4d RiStBV). Für die **Belehrung** gibt es zumeist amtliche Vordrucke, derer man sich tunlichst bedienen sollte, etwa wie in folgendem Beispiel: 230

Beispiel

(Aktenzeichen, Datum)

V

1. Merkblatt für Opfer einer Straftat auch an Geschädigten Zettelmayr (Bl 3) übersenden.

2. pp *(zB Anordnung von Ermittlungen).*

(Unterschrift)

III. Ziel und Gegenstand des Ermittlungsverfahrens

Literatur: Krey: Grundzüge des Strafverfahrensrechts, JA 1985, 61ff; Krey/ Pföhlert: Zur Weisungsgebundenheit des Staatsanwalts, NStZ 1985, 145ff; Lüttger: Der „genügende Anlaß" zur Erhebung der öffentlichen Klage, GA 1957, 193ff; Roxin: Rechtsstellung und Zukunftsaufgaben der Staatsanwaltschaft, DRiZ 1969, 385ff; Schulz: Normiertes Misstrauen, Frankfurt/Main 2001.

Ziel des Ermittlungsverfahrens ist es, den Sachverhalt aufzuklären, soweit dies zur Vorbereitung der Entscheidung über Anklage oder   231

---

1 KM Rn 3 zu § 406h StPO.

Verfahrenseinstellung notwendig ist. Aufgabe des Staatsanwalts ist daher nicht immer die lückenlose Sachaufklärung bis ins letzte Detail. Vielmehr endet die Ermittlungstätigkeit bereits in dem Augenblick, wo sich abzeichnet, dass ein zur Anklageerhebung hinreichender Tatverdacht nicht mehr erreichbar ist, dass ein Grund zur Verfahrenseinstellung aus Opportunitätsgründen besteht oder sonst, sobald hinreichender Tatverdacht festgestellt wird.

232 So kann es also durchaus sein, dass größere **Ermittlungen** überhaupt **nicht erforderlich** sind, weil klar ist, dass der Beschuldigte aufgrund eines unzweifelhaften Alibis die ihm vorgeworfene Tat gar nicht begangen haben kann. Auch mag eine Sachaufklärung entbehrlich sein, wenn von vorneherein feststeht, dass die Tat so geringfügig ist, dass in jedem Fall nur die Anwendung von § 153 StPO oder die Verweisung auf den Privatklageweg möglich erscheint.

1. Hinreichender Tatverdacht

233 Besteht nicht die Möglichkeit, aus den genannten Gründen das Verfahren durch eine Einstellung vorzeitig zu beenden, so ist alles zu tun, um die Voraussetzungen des hinreichenden Tatverdachts herzustellen. Um zu ermessen, was dies bedeutet, muss der Staatsanwalt sich den **Begriff des hinreichenden Tatverdachts** vor Augen halten.

234 Die gebräuchliche Definition, hinreichender Tatverdacht bedeute die Wahrscheinlichkeit der Verurteilung[1], hilft dabei nicht viel weiter und verwischt eher die komplexere Struktur des Begriffs. Dieser beinhaltet vielmehr drei Ebenen der Beurteilung: Zum ersten muss die Wahrscheinlichkeit bestehen, dass sich ein bestimmter Sachverhalt ereignet hat. Dieser als wahrscheinlich eingestufte Sachverhalt muss zum zweiten mit Sicherheit strafbar und zum dritten voraussichtlich mit den vorhandenen zulässigen Beweismitteln nachweisbar sein. Nur wenn alle drei Aspekte (**Wahrscheinlichkeit, Strafbarkeit** und **Beweisbarkeit**) gegeben sind, liegt hinreichender Verdacht vor.

235 Die Beurteilung der **Wahrscheinlichkeit** der Begehung einer bestimmten Tat durch den jeweiligen Beschuldigten stellt oft die größte Schwierigkeit bei der Prüfung des hinreichenden Tatverdachts dar. Sie beruht auf der wertenden Betrachtung des vorhan-

---

1 Roxin § 38 Rn 6; Lüttger GA 1957, 198.

denen Beweismaterials, die notwendig unvollkommen sein muss, weil dem Staatsanwalt regelmäßig nur die schriftlichen Protokolle, Berichte und Gutachten vorliegen, er sich somit weder einen persönlichen Eindruck von dem Zeugen oder Beschuldigten machen kann noch in der Lage ist, Aussagen und Erklärungen durch das sofortige Stellen von Zwischen- und Ergänzungsfragen zu kontrollieren. Weil diese Mittel zur zuverlässigen Sachverhaltsaufklärung im Gegensatz zur Hauptverhandlung im Ermittlungsverfahren gewöhnlich nicht zur Verfügung stehen, kann von dem Staatsanwalt andererseits auch nicht verlangt werden, dass er eine Überzeugung von der Tatbegehung durch den Beschuldigten gewinnt, dass er ihrer sicher ist oder sie sogar nur für sehr wahrscheinlich hält. Vielmehr reicht es in Anbetracht der notwendig unzureichenden Beurteilungsgrundlage des Staatsanwalts aus, wenn nach seiner Auffassung Täterschaft bzw Tatbegehung wahrscheinlicher sind als die möglichen straflosen Geschehensalternativen.

Selbstverständlich impliziert die Wahrscheinlichkeitsprüfung auch eine (vorweggenommene) **Würdigung der Beweise**. So ist es klar, dass durch objektive Beweismittel widerlegte Aussagen entsprechend als falsch zu behandeln sind. Ebenso ist es durchaus möglich, einer sehr detailarmen, farblosen Zeugenaussage bei der Frage nach der Tatwahrscheinlichkeit weniger Gewicht beizumessen als einer lebensnah berichteten, ausführlichen Schilderung. 236

Natürlich muss sich der Staatsanwalt bei seiner Betrachtung stets vor Augen halten, dass **Vernehmungsprotokolle** eine Aussage in aller Regel nur unvollkommen wiedergeben, weil sie normalerweise vom Vernehmenden gestaltet und diktiert werden. Der Ablauf der Vernehmung bleibt häufig verborgen, weil nur die letztendliche Aussage niedergelegt wird, vorheriges Leugnen, Widersprüche oder Gedächtnisschwächen aber nicht oder nur unvollständig dokumentiert sind. Deshalb erweisen sich Aussagen, die in den Akten noch sicher und bestimmt erscheinen, in der Hauptverhandlung gelegentlich als wenig brauchbar, während knappe und lückenhafte Vernehmungen im Vorverfahren später durch eine lebhafte, überzeugende Schilderung vor Gericht plötzlich entscheidendes Gewicht erlangen können. Eine abschließende Bewertung einer Aussage wird daher nur dann zulässig sein, wenn diese in eklatantem Widerspruch zu nachprüfbaren Gegebenheiten steht, das Zustandekommen der Aussage durch ergänzende Polizeivermerke hinreichend geklärt oder der Wert eines Zeugen bei anderen Gele- 237 genheiten bereits bekannt geworden ist. Solange dies nicht möglich ist, muss die einzelne Aussage als prinzipiell richtig angesehen und entsprechend bei der Wahrscheinlichkeitsprüfung berücksichtigt werden.

238 Die Bewertung und Würdigung der Beweise ist auf dem Hintergrund der persönlichen, kriminalistischen und forensischen Erfahrung des jeweiligen Staatsanwalts notwendig eine subjektive Entscheidung, die ein zweiter Bearbeiter uU völlig anders treffen könnte. Hinzu kommt, dass sie ein prognostisches Element enthält, weil sie auf die Entscheidungssituation am Ende einer gedachten Hauptverhandlung zu projizieren ist. Aus diesem Grund besteht für den Staatsanwalt hier ein **Beurteilungsspielraum**[1], der gelegentlich auch sehr unterschiedliche Entscheidungen als vertretbar und damit als formell richtig anzusehen erlaubt.

239 Weniger Probleme stellt hingegen die Prüfung der **Strafbarkeit**. Sie beinhaltet die rechtliche Prüfung, also die Subsumtion zum einen des vorausgesetzten Sachverhalts unter eine Strafvorschrift und zum anderen eine solche der Prozessvoraussetzungen.

240 Dies setzt voraus, dass eine bestimmte Sachverhaltskonstellation als wahrscheinlich angenommen werden kann. Das bedeutet noch nicht die volle vorherige Tataufklärung, wohl aber eine Verdachtskonkretisierung dahin, dass nur wenige alternative Handlungsabläufe vorliegen können. Eine Strafbarkeitsprüfung hat also keinen Sinn, wenn beispielsweise nur die Leiche vorliegt, aber der zum Tode führende Kausalverlauf noch in keiner Weise klar ist. Ist der Sachverhalt hingegen soweit eingeengt, dass eine **Strafbarkeitsprüfung** sinnvoll erscheint, so sollte diese sofort vorgenommen werden. Ergibt sich, dass keine der noch denkbaren Sachverhaltsvarianten strafbar ist, so muss das Verfahren sofort aus Rechtsgründen eingestellt werden (§ 170 II StPO). Besteht hingegen eine Strafbarkeit wenigstens einer der noch denkbaren Alternativen, so muss, soweit möglich, weiter ermittelt werden, bis sich am Ende eine der Sachverhaltsvarianten als die wahrscheinlichste herauskristallisiert. Diese ist dann Gegenstand der abschließenden Strafbarkeitsprüfung.

---

1 BGH NJW 1970, 1543; ablehnend Schulz 623ff.

Häufig hat die rechtliche Prüfung allerdings kein unmittelbar ein- 241
deutiges Ergebnis, weil über die **Auslegung einzelner Tatbestandsmerkmale** in Rechtsprechung und Literatur der für Juristen typische Streit besteht. Hier ist es die Aufgabe des Staatsanwalts, sich
näher in die Problematik zu vertiefen und schließlich eine eigene
Entscheidung zu treffen. Er ist dabei keinesfalls an „die Rechtsprechung" oder „die herrschende Meinung" gebunden, sondern allein
seinem **Gewissen** verpflichtet.

Es kann auch keine Rede davon sein, dass im Falle einer gefestigten 242
höchstrichterlichen Rechtsprechung etwas anderes zu gelten habe.
Die vom BGH vertretene Gegenposition verlangt, dass die Staatsanwaltschaft entgegen ihrer Überzeugung anzuklagen habe, wenn
ein von ihr als straflos bewerteter Sachverhalt nach Auffassung der
Rechtsprechung strafbar wäre. Ihrer abweichenden Rechtsauffassung solle sie dadurch Geltung verschaffen können, dass sie die
Nichteröffnung des Hauptverfahrens bzw Freispruch beantrage.
Dies soll verhindern, dass der Sachverhalt durch die Entscheidung
der Staatsanwaltschaft der gerichtlichen Überprüfung entzogen
werde[1].

Damit wird dem Staatsanwalt aber nicht nur ein in sich wider- 243
sprüchliches Verhalten (Anklage mit dem Antrag auf Nichtzulas-
sung der Anklage) abverlangt. Eine solche Auffassung verkennt
auch die Rolle der Staatsanwaltschaft als selbständiges, im Rahmen
des Legalitätsprinzips **nur Recht und Gesetz verpflichtetes Organ
der Rechtspflege**. Nach ihrer historisch gewachsenen Rolle ist sie
Hüterin des Gesetzes und Kontrollorgan gegenüber dem Gericht,
nicht aber dessen Erfüllungsgehilfin[2]. Zudem ist die Entscheidung
BGHSt 15, 155 ohnehin ein Paradoxon: In ihr wird nämlich ausgeführt, dass von einer **gefestigten Rechtsprechung** dann nicht
die Rede sein könne, solange nur vereinzelte, beiläufige oder ein-
ander widersprechende höchstrichterliche Entscheidungen vorliegen[3]. Nähme man dies beim Wort, so wäre BGHSt 15, 155 seinerseits für die Staatsanwaltschaft nicht bindend: Es handelt sich nämlich um eine vereinzelt gebliebene Entscheidung und die einschlägigen Passagen stellen zudem ein obiter dictum dar.

---

1 BGHSt 15, 155, 158ff; Ranft Rn 242; aA Lüttger GA 1957, 211ff; KK-Schoreit Rn 35 zu § 152 StPO; Hellmann II § 1 Rn 28 und andere.
2 Vgl Roxin DRiZ 1969, 387.
3 BGHSt 15, 155, 158.

244 Ebenso wenig überzeugt die Position, der Anklagezwang in den genannten Fällen beruhe auf der Verpflichtung der Staatsanwaltschaft, auf eine **einheitliche Rechtsanwendung** hinzuwirken[1]. Abgesehen davon, dass auch diese Auffassung den im Einzelfall auftretenden Widerspruch zwischen Anklage und Gesetzesbindung nicht aufzulösen vermag, würdigt sie den betroffenen Beschuldigten zum Objekt herab und opfert seine subjektiven Freiheitsrechte dem Wohle abstrakter Werte wie der Einheitlichkeit der Rechtsprechung. Zudem wäre dieses Opfer unnötig: Eine einheitliche Rechtsanwendung kann auch dadurch herbeigeführt werden, dass die fraglichen Fälle allesamt gar nicht mehr zum Gericht gelangen; eine übereinstimmende Sachbehandlung seitens der Staatsanwaltschaften wäre letztlich ebenfalls einheitliche Rechtsanwendung.

245 Im Übrigen tritt die Frage nach der Bindung der Staatsanwaltschaft an die höchstrichterliche Rechtsprechung nur in den zahlenmäßig verschwindend geringen Fällen auf, wo die prozessuale Tat nach Auffassung der Staatsanwaltschaft **vollständig straflos** wäre. Bei den meisten der aktuellen Streitfragen bleibt aber auch nach der jeweiligen von der Rechtsprechung abweichenden Auffassung ein Delikt anzuklagen, wenn auch unter einem ganz anderen Gesichtspunkt (zB Verstoß gegen das Waffengesetz statt Mord, Sachbeschädigung statt Brandstiftung, Nötigung statt Raub oder räuberischer Erpressung). Hier dürfte der Staatsanwalt folglich selbst nach der Auffassung des BGH seiner abweichenden Meinung folgen, da dem Gericht ja der Weg offen stünde, entsprechend der höchstrichterlichen Rechtsprechung anders zu entscheiden. Das gleiche gilt natürlich dort, wo die höchstrichterliche Rechtsprechung zur Straflosigkeit käme, der Staatsanwalt aber einen Tatbestand erfüllt sieht. Auch hier hat er seiner Überzeugung gemäß anzuklagen, weil es dem Gericht möglich bliebe, der Rechtsprechung folgend freizusprechen.

246 Neben Wahrscheinlichkeit und Strafbarkeit muss die **Beweisbarkeit des Sachverhalts** in der Hauptverhandlung eine Verurteilung erwarten lassen. Der Staatsanwalt muss sich also in die Situation des Richters versetzen und überlegen, ob er an dessen Stelle rechtsfehlerfrei verurteilen dürfte, wenn der Akteninhalt – und nur dieser – in einer Hauptverhandlung schlicht reproduziert würde. Wäre er

---

1 KM Rn 11 vor § 141 GVG.

aus welchen Gründen auch immer daran gehindert, so ist die Tat (jedenfalls noch) nicht beweisbar.

Dies bedeutet zunächst eine Überprüfung der **Zulässigkeit der vorhandenen Beweismittel**, aus denen der Staatsanwalt seine Auffassung vom Sachverhalt gewonnen hat. So mag zwar bei einer Streitigkeit unter Eheleuten die Verletzung der Ehefrau aufgrund ihrer polizeilichen Vernehmung nahezu sicher erscheinen. Macht diese allerdings im Laufe des weiteren Ermittlungsverfahrens von ihrem Aussageverweigerungsrecht nach § 52 StPO Gebrauch, so hat dies die Unverwertbarkeit ihrer vorherigen Aussage gemäß § 252 StPO zur Folge. War diese das einzige Beweismittel, so ist trotz Gewissheit aller Beteiligten über den tatsächlichen Tatablauf dieser nicht in prozessual ordnungsgemäßer Weise in die Hauptverhandlung einzuführen, der Angeklagte wäre freizusprechen, eine Anklage damit von vorneherein unmöglich. 247

Ferner ist eine **Vollständigkeitskontrolle** der Beweise erforderlich. Weist die Beweisführung so offensichtliche Lücken auf, dass im Hauptverfahren eine Verurteilung nur unter Verstoß gegen den Aufklärungsgrundsatz (§ 244 II StPO) möglich wäre, so ist der Sachverhalt gerade nicht beweisbar, weil die vorhandenen Beweise zu einer rechtsfehlerfreien Verurteilung (noch) nicht genügen. Hier müsste der Staatsanwalt weiter ermitteln, bevor er einen hinreichenden Tatverdacht bejahen könnte. 248

Entsprechendes gilt, wenn der Beschuldigte zu seiner Entlastung bestimmte **Beweiserhebungen beantragt** hat. Diese darf der Staatsanwalt nur unter denselben Voraussetzungen ignorieren, die auch im Hauptverfahren eine Beweiserhebung entbehrlich machen, also beim Vorliegen der Ablehnungsgründe nach § 244 III-V StPO. Auch der Richter könnte schließlich nur dann fehlerfrei verurteilen, wenn er zuvor allen nicht ablehnbaren Beweisanträgen nachgegangen ist. Solange dies nicht geschehen ist, ist folglich auch keine Verurteilung zu erwarten, die Tat daher auch noch nicht beweisbar; hinreichender Tatverdacht wäre demgemäß zu verneinen. 249

Es geht also nicht an, notwendige Beweiserhebungen der Hauptverhandlung vorzubehalten. Vielmehr ist es Aufgabe des Staatsanwalts, dafür zu sorgen, dass der Richter nicht im Rahmen des Zwischen- oder Hauptverfahrens ganze Teile des Ermittlungsverfahrens nachholen muss. Der gerne zitierte Satz, die **Klärung letzter** 250

Zweifel könne der Hauptverhandlung vorbehalten bleiben, darf folglich nicht als Entschuldigung für oberflächliches Ermitteln herhalten; er hat seine Berechtigung einzig und allein im Rahmen der endgültigen Würdigung der im Ermittlungsverfahren bereits erhobenen Beweise[1].

2. Gegenstand der Ermittlungen

251 Erstes Ziel der Ermittlungen muss es sein, die Tatumstände, insbesondere die Erfüllung der objektiven wie subjektiven **Tatbestandsmerkmale**, zu klären. Dies ist allenfalls dann entbehrlich, wenn von vorneherein feststeht, dass Opportunitätsgründe die Durchführung des Verfahrens entbehrlich machen.

Daneben ist der mögliche Täter zu ermitteln und seine **Täterschaft** zu belegen. Dabei sind die entlastenden Momente ebenso zu berücksichtigen wie die belastenden (§ 160 II StPO). Das Bestreben des Staatsanwalts kann es nicht sein, irgendjemanden für eine Tat zur Verantwortung zu ziehen. Nur die Verfolgung des wahren Täters darf das Resultat seiner Tätigkeit sein. Ist dieser trotz aller Bemühungen nicht zu finden, so ist die Einstellung die angemessene und für diesen Fall durchaus zufriedenstellende Verfahrenserledigung. Nicht die Zahl der Anklagen, sondern der sachlich zutreffenden Verfahrensabschlüsse kann ein Kriterium für die Qualität staatanwaltlicher Tätigkeit sein.

252 Wenn Tat und Täter ermittelt sind, ist bei entsprechenden Auffälligkeiten auch die **Schuldfähigkeit** des Beschuldigten bereits im Ermittlungsverfahren zu klären. Sind nämlich die Voraussetzungen des § 20 StGB nicht mit hinreichender Wahrscheinlichkeit auszuschließen, so kommt keine Anklageerhebung in Betracht, wohl aber bei Vorliegen der Voraussetzungen der §§ 63, 64 StGB die Einleitung eines Sicherungsverfahrens nach den §§ 413ff StPO.

253 Mögliche **Indizien für eine Schuldunfähigkeit** sind unter anderem eine sehr hohe Alkoholisierung (wobei hier aber noch die Strafbarkeit nach § 323a StGB möglich bleibt), eine bestehende Betreuung, bekannte psychische Erkrankungen in der Vergangenheit, frühere Verfahrenseinstellungen wegen Schuldunfähigkeit, völlig unverständliche Taten oder Verhaltensauffälligkeiten bei Festnahme oder

---

1 Vgl oben Rn 236f.

Vernehmung. Liegen derartige Besonderheiten vor, so ist an die Beauftragung eines psychiatrischen Sachverständigen zu denken, sofern es sich nicht um leichtere Taten handelt und die Schuldunfähigkeit bereits klar auf der Hand liegt.

Gewöhnlich wird die Ermittlung der für die Strafzumessung bedeutsamen **persönlichen und wirtschaftlichen Verhältnisse** des Beschuldigten im Vorverfahren vernachlässigt. Dies ist im Hinblick auf das Gebot der beschleunigten Verfahrensabwicklung zwar verständlich, führt aber dazu, dass entsprechende Ermittlungen im Hauptverfahren oder gar in der Hauptverhandlung nachgeholt werden müssen. Insbesondere bei der für die Bemessung der Tagessatzhöhe einer Geldstrafe bedeutsamen Einkommensfrage steht das Gericht dann den oft beschönigenden Angaben des Angeklagten relativ hilflos gegenüber.   254

Von der Polizei werden normalerweise keine weiteren Ermittlungen zu den persönlichen Verhältnissen geführt. Erfahrungsgemäß führen entsprechende Ermittlungsaufträge auch schon deshalb selten zu brauchbaren Ergebnissen, weil der Polizei von Seiten des Beschuldigten und seiner Familie nur ungern die erforderlichen Auskünfte erteilt werden. Ein besseres Instrumentarium stellt hier die **Gerichtshilfe** (§ 160 III StPO, Nr 14 III RiStBV) dar. Besteht Anlass zur Aufklärung, so sollte sich der Staatsanwalt ihrer bedienen.   255

Beispiel

(Verfügungskopf)

Verfügung

1. Ablichtungen fertigen von Bl 1–4, 15–18 dA.

2. Schreiben unter Beifügung der Ablichtungen zu Ziff 1:

An die Gerichtshilfe

– im Hause –

Ermittlungsverfahren gegen Aslan Sahin wegen Bandendiebstahls
Ich bitte, die persönlichen und wirtschaftlichen Verhältnisse des Beschuldigten aufzuklären und mir einen entsprechenden

Bericht baldmöglichst zuzuleiten. Zum Tatvorwurf verweise ich auf anliegende Ablichtungen des polizeilichen Ermittlungsberichts und des Protokolls der Beschuldigtenvernehmung. Von besonderem Interesse sind die familiären Bindungen des Beschuldigten, da die Verhängung einer Freiheitsstrafe möglich erscheint und das soziale Umfeld für die Frage einer Strafaussetzung Bedeutung hätte.

3. pp (*weitere Verfügungsanordnungen*).

(Datum, Unterschrift)

256   Mit Ermittlungsaufträgen zu den persönlichen Verhältnissen, die, wie die Beauftragung der Gerichtshilfe, die Privatsphäre des Beschuldigten empfindlicher tangieren können, sollte man sich im Hinblick auf das **Gebot der Verhältnismäßigkeit** allerdings so lange zurückhalten, wie noch ernstliche Zweifel an der Täterschaft bestehen. Notfalls können entsprechende Ermittlungen auch noch zugleich mit der Anklage veranlasst und die Ergebnisse dieser später nachgereicht werden, wie es ja in vergleichbarer Weise im Jugendverfahren mit den Berichten der Jugendgerichtshilfe geschieht. Außerdem würde es die Gerichtshilfe überfordern, wollte man sie in jeder Bagatellsache einschalten. Sofern aber die Verhängung von Freiheitsstrafe ernsthaft in Betracht kommt, sollte der Staatsanwalt jedenfalls dann, wenn die persönlichen Verhältnisse nicht bereits aus früheren Verfahren hinlänglich bekannt sind, die Gerichtshilfe spätestens mit Anklageerhebung unter Beifügung einer Anklageabschrift um einen Bericht bitten.

257   Vor jeder Anklageerhebung ist zumindest die Einholung eines **Bundeszentralregisterauszuges** notwendig (Nr 16 I RiStBV), schon um die Straferwartung und damit das für das Hauptverfahren sachlich zuständige Gericht bestimmen zu können. Empfehlenswert ist es, den BZR-Auszug so früh als möglich zu erfordern, damit dieser zur Anklageentscheidung vorliegt und, soweit notwendig, vorhandene Vorstrafakten schon vorher beigezogen werden können. Oft geschieht dies heute bereits automatisch mit der Eintragung der Sache in das Verfahrensregister durch die Eingangsstelle. Ist dies unterblieben, so sollte man die Anforderung unverzüglich nachholen, sobald die dafür notwendigen Daten (vor allem voller Name sowie Geburtsdatum und -ort des Beschuldigten) bekannt sind.

In bedeutsamen Fällen können auch **Strafregisterauskünfte im** 258
Ausland eingeholt werden. Nach Art 13 I des Europäischen Rechts-
hilfeabkommens (EuRHÜbk) haben sich die Vertragsstaaten verpflichtet, entsprechende Auskünfte an andere Vertragsstaaten wie
an eigene Behörden zu erteilen. Die Anforderung erfolgt, ggf unter
Einschaltung des Rechtshilfedezernenten, auf dem unmittelbaren
Geschäftsweg (Art 15 III 1 EuRHÜbk).

Frei. 259

IV. Die am Ermittlungsverfahren Beteiligten

Literatur: Beulke: Zwickmühle des Verteidigers, FS-Roxin 1173ff; Dölp: Zur
Nichtbenachrichtigung des Beschuldigten nach § 168c V StPO, NStZ 1990,
117f; Vogel: Amtspflichten der Staatsanwaltschaft gegenüber Verletzten, Wistra 1996, 219ff; Wolf: Das System des Rechts der Strafverteidigung, Frankfurt (Oder) 2000.

1. Die Staatsanwaltschaft

Der Staatsanwaltschaft obliegt, wie bereits dargelegt, die Aufklä- 260
rung des Sachverhalts (§ 160 StPO). Wie sie diese Aufgabe löst, liegt
allein in ihrem Ermessen. Sie ist die **Herrin des Vorverfahrens**,
deren Aufträgen insbesondere die Polizei nachzukommen hat. Alle
anderen Behörden sind ihr zumindest zur umfassenden Auskunftserteilung verpflichtet (§ 161 I StPO). Selbst der Richter, dessen Einschaltung bei bestimmten Zwangsmaßnahmen erforderlich ist, hat
keinerlei Einfluss auf die Art und Weise der Ermittlungen. Ihm
steht es lediglich zu, im Rahmen einer Verwerfungskompetenz die
Rechtmäßigkeit der von der Staatsanwaltschaft beantragten Maßnahmen zu überprüfen und diese notfalls zu verhindern. Hingegen
darf er die Zweckmäßigkeit nicht hinterfragen[1] und muss vielmehr
die von der Staatsanwaltschaft gewählte Ermittlungstaktik, sofern
sie rechtlich zulässig ist, hinnehmen.

In der Praxis allerdings bleibt die Verfahrensleitung oftmals Theo- 261
rie, wenn die Anzeige bei der Polizei und nicht unmittelbar bei der
Staatsanwaltschaft erstattet wird. In diesen Fällen wird, falls es sich
nicht um schwierigere, größere oder brisantere Verfahren handelt,

---

1 KM Rn 14 zu § 162 StPO.

die **Polizei im ersten Zugriff** den Sachverhalt bereits weitgehend selbständig erforschen (§ 163 I StPO). Zwar schreibt § 163 II StPO eigentlich vor, dass nach Abschluss derjenigen Maßnahmen, bei denen Gefahr im Verzuge besteht, die Vorgänge zunächst der Staatsanwaltschaft vorzulegen sind. Tatsächlich ist es aber bei kleineren und mittleren Verfahren die Regel, dass die Polizei auch darüber hinaus eigenverantwortlich tätig wird und den Sachverhalt ausermittelt. Der Staatsanwalt wird erst nach Abschluss der Ermittlungen oder aber dann eingeschaltet, wenn die polizeilichen Mittel alleine nicht mehr ausreichen.

262 Diese mit dem Gesetzeswortlaut strenggenommen nicht konforme Vorgehensweise, deren Legalisierung allerdings diskutiert wird[1], sollte man im Interesse einer zügigen und sachgerechten Erledigung grundsätzlich tolerieren, sofern es sich nicht um ein größeres oder bedeutenderes Verfahren handelt. Bei diesen hingegen ist darauf zu dringen, dass die Polizei den Staatsanwalt zumindest **frühzeitig informiert** und ihm so Gelegenheit gibt, die Ermittlungsschwerpunkte selber zu setzen. Dabei sollte sich der Staatsanwalt aber stets vor Augen halten, dass die Polizei im Zweifel über die größere kriminalistische und kriminaltaktische Erfahrung verfügt. Zudem ist sie regelmäßig mit dem sozialen Hintergrund der Tat wie auch der Person des Verdächtigen besser vertraut. Hingegen ist der Staatsanwalt eher in der Lage zu ermessen, welche Beweise er am Ende brauchen wird und welche Details für die Anklageentscheidung noch aufzuklären sind. Deshalb wird nur ein Zusammenwirken beider Kompetenzen in schwierigeren Fällen ein zufriedenstellendes Ergebnis bringen.

263 Bei schwereren Delikten erfolgt die Unterrichtung des Staatsanwalts durch sog **WE-Mitteilungen** (WE = Wichtiges Ereignis), die ihm durch die Polizei unmittelbar nach Tatentdeckung per Telefax zugeleitet werden. Hier ist unbedingt zu empfehlen, sofort telefonisch mit dem sachbearbeitenden Polizeibeamten Kontakt aufzunehmen, um sich näher über den Stand des Verfahrens zu informieren und ggf bereits bestimmte Ermittlungsaufträge zu formulieren.

264 Theoretisch wäre der Staatsanwalt in der Lage, nahezu alle **Ermittlungen in eigener Person** vorzunehmen oder zumindest unter sei-

---

1 Vgl § 161 IV der AE-Reform des Ermittlungsverfahrens, München 2001.

ner unmittelbaren persönlichen Aufsicht durchführen zu lassen. Leider lässt die zunehmende Arbeitsbelastung dafür zu wenig Spielraum. So wird man nur in bedeutenden Verfahren den Tatort besichtigen, Durchsuchungen selber leiten oder außerhalb des Dienstzimmers ermitteln können (Nr 3 I RiStBV). Selbst die eigene Vernehmung von Zeugen oder Beschuldigten muss normalerweise die Ausnahme bleiben. Wo aber die Möglichkeit dazu besteht, sollte der Staatsanwalt sie unbedingt wahrnehmen, weil ihm der eigene Eindruck immer ein zutreffenderes Bild von der Sache vermitteln wird, als jede noch so gründliche Lektüre einer Akte dies vermag.

Dabei sollte es kein Hindernis darstellen, dass eine wichtige Unter- **265** suchung **außerhalb des eigenen Amtsbezirkes** vorzunehmen wäre. Was dabei an Zeit aufgewandt wird, kommt dem Verfahren zugute. Zu beachten ist, dass Dienstreisen grundsätzlich der Zustimmung des Behördenleiters bedürfen. Sollen Amtshandlungen im Bezirk einer anderen Staatsanwaltschaft erfolgen, so empfiehlt sich eine persönliche Information des örtlichen Behördenleiters und des jeweiligen Leiters der zuständigen Polizeibehörde. Dies ist nicht nur ein Akt der Höflichkeit, sondern kann auch zu einer wertvollen Hilfe beim Kennenlernen der örtlichen Gegebenheiten und bei der Vornahme etwa erforderlich werdender Folgeermittlungen führen.

Schon aus der Herrschaft über das Ermittlungsverfahren ergibt **266** sich, dass vor Anklageerhebung allein die Staatsanwaltschaft über die **Gewährung von Akteneinsicht** und die **Erteilung von Auskünften** zu entscheiden hat, wie dies nunmehr auch in § 478 I StPO seine gesetzliche Grundlage gefunden hat. Insbesondere darf auch nicht das Gericht, etwa der Haftrichter dem anwesenden Verteidiger vor dem mündlichen Haftprüfungstermin, ohne Zustimmung des Staatsanwalts Einsichtnahme in die Akten gestatten. Erst nach Anklageerhebung ist hierfür das Gericht zuständig, nach Abschluss des Hauptverfahrens dann wiederum die Staatsanwaltschaft.

Anderen **Staatsanwaltschaften**, den **Gerichten** und den übrigen **267** Justizbehörden wird für Zwecke der Rechtspflege grundsätzlich **Akteneinsicht** gewährt (§ 474 I StPO).

Den Informationsbedürfnissen **anderer Behörden** wird grundsätzlich nicht durch die Gewährung von Akteneinsicht, sondern durch **268** die **Erteilung von Auskünften** Rechnung getragen. Voraussetzung ist, dass einer der in § 474 II StPO genannten drei Fälle vorliegt, nämlich:

– Die Auskunft steht im Zusammenhang mit Rechtsansprüchen aus Anlass der Straftat, was zB bei der Rückforderung durch Betrug erlangter Überzahlungen von Arbeitslosengeld durch das Arbeitsamt der Fall ist (§ 474 II Nr 1 StPO).

– Es gibt eine spezialgesetzliche Ermächtigungsgrundlage zur Übermittlung der entsprechenden personenbezogenen Daten, wobei insbesondere auf § 14 I Nr 4–7 EGGVG hinzuweisen ist. Hierunter fällt zB, wenn der Widerruf einer Erlaubnis wegen persönlicher Unzuverlässigkeit in Betracht kommt (vgl §§ 14 I Nr 7 b EGGVG, 47 II, 30 I Nr 2 WaffG). Dasselbe gilt, wenn eine Mitteilung von Amts wegen erfolgt ist (zB nach der MiStrA) und weitere Informationen dazu benötigt werden (§ 474 II Nr 2 StPO).

– Es sollen Erlaubnisse, Genehmigungen, Zulassungen erteilt oder Titel, Orden uÄ verliehen werden, nach deren Erteilung bzw Verleihung eine Mitteilungspflicht (zB nach der MiStrA iVm §§ 14 ff EGGVG) bestünde. Hier lässt § 474 II Nr 3 StPO bereits zur Vorbereitung der verwaltungsbehördlichen Entscheidung Auskünfte zu, die für die Erteilung der jeweiligen Erlaubnis oder die Verleihung bedeutsam sind.

269 Unter **Auskunft** ist zum einen die gewöhnliche Mitteilung zu verstehen, jedoch lässt § 477 I StPO auch die Übersendung einzelner Kopien aus der Akte zu, zB des rechtskräftigen Urteils, der Einstellungsverfügung oder eines Beschlagnahmeprotokolls. Ausnahmsweise gestattet § 474 III StPO, an Stelle einer Auskunft auch **Akteneinsicht** zu gewähren, falls eine Auskunft unverhältnismäßig aufwändig wäre oder für die Zwecke der ersuchenden Behörde nicht genügt. Der erste Fall läge vor, wenn eine große Zahl von Blättern aus der Akte kopiert werden müsste oder die Fundstelle innerhalb eines sehr umfangreichen Vorgangs nicht in vertretbarer Zeit gefunden werden kann. Ungenügend wäre eine Auskunft, wenn sie nur im Kontext des gesamten Vorgangs verständlich wird oder in ihrer Bedeutung richtig eingeschätzt werden kann. Dies wäre beispielsweise anzunehmen, wenn es im Falle einer frühzeitigen Einstellung nach § 154 StPO nicht mehr zu einer nachvollziehbaren Darstellung der Vorwürfe im Rahmen von Anklage oder Urteil kommt, diese

Vorwürfe aber im Detail für die Behörde, die etwa die persönliche Zuverlässigkeit des Beschuldigten zu prüfen hat, von Bedeutung bleiben.

Der **anwaltliche Vertreter des Verletzten** hat bei Darlegung eines berechtigten Interesses grundsätzlich einen Anspruch auf **Akteneinsicht** nach § 406e StPO. Beim **nebenklageberechtigten Verletzten** wird das Bestehen eines berechtigten Interesses unwiderleglich vermutet (§ 406e I 2 StPO). In den übrigen Fällen wird vor allem die beabsichtigte Geltendmachung von Ersatzansprüchen aus Anlass der Straftat eine Akteneinsicht rechtfertigen.   270

Dem **Verletzten persönlich** wird unter denselben Voraussetzungen zwar keine Akteneinsicht gewährt, jedoch können ihm Auskünfte erteilt werden. Ein Anspruch auf Auskunftserteilung besteht hier allerdings nicht, vielmehr hat er lediglich einen Anspruch auf fehlerfreie Ermessensausübung. Dabei ist zu berücksichtigen, dass – anders als bei Rechtsanwälten – eine Missbrauchsgefahr nicht von vorneherein von der Hand zu weisen ist, sondern im Einzelfall geprüft werden muss. Gleichwohl dürfte es in aller Regel unbedenklich sein, zwecks Erhebung von Schadensersatzansprüchen die aktuelle Anschrift des Beschuldigten mitzuteilen.   271

Sowohl dem Verletzten als auch seinem Anwalt wird Auskunft bzw Akteneinsicht jedoch nur gewährt, soweit nicht **überwiegende Schutzinteressen** des Beschuldigten oder anderer Personen entgegenstehen, der Untersuchungszweck gefährdet oder das **Verfahren** über Gebühr **verzögert** würde (§ 406e II StPO). Letzteres wird vor allem in Haftsachen anzunehmen sein, wenn sich durch die Akteneinsicht notwendige Ermittlungen oder der Verfahrensabschluss verzögern würden oder wenn, zB wegen des Umfangs der Akten, ihre Rückgabe nicht binnen einer Woche zu erwarten ist. Ggf sollte man dieses Problem telefonisch mit dem Rechtsanwalt erörtern, bevor man Akteneinsicht schlicht verweigert, weil oft alternative Lösungen beiderseits akzeptabel sind, zB die Überlassung einzelner Aktenbände, die Übersendung einiger weniger Kopien oder gar die Vertröstung des um Einsicht Ersuchenden auf das Zwischenverfahren.   272

Rechtsanwälten, die nicht Verteidiger[1] oder Verletztenvertreter sind, wird für ihre Mandanten grundsätzlich nur **Auskunft** erteilt,   273

---

1 Für diese vgl Rn 330ff.

sofern sie ein berechtigtes Interesse darlegen und soweit der Auskunft kein überwiegendes Interesse des Beschuldigten oder anderer Betroffener entgegensteht (§ 475 I StPO). Ein berechtigtes Interesse besteht etwa, wenn die Information zur Durchsetzung oder zur Abwehr von Rechtsansprüchen benötigt wird. Ebenso soll es genügen, wenn dem behördlichen Gegenüber des um Auskunft Ersuchenden bereits Mitteilungen aus der Akte gemacht wurden. Der bloße Umstand, dass sich in der Akte personenbezogene Informationen über den Ersuchenden befinden, genügt hingegen für sich genommen noch nicht[1]. Auch kann im Ausnahmefall statt Auskunft Akteneinsicht gewährt werden, wobei insoweit dieselben Kriterien gelten wie gegenüber Behörden[2].

274 Anwaltlich nicht vertretenen **Privatpersonen** einschließlich des Verletzten kann unter denselben Voraussetzungen Auskunft erteilt, jedoch keine Akteneinsicht gestattet werden (§ 475 IV StPO). Ein Anspruch auf Auskunftserteilung besteht hier wie gegenüber dem Verletzten nicht, vielmehr hat der um Auskunft Ersuchende ebenfalls nur einen Anspruch auf fehlerfreie Ermessensausübung. Dass zB Banken und Versicherungen wegen der bei diesen regelmäßig auszuschließenden Missbrauchsgefahr eher Auskünfte erteilt werden können als sonstigen Privatpersonen, liegt auf der Hand.

275 Nach § 476 StPO besteht nunmehr auch ein Anspruch auf die Übermittlung von Informationen sowie auf **Akteneinsicht zu Forschungszwecken**, sofern die Forschungsstelle die Erfüllung der in § 476 I–VI StPO genannten Voraussetzungen plausibel darlegen kann. Da es insoweit zumeist um Einsicht in eine größere Anzahl von Verfahren geht, entscheidet hierüber regelmäßig die Behördenleitung, so dass der einzelne Dezernent insoweit nichts zu veranlassen hat.

276 Besondere Vorsicht ist geboten, wenn von nichtöffentlichen Stellen Einsicht in Verfahren begehrt wird, in welchen es zu **Freispruch**, Eröffnungsablehnung oder **Einstellung** gekommen oder wo lediglich eine nicht in das Führungszeugnis aufzunehmende Verurteilung erfolgt ist und seit Rechtskraft mehr als zwei Jahre verstrichen sind. In diesen Fällen ist besonders sorgfältig zwischen den beiderseitigen Interessen abzuwägen; zusätzlich verlangt § 477 III StPO

---

1 KM Rn 3 zu § 475 StPO.
2 § 475 II StPO, vgl Rn 269.

die Glaubhaftmachung des berechtigten Interesses des Ersuchenden.

Soweit Zwecke des Strafverfahrens entgegenstehen, dürfen weder Auskunft noch Akteneinsicht gewährt werden (§ 477 II 1 StPO). Hierunter fallen insbesondere erhebliche Verfahrensverzögerungen oder die **Gefährdung des Untersuchungszwecks**[1]. Dasselbe gilt, wenn die Übermittlung durch anderweitige Verwendungsregelungen verboten ist. Dies betrifft beispielsweise das Steuer- oder das Sozialgeheimnis[2]. Weiterhin unterliegen Informationen, die durch Rasterfahndung, Telekommunikationsüberwachung, Lauschangriffe, verdeckte Ermittlung und Observation nach § 477 II 2 StPO erlangt wurden, einem weitgehenden **Übermittlungsverbot**. 277

Von Akteneinsicht und Auskunftserteilung ausgenommen sind selbstverständlich die Handakten und andere rein innerdienstliche Vorgänge, also ein etwaiges Berichtssonderheft oder das Gnadenheft. Darüber hinaus darf aber auch in beigezogene **Beiakten** nur Einsicht gewährt oder aus ihnen Auskunft erteilt werden, wenn der darum Ersuchende die Zustimmung der Behörde nachweist, der diese Akten gehören (§ 478 II StPO). Diese Regelung gilt mangels Verweises in § 406e StPO auf § 478 II StPO zwar nicht unmittelbar für den Verletzten, jedoch dürfte es sich insoweit um ein Redaktionsversehen des Gesetzgebers handeln, so dass eine entsprechende Anwendung geboten ist. Die Ausnahmeregelung für Beiakten gilt freilich nicht mehr, sobald die betreffenden Beiakten zB durch die Fertigung von Kopien, die anschließend in SHe genommen wurden, zu originären Aktenbestandteilen geworden sind. Als solche unterliegen sie dann wie die Verfahrensakte selber der Einsicht. 278

Hinsichtlich der **Voraussetzungen** von Akteneinsicht bzw Auskunftserteilung trifft den darum Ersuchenden, sei es Behörde, Rechtsanwalt oder Privatperson, grundsätzlich eine **Darlegungslast**[3]. Einer Glaubhaftmachung bedarf es hingegen – außer im erwähnten Fall des § 477 III StPO – nicht, so dass es genügt, wenn entsprechende Tatsachen, die zB auf ein berechtigtes Interesse schließen lassen, vorgetragen werden und plausibel erscheinen. 279

---

1 KM Rn 3 zu § 477 StPO.
2 Vgl §§ 30 AO, 35 SGB I, 67ff SGB X.
3 Vgl §§ 406e I, 475 I, II, 474 IV StPO.

280 Die **Ablehnung eines Gesuchs** um Auskunft oder Akteneinsicht wird dem Antragsteller mittels eines einfachen Bescheides bekannt gegeben. Da hiergegen auf gerichtliche Entscheidung durch die Strafkammer des LG angetragen werden kann (§ 477 III bzw § 406e StPO, jeweils iVm § 161a III StPO), ist dieser Bescheid mit Gründen zu versehen, soweit dies nicht seinerseits den Untersuchungszweck gefährdet (§ 477 III 3 StPO). Einer Rechtsbehelfsbelehrung bedarf es nicht, weil der Antrag auf gerichtliche Entscheidung nicht fristgebunden ist (§ 35a StPO).

> **Beispiel**   **Beispiel 1** (fehlende Darlegung):

281   StA Frankfurt (Oder)
521 Js 34209/01

Vfg

1. Der A-Versicherung wird aus den Gründen zu Ziff 2 auf ihren AntragBl 49 dA hin keine Auskunft erteilt.

2. Schreiben an A-Versicherung (Bl 49) formlos/höflich

Ihr Antrag auf Erteilung von Auskunft über ein Ermittlungsverfahren gegen den Beschuldigten Krajewski

Gemäß § 475 I, IV StPO können Privatpersonen – und dazu zählen auch Versicherungen – nur Auskünfte erteilt werden, wenn diese ein berechtigtes Interesse an der Auskunfterteilung darlegen. Dies ist weder in Ihrem Auskunftsersuchen vom 12.12.01 geschehen noch ist sonst ein berechtigtes Interesse ersichtlich. Einen entsprechenden Hinweis durch hiesige Vfg vom 18. 12. 01 haben Sie bis heute unbeachtet gelassen. Unter diesen Umständen lehne ich die begehrte Auskunftserteilung hiermit ab.

3. ... *(zB weitere Ermittlungsanordnungen)*

Gold, StA, 24. 1. 2000

Beispiel 2 (Gefährdung des Untersuchungszwecks):   **Beispiel**

(voller Vfg-Kopf)   282

1. Dem Vertreter des Verletzten Kurbelshausen, RA Schmidt, wird auf sein Gesuch Bl 21 dA keine Akteneinsicht gewährt, weil sich in der Akte mehrere Hinweise auf ein gegen Kurbelshausen gerichtetes Verfahren befinden (521 Js 4433/02), dass Kurbelshausen noch nicht bekannt ist und in welchem nach Kenntnis des Unterzeichners am 4. 2. eine Durchsuchung stattfinden soll. Der Erfolg dieser Aktion wäre in Frage gestellt, erführe Kurbelshausen von der Existenz des Verfahrens.

2. Schreiben an RA Schmidt III (Bl 21) höflich/formlos

   In pp

   kann ich Ihnen zur Zeit noch keine Akteneinsicht gewähren, weil die Akte im Augenblick unabkömmlich ist. Ich komme sobald als möglich unaufgefordert auf Ihr Gesuch zurück.

3. ... *(zB andere Maßnahmen oder sonst Fristanordnung)*

Gold, StA, 24. 1. 2002

Liegen die Voraussetzungen einer Akteneinsicht vor, so werden   283
Behörden und Gerichten die Akten zur Einsicht übersandt (§ 474 V StPO). Gegenüber Rechtsanwälten wird grundsätzlich ebenso verfahren (§§ 406e III, 475 III 2 StPO). Allerdings kann aus wichtigen Gründen, vor allem bei früherem missbräuchlichen Verhalten des betreffenden Rechtsanwalts, von einer Aktenübersendung abgesehen werden. In diesem Fall hat der Rechtsanwalt nur die Möglichkeit, die Akten auf der Geschäftsstelle einzusehen (Nr 189 III RiStBV) und ggf dort unter Aufsicht auf eigene Kosten Kopien herzustellen. Die Entscheidung über die **Ausgestaltung des Einsichtsrechts** ist unanfechtbar.

Beweisstücke werden grundsätzlich nicht ausgehändigt, sondern   284
können nur in den Diensträumen der Staatsanwaltschaft besichtigt werden (§§ 474 IV, 406e III, 475 III 1 StPO). Für Spurenträger, Tatwerkzeuge, Tatwaffen uÄ ist dies auch zweifellos sinnvoll. Allerdings ist die Aushändigung insbesondere sichergestellter Urkun-

den damit keineswegs verboten. Soweit daher weder Missbrauch noch Verlust zu befürchten stehen, können im Einzelfall beispielsweise sichergestellte Unterlagen, ohne die ein Verständnis der Akte schwer fiele, zusammen mit den Akten übersandt werden, wenn dies sachgerecht und ohne übermäßigen Aufwand durchzuführen ist und der Ersuchende auf die Unterlagen Wert legt.

2. Das Gericht

285 Der (Ermittlungs-)Richter hat anders als früher im Vorverfahren nur noch einen eng begrenzten Aufgabenbereich. Zwar entscheidet er über die Inhaftierung des Beschuldigten sowie über etliche andere **Zwangsmittel und Grundrechtseingriffe**[1], jedoch ist sein Tätigwerden, abgesehen von dem heute eher theoretischen Ausnahmefall des § 165 StPO, stets an einen **Antrag der Staatsanwaltschaft** gebunden. Einem solchen Antrag hat der Richter zu entsprechen, wenn die begehrte Maßnahme zulässig ist. Eine Zweckmäßigkeitskontrolle findet nicht statt (§ 162 III StPO).

286 Es empfiehlt sich, bei entsprechenden Anträgen nicht nur den Erlass eines Beschlusses, zB einer Durchsuchungsanordnung, zu beantragen, sondern dem Richter bereits einen **vorformulierten Entwurf des Beschlusses** zuzuleiten. Erfahrungsgemäß beschleunigt und erleichtert das nicht nur die richterliche Entscheidung, weil damit die Formulierung durch den Richter und die Herstellung der schriftlichen Beschlussausfertigung seitens der Kanzlei des AG entfällt. Wichtiger ist, dass man auf Grund der eigenen, im Zweifel besseren Aktenkenntnis – auf diese Weise gewährleistet, dass die Beschlussbegründungen vollständig und richtig sind. Verfügungstechnisch erfolgt das entweder (wie im Beispiel Rn 430) durch die Aufnahme des Beschlusstextes in den Antrag. Noch besser wäre es, den Beschlussentwurf auf einem selbständigen Blatt beizufügen.

---

1 Vgl §§ 98, 100, 100b, 100d, 105, 110b, 111, 111a, 111e, 111n, 111o, 163d, 163e, 163f V StPO.

Beispiel

(voller Verfügungskopf)

1. Kopie dieser Vfg sowie des anl Entwurfes[1] zu den HA.

2. U m A

   dem Amtsgericht
   – Ermittlungsrichter –
   in Rostock

   mit dem Antrag übersandt, einen Durchsuchungsbeschluss nach anliegendem Entwurf aus den im Beschlussentwurf genannten Gründen zu erlassen. Im Falle antragsgemäßer Entscheidung bitte ich um unmittelbare Übersendung an die Polizei in Schwerin, die auf diesem Wege um die Vollstreckung ersucht wird.

3. *(Frist)*

(Unterschrift, Dienstbezeichnung)

Sachlich **zuständig** ist im Vorverfahren der Richter beim Amtsgericht. Örtlich zuständig ist der Richter, in dessen Bezirk die fragliche Untersuchungshandlung vorgenommen werden soll (§ 162 I 1 StPO). Sofern allerdings in mehreren AG-Bezirken Maßnahmen richterlich angeordnet werden sollen, hat das der Richter zu tun, in dessen Bezirk die Staatsanwaltschaft ihren Sitz hat (§ 162 I 2 StPO). Dies gilt nicht nur bei gleichzeitiger Beantragung sondern auch, wenn Anträge nacheinander gestellt werden, dann jedoch erst für den Folgeantrag[2]. Beantragt die StA Koblenz also nacheinander Durchsuchungen in München, Berlin und Dortmund, so wäre für den ersten Antrag der Richter in München, für alle weiteren der Richter in Koblenz zuständig.   287

Ausgenommen von dieser **Zuständigkeitskonzentration** sind zum einen richterliche Vernehmungen (im Interesse der zu Vernehmenden), darüber hinaus aber auch andere Maßnahmen, sofern im Falle der Einholung der Entscheidung des an sich zuständigen Gerichts am Sitz der Staatsanwaltschaft eine Gefährdung des Unter-   288

---

1 Vom Abdruck wird an dieser Stelle abgesehen, vgl aber das Muster bei Rn 491.

2 KM Rn 9f zu § 162 StPO.

suchungszwecks eintreten würde (§ 162 I 3 StPO). Dies wäre zB anzunehmen, wenn der Staatsanwalt sich persönlich an einen auswärtigen Durchsuchungsort begeben hat und sich im Verlauf der dort vorgenommenen Durchsuchung die Notwendigkeit weiterer Durchsuchungsanordnungen ergibt. In diesem Fall kann notfalls die Entscheidung des Gerichts am Durchsuchungsort herbeigeführt werden.

289 Daneben kann der Richter ebenfalls im Rahmen des § 162 StPO für **Vernehmungen** von Zeugen oder Beschuldigten bemüht werden. Allerdings sollte der Staatsanwalt von der Einschaltung des Richters zu Vernehmungen im Interesse einer schnellen Verfahrenserledigung nur sparsam Gebrauch machen und soweit möglich polizeilicher oder eigener Vernehmung den Vorzug geben. Eine richterliche Vernehmung ist demgegenüber vorteilhaft, wenn in der Hauptverhandlung voraussichtlich eine Verlesung des Protokolls (§§ 251 I, 254 StPO), ein Vorspielen der Vernehmungsaufzeichnung (§ 255a StPO) oder eine Vernehmung des Richters (in den Fällen des § 252 StPO) notwendig werden wird.

290 Eine **richterliche Vernehmung von Zeugen** kann danach insbesondere erforderlich werden, wenn eine Tat nur durch die Aussagen zeugnisverweigerungsberechtigter Personen nachweisbar ist (Nr 10 RiStBV). Bei Straftaten unter Ehegatten und Verwandten, zwischen Verlobten und von Zuhältern gegenüber ihren Prostituierten sollte daher stets die richterliche Vernehmung der geschädigten Person herbeigeführt werden, solange diese noch aussagewillig ist. Hierbei ist Eile geboten, weil die Aussagebereitschaft oft schwindet, sobald der Täter Gelegenheit hatte, auf das Opfer einzuwirken. Wird hier gezögert, so droht spätestens im Hauptverfahren die – von Seiten eines Zuhälters zudem oft erpresste – Erklärung des Zeugen, man habe sich inzwischen wieder versöhnt und wolle deshalb gegen den Verlobten nicht aussagen, mit der zwangsläufigen Folge eines unangemessenen Freispruchs. Ist in diesen Fällen aber eine rechtzeitige richterliche Vernehmung erfolgt, so kann zwar diese nicht unmittelbar verlesen (§ 252 StPO), wohl aber der vernehmende Richter als Vernehmungszeuge über den Inhalt der Vernehmung gehört werden[1]. Voraussetzung ist allerdings, dass das Zeugnisverweigerungsrecht bereits zum Zeitpunkt der richterlichen Verneh-

---

1 BGHSt 2, 99ff.

mung bestand; verlobt man sich erst danach, bleibt auch die spätere Vernehmung des Richters ausgeschlossen[1].

In den möglichen Verlesungsfällen des § 251 I StPO (drohender Tod 291 oder schwere Krankheit, weite Anreise des Zeugen) sollte nicht nur die normale Protokollierung nach den §§ 168f StPO, sondern in geeigneten Fällen darüber hinaus die **Video-Aufzeichnung** gemäß § 58a I Nr 2 StPO beantragt werden, soweit das Gericht über die entsprechenden technischen Möglichkeiten verfügt oder die Staatsanwaltschaft diese dem Gericht verschaffen kann. § 255a I StPO erlaubt nämlich in den Fällen des § 251 I StPO auch das Vorspielen einer Aufzeichnung, der wegen ihrer besseren Erkenntnismöglichkeiten ein deutlich höherer Beweiswert zukommt als einem schriftlichem, letztlich vom Richter formulierten Protokoll. Bei einer Aufzeichnung kann man die Entstehung der Aussage mitverfolgen, die Mimik und nonverbalen Reaktionen des Vernommenen sehen und dessen Aussage im Originalton hören. All diese wichtigen Beurteilungsgrundlagen enthält eine Protokollverlesung dem Zuhörer vor.

Wichtiger noch ist eine richterliche Vernehmung mit **Video-Auf-** 292 **zeichnung bei Zeugen unter 16 Jahren**, die Opfer eines Sexual- oder Tötungsdelikts oder der Misshandlung Schutzbefohlener geworden sind. In diesen Fällen erlaubt nämlich § 255a II StPO das Vorspielen der Aufzeichnung richterlicher Vernehmungen als Vernehmungsersatz, ohne dass eines der in § 251 StPO erwähnten Vernehmungshindernisse vorliegen müsste. Auf diese Weise soll den betroffenen Zeugen die Belastung einer erneuten Vernehmung in der Hauptverhandlung erspart werden. Zudem ermöglichen solche Aufzeichnungen, wenn sie in engem zeitlichen Zusammenhang mit der Tat entstanden sind, sicherere Rückschlüsse auf das Geschehen als eine Vernehmung in der Hauptverhandlung, nachdem psychische Verdrängungs- und Verarbeitungsprozesse die Erinnerung des Zeugen zu verfälschen begonnen haben.

Bei der Durchführung jeder **Vernehmung Minderjähriger** ist zu 293 beachten, dass der Zeuge ein etwa bestehendes **Zeugnisverweigerungsrecht** nach § 52 StPO auszuüben imstande sein muss, was ein gewisses Verständnis der Straftat und ihrer Bedeutung sowie der Bedeutung der Aussage voraussetzt. Ob ein solches Verständnis vorhanden ist, ist im Einzelfall zu beurteilen; bei 7-jährigen wird

---

1 BGHSt 27, 231ff.

es in der Regel fehlen, bei Jugendlichen in der Regel vorhanden sein[1]. Im Zweifel ist von einem Fehlen der Verstandesreife auszugehen[2], so dass dann der oder die gesetzlichen Vertreter zu entscheiden haben, was wiederum nur möglich ist, wenn nicht einer von ihnen der Beschuldigte ist (§ 52 II 2 StPO). In diesem Fall ist gemäß § 1909 I 1 BGB ein **Ergänzungspfleger** zu bestellen, was der Staatsanwalt gegenüber dem zuständigen Vormundschaftsgericht bereits vor der richterlichen Zeugenvernehmung, spätestens aber zusammen mit dieser in der Übersendungsverfügung beantragen sollte.

Beispiel

294   StA Frankfurt (Oder)   21. 2. 2002
      177 Js 5522/02

                              Verfügung

1. Ablichtungen fertigen von Bl 4–6, 10–13, 22–34 sowie dieser Vfg und zur HA nehmen.

2. UmA

   dem AG

   – Ermittlungsrichter –
   in Frankfurt (Oder)

   mit den Anträgen übersandt,

   a) die Zeugin Melanie Becker, geb. 25. 9. 1992, unter Videoaufzeichnung gemäß § 58a I Nr 1 StPO richterlich zu den im polizeilichen Ermittlungsbericht Bl 4ff aufgeführten Straftaten ihres Vaters, des Beschuldigten Walter Becker, zu ihrem Nachteil (sexuelle Nötigung in mindestens drei Fällen) zu vernehmen. Die Vernehmung soll ggf später gemäß § 255a II StPO verwertet werden;

   b) die Vernehmung gemäß § 168e StPO in einem getrennten Raum durchzuführen, weil nach der Mitteilung des die Zeugin behandelnden Psychologen Dr. Isenbart (Bl 24 dA) die dringende Gefahr besteht, dass die Zeugin bei einer Konfrontation mit dem Beschuldigten einen weiteren nervlichen

---

1 KM Rn 18 zu § 52 mwN aus der Rspr.
2 BGHSt 19, 85; 23, 221.

Zusammenbruch erleidet und die gerade begonnene Therapie gefährdet wäre. Andere Mittel, dies zu verhindern, sind nicht ersichtlich;

c) der Zeugin ebenfalls zuvor gemäß §§ 406g, 397a StPO[1] einen Rechtsanwalt als Beistand beizuordnen. Gegen die Beiordnung des von der Mutter der Zeugin benannten RA Habenicht (Bl 35) bestehen keine Bedenken;

d) zuvor der Zeugin durch den Vormundschaftsrichter gemäß § 1909 I 1 BGB für die Ausübung ihrer Rechte nach § 52 StPO einen Ergänzungspfleger zu bestellen, weil es nach der genannten Mitteilung des Dr. Isenbart fraglich erscheint, ob die Zeugin selber in der Lage ist, ihre Rechte auszuüben (§ 52 II 1 StPO), und ihre gesetzlichen Vertreter, der Beschuldigte sowie dessen Ehefrau, gemäß § 55 II 2 StPO in diesem Fall nicht zur Vertretung in der Lage sind. Gegen eine vorherige Anhörung gemäß § 50a FGG bestehen keine Bedenken.

Ich bitte zu beachten, dass der Beschuldigte und sein Verteidiger RA Schlohwiese (Bl 14 dA) von dem Vernehmungstermin rechtzeitig zu benachrichtigen sind, um die gemäß § 255a II StPO erforderliche Möglichkeit einer Teilnahme am Termin zu gewährleisten.

3. Wv 22.3.

Dr. Hugenpohl, StA

In einigen Fällen mag es auch tunlich erscheinen, die **richterliche Bestätigung eines polizeilichen Geständnisses** des Beschuldigten herbeizuführen, damit dieses später gemäß § 254 StPO verlesen werden kann. Neben der vereinfachten Einführung in die Hauptverhandlung hat das richterliche Geständnis gegenüber dem polizeilichen den Vorteil forensisch höherer Beweiskraft. Der gegenüber der Polizei gelegentlich erhobene Vorwurf, das angeblich unwahre Geständnis sei mit der Drohung ansonsten erfolgender Inhaftierung oder gar mittels Gewalt erpresst worden, hat nämlich gegenüber 295

---

1 Auch bei nicht verletzten Zeugen kommt ggf die Beiordnung eines Rechtsanwalts in Betracht, vgl § 68b StPO.

dem unbeteiligten Ermittlungsrichter erst recht keine Aussicht auf Gehör.

296 Beantragt der Staatsanwalt die richterliche Vernehmung des geständigen Beschuldigten, so muss er darauf achten, dass über diese ein inhaltlich vollständiges **Protokoll** aufgenommen wird. Besteht dieses nämlich – wie leider häufig – nur aus einem Verweis auf die dem Beschuldigten vorgelesene polizeiliche Vernehmung und dessen Erklärung, er mache diese auch zum Gegenstand seiner richterlichen Aussage, so kann auf diesem Umweg später nicht etwa das polizeiliche Vernehmungsprotokoll gemäß § 254 StPO verlesen werden, sondern nur das inhaltlich nichtssagende richterliche. Es ist lediglich möglich, neben einer wenigstens einigermaßen vollständig protokollierten Aussage zur Sache zu deren Ergänzung auch in der richterlichen Vernehmung dem Beschuldigten die polizeilichen Aussagen zu verlesen und dann den oben genannten Bezugsvermerk zu protokollieren. Nur in diesem Fall ist in der Hauptverhandlung neben der Verlesung der Erklärung vor dem Richter die Verlesung des polizeilichen Protokolls als Bestandteil der richterlichen Aussage zulässig und diese über § 254 StPO verwertbar[1]. Auf Grund des in § 255a I StPO fehlenden Verweises auf § 254 StPO kann das richterliche Protokoll bei Beschuldigten leider nicht durch eine gerichtsverwertbare Video-Aufzeichnung unterstützt werden.

297 Bei jeder richterlichen Vernehmung ist dem Staatsanwalt, dem Beschuldigten und seinem Verteidiger grundsätzlich die **Anwesenheit** gestattet (§ 168c I, II StPO), daneben ggf einem Zeugenbeistand, und zwar sowohl einem nach § 68b StPO beigeordneten Rechtsanwalt als auch – aus dem Rechtsstaatsprinzip abgeleitet – jedem anwaltlichen Beistand, den sich der Zeuge selber hinzuzieht[2]. Bei der Vernehmung eines Verletzten sind die weitergehenden Anwesenheits- und Beteiligungsrechte der §§ 406f II, 406g II StPO zu beachten. Der **Staatsanwalt** sollte von seinem Anwesenheitsrecht zumindest in bedeutenderen Sachen oder bei wichtigeren Aussagen unbedingt Gebrauch machen, weil er im Zweifel die Akten, den Beschuldigten und die Hintergründe der Tat besser kennt als der Richter und deshalb viel eher zu Vorhalten und ergänzenden Fragen in der Lage ist.

---

1 Vgl BGH NStZ 1987, 85f.
2 BVerfGE 38, 105; KM Rn 11 vor § 48 StPO.

Der Beschuldigte kann von der richterlichen Vernehmung **ausgeschlossen werden**, wenn seine Anwesenheit den Untersuchungszweck gefährden würde, insbesondere weil ein Zeuge in seinem Beisein aus Angst nicht oder nicht richtig aussagen würde (§ 168c III StPO). In den Fällen des § 255a II StPO führt dies jedoch zur Unverwertbarkeit der Aufzeichnung, weil ihre Einführung in die Hauptverhandlung voraussetzt, dass sowohl Verteidiger als auch Beschuldigter Gelegenheit hatten, an der aufgezeichneten Vernehmung mitzuwirken.

298

Ein denkbarer Ausweg wäre die getrennte Vernehmung des Zeugen durch den Richter unter gleichzeitiger **Übertragung der Vernehmung** in einen anderen Raum, in welchem Beschuldigter, Verteidiger und Staatsanwalt die Vernehmung verfolgen und dann auch Fragen stellen lassen können (§ 168e StPO). Auch eine solche reduzierte Mitwirkungsmöglichkeit genügt zur Verwertbarkeit der dabei gewonnenen Aufzeichnung gemäß § 255a II StPO[1]. Allerdings setzt § 168e StPO eine dringende Gefahr für das Wohl des Zeugen voraus, hat also eine andere Schutzrichtung als § 168c III StPO. Immerhin werden vielfach beide Gefahren (einer Nicht- oder Falschaussage und eines schwerwiegenden Nachteils für das Wohl des Zeugen) einhergehen, so dass § 168e StPO jedenfalls in die Überlegungen einbezogen werden sollte. Nimmt das Gericht fehlerhaft die Voraussetzungen des § 168e StPO an, wird dies allerdings wegen einer dann unzulässigen Beschränkung der Mitwirkungsrechte nach § 255a II StPO insoweit zu einem Verwertungsverbot führen.

299

Gelegentlich versäumt es ein Richter entgegen § 168c V StPO, Beschuldigte und Verteidiger **von dem Vernehmungstermin zu unterrichten**. Zwar kann im Einzelfall eine Unterrichtung unterbleiben, weil ansonsten der Untersuchungserfolg gefährdet wäre, wenn etwa ein Zeuge vernommen werden soll, auf den der Beschuldigte unlauter einwirken würde, wüsste er von dem Termin. In diesem Fall ist aber durch den Richter in den Akten zu vermerken, dass ebendies der Grund für das Unterbleiben der Benachrichtigung ist. Fehlt ein solcher Vermerk und werden Beschuldigter und Verteidiger gleichwohl nicht von dem Vernehmungstermin in Kenntnis gesetzt, so ist die dabei gewonnene Aussage nicht ver-

300

---

1 KM Rn 8 zu § 255a StPO.

wertbar[1]. Der Staatsanwalt sollte deshalb bereits bei Übersendung der Akten auf die Beachtung von § 168c V StPO hinweisen.

Beispiel Vernehmung einer von ihrem Zuhälter geschädigten Prostituierten:

301 Staatsanwaltschaft Heilbronn   26. 3. 2002
553 Js 124/02

Verfügung

Eilt!

1. U m A

dem AG Heilbronn

mit dem Antrag übersandt, die Zeugin Reitmeyer (Bl 44) zur Beweissicherung richterlich zu vernehmen. Ich bitte, von einer Benachrichtigung des Beschuldigten gemäß § 168c V StPO abzusehen und dies entsprechend in den Akten zu vermerken. Dem Beschuldigten ist noch nicht bekannt, dass die mit ihm verlobte Zeugin Strafanzeige gegen ihn erstattet hat. Sollte er dies erfahren, so besteht die dringende Gefahr, dass er notfalls durch Dritte auf die Zeugin einwirkt und diese zu einer Rücknahme der Anzeige und zur Aussageverweigerung bringt.

2. 14. 4.

Müller, StAin

302 Im Fall des § 255a II StPO ist eine **Verwertung der Aufzeichnung** stets ausgeschlossen, wenn Beschuldiger oder Verteidiger an der Terminsteilnahme gehindert waren, wie sehr auch ihre Nichtunterrichtung von dem Vernehmungstermin sachlich begründbar wäre. Erscheint daher in den von § 255a II StPO genannten Konstellationen eine geheim gehaltene richterliche Vernehmung des Opfers unvermeidbar, so kann eine dabei gewonnene Videoaufzeichnung nur im Rahmen des § 255a I StPO entweder als Vernehmungsersatz

---

1 BGHSt 26, 332, 333 und insbesondere BGHSt 31, 140, 142f; kritisch Dölp NStZ 1990, 117f.

in den engen Fällen des § 251 I StPO oder sonst als Vernehmungs-
ergänzung (als Mittel eines Vorhalts, § 253 StPO) Verwendung finden.

3. Die Polizei

Der Polizei obliegt beim Verdacht einer Straftat selbständig der **303**
erste Zugriff zur Erforschung des Sachverhalts und die Vornahme
aller keinen Aufschub gestattenden Ermittlungshandlungen (§ 163 I
StPO). Diese Kompetenz ist seit dem StVÄG 1999[1] durch die Befugnis, selber Auskünfte einzuholen – was bis dahin der Staatsanwaltschaft vorbehalten war –, noch aufgewertet worden (§ 163 I 2 StPO).
Daneben ist die Polizei im weiteren Verlauf des Verfahrens verpflichtet, auf Ersuchen der Staatsanwaltschaft Ermittlungen jeder
Art vorzunehmen (§ 161 StPO).

Es ist schon oben darauf hingewiesen worden, dass die Polizei bei **304**
der kleinen und mittleren Kriminalität faktisch einen großen Freiraum bei der Gestaltung des Ermittlungsverfahrens genießt und
die Staatsanwaltschaft oft erst relativ spät durch die Übersendung
des dann bereits weitgehend kompletten Ermittlungsvorganges
Gelegenheit erhält, selbst steuernd einzugreifen[2]. Bei der vertrau-
ensvollen Zusammenarbeit mit einer qualifizierten Polizeidienststelle ist das auch einer schnellen und angemessenen Verfahrenserledigung durchaus förderlich. Andererseits muss sich der Staatsanwalt vergegenwärtigen, dass gerade in der Anfangsphase der
Ermittlungen die Weichen für das gesamte weitere Verfahren
gestellt werden. An dieser Stelle geschehene Fehler sind später oft
nicht wiedergutzumachen. Bei bedeutenderen Verfahren und
gegenüber in der Vergangenheit öfters durch fehlerhafte oder unzu-
reichende Ermittlungen aufgefallenen Polizeibehörden wird es
daher angebracht sein, auf eine **frühzeitige Informierung** auch
über mittlere und notfalls gar kleinere Verfahren sowie insbesondere gegenüber den jeweiligen Dienststellenleitern auf eine genaue
Beachtung von § 163 II 1 StPO zu dringen.

Eine Sonderstellung nehmen bei der Polizei die **Hilfsbeamten der** **305**
Staatsanwaltschaft (§ 152 GVG) ein. Sie sind einerseits auch persönlich verpflichtet, staatsanwaltlichen Anordnungen nachzukom-

---

1 BGBl I 1253.
2 Rn 261f.

men (§ 152 I GVG), andererseits besitzen sie eine Reihe von strafprozessualen Eilkompetenzen, die ein einfacher Polizeibeamter
nicht hat. Dazu gehört ua die Möglichkeit, bei Gefahr im Verzuge
Blutproben und körperliche Untersuchungen (§ 81a II StPO),
Beschlagnahmen (§§ 98 I, 111e I StPO), Durchsuchungen (§ 105 I
StPO) oder die Festsetzung einer Sicherheitsleistung (§ 132 II StPO)
vorzunehmen.

306 **Hilfsbeamte** sind kraft landesrechtlicher Regelungen[1] die Angehörigen der meisten polizeilichen Dienstgrade, insbesondere diejenigen, die üblicherweise auch im Ermittlungs- und Streifendienst eingesetzt werden. Ausgenommen sind die Eingangsämter sowie die
leitenden Polizeibeamten, insbesondere solche des höheren Dienstes. Das gleiche gilt für Bundesgrenzschutzbeamte. Auch Wirt-
schaftsreferenten der Staatsanwaltschaft haben in der Regel Hilfs-
beamtenstatus. Kraft Gesetzes sind daneben die Vollzugsbeamten
des BKA (§ 19 I BKAG) Hilfsbeamte, soweit dieses nach § 4 I, II
BKAG die Ermittlungen führt. Ferner gibt es Hilfsbeamte ua bei
der Finanzverwaltung (§§ 404 AO, 37 III AWG) und bei der Forst-
verwaltung (§ 25 II BJagdG)[2].

307 **Ermittlungsaufträgen** der Staatsanwaltschaft muss die Polizei folgen. Einen eigenen Spielraum hinsichtlich der Art und Weise der
Ausführung hat sie nur dort, wo der staatsanwaltliche Auftrag
keine Regelungen enthält. So lässt das allgemein gehaltene Ersuchen, eine richterlich angeordnete Durchsuchung durchzuführen,
der Polizei die Entscheidung darüber, wann, mit welchen Kräften
und unter Hinzuziehung welcher Zeugen sie dies tun wird.

308 Eine Weigerung der Polizei, bestimmten Anweisungen zu folgen,
ist grundsätzlich nicht möglich. Eine Ausnahme gilt nur, sofern die
Anwendung unmittelbaren Zwanges, etwa bei einer gewaltsam
durchzusetzenden Durchsuchung besetzter Häuser, sowohl strafprozessual von Bedeutung ist als auch die originäre Aufgabe der
Polizei, Gefahren für die öffentliche Sicherheit und Ordnung abzu-
wehren, berührt und beide Belange nicht in Einklang zu bringen
sind. Lässt sich hier keine Einigung der beteiligten Stellen herbei-
führen, so entscheidet letztlich die Polizei (B III der Anlage A zu

---

1 Fundstellen bei KM Rn 6 zu § 152 GVG.
2 Nach § 63 I 2 OWiG haben sogar Verwaltungsbehörden die Kompetenzen
  der Hilfsbeamten, wenn die Staatsanwaltschaft ein Owi-Verfahren gemäß
  § 42 OwiG an sich gezogen hat.

den RiStBV), weil diese von den Konsequenzen der jeweiligen Entscheidung zunächst unmittelbarer betroffen ist.

Adressat staatsanwaltlicher Aufträge ist im Allgemeinen die zuständige Polizeidienststelle. Erst wenn ein einzelner Beamter mit der Bearbeitung des konkreten Falles befasst ist, kann der Staatsanwalt sich auch unmittelbar an diesen wenden (B I der Anlage A zu den RiStBV). Letzteres gilt ferner bei Gefahr im Verzuge, wenn etwa am Tatort selbst Anweisungen an anwesende Beamte zu erteilen sind.   309

Daneben kann bei Vorliegen eines wichtigen Grundes ein Polizeibeamter, der zugleich **Hilfsbeamter** der Staatsanwaltschaft ist, auch unmittelbar beauftragt werden (§ 152 I GVG). Da es sich hierbei um einen Eingriff in den Dienstbetrieb der Polizei handelt, sollte der Staatsanwalt von dieser Möglichkeit aber nur sparsam und behutsam Gebrauch machen[1].   310

Die **Erteilung von Ermittlungsaufträgen** wird grundsätzlich mit der Übersendung der Akten verbunden, um der Polizei alle bereits vorhandenen Erkenntnisse für ihre Arbeit zur Verfügung zu stellen, das Verständnis des Falles zu erleichtern und die konkreten Anforderungen an den jeweiligen Ermittlungsauftrag zu verdeutlichen. Nur bei gleichzeitiger Beauftragung mehrerer Polizeidienststellen mit verschiedenen Aufträgen kann es sich im Einzelfall anbieten, statt der Akten den einzelnen Ermittlungsersuchen Ablichtungen der wichtigsten Aktenteile, ggf verbunden mit einer ergänzenden Schilderung des Sachstandes, beizufügen[2].   311

Der **Auftrag** sollte so präzise und konkret wie möglich erteilt werden, gleichwohl aber der Polizei die Möglichkeit offenlassen, flexibel auf sich im Verlaufe der Ermittlungen ergebende weitere Ermittlungsansätze zu reagieren. In jedem Fall unzureichend ist das schlichte Ersuchen, „die Ermittlungen aufzunehmen" oder diese „fortzuführen". Wenn sich der Staatsanwalt schon einschaltet, dann sollte er auch seiner Leitungsfunktion gerecht werden und klarstellen, welche Zeugen er vernommen oder welche kriminalistischen Untersuchungen er durchgeführt sehen will.   312

Die Polizei selbst empfindet dies nicht als Bevormundung, sondern ist für jede **Präzisierung** ihres Auftrages dankbar. Dies erspart ihr   313

---

1 Vgl das Beispiel Rn 315.
2 Vgl dazu unten Rn 317ff.

nämlich oft genug unnötige Arbeit, weil die Vorstellungen darüber, was zur Aufklärung eines Sachverhaltes zu geschehen hat, sehr weit auseinandergehen können. Haben etwa mehrere Zeugen einen Vorfall gesehen, den der Beschuldigte im Prinzip einräumt, so kann man sich mit Fug und Recht darüber streiten, ob überhaupt und, falls ja, in welchem Umfang es der Vernehmung von Zeugen bedarf. Vernimmt die Polizei nach der Auffassung des sich im Ermittlungsersuchen bedeckt haltenden Staatsanwalts zu viele Zeugen, so verschwendet sie ihre ohnehin knappen Personalressourcen und verzögert zudem den Verfahrensabschluss. Vernimmt sie zu wenige Zeugen, so wird ein erneuter Auftrag notwendig, der ebenfalls das Verfahren unnötig in die Länge zieht.

Beispiel

Beispiel 1 (erstmalige Beauftragung der Polizei bei einer Betrugsanzeige):

314 Staatsanwaltschaft Hildesheim   12. 3. 2002
32 Js 14350/02

Verfügung

1. U m A

der Polizeidirektion Hildesheim

mit dem Ersuchen übersandt, die Ermittlungen aufzunehmen. Ich bitte, zunächst den Geschädigten Bornhuis (Bl 1) ergänzend zu den Einzelheiten der Bestellung der Waren durch den Beschuldigten zu vernehmen. Welche Zahlungsziele wurden genannt? Bestanden schon zuvor Geschäftsbeziehungen zu ihm? Wurde auf die offenbar bestehenden Zahlungsschwierigkeiten hingewiesen?

Danach bitte ich um Vernehmung des Beschuldigten. Sollte er sich äußern wollen, so wäre er vor allem danach zu befragen, wie er sich angesichts seiner offenbar prekären finanziellen Situation die Bezahlung der bestellten Lieferung vorgestellt hat.

2. 10. 4. 2002

Miller, StAin

Beispiel 2 (Beauftragung eines bestimmten Beamten):

Staatsanwaltschaft Hannover 940 Js 5543/01

14. 5. 2001   315

Vfg

1. U m A (1 Bd, 3 SHe, 2 Bde Beiakten)

der PD Hannover, 3.2. K

mit der Bitte, die Ermittlungen gegen den Beschuldigten Eilert wegen des Verdachts des Betruges zum Nachteil der Reisenden des Fluges vom 12. 1. in die Türkei zu führen. Ich rege an, im Rahmen der dortigen Möglichkeiten Herrn KOK Zermatt mit dem Verfahren zu betrauen, da dieser aus dem gleichgelagerten Verfahren 940 Js 54334/00 (Happy-Reisen) bereits über das notwendige Hintergrundwissen verfügt.

(Es folgen sodann Anweisungen, was konkret ermittelt werden soll).

2. Frist …

(Unterschrift, Dienstbezeichnung)

Man sollte auch im Auge behalten, dass die Polizei trotz des in   316
§ 163a V StPO fehlenden Verweises auf § 58a StPO durchaus befugt ist, **Zeugenvernehmungen auf Bild-Ton-Träger aufzuzeichnen**[1], und dies in geeigneten Fällen anordnen. Zwar wären diese Aufzeichnungen in der Hauptverhandlung nur in den Ausnahmefällen des § 251 II iVm § 255a I StPO als Vernehmungsersatz verwendbar. Ihr eigentlicher Wert liegt aber einerseits in der tatnahen Dokumentation nicht nur der Aussage, sondern auch des Aussageverhaltens des Zeugen in Ergänzung zu der Vernehmung in der Hauptverhandlung. Vielfach wird aber auch das Verteidigungsverhalten ein anderes sein, wenn sich die Verteidigung schon frühzeitig von einer besonders beeindruckenden Tatschilderung durch das Opfer im Wege der Einsicht in die Aufzeichnung hat überzeugen können. Durch ein wenig mehr Aufwand bei den Ermittlungen können so

---

1 KM Rn 2 zu § 58a StPO.

aufreibende Hauptverhandlungen entschärft oder gar vermieden werden.

317 Sind **Ermittlungen** im Bezirk **mehrerer Polizeidienststellen** notwendig, so muss im Interesse einer zügigen Verfahrenserledigung darauf geachtet werden, dass diese möglichst gleichzeitig und nicht nacheinander beauftragt werden. Allerdings kommt es auf den Einzelfall, insbesondere den Umfang des Verfahrens und seine Eilbedürftigkeit an, weil es für die Qualität der Ermittlungen stets besser ist, der Polizei die Akte vollständig zur Durchführung des Auftrages an die Hand zu geben, was bei gleichzeitiger Einschaltung verschiedener Polizeidienststellen ja unmöglich ist.

318 Vermieden werden sollte in jedem Fall die sog **Kettenverfügung,** bei welcher zunächst eine Polizeidienststelle die Akten mit dem Auftrag erhält, bestimmte Ermittlungen zu führen, die Akte sodann selbständig an eine andere Dienststelle weiterzuleiten, die wiederum bestimmte andere Dinge zu tun hat, um anschließend die Akten an eine dritte Polizeibehörde abzugeben usw. Hier besteht die Gefahr, dass der Vorgang außer Kontrolle gerät und, wenn die Akte plötzlich benötigt wird, nur noch mit Schwierigkeiten festzustellen ist, wo sich diese gerade befindet. Sinnvoller ist es, nur jeweils eine Polizeidienststelle zu beauftragen mit der Bitte um Rückgabe nach Erledigung des jeweiligen Ermittlungsersuchens zwecks Beauftragung der nächsten Behörde. Möglich ist auch, eine Dienststelle zentral mit der Führung der Ermittlungen zu betrauen und dieser anheimzugeben, auswärtige Ermittlungen entweder selbst vorzunehmen oder durch die selbständige Einschaltung örtlicher Behörden zu koordinieren. In diesem Fall ist jedenfalls sichergestellt, dass über die ermittlungsführende Behörde auch zu jeder Zeit kurzfristig der Verbleib der Akten geklärt werden kann.

319 Handelt es sich um einfache Ermittlungsaufträge, zu deren Durchführung relativ wenige Teile der Akten benötigt werden, so ist die **gleichzeitige Beauftragung mehrerer Polizeidienststellen** ohne Beifügung der vollständigen Akten möglich. Hier behilft man sich mit der Übersendung von Aktenauszügen in Kopie.

Staatsanwaltschaft Dortmund   2. 5. 2001
443 Js 88833/00

Vfg

1. Bitte je 5 mal ablichten: Bl 1–5, 10, 11, 14–16 dA.

2. Je 1 Satz Ablichtungen zu Ziff 1 übersenden an

    a) Polizei Holzminden

    b) Kripo Dortmund

    c) Kripo Duisburg

    d) Polizei Hermannsburg

    e) Kripo München

    mit jeweils folgendem Anschreiben:

    In pp

    übersende ich einen Satz Ablichtungen mit der Bitte, die im dortigen Bezirk wohnhaften Geschädigten als Zeugen zu vernehmen und mir das Ergebnis unmittelbar zum obigen Aktenzeichen zu übersenden. Dem Beschuldigten wird vorgeworfen, sich mit der Behauptung, er komme wegen eines angeblich drohenden Wasserrohrbruches, Eintritt in diverse Wohnungen verschafft und dort Diebstähle verübt zu haben. Bei einer Durchsuchung seiner Wohnung wurden ua Sparbücher des dort wohnenden Geschädigten

    – hier einfügen im Schreiben

    zu a): Karl Müller, Felsenweg 4 in Holzminden

    zu b): Johann Sieger, Wilhelmstr 34, Dortmund

    zu c): Uwe Werner, Happelweg 3A, Duisburg

    zu d): Ahmed Jusufi, Am Markt 3, Hermannsburg

    zu e): Siegbert Pöschel, Berliner Ring 12, München –

    gefunden. Es wird um Mitteilung gebeten, ob wegen der Diebstähle bereits dort Anzeigen erstattet wurden, ggf unter welchem

Aktenzeichen das betreffende Verfahren anhängig ist. Ich beabsichtige, etwaige derartige Vorgänge zu dieser Sache zu übernehmen.

3. ... *(ggf weitere Aufträge)*

320 Gerade in schwierigeren Fällen sollte der Staatsanwalt neben dem schriftlichen Ermittlungsersuchen mit dem zuständigen Sachbearbeiter bei der Polizei **persönlichen oder telefonischen Kontakt** suchen, um die Einzelheiten der vorzunehmenden Maßnahmen genau abzusprechen. Wenn sich nicht ohnehin bereits eine entsprechende Praxis bei der fraglichen Polizeidienststelle herausgebildet hat, dann gelingt dies am besten, wenn man in den Ermittlungsauftrag explizit die Bitte hineinschreibt, vor Aufnahme der angeordneten Ermittlungen kurz telefonisch Kontakt aufzunehmen.

321 Aber auch generell kann es für den Staatsanwalt nur nützlich sein, den **persönlichen Kontakt** zu der für ihn zuständigen Dienststelle zu pflegen. Er wird so nicht nur eine engagiertere Ausführung seiner Aufträge erreichen können, sondern auch ein zutreffenderes Bild über die personellen und operativen Möglichkeiten der Polizei gewinnen, was ihm wiederum hilft, seine Anordnungen darauf abzustimmen. Es sollte daher selbstverständlich sein, dass sich der Staatsanwalt bei der dauernden Übernahme eines Dezernates, in welchem er hauptsächlich mit einer bestimmten Polizeidienststelle zu tun haben wird, persönlich zu dieser begibt, um sich mit den dortigen Beamten und Gegebenheiten vertraut zu machen.

322 Es wurde bereits erwähnt, dass Form und Inhalt des staatsanwaltlichen Auftrages für die **Qualität der polizeilichen Ausführung** mitverantwortlich sind. Der Staatsanwalt sollte sich um klare Anweisungen bemühen, ohne einen gängelnden oder bevormundenden Ton anzuschlagen. Insbesondere wird man die zumeist überlegene kriminalistische Erfahrung und die größere Nähe der Polizei zum Tatgeschehen und seinem sozialen Umfeld berücksichtigen müssen und deshalb bei Meinungsverschiedenheiten über die Ermittlungsstrategie deren abweichende Auffassung ernstzunehmen haben.

323 Auch ohne dass es hierzu eines besonderen Auftrages bedürfte, sollte die Polizei in jeder Ermittlungssache mitteilen, welche sonstigen **Erkenntnisse** sie **über den jeweiligen Beschuldigten** besitzt.

Auch sollte die Fertigung eines Personalbogens, also eine Zusammenstellung der wesentlichen persönlichen Daten des Beschuldigten (Namen, Geburtstag und -ort, Wohnort, Familienstand und Beruf) selbstverständlich sein. Ggf wird der Staatsanwalt in einem persönlichen Gespräch bei der für ihn zuständigen Polizeidienststelle hierauf hinwirken können.

In Fällen von Kleinkriminalität sehen einige Länder[1] inzwischen die Durchführung von **vereinfachten Ermittlungen** durch die Polizei vor. Dabei erfolgen insbesondere Zeugen- und Beschuldigtenvernehmung nur noch selektiv und werden zumeist durch schriftlichen Anhörungen ersetzt, was naturgemäß nicht immer zu befriedigenden Resultaten führt. Hier braucht sich der Staatsanwalt nicht zu scheuen, ergänzende Vernehmungen anzuordnen, wenn er sich auf Grund des ihm vorgelegten Materials noch nicht in der Lage fühlt, die Beweislage zutreffend abzuschätzen.

324

Die Erstellung von **Abschluss- oder Zwischenberichten** bei Rücksendung der Akten durch die Polizei sollte nur in größeren Ermittlungssachen verlangt werden, um dem Staatsanwalt zu ermöglichen, sich bei sofort notwendigen Entscheidungen schnell ein Bild vom Stand der Angelegenheit und den bereits durchgeführten Ermittlungen machen zu können, ohne die oft umfangreichen Vorgänge jedesmal gründlich durchzuarbeiten. Hingegen sind diese Berichte in kleineren oder mittleren Verfahren entbehrlich und sollten der Polizei keinesfalls schematisch aufgegeben werden. Oft ist es zudem so, dass die eher am objektiven Geschehen orientierten polizeilichen Bewertungen des Ermittlungsergebnisses mit denen des Staatsanwalts, der vor allem nach der Beweisbarkeit in einer Hauptverhandlung fragt, nicht übereinstimmen. Ein Abschlussbericht enthebt den Dezernenten daher zum einen nicht der eigenen Durcharbeitung des Vorgangs und bietet bei Divergenzen zur Abschlussentscheidung zum anderen nur unnötige Angriffsflächen für einen unzufriedenen Anzeigeerstatter oder Beschuldigten. Daher ist jedenfalls bei der Anklageentscheidung ein abschließender Bericht der Polizei dem Staatsanwalt nur in sonst unübersichtlichen größeren Verfahren eine nennenswerte Arbeitserleichterung, indem er ein schnelleres Auffinden und Zuordnen der einzelnen Erkenntnisse erlaubt.

325

---

1 Vgl die Nachweise bei KM Rn 28a zu § 163 StPO.

4. Der Beschuldigte und sein Verteidiger

326 Der Beschuldigte hat zahlreiche Rechte, die gewährleisten sollen, dass er nur dann zur strafrechtlichen Verantwortung gezogen wird, wenn er auch tatsächlich ein strafwürdiges Verhalten gezeigt hat. Bis zur rechtskräftigen Feststellung seiner Schuld ist der Beschuldigte unschuldig (**Unschuldsvermutung**, Art 6 II MRK) und grundsätzlich auch so zu behandeln. Deshalb ist im Schriftverkehr mit Dritten soweit möglich die Nennung seines Namens und der ihm vorgeworfenen Straftat zu vermeiden, jedenfalls aber klarzustellen, dass vorläufig nur der Verdacht einer Tat besteht (Nr 4a RiStBV). Eingriffe in seine Rechte dürfen bis zur Verurteilung nur erfolgen, soweit diese zur Sicherung und Durchführung des Verfahrens unumgänglich sind. Dabei ist der Verfassungsgrundsatz der **Verhältnismäßigkeit** stets zu beachten (Nr 4 RiStBV).

327 Der Beschuldigte hat das Recht, dass so schnell als möglich eine Klärung des Tatvorwurfes erreicht wird. Das **Beschleunigungsgebot** (Art 6 I MRK) verbietet es, ein Verfahren unbearbeitet liegen zu lassen oder zu verfristen, solange nicht ein triftiger Grund in der Sache selbst dies gebietet. Kann ein Staatsanwalt ein größeres Verfahren wegen seiner anderweitigen Belastung, etwa umfänglicher Sitzungsvertretungen, zeitweise nicht fördern, so muss er dies in den Handakten vermerken und seinem AL zur Kenntnis geben, damit notfalls ein Sondersachbearbeiter bestellt werden kann.

328 Neben den genannten Abwehrrechten hat der Beschuldigte auch aktive Verteidigungsrechte. Deren wichtigstes ist das **Recht auf Gehör** (Art 103 I GG, Art 6 III MRK, § 163a StPO). Es beinhaltet zunächst die **Information** über den Tatvorwurf, sodann die Möglichkeit zur **Stellungnahme** und schließlich die Pflicht der Strafverfolgungsbehörde zur **Berücksichtigung des Verteidigungsvorbringens** bei der Entscheidung über die Anklageerhebung.

329 Der Beschuldigte ist daher, sobald die Ermittlungen es erlauben oder er von ihnen ohnehin Kenntnis erlangt hat, **über den Tatvorwurf zu informieren**. Das gilt nicht nur im Falle seiner Vernehmung (§ 163a IV StPO), sondern auch, wenn zunächst nur Zwangsmittel wie eine Durchsuchung oder die Entnahme eine Blutprobe bei ihm durchgeführt werden[1] und er erst später vernommen werden soll. Erfolgt diese Information nicht schon durch die Polizei

---

1 Vgl Art 6 IIIa MRK.

oder anlässlich einer Vernehmung, so kann rechtliches Gehör in einfacheren Fällen auch schriftlich gewährt werden[1].

Zur vollständigen Information gehört selbstverständlich auch das Recht auf **Akteneinsicht**. Dieses steht allerdings nach dem Wortlaut von § 147 StPO dem **Beschuldigten** nicht persönlich zu, sondern nur seinem Verteidiger. Diese wegen der Missbrauchsgefahr bei der Gewährung von Zugang zu den Originalakten gerechtfertigte Einschränkung ist indes im Zeitalter kostengünstiger Fotokopien zu relativieren. Das Verhältnismäßigkeitsprinzip erlaubt nämlich nur die Einschränkung von Verfahrensrechten, soweit Verfahrenszwecke dies unabweisbar gebieten. Gegen die Einsichtnahme in **Kopien der Verfahrensakte** bestehen aber (außer den Fällen des § 147 II StPO oder bei Gefahr des Missbrauchs der dadurch erlangten Informationen zum Nachteil Dritter) grundsätzlich keine Bedenken, weshalb der Gesetzgeber nunmehr auch in § 147 VII StPO die Möglichkeit eröffnet hat, dem Beschuldigten Kopien zur Verfügung zu stellen. Allerdings geht dies noch nicht weit genug, weil § 147 VII StPO keinen Anspruch auf Einsicht begründet, der sich aber aus den Verteidigungsrechten des Art 6 I,III MRK ergibt[2]. Richtigerweise ist daher, wenn der unverteidigte Beschuldigte dies beantragt, ihm auf jeden Fall eine vollständige Fotokopie der Akte zur Verfügung zu stellen, soweit im Falle seiner Verteidigung durch einen Rechtsanwalt diesem ebenfalls Akteneinsicht zu gewähren wäre. Die dabei entstehenden Kosten sind den Verfahrenskosten zuzuschlagen.

330

Zweifelsfrei hat der **Verteidiger** ein grundsätzlich **unbeschränktes Akteneinsichtsrecht** (§ 147 StPO). Dieses erstreckt sich auf die Akten, die dem Gericht bei Anklageerhebung vorzulegen wären. Dazu zählen auch die bei größeren Ermittlungen gegen zunächst unbekannte Täter angefallenen **polizeilichen Spurenakten**, die später nicht zur Aufklärung geführt haben, sofern sie bei großzügigster Auslegung nur irgendeine Bedeutung für die Feststellung der Schuld des Beschuldigten haben könnten, weil sie etwa Täteralternativen als denkbar erscheinen lassen[3].

331

Auch die **Beweisstücke** unterliegen der Einsicht. Während die Akten dem Verteidiger regelmäßig zur Einsichtnahme übersandt werden,

332

---

1 § 163a I 2 StPO, vgl dazu das Beispiel bei Rn 345.
2 EGMR NStZ 1998, 429 m Anm Deumeland.
3 BGHSt 30, 131, 138ff; BVerfGE 63, 45, 67ff.

findet die Besichtigung der Beweisstücke in den Räumlichkeiten der Staatsanwaltschaft bzw des Gerichts statt. Allerdings sind auch hier Ausnahmen bei sichergestellten Unterlagen möglich.

Beispiel

333 Staatsanwaltschaft Saarbrücken   21. 12. 2001
34 Js 32465/01

Vfg

1. U m A (2 Bde, 3 SHe)

Frau RAin Klamandt (Bl 120 Bd I)

zur Einsicht für 1 Woche übersandt. Von einer Übersendung der sichergestellten Buchführungsunterlagen musste ich, schon wegen ihres Umfanges, absehen. Sollten Sie auch insoweit Einsicht wünschen, so steht es Ihnen frei, die Unterlagen nach Terminsabsprache in den hiesigen Räumlichkeiten einzusehen. Ich wäre allerdings auch bereit, Ihnen einzelne Ordner, die Sie mir bezeichnen wollen, zu übersenden.

Zunächst gehe ich davon aus, dass eine etwaige Einlassung bis Ende Januar 2002 möglich ist.

2. 15. 1. (Akte zurück?)

Grabowski, StA

334 Eine **Beschränkung der Akteneinsicht** ist nur möglich, solange der Abschluss der Ermittlungen[1] noch nicht in den Akten vermerkt ist und die Einsichtnahme den Untersuchungszweck gefährden könnte (§ 147 II StPO). Dies mag der Fall sein, wenn etwa eine Durchsuchung oder die Vernehmung eines Zeugen, auf den der Beschuldigte in Kenntnis der drohenden Befragung voraussichtlich Einfluss nehmen würde, bevorsteht. Nicht ausreichend wäre dagegen die Erwägung, dem Beschuldigten das Ergebnis einer bestimmten Vernehmung vorzuenthalten, um sein eigenes Aussageverhalten zu beeinflussen.

---

1 § 169a StPO, vgl unten Rn 835.

Liegt ein **Versagungsgrund** vor und begehrt der Verteidiger dennoch Akteneinsicht, so muss der Staatsanwalt diesen unterrichten, dass Akteneinsicht zZt unmöglich ist, soweit nicht bereits diese Mitteilung den Untersuchungszweck gefährdet. Wenn die Akte ohnehin versandt ist, genügt vorläufig die unverfängliche Versandnachricht. Ansonsten sollte zunächst nach außen hin gar nicht reagiert werden, was § 147 V 3 StPO auch durchaus erlaubt, wenn bereits die Mitteilung, dass Akteneinsicht versagt werde, den Verteidiger auf die richtige Spur brächte. Notfalls reicht eine nichtssagende Zwischennachricht. Auf keinen Fall darf der Staatsanwalt aber dabei unwahre Angaben machen. 335

Beispiel

(Verfügungskopf)

1. Vermerk: Die vom Verteidiger Bl 16 dA beantragte und Bl 21 dA bereits angemahnte Akteneinsicht kann derzeit nicht gewährt werden, weil zunächst der Durchsuchungsbeschluss Bl 20 dA zu vollstrecken ist. Der Erfolg der Durchsuchung wäre gefährdet, wenn der Beschuldigte Kenntnis davon hätte, dass nunmehr auch wegen des Verdachts eines Verstoßes gegen das WaffG ermittelt wird. Gemäß § 147 V 3 StPO ist der Grund der Versagung dem Verteidiger vorläufig nicht mitzuteilen.

2. Schreiben an RA König (Bl 21) – höflich/formlos –:

   Ich kann Ihnen zur Zeit wegen der Durchführung anderweitiger Ermittlungen noch keine Akteneinsicht gewähren. Sobald die Akten von der Polizei zurück sind, erhalten Sie die Vorgänge unaufgefordert übersandt.

3. Durchschrift dieser Vfg zu den Handakten.

4. U m A

   der Kripo in X-Stadt

   mit der Bitte übersandt, den Durchsuchungsbeschluss Bl 20 dA zu vollstrecken und mir die Akten danach wieder zuzuleiten. Weitere Ermittlungen sind zunächst entbehrlich.

5. Wv am …

(Unterschrift, Dienstbezeichnung)

123

336   Zu beachten ist, dass dem Verteidiger die **Einsicht in Protokolle** über die Vernehmung des Beschuldigten, richterliche Untersuchungshandlungen und Sachverständigengutachten nicht versagt werden darf (§ 147 III StPO). Auch ist die teilweise Übersendung der Akten möglich, wenn der Versagungsgrund nur einzelne Aktenstücke betrifft. Allerdings gilt auch insoweit die Einschränkung, dass dann, wenn bereits der Umstand der Übersendung eines unvollständigen Aktenauszugs Rückschlüsse auf eine Versagung voller Akteneinsicht und damit auf die geplante gefährdete Maßnahme erlaubt, notfalls hinhaltend zu taktieren ist.

337   Besonders hohe Anforderungen an eine Versagung der Akteneinsicht sind in **Haftsachen** zu stellen[1]. Dabei ist zu bedenken, dass der inhaftierte Beschuldigte selber zumeist nicht in der Lage ist, etwa den Erfolg einer Durchsuchung zu gefährden. Auch darf keinesfalls ohne besondere, konkrete Anhaltspunkte vermutet werden, der Verteidiger werde seinerseits missbräuchlich handeln. Allerdings ist der Verteidiger nicht nur berechtigt, sondern aus dem Mandatsverhältnis heraus sogar verpflichtet, alle Informationen, die er erhält, an den Mandanten weiter zu geben. Wenn also wie beispielsweise in Fällen organisierter Kriminalität die Besorgnis besteht, dass ein Beschuldigter über Mittelsmänner auch aus der Haft heraus zu handeln vermag, mag dies selbst in Haftsachen ausnahmsweise eine Versagung der Akteneinsicht rechtfertigen.

338   Ist der Grund für die Beschränkung der Akteneinsicht entfallen, so ist dem Verteidiger dies unverzüglich mitzuteilen bzw seinem Antrag auf Einsicht nunmehr umgehend zu entsprechen (§ 147 VI StPO). **Entfällt der Versagungsgrund** erst mit dem Abschluss der Ermittlungen, ist gleichwohl eine Anklage frühestens nach Durchführung der Einsicht zulässig.

339   Zum **Recht auf Stellungnahme** gehört, dass dem Beschuldigten die Gelegenheit eröffnet wird, seine Darstellung des Geschehens zu Gehör zu bringen. Dies kann in Form einer Vernehmung durch Polizei oder Staatsanwaltschaft sowie durch die Möglichkeit zu persönlicher oder anwaltlicher schriftlicher Stellungnahme geschehen. Bevor der Beschuldigte nicht zu den jeweiligen Tatvorwürfen vernommen worden ist oder Gelegenheit zu persönlicher oder anwaltlicher Stellungnahme hatte, ist eine Anklage der entsprechenden

---

1 KM Rn 25 zu § 147 StPO mwN.

Taten wegen des noch ungenügenden rechtlichen Gehörs nicht rechtmäßig.

Die **Vernehmung des Beschuldigten** wird im Normalfall durch die Polizei erfolgen. Ist dies bereits zu Beginn des Verfahrens geschehen, so muss der Staatsanwalt vor der Anklageerhebung prüfen, ob sich der Tatvorwurf später auf weitere, dem Beschuldigten seinerzeit noch nicht bekanntgegebene Taten erstreckt hat. In diesem Fall ist eine ergänzende Vernehmung erforderlich. Eine solche kann auch dann tunlich sein, wenn neue Beweismittel ermittelt wurden, die eine Änderung des Aussageverhaltens des Beschuldigten, etwa eine nunmehr geständige Einlassung, erwarten lassen. 340

Ist der Beschuldigte **Ausländer**, so ist frühzeitig festzustellen, ob er der deutschen Sprache hinreichend kundig ist (Nr 181 I RiStBV). Wenn dies nicht der Fall ist, muss zu seiner Vernehmung ein **Dolmetscher** hinzugezogen werden (§ 185 GVG). Ladungen und andere wichtige Mitteilungen sind ihm in übersetzter Fassung bekanntzugeben (Nr 181 II RiStBV). 341

Hat der Beschuldigte anlässlich seiner Vernehmung erklärt, er wolle zuvor **Rücksprache mit einem Anwalt** halten und sich dann ggf über diesen einlassen, so muss ihm vor einer Anklageerhebung dazu ausreichend Zeit gewährt werden. Es empfiehlt sich, den Beschuldigten anzuschreiben und ihm eine Frist zu setzen, weil ansonsten die Gefahr unnützer Arbeit besteht, wenn der Staatsanwalt eine Anklage entwirft und vor ihrer Unterzeichnung doch noch den Anwaltsschriftsatz mit der Bitte um Akteneinsicht erhält. Die Frist sollte dabei je nach Umfang der Sache zwischen 2 und 4 Wochen liegen. 342

Beispiel

45 Js 655/02 343

Vfg

1. Schreiben an Beschuldigten Stakelberg (Bl 34)
   – höflich/formlos –:

   In pp

haben Sie gegenüber der Polizei Detmold erklärt, Sie wollten einen Verteidiger befragen und sich ggf über diesen zur Sache äußern. Ich gebe Ihnen Gelegenheit, dies bis zum 4. 5. 2002 zu tun. Nach Ablauf dieser Frist gehe ich davon aus, dass Sie von Ihrem Recht, zum Tatvorwurf zu schweigen, Gebrauch machen wollen. Ich werde dann nach Aktenlage entscheiden.

2. 5. 5. (Verteidiger? Sonst Strafbefehl)

Ge, 12. 4. 2002

344   In einfachen Fällen (und wenn der Beschuldigte hierzu in der Lage erscheint) kann statt einer Vernehmung auch eine **schriftliche Anhörung** erfolgen. In dieser ist der Beschuldigte über den Tatvorwurf und seine Rechte als Beschuldigter zu informieren. Bei geschickter Formulierung kann der Staatsanwalt dabei das Schreiben als Teil des späteren Anklagesatzes wiederverwenden.

Beispiel

345   55 Js 7112/96

Verfügung

1. Schreiben an Beschuldigte Stellmacher (Bl 5 dA)
   – höflich/formlos –:

Ihnen wird vorgeworfen, am 12. 2. 1996 gegen 14.00 Uhr in Burgdorf, Uetzer Str.,

vorsätzlich im Verkehr ein Fahrzeug geführt zu haben, obwohl Sie infolge des Genusses alkoholischer Getränke nicht in der Lage waren, das Fahrzeug sicher zu führen,

indem Sie

am angegebenen Ort mit Ihrem Pkw Opel-Kadett H-A 1277 fuhren, obwohl Sie aufgrund vorangegangenen Alkoholgenusses, der ausweislich des Gutachtens des Instituts für Rechtsmedizin der Medizinischen Hochschule Hannover vom 20. 2. 1996 zu einer mittleren Blutalkoholkonzentration von 1,5 g ‰ führte, fahruntüchtig waren, was Sie auch erkannt haben.

Vergehen nach §§ 316 I, 69, 69a StGB.

Als Beschuldigte steht es Ihnen frei, sich zum Tatvorwurf zu äußern oder keine Angaben zu machen. Sie können sich auch zuvor anwaltlichen Rates bedienen. Sofern Sie sich äußern wollen, gebe ich Ihnen hiermit Gelegenheit, dies zur Vermeidung einer polizeilichen Vernehmung auch schriftlich zum oben angegebenen Aktenzeichen zu tun. Wenn Sie sich auf diesem Weg äußern wollen, so wäre es nützlich, wenn Sie neben Angaben zur Sache auch solche über ihre Einkommensverhältnisse machen könnten, da unter Umständen statt einer Anklage auch die Ahndung im Strafbefehlswege in Betracht käme.

Höre ich bis zum 10. 4. 1996 nichts von Ihnen, so gehe ich davon aus, dass Sie keine Angaben machen wollen. Ich würde dann nach Aktenlage entscheiden.

2. 12. 4. (Einlassung?)

Wg-L, 18. 3. 1996

Das **Recht auf Berücksichtigung** des Verteidigungsvorbringens beinhaltet für den Beschuldigten zunächst, dass der Staatsanwalt seinen Sachvortrag bei der Anklageentscheidung nicht einfach außer Acht lassen darf. Auch die viel geschmähten „Schutzbehauptungen" schützen den Beschuldigten solange, wie sie nicht widerlegt werden. Vor allem aber muss den vom Beschuldigten gestellten **Beweisanträgen** und den von ihm vorgetragenen neuen **Ermittlungsansätzen** nachgegangen werden, soweit sie auch in einem Hauptverfahren gemäß § 244 StPO nicht abgelehnt bzw ignoriert werden dürften[1]. Formale Mängel des ansonsten inhaltlich verständlichen Vortrages dürfen dabei keine Rolle spielen.
346

Ein **frühzeitiges Eingehen** auf das Vorbringen des Beschuldigten ist auch sinnvoll. Die Sachaufklärung im Vorverfahren ist der förmlichen und unflexiblen Beweisaufnahme im Rahmen der Hauptverhandlung eindeutig vorzuziehen, bietet sie doch die Möglichkeit, die oftmals überlegenen technischen und kriminalistischen Mittel der Polizei einzusetzen und so ein zutreffenderes und umfassenderes Bild vom tatsächlichen Tatgeschehen zu gewinnen. Zudem ist die Erinnerung der möglicherweise am Ende doch noch benötigten
347

---

1 Vgl oben Rn 249.

Zeugen jetzt noch frischer als bei der Monate später durchzuführenden Hauptverhandlung.

348 Der Beschuldigte kann sich in jeder Lage des Verfahrens eines Verteidigers bedienen (§ 137 I StPO, Art 6 IIIc MRK). Als **Verteidiger** können vornehmlich Rechtsanwälte, aber auch Hochschullehrer (§ 138 I StPO) und mit gerichtlicher Genehmigung auch sonstige Personen (§ 138 II StPO) gewählt werden. Im Steuerstrafverfahren können daneben Steuerberater, Steuerbevollmächtigte, Wirtschaftsprüfer und vereidigte Buchprüfer Verteidiger sein, nach der Übernahme des Verfahrens durch die Staatsanwaltschaft jedoch nur in Gemeinschaft mit einem Rechtsanwalt (§ 392 AO).

349 Eine schriftliche Vollmacht benötigt der Verteidiger grundsätzlich nicht, so dass jede **Anzeige der Verteidigung** genügt[1] und die Vorlage einer schriftlichen Vollmacht nur verlangt werden sollte, wenn Zweifel an der Bevollmächtigung bestehen. Insbesondere bei einem Verteidigerwechsel oder dann, wenn mehrere Verteidiger widersprüchlich handeln, ergeben sich manchmal Unklarheiten über die (weitere) Wirksamkeit von Bevollmächtigungen, die nur über die Bitte um Vorlage aktueller schriftlicher Vollmachten behoben werden können.

350 Nur in Ausnahmefällen hängt die Wirksamkeit des Verteidigerverhaltens vom Vorliegen einer **schriftlichen Vollmacht** ab, insbesondere bei der Vertretung des abwesenden Angeklagten in der Hauptverhandlung (§§ 234, 350 II, 387 I, 411 II StPO). Zu beachten ist darüber hinaus, dass nach § 145a StPO **Zustellungen** an den Verteidiger nur wirksam sind, wenn sich dessen Vollmacht bei den Akten befindet. Solange dies nicht der Fall ist, werden daher notwendige Zustellungen unmittelbar an den Beschuldigten bewirkt.

351 Der Verteidiger hat die Aufgabe, innerhalb der Grenzen von Gesetz (§ 258 StGB) und Standespflichten die Interessen des Beschuldigten im Strafverfahren wahrzunehmen. Das Ziel des Beschuldigten ist natürlich, mag er unschuldig sein oder nicht, die Einstellung des Ermittlungsverfahrens bzw der Freispruch. Der Staatsanwalt muss sich immer vor Augen halten, dass der Verteidiger in erster Linie **Interessenvertreter** des Beschuldigten ist, sein Ziel sich folglich nicht immer mit dem des Staatsanwalts, der die Verfolgung des Schuldigen und die Entlastung des Unschuldigen erstrebt, decken

---

1 KM Rn 9 vor § 137 StPO.

wird. Insbesondere kann die Loyalität des Verteidiger zu seinem Mandanten nicht unter Hinweis auf die Stellung des Rechtsanwalts als Organ der Rechtspflege (§ 1 BRAO) unterhöhlt und dieser so in die Pflicht (zur Geheimhaltung, zur Nichtstellung von Anträgen usw) genommen werden[1]. Daraus folgt, dass der Staatsanwalt eine Kooperation des Verteidigers, die sich am Ende gegen die subjektiven Beschuldigteninteressen richten würde, nicht erwarten kann und insbesondere seine Informationspolitik daran zu orientieren hat.

Dies ändert nichts daran, dass die **Mitwirkung eines Verteidigers** stets zu begrüßen ist. Sie gibt die Gewähr dafür, dass wichtige Gesichtspunkte, die nur der Beschuldigte kennt, nicht unentdeckt bleiben und auch sonst nichts übersehen wird. Auch wird der Verkehr mit den oft schwierigen und unkooperativen Beschuldigten in vielen Fällen erleichtert. Eine Einschränkung mag allenfalls im Jugendverfahren bei einfachen Verfehlungen gelten. Hier, und das wird auch von erfahrenen Anwälten eingeräumt, „stört" ein Verteidiger oft die vom Erziehungsgedanken getragene, auf Kooperation und Vermeidung von Förmlichkeiten angelegte Hauptverhandlung. 352

Wird ein Verteidiger beauftragt, so sollte dies auch im Interesse der Staatsanwaltschaft möglichst schon **zu Beginn des Ermittlungsverfahrens** geschehen, damit seine Argumente spätestens bei der Anklageentscheidung Gehör finden und so unnötige Hauptverfahren vermieden werden können. 353

Der Staatsanwalt sollte sich stets um ein offenes, vertrauensvolles und von gegenseitigem Respekt getragenes **Verhältnis zu dem Verteidiger** bemühen. Ein Taktieren, ein Verbergen der jeweiligen Verhandlungsstrategie und persönliche Angriffe auf die andere Seite sind im Zweifel nicht geeignet, ein zutreffendes und für alle Beteiligten akzeptables Ergebnis zu erzielen. Lediglich bei einer bevorstehenden Verhaftung oder Durchsuchung muss der Staatsanwalt seine Absichten wegen der angesprochenen Verpflichtung des Verteidigers, alles Wesentliche an seinen Mandanten weiterzugeben, zeitweise geheimhalten. 354

Ansonsten kann es aber nur nützlich sein, im persönlichen Gespräch mit dem Verteidiger das derzeitige **Ergebnis des Ermittlungsverfahrens** und seinen möglichen Abschluss zu **erörtern**. Oft 355

---

1 Ebenso Wolf S 19ff; zur Gegenposition vgl Beulke FS-Roxin 1173ff.

wird es auf diese Weise möglich sein, schon das **Ermittlungsverfahren**, mindestens aber das Hauptverfahren **abzukürzen**. Viele Beschuldigte sind, auch wenn sie die Tat bestreiten, daran interessiert, die öffentliche Hauptverhandlung zu vermeiden, und würden deshalb einen Strafbefehl oder eine Geldauflage nach § 153a StPO akzeptieren. In anderen Fällen lässt sich durch Beschränkungen nach § 154 StPO bereits das Ermittlungsverfahren sinnvoll vereinfachen oder kanalisieren, wenn man frühzeitig erfährt, ob der Beschuldigte einige der gegen ihn erhobenen Vorwürfe einzuräumen bereit ist. Dass dabei keine unter Schuldgesichtspunkten unvertretbaren Ergebnisse herauskommen dürfen, ist selbstverständlich[1].

356   In – zum Glück eher seltenen – Ausnahmefällen erweist sich freilich jede Kommunikation mit dem Verteidiger von vorneherein als zwecklos, weil dieser verfahrensfremde Zwecke verfolgt oder eine rücksichtslose **Konfliktverteidigung** betreibt. Hier besteht die Gefahr, dass jede Äußerung (möglicherweise sogar bewusst) missverstanden und zum Anlass für Dienstaufsichtsbeschwerden und andere allein verfahrensverzögernde Rechtsbehelfe genommen wird. Dass eine solche Taktik zumeist auch dem Beschuldigten am Ende mehr schadet als nützt, erkennen unerfahrene oder gar uneinsichtige Verteidiger leider oft erst, wenn es zu spät ist. Seitens des Staatsanwalts sollte gegenüber einer Konfliktverteidigung der Kontakt auf das unbedingt Notwendige beschränkt bleiben; Sachinformationen werden nur gegeben, wo diese von Rechts wegen unumgänglich sind. Je weniger Angriffsflächen einer so agierenden Verteidigung geboten werden, desto eher besteht die Chance, das Verfahren doch noch sachgerecht abschließen zu können.

357   Die **Anzahl der Wahlverteidiger** ist auf drei begrenzt (§ 137 I 2 StPO). Daneben können aber noch bestellte Pflichtverteidiger treten. Ein Verteidiger darf nicht zugleich zwei in demselben Verfahren oder wegen derselben Tat verfolgte Beschuldigte vertreten (**Verbot der Mehrfachverteidigung**, § 146 StPO). „Dieselbe Tat" meint in diesem Zusammenhang allerdings nur sämtliche Formen von Mittäterschaft und Teilnahme. Dagegen fallen Hehlerei, Begünstigung oder Strafvereitelung eines Dritten nicht unter diesen Begriff, so dass ein Verteidiger in zwei parallelen Verfahren den Täter und

---

1 Zu weitergehenden Absprachen vgl unten Rn 930ff.

den Hehler verteidigen dürfte[1], wie wenig wünschenswert das wegen der auf der Hand liegenden Interessenkonflikte auch sein mag.

Verboten ist obendrein nur die **gleichzeitige Verteidigung** zweier Beteiligter. Sukzessiv darf der Rechtsanwalt in derselben Sache auch mehrere Beschuldigte vertreten, sofern zuvor das erste Mandat endgültig durch Mandatsbeendigung erloschen ist.   358

Oftmals wird sich nach Aktenlage ein Verstoß gegen die §§ 137, 146 StPO ergeben, ohne dass ein solcher unbedingt beabsichtigt sein müsste. So kann Unkenntnis darüber bestehen, dass zwei Beschuldigte unter demselben Aktenzeichen verfolgt werden. Bei Sozietäten wird oft in den Prozessvollmachten nicht genügend klargestellt, welche Sozien als Verteidiger tätig werden sollen. Bevor der Staatsanwalt hier die **förmliche Zurückweisung** des Verteidigers nach § 146a StPO durch das Gericht in die Wege leitet, sollte er deshalb durch einen um Klarstellung bittenden Hinweis an den oder die betroffenen Verteidiger Gelegenheit geben, unbeabsichtigte Verstöße aus der Welt zu schaffen. Erst wenn hierauf nicht reagiert oder aber die Ansicht vertreten wird, es läge gar kein Verstoß vor, wird der Staatsanwalt die Akten dem für das Hauptverfahren zuständigen Gericht mit dem Antrag auf Zurückweisung aller betroffenen Verteidiger vorlegen müssen.   359

Ebenfalls gemäß § 146a StPO zurückzuweisen (und nicht gemäß § 138a StPO auszuschließen) ist ein **Verteidiger, der** in demselben Ermittlungsverfahren **seinerseits Beschuldigter ist**. Selbst wenn zwischen der ihm sowie der seinem Mandanten vorgeworfenen Tat kein förmlicher Zusammenhang im Sinne von § 3 StPO bzw § 138a I StPO besteht, so sind doch wegen der regelmäßig zu besorgenden Interessenkonflikte die Rollen des Beschuldigten und des Verteidigers miteinander unvereinbar und es ist folglich von einem Verteidigungshindernis auszugehen[2].   360

In den glücklicherweise höchst seltenen Fällen krassen Missbrauchs der Verteidigerstellung lässt § 138a StPO den **Ausschluss des Verteidigers** zu. Voraussetzung hierfür ist der dringende oder hinreichende Verdacht der Beteiligung an der in Rede stehenden Tat, einer Hehlerei, Begünstigung oder Strafvereitelung oder eines Miss-   361

---

1 KK-Laufhütte Rn 7 zu § 146 StPO.
2 OLG Celle NJW 2001, 3564f.

brauchs des Verkehrsrechts mit einem inhaftierten Beschuldigten (§ 138a I StPO). Hat das Verfahren eine Tat nach § 129a StGB zum Gegenstand, so genügt zur Ausschließung bereits Anfangsverdacht (§ 138a II StPO). Zuständig für die Ausschließung ist das Oberlandesgericht, dem die Akten durch die Staatsanwaltschaft oder über sie vorzulegen sind. Wegen der Einzelheiten des Verfahrens siehe § 138c StPO.

362   Liegt ein Fall notwendiger Verteidigung vor (§ 140 StPO) und hat der Beschuldigte noch keinen Verteidiger gewählt, so sollte der Staatsanwalt überlegen, ob nicht die bei Anklageerhebung ohnehin erforderliche **Bestellung eines Pflichtverteidigers** schon im Ermittlungsverfahren erfolgen sollte[1]. Dies ist jedenfalls dann geboten, wenn unzweifelhaft ein Fall des § 140 StPO vorliegt (zB Verfahren wegen eines Verbrechens) und die Anklageerhebung relativ sicher erscheint, diese aber andererseits zZt noch nicht möglich ist, etwa wegen der noch erforderlichen Einholung eines Gutachtens oder anderer Ermittlungen. Entsprechend ist in den Fällen der §§ 408b (es soll Freiheitsstrafe durch Strafbefehl angeordnet werden) und 418 IV StPO (Straferwartung von mindestens 6 Monaten im beschleunigten Verfahren) zu verfahren.

363   **Sonderfälle** regeln die §§ 117 IV (U-Haft über drei Monate und Antrag des Beschuldigten oder seines Vertreters), 118a II (Teilnahme des Beschuldigten an mündlicher Haftprüfung ist nicht möglich) und 138c III StPO (Ausschlussverfahren gegen den bisherigen Verteidiger). Hier ist die Verteidigerbestellung schon im Vorverfahren zwingend und daher ggf vom Staatsanwalt unverzüglich zu veranlassen. Im Übrigen sollte gerade in **Haftsachen** von der Möglichkeit zu frühzeitiger Verteidigerbestellung nach § 141 III StPO Gebrauch gemacht werden; erfahrungsgemäß lassen sich dadurch die Verfahren beschleunigen und die Inhaftierungszeiten abkürzen bzw auf Fälle reduzieren, in denen U-Haft wirklich unumgänglich ist.

364   Über die **Bestellung** eines Pflichtverteidigers entscheidet der Vorsitzende des für das Hauptverfahren zuständigen Gerichts (§ 141 IV StPO), dem die Akten mit einem entsprechenden Antrag zu übersenden sind. Ihm obliegt auch die Auswahl des Verteidigers, wobei

---

1 Vgl § 141 III StPO.

er aber die Wünsche des Beschuldigten möglichst zu berücksichtigen hat.

Gelegentlich beantragen Wahlverteidiger von sich aus, bereits im Ermittlungsverfahren als Pflichtverteidiger bestellt zu werden. Hierbei ist allerdings zu beachten, dass dem Beschuldigten bzw seinem Verteidiger ein eigenes **Antragsrecht** insoweit gar nicht zusteht. Ein solcher Antrag stellt daher eine an den Staatsanwalt gerichtete Anregung dar, seinerseits einen Bestellungsantrag an das Gericht zu richten. Nach dem oben Gesagten sind solche Anregungen wohlwollend zu prüfen und es ist ihnen im Zweifel zu entsprechen. Kommt man jedoch zu dem Ergebnis, die Bestellung sei derzeit noch untunlich, etwa weil die Anklageerhebung eher unwahrscheinlich erscheint, so teilt man dem Antragsteller lediglich formlos mit, dass man zZt noch nichts zu veranlassen gedenkt. **365**

Bitten des Beschuldigten, ihm einen „guten" oder erfahrenen Strafverteidiger zu empfehlen, muss der Staatsanwalt ablehnen (Nr 106 RiStBV). Hier empfiehlt sich stattdessen ein Verweis auf das örtliche Branchentelefonbuch. **366**

5. Das Opfer

Auch das Opfer hat im Strafverfahren wichtige **Rechte**, die zwar vornehmlich das Hauptverfahren betreffen, zum Teil aber auch bereits **im Ermittlungsverfahren** zu beachten sind und die, werden sie übersehen, Amtshaftungsansprüche auslösen können[1]. Das Gesetz unterscheidet den Nebenkläger (§ 395ff StPO), den nebenklageberechtigten Verletzten (§ 406g StPO) sowie den nicht nebenklageberechtigten, einfachen Verletzten (§§ 406d ff StPO). **367**

Der **einfache Verletzte** erhält auf seinen Antrag hin eine **Mitteilung über den Ausgang des gerichtlichen Verfahrens** (§ 406d StPO). Dies bedeutet allerdings nicht, dass er eine Ausfertigung des Urteils erhält. Vielmehr ist ihm in verständlicher Weise zu verstehen zu geben, mit welchem Ergebnis das Verfahren gegen den Beschuldigten beendet worden ist. Die Mitteilung erfolgt durch das Gericht oder, wird der Antrag erst später gestellt, durch den Staatsanwalt (140 II RiStBV). Wegen der weitergehenden **Auskunfts- und Akteneinsichtsrechte** vgl oben bei Rn 270ff. **368**

---

1 Vgl Vogel Wistra 1996, 222f.

369 Ferner kann sich der Verletzte eines **anwaltlichen Beistandes** bedienen, der bei richterlichen[1] oder bei staatsanwaltlichen (nicht aber polizeilichen) Vernehmungen des Verletzten zur Anwesenheit berechtigt ist (§ 406f I,II StPO). Der Beistand braucht von dem Vernehmungstermin nicht unterrichtet zu werden[2]. Bei allen (also auch polizeilichen) Vernehmungen des Verletzten kann zudem einer Person seines Vertrauens zur psychologischen Unterstützung die Anwesenheit gestattet werden (§ 406f III StPO).

370 Der Verletzte und sein Erbe können gegenüber dem Beschuldigten einen **vermögensrechtlichen Anspruch**, der aus der Tat erwachsen ist, im Strafverfahren geltend machen (sog Adhäsionsverfahren, §§ 403ff StPO). Tut dies der Verletzte, so verhält sich der Staatsanwalt hinsichtlich dieses Antrags neutral und nimmt zu ihm allenfalls insoweit Stellung, als dieser Interessen des Strafverfahrens selbst berührt (Nr 174 RiStBV).

371 Die Idee des **Adhäsionsverfahrens** mag an sich vernünftig sein. In der Praxis hat sich die Verquickung von Straf- und Zivilrechtsweg jedoch aus guten Gründen nicht durchsetzen können. Die Gerichte lehnen daher entsprechende Anträge regelmäßig wegen fehlender Eignung zur Erledigung im Strafverfahren ab (§ 405 S 2 StPO). Tatsächlich besteht die Gefahr, dass das Strafverfahren ansonsten in die Länge gezogen würde. Zudem erginge die vermögensrechtliche Entscheidung oft nur unzureichend schriftsätzlich vorbereitet und durch einen Richter, der, anders als der spezialisierte Zivilrichter, vielleicht nicht immer in der Lage wäre, auf diesem ihm fremden Rechtsgebiet eine Entscheidung von zweifelsfreier Qualität zu treffen. Schließlich ist auch die Ungleichbehandlung zu bedenken, die dadurch entsteht, dass das Opfer im Adhäsionsverfahren Zeuge sein kann, während es im Zivilrechtsstreit nur Partei wäre. Diese Besserstellung hinsichtlich der Beweissituation mag zwar gegenüber gewöhnlichen Klägern im Zivilverfahren auf Grund des Opferleidens noch zu rechtfertigen sein, nicht aber gegenüber anderen Straftatopfern, bei denen es aus eher zufälligen Gründen nicht zu einem Hauptverfahren kommt, etwa durch eine Einstellung von einzelnen Taten nach § 154 StPO innerhalb desselben Verfahrens.

---

1 Vgl oben Rn 297.
2 KM Rn 3 zu § 406f StPO.

Weitergehende Befugnisse als der einfache Verletzte haben Nebenkläger und nebenklageberechtigter Verletzter. Der **Nebenkläger** ist „Streitgenosse des Staatsanwalts"[1]. Er hat eine Parteirolle und ist nicht zur Objektivität verpflichtet. Daher werden zwar Staatsanwalt und Nebenkläger häufig das gleiche Ziel verfolgen, jedoch mag es bei zweifelhafter Schuld und bei der Strafzumessung auch gelegentlich Interessenkonflikte geben. Im Hauptverfahren stehen dem Nebenkläger in etwa dieselben Rechte zu wie dem Staatsanwalt (§§ 397, 385 StPO). Er kann jedoch das Urteil nur beschränkt anfechten, insbesondere nicht isoliert den Rechtsfolgenausspruch. Auch ist es ihm verwehrt, qua Rechtsmittel die Verurteilung wegen einer Tat zu erstreben, die ihrerseits nicht zum Anschluss als Nebenkläger berechtigt (§ 400 I StPO).

372

Die Nebenklageberechtigung regelt § 395 StPO. Die Einnahme der Nebenklägerstellung bedarf einer schriftlichen **Anschlusserklärung** gegenüber dem Gericht (§ 396 I 1 StPO). Beachtlich ist auch eine Erklärung, die auf andere Weise zu den Akten gelangt. Geschieht dies noch vor Anklageerhebung, so wird die Erklärung erst mit der Anklageerhebung wirksam (§ 395 I 2 StPO). Einen Nebenkläger während des Ermittlungsverfahrens gibt es also nicht.

373

Der Nebenkläger und im Ermittlungsverfahren auch der nebenklageberechtigte Verletzte können sich **anwaltlichen Beistandes** bedienen (§§ 406g, 397, 378 StPO). Bei schwieriger Sach- oder Rechtslage kann der Nebenkläger **Prozesskostenhilfe** bewilligt erhalten, wenn er selbst zur Wahrnehmung seiner Interessen nicht in der Lage oder ihm dies nicht zuzumuten ist (§§ 397a, 406g III StPO). Hier ist darauf zu achten, dass vor einer Bewilligung die Anspruchsvoraussetzungen, insbesondere die notwendigen Erklärungen und Belege zu den persönlichen und wirtschaftlichen Verhältnissen, vollständig und richtig vorliegen. Der Staatsanwalt sollte bei seiner Stellungnahme zu einem Prozesskostenhilfeantrag gegenüber dem zuständigen Gericht der Hauptsache (§§ 397a II, 406g III StPO) ferner bedenken, dass die Bestellung eines Anwaltes einer Aussöhnung der Parteien nicht immer förderlich und daher nur dort angezeigt ist, wo das Opfer wegen der Folgen der Tat und der Belastungen durch das Verfahren eines Beistandes wirklich bedarf.

374

---

1 Peters 583.

375 Die **Bestellung** des anwaltlichen Beistandes kann bei besonderer Eilbedürftigkeit **auch vorläufig** geschehen, jedoch nur auf Antrag des Nebenklageberechtigten (§ 406g IV StPO). Ein solcher Fall läge etwa vor, wenn unmittelbar nach der Tat Vernehmungen des Opfers oder Augenscheinseinnahmen unter seiner Beteiligung durchgeführt werden müssen, bei denen anwaltlicher Beistand angebracht wäre.

376 Dem anwaltlichen Vertreter des **nebenklageberechtigten Verletzten** ist insbesondere die Anwesenheit bei richterlichen Vernehmungen des Beschuldigten und der Zeugen gestattet, soweit diese nicht den Untersuchungszweck gefährdet. Von den Terminen ist er zu benachrichtigen (§ 406g II StPO). Anders als der einfache Verletzte können der nebenklageberechtigte Verletzte und der Nebenkläger über ihren anwaltlichen Beistand Akteneinsicht erhalten, ohne dass es der Darlegung eines berechtigten Interesses bedarf (§ 406e I 2 StPO).

6. Sonstige Verfahrensbeteiligte

377 In einem Ermittlungsverfahren, das eine **Steuerstraftat**[1] zum Gegenstand hat, kommt der zuständigen Finanzbehörde eine besondere Stellung zu. Besteht ausschließlich der Verdacht einer Steuerstraftat, so ermittelt die **Finanzbehörde** den Sachverhalt und führt selbständig das Ermittlungsverfahren durch (§ 386 AO). Sie hat dabei quasi die Stellung der Staatsanwaltschaft (§ 399 I AO) und kann sogar den Erlass eines Strafbefehles beantragen (§ 400 AO).

378 Die Staatsanwaltschaft kann ein **Steuerstrafverfahren** jederzeit **übernehmen**. Sie muss dies sogar tun, wenn entweder auch andere Taten zu verfolgen sind oder der Erlass eines Strafbefehls zur Ahndung nicht mehr ausreicht. Nach der Verfahrensübernahme hat die Finanzbehörde die Rechte und Pflichten, die sonst den Polizeibehörden zustehen (§ 402 AO). Darüber hinaus hat sie bei staatsanwaltschaftlichen oder polizeilichen Ermittlungen ein Recht zur Teilnahme (§ 403 I AO). Vor einer Verfahrenseinstellung ist sie zu hören. Im Hauptverfahren ist sie vom Termin zu benachrichtigen und in der Hauptverhandlung sogar zur Fragestellung befugt. Ver-

---

1 Zum Begriff vgl § 369 AO.

fahrensabschließende Entscheidungen sind ihr mitzuteilen (§ 407 AO).

Im Verfahren gegen Jugendliche und Heranwachsende ist die **Jugendgerichtshilfe** (JGH) zu beteiligen (§ 38 III JGG). Diese ist gewöhnlich bei den örtlichen Jugendämtern angesiedelt. Zu ihren Aufgaben gehört es, die erzieherischen, fürsorgerischen und sozialen Gesichtspunkte im Verfahren zur Geltung zu bringen. Zu diesem Zweck hat die JGH die Persönlichkeit sowie das familiäre und soziale Umfeld des Beschuldigten durch Gespräche, Hausbesuche ua zu erforschen und ihre so gewonnenen Erkenntnisse für Staatsanwaltschaft bzw Gericht nutzbar zu machen. 379

Dies geschieht vornehmlich in der Hauptverhandlung, deren Termin der JGH mitzuteilen ist (§ 50 III JGG) und wo der Vertreter der JGH seinen Bericht über die Person des Beschuldigten, die Anwendbarkeit von Jugendrecht auf Heranwachsende (§ 105 JGG) sowie seinen Vorschlag zur Reaktion auf die Tat vorträgt. Werden durch Urteil oder über die §§ 45, 47 JGG Weisungen (§ 10 JGG) oder Auflagen (§ 15 JGG) erteilt, so überwacht die JGH deren Erfüllung (§ 38 II 5 JGG). Der Staatsanwalt kann aber auch schon im **Ermittlungsverfahren** die JGH von der Tat in Kenntnis setzen und ihren Bericht als Entscheidungshilfe bei der Frage, ob Anklage zu erheben oder zugunsten einer nicht förmlichen erzieherischen Einwirkung (sog Diversion) das Verfahren gemäß § 45 JGG einzustellen ist, erbitten. In Haftsachen ist die Einschaltung der JGH sogar obligatorisch (§ 72a JGG). 380

In der Praxis kann die **Doppelfunktion der JGH**, einerseits Ermittlungs- und Entscheidungshilfe für Staatsanwaltschaft und Gericht zu leisten und andererseits dem Jugendlichen helfen zu sollen, Spannungen im Verhältnis sowohl zur Justiz als auch zu den Beschuldigten verursachen[1]. Für den Staatsanwalt stellt die JGH aber in jedem Fall ein wertvolles Instrument dar, anhand einer gründlichen Persönlichkeitserforschung zu einem zutreffenden Bild des Beschuldigten zu gelangen. Gleichwohl kann es im Einzelfall angezeigt sein, Empfehlungen der JGH zu etwaigen Sanktionen nicht uneingeschränkt zu folgen, wenn diese nämlich aus der Sicht des Staatsanwalts keine ausreichende Gewähr für ein erfolgreiches erzieherisches Einwirken auf den Jugendlichen bieten. 381

---

1 Vgl Eisenberg Rn 37 zu § 38 JGG.

V. Einzelne Ermittlungshandlungen

Literatur: Achenbach: Verfahrenssichernde und vollstreckungssichernde Beschlagnahme im Strafprozeß, NJW 1976, 1068ff; ders: Obligatorische Zurückgewinnungshilfe? NStZ 2001, 401 ff; Bär: Durchsuchungen im EDV-Bereich, CR 1995, 158ff, 227ff; ders: Beschlagnahme von Computerdaten, CR 1996, 675ff, 744ff; ders: Strafrechtliche Kontrolle in Datennetzen, MMR 1998, 463ff; ders: Aktuelle Rechtsfragen bei strafprozessualen Eingriffen in die Telekommunikation, MMR 2000, 472ff; ders: Auskunftsanspruch über Telekommunikationsdaten nach den neuen §§ 100g, 100h StPO, MMR 2002, 358ff; Bittmann: Das staatsanwaltschaftliche Auskunftsverlangen gemäß § 95 StPO, NStZ 2001, 231ff Hoffmann/Knierim: Rückgabe von im Strafverfahren sichergestellten oder beschlagnahmten Gegenständen, NStZ 2000, 461ff; Kudlich: Strafprozessuale Probleme des Internet, JA 2000, 227ff; Löffler: Die Herausgabe von beschlagnahmten oder sichergestellten Sachen im Strafverfahren, NJW 1991, 1705ff; Lühr: Eingeschränkte Beschlagnahmemöglichkeit von „Mailbox-Systemen" aufgrund des Fernmeldegeheimnisses? Wistra 1995, 19ff; Palm/Roy: Der BGH und der Zugriff auf Mailboxen, NJW 1997, 1904ff; Park: Der Anwendungsbereich des § 110 StPO bei Durchsuchungen in Wirtschafts- und Steuerstrafsachen, Wistra 2000, 453ff; Quermann: Durchsuchung und Beschlagname beim steuerlichen Berater, Wistra 1988, 254ff; Sprenger/Fischer: Zur Erforderlichkeit der richterlichen Anordnung von DNA-Analysen, NJW 1999, 1830 ff; E. Volk: Gesetz zur Änderung der Strafprozessordnung (DNA-Identitätsfeststellungsgesetz) – Anspruch und Wirklichkeit, NStZ 1999, 165 ff; Weßlau: Gefährdungen des Datenschutzes durch den Einsatz neuer Medien im Strafprozess, ZStW 113 (2001), 681ff; Zöller: Verdachtlose Recherchen und Ermittlungen im Internet, GA 2000, 563ff.

1. Vernehmung von Zeugen und Beschuldigten durch den Staatsanwalt

382   Gelegentlich ist es angezeigt, einen **Zeugen selbst zu vernehmen**. Dies kann vor allem dann erforderlich sein, wenn ein wichtiger Zeuge zur Vernehmung vor der Polizei nicht erscheint oder aber dort unbefugt die Aussage verweigert. Im Gegensatz zur Polizei kann der Staatsanwalt nämlich das Erscheinen sowie die Aussage eines Zeugen notfalls erzwingen (§§ 161a, 51, 70 StPO). Lediglich die Festsetzung von Ordnungs- bzw Erzwingungshaft ist dem Richter vorbehalten (§ 161a II 2 StPO).

383   Bei der **Zeugenladung** ist auf die gesetzlichen Folgen des Ausbleibens hinzuweisen (§ 48 StPO). Hierzu sollte der Staatsanwalt das an seiner Behörde übliche Ladungsformular benutzen, welches alle erforderlichen Hinweise enthält.

(Vfg-Kopf)

1. Termin zur Vernehmung durch den Dezernenten wird bestimmt auf Freitag, 15. 3. 2002, 10.00 Uhr, Zimmer 446.

2. Bitte zu diesem Termin laden: (Kanzleivordruck ...)

   a) Zeugin Meyer (Bl 24) – ZU –

   b) Zeuge Berendonk (Bl 25) formlos, auf 10.30 Uhr, mit Zusatz: Bitte bringen Sie Ihre Unterlagen betreffend den Verkauf des Pkw VW Lupo an den Beschuldigten Heinze mit.

3. Geschäftsstelle m d B um

   a) Unterrichtung von Herrn AL X wegen des Sitzungsdienstes des Dezernenten,

   b) Benachrichtigung der Kanzlei wegen der Bereitstellung einer Protokollkraft.

4. Wv am 12. 3. genau!

Grabow, StA

Grundsätzlich genügt bei Zeugen die **Ladung mit einfachem Brief**, da eine bestimmte Form nicht vorgeschrieben ist. Nur wenn ein unentschuldigtes Ausbleiben des Zeugen zu erwarten ist, sollte zum Nachweis des Zugangs der Ladung, als Voraussetzung der Zwangsmittel nach den §§ 161a II, 51 StPO, die förmliche Zustellung gewählt werden (Nr 64 III RiStBV).   384

Bei Bediensteten des öffentlichen Dienstes ist zugleich mit der Ladung die **Aussagegenehmigung** einzuholen, falls ihre Aussage voraussichtlich Dinge betrifft, die der Amtsverschwiegenheit unterliegen (Nr 66 RiStBV).   385

Erscheint der Zeuge, so ist er zunächst zu seinen Personalien zu vernehmen (§ 68 StPO) und sodann zu **belehren**. Neben einem kurzen Hinweis, worum es in dem Verfahren überhaupt geht, gehören dazu die Hinweise einerseits auf die Wahrheitspflicht und die möglichen Folgen einer falschen Aussage (ua §§ 164, 258 StGB) sowie andererseits auf die Rechte zur Zeugnis- bzw Auskunftsverweigerung nach den §§ 52ff StPO.   386

387 Wie der Staatsanwalt die folgende **Vernehmung zur Sache** durchführt, ist ihm freigestellt und hängt von der Persönlichkeit des Zeugen und dessen erwartetem oder tatsächlichem Aussageverhalten ab. Einen wortgewandten Zeugen wird man zunächst den Vorgang aus seiner Sicht schildern lassen und nur dort eingreifen, wo er zu weit vom Thema abschweift. Erst danach sollten ergänzende und auch kontrollierende Fragen gestellt werden. Ist ein Zeuge hingegen nicht in der Lage, von sich aus frei zu reden, so bleibt nichts anderes übrig, als selber Fragen zu formulieren und diese dem Zeugen vorzulegen.

388 Erscheint die **Aussage zweifelhaft**, kann es angebracht sein, zunächst weitere Details zu erfragen und durch spätere Kontrollfragen zu überprüfen, ob sich der Zeuge dabei widerspricht. Auch sind etwaige Widersprüche zu früheren Angaben oder anderen Beweismitteln vorzuhalten. Schließlich sollte man sich auch nicht scheuen, den Zeugen ein zweites Mal ernsthaft zur Wahrheit zu ermahnen. Dabei muss man aber darauf achten, dass dieser dadurch nicht zu einer argumentativen Verteidigung seiner bisherigen Aussage genötigt wird. Vielmehr muss ihm klargemacht werden, dass er bei einer rechtzeitigen Berichtigung seiner Aussage nichts zu befürchten hat. Ist ein Zeuge, der offensichtlich falsch ausgesagt hat, zu einer Korrektur nicht bereit, weil er das Gesicht zu verlieren fürchtet, so lässt er sich aber vielleicht dazu bringen einzuräumen, dass er sich bei nochmaligem Überlegen seiner Erinnerung nicht mehr ganz so sicher ist und einen Irrtum letztlich nicht ausschließen kann. Im Interesse der Sache und des Zeugen ist dies immer noch besser als die nicht relativierte Falschaussage.

389 Wenn der Staatsanwalt von vornherein eine **falsche Aussage** erwartet, so sollte er sich überlegen, ob er den Zeugen überhaupt persönlich vernehmen will. Mangels einschlägiger Erfahrung und Ausbildung in der Vernehmungstechnik wird es ihm nämlich nur selten gelingen, einen Zeugen zur Änderung seiner Aussage zu bringen. In derartigen Fällen verspricht die Vernehmung durch einen entsprechend geschulten und erfahrenen Polizeibeamten sehr viel eher Erfolg. Will man sich jedoch unbedingt einen persönlichen Eindruck von dem Zeugen machen, so kann auch die Vernehmung unter Hinzuziehung des ermittelnden Polizeibeamten ratsam sein.

Über den **Vernehmungsort** gibt es keine Vorschriften, so dass man 390
die Vernehmung nicht zwingend in den Diensträumen der Staatsanwaltschaft durchführen muss. Vielmehr empfiehlt es sich vor
allem dann, wenn nur einzelne Zeugen zur polizeilichen Vernehmung nicht erschienen sind, in Absprache mit der Polizei die staatsanwaltliche Vernehmung im Dienstgebäude der Polizei durchzuführen. Man erspart dadurch Aktenlaufzeiten (die Ladung kann
auch ohne Akte zunächst aus der HA heraus verfügt werden), hat
alle Beweismittel für eventuelle Vorhalte zur Hand und kann sich
zudem der Hilfe des ermittelnden Polizeibeamten bedienen, ihm
insbesondere die Vernehmung zur Sache weitgehend überlassen
und sich auf die Wahrung der Förmlichkeiten und die Protokoller-
stellung beschränken.

Über die Vernehmung ist, vorbehaltlich des höchst seltenen Falles 391
einer ansonsten zu besorgenden erheblichen Verzögerung der
Ermittlungen, ein **Protokoll** aufzunehmen (§§ 168b, 168, 168a
StPO). Von der Hinzuziehung einer Protokollkraft kann abgesehen
werden (§ 168 S 2 StPO). Dies empfiehlt sich aber nur bei voraussichtlich gutwilligen Zeugen. Im Zweifel ist es stets vorzuziehen,
mit **Protokollführer** zu arbeiten, wenn nicht ohnehin eine weitere
Person (zB ein Polizeibeamter oder ein Zeugenbeistand) anwesend
ist. Auf diese Weise wird von vorneherein der späteren Behauptung, man habe entweder so gar nicht ausgesagt oder sei mit unlau-
teren Mitteln (§ 136a StPO) zu der protokollierten Aussage genötigt
worden, vorgebeugt. Als Protokollführer kann im Übrigen auch ein
Referendar fungieren.

Bei Vernehmungen ohne Protokollführer ist dringend von der Ver- 392
wendung des **Diktiergerätes** zur vorläufigen Protokollaufzeich-
nung **abzuraten**. Zum einen ist es zur Vermeidung späterer Aus-
sageänderungen ratsam, die persönliche Billigung des Protokollinhalts durch den Zeugen urkundlich festzuhalten. Zum anderen
gebietet § 168a II 3 StPO die Aufbewahrung der Tonaufzeichnung
als Aktenbestandteil bis zum rechtskräftigen Verfahrensabschluss[1],
was angesichts der gewöhnlich kargen Ausstattung der Behörden
auf lange Sicht Probleme bereiten kann. Eine vorsätzliche Missachtung der Aufbewahrungspflicht wäre im Übrigen nach § 274 I Nr 2
StGB mit Strafe bedroht.

---

1 Vgl LR-Rieß Rn 28f zu § 168a StPO.

393 Zu warnen ist auch davor, Zeugen eine Ausfertigung des nach einer Tonaufzeichnung später hergestellten schriftlichen Protokolls mit der Bitte um Unterzeichnung und anschließende Rückgabe zuzusenden. Vielfach kommt es nämlich dann zu Änderungswünschen seitens des Zeugen, die in Wahrheit nicht auf einer Unrichtigkeit des Protokolls, sondern auf einer inhaltlichen Distanzierung von der bisherigen Aussage beruhen, ohne dass dies später in der Hauptverhandlung hinreichend deutlich gemacht werden könnte. Vorzuziehen ist folglich die **sofortige Herstellung** eines maschinen- oder notfalls handschriftlichen Protokolls, welches dann Zeuge, Staatsanwalt und ggf Protokollführer unterzeichnen (§ 168a III, IV StPO). Besonders vorteilhaft ist hier der Einsatz eines PC, weil so auch mehrfache Ergänzungen durch den Zeugen ohne übermäßigen Aufwand an den richtigen Stellen eingefügt werden können.

394 Neben der eigentlichen Aussage muss auch die Belehrung protokolliert werden (Nr 65 RiStBV). Ansonsten obliegt die Fassung des **Protokollinhalts** dem vernehmenden Staatsanwalt. Bei der Niederlegung einer Aussage muss er darauf achten, dass die Niederschrift durch die Konzentration auf die verfahrensrelevanten Inhalte lesbar und verständlich bleibt. Andererseits darf die Wiedergabe keine bedeutsamen Nuancen der Aussage verwischen. Deshalb sollte bei wichtigen Passagen wörtlich oder doch nahe am Wortlaut protokolliert werden. In geeigneten Fällen kann es dem Zeugen auch gestattet werden, das Protokoll ganz oder teilweise selbst zu formulieren. Ändert oder präzisiert ein Zeuge im Laufe der Vernehmung seine Aussage, so sollte das Protokoll diesen Vorgang und die ursprüngliche Version erkennen lassen. Einer Bitte des Zeugen um eine Protokollabschrift kann entsprochen werden, sofern nicht die Gefahr besteht, er werde diese gegenüber Dritten missbrauchen.

Beispiel Vernehmungsprotokoll:

395 Staatsanwaltschaft Osnabrück   22. 4. 2002
76 Js 3455/02

Gegenwärtig: StA Wilhelms
                Justizangestellte Schrader (als Protokollführerin)

Es erschien auf Vorladung die nachbenannte Zeugin. Die Zeugin wurde auf ihre Wahrheitspflicht hingewiesen und mit der Person des Beschuldigten und dem Gegenstand der Untersuchung bekanntgemacht. Sodann wurde sie wie folgt vernommen:

Zur Person:

„Ich heiße Waltraud Girard, geb Müller, geb am 1. 6. 1974 in Schweinfurt, von Beruf Sekretärin und wohne in Osnabrück, Lange Str 33.

Der Beschuldigte ist mein Vater."

Die Zeugin wurde nunmehr über ihr Zeugnisverweigerungsrecht gemäß § 52 StPO belehrt. Sie erklärte:

„Ich will aussagen."

Zur Sache: (*Es folgt die Niederschrift des Aussageinhalts*)

Selbst gelesen, genehmigt und unterschrieben:

(Unterschriften Zeugin, Protokollführerin, StA)

Das Protokoll kann nicht ersetzt, wohl aber ergänzt werden durch eine zusätzliche **Videoaufzeichnung** nach § 58a StPO (der nach § 161a I 2 StPO entsprechende Anwendung findet). In den Fällen des § 58a I 2 StPO (voraussichtliche Abwesenheit des Zeugen in der Hauptverhandlung oder Opferzeuge unter 16 Jahren) sollte dies, auch trotz der Nichtanwendbarkeit von § 255a II StPO, nach Möglichkeit angestrebt werden[1].   396

Bleibt ein ordnungsgemäß geladener Zeuge unentschuldigt dem Vernehmungstermin fern, so kann gegen ihn ein **Ordnungsgeld** bis zu 1000 Euro (§§ 51, 161a II StPO, Art 6 I EGStGB) festgesetzt werden. Etwaige Kosten seines Ausbleibens (zB Dolmetscherkosten) hat der Zeuge ebenfalls zu tragen. Auch ist die **Vorführung** zum nächsten Termin möglich.   397

---

1 Vgl oben Rn 302.

Beispiel

398 Staatsanwaltschaft Hannover   14. 2. 2002
940 Js 14356/01

Vfg

1. Vermerk: Der Zeuge Schwarze ist trotz ordnungsgemäßer Ladung (Bl 34 dA) nicht zum heutigen Vernehmungstermin erschienen.

2. Gegen den trotz ordnungsgemäßer Ladung zum Vernehmungstermin am 14. 2. 2002 nicht erschienenen Zeugen Schwarze wird ein Ordnungsgeld von 100 Euro festgesetzt. Für den Fall, dass dieses nicht beigetrieben werden kann, ist dem Richter die Festsetzung von Ordnungshaft vorbehalten. Dem Zeugen werden außerdem die durch sein Ausbleiben verursachten Kosten auferlegt (§§ 161a II, 51 StPO).

3. Ordnungsgeldvollstreckungsheft anlegen.

4. Frau Kostenbeamtin mit der Bitte, eine Kostenrechnung über das Ordnungsgeld und die Kosten aufzustellen sowie dem Zeugen eine Ausfertigung von Ziff 2 zuzustellen.

5. Herrn Rechtspfleger zur weiteren Veranlassung (Vollstreckung Ordnungsgeld).

6. Neuer Termin zur Vernehmung des Zeugen Schwarze durch den Dezernenten wird bestimmt auf Mittwoch, 13. 3. 2002, 9.00 Uhr, Zimmer 446. Zu diesem Termin soll der Zeuge Schwarze polizeilich vorgeführt werden.

7. Vorführungsbefehl nach beiliegendem Entwurf fertigen und mir zur Unterschrift vorlegen[1].

8. 2 Ausfertigungen des Vorführungsbefehls an die Polizeidirektion Hannover mit der Bitte um Vollstreckung zum Termin.

9. Geschäftsstelle mit der Bitte um

a) Benachrichtigung von Herrn AL X wegen des Sitzungsdienstes des Unterzeichners,

---

1 Hierbei handelt es sich um einen einfach auszufüllenden Vordruck, von dessen Abdruck an dieser Stelle abgesehen wird.

b) Benachrichtigung der Kanzlei wegen der benötigten Protokollkraft.

10. Am 11. 3. 2002 genau!

Dr. Gonsberg
Oberstaatsanwalt

Die **Vernehmung des Beschuldigten** durch den Staatsanwalt persönlich ist nicht schon deshalb erforderlich, weil dieser eine Ladung zur Aussage vor der Polizei missachtet hat. Vielmehr kann in so einem Fall regelmäßig davon ausgegangen werden, dass der Beschuldigte von seinem Recht zu schweigen (§ 136 I 2 StPO) Gebrauch machen will. Anlass zur Vorladung des Beschuldigten besteht daher nur, wenn dieser voraussichtlich aussagewillig ist, was ggf zuvor mit ihm selbst oder mit seinem Verteidiger telefonisch abgeklärt werden kann, und wenn seine Aussage – gleich welchen Inhalts – zur Förderung des Verfahrens wünschenswert erscheint. Eine **ergänzende Vernehmung** trotz bereits durchgeführter polizeilicher Befragung kann geboten sein, um sich selbst ein Bild von dem Beschuldigten zu machen oder diesem das Ergebnis weiterer Ermittlungen, die nach seiner polizeilichen Aussage vorgenommen wurden, vorzuhalten. 399

Zu Ladung, Vernehmung und Niederschrift gelten sinngemäß die Ausführungen über die Zeugenvernehmung. Nach den §§ 163a III, 168 I,V StPO hat ein etwaiger **Verteidiger** ein Recht auf Anwesenheit bei der Vernehmung. Der Vernehmungstermin ist ihm zugleich mit der Ladung des Beschuldigten bekanntzugeben. Die Videoaufzeichnung einer Beschuldigtenvernehmung ist vom Gesetz nicht vorgesehen und wäre ohne ausdrückliche Einwilligung des Beschuldigten daher auch nicht zulässig. 400

Erscheint der Beschuldigte trotz ordnungsgemäßer Ladung nicht zur Vernehmung, so ist gemäß §§ 163a III, 133ff StPO seine **Vorführung** möglich. Wäre ansonsten auch ein Haftbefehl zulässig, so erlaubt § 134 StPO die sofortige Vorführungsanordnung bereits zum ersten Vernehmungstermin. 401

2. Auskunftsverlangen

402 Die Staatsanwaltschaft hat – wie mittlerweile auch die Polizei nach den §§ 161 I 2, 163 I 2 StPO[1] – das Recht, von allen öffentlichen Behörden **Auskunft** zu verlangen (§ 161 I 1 StPO).

403 Dazu gehört auch das Recht auf **Einsicht in Akten anderer Behörden**, etwa des Wirtschaftsministeriums bei Vergehen nach § 264 StGB oder der Umweltbehörde beim Verdacht von Taten nach den §§ 324ff StGB, soweit nicht ein zulässiger Sperrvermerk gemäß § 96 StPO erklärt worden ist oder eine spezialgesetzliche Geheimhaltungsvorschrift vorgeht. Verweigert eine Behörde die gebotene Zusammenarbeit, so können deren Akten wie andere Beweismittel auch notfalls beschlagnahmt werden[2].

404 In vielen Fällen finden sich in den Akten anderer Behörden und Gerichte Erkenntnisse, die der Staatsanwalt für seine Anklageentscheidung verwerten kann. In allen Fällen, wo die Zahlungs(un)fähigkeit des Beschuldigten eine Rolle spielt, also etwa beim Lieferanten- und Warenkreditbetrug, bei Unterhaltspflichtverletzung, Bankrott ua, empfiehlt sich eine Anfrage bei der **Schuldnerkartei** des Wohnsitzamtsgerichts zur Feststellung, ob der Beschuldigte bereits die eidesstattliche Versicherung nach § 807 ZPO abgegeben und welche Schulden er ggf hat. Wertvolle Erkenntnisse liefern hier auch die (DR-II-)Akten des Gerichtsvollziehers über dessen Bemühungen, Gelder von dem Beschuldigten beizutreiben.

Beispiel

405 *(Verfügungskopf)*

1. Schreiben an den Direktor/Präsidenten des Amtsgerichts in X-Stadt:

Betr.: Ermittlungsverfahren gegen Werner Kohlschmidt, Muslinger Weg 9 in X-Stadt, wegen Betruges

Ich bitte, die für den Wohnsitz des Beschuldigten zuständigen Gerichtsvollzieher zu benennen und ihnen Aussagegenehmigung zu erteilen.

---

1 Neufassung durch StVÄG 1999, BGBl I 1253.
2 BGH Wistra 1992, 220ff.

Die zuständigen Gerichtsvollzieher werden gebeten, über die seit *(Datum)* gegen den Beschuldigten durchgeführten Zwangsvollstreckungsaufträge Auskunft zu geben. Eine formlose Aufstellung über Namen und Anschriften der Gläubiger, Höhe der Forderung sowie Datum und Ergebnis der Vollstreckungshandlungen genügt vorerst. Andernfalls wird gebeten, alle den Beschuldigten betreffenden DR-II-Akten zu übersenden.

2. Schreiben an das Amtsgericht in X-Stadt – Vollstreckungsabteilung –:

In pp

wird um Übersendung der dort gegen den Beschuldigten geführten Vollstreckungsakten (M-[1] und N-Akten[2]) gebeten. Dort noch laufend benötigte Akten bitte ich zu kennzeichnen. Diese werde ich nach Fertigung von Kopien sofort zurückgeben.

3. … *(weitere Ermittlungsanordnungen und/oder Frist).*

(Namenszeichen/Datum)

Ist die **Schuldfähigkeit** des Beschuldigten allgemein fraglich, so empfiehlt sich eine Anfrage an das **Vormundschaftsgericht**, ob dort bereits Vorgänge über eine Betreuung oder eine zeitweise Unterbringung des Beschuldigten vorhanden sind. In solchen Akten finden sich regelmäßig ärztliche Berichte, die wertvolle Hinweise liefern können.   406

Das Einsichtsrecht des Staatsanwalts in fremde Akten hat allerdings im Interesse der Allgemeinheit, aber auch des Betroffenen, Grenzen. Neben dem erwähnten Sperrvermerk gemäß § 96 StPO steht etwa das **Steuergeheimnis** (§ 30 AO) einer Auskunft durch die Finanzbehörden vielfach entgegen. Soweit das **Post- und Fernmeldegeheimnis** nach Art 10 GG bzw § 85 TKG berührt ist, gilt § 161 StPO nicht. Hier sind die speziellen Regelungen der §§ 99, 100a StPO, 90 III TKG zu beachten.   407

Häufig ist auch das **Sozialgeheimnis** nach den §§ 35 SGB-I, 68, 73 SGB-X einschlägig, etwa bei Auskünften durch die Sozial- und   408

---

1 Akten des Vollstreckungsgerichts, zB bei Anträgen auf Abgabe der eidesstattlichen Versicherung.
2 Akten des Insolvenzgerichts.

Arbeitsämter, die Krankenkassen und Rentenanstalten. Diese dürfen bei Vergehen lediglich über die Personalien, die gegenwärtigen und früheren Arbeitgeber sowie die gewährten oder noch zu gewährenden Leistungen Auskunft erteilen. Praktisch bedeutsam ist dies vor allem bei Verfahren wegen Unterhaltspflichtverletzung, weil häufig nur über die Arbeitsämter ermittelt werden kann, wo der Beschuldigte tätig ist bzw war und ob er also leistungsfähig gewesen wäre. Als mittlerweile geklärt kann gelten, dass bei Straftaten zum Nachteil der Sozialbehörden diese bereits auf staatsanwaltschaftliches Ersuchen Auskunft zu erteilen haben. Dazu zählen auch Unterhaltspflichtverletzungen, sofern die Sozialbehörde auf Grund der Straftat Leistungen zu Gunsten des Unterhaltsberechtigten erbringen musste[1]. In den übrigen Fällen bedarf es einer richterlichen Anordnung, die der Staatsanwalt zunächst erwirken muss:

Beispiel

409 Staatsanwaltschaft Freiburg   7. 8. 2001
112 Js 4368/01

Verfügung

1. U m A

dem AG Freiburg

mit dem Antrag übersandt, gemäß § 73 SGB-X anzuordnen, dass das Arbeitsamt in Freiburg Auskunft zu erteilen hat über

a) die derzeitigen und früheren Arbeitgeber des Beschuldigten Werner Müller, geboren am 4. 6. 1954, wohnhaft Taubergasse 4 in Freiburg,

b) die dem Beschuldigten gewährten Leistungen des Arbeitsamtes,

und zwar für die Zeit zwischen dem 1. 5. 1999 und jetzt.

Der Beschuldigte ist der Unterhaltspflichtverletzung zum Nachteil seines nichtehelichen Kindes Melanie Beerbaum verdächtig. Die beantragte Auskunft ist zur weiteren Aufklärung des Vorwurfes erforderlich.

---

1 KM Rn 6 zu § 161 StPO.

2. Frist 28. 8. (Akte mit Anordnung da? Dann Auskunft einholen und Beschuldigten vernehmen)

Simrock, StAin

Das gegenüber staatsanwaltschaftlichen Auskunftsverlangen sei- 410
tens der Kreditinstitute oft ins Feld geführte **Bankgeheimnis** hat
hingegen im Strafprozess keinerlei Bedeutung. Allerdings sind nur
öffentlich-rechtliche Banken oder Sparkassen aus § 161 StPO zur
Auskunft verpflichtet. Privatbanken können und werden zumeist
aber eine Auskunft erteilen, die ansonsten durch Zeugenvernehmung oder Beschlagnahme ohnehin durchsetzbar wäre. Im Interesse einer zügigen Ermittlung sollte daher auch gegenüber privaten
Kreditinstituten zunächst formlos Auskunft begehrt werden.

Beispiel

StA Koblenz   25. 3. 2002 411
45 Js 31455/01

Vfg

1. Schreiben an X-Bank, Koblenz, Mainzer Str 4–6 (höflich/formlos):

Ich führe ein Ermittlungsverfahren gegen Ihren Kunden Alois
Schwarzenhuber, Hauptstr. 34, Koblenz[1]. In diesem Verfahren
hat es sich als unumgänglich erwiesen, die finanziellen Verhältnisse des Beschuldigten aufzuklären und zu diesem Zweck Einsicht in die auf seinen Namen geführten Girokonten zu nehmen.
Mir ist bekannt, dass der Beschuldigte dort ein Girokonto mit der
Nummer 4 355 432 besitzt.

Zur Vermeidung einer zulässigen und ansonsten notwendigen
Beschlagnahme Ihrer Kontounterlagen bitte ich Sie, mir Kontoverdichtungen betr das genannte Konto für die Zeit vom 1. 1.
2001 bis zum 28. 2. 2002 zur Verfügung zu stellen. Rein vorsorglich weise ich Sie darauf hin, dass das so genannte „Bankgeheimnis" gegenüber staatsanwaltschaftlichen Auskunftsersuchen keine Bedeutung hat.

---

1 Der Gegenstand des Verfahrens ist im Interesse des Beschuldigten nur
dann zu nennen, wenn dies unumgänglich ist, vgl oben Rn 326.

Zur Vereinfachung des Verfahrens darf ich Sie bitten, die Unterlagen direkt der Polizeidirektion Koblenz, 3.2.K, z Hd Herrn KOK Arendt, zuzusenden. Für Ihre Mühe bedanke ich mich im voraus.

2. Ablichtung dieser Vfg zur Handakte nehmen.

3. U m A

der PD Koblenz, 3.2.K

mit der Bitte übersandt, die Ermittlungen fortzusetzen, insbesondere noch die Zeugen Hartleb und Otten zur Auftragsvergabe sowie den Beschuldigten zu vernehmen. Sollte es wider Erwarten Probleme mit den Unterlagen der X-Bank geben, so bitte ich um Nachricht.

4. 15. 6.

Dr. Seufgen, StA

412   Neben den genannten Kontoverdichtungen, die eine Übersicht über die Kontobewegungen darstellen, bieten insbesondere bei Kaufleuten, denen ein Kontokorrentkredit eingeräumt wurde, die **Kreditakten** der Bank interessante Aufschlüsse über die wirtschaftliche Situation des Beschuldigten und eventuell bestehende Liquiditätsengpässe. Allerdings erhält man diese nicht über ein Auskunftsverlangen, weil es sich um bereits existierende Unterlagen handelt, für die folglich die Beschlagnahmevorschriften einschlägig sind[1].

413   Auch an die Stelle einer Zeugenvernehmung kann die **Bitte um schriftliche Auskunft** treten, sofern ein klar zu formulierendes und begrenzbares Auskunftsthema in Rede steht und die Glaubwürdigkeit des Zeugen unproblematisch erscheint. So sind etwa schriftliche Anfragen bei Unterhaltspflichtverletzungen gegenüber dem Arbeitgeber oder beim Lieferantenbetrug gegenüber den Geschädigten üblich. Eine Belehrung nach den §§ 52, 55 StPO und ein Hinweis auf die Folgen einer Auskunftsverweigerung sollten dabei mit dem Anschreiben verbunden werden. Auch ist es jetzt notwendig, den Gegenstand des Verfahrens zu nennen, weil dies zum einen § 69 I StPO so vorsieht und zum anderen der Zeuge sonst nicht hinreichend ermessen kann, ob ihm eventuell ein Auskunftsverweigerungsrecht nach § 55 StPO zusteht.

---

1 Dazu unten bei Rn 431ff.

(Verfügungskopf) 414

1. Schreiben an:

   a) Fa. Mertens-Stahlhandel GmbH, Wuppertaler Str. 32–34, 40235 Düsseldorf;

   b) Fa. Otto Müller KG, Im Moore 12, 29221 Celle

   – höflich/formlos –:

Ermittlungsverfahren gegen Ihren ehemaligen Arbeitnehmer Siegmund Wassermann, geb am 3. 1. 58, wegen des Verdachts der Unterhaltspflichtverletzung

Ich bitte um umgehende Beantwortung der nachstehend aufgeführten Fragen, und zwar betreffend die Zeit von Anfang 1999 bis Ende Mai 2001. Diese Form der Befragung wurde gewählt, um Ihnen bzw Ihren Angestellten eine zeitraubende Vernehmung durch die örtliche Polizei zu ersparen. Vorsorglich weise ich darauf hin, dass Personen, die mit dem Beschuldigten verwandt oder verschwägert sind, zur Beantwortung nicht verpflichtet sind. Ferner müssen Fragen nicht beantwortet werden, wenn durch ihre wahrheitsgemäße Beantwortung die Gefahr einer strafrechtlichen Verfolgung für Sie entstehen könnte.

1) Von wann bis wann und in welcher Position war der Beschuldigte für Sie tätig?

2) Warum wurde das Arbeitsverhältnis aufgelöst?

3) Welches Einkommen hat der Beschuldigte bezogen? Ich bitte für jeden Monat um eine Aufstellung, aus der Brutto- wie Nettoeinkommen, Nebenleistungen wie Zulagen, Auslösung, Reisekosten, Spesen ua hervorgehen.

4) Waren Teile des Einkommens von dritter Seite gepfändet worden? Falls ja, bitte ich um Angabe des Gläubigers und der monatlich einbehaltenen Beträge.

5) Sind Teile des Einkommens abgetreten oder sonst einbehalten worden? Falls ja, bitte ich um Angabe des Grundes und der Höhe der Einbehaltung sowie um Angabe des Zahlungsempfängers.

6) Wer könnte im Falle einer Hauptverhandlung die obigen Angaben als Zeuge bestätigen? Bitte vollständige Anschrift angeben.

2. pp *(andere Ermittlungsanordnungen, Frist)*

(Unterschrift)

3. Einholung von Gutachten

415 Im Einzelfall kann der hinreichende Tatverdacht von einer Frage abhängen, deren Beantwortung nur mit Fachkenntnissen möglich ist. Die Staatsanwaltschaft ist deshalb in der Lage, bereits im Vorverfahren **Sachverständige** mit der Erstattung von Gutachten zu beauftragen (§§ 161a, 72ff StPO). Eine Ausnahme gilt nur für molekulargenetische Untersuchungen, die nach § 81f StPO dem Richtervorbehalt unterliegen. Die bestellten Sachverständigen sind zur rechtzeitigen Ablieferung ihres Gutachtens bei Meidung eines andernfalls festzusetzenden Ordnungsgeldes verpflichtet (§ 77 StPO).

416 Die **Auswahl des Sachverständigen** obliegt dem Staatsanwalt. Geht es um kriminaltechnische Untersuchungen im weitesten Sinne, so ist es zweckmäßig, sich zunächst an das Landeskriminalamt (LKA) zu wenden, das in aller Regel in der Lage ist, hierzu unter Berücksichtigung modernster Erkenntnisse Stellung zu nehmen. Für medizinische Fragen, insbesondere auch zur Alkoholisierung, sind die Institute für Rechtsmedizin der medizinischen Hochschulen bzw Universitäten zu empfehlen, die zudem den Vorzug großer forensischer Erfahrung aufweisen.

417 Geht es um die (nicht nur von einer Alkoholisierung abhängige) Frage einer **Schuldunfähigkeit** nach § 20 StGB und ggf der Unterbringung nach den §§ 63, 64 und 66 StGB, so stehen die Psychiater der Hochschulen und der Landeskrankenhäuser, aber auch freiberuflich tätige Psychiater und Psychologen zur Verfügung. Wegen der Spezialisierung dieser Kräfte kann hier keine allgemeine Empfehlung gegeben werden. Der Staatsanwalt sollte sich bei der Auswahl zunächst auf den Rat erfahrener Kollegen und Richter verlassen. Mit der Zeit wird er dann feststellen, wessen Gutachten ihm jeweils am geeignetsten erscheinen.

Eine **psychiatrische Begutachtung** hat **im Vorverfahren** nur Sinn,   418
wenn der Beschuldigte entweder zur Kooperation mit dem Sachverständigen bereit ist oder aber sich in Haft bzw in Unterbringung
nach § 126a StPO befindet. Sind diese Voraussetzungen nicht gegeben, so kommt eventuell die Vorführung des Beschuldigten zum
Sachverständigen, bei schwerwiegenden Delikten auch die Unterbringung zur Beobachtung gemäß § 81 StPO in Betracht.

Vor einer Beauftragung freiberuflich tätiger und psychiatrischer   419
Sachverständiger ist unbedingt fernmündlich mit diesen Kontakt
aufzunehmen, um zu erfahren, ob sie überhaupt derzeit in der Lage
sind, innerhalb angemessener Frist ein Gutachten abzuliefern. Wenn
der Sachverständige aufgrund seiner anderweitigen Belastungen
eine Fertigstellung nicht innerhalb von drei Monaten zusagen kann,
sollte der Staatsanwalt in der Regel von der Beauftragung absehen
und sich an einen anderen Sachverständigen wenden. In Haftsachen
wird man noch kürzere Erstellungsfristen verlangen müssen.

Sofern der Beschuldigte einen **Verteidiger** hat, sollte auch mit die- 420
sem die Person des Sachverständigen erörtert werden. Dies eröffnet
dem Verteidiger die Gelegenheit, in der Person des ins Auge gefassten Sachverständigen liegende **Ablehnungsgründe** nach § 74 StPO
frühzeitig vorzutragen. Zwar besteht leider, wie die hM aus § 83
StPO herausliest, eine Notwendigkeit zur Geltendmachung der
Ablehnungsgründe erst nach der Gutachtenerstattung in der
Hauptverhandlung[1]. Ein kluger Verteidiger wird jedoch nicht das
Risiko eingehen, die Erstellung eines Gutachtens durch einen nach
seiner Auffassung befangenen Sachverständigen abzuwarten. Der
Staatsanwalt seinerseits wird entsprechende Bedenken der Verteidigung seinerseits ernst nehmen, schon um vergebliche, kostinten-
sive Begutachtungen durch einen am Ende in der Hauptverhandlung mit Erfolg abgelehnten Sachverständigen zu vermeiden.

Ist der Sachverständige zur Gutachtenerstellung innerhalb ange- 421
messener Frist bereit, so übersendet der Staatsanwalt ihm die Akten
mit einem **schriftlichen Auftrag**, der zur Vermeidung von Kosten
und späteren Nachfragen möglichst präzise die Fragen, die zu
beantworten sind, umschreiben sollte.

---

1 Vgl KM Rn 12 zu § 74 StPO.

Beispiel **Beispiel 1** (Einholung eines LKA-Gutachtens):

422 *(Verfügungskopf)*

1. U m A

   dem LKA Niedersachsen

   mit der Bitte übersandt, zu der Frage gutachterlich Stellung zu nehmen, ob die Schriftstücke in Hülle Bl 34 und in Hülle Bl 56 dA von dem Beschuldigten Jördensen stammen. Unbefangenes Vergleichsmaterial aus der Hand des Beschuldigten befindet sich in Hüllen Bl 91–93 dA. Sollte dieses für die Begutachtung noch nicht ausreichen, bitte ich um Mitteilung.

   Ich wäre dankbar, wenn das Gutachten binnen 2 Monaten vorliegen könnte. Andernfalls bitte ich um kurze telefonische Rücksprache.

2. Frist ...

   (Unterschrift, Dienstbezeichnung)

Beispiel **Beispiel 2** (psychiatrische Begutachtung):

423 StA Braunschweig   24. 9. 2001
556 Js 321/01

Verfügung

Sofort! Haft!

1. Vermerk: Ich habe heute mit dem psychiatrischen Sachverständigen Prof. Dr. Jonas vom Landeskrankenhaus Lüneburg den Sachverhalt erörtert. Prof. Dr. Jonas ist bereit, den Beschuldigten zu begutachten und meint, dies binnen 7 Wochen erledigen zu können. Die Untersuchungen könnten ambulant in der JVA Wolfenbüttel, wo sich der Beschuldigte derzeit in U-Haft befindet, durchgeführt werden.

   Ich habe dieses Ergebnis mit dem Verteidiger, RA Werlenbach, erörtert. Dieser hat gegen die Person des Sachverständigen keine Bedenken. Er hat noch einmal die Bereitschaft seines Mandanten, an der Untersuchung mitzuwirken, wiederholt.

2. Kopie dieser Verfügung zum Haftsonderheft nehmen.

3. U m A

Herrn Prof. Dr. Jonas
Landeskrankenhaus Lüneburg

mit dem Auftrag übersandt, ein psychiatrisches Gutachten zu der Frage zu erstatten, ob bei der von ihm eingeräumten Vergewaltigung der Geschädigten Meier am 11. 6. 2001 die Einsichts- oder Steuerungsfähigkeit des Beschuldigten aufgrund einer krankhaften seelischen Störung aufgehoben oder erheblich eingeschränkt war. Sollte dies der Fall sein, so bitte ich ergänzend zu der Frage Stellung zu nehmen, ob von dem Beschuldigten aufgrund seines Zustandes weitere ähnliche Taten zu erwarten sind und wie dem ggf entgegengewirkt werden kann.

Ich darf noch einmal wegen der Inhaftierung des Beschuldigten um schnellstmögliche Erledigung bitten. Sollte es zu unvorhergesehenen Verzögerungen kommen, so bitte ich, mir dies sofort mitzuteilen.

4. Wv 11. 11. 2001.

Kohlrausch, StA

Sobald der Staatsanwalt das **schriftliche Gutachten** erhält, gibt er dieses einem etwaigen Verteidiger, ggf zusammen mit den Akten, zur Kenntnis. Unabhängig davon muss er jedoch prüfen, ob das Gutachten vollständig auf die gestellten Fragen eingegangen, nachvollziehbar und verständlich ist. Besonders letzteres ist gerade bei psychiatrischen Gutachten leider nicht immer der Fall. Wichtig ist weniger, dass der Sachverständige zu einem eindeutigen Ergebnis kommt, weil ihm dies oft erst in der Hauptverhandlung möglich ist, wenn er zusätzlich die Schilderung des Geschehens aus dem Mund der übrigen Beteiligten gehört hat. Jedoch muss das Gutachten aus sich heraus erkennen lassen, welche Untersuchungen zu welchem Zweck und mit welchem Ergebnis durchgeführt worden sind, welche Schlüsse der Sachverständige daraus zieht, wie er zu seinem (vorläufigen) Ergebnis gelangt, wo dessen Unsicherheiten liegen

424

und wie groß letztere noch sind. Den verantwortungsvollen, kompetenten Sachverständigen erkennt man vornehmlich daran, dass er sehr vorsichtig mit seinem Befund umgeht und keinesfalls Ergebnisse vorstellt, die um ihrer Klarheit willen keine Zweifel mehr aufkommen lassen wollen.

425 Die Beauftragung molekulargenetischer Untersuchungen (**DNA-Analyse**) nach § 81e StPO unterliegt gemäß § 81f StPO dem Richtervorbehalt. In der Praxis geht es zumeist um die Zuordnung von am Tatort aufgefundenen oder bei Verletzten oder Verdächtigen festgestellten fremden Körperzellen zu einer bestimmten Person. Dabei werden die Merkmale der aufgefundenen DNA ermittelt und systematisiert. Die so gewonnenen Merkmalsmuster werden mit entsprechenden Mustern der als Spurenleger in Frage kommenden Personen verglichen bzw, wenn aktuell noch keine Vergleichsperson vorhanden ist, in der beim BKA geführten DNA-Identifizierungs-Datei[1] gespeichert[2]. Der richterlichen Anordnung bedürfen dabei nur die Arbeiten am Probenmaterial, nicht der Vergleich anhand von Datenmustern. Zu beachten ist allerdings, dass in der Datei des BKA nicht alle Identitätsmerkmale einer Analyse gespeichert werden, weshalb eine dort festgestellte Spurenübereinstimmung zur Erhärtung eines ergänzenden Vergleichs der bei den fraglichen Untersuchungen konkret gefundenen Merkmale bedarf[3].

426 Gemäß § 81f I StPO ist nicht nur die richterliche Anordnung der Untersuchung erforderlich, sondern es ist darin auch die Person des Sachverständigen zu benennen; die Bestimmung eines Instituts genügt nicht[4]. Zur Vereinfachung und Beschleunigung ist es zweckmäßig, bereits bei der **Antragstellung** dem Gericht auch den Namen eines geeigneten Gutachters vorzuschlagen.

---

1 Vgl § 3 DNA-IFG.
2 Eingehend dazu HB-Schmitter 183ff.
3 Vgl HB-Schmitter 191.
4 KM Rn 3 zu § 81f StPO.

Beispiel

StA Bremen   11. 1. 2002
177 Js 4300/02

Verfügung

Eilt!

1. Kopie dieser Vfg zur Handakte.

2. Vermerk: Die von KHK Kronsberg vorgeschlagene vergleichende DNA-Analyse des am Tatort aufgefundenen Haars mit der vorhandenen Blutprobe des Beschuldigten Kapapovic ist sinnvoll, um die Anwesenheit des Beschuldigten, der bislang von seinem Schweigerecht Gebrauch macht, am Tatort nachzuweisen und damit ein weiteres Indiz für seine Täterschaft zu gewinnen. Ich habe heute mit dem von KHK Kronsberg vorgeschlagenen Sachverständigen Dr. Schefflar-Wolff des LKA telefonisch Kontakt aufgenommen. Dr. Schefflar-Wolff ist in der Lage und bereit, die notwendigen Untersuchungen innerhalb einer Woche vorzunehmen.

3. U m A

   dem AG Bremen

   mit dem Antrag übersandt, gemäß §§ 81e I, 81a, 81f I StPO aus den Gründen des Vermerks zu Ziff 2 die molekulargenetische Untersuchung

   a) des am Tatort vorgefundenen Haars (Bl 15 dA) und

   b) der am 6. 1. 2002 bei dem Beschuldigten entnommenen Blutprobe richterlich anzuordnen und als Sachverständigen Dr. Schefflar-Wolff, LKA Bremen, zu bestimmen. Im Falle antragsgemäßer Entscheidung wäre ich dankbar, wenn zur Beschleunigung eine Beschlussabschrift dem Sachverständigen unmittelbar per Telefax (Fax-Nr 122–6524) zugeleitet werden könnte.

2. 20. 1. (Beschluss?)

Jörden, OStA

Bei den **DNA-Analysen nach § 81g StPO** wird entsprechend vorgegangen, allerdings sind diese nicht eilbedürftig, so dass es dem Richter überlassen bleiben kann, die Person des Sachverständigen   427

157

zu benennen. Der Antrag sollte, da es ausschließlich um die **Sicherstellung künftiger Strafverfolgung** geht, während des Ermittlungsverfahrens nur gestellt werden, wenn dies nicht zu einem Zeitverlust führt. Ansonsten kann die Antragstellung zusammen mit der Anklage erfolgen oder sogar die rechtskräftige Aburteilung abgewartet werden[1], sofern nicht konkrete Anhaltspunkte dafür bestehen, dass in naher Zukunft Wiederholungstaten drohen. Erforderlich ist das Vorliegen einer **Straftat von erheblicher Bedeutung**, wobei der in § 81g I StPO aufgeführte Katalog weder abschließend ist („insbesondere") noch das Vorliegen einer Katalogtag zwingend auch auf die Erheblichkeit schließen ließe. Hier ist jeweils im Einzelfall abzuwägen[2].

428 Umstritten ist noch, ob es eines **richterlichen Beschlusses** auch dann bedarf, wenn der Betroffene in Probenentnahme und DNA-Analyse **einwilligt**[3]. Richtigerweise wird man zwar theoretisch eine nach Belehrung über die Verwendung der Daten erfolgende Einwilligung genügen lassen können, weil auch ansonsten Eingriffe in die Rechtssphäre des Betroffenen (zB Durchsuchung, Beschlagnahme, körperliche Untersuchungen) keiner richterlichen Anordnung bedürfen, wenn der Betroffene einverstanden ist. Dass die DNA-Analyse eine so herausgehobene Eingriffsqualität aufweise, dass selbst der Verzicht des Betroffenen auf seine Rechte nicht ohne weiteres wirksam wäre, ist demgegenüber nicht ersichtlich. Auf der anderen Seite bestehen erhebliche Verwertbarkeitsrisiken der ohne richterlichen Beschluss durchgeführten Analyse in dem späteren Strafverfahren, wenn dort Jahre später vorgetragen wird, die Belehrung sei nicht ordnungsgemäß erfolgt oder die Einwilligung erschlichen worden. Da § 81g I StPO zudem qualifizierte Anlasstaten sowie eine Gefahrenprognose verlangt und damit verdeutlicht, dass die Speicherung der DNA-Muster eher die Ausnahme sein soll, sollte man sich schon aus rechtsstaatlichen Gründen nicht damit begnügen, dass die Polizei nach eigenen Maßstäben Einwilligungen von Beschuldigten erfragt und so gewonnenes Material der DNA-Identifizierungs-Datei zuführt. Vielmehr ist in jedem Fall eine richterliche Entscheidung herbeizuführen.

---

1 Vgl § 2 DNA-IFG.
2 BVerfG StV 2001, 378ff.
3 Verneinend ua KM Rn 17 zu § 81g StPO, Sprenger/Fischer NJW 1999, 1831f; aA zB LG Hannover NStZ-RR 2001, 20; Volk NStZ 1999, 169; HB-Messer/Siebenbürger 81.

Ebenfalls umstritten ist noch, wann die von § 81g StPO geforderte **Negativprognose** angenommen werden kann. Nach hM hindert auch eine Strafaussetzung in dem Verfahren, in welchem die DNA-Analyse angeordnet werden soll, trotz der damit richterlich festgestellten positiven Sozialprognose nach § 56 StGB die Anordnung nach § 81g StPO nicht, weil die Regelung derjenigen des § 8 VI Nr 1 BKAG entspreche und andere Zwecke verfolge[1]. Dies überzeugt indes nicht, wenn und soweit auch § 81g StPO letztlich eine Wahrscheinlichkeit künftiger Straftaten und dazu noch von erheblicher Bedeutung verlangt[2]. Ist gemäß § 56 StGB als Voraussetzung einer Strafaussetzung festgestellt worden, dass „der Verurteilte … künftig … keine Straftaten mehr begehen wird", so schließt das denklogisch die Annahme der Wahrscheinlichkeit von Straftaten aus, zumal auch die Prognose nach § 56 StGB nicht auf die Bewährungszeit beschränkt erfolgt[3]. Eine Divergenz der beiden Prognosen ist danach allenfalls dann möglich, wenn die Strafaussetzungsentscheidung auf Grund neuer Tatsachen nicht mehr als aktuell gelten kann.

429

Sobald nach diesen Grundsätzen gemäß § 81g StPO eine DNA-Analyse und die Speicherung der entsprechenden Daten in Betracht kommt, führt der Staatsanwalt folglich eine **richterliche Entscheidung** herbei:

430

Beispiel

(voller Verfügungskopf)

Vfg

1. Ablichtung dieser Vfg zu den HA.

2. U m A

dem AG
– Ermittlungsrichter –
in Potsdam

mit dem Antrag übersandt, folgenden Beschluss zu erlassen:

---

1 Vgl BVerfG StV 2001, 145; OLG Karlsruhe StV 2000, 60ff; KM Rn 8 zu § 81g StPO; HB-Messer/Siebenbürger 89; aA KK-Senge Rn 5 zu § 81g StPO.
2 So BVerfG aaO.
3 S/S-Stree Rn 14 zu § 56 StGB.

„Beschluss

In dem Ermittlungsverfahren gegen Dennis Mager, geb 12. 5. 1970 in Berlin, wohnhaft Potsdam, Logenstr. 23,

wird gemäß §§ 81g, 81f StPO die molekulargenetische Untersuchung von Körperzellen des Beschuldigten zur Feststellung des DNA-Identifizierungsmusters zum Zwecke der Identitätsfeststellung in künftigen Strafverfahren angeordnet.

Mit der Untersuchung des Materials wird das LKA Brandenburg, Frau Dr. Müller, beauftragt. Der Sachverständigen ist das Untersuchungsmaterial in anonymisierter Form zu übergeben. Die entnommenen Körperzellen dürfen nur für die in § 81g StPO genannte molekulargenetische Untersuchung verwendet werden und sind unverzüglich zu vernichten, sobald sie hierfür nicht mehr benötigt werden. Bei der Untersuchung dürfen andere Feststellungen als die zu Ermittlung des DNA-Identifizierungsmusters erforderlichen nicht getroffen oder angestrebt werden.

Die Entnahme einer Speichelprobe wird angeordnet. Für den Fall, dass der Beschuldigte eine Speichelprobe verweigert, wird gemäß § 81a StPO die Entnahme einer Blutprobe angeordnet.

Ferner wird vorsorglich gemäß §§ 102, 105 StPO die Durchsuchung der oben bezeichnete Wohnung des Beschuldigten zum Zwecke seiner Ergreifung zur Durchführung der Probenentnahme angeordnet.

Gründe:

Der Beschuldigte ist nach den bisherigen Ermittlungen, insbesondere den Bekundungen der Zeugen Haase und Rebhoff, eines schweren Raubes zN des Geschädigten Rebhoff am 12. 2. 2001 in Potsdam verdächtig.

Der Beschuldigte ist bereits mehrfach einschlägig in Erscheinung getreten, ua wie folgt:

a) Urteil des LG Hildesheim vom 23. 1. 1993 wegen Raubes in Tateinheit mit Körperverletzung, Diebstahls in drei Fällen und wegen Vollrausches zu 2 Jahren 6 Monaten Freiheitsstrafe, vollstreckt bis 14. 2. 1996 (14 Kls 122 Js 34354/91);

b) Urteil des LG Braunschweig vom 7. 9. 1998 wegen eines im Vollrausch begangenen schweren Raubes zu 3 Jahren Freiheitsstrafe, vollstreckt bis 21. 9. 2001 (43 Kls 331 Js 6623/98).

Da der Beschuldigte sich selbst durch längere unbedingte Freiheitsstrafen nicht von der Begehung der neuerlichen Straftat hat abhalten lassen, besteht Grund zu der Annahme, dass auch künftig gegen ihn Strafverfahren wegen gleichartiger Straftaten durchzuführen sein werden.

Seit seiner Entlassung aus der U-Haft am 9. 4. 2002 befindet sich der Beschuldigte auf freiem Fuß; die Durchsuchung seiner Wohnung zum Zwecke der Erlangung des Probenmaterials ist erforderlich, weil aus dem bisherigen Ermittlungsverfahren bekannt ist, dass der Beschuldigte nicht freiwillig zu Terminen erscheint oder Zugang zu seiner Person gewährt."

Im Falle antragsgemäßer Entscheidung bitte ich um Weitergabe der Akte an die Polizei in Potsdam, die um die Vollziehung des Beschlusses sowie die Durchführung der noch ausstehenden Ermittlungen (Vernehmung der Zeuginnen Kleinschmidt und Birte Haase) gebeten wird.

3. 12. 6.

Saarow, StAin, 22. 4. 2002

4. Beschlagnahme

Es sind verschiedene **Arten von Beschlagnahmen** zu unterscheiden. Ihr Ziel kann die Erlangung von Gegenständen zu Beweiszwecken (§ 94 I StPO), von Sachen oder auch anderen Vermögenswerten, die der Einziehung oder dem Verfall unterliegen (§ 111b I StPO) oder die dem Verletzten zurückzugeben sind (§ 111b V StPO), von einzuziehenden Führerscheinen (§ 94 III StPO) oder von Vermögenswerten eines flüchtigen Beschuldigten, um diesen zur Rückkehr zu veranlassen (§ 290 StPO), sein.

a) Sicherstellung zu Beweiszwecken

Zu Beweiszwecken können nach § 94 I StPO nur körperliche Gegenstände, nicht aber Forderungen oder Bankguthaben sicher-

431

432

161

gestellt werden. Voraussetzungen sind der bloße Anfangsverdacht einer Straftat sowie die potenzielle Beweisbedeutung des Objekts[1]. Die genannten Sachen werden **sichergestellt** und nur, wenn sie sich in fremdem Gewahrsam befinden und nicht freiwillig herausgegeben werden, **beschlagnahmt** (§ 94 II). Die Durchsetzung der Beschlagnahme geschieht notfalls mittels einer Durchsuchung nach den §§ 102f StPO. Gegenüber Personen, die weder beschuldigt noch zur Verweigerung des Zeugnisses berechtigt sind, kann sie alternativ über die richterliche Festsetzung von Zwangsmitteln erfolgen[2].

433 Geht es darum, dem **Verletzten sein Eigentum wieder zu verschaffen**, so darf dies jedenfalls nicht der alleinige Zweck von Sicherstellung und Beschlagnahme nach § 94 StPO sein. Hierfür stehen der Weg über § 111b V StPO[3] sowie für den Verletzten daneben der Zivilrechtsweg zur Verfügung.

434 Der Staatsanwalt sollte sich deshalb davor hüten, auf **Drängen des Anzeigeerstatters**, der glaubt oder auch nur vorgibt, durch strafbares Verhalten geschädigt worden zu sein, vorschnell als dessen verlängerter Arm Beschlagnahmen zu veranlassen, die er bei genauerem Hinsehen zu Beweiszwecken nicht benötigt. Oftmals bestreitet der Beschuldigte, wird er erst einmal dazu gehört, in solchen Fällen nämlich gar nicht, im Besitz der fraglichen Gegenstände zu sein, beruft sich aber auf eine seiner Meinung nach rechtsgültige Vereinbarung mit dem Anzeigeerstatter. Wer hier als Staatsanwalt die „Beute" beschlagnahmt, statt nur durch die Polizei feststellen zu lassen, wo sie sich befindet, wird früher oder später bei der Abwicklung der beschlagnahmten Sachen in die Verlegenheit kommen, entscheiden zu müssen, wer zum Besitz berechtigt ist. Dieses Problem wäre gar nicht entstanden, hätte man sich mit einer Beschlagnahme zurückgehalten, bis eine gewisse Sicherheit vorhanden ist, dass man nicht entgegen der zivilrechtlichen Lage der Dinge eingreift.

435 Auch bei der Beschlagnahme ist der Grundsatz der **Verhältnismäßigkeit** zu beachten. Ist, etwa gegenüber Behörden oder öffentlichrechtlichen Banken, das mildere Mittel eines Auskunftsverlan-

---

1 Achenbach NJW 1976, 1068, BGH/Pfeiffer NStZ 1981, 94.
2 §§ 95 II, 70 StPO, vgl dazu unten Rn 498ff.
3 Vgl unten Rn 447ff.

gens ebenfalls möglich und erfolgversprechend, so ist eine Beschlagnahme unzulässig[1]. Wenn, zB bei Bankunterlagen, die Sicherstellung von Fotokopien einen vollwertigen Ersatz bietet, dann hat die Beschlagnahme der Originalunterlagen zu unterbleiben.

Zunehmende Bedeutung erlangt die **Beschlagnahme von Daten-** **verarbeitungsgeräten** zu Beweiszwecken wie auch zur Einziehung als Tatwerkzeuge. Die Daten selber sind mangels Verkörperung nicht beschlagnahmefähig, wohl aber die Daten enthaltenden **Datenspeicher**.

436

Auch hier gebietet das **Verhältnismäßigkeitsprinzip** Vorsicht. Wegen kleinerer Delikte darf bei einem Zeugen nicht der Betrieb durch die Wegnahme der gesamten Hard- oder Software vollständig unmöglich gemacht werden. Zu berücksichtigen ist auch die voraussichtliche Dauer einer Beschlagnahme. Wenn diese wegen der Datenmengen oder wegen der technischen Besonderheiten (zB erforderliche Rekonstruktion von Datenlöschungen, Vergleich von Programmen, Passwortsicherung) einige Zeit andauern müsste, was vor allem bei notwendiger Hinzuziehung externer Sachverständiger regelmäßig der Fall sein wird, dann liegen die Schranken eines rechtmäßigen Zugriffs höher als im Falle einer voraussichtlich nur wenige Tage andauernden Entziehung. Bei der Beschlagnahme von kleineren Datenträgern (Diskette, CD, DVD) ist dem Beschuldigten, sofern er die Daten zur weiteren legalen Verwendung benötigt, eine Kopie des beschlagnahmten Originals zu belassen.

437

Sofern die **Datenbestände überschaubar** und ohne weiteres vollständig zugänglich sind, genügt eine **Sicherung der Festplatten** auf Magnetband oder anderen geeigneten Datenträgern; eine Beschlagnahme wäre dann unverhältnismäßig. In der Regel nicht ausreichend zur Abwendung einer Beschlagnahme ist allerdings die **Herstellung von Ausdrucken**, weil häufig auch Informationen über die Dateien (Erstellung, Änderung, Öffnungsdaten, Größe), über die Nichtexistenz anderer Dateien oder über gelöschte Dateien und deren Spuren potenziell beweisbedeutsam sind.

438

Bei **Unzugänglichkeit der Daten** (zB wegen einer Passwortsicherung), Verdacht auf vorherige Datenlöschungen oder übergroßen Datenmengen können zumindest die Festplatten beschlagnahmt

439

---

1 Vgl LG Köln StV 1983, 275, 276.

werden. Nur wenn deren Ausbau nicht ohne weiteres möglich ist, kann auch der gesamte Computer (aber auch nur dieser) mitgenommen werden. **Peripheriegeräte** (Drucker, Monitor, Tastatur) sind keine beweisrelevanten Gegenstände und daher nicht beschlagnahmefähig[1]. Insbesondere rechtfertigt die Erleichterung der späteren Datensichtungen nicht die Mitnahme dieser Geräte[2]. Verfügen Polizei und Staatsanwaltschaft über keine zur Auswertung geeigneten eigenen Geräte, so sind diese anzuschaffen, wobei die entstehenden Kosten zu den Verfahrenskosten zählen. Die vorgenannten Einschränkungen einer Beschlagnahmefähigkeit entfallen freilich, sobald der Computer nebst Peripherie als Tatwerkzeug nach § 74 StGB der **Einziehung** unterliegt.

440 Während die Sicherstellung uneingeschränkt durch die Polizei veranlasst werden kann, ist für die **Anordnung** der Beschlagnahme grundsätzlich der Richter zuständig. Nur bei Gefahr im Verzuge sind hierzu auch die Staatsanwaltschaft oder ihre Hilfsbeamten befugt (§ 98 I StPO). Die Anordnung muss den Gegenstand der Beschlagnahme **genau bezeichnen**. Die häufig in richterlichen Durchsuchungsbeschlüssen anzutreffende Anordnung der Beschlagnahme „aller bei der Durchsuchung aufzufindender Beweismittel" ist mangels Konkretisierung unzulässig[3].

441 Gegen eine nicht richterlich angeordnete Beschlagnahme kann der von ihr Betroffene entweder unmittelbar **Widerspruch** erheben oder später jederzeit die **richterliche Entscheidung** verlangen. Diese ist auch erforderlich, falls eine solche Beschlagnahme in Abwesenheit des Betroffenen oder eines seiner Angehörigen erfolgt (§ 98 II StPO). Bevor der Staatsanwalt die Akten in diesen Fällen dem Gericht vorlegt, sollte er allerdings schon im Hinblick auf spätere Ansprüche nach dem StrEG prüfen, ob auch wirklich alle sichergestellten Sachen benötigt werden.

---

1 Bär CR 1996, 682f.
2 Kudlich JA 2000, 30.
3 BVerfG NJW 1992, 551.

Staatsanwaltschaft Darmstadt   5. 4. 2002   442
617 Js 19844/02

Vfg

Eilt!

1. Schreiben an Polizei Darmstadt, 2. Revier, zu Tagebuch-Nr 3466/02:

In pp

bitte ich, den dort verwahrten Rasenmäher (Ziff 1 des Sicherstellungsprotokolls vom 3. 4.) an den Beschuldigten zurückzugeben. Dieser hat eine Quittung vorgelegt, die den ordnungsgemäßen Erwerb belegt.

2. U m A

dem AG Darmstadt

mit dem Antrag übersandt, auf den Widerspruch des Beschuldigten (Bl 52 dA) die Beschlagnahme der Sachen laut Sicherstellungsprotokoll vom 3. 4. (Bl 40) zu Ziffern 2–8 richterlich zu bestätigen (§ 98 II StPO). Der Beschuldigte ist aufgrund seiner Festnahme bei dem versuchten Laubeneinbruch vom 2. 4. und des späteren Auffindens der genannten Sachen, für die er bislang keine Belege hat vorlegen können, des Diebstahls auch insoweit verdächtig. Die Sachen werden benötigt, um zu ermitteln, ob und ggf aus welchen Taten sie stammen könnten.

Im Falle antragsgemäßer Entscheidung bitte ich um unmittelbare Weiterleitung der Akten an die Polizei Darmstadt. Diese wird ersucht, anhand der beschlagnahmten Sachen zu klären, für welche Taten der Beschuldigte noch als Täter in Betracht kommt.

3. Frist: 14. 6.

Dr. Berg-Rissinger, StAin

Ist die Anordnung der Beschlagnahme durch den Richter erfolgt   443
oder nachträglich von ihm bestätigt worden, so steht dem Betroffenen hiergegen die **Beschwerde** nach den §§ 304ff StPO zu.

444 Zu beachten ist, dass bestimmte Sachen **beschlagnahmefrei** sein können. Nach § 97 StPO sind dies beispielsweise die schriftlichen Mitteilungen zwischen dem Beschuldigten und seinen Verwandten, seinem Rechtsanwalt oder auch seinem Steuerberater, jedoch grundsätzlich nur, wenn die Schriftstücke sich im Gewahrsam der betreffenden Personen befinden (§ 97 II 1 StPO). Anders ist dies bei **Verteidigerpost**, die generell nicht sichergestellt werden darf[1].

445 Die Beschlagnahmefreiheit erstreckt sich aber nur auf solche Unterlagen, die nach ihrem Aussagegehalt gerade das von den §§ 52, 53 StPO geschützte Vertrauensverhältnis zwischen Beschuldigtem und dem Dritten betreffen. Gibt der Beschuldigte bei diesem hingegen nur Unterlagen zur Verwahrung ab, um sie dadurch gerade der Beschlagnahme zu entziehen, so hindert das den Zugriff nicht. Dasselbe gilt für **Buchführungsunterlagen beim Steuerberater** des Beschuldigten. Deren Aussagegehalt mag zwar das geschäftliche Wirken des Beschuldigten betreffen, nicht aber den Inhalt der vertraulichen steuerlichen Beratung im Rahmen des Mandats[2].

446 Einen Sonderfall stellt die **Postbeschlagnahme** (§ 99 StPO) dar. Zu ihrer Anordnung ist der Richter, bei Gefahr im Verzuge auch der Staatsanwalt befugt, dessen Verfügung jedoch nach drei Tagen außer Kraft tritt, sofern sie nicht richterlich bestätigt wird (§ 100 I, II StPO). Die Öffnung der Post obliegt dem Richter, der diese Befugnis jedoch dem Staatsanwalt übertragen kann (§ 100 III StPO). Aus taktischen Gründen kann es angezeigt sein, die Anordnung auf bestimmte Arten von Postsendungen zu beschränken, um den Betroffenen nicht dadurch vor der Zeit auf die Beschlagnahme aufmerksam zu machen, dass er gar keine Post mehr erhält (Nr 77 II RiStBV).

Die **Dauer** der Postbeschlagnahme ist wegen der Schwere des Eingriffs möglichst kurz zu halten und von vorneherein auf eine bestimmte Frist zu beschränken (Nr 80 RiStBV). Nach Beendigung der Maßnahme ist der Betroffene von ihr zu unterrichten, sobald dies ohne Gefährdung des Untersuchungszweckes möglich erscheint (§ 101 StPO).

---

1 Vgl § 148 StPO, KM Rn 37 zu § 97 StPO.
2 Vgl LR-Schäfer Rn 67f zu § 97 StPO, Quermann Wistra 1988, 254ff, LG Darmstadt NStZ 1988, 286.

b) Sicherstellung nach § 111b StPO

Die Sicherstellung nach § 111b StPO dient einerseits der **Sicherung** 447
von Einziehung (§ 74 StGB) **oder Verfall** (§ 73, 73a StGB), andererseits auch der Schadloshaltung des Verletzten (§ 73 I 2 StGB). Sofern
es einen individuellen Verletzten gibt, ist stets der Weg zur Sicherstellung nach den §§ 111b V StPO, 73 I 2 StGB eröffnet, so dass die
oft schwierige Frage, ob die Verfallsvoraussetzungen im Einzelfall
vorliegen, zunächst dahingestellt bleiben kann[1].

Wenn nur die Sicherstellung zur **Zurückgewinnungshilfe** nach 448
§ 111b V StPO ernsthaft in Betracht kommt, bleibt eine gewisse Vorsicht angezeigt, um nicht am Ende eine Verschiebung der Ver-
mögensverhältnisse entgegen der wahren zivilrechtlichen
Anspruchslage zu bewirken[2]. Eine Verpflichtung, dem Verletzten
zu seinem Recht zu verhelfen, besteht nämlich grundsätzlich nicht.
Vielmehr steht die Entscheidung, einzugreifen, im Ermessen der
Staatsanwaltschaft[3]; nur im Ausnahmefall, wenn etwa der Verletzte
selber nicht in der Lage ist, sich auf dem Zivilrechtsweg zu helfen,
oder Verlust der Vermögenswerte droht, reduziert sich das Eingriffs-
ermessen auf Null und verdichtet sich zur Sicherstellungspflicht[4].

Anders als bei der Sicherstellung zu Beweiszwecken erlaubt § 111b 449
StPO den Zugriff auf **Vermögensvorteile jeglicher Art**, also auch
auf Grundstücke, Forderungen, Bankguthaben ua. Dabei reicht
zunächst bloßer Anfangsverdacht aus, der sich noch nicht einmal
gegen eine bestimmte Person richten muss. Eine Fortsetzung der
Maßnahme über 6 bzw 9 Monate hinaus erfordert dann allerdings,
dass sich der Verdacht zu einem dringenden Verdacht verstärkt
haben muss, andernfalls die Freigabe erfolgen müsste. Wegen des
nach § 111c V StPO eintretenden Veräußerungsverbotes genügt
zudem nicht nur die einfache Inverwahrungsnahme; vielmehr sind
die Formvorschriften nach den §§ 111cff StPO genau einzuhalten.
Deren Ausführung obliegt dem Rechtspfleger (§ 31 I Nr 2 RPflG).

§ 73a StGB ermöglicht sogar den Zugriff auf den **Wertersatz**, so dass 450
es nicht einmal mehr notwendig ist nachzuweisen, dass der Erwerb
eines sicherzustellenden Wertgegenstandes in irgendeiner Form auf

---

1 KM Rn 5 zu § 111b StPO.
2 Vgl oben Rn 434.
3 KM Rn 6 zu § 111b StPO.
4 Achenbach NStZ 2001, 403.

einen Tatvorteil zurückzuführen ist. Vielmehr führt der Verdacht, dass der Beschuldigte überhaupt einen Vorteil aus der Tat hatte, dazu, dass bis zur Höhe dieses Vorteils sein gesamtes Vermögen dem dinglichen Arrest (§§ 111b II, 111d I 1 StPO) unterliegt.

451 Die **Anordnungskompetenz** für die Beschlagnahme liegt beim Richter. Bei Gefahr im Verzuge ist die Staatsanwaltschaft vorläufig anordnungsbefugt; sie muss aber eine richterliche Bestätigung erwirken, sofern es sich nicht um bewegliche Gegenstände handelt. Letztere könnten notfalls auch durch die Hilfsbeamten der Staatsanwaltschaft beschlagnahmt werden (§ 111e I, II StPO).

452 Entsprechendes gilt für die Anordnung des dinglichen Arrests zur Sicherung des Verfalls von Wertersatz. Die **Pfändung von Bankguthaben** kann bei Gefahr im Verzuge auch insoweit durch die Staatsanwaltschaft erfolgen (§ 111f III 3 StPO).

Beispiel   Beschlagnahme eines Bankguthabens:

Staatsanwaltschaft Heilbronn   24. 5. 1994
24 Js 7734/94

Verfügung

Sofort!

1. Wegen Gefahr im Verzuge wird die Beschlagnahme des Kontos Nr 334 544 des Beschuldigten Veit Maruschka bei der Commerzbank Heilbronn angeordnet, weil der dringende Verdacht besteht, dass das darauf befindliche Guthaben betrügerisch erlangt wurde und damit dem Verfall oder aber dem Zugriff des Verletzten, des Zeugen Sellhorst, unterliegt (§§ 111b I, V StPO, 73 I StGB, 111e I StPO).

2. Vermerk: Ich habe den Inhalt der Anordnung zu Ziff 1 vorab fernmündlich dem zuständigen Geschäftsstellenleiter Mühlenberg der Commerzbank-Filiale III eröffnet. Herr Mühlenberg sicherte zu, dass ab sofort keine Abbuchungen mehr vorgenommen werden. Auf dem Konto befindet sich ein Guthaben von ca 34 000 DM.

3. Frau/Herrn Rechtspfleger(in) mit der Bitte, die notwendigen Maßahmen nach § 111c III StPO zu veranlassen.

4. U m A

dem AG Heilbronn

mit dem Antrag übersandt, gemäß § 111e II StPO die obige Beschlagnahme richterlich zu bestätigen.

(Es folgen Ausführungen zum dringenden Tatverdacht und zu den Voraussetzungen des Verfalls.)

5. 4. 6.

von Müller, StA

c) Behandlung sichergestellter Sachen

Die Einzelheiten zur **Verwahrung sichergestellter Sachen** regeln die Verwaltungsvorschriften der Länder. Insbesondere die Gefahr von Verlust, Entwertung und Beschädigung muss dabei möglichst gering gehalten werden (Nr 74 RiStBV). **453**

Dazu gehört, dass bei allen Sicherstellungen oder Beschlagnahmen ein entsprechendes **Protokoll** gefertigt wird, in welchem jeder sichergestellte Gegenstand verzeichnet, mit einer Nummer versehen und notfalls zur Identifizierung beschrieben wird. Die jeweilige Nummer ist auch auf dem betreffenden Gegenstand anzubringen. Bei **Beschlagnahmen an mehreren Orten** empfiehlt sich die Verwendung verschiedenfarbiger Etiketten oder das Hinzusetzen eines Buchstabens, um die Verwechselung von Asservaten oder Unklarheiten über ihre Herkunft auszuschließen. Ungenauigkeiten an dieser Stelle bezahlt man später mit immensem Mehraufwand, wenn es um die Rückabwicklung geht. **454**

Größere Mengen an **losen Unterlagen** werden thematisch zusammenfassend geordnet in Hüllen genommen. Bei der Beschlagnahme mehrerer Ordner mit Buchführungsunterlagen ist jeder Ordner einzeln mit seiner vorgefundenen Beschriftung aufzuführen. Dies mag zwar zunächst mühevoll sein, erleichtert aber später das Auffinden und die Verwertung, wenn etwa in der Anklage nur noch auf „Asservat B 44" verwiesen werden muss. Eine Abschrift des Verzeichnisses der Sachen sollte sicherheitshalber auch zur Handakte genommen werden. **455**

Kommt es im Laufe des Verfahrens zur **Rückgabe einzelner Sachen**, so ist auch dies auf dem Sicherstellungsprotokoll zu ver- **456** merken. Damit wird jederzeit die Kontrolle ermöglicht, welche Asservate noch vorhanden sind bzw welche wann und an wen herausgegeben wurden.

457 Die **Verwahrung** selbst erfolgt normalerweise zunächst durch die Polizei in deren Asservatenkammern. Einzelne Schriftstücke oder Unterlagen können auch zur Akte genommen werden, vor allem, wenn ihr Inhalt voraussichtlich für die Entscheidung über die Anklageerhebung benötigt wird. Ist wegen der Beschaffenheit eines Gegenstandes seine besondere Aufbewahrung erforderlich (zB bei Pkw, wertvollen Teppichen, lebenden Tieren), so können hierfür geeignete Dritte im Rahmen eines privatrechtlichen Verwahrungsvertrages herangezogen werden. Wertgegenstände oder Geld sind schon aus Sicherheitsgründen durch die örtlichen Justizkassen zu verwahren.

458 Handelt es sich um Gegenstände, deren Aufbewahrung besondere Mühen oder Kosten verursacht (zB Warenvorräte, Maschinen, lebende Tiere), so kann es im Einzelfall auch geboten sein, solche Sachen **dem Besitzer zu belassen,** sofern die Gewähr dafür besteht, dass sie nicht entfernt, verändert oder sonst dem Verfahren entzogen werden. Auf die Folgen eines Verstoßes, insbesondere einer Strafbarkeit nach § 136 StGB, ist der Besitzer hinzuweisen.

459 **Verderbliche Sachen** sind zur Beweissicherung entweder fotografisch festzuhalten oder es ist ihr Zustand auf andere Weise zu dokumentieren[1]. Anschließend werden sie freigegeben. Ein solches Verfahren bietet sich auch bei Sachen von vergleichsweise geringem Beweiswert an, wenn das Verfahren voraussichtlich noch längere Zeit in Anspruch nehmen wird. Ist die Beschlagnahme nach § 111b StPO erfolgt, so wird bei drohendem Verderb die Notveräußerung angeordnet (§ 111l StPO), wobei anschließend der Erlös an die Stelle der Sache tritt. Die Notveräußerung obliegt dem Rechtspfleger (§ 31 I Nr 2 RPflG).

460 Hat die Staatsanwaltschaft Zugriff auf eine eigene **Asservatenkammer**, so ist, soweit eine Aufbewahrung dort möglich ist, bei nächster Gelegenheit, spätestens jedoch mit Anklageerhebung, die Überführung der bei der Polizei befindlichen Sachen in diese anzuordnen. Mit der Anklageerhebung werden die Asservate dem Gericht zugeleitet, falls dieses über Aufbewahrungsmöglichkeiten verfügt.

---

1 Vgl Nr 76 RiStBV.

Ansonsten verbleiben die Gegenstände bei der Staatsanwaltschaft, von wo aus sie das Gericht bei Bedarf kurzfristig anfordern kann.

d) Rückgabe sichergestellter Sachen

Zur Vermeidung unnötiger Kosten für die Verwahrung sowie zur Reduzierung etwaiger Schadensersatzansprüche des Betroffenen hat der Staatsanwalt in jeder Lage des Verfahrens zu prüfen, ob die weitere Verwahrung eines sichergestellten Gegenstandes oder die weitere Beschlagnahme eines Vermögenswertes noch erforderlich ist. Andernfalls hat er die **Freigabe** zu veranlassen. Bei sichergestellten Beweismitteln ist allerdings Vorsicht geboten. Besteht die Gefahr, dass diese aufgrund eines möglicherweise geänderten Aussageverhaltens des Beschuldigten oder eines Zeugen doch noch gebraucht werden könnten, so sollten sie vorsorglich weiterhin aufbewahrt werden, auch wenn die Beweislage derzeit eindeutig erscheint. 461

Die Kompetenz zur **Anordnung der Freigabe im Ermittlungsverfahren** richtet sich danach, wer die Beschlagnahme veranlasst hat. Ein Hilfsbeamter kann die Beschlagnahme aufheben, wenn er sie selbst angeordnet hat und die Staatsanwaltschaft noch nicht mit der Sache befasst ist[1]. Der Staatsanwalt kann die Freigabe erklären, wenn er oder ein Hilfsbeamter die Beschlagnahme verfügt hat und zwar selbst bei späterer richterlicher Bestätigung[2]. Bei einer originär **richterlich angeordneten Beschlagnahme** soll es hingegen nach hM zur Aufhebung eines richterlichen Beschlusses bedürfen[3], der auf Antrag der Staatsanwaltschaft ohne weitere Prüfung ergehen müsse[4]. Angesichts der Verfahrensherrschaft der Staatsanwaltschaft über das Ermittlungsverfahrens trifft dies allerdings nicht zu. Die richterliche Anordnungskompetenz beruht nämlich einzig auf dem Umstand, dass in die Grundrechte des Betroffenen eingegriffen wird. Die richterliche Entscheidung besagt vor diesem Hintergrund allein, dass dies rechtmäßigerweise geschehen darf, nicht aber, dass der Eingriff auch um jeden Preis geschehen müsse. Folgerichtig ist die Staatsanwaltschaft daher ebensowenig an die richterliche Entscheidung zur Beschlag- 462

---

1 BGHSt 5, 156, 158f.
2 Löffler NJW 1991, 1710.
3 KM Rn 30 zu § 98 StPO.
4 KK-Nack Rn 35 zu § 98 StPO.

nahme gebunden[1], wie sie etwa einen richterlichen Durchsuchungs-befehl vollstrecken müsste. Wenn schon dem Beschlagnahme-beschluss selber nicht gefolgt zu werden braucht, dann folgt daraus für die durchgeführte Beschlagnahme zwingend, dass die Staats-anwaltschaft sie jedenfalls im Ermittlungsverfahren selbst dann aus eigener Machtvollkommenheit jederzeit zu beenden vermag, wenn sie richterlich angeordnet worden war, zumal der Betroffene dadurch ja nicht belastet wird[2]. Dass beim Haftbefehl wegen der Fassung des § 120 III StPO eine deklaratorische Aufhebungsentscheidung not-wendig ist, stellt in diesem Kontext kein Argument da, zumal sie systematisch nicht einmal dort geboten wäre.

463   **Nach Anklageerhebung** ist wegen der nunmehr bestehenden Ver-fahrensherrschaft des Gerichts freilich in jedem Fall ein richterlicher Beschluss notwendig. Sobald das Verfahren rechtskräftig abge-schlossen ist, fällt die Kompetenz zur Freigabe dann in vollem Umfang an die Staatsanwaltschaft zurück[3].

464   Bei der Anordnung einer Freigabe von verwahrten Sachen ist zugleich darüber zu entscheiden, an wen sie herauszugeben sind. Handelt es sich um Sachen, die dem Verletzten durch die Tat entzo-gen wurden, etwa um **Diebesbeute**, so erfolgt die Herausgabe an den Geschädigten, sofern nicht Ansprüche Dritter (etwa einer Ver-sicherung, auf die das Eigentum nach einer Schadensersatzleistung übergegangen ist) entgegenstehen (§ 111k StPO). Diese **Heraus-gabeentscheidung** trifft immer das **Gericht**, auch wenn Beschlag-nahme und Freigabe nicht richterlich angeordnet waren[4], sofern nicht der Beschuldigte ebenfalls der Herausgabe zugestimmt hat (Nr 75 III RiStBV). Der Grund hierfür ist, dass durch die Heraus-gabe an einen anderen als den Gläubiger des Herausgabeanspruchs des durch die Beschlagnahme begründeten öffentlich-rechtlichen Verwahrverhältnisses erneut in dessen Rechtssphäre eingegriffen wird. Materiell wird so aus der auf Vorläufigkeit angelegten Beschlagnahme eine endgültige Entziehung der Besitzrechte. Wenn aber schon die schwächere Maßnahme der Beschlagnahme nach § 98 StPO außer in Eilfällen der richterlichen Entscheidung bedarf, so muss dies umso mehr für die Herausgabe an einen Dritten gelten.

---

1   KM Rn 24 zu § 98 StPO.
2   Hoffmann/Knierim NStZ 2000, 462.
3   OLG Stuttgart Wistra 2002, 38f.
4   OLG Koblenz GA 1984, 376; KK-Nack Rn 7 zu § 111k StPO.

(voller Verfügungskopf) 465

1. Vermerk: Die weitere Verwahrung des sichergestellten Diebesgutes ist nicht mehr erforderlich. Zwar bestreitet der Beschuldigte Miebach nach wie vor; angesichts der geständigen Einlassung der Mitbeschuldigten Schneidewind und Josipic sowie der Identifikation der Sachen durch den Geschädigten erscheint aber die Herkunft der Sachen eindeutig geklärt.

2. Die laut Protokoll vom 23. 10. 2001 (Bl 12) beschlagnahmten Sachen werden freigegeben.

3. U m A

   dem AG X-Stadt

   mit dem Antrag übersandt, gemäß § 111k StPO anzuordnen, dass die Gegenstände laut Protokoll Bl 12 dA an den Verletzten Samtleben (Bl 1) herauszugeben sind. Dieser hat die Sachen zweifelsfrei als sein Eigentum wiedererkannt (Bl 14), welches ihm durch den Einbruchdiebstahl am 20. 10. 2001 entwendet worden war.

4. *(Frist)*

(Unterschrift und Dienstbezeichnung)

Auch wenn die sichergestellten Sachen zweifelsfrei **rechtswidrig** 466 **in die Hand des letzten Gewahrsamsinhabers gelangt** sind, ein Verletzter sich aber nicht ermitteln lässt, so sind die §§ 983, 979ff BGB aus den obigen Erwägungen heraus[1] trotz der Regelung in Nr 75 V RiStBV nicht unmittelbar anwendbar[2]. Vielmehr sind entweder, wo dies möglich ist, Verfall oder Einziehung zu betreiben, notfalls im objektiven Verfahren nach den §§ 440, 442 StPO. Würde durch die Herausgabe an den letzten Gewahrsamsinhaber oder durch dessen Annahme der Sachen ein erneuter Rechtsverstoß begangen (zB durch die Herausgabe von Diebesbeute an den Täter oder einen Dritten), so könnten alternativ polizeirechtliche Eingriffsbefugnisse es erlauben, durch die weitere Beschlagnahme

---

1 Rn 464.
2 So aber Löffler NJW 1991, 1709.

der sonst drohenden Störung der öffentlichen Sicherheit entgegen zu wirken. Wo auch dies nicht möglich ist, bleibt mangels gesetzlicher Grundlage für eine weitere Vorenthaltung der Sache nur deren Herausgabe an denjenigem, dem man sie durch die Beschlagnahme entzogen hatte.

467 Damit erfolgt in allen Fällen, wo weder Einziehung oder Verfall noch die Herausgabe an einen Dritten möglich sind, die **Herausgabe an den letzten Gewahrsamsinhaber**. Dies gilt also selbst dann, wenn dessen materielle Besitzberechtigung zweifelhaft oder gar ausgeschlossen erscheint. Die entgegenstehenden Regelungen von Nr 75 IV, V RiStBV sind rechtswidrig[1] und deshalb nicht mehr anzuwenden. Vielfach lässt sich allerdings die Problematik entschärfen, indem man dem mutmaßlich Nichtberechtigten unter Darstellung der Rechtslage einen **Verzicht auf die Rückgabe** nahelegt. Sofern es einen möglicherweise berechtigten Dritten gibt, der begründbare Ansprüche auf die Sache haben könnte, ist diesem Gelegenheit zu geben, im Wege des vorläufigen Rechtsschutzes nach den §§ 939ff ZPO eine für ihn nachteilige Herausgabe an den Nichtberechtigten zu verhindern[2].

Beispiel

468 56 Js 8893/02

Vfg

1. Schreiben an Anzeigeerstatter Sieber (Bl 1), – höflich/formlos –:

In pp

ist nach der Ihnen bereits mitgeteilten vorläufigen Verfahrenseinstellung gemäß § 154 StPO nunmehr über die Herausgabe der bei dem Beschuldigten sichergestellten Briefmarkensammlung zu entscheiden. Ich bin aufgrund der Rechtslage gezwungen, diese Briefmarkensammlung an den Beschuldigten als letzten Gewahrsamsinhaber herauszugeben. Bevor ich dies tue, gebe ich Ihnen allerdings Gelegenheit, bis Ende Mai 2002 Ihre etwa bestehenden Rechte an der Sammlung im Wege des einstweiligen zivilprozessualen Rechtsschutzes geltend zu machen und

---

1 Vgl OLG Düsseldorf NJW 1990, 723.
2 Vgl auch Löffler NJW 1991, 1707.

auf diesem Wege eine Herausgabe an den Beschuldigten zu verhindern.

2. Wv 3. 6.

Mü, 7. 5.

Ist eine Herausgabe zu veranlassen und befinden sich die Sachen 469
noch bei der **Polizei**, so teilt der Staatsanwalt dieser seine Entscheidung mit. Die Polizei veranlasst dann alles Weitere.

Beispiel

776 Js 55532/00

Vfg

1. Schreiben an Polizeidirektion Hannover, 3.1.K, zu Tagebuch Nr 44586/00:

In pp

werden dort noch folgende Sachen verwahrt:

– einrücken wie lfd Nr 1–12 der Aufstellung Bl 23 dA –

Diese Sachen werden nach Abschluss des Verfahrens als Beweismittel nicht mehr benötigt und unterliegen auch nicht der Einziehung. Ich gebe sie deshalb zur Herausgabe an den Beschuldigten Carlo Rosenbach frei.

2. pp *(weitere Anordnungen, Frist bzw weglegen)*

Wenn sich die herauszugebenden Sachen dagegen bereits in der 470
Asservatenkammer der Staatsanwaltschaft befinden, wird derjenige, demgegenüber die Herausgabe erfolgen soll, über die Freigabe unterrichtet. Zugleich wird er aufgefordert, binnen einer angemessenen Frist die Abholung zu veranlassen, andernfalls die Vernichtung oder Verwertung der Sachen erfolge. Ignoriert der Empfangsberechtigte eine solche Aufforderung wiederholt, so kann darin ein Verzicht auf die Rückgabe gesehen werden[1].

---

1 Löffler NJW 1991, 1709; Dörn Wistra 1999, 176f.

471 Bei **Sachen, die Einziehung oder Verfall unterliegen** (zB Waffen), ist vor der Freigabe die richterliche Entscheidung im Urteil abzuwarten, sofern nicht der Beschuldigte bereits vorab sein Einverständnis mit einer außergerichtlichen Einziehung oder Verwertung erklärt hat. Hat er dies nicht getan und kommt es wegen einer Verfahrenseinstellung nicht zu einer richterlichen Entscheidung, so ist notfalls nach § 440 StPO das objektive Einziehungsverfahren anzustrengen. Häufig werden Beschuldigte, denen dieses mit Kosten für sie verbundene Vorgehen angekündigt wird, letztlich aber doch noch auf die Rückgabe verzichten.

472 Kommt es nicht zur Herausgabe an den letzten Gewahrsamsinhaber oder einen Dritten, weil entweder keine fristgemäße Abholung erfolgt oder auf die Rückgabe verzichtet wurde, so erfolgt je nach Gegenstand die **Verwertung** zugunsten des Fiskus oder die **Vernichtung**. Wertlose Sachen, Betäubungsmittel oder andere gefährliche Stoffe werden vernichtet.

473 Eine Ausnahme gilt hier allerdings bei Kaufleuten für sichergestellte Buchführungsunterlagen und andere nach § 257 HGB **aufbewahrungspflichtige Dokumente**. Diese dürften vor Ablauf der Aufbewahrungsfristen von 6 bzw 10 Jahren an sich nicht vernichtet werden. Allerdings obliegt die Beachtung der Aufbewahrungspflicht primär dem Kaufmann und nur für die Dauer des öffentlich-rechtlichen Verwahrverhältnisses tritt die Staatsanwaltschaft sekundär in dessen Pflichtenstellung ein. Die Vernichtung ist somit für die Dauer der Verwahrung ausgeschlossen, so dass sich für derartige Unterlagen die Übersendung an den Empfangsberechtigten empfiehlt[1], verbunden mit dem Hinweis auf die Aufbewahrungspflicht und darauf, dass eine Annahmeverweigerung als Einverständnis in die Vernichtung angesehen werde. Da es sich in diesen Fällen durchweg um Kaufleute handeln wird, dürfte diese Fiktion zulässig sein[2]. Alternativ zur damit möglichen **Vernichtung** käme nach entsprechender Androhung auch eine **Hinterlegung** in Betracht[3]. Falls sich ein Empfangsberechtigter nicht feststellen lässt, ist über § 983 BGB die Behandlung als Fundsache auch schon vor Fristablauf möglich, was bei Sachen ohne messbaren Verkehrswert zur Vernichtung führt.

---

1 Löffler NJW 1991, 1709.
2 Vgl Dörn Wistra 1999, 176f.
3 Cremers Wistra 2000, 130ff.

Bei bestimmten Gegenständen haben sich die Landesjustizverwaltungen die **Verwertung für staatliche Zwecke** vorbehalten. Beispielsweise kann dies bei Werkzeugen, Waffen, Computern oder Pkw der Fall sein. Derartige Asservate sind über die Verwaltungsgeschäftsstelle zu melden bzw der für die Verwertung zuständigen Behörde zu übersenden. Bei allen übrigen Sachen erfolgt die öffentliche Versteigerung.

Wer im Einzelfall für eine Verwertung zuständig ist, richtet sich nach Landesrecht. In jedem Fall trifft zunächst den Staatsanwalt die Verantwortung für die Freigabe und die Initiierung der Verwertung.

5. Durchsuchung

Die Durchsuchung (§§ 102ff StPO), die oft am Anfang der Ermittlungen steht, dient vornehmlich der **Erlangung von Beweismitteln**. Hat der Beschuldigte erst einmal Kenntnis von dem Verfahren erlangt, so verspricht sie nur noch selten Erfolg. Der Staatsanwalt wird daher, wenn er eine Durchsuchung beabsichtigt, bei etwa notwendigen vorherigen Ermittlungen darauf zu achten haben, diese vor dem Beschuldigten zu verbergen. Sind **mehrere Durchsuchungen** an verschiedenen Orten durchzuführen, so ist dafür zu sorgen, dass diese zeitgleich erfolgen, damit keine Möglichkeit zur Beseitigung von Beweismitteln eröffnet wird.

Voraussetzung der **Durchsuchung beim Beschuldigten** ist ein bloßer Anfangsverdacht sowie die Vermutung des Auffindens von Beweisen (§ 102 StPO), die jedoch im einzelnen noch nicht bekannt sein müssen. Hingegen erfordert die **Durchsuchung bei anderen Personen**, dass konkrete Tatsachen darauf hinweisen, eine bestimmte Spur oder Sache könne gefunden werden (§ 103 StPO).

Soll die **Durchsuchung zur Nachtzeit** erfolgen, so sind die einschränkenden Voraussetzungen von § 104 StPO zu beachten.

Die Anordnung der Durchsuchung erfolgt normalerweise durch **richterlichen Beschluss** und nur bei Gefahr im Verzuge auch durch eine Verfügung des Staatsanwalts oder seiner Hilfsbeamten (§ 105 I StPO). **Gefahr im Verzuge** ist allein dann zu bejahen, wenn bereits der Versuch einer Einschaltung des eigentlich Anordnungsbefugten so großen Zeitverzug bedeutet, dass dadurch der Erfolg der Maßnahme konkret gefährdet erscheint. Diese an sich selbst-

474

475

476

477

478

verständlichen Grundsätze sind durch das BVerfG unlängst noch einmal betont und präzisiert worden[1]. Danach genügen zur Begründung einer Gefahr im Verzug weder allgemeine Erfahrungen noch darf die Gefahr durch vermeidbares Zuwarten durch die Ermittlungsbehörden selbst herbeigeführt werden. Ebenso wenig darf die fehlende Erreichbarkeit des Richters ohne einen konkreten Versuch der Kontaktaufnahme angenommen werden. Dabei ist zu beachten, dass auch eine fernmündliche richterliche Anordnung ausreichend ist, so dass an sich während der üblichen Bürozeiten eigentlich kaum einmal Gefahr im Verzuge angenommen werden könnte. Allerdings lehnen die meisten Richter eine telefonische Anordnung ohne Aktenkenntnis ab, so dass im Ergebnis dann doch gelegentlich auf die Eilzuständigkeit zurückgegriffen werden muss.

479 Das **Bemühen um eine Kontaktaufnahme mit dem Richter** ist in einem Vermerk **zu dokumentieren**, bevor wegen Gefahr im Verzuge eine Durchsuchungsanordnung ergehen darf. Ebenso sind die Einzelfallerwägungen, die die Gefahr des Beweisverlustes begründen, festzuhalten.

Beispiel

344 Js 22588/01   3. 2. 2002

Vfg

1. Vermerk: KOK Peine teilte mir soeben (17.45 Uhr) fernmündlich mit, der Beschuldigte Müller habe laut Mitteilung des Mitbeschuldigten Jonasz heute Mittag erneut eine größere Sendung gestohlenen Goldschmuckes geliefert erhalten, die er heute Abend nach Geschäftsschluss in seiner Juwelierwerkstatt einschmelzen werde. Es ist bei dieser Sachlage erforderlich, das mutmaßliche Diebesgut vor dem Einschmelzen sicherzustellen. Ich habe daraufhin um 18.00 Uhr vergeblich versucht, den zuständigen Ermittlungsrichter, RiAG Dr. Karsten, telefonisch zu erreichen, um eine Durchsuchungsanordnung zu erlangen. Ebenso war der richterliche Eildienst des zuständigen hiesigen Amtsgerichts bei mehreren Versuchen bis 18.25 Uhr nicht zu erreichen. Angesichts des Zeitablaufs habe ich sodann gegen-

---

1 BVerfG StV 2001, 207ff.

über Herrn KOK Peine fernmündlich gemäß §§ 102, 105 StPO die Durchsuchung der Geschäftsräume des Beschuldigten Müller in der Breitscheidstr 34 in Düsseldorf angeordnet. Herr KOK Peine, bei dem sich die Akten ohnehin noch befinden, wird diese Anordnung sofort vollstrecken.

2. neue Frist: 25. 2. 2002. genau (Ergebnisse?)

Juskoleit, StAin

Im Falle der Annahme von Gefahr im Verzug sind Staatsanwalt und **Hilfsbeamte der Staatsanwaltschaft** gleichberechtigt. Letztere brauchen also bei Unerreichbarkeit des Richters nicht zunächst versuchen, den Staatsanwalt zu verständigen, sondern können unmittelbar selbst tätig werden[1]. Für die Hilfsbeamten gelten die Auführungen zur Dokumentationspflicht der Bemühungen um eine richterliche Entscheidung sowie der Gründe der Gefahrannahme entsprechend. 480

Ist noch ein rechtzeitiger **Antrag auf richterliche Durchsuchungsanordnung** möglich, so kann dies etwa wie folgt geschehen: 481

Beispiel

Staatsanwaltschaft Lübeck   3. 6. 2002

Verfügung

1. Vermerk: KHM Bohnhorst, Kripo Lübeck, brachte mir soeben den anliegenden Vorgang zur Prüfung der Voraussetzungen einer Durchsuchung bei dem Beschuldigten vorbei.

2. Als neue Js-Sache gegen Rüdiger Liebzeit (Bl 2) wegen Diebstahls in Dez 45 eintragen.

3. U m A

dem AG Lübeck

mit dem Antrag übersandt, gemäß §§ 102, 105 StPO die Durchsuchung der Wohnung und der sonstigen Räume des Beschuldigten Rüdiger Liebzeit, Oheweg 34 in Lübeck, sowie seines Pkw HH-R 4557 anzuordnen. Der Beschuldigte ist aufgrund

---

1 KM Rn 6 zu § 98 StPO.

eines Hinweises des Zeugen Werner (Bl 3) verdächtig, den Pkw-Aufbruch zum Nachteil Siegert am 12. 5. 2002 (Bl 1) begangen zu haben. Deshalb ist zu vermuten, dass die Durchsuchung zur Auffindung von Beweismitteln, insbesondere dem bei der Tat unter anderem entwendeten Autoradio der Marke Blaupunkt, führen wird.

Im Falle antragsgemäßer Entscheidung bitte ich um unmittelbare Weiterleitung an die Kripo Lübeck, die auf diesem Wege ersucht wird, den Beschluss zu vollstrecken und die danach notwendigen weiteren Ermittlungen zu führen.

4. Wv 10. 7.

Krenzler, StAin

482 Alternativ kann auch der **Durchsuchungsbeschluss** vom Staatsanwalt bereits unterschriftsreif entworfen und in die Verfügung integriert oder mit einer Begleitverfügung dem Richter zugeleitet werden[1].

483 Der mit der Vorgehensweise im schriftlichen Wege – insbesondere bei auswärtigen Gerichten – verbundene Zeitverlust durch den notwendigen Aktentransport kann bei als zuverlässig und kompetent bekannten Polizeidienststellen durch eine **fernmündliche Antragstellung** ersetzt werden. In geeigneten Fällen ruft die Polizei den Staatsanwalt an, schildert ihm den Sachverhalt und erbittet sodann seine Entscheidung. Hält der Staatsanwalt die Durchsuchung für geboten, so bittet er den anrufenden Polizeibeamten, in den Akten zu vermerken, dass er gegenüber dem zuständigen Amtsgericht den Erlass des Beschlusses beantrage. Mit diesem Vermerk begibt sich der Polizeibeamte sodann zum Amtsgericht, wo er in Eilsachen sofort die richterliche Entscheidung ausgefertigt erhält. Auf diese Weise kann binnen weniger Stunden eine Durchsuchung richterlich angeordnet werden.

484 Die **Durchführung der Durchsuchung** wird durch die §§ 105 II, III, 106ff StPO geregelt. Neben den Durchsuchungszeugen nach § 105 III StPO können seitens der Strafverfolgungsbehörden Sachverstän-

---

1 Vgl dazu die Beispiele Rn 430 bzw Rn 491.

dige hinzugezogen werden[1]. Allerdings dürfen diese nicht aus der Sphäre des Anzeigenerstatters stammen[2].

Wird im Rahmen einer Durchsuchung nach Papieren oder Unterlagen gesucht, die vorerst noch nicht näher bezeichnet werden können, etwa allgemein nach Korrespondenz des Beschuldigten mit einer dritten Person, so ist eine Beschlagnahmeanordnung erst möglich, wenn genau feststeht, welche Briefe konkret relevant sind. Es muss also zuvor eine **Sichtung der schriftlichen Unterlagen** des Betroffenen erfolgen. Für diesen Fall enthält § 110 StPO eine Sonderregelung: Die Polizei darf diese Sichtung im Zuge der Durchsuchung nur vornehmen, wenn der Betroffene zustimmt. Ansonsten ist dies die Aufgabe des Staatsanwalts. Keinerlei Probleme entstehen, wenn der Staatsanwalt selber an der Durchsuchung teilnimmt, weil er die Sichtung dann vor Ort vornehmen und entscheiden kann, was zu beschlagnahmen und was dem Betroffenen zu belassen ist.

485

Wenn dagegen die Polizei die Durchsuchung alleine durchführt, muss sie sich einer Sichtung enthalten und die fraglichen Unterlagen unverzüglich versiegelt dem Staatsanwalt vorlegen (§ 110 II StPO). Allerdings heißt dies nicht, dass die Polizei bei der Durchsuchung unbesehen alle schriftlichen Aufzeichnungen und Unterlagen mitnehmen muss. Vielmehr ist sie vor Ort zu einer oberflächlichen Durchsicht dahingehend befugt, was überhaupt näher prüfenswert erscheint. Bei dieser **Grobsichtung** darf sie allerdings nicht den vollständigen Inhalt der einzelnen Schriftstücke zur Kenntnis nehmen, diese wohl aber ansehen, ob sie überhaupt eine Beziehung zum Beweisthema aufweisen. Bei Unterlagen, die in Ordnern abgeheftet sind, dürfen etwa deren Beschriftung und auch stichprobenartig einzelne der Schriftstücke daraufhin in Augenschein genommen werden, ob der Inhalt eine Beweisbedeutung haben könnte. Ist dies der Fall, so sind die fraglichen Unterlagen im Sicherstellungsprotokoll aufzuführen. Die weitere Prüfung bleibt dem Staatsanwalt vorbehalten.

486

Sofern der **Betroffene** nicht darauf verzichtet hat, ist er durch den Staatsanwalt nach Möglichkeit zur **Teilnahme** an der Entsiegelung und Sichtung der Papiere aufzufordern. Die eigentliche Durchsicht

487

---

1 KM Rn 8 zu § 105 StPO.
2 OLG Hamm NStZ 1986, 326.

besteht nunmehr aus der genaueren Prüfung auf ihre Beweisbedeutung hin. Auch hier ist es nicht erforderlich, alle Schriftstücke genauestens zu lesen. Vielmehr reicht es aus, wenn festgestellt wird, dass der Inhalt die zur Beschlagnahmeanordnung ausreichende potentielle Beweisbedeutung aufweist. Bei Schriftstücken, die, zB in Ordnern, zusammen abgeheftet sind, genügt es wegen der möglichen Beweisbedeutung des Zusammenhanges bereits, wenn einzelne Schreiben relevant sind. Es ist also nicht notwendig, dass jedes Schriftstück eine Beziehung zur Tat besitzt. Nur wenn in einzelnen Ordnern, Heftungen oder Karteien gar nichts von Bedeutung ist, sind diese freizugeben.

488　　Ist die Sichtung durch den Staatsanwalt erst einmal erfolgt, so dürfen die als relevant erkannten Unterlagen danach auch von der **Polizei** im Zuge der weiteren Ermittlungen in vollem Umfang eingesehen und ausgewertet werden.

Beispiel

489　Staatsanwaltschaft Lüneburg/Zweigstelle Celle　　　　30. 5. 2002
　　450 Js 64390/02

Vfg

1. Vermerk:

a) Heute wurde mir von KHK Mussmann die Akte und ein mit polizeilichen Siegeln versehener verschlossener Karton mit den anlässlich der Durchsuchung am 27. 5. 2002 sichergestellten Unterlagen zwecks Sichtung nach § 110 StPO vorbeigebracht.

b) Ich habe den Beschuldigten Gernrodt daraufhin angerufen und ihm die Möglichkeit eröffnet, bei der Entsiegelung und Durchsicht der Papiere zugegen zu sein. Der Beschuldigte teilte mir mit, dass er in den nächsten 3 Tagen ohnehin keine Zeit habe und daher auf eine Teilnahme verzichte. Es bleibe aber bei seinem Widerspruch gegen die Sicherstellung. Ich habe dem Beschuldigten erklärt, unter diesen Umständen sogleich die Durchsicht vornehmen zu wollen.

c) Nunmehr habe ich die bis dahin unbeschädigten Siegel entfernt und den Karton geöffnet. Es fanden sich darin die Unterlagen wie im Sicherstellungsprotokoll Bl 45 dA bezeichnet vollständig an. Ich habe diese näher in Augenschein genommen. Dabei ergaben sich folgende Erkenntnisse:

Die Ordner zu lfd Nr 1–4 des Protokolls enthalten Rechnungen, Mahnungen, Lieferscheine und Notizen, die ua die angezeigten Geschäfte mit der angeblich geschädigten Fa Müller OHG betreffen. Sie sind zur Klärung des Betrugsvorwurfes von Bedeutung, da sich auf einzelnen Schriftstücken handschriftliche Bemerkungen des Beschuldigten finden, die Rückschlüsse auf seine Zahlungswilligkeit erlauben. Der Ordner zu lfd Nr 5 enthält Korrespondenz, Rechnungen und Lieferscheine im Zusammenhang mit der Fa Autohaus Sudfels. Auch hier ist es offenbar zu größeren Zahlungsrückständen des Beschuldigten gekommen, so dass die Unterlagen als Beweismittel bei der Prüfung eines möglichen weiteren Betruges in Betracht kommen. Die Ordner 8–12 enthalten das Kassenbuch sowie Buchführungsunterlagen der Jahre 2000–2002, die Rückschlüsse auf die Zahlungsfähigkeit des Beschuldigten zulassen. Die Ordner 6 und 7 enthalten Buchführungsunterlagen aus 1999. Da die hier in Rede stehenden Geschäfte erst Anfang 2001 stattfanden, sind diese nicht bedeutsam.

2. Die in anliegendem Karton befindlichen Ordner Nr 6 und 7 formlos an den Beschuldigten Bl 43 zurücksenden.

3. U m A (1 Bd) und einem Karton Asservaten

dem AG Celle

mit dem Antrag übersandt, die Beschlagnahme der Unterlagen laut Ziff 1–5, 8–12 des Sicherstellungsprotokolls Bl 45 dA gemäß § 98 StPO richterlich zu bestätigen. Zur Begründung verweise ich auf meinen Vermerk zu Ziff 1c).

Im Falle antragsgemäßer Entscheidung bitte ich um unmittelbare Weiterleitung an die KPI Celle, die auf diesem Wege gebeten wird, die Ermittlungen durch die Vernehmung des Beschuldigten und die Prüfung beim Autohaus Sudfels, ob auch Betrugtaten zum Nachteil dieser Firma in Betracht kommen, fortzusetzen.

4. 20. 6.

Sagemeier, StA

6. Sonderprobleme bei Datenverarbeitungsanlagen

490 Besondere Probleme stellen sich bei Durchsuchungen, die sich ua auf **Datenverarbeitungsanlagen** erstrecken. Zwar dürfte klar sein, dass sich die Durchsuchung „der Sachen des Beschuldigten" auch auf vorgefundene EDV-Anlagen bezieht. Zur Vermeidung unnötiger Konflikte sollte aber bereits der beantragte Durchsuchungsbeschluss eine entsprechende Klarstellung enthalten.

Beispiel

491 StA Hildesheim
235 Js 887/92

Verfügung

1. U m A

dem AG Hildesheim

mit dem Antrag übersandt, einen Durchsuchungsbeschluss nach anliegendem Entwurf aus den im Entwurf genannten Gründen zu erlassen. Im Falle antragsgemäßer Entscheidung bitte ich, die Akten unmittelbar an die Kriminalpolizei in Peine zu übersenden, die ich auf diesem Wege um Vollziehung ersuche.

2. Wv 17. 4.

Hildesheim, 15. 2. 2002

Ebenwald, StA

Der beizufügende Entwurf des Durchsuchungsbeschlusses könnte dann lauten:

Amtsgericht Hildesheim   Hildesheim, ... 2002
...Gs.../02

Beschluss

Gemäß §§ 102, 105 StPO wird die Durchsuchung der Wohnräume einschließlich der Keller und sonstigen Nebenräumen des Beschuldigten Jörg Strasser, Ehrenhof 23, Hildesheim angeordnet. Die Durchsuchung erstreckt sich auch auf die am Durchsuchungsort aufzufindenden Sachen einschließlich der Datenverarbeitungsanlagen des Beschuldigten.

Gründe:

Nach den bisherigen Ermittlungen, insbesondere der Mitteilungen der Kripo Bielefeld (Bl 1ff) über Ergebnisse von Datenauswertungen bei dem gesondert Verfolgten Kai Müller, Gütersloh, ist der Beschuldigte eines Vergehens nach § 184 III Nr 3 StGB verdächtig, weil nach den bei Müller aufgefundenen Verzeichnissen über E-Mail-Sendungen Anhaltspunkte dafür bestehen, dass der Beschuldigte von Müller zwischen Juni und Dezember 2001 mehrfach Bilddateien mit kinderpornographischen Inhalten gegen Zahlung von kleineren Geldbeträgen per E-Mail zugesandt erhalten hat. Daher ist zu erwarten, dass die Durchsuchung zum Auffinden von Beweismaterial, nämlich Speicherungen von entsprechenden Bilddateien auf Festplatten von Datenverarbeitungsanlagen oder anderen Datenträgern, führen wird.

. . . .

(Ri/inAG)

Nach § 110 StPO, der entgegen seinem Wortlaut nicht nur für Papiere gilt, sondern auch auf sonstige Verkörperungen gedanklicher Inhalte und folglich auch auf Datenspeicherungen anzuwenden ist[1], bleibt auch die **Sichtung von Daten** der Staatsanwaltschaft vorbehalten. Im Rahmen einer solchen Sichtung sind zB Textdateien zu öffnen, Datenbanken aufzurufen und durchzusehen sowie Programmdateien mit der gebotenen Vorsicht zu starten. Hierbei darf man sich wiederum der Hilfe von Polizeibeamten oder anderen sachkundigen Personals bedienen, etwa zur Sichtbarmachung der Dateninhalte. Allerdings darf die Hinzuziehung von Hilfspersonen nicht zur faktischen Delegation der Durchsicht auf diese führen[2]. 492

Nicht völlig geklärt ist die Kompetenz der Strafverfolgungsbehörden zur **„Online-Durchsuchung"**, also zum Einwählen in fremde Rechnersysteme und zum Sichten bzw Sichern der dort aufgefundenen Datenbestände ohne direkten körperlichen Zugriff auf den fraglichen Rechner. Diese Vorgehensweise kann sich etwa anbieten, wenn im Rahmen einer Durchsuchung festgestellt wird, dass eine Netzwerkverbindung zu einem Rechner an einem anderen Standort 493

---

1 Park Wistra 2000, 455; KK-Nack Rn 2 zu § 110 StPO.
2 Park Wistra 2000, 454.

besteht. Weil hier die §§ 102f StPO mangels körperlicher Durchsuchung und die §§ 100aff StPO deshalb ausscheiden, weil es nicht um die Kontrolle des Datenverkehrs geht, bleibt allenfalls der Rückgriff auf § 161 StPO, der aber mangels Konkretisierung trotz seiner Neufassung keine umfassende Befugnisnorm darstellen kann. Richtigerweise wird man danach zu differenzieren haben, ob ein unbefugter Eingriff in rechtlich geschützte Interessensphären erfolgt:

494 **Ermittlungen in öffentlich zugänglichen Datennetzen** ohne die Überwindung irgendwelcher Zugangssperren wie eine Passwortsicherung greifen nicht in grundrechtlich geschützte Rechtspositionen ein und sind daher vom Ermittlungsauftrag des § 161 StPO gedeckt[1].

495 Ist der Zugang zwar jedermann möglich, aber durch den Datenbesitzer per Zulassung im Einzelfall qua **Anmeldepflicht** geregelt, wie dieses vielfach bei Websites oder Newsgroups im Internet anzutreffen ist, kann das Erschleichen einer Zulassung durch das schlichte Verwenden erfundener Namen ebensowenig wie etwa das Betreten eines privaten Klubs durch nichtuniformierte Beamte unter Verschweigen des dienstlichen Interesses unzulässig sein. Der Besitzer eröffnet in diesen Fällen die Daten freiwillig; dass er über die Motivation der Besucher irrt, spielt dann keine Rolle[2]. Die Situation ähnelt zwar der des eine Wohnung betretenden verdeckten Ermittlers (§ 110c StPO), jedoch sind die §§ 110a ff StPO nicht einschlägig, weil keine auf Dauer angelegte Legende verwendet wird und die Grundrechte des Betroffenen weit weniger berührt sind.

496 Anders kann die Situation sein, wenn in den vorgenannten Fällen eine bestehende **Kennung Dritter benutzt** wird, um Zugang zu erhalten. Solange der Dritte die fragliche Zugangsberechtigung zur Verfügung gestellt hat, können sich die Ermittlungsbehörden auf die ihnen somit übertragene Zugangsberechtigung ebenso berufen wie jemand, der mit Einwilligung des EC-Karten-Inhabers dessen EC-Karte nebst PIN benutzt. Werden Kennung oder Passwort hingegen anderweitig ermittelt, zB im Rahmen einer Durchsuchung aufgefunden oder polizeilich „gehackt", dann könnte ein durch ihre Benutzung ermöglichter Zugriff letztlich sogar unter § 202a StGB fallen, so dass es nunmehr einer anderweitigen Rechtferti-

---

1 Kudlich JA 2000, 228; KK-Nack Rn 32 zu § 98a StPO.
2 Ebenso Zöller GA 2000, 569.

gung der Ermittlungsmaßnahme bedürfte[1]. Zwar ist eine unmittelbare Anwendung der §§ 102, 103 StPO hierzu untauglich, weil diese zunächst nur das körperliche Eindringen in die Wohn- und Privatsphäre ermöglichen[2]. Andererseits besteht eine strukturelle Ähnlichkeit der Durchsuchung von Sachen und der Einblicknahme in ein Rechnersystem, weil es in beiden Fällen primär um die Ermöglichung einer visuellen Aufnahme geht. So hat der BGH in anderem Zusammenhang eine entsprechende Anwendbarkeit des Gedankens der §§ 102 ff StPO angenommen[3], während teilweise in der Literatur eine erneute (körperliche) Durchsuchung am neuen Rechnerstandort verlangt wird[4]. Angesichts des Umstandes, dass sich die **virtuelle Durchsuchung** von der körperlichen eines Computers vor Ort nur insoweit unterscheidet, als eine Anwesenheit des Durchsuchenden am Durchsuchungsort entfällt, wird man a maiore ad minus davon ausgehen können, dass die Zulässigkeit der körperlichen Durchsuchung die Zulässigkeit einer nur virtuellen Einsichtnahme als geringeres Mittel einschließt. Dass ein solcher Eingriff in aller Regel heimlich erfolgt, vor allem, wenn er sonst wenig Aussicht auf Erfolg hätte, spielt dabei keine wesentliche Rolle: Auch die Durchsuchung einer Wohnung kann notfalls ohne Kenntnis des Betroffenen erfolgen[5]. Umso mehr muss dies möglich sein, wenn ohne körperliche Präsenz nur eine virtuelle Durchsicht von Sachen erfolgt.

Es ist daher im Einzelfall eine **richterliche Anordnung nach den §§ 102, 103 StPO** herbeizuführen, sofern nicht wegen Gefahr im Verzuge unmittelbar eine Anordnung der Staatsanwaltschaft oder ihrer Hilfsbeamten notwendig ist. Praktisch wird das Auffinden einer Rechnerverbindung im Rahmen einer rechtmäßigen Durchsuchung wegen der Möglichkeit, in Sekundenschnelle große Datenmengen zu vernichten, stets die Annahme von Gefahr im Verzuge rechtfertigen, falls nicht gewährleistet ist, dass auf den auswärtigen Rechner niemand zugreifen kann, was normalerweise höchst unwahrscheinlich wäre. Dem Betroffenen ist, sobald dies gefahrlos möglich ist, in entsprechender Anwendung des § 101 StPO eine **Mitteilung von dem erfolgten Zugriff** zu machen. Damit ist auch

497

1 Eisenberg/Nischan JZ 1997, 82.
2 Zöller GA 2000, 572f.
3 BGH NJW 1997, 1934, 1935 Mailbox.
4 Kudlich JA 2000, 230.
5 Vgl KK-Nack Rn 1 zu § 106 StPO.

dem Bedenken, der Betroffene habe mangels Kenntnis keine ausreichende Rechtsschutzmöglichkeit[1], Rechnung getragen.

7. Herausgabeverlangen

498 Anstelle einer Durchsuchung können Sicherstellung und Beschlagnahme von Gegenständen, bei welchen sicher ist, dass sie sich im Gewahrsam einer bestimmten Person oder Institution befinden, auch im Wege des § 95 StPO mittels eines **Herausgabeverlangens** erfolgen. Der Vorteil einer solchen Vorgehensweise besteht darin, dass es zunächst keines richterlichen Beschlusses bedarf[2] und ein solcher erst erforderlich wird, wenn die Herausgabe unberechtigt verweigert wird und daher gemäß § 95 II StPO die Zwangsmittel des § 70 StPO (Ordnungsgeld und -haft, Erzwingungshaft) anzuordnen sind.

499 Ein Herausgabeverlangen kommt nur in Betracht, wenn es allein um die Erlangung konkret bekannter Gegenstände geht, deren Besitzer bekannt ist, und wenn keine Gefahr besteht, dass dieser die gesuchten Sachen beiseite schafft. Solche Konstellationen liegen häufig vor, wenn Akten oder bestimmbare Unterlagen von Unternehmen, Banken oder Versicherungen benötigt werden. Die **Auswahl** zwischen den dann zur Verfügung stehenden Mitteln des § 95 StPO einerseits und der Beschlagnahme nebst Durchsuchung andererseits ist unter Beachtung des Verhältnismäßigkeitsgebots nach pflichtgemäßem Ermessen zu treffen und wird daher regelmäßig zu Gunsten des Herausgabeverlangens als dem milderen Mittel ausfallen[3]. Dies gilt selbst dann, wenn zu befürchten ist, dass eine freiwillige Herausgabe nicht erfolgen wird, folglich Zwangsmittel erforderlich sein könnten. Denn anders als Durchsuchung und Beschlagnahme lässt das Herausgabeersuchen dem Betroffenen wenigstens noch eine Möglichkeit, Eingriffe in seine Privatsphäre zu vermeiden.

500 Gegenüber **Banken** ist ein Herausgabeverlangen auch dann möglich und vorzugswürdig, wenn diese sich, wie sie es gerne tun, bereit erklären, (erst) gegen Vorlage eines richterlichen Beschlagnahmebeschlusses die gesuchten Sachen auszuhändigen. Keiner

---

1 So Bär MMR 1998, 467.
2 LG Gera NStZ 2001, 276.
3 Bittmann NStZ 2001, 232f.

Privatperson steht es zu, die Ermessensentscheidung der Staatsanwaltschaft, wie sie ihre Beweise beschafft, nach eigenem Belieben zu determinieren und diese so zu zwingen, einen im Prinzip unnötigen richerlichen Beschluss herbeizuführen, der nur Zeit kostet und Justiz- sowie Polizeiressourcen in Anspruch nimmt[1].

Ein Herausgabeverlangen könnte wie folgt formuliert werden:

Beispiel

(Verfügungskopf)   501

1. Schreiben an

X-Bank AG

(Adresse)

– höflich/formlos –

Ich führe ein Ermittlungsverfahren gegen Ihre Kundin Nora Nellesen, Münchener Str. 44, 50670 Köln. Mir ist bekannt, dass die Beschuldigte bei Ihnen im Jahre 1999 einen Kredit beantragt und erhalten hat. Zu Beweiszwecken benötige ich das Original des von der Beschuldigten unterzeichneten Kreditantrages, der sich in Ihren, bei Ihnen unter der Nr 2354222–55-HG geführten Kreditakten befindet.

Ich fordere Sie hiermit auf, mir binnen 10 Tagen nach Erhalt dieser Aufforderung das bezeichnete Schriftstück zu übersenden. Gemäß § 94 StPO unterliegt der Kreditantrag prinzipiell der Beschlagnahme. Gemäß § 95 I StPO haben Personen – und somit auch Sie – Gegenstände, die der Beschlagnahme unterliegen, auf ein Verlangen wie dieses herauszugeben, ohne dass es zuvor eines richterlichen Beschlusses bedarf. Sie dürften die Herausgabe nur verweigern, wenn Sie nach den §§ 52 ff StPO zur Verweigerung des Zeugnisses (zB wegen Verwandschaft mit der Beschuldigten) berechtigt wären. Anhaltspunkte für ein solches Verweigerungsrecht sind mir zur Zeit nicht ersichtlich; insbesondere erlaubt das sogenannte „Bankgeheimnis" keine Zeugnisverweigerung und folglich auch nicht die Verweigerung der Herausgabe von Beweismitteln.

---

1 Vgl Bittmann NStZ 2001, 233.

Nur rein vorsorglich und zur Vermeidung von Missverständnissen mache ich Sie darauf aufmerksam, dass bei unberechtigter Verweigerung der Herausgabe gemäß der §§ 95 II, 70 StPO gegen die verantwortlichen Personen Ihrer Bank durch den Richter Ordnungsgeld und nötigenfalls sogar Erzwingungshaft angeordnet werden kann.

2. pp *(zB weitere Ermittlungsanordnungen)*

(Unterschrift, Dienstbezeichnung)

8. Telekommunikationsüberwachung und andere heimliche Ermittlungen

502 Bei bestimmten schwerwiegenden Delikten erlaubt § 100a StPO die Überwachung und Aufzeichnung der **Telekommunikation**. Keinen Fall dieser Vorschrift stellt das bloße Mithören von Telefonaten dar, falls einer der Beteiligten dem zugestimmt hat[1]. Unter Telekommunikation ist gemäß § 3 Nr 16 TKG jede Form der Nachrichtenübermittlung mittels technischer Einrichtungen oder Systeme zu verstehen, also neben dem **Telefonverkehr** auch das Übermitteln von **SMS** oder **E-Mail**.

503 Eine Ausnahme gilt allerdings für **E-Mail**, die **auf dem Posteingangsserver** des Providers gespeichert und vom Empfänger noch nicht abgerufen worden sind. Zwar hat der BGH hierfür neben § 100a StPO ergänzend die §§ 102, 103 StPO herangezogen[2]. Demgegenüber haben einige Landgerichte in ähnlichen Fällen alleine auf § 100a StPO abgestellt[3]. Beide Ansätze sind freilich auf Kritik gestoßen, weil Zwischenspeicherungen jedenfalls nichtflüchtiger Art begrifflich nur schwer mit dem herkömmlichen Verständnis eines Kommunikationsvorganges vereinbar sind[4]. Tatsächlich dürfte der E-Mail-Verkehr im Gegensatz etwa zum Chatten strukturell eher dem Brief- und Telegrammverkehr ähneln als dem Fernmeldeverkehr traditioneller Prägung. Es fehlt ihm die Spontaneität, Vergänglichkeit und Unmittelbarkeit der fernmündlichen Kommunikation. Zudem ist der Zugriff ein anderer, weil keine laufende

---

1 OLG Hamm NStZ 1988, 515 mit Anmerkung Amelung.
2 BGH NJW 1997, 1934, 1935.
3 LG Hanau StV 2000, 354; LG Mannheim StV 2002, 242.
4 Palm/Roy NJW 1997, 1904f; Bär CR 2000, 176; KK-Nack Rn 8 zu § 100a StPO; differenzierend Kudlich JA 2000, 232f.

Überwachung, sondern ein punktueller Zugriff auf wohlüberlegte, nichtflüchtig niedergelegte Informationen stattfindet. Eine **entsprechende Anwendung der §§ 94, 99 StPO** erscheint daher systematisch zutreffender. Die unmittelbare Anwendung von § 99 StPO[1] scheitert daran, dass der Zugriff im Wege des § 99 StPO auf die an den Beschuldigten gerichteten Daten und nicht auf die § 99 StPO nicht unterfallenden Datenspeicher des Providers erfolgen muss.

Jedenfalls aber ist davon auszugehen, dass der **Telekommunikationsvorgang** spätestens **abgeschlossen** ist, sobald der Empfänger die Nachricht aufgerufen hat. Löscht dieser die E-Mail anschließend nicht, so unterfällt sie in keinem Fall mehr § 100a StPO, sondern es kann dann unmittelbar über die §§ 102, 103 StPO zugegriffen werden[2].

504

Die **Anordnung** der Telekommunikationsüberwachung, die schriftlich und jeweils auf maximal 3 Monate befristet ergeht, obliegt dem Richter. Bei Gefahr im Verzug kann auch der Staatsanwalt die Maßnahme anordnen, muss dies aber binnen drei Tagen richterlich bestätigen lassen (§ 100b I StPO). Bei der Ausführung ist der **Betreiber** des jeweiligen Telekommunikationsnetzes **zur Mitwirkung verpflichtet** (§ 100b III StPO).

505

Die **Auskunft über Verbindungsdaten der Telekommunikation**, und zwar auch über zukünftige Daten, ist jetzt nach § 100g StPO möglich, der an die Stelle des früheren § 12 FAG getreten ist. Zu den mitzuteilenden Daten gehören nach § 100g III Nr 1 StPO auch Standortdaten bei Mobiltelefonen, allerdings nur, sofern es zu einer Verbindung kommt[3]. Die technisch mögliche Mitteilung der Standortdaten bei eingeschaltetem, aber nicht benutztem Handy ist nur unter den Voraussetzungen des § 100i I Nr 2 StPO zulässig. Möglich ist es jedoch, nicht nur die vom Anschluss des Beschuldigten ausgehenden, sondern auch die eingehenden Anrufe zu ermitteln und dadurch Kontaktpersonen ausfindig zu machen[4] **(Zielwahl-Suche)**. Daneben erlaubt § 100i I Nr 1 StPO zur Vorbereitung einer Maßnahme nach § 100a StPO die Ermittlung von Geräte- und Kartennummern durch sog IMSI-Catcher.

506

---

1 So Bär MMR 2000, 177, und wohl auch KK-Nack Rn 8 zu § 100a StPO.
2 Kudlich JA 2000, 233; Lühr Wistra 1995, 20.
3 Bär MMR 2002, 360.
4 Kritisch Weßlau ZStW 2001, 692f.

507   Im Gegensatz zu § 12 FAG erfordern §§ 100g I 1, 100i I Nr. 2, II StPO das Vorliegen einer **Straftat von erheblicher Bedeutung**, wozu beispielhaft die Katalogtaten des § 100a StPO genannt werden; im Gegensatz zur Telekommunikationsüberwachung genügen aber hier auch im Schweregrad vergleichbare Delikte. Dabei ist nicht nur auf die Deliktsart abzustellen, sondern es reicht auch ein von der abstrakten Straferwartung her leichteres Vergehen aus, sofern die konkrete Begehung ihm ein Gewicht verleiht, das den Katalogtaten des § 100a StPO entspricht (zB ein Diebstahl im besonders schweren Fall mit ungewöhnlich hohem Schaden).

508   Nach §§ 100h I 3, 100i IV StPO sind die Regelungen des § 100b StPO über die **Anordnungsbefugnis** bei Telekommunikationsüberwachungen auch für die Auskunft über Verbindungsdaten, Standorte, Geräte- und Kartennummern anzuwenden[1].

509   Der Einsatz von speziellen **technischen Mitteln zur Observation** kann nach § 100c I StPO durch Polizei und Staatsanwaltschaft angeordnet werden. Hierunter fallen zB die Verwendung von Bewegungsmeldern, Peilsendern oder auch die Benutzung des „Global Positioning System"[2], während einfachere technische Hilfsmittel, die nicht speziell der Observation dienen (zB Funkgeräte, Feldstecher) bereits über die §§ 161 I, 163 I StPO zulässig sind. Voraussetzung ist das Vorliegen einer Straftat von erheblicher Bedeutung. Eine solche ist wegen des entsprechenden Wortlautes in § 100g I 1 StPO wie dort zu bestimmen[3]. Weiter ist erforderlich, dass die Ermittlungen ohne den Einsatz der besonderen Observationsmittel entweder schwerer oder weniger erfolgversprechend wären. Dies schließt freilich im Ergebnis nur ohnehin unzweckmäßigen Einsatz aus und stellt folglich keine echte Einschränkung dar.

510   Restriktiver geregelt sind die **Lauschangriffe** außerhalb (§ 100c I Nr 2 StPO) und innerhalb einer Wohnung (§ 100c I Nr 3 StPO). Sie kommen in der staatsanwaltschaftlichen Praxis allerdings fast nur in Fällen organisierter Kriminalität vor. Zu beachten ist, dass jeweils unterschiedliche Anlasstaten (Katalogtaten nach § 100a StPO bzw nach § 100c I Nr 3 StPO) und Ermittlungsbedürfnisse (wesentliche bzw unverhältnismäßige Erschwerung der Ermittlungen ohne den Lauschangriff) benötigt werden. Die Maßnahmen können sich nicht

---

1 Rn 505.
2 KM Rn 2 zu § 100c StPO.
3 Vgl Rn 507.

nur gegen den Beschuldigten richten, sondern in besonderen Konstellationen auch gegen andere Personen (§ 100c II StPO). Dass von Lauschangriffen neben den unmittelbar von ihnen Betroffenen auch Dritte erfasst werden, ist jedenfalls dann kein Hindernis, wenn diese Erfassung unvermeidbar ist (§ 100c III StPO).

Während beim Lauschangriff außerhalb einer Wohnung eine einfache **richterliche Anordnung** genügt, die bei Gefahr im Verzuge sogar für drei Tage durch eine Anordnung der Staatsanwaltschaft und ihrer Hilfsbeamten ersetzt werden kann (§§ 100d I, 100b I 3 StPO), erfordert der sog große Lauschangriff nach § 100c I Nr 3 StPO eine **Entscheidung der Staatsschutzkammer** des Landgerichts (§§ 100d II StPO, 74a GVG). Diese einzigartige, wegen der Zersplitterung der Zuständigkeiten unglückliche Regelung ist sachlich kaum zu rechtfertigen. Die Rechtsschutzinteressen des Betroffenen gebieten eine solche Sonderzuständigkeit jedenfalls nicht; im Gegenteil mag man vermuten, dass diese in den Händen des sehr viel häufiger mit Grundrechtseingriffen befassten Richters nach § 162 StPO sogar besser aufgehoben wären.   511

Die Betroffenen sämtlicher in diesem Abschnitt behandelten Überwachungsmaßnahmen sind **von der geschehenen Überwachung zu unterrichten**, sobald dies ohne Gefährdung der Ermittlungen oder beteiliger Personen möglich ist (§ 101 I StPO). Sind die gewonnenen Unterlagen, also die Tonbandaufzeichnungen und etwaigen Abschriften, für das Verfahren nicht mehr bedeutsam, so sind sie unter Aufsicht des Staatsanwalts, der hierüber eine Niederschrift anzufertigen hat, zu vernichten (§§ 100b VI, 100d IV 3 StPO).   512

Hinsichtlich der **Verwertbarkeit** der erlangten Erkenntnisse ist zu differenzieren: Gegenüber dem Beschuldigten und den Teilnehmern an seiner Tat darf alles verwertet werden, was im Zusammenhang mit der Tat steht, deretwegen die Anordnung ergangen war, und zwar auch, wenn sich diese später rechtlich anders darstellt als ursprünglich angenommen[1].   513

Zufallserkenntnisse, die sich auf andere Taten beziehen, können gegenüber dem Beschuldigten und gegenüber Dritten verwertet werden, soweit es sich bei den weiteren Taten ebenfalls um die   514

---

1 BGHSt 28, 122, 127; BVerfG NJW 1988, 1075.

jeweils erforderlichen Katalogtaten der §§ 100a, 100c I Nr 3 StPO handelt[1]. Handelt es sich zwar nicht um eine Katalogtat, aber um ein mit einer solchen in Verbindung stehendes Delikt, ist die Verwertung nur gegenüber dem Beschuldigten, nicht aber gegenüber Dritten zulässig. Bei allen anderen Delikten ist nicht nur die unmittelbare Verwertung unzulässig. Diese Erkenntnisse können auch nicht zur Grundlage weiterer Ermittlungen gemacht und auf diese Weise mittelbar genutzt werden, weil die §§ 100b V, 100d V StPO nicht nur von einem Verwertungs-, sondern darüber hinaus von einem **Verwendungsverbot** sprechen[2].

9. Leichenöffnung

515 Nach § 159 StPO haben Polizei und Gemeindebehörden sofort anzuzeigen, wenn Anhaltspunkte dafür vorhanden sind, dass jemand eines **nicht natürlichen Todes**, also durch Unfall, Fremd- oder Selbsttötung, gestorben ist. Solche Anhaltspunkte liegen bereits dann vor, wenn der die Todesbescheinigung ausstellende Arzt einen natürlichen Tod nicht positiv feststellen oder eine Todesursache nicht zu erkennen vermag. Nach einer solchen Anzeige darf die Bestattung nicht mehr ohne schriftliche Genehmigung des Staatsanwalts, den sog Bestattungsschein, erfolgen.

516 Die vom Gesetz eigentlich vorgesehene **staatsanwaltliche Leichenschau** (§ 87 I StPO) wird heute mangels eigenständiger forensischer Bedeutung zu Recht entgegen Nr 33 III RiStBV kaum noch vorgenommen. Vielmehr wird bereits vom Arzt bzw Gemeindebeamten bei ungewöhnlichen Todesfällen die Kriminalpolizei eingeschaltet, die ihrerseits Leiche und Fundort in Augenschein nimmt und einen entsprechenden ausführlichen Bericht fertigt. Aufgrund ihrer höheren kriminalistischen Erfahrung ist dies im Zweifel auch nützlicher als das Tätigwerden eines Staatsanwalts oder gar eines Richters. Der Staatsanwalt sollte allerdings informiert werden, wenn ein vorsätzliches Tötungsdelikt oder ein tödlicher Unfall mit offensichtlichem Fremdverschulden vorliegt.

---

1 §§ 100b V, 100d V StPO, vgl auch BGHSt 26, 297, 302; BGH Wistra 1991, 146f.
2 Im Ergebnis ebenso SK-Rudolphi Rn 32 zu § 100a StPO; aA BGHSt 27, 355, 358.

Der Staatsanwalt, dem von der Kriminalpolizei eine solche Leichen- 517
oder **Todesermittlungssache** vorgelegt wird, hat zunächst zu prüfen, ob Anhaltspunkte für eine strafrechtlich relevante Herbeiführung des Todes vorliegen. Angesichts der Bedeutung der in Frage
kommenden Straftaten und der vielfältigen Möglichkeiten,
Tötungsdelikte als Unfälle, Herzversagen oder Suizide zu tarnen,
sollte im Zweifelsfall die Leichenöffnung durchgeführt werden
(Nr 33 II RiStBV). Nur wenn nach den Ermittlungen der Kriminalpolizei eindeutig ein natürlicher Tod, ein selbst- oder unverschulde-
ter Unfall vorliegt, kann ohne weitere Maßnahmen der Bestattungsschein erteilt werden.

Beispiel

Verfügung 518

1. Als Todesermittlungssache in Dezernat 76 eintragen.

2. Vermerk: Es besteht kein Anhalt für ein Fremdverschulden. Nach
   den weiterführenden Ermittlungen der Kriminalpolizei bei dem
   Hausarzt des Verstorbenen ist vielmehr davon auszugehen,
   dass dieser seiner langjährigen Herzkrankheit erlegen und eines
   natürlichen Todes gestorben ist.

3. Einstellung aus den Gründen zu Ziff 2.

4. Bestattungsschein an Standesamt in Bonn, Ausfertigung an
   Bestatter.

5. Weglegen.

Staatsanwaltschaft Bonn, 23. 5. 2002

Werner, OStAin

Im Gegensatz zur äußerlichen Leichenschau ist die **Leichenöffnung** 519
ein sicheres Mittel zur Feststellung der Todesursache. Ihre Anordnung obliegt zwar grundsätzlich dem Richter und nur bei einer
Gefährdung des Untersuchungserfolges dem Staatsanwalt (§ 87 IV
StPO). In der Praxis hat es sich allerdings eingebürgert, den Richter
nur bei der **Exhumierung** einer bereits bestatteten Leiche einzuschalten, ansonsten aber im Interesse einer schnellen Obduktion
die staatsanwaltliche Anordnung zu erteilen. Dies ist auch in zwei-

facher Hinsicht unbedenklich: Zum einen ist die Gefahr von Veränderungen des Leichenzustandes niemals völlig auszuschließen. Gerade beim durch die Obduktion ggf zu erhärtenden Verdacht einer vorsätzlichen Tötung kommt es aber auf einen schnellen Zugriff der Ermittlungsbehörden an, weil sich die Aussichten, den Täter zu ermitteln, erfahrungsgemäß innerhalb kürzester Zeit nach der Tat bereits erheblich reduzieren. Zum anderen sind mit der Obduktion auch keine relevanten Grundrechtseingriffe verbunden, die eine richterliche Mitwirkung in der Sache unerlässlich machten.

520   Die Leichenöffnung wird von zwei Ärzten, von denen einer die besondere Qualifikation nach § 87 II 2 StPO aufweisen muss, vorgenommen. Bei **Todesfällen in Krankenhäusern** sollte die Obduktion außerhalb der betreffenden Einrichtung erfolgen (Nr 37 RiStBV). Die **Teilnahme des Staatsanwalts** ist nicht mehr vorgeschrieben (§ 87 II 5 StPO). Allerdings ist seine Anwesenheit beim Verdacht vorsätzlicher Tötungen und ärztlicher Kunstfehler, bei Tötungen durch Polizeibeamte, bei Todesfällen im Vollzug freiheitsentziehender Maßnahmen oder bei sonst rechtlich oder tatsächlich schwierigen Fällen angebracht (Nr 33 IV RiStBV). Die Anwesenheit des Richters ist hingegen regelmäßig nicht erforderlich (Nr 33 III RiStBV), zumal nicht ersichtlich ist, inwieweit spezifisch richterliche Funktionen auszuüben wären.

Beispiel

521   *(Verfügungskopf)*

Verfügung

Sofort!

1. Vermerk: KHK Förster, Polizeidirektion C-Stadt, hat soeben fernmündlich mitgeteilt, dass im Stadtwald von C-Stadt heute nacht die Leiche eines unbekannten Mannes aufgefunden worden ist. Die Leiche weist am Kopf leichte Verletzungen auf. Sie befindet sich bereits im Institut für Rechtsmedizin der Universität C-Stadt.

2. Als Todesermittlungssache in Dezernat 12 eintragen.

3. Die Leichenöffnung wird angeordnet.

4. Vermerk: Ich habe mit Prof. Dr. Müller vom Institut für Rechtsmedizin einen Obduktionstermin für heute, 11.00 Uhr, ausgemacht. Die Kripo ist von dem Termin unterrichtet. Ich werde ebenfalls daran teilnehmen.

5. Kanzlei mit der Bitte, den Bestattungsschein vorzubereiten und mir bis 10.00 Uhr vorzulegen.

6. Wv

Sydowski, StA

Will der Staatsanwalt nicht persönlich an der Obduktion teilnehmen, so verfügt er im obigen Beispiel: 522

Beispiel

(1. und 2. wie oben)

3. Die Leichenöffnung wird angeordnet. Die Teilnahme der Staatsanwaltschaft ist nicht erforderlich.

4. Vermerk: Nach Rücksprache mit Prof. Dr. Müller vom Institut für Rechtsmedizin findet die Obduktion heute um 11.00 Uhr statt. Ich habe Herrn KHK Förster davon unterrichtet. Herr KHK Förster wird an der Obduktion teilnehmen und mir das Ergebnis unmittelbar danach fernmündlich mitteilen.

5. Kanzlei mit der Bitte, den Bestattungsschein vorzubereiten.

6. Wiedervorlage

(Unterschrift)

Sofern der Staatsanwalt nicht persönlich an der Obduktion teilnimmt, muss er dafür Sorge tragen, von dem **Ergebnis** sofort unterrichtet zu werden. Empfehlenswert ist es, unmittelbar nach dem Termin bei dem obduzierenden Arzt anzurufen. Wenn danach ein Fremdverschulden nicht mehr ersichtlich ist, wird die Kriminalpolizei hiervon verständigt, falls sie nicht ihrerseits der Leichenöffnung beigewohnt hat, und der Bestattungsschein erteilt[1]. Danach kann   523

---

1 Vgl Ziff 4 im Beispiel Rn 518.

der Eingang des schriftlichen Gutachtens in Ruhe abgewartet werden. Besteht hingegen weiterhin der Verdacht eines Tötungsdelikts, so sind bereits aufgrund des vorläufigen mündlichen Berichts des Arztes unverzüglich die weiteren Ermittlungen anzuordnen.

VI. Fahndung und Haft

Literatur: Bauer: Frühzeitige Verteidigerbestellung, ZRP 2002, 85f; Herzler: Das Beschleunigte Strafverfahren – ein notwendiger Schritt auf dem richtigen Weg, NJ 2000, 399ff; Müllenbach: Die Zulässigkeit einer Anordnung nach § 132 StPO gegen den ausgereisten Beschuldigten, NStZ 2001, 637ff; Ranft: Fahndung nach Beschuldigten und Zeugen gemäß dem StVÄG 1999, StV 2002, 38ff.

1. Die Fahndung

524 Ist der Beschuldigte **unbekannten Aufenthalts** oder hält er sich dauerhaft im Ausland auf, so muss der Staatsanwalt das Ermittlungsverfahren nach Durchführung der ansonsten notwendigen Ermittlungen und ggf nach der Sicherung von Beweisen in entsprechender Anwendung des § 205 StPO vorläufig einstellen[1]. Darüber hinaus sind die notwendigen **Fahndungsmaßnahmen** zu veranlassen (Nr 39 I RiStBV). Welche das sind, hängt davon ab, ob der Beschuldigte festzunehmen ist, was die Existenz eines Haftbefehls voraussetzt, oder ob es lediglich darum geht, seinen Aufenthaltsort in Erfahrung zu bringen. Weiterhin ist danach zu differenzieren, ob die Fahndung lokal begrenzt, bundesweit oder international zu erfolgen hat.

a) Lokale Fahndung

525 Eine **lokal begrenzte Fahndung** ist die Ausnahme und nur dann angezeigt, wenn konkrete Anhaltspunkte darauf hindeuten, dass

---

1 Wenn bereits rechtliches Gehör gewährt worden ist und lediglich die Abwesenheit des Beschuldigten dem weiteren Verfahren entgegensteht, kann allerdings trotz Fehlens des Beschuldigten bereits die Anklage erhoben werden. Neben dem Antrag, das Hauptverfahren zu eröffnen, ist dann aber gegenüber dem Gericht der Antrag auf vorläufige Einstellung gemäß § 205 StPO zu stellen. Der Vorteil dieser Vorgehensweise ist, neben der Erledigung der Sache im Dezernat, die Verjährungsunterbrechung (§ 78c I Nr 6 und 10 StGB).

sich der Gesuchte noch in der Nähe aufhält. Zudem darf deswegen mit der überörtlichen Fahndung nicht zu lange gewartet werden[1]. Diese sollte in jedem Fall veranlasst werden, wenn die lokale Fahndung nicht binnen weniger Wochen zum Erfolg gekommen ist.

Die lokal begrenzte Fahndung stellt im Grunde nichts anderes dar   526
als einen konkreten Ermittlungsauftrag an die für den vermuteten Aufenthaltsort **zuständige Polizeidienststelle**.

Örtliche Fahndung bei Haftbefehl: **Beispiel**

34 Js 76546/01

Vfg

1. Vermerk: Es besteht aufgrund der polizeilichen Erkenntnisse Grund zur Annahme, dass sich der Beschuldigte noch in seinem Wohnort bei Bekannten aufhält. Deshalb soll vor der Ausschreibung zur Festnahme eine örtliche Fahndung versucht werden.

2. 3 Ausfertigungen des Haftbefehls Bl 45 dA an Polizeirevier Bad Münder mit der Bitte um Vollstreckung mit Zusatz: Sollte eine Festnahme nicht binnen 3 Wochen gelingen, so bitte ich um unerledigte Rückgabe zwecks Einleitung der überörtlichen Fahndung.

3. 16. 6. (Festnahme? Sonst vorläufige Einstellung, Ausschreibung und Suchvermerk).

R, 17. 5. 2002

b) Bundesweite Fahndung

Die wichtigsten **Fahndungshilfsmittel** sind bei national beschränkter   527
Fahndung die Ausschreibung zur Aufenthaltsermittlung (§ 131a StPO) oder zur Festnahme (§ 131 StPO) im polizeilichen INPOL-System sowie die Niederlegung von Suchvermerken im Bundeszentralregister und ggf im Ausländerzentralregister (AZR). Alle diese Maßnahmen setzen voraus, dass die Personalien des Beschuldigten, also Vor- und Familienname, Geburtsdatum und ort, feststehen. Falls etwa

---

1 Vgl auch Nr 41 I RiStBV.

die Geburtsangaben noch fehlen, müssen diese erst ermittelt werden, bevor eine Fahndung ausgelöst werden kann.

528 Ein effektives Mittel stellt zweifellos die Ausschreibung zur Fahndung über das **INPOL-System** dar. Hierbei handelt es sich um ein bundesweit angelegtes Datenverbundnetz, welches von der Polizei und den Grenzschutzdienststellen normalerweise bei jeder Personalienüberprüfung abgefragt wird. Daher besteht eine relativ hohe Wahrscheinlichkeit, dass ein darin zur Aufenthaltsermittlung ausgeschriebener Beschuldigter, der sich im Inland aufhält oder ein- bzw ausreist, früher oder später (etwa bei einer Grenz- oder Verkehrskontrolle) auffällt und so ein Zugriff ermöglicht wird.

529 Die **Ausschreibung zur Festnahme** setzt dabei grundsätzlich einen bestehenden Haft- oder Unterbringungsbefehl voraus (§ 131 I StPO). Nur in seltenen Eilfällen kann bereits vorab gefahndet werden (§ 131 II StPO). Nach erfolgter Festnahme wird der Haftbefehl per Telefax von der fahndungsleitenden Polizeidienststelle der festnehmenden Behörde zugeleitet, die damit die Vorführung gemäß § 115a StPO veranlassen kann. Die Ausschreibung ist sofort nach der Ergreifung zu löschen, damit der Beschuldigte bei einer eventuell erfolgenden Aussetzung des Haftbefehls nicht danach versehentlich ein zweites Mal festgenommen wird. Zur Verhinderung einer Ausreise nach Aussetzung des Haftbefehls vgl Nr 41 V RiStBV.

530 Die **Ausschreibung zur Aufenthaltsermittlung** kann sowohl gegenüber dem Beschuldigten wie gegenüber einem Zeugen mit unbekanntem Aufenthalt veranlasst werden (§ 131a I StPO). Bei ihr wird der Gesuchte im Falle des Aufgreifens zumeist nur nach seiner neuen Anschrift gefragt, manchmal wird diese aber auch überprüft. Hält die fragliche Person sich lediglich unangemeldet unter einer neuen Anschrift auf, so ist diese Ausschreibung das geeignete Mittel, sie ausfindig zu machen. Hat der Betreffende allerdings keinen festen Wohnsitz, so führt die Aufenthaltsermittlung nicht weiter, da keine Handhabe besteht, sich seiner Person zu versichern.

531 Deshalb sollte bei Beschuldigten, wenn ein Haftbefehl nicht zu vertreten ist, die Möglichkeit des **§ 132 StPO** bedacht werden. Ein richterlicher Beschluss, eine **Sicherheitsleistung** zu erbringen und einen **Zustellungsbevollmächtigten** zu benennen, ist nämlich nicht

nur bei Ergreifung des Beschuldigten möglich, sondern auch, wenn dessen gegenwärtiger Aufenthalt nicht bekannt ist[1]. Die Anordung nach § 132 StPO kann als Annex der Aufenthaltsermittlung (§ 131a I StPO) zur Vollstreckung im INPOL-System ausgeschrieben werden. Nach Antreffen des Beschuldigten und Vollstreckung kann dann ein Strafbefehl in Höhe der Sicherheitsleistung erwirkt und dieser dem Zustellungsbevollmächtigten zugestellt werden. Auf diese Weise erreicht man trotz unbekannten Aufenthalts relativ zügig eine rechtskräftige Verurteilung.

Die INPOL-Fahndung muss **alle drei Jahre erneuert** werden, ansonsten erfolgt die automatische Löschung. Die Ausschreibung zur Aufenthaltsermittlung sollte, anders als die Ausschreibung zur Festnahme, wegen des mit einer Neuausschreibung verbundenen Aufwandes auch nach einem Aufgreifen des Beschuldigten stets so lange aufrechterhalten bleiben, bis die Richtigkeit der angegebenen Anschrift polizeilich überprüft worden ist. | 532

Nicht immer erfolgversprechend, aber eine ergänzende Hilfe ist die Niederlegung eines **Suchvermerks im Bundeszentralregister** (§ 27 BZRG), der jedoch niemals als einziges Fahndungsmittel angeordnet werden sollte[2]. Die fahndende Behörde erhält dann bei jeder Anfrage zum Register, etwa bei Beantragung eines Führungszeugnisses, Mitteilung (§ 28 BZRG) und kann auf diese Weise eine neue Anschrift des Beschuldigten erfahren. Der Suchvermerk läuft ebenfalls drei Jahre, bevor er automatisch erlischt (§ 29 II BZRG). | 533

In ähnlicher Weise funktioniert die Niederlegung eines **Suchvermerks im Ausländerzentralregister** (§ 5 AZRG). Sie sollte immer dann parallel zum Suchvermerk im BZR veranlasst werden, wenn der Gesuchte kein Deutscher ist. Der Suchvermerk im AZR läuft allerdings nur **zwei Jahre**, was bei der Fristbestimmung zu beachten ist (§ 5 V AZRG). | 534

Bei Kapitalverbrechen oder Personen mit einer hohen Straferwartung kommt neben der Ausschreibung zur Festnahme eine **Zielfahndung** durch das jeweilige Landeskriminalamt in Betracht. Bei dieser fast immer erfolgreichen Maßnahme beschäftigen sich ein oder mehrere Beamte intensiv mit Person, Lebenslauf, familiärem und sozialem Umfeld des Gesuchten. Sie gewinnen so Hinweise | 535

---

1 Müllenbach NStZ 2001, 637ff.
2 Vgl Nr 41 I, IV RiStBV.

auf den möglichen Aufenthalt, die dann systematisch überprüft werden. Wegen des erforderlichen hohen Zeit- und Personalaufwandes sollte der Staatsanwalt sich dieser Maßnahme aber nur im Ausnahmefall bedienen.

536 Eine weitere Sonderform stellt die **Ausschreibung zur polizeilichen Beobachtung** (§ 163e StPO) dar, die wegen der geringen Kontrolldichte in der Praxis wohl keine nennenswerte Bedeutung erlangen dürfte.

537 Bei der Einleitung einer Fahndung sollte sich der Staatsanwalt gleichzeitig überlegen, wann die **Verjährung** eintritt, damit nicht aufgrund der langen Laufzeiten oder durch eine ungeprüfte Verlängerung der Fahndungsmaßnahmen auch nach Ablauf der Verjährung noch Strafverfolgungsmaßnahmen vorgenommen werden.

Beispiel   Ausschreibung zur Aufenthaltsermittlung:

538 StA Dresden   23. 5. 2002
45 Js 6633/02

Verfügung

1. Vorläufige Verfahrenseinstellung entsprechend § 205 StPO, da der Aufenthalt des Beschuldigten Piotr Olczewski (Bl 3) zur Zeit nicht bekannt ist.

2. Olczewski (Bl 3) zur Aufenthaltsermittlung (nur national, da Aufenthalt mit großer Wahrscheinlichkeit im Inland) ausschreiben[1].

3. Suchvermerk im BZR niederlegen.

4. Suchvermerk im AZR niederlegen

5. BZR-Auszug für Olczewski (Bl 3) erfordern.

6. Schreiben an AE Sundermann (höflich/formlos):

   Ihre Strafanzeige vom 2. 3. 2002 gegen Piotr Olczewski wegen Betruges.

---

[1] Die weitere Ausführung der Ausschreibung wie auch der Suchvermerke obliegt dem Rechtspfleger.

Da der Aufenthalt des Beschuldigten zur Zeit unbekannt ist, habe ich das Ermittlungsverfahren vorläufig eingestellt. Die notwendigen Fahndungsmaßnahmen sind ergriffen worden.

7. Fristen notieren zum:

   a) 10. 5. 2004 (Suchvermerk AZR verlängern),

   b) 10. 5. 2005 (Suchvermerk BZR und Ausschreibung verlängern),

   c) 20. 2. 2006 (Strafverfolgungsverjährung).

8. zu den notierten Fristen.

Herzog, StAin

Hat sich die **Fahndung erledigt**, so veranlasst der Staatsanwalt die **Aufhebung der Maßnahmen** (Nr 39 III RiStBV).   539

Beispiel 1 (Ausschreibung zur Festnahme oder zur Aufenthaltsermittlung war erfolgreich):

Beispiel

StA Münster   10. 7. 2002

34 Js 76546/00

Vfg

1. Ausschreibung löschen, neue Anschrift: JVA Vechta[1].

2. Suchvermerk zurücknehmen: JVA Vechta.

3. Die Ermittlungen werden wiederaufgenommen.

4. pp *(Ermittlungsanordnungen, Frist)*

(Unterschrift, Dienstbezeichnung)

---

1 Die weitere Ausführung der Fahndungslöschung ist Rechtspflegersache.

Beispiel **Beispiel 2** (Ausschreibung zur Aufenthaltsermittlung war erfolgreich, aber die Anschrift ist noch nicht überprüft):

540 StA Dresden 30. 8. 2001
45 Js 6633/01

Verfügung

1. Die Ermittlungen werden wiederaufgenommen.

2. Vermerk: Die Fahndungsmaßnahmen bleiben vorsorglich bestehen, bis die Anschrift des Beschuldigten polizeilich überprüft ist.

3. U m A

der Polizei Darmstadt

mit der Bitte übersandt, die neue Anschrift des Beschuldigten Bl 55 zu überprüfen und diesen ggf verantwortlich zum Vorwurf des Betruges zu vernehmen.

4. 13. 10. (Fahndung löschen?)

Herzog, StAin

c) Öffentliche Fahndung

541 Nunmehr auch gesetzlich geregelt[1] ist die **öffentliche Fahndung** sowohl zur Festnahme (§ 131 III StPO) als auch zur Aufenthaltsermittlung, und zwar selbst gegenüber Zeugen (§ 131a III StPO). Voraussetzung ist jeweils dringender Verdacht einer Straftat von erheblicher Bedeutung und ferner, dass andere Fahndungsmaßnahmen erheblich weniger Erfolg versprechen oder wesentlich erschwert wären. Eine Straftat erheblicher Bedeutung ist nach denselben Kriterien wie bei § 100g StPO zu bestimmen[2]. Die weitere Voraussetzung der erheblich besseren Erfolgsaussichten ist im Grunde nichtssagend, weil selbstverständlich die Öffentlichkeitsfahndung stets deutlich höhere Aussichten hat als eine nur auf polizeilichen Einsatz zielende Ausschreibung. Um den bei öffentlicher Fahndung weiter gehenden Eingriff in die Persönlichkeitsrechte zu rechtfertigen, muss sie daher auf solche Ausnahmefälle beschränkt

1 Durch StVÄG 1999, BGBl I 1253.
2 Vgl Rn 507.

bleiben, in welchen ein über die bloße Tataufklärung und Täter-
ergreifung hinausgehendes **Interesse an schnellstmöglichem Fahn-
dungerfolg** besteht. Dies wäre etwa bei einer Gefährlichkeit des
Täters oder bei sonstigen Gefahren für Dritte anzunehmen.

Besonders problematisch ist die **öffentliche Fahndung nach Zeugen**, die leicht in den Geruch kommen, mehr als nur Unbeteiligte
zu sein, oder aber zur Zielscheibe für den die Entdeckung befürch-
tenden Täter werden können[1]. Deshalb ist äußerst zurückhaltend
von dieser Maßnahme Gebrauch zu machen. Dazu gehört, dass eindeutig auf die bloße Zeugenrolle des Gesuchten hingewiesen wird
(§ 131a IV 2 StPO). Besteht auch nur die geringste persönliche
Gefahr für den Zeugen, muss auf eine öffentliche Fahndung verzichtet werden (§ 131a IV 3 StPO).

542

Bei öffentlicher Fahndung ist die **Veröffentlichung von Abbildun-
gen** des Gesuchten zulässig. Dies gilt selbst dann, wenn es anhand
eines Phantombildes oder einer Fotographie nur darum geht, die
Identität der Person festzustellen (§ 131b StPO), wobei es sich folglich mehr um eine Form öffentlicher Ermittlung als um Fahndung
im herkömmlichen Sinne handelt.

543

d) Anordnungsbefugnisse

Die **Anordnungskompetenzen** sind sehr differenziert und unübersichtlich geregelt. Es dürfen anordnen:

544

- **Ausschreibung zur Festnahme bei bestehendem Haft- oder
  Unterbringungsbefehl**: Richter und Staatsanwaltschaft, bei
  Gefahr im Verzuge auch Hilfsbeamte (§ 131 I StPO), bei letzteren
  binnen einer Woche durch die Staatsanwaltschaft zu bestätigen
  (§ 131c II 2 StPO).

- **Ausschreibung zur Festnahme bei erwartetem Haft- oder
  Unterbringungsbefehl**: Staatsanwaltschaft und Hilfsbeamte
  (§ 131 II StPO), bei letzteren binnen einer Woche durch die Staatsanwaltschaft zu bestätigen (§ 131c II 2 StPO).

- **Öffentliche Fahndung** zum Zwecke der **Festnahme**: Richter und
  Staatsanwaltschaft, bei Gefahr im Verzuge auch Hilfsbeamte
  (§ 131 III StPO), bei letzteren binnen 24 Stunden durch die Staatsanwaltschaft zu bestätigen (§ 131 III 4 StPO).

---

1 Ranft StV 2002, 42f.

- **Ausschreibung zur Aufenthaltsermittlung**: Staatsanwaltschaft, bei Gefahr im Verzuge auch Hilfsbeamte (§ 131c I 2 StPO), bei letzteren binnen einer Woche durch die Staatsanwaltschaft zu bestätigen (§ 131c II 2 StPO).

- **Öffentliche Fahndung** zur **Aufenthaltsermittlung** oder zur **Identifizierung**: Richter, bei Gefahr im Verzuge Staatsanwaltschaft und Hilfsbeamte (§ 131c I 1 StPO), bei letzteren binnen einer Woche durch Staatsanwaltschaft zu bestätigen (§ 131c II 2 StPO).

- **Andauernde** oder **wiederholte öffentliche Fahndung**: Anordnung muss zusätzlich, falls nicht ohnehin richterlich erfolgt, binnen einer Woche durch den Richter bestätigt werden (§ 131c II 1 StPO).

- **Ausschreibung zur polizeilichen Beobachtung**: Richter, bei Gefahr im Verzuge auch Staatsanwaltschaft, bei letzterer binnen 3 Tagen richterlich zu bestätigen (§ 163e IV StPO).

e) Fahndung im Ausland

545 Die bislang genannten Fahndungsmaßnahmen wirken nur im Inland. Hält sich der Beschuldigte hingegen im Ausland auf, so kann dort nur unter eingeschränkten Bedingungen gegen ihn vorgegangen werden. Vergleichsweise einfach ist es noch, wenn der Gesuchte sich im Gebiet der Schengener Vertragsstaaten[1] aufhält. In diesem Fall kann eine Ausschreibung im **Schengener Informationssystem (SIS)**, einem elektronischen Fahndungsverbund der Vertragsstaaten, erfolgen, und zwar sowohl zur Aufenthaltsermittlung (Art 98 SDÜ) als auch zur Festnahme (Art 95 SDÜ). Die **Ausschreibung zur Aufenthaltsermittlung** kann ohne weiteres mit der nationalen Fahndung zusammen angeordnet werden. Wie diese läuft sie drei Jahre (Art 112 SDÜ). Besonderer Formalien bedarf es dabei nicht.

---

1 Derzeit sind dies neben Deutschland die Benelux-Staaten, Frankreich, Spanien, Portugal, Italien, Österreich, Griechenland, Dänemark, Finnland und Schweden sowie als assoziierte Staaten Island und Norwegen.

Beispiel in der Verfügung Rn 538:

...

2. Olczewski (Bl 3) zur Aufenthaltsermittlung (SIS und Inpol) ausschreiben[1].

3. ...

Die **Ausschreibung zur Festnahme im SIS** setzt hingegen zum einen selbstverständlich das Bestehen eines Haftbefehls voraus. Dieser muss ausführlicher sein als normalerweise üblich. Es bedarf einer ausführlichen Tatschilderung und uU auch einer Wiedergabe der einschlägigen Strafbestimmungen (vgl Nr 94 RiVASt sowie Muster 22 der Anlage zu den RiVASt). Zudem müssen die Voraussetzungen einer Auslieferung vorliegen. Eine solche ist regelmäßig nur möglich, wenn eine erhebliche Straferwartung von jedenfalls nicht unter einem Jahr Freiheitsstrafe besteht. Ferner sind die sogenannten Begleitpapiere auszufüllen, wobei es sich um einen Vordruck handelt, welcher insbesondere ergänzende Daten zur Person des Gesuchten und zur Tat enthält (Nr II 2 Anlage F zu den RiStBV). 546

Nach Art 65 SDÜ steht die Ausschreibung im SIS dem Ersuchen um die vorläufige Festnahme zum Zwecke der Auslieferung gleich, so dass es keines gesonderten Festnahmeersuchens mehr bedarf. Das bedingt andererseits eine besondere Sorgfalt bei der Prüfung der Auslieferungsfähigkeit, weil eine weitere Kontrolle derselben vor der Festnahme nicht mehr stattfindet (vgl Nr II 2 Anlage F zu den RiStBV). Nach erfolgter Festnahme wird das **Auslieferungsersuchen** nach Art 65 SDÜ nicht auf diplomatischem Weg, sondern unmittelbar zwischen den jeweiligen obersten Justizbehörden übermittelt. 547

Aufwändiger ist eine **internationale Fahndung** außerhalb des Gebietes der Schengener Vertragsstaaten. Auch hier sind sowohl Ausschreibung zur Festnahme als auch zur Aufenthaltsermittlung über Interpol möglich. Wegen der Einzelheiten vgl Nr III der Anlage F zu den RiStBV. Der Erfolg einer Fahndung zur Festnahme hängt dabei davon ab, ob nach den bestehenden zwischenstaatlichen Vereinbarungen wegen des fraglichen Delikts überhaupt aus- 548

---

1 Auch insoweit obliegt die weitere Ausführung der Ausschreibung dem Rechtspfleger.

geliefert wird. Einige Länder liefern nämlich an die Bundesrepublik gar nicht aus. In anderen Fällen wird nicht wegen bestimmter Delikte ausgeliefert, insbesondere, wenn diese in dem fraglichen Staat straflos sind (**Prinzip der Gegenseitigkeit**, praktisch bedeutsam zB gelegentlich bei Steuerhinterziehung, Fahren ohne Fahrerlaubnis oder Unterhaltspflichtverletzung). Grundsätzlich werden auch keine eigenen Staatsangehörigen ausgeliefert (vgl die entsprechende Regelung in Art 16 II 1 GG).

549   Wäre eine Auslieferung danach möglich, so kann bei unbekanntem Aufenthalt des Gesuchten die internationale Fahndung über Interpol veranlasst werden (Nr 43 II RiStBV, Nr 85 RiVASt). Wenn der Aufenthalt des Gesuchten bekannt ist oder durch die Fahndung bekannt wird, kann das Land, in welchem er sich aufhält, gezielt um die Festnahme und Auslieferung ersucht werden (Nr 86 RiVASt). In jedem Fall bedarf es nach der Festnahme eines **Auslieferungsersuchens**, das auf dem diplomatischen Weg an den festnehmenden Staat zu übermitteln ist.

550   Wegen der komplizierten Rechtslage und der Formalien in Auslieferungssachen ist für die Veranlassung internationaler Fahndung außerhalb des Schengen-Gebietes bei den Staatsanwaltschaften regelmäßig ein besonders erfahrener **Rechtshilfedezernent** zuständig, dem die Akten mit der Bitte um Veranlassung der jeweiligen Maßnahme vorgelegt werden.

551   Selbst wenn eine **Auslieferung nicht möglich** ist, können gleichwohl in manchen Fällen Maßnahmen gegen den Beschuldigten, dessen Aufenthalt bekannt ist, ergriffen werden. So kommt unter Umständen eine Information der Strafverfolgungsbehörden des Aufenthaltsstaates mit dem Ziel einer Übernahme der Verfolgung durch diese in Betracht. Zustellungen und die Gewährung von rechtlichem Gehör sind im Einzelfall ebenfalls im Ausland durchführbar.

552   In jedem Fall, ob nun Maßnahmen im Ausland möglich und angemessen sind oder nicht, sollte **flankierend die nationale Ausschreibung** zur Fahndung veranlasst werden, um einer unbemerkten Ein- oder Durchreise vorzubeugen.

2. Untersuchungshaft

Nach § 127 II StPO sind Staatsanwalt und Polizei bei Gefahr im Verzuge zur **vorläufigen Festnahme** des Beschuldigten befugt, falls die Voraussetzungen eines Haftbefehls vorliegen. Der Festgenommene ist unverzüglich, spätestens bis zum Ende des folgenden Tages, dem Richter vorzuführen, der über den Erlass eines vom Staatsanwalt zu beantragenden Haftbefehls zu entscheiden hat (§ 128 StPO). **553**

Kann ein Festgenommener wegen **Krankheit** nicht fristgerecht vorgeführt werden, so legt der Staatsanwalt innerhalb der Frist des § 128 StPO die Akten mit seinem Haftbefehlsantrag dem Richter vor (sog **symbolische Vorführung**, Nr 51 RiStBV). Der Richter wird den Festgenommenen dann an seinem Aufenthaltsort aufsuchen und über die Anordnung der Untersuchungshaft entscheiden. Lehnt er den Erlass eines Haftbefehls ab, so muss der Staatsanwalt bei einem Krankenhausaufenthalt des Beschuldigten unverzüglich dafür sorgen, dass die Entlassung aus der Haft dem Krankenhaus bekanntgemacht wird, da ansonsten der Fiskus für die Kosten der weiteren Krankenhausunterbringung einzustehen hat. **554**

Selbstverständlich kann auch ohne vorherige Festnahme ein Haftbefehl beantragt werden. Die Anordnung der Untersuchungshaft durch den Richter setzt als schwerer Eingriff in die Rechte des Beschuldigten voraus, dass dieser einer Tat **dringend verdächtig** ist, ein **Haftgrund** besteht und die Haft **nicht außer Verhältnis** zur Bedeutung der Sache und der zu erwartenden Sanktion steht. **555**

Haftgründe sind Flucht (§ 112 II Nr 1 StPO) oder Fluchtgefahr (§ 112 II Nr 2 StPO), Verdunkelungsgefahr (§ 112 II Nr 3 StPO), Wiederholungsgefahr (§ 112a StPO) und Schwere der Tat (§ 112 III). Zu beachten ist die Subsidiarität der Wiederholungsgefahr. Sie kann nur eingreifen, wenn die anderen Haftgründe nicht vorliegen. Die Begehung bestimmter Taten nach § 112 III StPO reicht entgegen des Wortlautes der Vorschrift alleine noch nicht zur Begründung der Haft aus, vielmehr muss daneben ein weiterer Haftgrund gegeben sein, wobei jedoch an diesen geringere Anforderungen gestellt werden[1]. So kann ein des Totschlags dringend Verdächtiger bereits inhaftiert werden, wenn Fluchtgefahr nicht völlig auszuschließen **556**

---

1 BVerfGE 19, 342, 350.

ist, während bei anderen Delikten eine Fluchtwahrscheinlichkeit bestehen muss.

557 Bei **Jugendlichen** setzt die Verhängung von U-Haft weiter voraus, dass der Haftzweck nicht durch eine vorläufige Anordnung über die Erziehung (§ 71 JGG), insbesondere eine Heimunterbringung, erreicht werden kann (§ 72 I JGG). Bei Jugendlichen, die noch nicht 16 Jahre alt sind, kann ein Haftbefehl wegen Fluchtgefahr zudem nur ergehen, wenn der Beschuldigte entweder ohne festen Wohnsitz ist oder aber sich dem Verfahren bereits einmal durch Flucht entzogen bzw Anstalten zur Flucht getroffen hat (§ 72 II JGG). Wegen der besonderen psychischen Belastungen, die mit dem Vollzug der Haft für Jugendliche verbunden sind, liegt bereits sehr viel früher als bei Erwachsenen eine Unverhältnismäßigkeit vor (§ 72 I 2 JGG).

558 § 114 StPO regelt den Inhalt des richterlichen Haftbefehls. Entsprechend ausführlich sollte auch der **Haftbefehlsantrag** der Staatsanwaltschaft sein (vgl Nr 46 RiStBV), sofern dieser nicht, insbesondere bei auswärtigen Gerichten, fernmündlich gestellt werden muss. Der schriftliche Antrag wird ähnlich einer Anklage aufgebaut[1].

Beispiel

Staatsanwaltschaft Dortmund
71 Js 99108/02

Vfg

1. Urschriftlich mit Akten

dem Amtsgericht
in Dortmund

übersandt mit dem Antrag, folgenden Haftbefehl zu erlassen:

Gegen den pakistanischen Staatsangehörigen Sayad Ali Khan, geboren am 9. 10. 1971 in Islamabad/Pakistan, wohnhaft in Dortmund, Wagnerstr. 230, wird die Untersuchungshaft angeordnet.

---

1 Wegen des örtlich unterschiedlichen Aufbaues der Anklagen vgl unten bei Rn 778f. Entsprechend kann der Haftbefehlsantrag auch von dem hier vorgestellten Muster des am weitesten verbreiteten Typs abweichen.

Er wird beschuldigt,

in Dortmund am 12. 10. 2002

mit Betäubungsmitteln ohne Erlaubnis nach § 3 I Nr 1 BtMG in nicht geringer Menge Handel getrieben zu haben,

indem er

rund 1 kg Kokain, welches er aus einer noch unbekannten Quelle bezogen hatte, für 50 Euro pro g an den gesondert verfolgten Martin Meister zur Weitergabe an Kleinhändler verkaufte.

Diese Handlung ist mit Strafe bedroht nach den §§ 1 I, 3 I, 29a I Nr 2 BtMG.

Er ist der Tat dringend verdächtig aufgrund der geständigen Einlassung des gesondert verfolgten Mitbeschuldigten Martin Meister (Bl 3ff dA).

Es besteht gegen ihn der Haftgrund der Fluchtgefahr (§ 112 II Nr 2 StPO), weil er für die Tat eine mehrjährige Freiheitsstrafe zu erwarten hat. Der Beschuldigte hat demgegenüber hier keinerlei familiäre oder soziale Bindungen. Wegen seiner Einnahmen aus dem Drogenhandel muss er zudem über beträchtliche Geldmittel verfügen, die es ihm erlauben, sich jederzeit ins Ausland abzusetzen. Es besteht deshalb die überwiegende Wahrscheinlichkeit, dass der Beschuldigte sich einem Strafverfahren nicht freiwillig stellen, sondern bei Bekanntwerden des Tatvorwurfes die Flucht ergreifen wird.

2. Wv 18. 3. 2003

Dortmund, 4. 3. 2003

Dessler, StA

Ein Haftbefehl kann auch gegen einen Beschuldigten ergehen, der 559 sich bereits in anderer Sache in Straf- oder Untersuchungshaft befindet. In diesem Fall ist sicherzustellen, dass die **Überhaft** bei der Anstalt, in welcher er sich befindet, notiert wird. Überhaft hat die Wirkung, dass der Beschuldigte bei Wegfall des in anderer Sache bestehenden Inhaftierungsgrundes nicht entlassen werden kann. Außerdem erhält ein Strafgefangener die sonst nach dem Strafvollzugsgesetz möglichen Vollzugslockerungen (Ausgang,

Urlaub, Freigang) nicht mehr; Briefkontrolle und Besuchseinschränkungen sind wie bei U-Gefangenen möglich[1].

560 Sobald ein Beschuldigter inhaftiert ist, muss das Verfahren mit besonderer Aufmerksamkeit behandelt werden. **Haftsachen sind Eilsachen.** Alle Verfügungen ergehen mit dem Zusatz „Haft!" (Nr 52 RiStBV) und unter „Sofort!" oder „Eilt!". Dies gilt selbst dann noch, wenn der Haftbefehl zwar nach § 116 StPO nicht mehr vollzogen wird, aber fortbesteht. Bei neu eingetragenen Haftsachen muss dem Haftrichter und der Vollzugsanstalt das staatsanwaltschaftliche Aktenzeichen bekanntgegeben werden, um unnötige Verzögerungen bei den Postlaufzeiten zu vermeiden.

561 Für bestimmte Beschuldigte besteht eine **Mitteilungspflicht** über den Vollzug des Haftbefehls[2]. Damit korrespondiert die Pflicht, zu gegebener Zeit auch die Aufhebung des Haftbefehls mitzuteilen (Nr 6 II MiStrA).

562 Bei **Ausländern** ist zusätzlich deren diplomatische oder konsularische Vertretung von der Festnahme zu unterrichten, jedoch nur, wenn der Beschuldigte dies auch wünscht (Nr 135 RiVASt).

563 Der Staatsanwalt hat stets darüber zu wachen, dass die **Haftprüfungstermine** nach 3 bzw 6 Monaten Haftdauer (§§ 117 V, 121, 122 StPO) eingehalten werden. Dabei ist zu beachten, dass der Haftprüfungstermin gemäß § 117 V StPO entfällt, sobald der Beschuldigte einen Verteidiger hat. Andernfalls bestimmt der Staatsanwalt eine Wiedervorlagefrist kurz vor dem 3-Monats-Termin, sofern er nicht aus anderem Grund ohnehin eine kürzere Frist anordnet. Zur Durchführung der 6-Monats-Haftprüfung gemäß §§ 121, 122 StPO wird eine Frist auf einen Zeitpunkt etwa einen Monat vorher gelegt, um genügend Zeit für die dann notwendig werdenden verschiedenen Übersendungen der Akten gemäß § 121 I StPO zu haben.

564 Bei der **6-Monats-Haftprüfung** werden die Akten zunächst dem Haftrichter (bzw nach Anklageerhebung dem Gericht der Hauptsache) mit einem Antrag auf Haftfortdauer vorgelegt. Entscheidet

---

1 Vgl Nr 92 III UVollzO.
2 Vgl MiStrA Nr 15 (Beamte), 20 (Soldaten), 20a (Zivildienstleistende), 23 (Rechtsanwälte und Notare), 24 (Wirtschaftsprüfer, Steuerberater ua), 26 (Ärzte ua), 27 (Lehrer und Erzieher), 32 (Jugendliche und Heranwachsende) sowie 41 (Konsulatsangehörige). Die Mitteilung erfolgt durch Übersendung einer Haftbefehlsabschrift (Nr 8 I MiStrA).

der Haftrichter antragsgemäß, so übersendet er die Akten erneut der Staatsanwaltschaft, die sie nunmehr mit einem Bericht der Generalstaatsanwaltschaft zuleitet[1]. Erst diese legt dann die Vorgänge dem Oberlandesgericht vor.

Die Oberlandesgerichte ordnen in aller Regel die Freilassung des Beschuldigten an, wenn sich aus den Akten **vermeidbare Verzögerungen** des Verfahrens ergeben (§ 121 I StPO). Um dem vorzubeugen, ist bei Haftsachen ganz besonders darauf zu achten, dass alle erforderlichen Maßnahmen so schnell wie möglich veranlasst werden, entbehrliche Anordnungen oder Verfristungen aber unterbleiben. Insbesondere psychiatrische Gutachten dürfen nicht erst am Ende der Ermittlungen in Auftrag gegeben werden. **565**

Um die Ermittlungen bei Haftbeschwerden oder Haftprüfungsterminen durch die notwendige Versendung der Akten nicht zu verzögern, ist grundsätzlich die **Anlegung eines Haftsonderheftes (HSH)** geboten (Nr 54 III RiStBV). Dabei sollten die Blattzahlen aus der Akte im HSH beibehalten werden, um die Übersichtlichkeit nicht unnötig zu beeinträchtigen. **566**

Beispiel

Staatsanwaltschaft Berlin   1. 2. 2002   **567**
445 Js 2345/02

Sofort! Haft!

Verfügung

1. Mitteilung des Aktenzeichens an:

   a) AG Tiergarten zu 210 Gs 23/02

   b) JVA hier zu Gefangenenbuch-Nr 522/412/02.

2. Haftbefehlsabschrift gemäß MiStrA Nr 15 an den Präsidenten des Landesarbeitsgerichts, Magdeburger Platz 1, 10785 Berlin (im verschlossenen Umschlag, als vertrauliche Personalsache gekennzeichnet).

3. Gesamten Vorgang einschließlich dieser Vfg einmal ablichten.

---

1 Vgl das Beispiel bei Rn 119.

4. Aus Ablichtungen zu Ziff 3 Haftsonderheft anlegen, dabei bisherige Blattzahlen beibehalten.

5. U m A (1 Bd)

der Polizeidirektion Berlin-Mitte

mit der Bitte übersandt, die Ermittlungen durch Vernehmung der Tatzeugen und Auswertung der Spuren am Tatort fortzusetzen.

6. Wv Haftsonderheft (HSH an Gericht wegen Haftbeschwerde Bl 42)

(Unterschrift, Dienstbezeichnung)

568   Das **Haftsonderheft** dient als Grundlage für die notwendigen richterlichen Entscheidungen, aber auch zur Gewährung von Akteneinsicht an den Verteidiger, während die Polizei mit den Akten weiter ermitteln kann. Der Staatsanwalt wird bei zwischenzeitlicher Rückkehr der Akten immer die Ablichtung der jeweils neu hinzugekommenen Aktenteile zur Vervollständigung des Haftsonderheftes veranlassen. Wird dieses später nicht mehr gebraucht, so können die darin befindlichen Ablichtungen in die Handakte übernommen werden, um dem Sitzungsvertreter in der Hauptverhandlung als zusätzliche Information zu dienen.

569   In einigen Bundesländern ist die Einschaltung der Gerichtshilfe bei Haftsachen obligatorisch (sog **Haftentscheidungshilfe**). Ihre Aufgabe ist es, durch Aufklärung der persönlichen Verhältnisse des Beschuldigten eine sicherere Entscheidung darüber zu ermöglichen, ob tatsächlich eine Fluchtgefahr besteht und ob diese ggf durch weniger einschneidende Maßnahmen im Rahmen einer Aussetzung des Haftbefehls nach den §§ 116, 116a StPO beseitigt werden kann. Auch dort, wo es eine institutionalisierte Haftentscheidungshilfe nicht gibt, sollte der Staatsanwalt erwägen, die Gerichtshilfe in Fällen, in welchen der Haftbefehl nur aufgrund von Fluchtgefahr erlassen wurde und nicht besondere Umstände eine Aussetzung ohnehin unrealistisch erscheinen lassen (etwa eine vorhergegangene Flucht), mit der Erhebung der persönlichen Verhältnisse zu betrauen.

Beispiel

Staatsanwaltschaft Hannover   3. 5. 2002   570
94 Js 65099/01

Verfügung

Eilt! Haft!

1. Ablichtung dieser Vfg zu den Akten und zum HSH.

2. Ablichtungen fertigen von Bl 1–4, 6, 8–12 dA[1].

3. Ablichtungen zu Ziff 2 diesem Blatt nachheften.

4. Urschriftlich mit Ablichtungen

   der Gerichtshilfe
   im Hause

   mit der Bitte übersandt, die persönlichen und sozialen Verhältnisse des in der JVA Hannover seit dem 29. 4. 2002 in Untersuchungshaft befindlichen Rainer Schade zu klären. Dabei geht es insbesondere um die Beziehung zu seiner Verlobten Marion Gehrke sowie das Verhältnis zu seinen Eltern in Hildesheim, Am Wald 14. Sind diese Beziehungen intensiv genug, um eine Aussetzung des Vollzuges der Haft rechtfertigen zu können? Ich wäre dankbar, wenn mir ein Bericht binnen 3 Wochen vorgelegt werden könnte.

5. Weitere Verfügung in den Akten ausführen.

Wagner, StA

Ferner sollte der Staatsanwalt in geeigneten Fällen **frühzeitig die**   571
Bestellung eines Verteidigers beantragen. Dabei muss nicht die
Frist des § 117 IV StPO abgewartet werden. Vielmehr kann gemäß
§ 141 III StPO bereits unmittelbar nach Inhaftierung ein Verteidiger
bestellt werden, weil regelmäßig die Bejahung einer Verhältnismäßigkeit der U-Haft das Vorliegen der Voraussetzungen des § 140
II StPO (Schwere der Tat) implizieren sollte. Die frühzeitige Mitwir-

---

1 Es sollten sowohl die wichtigsten Aktenteile, die Auskunft über die Person des Beschuldigten bieten, als auch das Festnahmeprotokoll, etwaige Vermerke der Polizei hierzu sowie der Haftbefehl abgelichtet werden.

kung eines Verteidigers verkürzt nach Erfahrungen eines Pilotpro-
jektes der Universität Göttingen an der JVA Hannover sowohl die
Inhaftierungs- als auch die Verfahrensdauer insgesamt deutlich[1]
und kommt damit auch der Interessenlage des Staatsanwalts entgegen.

572 Der **Vollzug der Untersuchungshaft** wird durch § 119 StPO und im
Übrigen durch die UVollzO geregelt. Grundsätzlich unterliegt der
Schrift- und Besuchsverkehr des Beschuldigten mit der Außenwelt
der richterlichen Kontrolle. So ist zum Besuch eines Untersuchungs-
häftlings eine Besuchserlaubnis erforderlich (Nr 24 UVollzO).
Jeder Brief, der von ihm stammt oder für ihn bestimmt ist, wird
vor der Weiterleitung gelesen (Nr 30 UVollzO, Ausnahme: Verteidigerpost sowie Briefe an Abgeordnete oder Volksvertretungen). In
der Praxis wird gelegentlich von der Möglichkeit Gebrauch
gemacht, **Besuchs- und Briefkontrolle** auf den Staatsanwalt zu
übertragen (Nr 3 UVollzO). Das ist auch sachdienlich, weil dieser
aufgrund seiner Aktenkenntnis eher in der Lage ist, Verdunke-
lungshandlungen oder die Eignung einzelner Briefe als Beweismittel zu erkennen. Gefangenenbriefe geben oft wichtige Hinweise auf
die Tat, das Motiv und mögliche weitere Beteiligte. Allerdings muss
sich der Staatsanwalt auch darüber klar sein, dass der Beschuldigte
weiß, dass seine Briefe gelesen werden, und darin deshalb uU
bewusst etwas Falsches schildert.

573 Eine Beurlaubung aus der U-Haft ist nicht möglich, jedoch kann bei
dringenden persönlichen Anlässen (zB ein naher Verwandter liegt
im Sterben, Heirat eines Kindes) eine **Ausführung** durch Be-
dienstete der JVA erfolgen.

574 Unter bestimmten Voraussetzungen kann durch richterlichen
Beschluss die **Aussetzung des Vollzuges** eines Haftbefehls angeordnet werden (§ 116 StPO). Zwar werden die meisten der in
§ 116 StPO genannten Maßnahmen nicht geeignet sein, einen ernsthaft flucht- oder verdunkelungswilligen Beschuldigten aufzuhal-
ten. Ist jedoch nach vorläufiger Einschätzung die Flucht-, Verdun-
kelungs- oder Wiederholungsgefahr eher gering, so sollte in Anbetracht der Bedeutung der Haft bei vertretbarem Risiko eine Aussetzung zunächst gewagt werden. Bei Fluchtgefahr ist durch die
Meldepflicht (§ 116 I Nr 1 StPO) jedenfalls dafür gesorgt, dass

---

1 Bauer ZRP 2002, 85.

eine Abwesenheit des Beschuldigten relativ schnell bemerkt wird. Auch ist die Stellung einer empfindlichen Sicherheitsleistung (§ 116 I Nr 4 StPO) ein guter Anreiz, sich dem weiteren Verfahren zu unterziehen.

Bei einem **Verstoß gegen angeordnete Auflagen** oder einem Fluchtversuch wird durch das Gericht der weitere Vollzug der Haft angeordnet (§ 116 IV StPO), eine hinterlegte Sicherheitsleistung verfällt (§ 124 StPO). Auch bei neu hinzutretenden Umständen ist eine Inhaftierung trotz vorheriger Aussetzung und Auflagenerfüllung durch den Beschuldigten möglich (§ 116 IV Nr 3 StPO). 575

Die U-Haft kann **zur Verbüßung einer Freiheits- oder Ersatzfreiheitsstrafe** mit richterlicher Genehmigung **unterbrochen** werden (§ 122 StVollzG, Nr 92 UVollzO). Auch die Unterbrechung zur Verbüßung von Sicherungs- oder U-Haft in anderer Sache ist zulässig. Die Haftprüfungsfristen werden während der Dauer der Unterbrechung gehemmt. 576

Ergibt sich im Laufe des Verfahrens, dass die **Voraussetzungen des Haftbefehls nicht mehr vorliegen,** so ist der Beschuldigte unverzüglich zu entlassen (Nr 54, 55 RiStBV). Dies veranlasst der Staatsanwalt im Ermittlungsverfahren wegen der Regelung des § 120 III StPO bereits vor Aufhebung des Haftbefehls. 577

Beispiel

Staatsanwaltschaft Hildesheim 23. 5. 2002
332 Js 5547/02

Verfügung

Sofort! Haft!

1. Vermerk: Nach der glaubhaften Bekundung des Zeugen Sichler (Bl 33 dA) ist davon auszugehen, dass der Beschuldigte ein Alibi hat und somit als Täter nicht in Betracht kommt. Jedenfalls ist er nicht mehr dringend verdächtig. Es wird deshalb die Aufhebung des Haftbefehls zu beantragen sein.

2. Entlassungsersuchen ausfertigen und an JVA Hildesheim zu Gefangenenbuch-Nummer 34/889/02 senden.

217

3. Vermerk: Ich habe soeben (12.34 Uhr) Herrn Vollzugsabteilungs-
leiter Jonas, JVA Hildesheim, telefonisch um die sofortige Entlassung des Beschuldigten ersucht. Herr Jonas wird diese veranlassen.

4. U m A

dem AG Hildesheim

mit dem Antrag übersandt, den Haftbefehl vom 12. 4. 2002 aus
den Gründen zu Ziffer 1 dieser Vfg aufzuheben.

5. 27. 5.

Wörner, StA

578   Ebenso wie nach § 120 III 1 StPO an einen Aufhebungsantrag ist der
Haftrichter auch an einen **Antrag** der Staatsanwaltschaft **auf
Außervollzugsetzung** des Haftbefehls gebunden[1]. Da es allerdings
nicht in die Kompetenz des Staatsanwalts fällt, die den Vollzug der
Haft erst entbehrlich machenden Anordnungen nach §§ 116 I-III,
116a StPO anzuordnen, verbietet es sich hier, bereits im Vorgriff
das Entlassungsersuchen zu verfügen. Dies bleibt vielmehr in solchen Fällen dem Richter vorbehalten.

579   Neben dem Haftbefehl nach den §§ 112f StPO erlaubt § 127b II StPO
den Erlass eines auf maximal eine Woche befristeten Haftbefehls
zur Durchführung eines beschleunigten Verfahrens nach den
§§ 417ff StPO (sog **Hauptverhandlungshaft**). In aller Regel haben
die Staatsanwaltschaften für die Betreuung derartiger Verfahren,
die wegen ihrer Eilbedürftigkeit außerhalb des gewöhnlichen
Geschäftsbetriebes gehalten werden müssen, Sonderzuständigkei-
ten bzw Eildienste eingerichtet. Im Hinblick auf das Verhältnismäßigkeitsprinzip sind allerdings Maßnahmen nach § 132 StPO
vorrangig, so dass eine Inhaftierung die Erwartung der Verhängung
von Freiheitsstrafe voraussetzt. Da in diesen Fällen andererseits das
beschleunigte Verfahren wegen seiner nur geringen Möglichkeiten
zur Persönlichkeitserforschung wenig geeignet erscheint, sollte von
§ 127b StPO nur sehr zurückhaltend Gebrauch gemacht werden.
Hinzu tritt, dass im Bereich kleinerer Straftaten durch den Verzicht
auf die Haftgründe aus den §§ 112f StPO Verhaftungen ermöglicht

---

1 BGH Wistra 2000, 145f.

würden, die bei schwererer Kriminalität gar nicht möglich wären, was rechtsstaatlich höchst bedenklich ist[1].

Ist eine Tat unter den Voraussetzungen der §§ 20, 21 StGB begangen worden und deshalb die Unterbringung des Beschuldigten nach den §§ 63, 64 StGB zu erwarten, so erlaubt § 126a StPO die **einstweilige Unterbringung**, wenn die öffentliche Sicherheit dies erfordert, insbesondere also bei Gefahr der Wiederholung schwerer Straftaten. Für die einstweilige Unterbringung gelten die Regelungen zur U-Haft entsprechend. Allerdings entfällt die 6-Monats-Haftprüfung. Auch ist eine Aussetzung des Vollzuges nicht möglich (§ 126a II StPO). Im Übrigen behandelt der Staatsanwalt Unterbringungssachen wie Haftsachen[2]. 580

Frei. 581–599

---

1 Vgl Herzler, NJ 2000, 400.
2 Vgl auch Nr 59 RiStBV.

D. Die Entscheidung
über Einstellung oder Anklage

600 Die Ermittlungen sind zu beenden (bzw gar nicht erst zu veranlassen), wenn entweder

a) der Anfangsverdacht[1] nicht (mehr) vorhanden ist,

b) der vorhandene Anfangsverdacht sich nicht (mehr) zu einem hinreichenden Verdacht[2] erhärten lässt,

c) ein Grund vorliegt, das Verfahren aus Opportunitätserwägungen (vorläufig oder endgültig) einzustellen, oder

d) hinreichender Tatverdacht besteht.

In den Fällen a) und b) erfolgt die **Verfahrenseinstellung gemäß § 170 II StPO**, im Fall c) nach der jeweils einschlägigen Norm und im Fall d) wird das Ermittlungsverfahren durch **Erhebung der öffentlichen Klage** beendet.

I. Verfahrenseinstellung gemäß § 170 II StPO

1. Die Einstellungsverfügung

601 Die Einstellungsverfügung beendet zwar das Ermittlungsverfahren, hat aber **keinerlei Rechtskraftwirkung**. Es kann daher jederzeit die Wiederaufnahme der Ermittlungen erfolgen.

602 Bei der Einstellung ist zu prüfen, ob ein eventuell vorhandener Anzeigeerstatter einen **Einstellungsbescheid** (§ 171 StPO) und der Beschuldigte eine **Einstellungsnachricht** (170 II 2 StPO) zu erhalten haben. Ferner müssen ggf hinzugezogene Beiakten getrennt, Asservate abgewickelt und noch andauernde Zwangsmaßnahmen (zB Haft, vorläufige Entziehung der Fahrerlaubnis) aufgehoben werden. In den Fällen, in denen über die Einleitung des Verfahrens berichtet oder hiervon eine Mitteilung gemacht worden ist, muss die informierte Stelle auch über die Einstellung unterrichtet werden. Erfolgt die Einstellung wegen Schuldunfähigkeit gemäß § 20 StGB, so ist dies dem Bundeszentralregister mitzuteilen (§ 11 BZRG).

---

1 Vgl oben Rn 179ff.
2 Vgl oben Rn 233ff.

Erst nach Erledigung aller erforderlichen Schritte, also nicht not- 603
wendigerweise bereits zusammen mit der Einstellungsentscheidung, ist schließlich das **Weglegen** der Akte zu verfügen.

Anders ist nur zu verfahren, wenn zwar wegen des Verdachts einer 604
Straftat die Einstellung erfolgen muss, aber danach der Verdacht
einer Ordnungswidrigkeit fortbesteht[1]. Hier wird das Verfahren
nach der Einstellung an die zuständige Verwaltungsbehörde abgegeben (§ 43 I OWiG). Beiakten, Asservate ua werden zuvor nur
insoweit abgewickelt, wie dies ohne Beeinträchtigung des Owi-Ver-
fahrens möglich ist[2].

a) Erteilung eines Einstellungsbescheides

Grundsätzlich erhält der Anzeigeerstatter nach § 171 StPO immer 605
einen **Einstellungsbescheid**. Dies setzt allerdings voraus, dass
überhaupt ein **Antrag auf Strafverfolgung** gestellt worden ist.
Hierbei handelt es sich um eine Anzeige im Sinne von § 158 I StPO
mit dem erkennbaren Willen, die Strafverfolgung zu veranlassen.
Ein förmlicher Strafantrag nach § 77 StGB ist nicht erforderlich,
andererseits aber ausreichend. Wird ein Sachverhalt dagegen lediglich zur Kenntnis der Strafverfolgungsbehörden gebracht, ohne
dass ersichtlich wäre, dass der Anzeigende auch die Verfolgung
wünscht, so liegt noch keine Antragstellung im Sinne von § 171
StPO vor.

War zunächst ein **Antrag** gestellt und ist dieser im Laufe des Ver- 606
fahrens **zurückgenommen** worden, entfällt die Bescheidungs-
pflicht. Das Gleiche gilt, wenn der Anzeigende erkennbar **kein
Interesse mehr an der Verfolgung** zeigt. Davon ist auch ohne ausdrückliche Erklärung auszugehen, wenn er Ladungen zur Vernehmung missachtet, der Bitte um Übersendung ergänzender Unterlagen nicht entspricht oder in sonstiger Weise eine ihm zumutbare
Mitwirkung im Verfahren unterlässt.

Ebenfalls keinen Bescheid erhält der hartnäckige und uneinsichtige 607
Querulant[3]. Erwartet der Staatsanwalt von vornherein auf Grund
seiner Erfahrungen mit einem bestimmten Anzeigenden die wie-

---

1 Vgl zB §§ 316 StGB, 24a StVG, wenn eine Blutprobe unter 1,1 g ‰ BAK
  ergibt und Fahrfehler nicht vorliegen.
2 Zur Vfg vgl das Beispiel bei Rn 173.
3 KM Rn 2 zu § 171 StPO.

derholte Strafanzeige derselben Tat, so empfiehlt es sich, in den Einstellungsbescheid einen Hinweis aufzunehmen, dass für den Wiederholungsfall ein Bescheid nicht mehr erteilt werde.

608 Ist danach ein **Bescheid nicht erforderlich**, so verfügt der Staatsanwalt die Einstellung etwa wie folgt:

Beispiel

Staatsanwaltschaft Osnabrück   12. 6. 2002
87 Js 3466/02

Vfg

1. Vermerk: *(Gründe des fehlenden Anfangs- oder hinreichenden Tatverdachts)*

2. Verfahrenseinstellung bzgl des Beschuldigten Müller aus den Gründen zu Ziff 1 gemäß § 170 II StPO.

3. Kein Bescheid, da Ermittlungen von Amts wegen (*oder:* da Strafantrag zurückgenommen wurde *oder:* da kein Interesse mehr *oder:* da auf Bescheid verzichtet wurde *oder:* da AE amtsbekannter Querulant, der in dieser Sache keine Bescheide mehr erhält).

4. pp *(Einstellungsnachricht, Asservate, Beiakten, Frist oder weglegen).*

(Unterschrift, Dienstbezeichnung)

609 **Aufbau und Inhalt eines** zu erteilenden **Bescheides** richten sich nach dem jeweiligen Grund der Einstellung und dem möglichen Rechtsmittel des zu Bescheidenden.

610 Der einfachste Bescheid ergeht, wenn ein **Täter nicht ermittelt** werden konnte. In diesem Fall erfolgt lediglich eine kurze Mitteilung über das Scheitern der Ermittlungsbemühungen. Eine Rechtsmittelbelehrung ist nicht erforderlich, weil ein Klageerzwingungsverfahren mangels Beschuldigtem nicht zulässig wäre. Der Bescheid wird formularmäßig erteilt und muss vom Staatsanwalt nicht ausformuliert werden.

Beispiel

Staatsanwaltschaft Aachen
45 Js 24344/02

Vfg

1. Einstellung, weil Täter nicht ermittelt.

2. Bescheid an Anzeigeerstatter Schmitt (Bl 1).

3. Weglegen.

(Unterschrift, Datum)

Ein entsprechender Bescheid kann auch ergehen, wenn auf eine   611
Anzeige gegen Unbekannt zwar zwischenzeitlich gegen einen
bestimmten Beschuldigten ermittelt wurde, ohne dass dieser vom
Anzeigenden benannt worden war, sich **der Verdacht** gegen den
Betreffenden aber **zerschlagen** hat.

Beispiel

Staatsanwaltschaft Bremen   *(Datum)*
776 Js 34874/01

Vfg

1. Vermerk: Nach dem Ergebnis der DNA-Analyse Bl 23ff scheidet
   der Beschuldigte Senner als Täter eindeutig aus. Weitere erfolgversprechende Ermittlungsansätze sind derzeit nicht vorhanden.

2. Verfahrenseinstellung gemäß § 170 II StPO aus den Gründen zu 1.

3. Bescheid „Täter nicht ermittelt" an Anzeigeerstatterin Thorwald
   (Bl 2) mit Zusatz: Ein anfänglicher Tatverdacht gegen Herbert
   Senner ist nach einer DNA-Analyse ausgeräumt.

4. pp *(zB Einstellungsnachricht, Asservate ua, Frist bzw weglegen)*

Dr. Sommer, StAin

612 In allen übrigen Fällen ergeht ein **förmlicher Bescheid**[1], wobei zwischen Bescheiden mit bzw ohne Rechtsmittelbelehrung zu unterscheiden ist.

613 Eine **Rechtsmittelbelehrung** über die Möglichkeit zur Anfechtung der Einstellung gemäß § 172 I StPO erhält der Anzeigende, der zugleich **Verletzter** ist, und das auch nur dann, wenn die Anzeige nicht ausschließlich Privatklagedelikte betrifft (§ 172 II StPO). Wäre das Klageerzwingungsverfahren dagegen für den Anzeigeerstatter nicht eröffnet, so erfolgt keine Belehrung, insbesondere nicht über die Möglichkeit zur Erhebung der sachlichen Dienstaufsichtsbeschwerde[2]. Soweit eine **Privatklage** zulässig ist, kann hierauf verwiesen werden. Allerdings unterbleibt auch dieser Hinweis im Interesse des Anzeigeerstatters, wo eine solche Privatklage völlig aussichtslos erscheint.

614 Die Rechtsmittelbelehrung weist darauf hin, dass gegen den Einstellungsbescheid binnen 2 Wochen nach Bekanntgabe die Beschwerde bei der Generalstaatsanwaltschaft zulässig ist und dass diese Frist durch Einlegung der Beschwerde bei der jeweils entscheidenden Staatsanwaltschaft gewahrt werden kann. Den **Belehrungstext** braucht der Staatsanwalt nicht auszuformulieren. Es reicht ein Hinweis an die Kanzlei, ihn formularmäßig an- bzw beizufügen. Falls allerdings das Klageerzwingungsverfahren nur für einen Teil der eingestellten Delikte statthaft ist, muss dem Belehrungstext eine entsprechende Klarstellung beigefügt werden[3].

615 Bescheide mit Rechtsmittelbelehrung werden an Privatpersonen üblicherweise heute aus Kostengründen trotz der Frist nach § 172 I 1 StPO selbst dann nicht mehr förmlich zugestellt, sondern mit **einfacher Post** versandt, wenn eine Beschwerdeerhebung zu erwarten steht[4]. Falls eine Beschwerde eingelegt wird, bei der die Fristwahrung zweifelhaft ist, muss dann allerdings zu Gunsten des Beschwerdeführers die Rechtzeitigkeit unterstellt werden. Dies ist allerdings schon deshalb zu verschmerzen, weil selbst bei klarer Verfristung die Beschwerde immer noch als sachliche Dienstaufsichtsbeschwerde statthaft und entsprechend zu behandeln wäre. Eine Zustellung erfolgt nur noch gegenüber Rechtsanwälten und

---

1 Zum Inhalt vgl unten bei Rn 633ff.
2 Vgl dazu unten bei Rn 745.
3 Vgl das Beispiel 4 bei Rn 638.
4 Anders noch die überkommene Regelung in Nr 91 II RiStBV.

Behörden, und zwar durch **Empfangsbekenntnis**. Da letzteres keine zusätzlichen Kosten verursacht, sollte hierauf bei Anzeigeerstattung durch oder über Rechtsanwälte nicht verzichtet werden.

Leseabschriften des Bescheides werden zu den Akten und den Handakten genommen. Letzteres erfolgt, damit für den Fall der Beschwerdeeinlegung bereits ein Überstück für den Bericht an die Generalstaatsanwaltschaft zur Verfügung steht.

616

b) Einstellungsnachricht

Soweit die förmliche Beschwerde nach § 172 I 1 StPO zulässig und der Antragsteller entsprechend belehrt worden ist, werden **die Einstellungsnachricht**, die Abwicklung von Asservaten und andere nicht eilige Maßnahmen bis zum Ablauf der Beschwerdefrist **zurückgestellt**. In der Verfügung ist also nach Einstellung und Bescheid eine Frist von etwa 4 Wochen zu verfügen. Lediglich andauernde Zwangsmaßnahmen gegen den Beschuldigten sind sofort zu beenden. Ist hingegen eine förmliche Beschwerde nicht zulässig, so werden zugleich mit der Einstellung auch alle anderen noch erforderlichen Anordnungen getroffen. Wenn dies in einer Verfügung möglich ist, so endet diese mit dem „Weglegen".

617

Eine **Einstellungsnachricht** (EN) erhält der Beschuldigte, der verantwortlich vernommen wurde, auch wenn er bei der Vernehmung zur Sache keine Angaben gemacht hat. Ferner ist eine EN erforderlich, wenn der Beschuldigte um eine solche gebeten oder ein berechtigtes Interesse an der Bekanntgabe hat. Dies ist zweifellos stets dann anzunehmen, wenn gegen ihn Zwangsmaßnahmen ergriffen wurden oder wenn sich ein Verteidiger gemeldet hat. Aber auch schon bei bloßer Kenntnis des Beschuldigten von dem Umstand, dass gegen ihn ermittelt wurde, sollte er eine Einstellungsnachricht erhalten, sofern er nicht bereits anderweitig erfahren hat, dass sich der Verdacht gegen ihn zerschlagen hat. Die Anhängigkeit eines Ermittlungsverfahrens kann für den davon Betroffenen eine erhebliche psychische Belastung darstellen, für deren Fortdauer es nach der Verfahrenseinstellung keinerlei rechtfertigenden Grund mehr gibt und deren Beseitigung die Staatsanwaltschaft als Verursacherin schuldet.

618

619 Die EN erfolgt **grundsätzlich formlos** und ohne Angabe von Gründen (Nr 88, 91 I RiStBV). Sie wird vom Staatsanwalt nicht ausformuliert. Es genügt die Anordnung, die EN formularmäßig zu erteilen. Hat der Beschuldigte einen Verteidiger, so wird die Übersendung an diesen angeordnet (zB: EN für Beschuldigten Meier zu Händen RA Müller).

620 Waren allerdings **entschädigungsfähige Maßnahmen** gemäß § 2 StrEG (insbesondere Festnahme, Haft, Beschlagnahme und Durchsuchung) gegen den Beschuldigten ergriffen worden, so ist ihm (bzw seinem Verteidiger) eine Belehrung über seine Rechte gemäß § 9 I StrEG zu erteilen. Hiernach kann binnen einen Monats nach Zustellung der Mitteilung beim Amtsgericht am Sitz der Staatsanwaltschaft die Feststellung der Entschädigungspflicht dem Grunde nach beantragt werden. Die so ergänzte EN wird förmlich zugestellt, an den nicht anwaltlich vertretenen Beschuldigten per Postzustellungsurkunde (Nr 91 I RiStBV). Wegen der Einzelheiten des anschließenden Entschädigungsverfahrens wird auf Anlage C zu den RiStBV verwiesen.

Beispiel

621 Staatsanwaltschaft Aachen   15. 4. 2002
77 Js 55224/01

Vfg

1. Vermerk: *(Gründe der Einstellung)*

2. Verfahrenseinstellung aus den Gründen zu Ziff 1 gemäß § 170 II StPO.

3. Kein Bescheid, Ermittlungen von Amts wegen.

4. Schreiben – höflich/ZU – an Beschuldigten Grünther (Bl 22):

   Betr. Ermittlungsverfahren gegen Sie wegen des Verdachts des Diebstahls.

   Das Ermittlungsverfahren ist eingestellt worden. Soweit Ihnen durch die vorläufige Festnahme am 12. 11. 2001 und die Beschlagnahme Ihrer Kleidung ein Schaden entstanden ist, können Sie bei dem Amtsgericht in Aachen innerhalb einer Frist von 1 Monat nach Zustellung dieser Mitteilung die Feststellung der

Entschädigungspflicht beantragen. Das Gericht prüft dann, ob die Voraussetzungen für eine Entschädigung nach dem Gesetz über die Entschädigung von Strafverfolgungsmaßnahmen vorliegen oder sie zu versagen ist. Diese Mitteilung ist daher noch keine Zusicherung einer Entschädigung.

Falls eine Entschädigungspflicht rechtskräftig festgestellt werden sollte, wird über den Umfang der Entschädigung in einem gesonderten Verfahren entschieden.

Eine Entschädigung wird im Übrigen nur dann geleistet, wenn der nachgewiesene Vermögensschaden den Betrag von 25 Euro übersteigt. Zum Schaden zählen auch Unterhaltsansprüche, die Sie infolge der Strafverfolgungsmaßnahmen nicht erfüllen konnten. Freiheitsentzug als solcher wird mit 11 Euro je Tag entschädigt.

5. Beiakten 53 Js 4354/97 trennen und zurücksenden.

6. Schreiben an Polizei Düren zu Tagebuch-Nr 3454/01:

In pp

werden auf der dortigen Asservatenstelle unter lfd Nr 45/01 noch Kleidungsstücke des Beschuldigten verwahrt. Diese werden als Beweismittel nicht mehr benötigt und deshalb zur Rückgabe an den Beschuldigten freigegeben. Ich bitte um weitere Veranlassung.

7. 24. 5. 2002 (Antrag? Sonst weglegen).

Schiermann, StA

c) Teileinstellungen

Grundsätzlich ist auch die Einstellung einzelner Teile des Ermittlungsverfahrens möglich. So kann **gegen einzelne Beschuldigte** oder **wegen einzelner Taten eingestellt** werden. Dies ist im Ausnahmefall bereits zu Beginn des Ermittlungsverfahrens sinnvoll, um den Prozessstoff im Hinblick auf die nachfolgenden polizeilichen Ermittlungen auf das Wesentliche zu beschränken oder einen offensichtlich zu Unrecht in Verdacht geratenen Beschuldigten frühzeitig aus dem Verfahren zu entlassen.

622

623   Spätestens jedoch **bei Anklageerhebung** muss all das eingestellt werden, was nicht Gegenstand der öffentlichen Klage sein soll. Hierbei ist zu beachten, dass neben einer Anklage **nur selbständige prozessuale Taten einstellungsfähig** sind. Wird innerhalb derselben prozessualen Tat für einen Tatbestand hinreichender Tatverdacht bejaht, für einen anderen hingegen verneint, so wird keine Teileinstellung verfügt. Vielmehr ergibt sich aus der rechtlichen Bewertung in der Anklage deutlich genug, dass wegen anderer Delikte derselben prozessualen Tat hinreichender Tatverdacht verneint wurde. Allenfalls können, falls die Sach- und Rechtslage nicht ganz eindeutig ist, in einem Vermerk die Gründe dargelegt werden, warum nur das eine Delikt angeklagt wird.

624   Im Übrigen erfolgt die **Teileinstellung in der Verfügung** ebenso wie die Einstellung des gesamten Verfahrens. Allerdings ist genau zu bezeichnen, welche Beschuldigten bzw Taten von der Entscheidung erfasst werden.

Beispiel

(Verfügungskopf)

1. Teileinstellung des Verfahrens gemäß § 170 II StPO aus den Gründen zu Ziff 2, soweit dem Beschuldigten Egbert Betrug zum Nachteil Firma Ostland GmbH vorgeworfen wird.

2. *(Teileinstellungsbescheid oder Vermerk, dass Bescheid nicht erforderlich)*

3. *(falls Bescheid in Ziff 2:)* Durchschrift von Ziff 2 zu den Akten und den Handakten.

4. *(falls kein Bescheid in Ziff 2 oder falls Bescheid, aber Beschwerde nicht zulässig:)* EN für Beschuldigten Egbert (Bl 3) zu Händen RA Sommer (Bl 12) mit Zusatz: Dies betrifft nur den Vorwurf des Betruges zum Nachteil Fa Ostland GmbH. Im übrigen wird das Verfahren fortgesetzt.

5. pp *(zB Ermittlungsanordnungen wegen der restlichen Taten/ Beschuldigten)*

(Unterschrift, Dienstbezeichnung)

Ob **Teileinstellungsbescheid** bzw -nachricht erforderlich sind, hängt vom Einzelfall ab. Geht es dem Anzeigeerstatter offenbar weniger um den genauen Umfang des zu erhebenden Vorwurfes als darum, dass überhaupt eine Strafverfolgung stattfindet, so kann zur Verfahrensbeschleunigung ein Bescheid unterbleiben. In der Praxis ist es üblich, auch auf eine EN jedenfalls dann zu verzichten, wenn der Umfang des noch übrigen Vorwurfes und damit die Tatsache der teilweisen Nichtverfolgung für den Beschuldigten aus einer zeitgleich erhobenen Anklage ohnehin deutlich genug zu erkennen ist.

625

Wenn bei einer Teileinstellung **mit einer Beschwerde** durch einen Anzeigeerstatter **zu rechnen** ist, sollte Vorsorge dafür getroffen werden, dass das Beschwerdeverfahren, für welches ja die jeweiligen Aktenteile benötigt werden, ohne Verzögerung der Hauptsache durchgeführt werden kann. Bei Teileinstellungen, die neben einer Anklage erfolgen, ist dies zB durch die Anlegung eines Sonderheftes gewährleistet, in welches Ablichtungen der die Einstellung betreffenden Aktenteile genommen werden. Falls dies zu aufwändig oder zu unübersichtlich wäre, kommt auch eine vorherige Trennung des Verfahrens in Betracht, wobei zweckmäßigerweise der vom Aktenumfang her kleinere Teil abzutrennen und in ein neues Verfahren zu übernehmen ist.

626

Während des Ermittlungsverfahrens sollte man bei drohender Beschwerde auf eine Teileinstellung besser verzichten und diese nur dann verfügen, wenn sie unumgänglich ist, weil entweder die übrigen Ermittlungen noch sehr viel länger andauern werden oder weil man sich ein Präjudiz von dem Beschwerdeverfahren erhofft.

627

d) Behörden als Anzeigeerstatter

Wenn eine Behörde oder öffentliche Körperschaft die Anzeige erstattet oder sonst ihr Interesse am Verfahren bekundet hat, muss der Staatsanwalt sie **vor einer Verfahrenseinstellung** zu seiner beabsichtigten Entscheidung **anhören** (Nr 90 RiStBV). Praktisch erfolgt dies durch eine schriftliche Mitteilung, die quasi einen vorgezogenen Einstellungsbescheid darstellt und der entscheidende Passagen aus den Akten in Kopie beigefügt werden können. In geeigneten Fällen, sofern dies ohne Beeinträchtigung der Belange des Beschuldigten oder sonstiger Personen möglich erscheint, kann zur Vereinfachung die gesamte Akte übersandt werden.

628

Beispiel   **Beispiel 1** (Anhörung durch schriftliche Mitteilung):

629   56 Js 32431/00   14. 6. 2000

Verfügung

1. Schreiben an Arbeitsamt in Hof (Bl 1) – höflich/formlos –:

Betr.: Ihre Strafanzeige gegen Siegfried Berliner, 9. 9. 1955, wegen Betruges (Ihr Zeichen: 04566.55/832).

Der Beschuldigte bestreitet eine Täuschungshandlung. Er habe die Aufnahme seines neuen Arbeitsverhältnisses am 16. 1. 2000 durch Postkarte mitgeteilt. Weil die Zahlungen des Arbeitslosengeldes auf das Konto seiner damaligen Freundin gegangen seien, mit der er sich gerade damals zerstritten hätte, habe er erst nach 3 Monaten mitbekommen, dass das Arbeitsamt offensichtlich seine Mitteilung nicht erhalten habe.

Diese Einlassung ist dem Beschuldigten nicht zu widerlegen. Ein Verlust der Mitteilung auf dem Postweg ist erfahrungsgemäß zwar selten, aber nicht auszuschließen. Die Zeugin Dammeier, die damalige Freundin des Beschuldigten, hat bestätigt, ihn nach Neujahr 2000 erstmalig im März wiedergesehen zu haben. Bei dieser Gelegenheit habe sie ihm auch erst gesagt, dass noch Geld von ihm auf ihrem Konto sei. Offensichtlich unmittelbar danach erfolgte die (nach Einlassung des Beschuldigten zweite) Benachrichtigung des Arbeitsamtes.

Bei dieser Sachlage ist eine Verurteilung mangels Nachweises einer Täuschungshandlung nicht zu erwarten. Ich beabsichtige deshalb, das Verfahren gegen den Beschuldigten gemäß § 170 II StPO einzustellen. Bevor ich das tue, gebe ich Ihnen hiermit Gelegenheit, mir etwaige Bedenken gegen diese Verfahrensweise mitzuteilen. Höre ich insofern bis zum 10. 7. nichts von Ihnen, so gehe ich davon aus, dass Sie mit der vorgeschlagenen Erledigung einverstanden sind und auf einen förmlichen Einstellungsbescheid verzichten.

2. Frist 11. 7. (Bedenken? Sonst Einstellung, EN und weglegen)

(Namenszeichen)

Gewöhnlich genügt Behörden die einmalige Mitteilung der Einstellung und ihrer Gründe, so dass ein **nochmaliger förmlicher Bescheid** sachlich entbehrlich ist. Die obige Verfügung versucht deshalb, einen entsprechenden, formal erforderlichen **Verzicht** durch die Formulierung des letzten Absatzes zu erreichen. 630

Beispiel 2 (Anhörung im Wege der Aktenübersendung):

Beispiel

Staatsanwaltschaft Aurich 19. 9. 2000 631
414 Js 1243/00

Vfg

1. U m A

der Stadt Aurich
– Ordnungsamt/Ausländerstelle –

zur Kenntnisnahme vom Ergebnis der Ermittlungen für eine Woche übersandt.

Angesichts der Einlassung des Beschuldigten (Bl 23ff dA) wird sich der Vorwurf eines Verstoßes gegen die räumliche Beschränkung in der Duldung (§§ 85 Nr 2, 56 I AsylVfG) nicht nachweisen lassen. Vielmehr ist davon auszugehen, dass ihm die Bescheinigung über die Aufenthaltsgestattung tatsächlich entwendet und durch einen unbekannten Dritten benutzt wurde. Dafür spricht die Diebstahlsanzeige auf dem Polizeirevier Emden (Bl 12) und der spätere Fund des Papiers in Ingolstadt zusammen mit Personalpapieren anderer Personen (Bl 18).

Ich beabsichtige daher, das Ermittlungsverfahren gemäß § 170 II StPO einzustellen. Bevor ich dies tue, gebe ich Gelegenheit, mir etwaige Bedenken bei Rückgabe der Akten mitzuteilen.

2. 3. 10. (Akte zurück? Stellungnahme Ordnungsamt?)

von Jagow, StAin

632 Von einer angehörten Behörde **vorgebrachte Einwände** gegen eine angekündigte Einstellung sind besonders sorgfältig zu prüfen. Der Staatsanwalt ist allerdings nicht gehindert, gleichwohl das Verfahren einzustellen. In dem dann zu erteilenden Einstellungsbescheid wird er auf die vorgetragenen Bedenken detailliert einzugehen haben (Nr 90 I 2 RiStBV). Falls die Behörde in ihrer Stellungnahme offensichtlich von einem Missverständnis ausgeht oder sie über die strafrechtliche Rechtslage irrt, ist es empfehlenswert, zur Vermeidung einer unnötigen Beschwerde zuvor mit dem zuständigen Sachbearbeiter telefonisch Kontakt aufzunehmen. In den allermeisten Fällen lässt sich diesem die Aussichtslosigkeit des Verfahrens vermitteln und damit überflüssige Mehrarbeit auf beiden Seiten verhindern.

2. Inhalt des Einstellungsbescheides

633 Auf die **Formulierung eines Einstellungsbescheids** ist große Sorgfalt zu verwenden. Sein Inhalt ist so zu fassen, dass auch ein Rechtsunkundiger verstehen und nachvollziehen kann, warum eine Anklageerhebung nicht möglich war (Nr 89 IV RiStBV). Deshalb sind die Einstellungsgründe überzeugend, präzise und vollständig darzustellen. Dagegen sind floskelhafte und nichtssagende Begründungen schon zur Vermeidung sachlich nicht gebotener Beschwerden zu unterlassen (Nr 89 II RiStBV). Verfehlt wäre es auch, umfangreich darzustellen, welches Ergebnis die Ermittlungen erbracht haben. Vielmehr sollte sich der Bescheid auf die Darstellung dessen beschränken, was zur Begründung des hinreichenden Tatverdachts gerade fehlt. Man zitiert hier zweckmäßigerweise in Auszügen die entsprechende Strafvorschrift, verdeutlicht, welche Voraussetzungen tatsächlicher Art sich hieraus für den konkreten Fall ergeben und warum diese als nicht beweisbar erscheinen[1]. Allerdings kann es auch angebracht sein, sich daneben mit nicht unbedingt entscheidungsrelevanten Punkten auseinanderzusetzen, wenn der Anzeigeerstatter diesen erkennbar große Bedeutung beimisst. Wenn die Einstellung deshalb erfolgt, weil seinen Angaben nicht geglaubt wird, dann muss auch dies – allerdings mit der gebotenen Zurückhaltung in der Form – unmissverständlich zum Ausdruck gebracht werden. Unklug ist es, Bescheide sogleich mit der Feststellung zu beginnen, es bestehe kein hinreichender Tatver-

---

1 Vgl die Beispiele 3 und 4 bei Rn 637f.

dacht. Vielmehr ist es geschickter, dies als das Ergebnis der Erwägungen ans Ende zu setzen.

Hinsichtlich des **Aufbaus des Einstellungsbescheides** bzw der   634
Einstellungsverfügung gibt es örtlich unterschiedliche Gepflogenheiten. Während in Norddeutschland eine Mitteilung in Briefform üblich ist, wird in Süddeutschland eine mit Gründen versehene Einstellungsentscheidung, ähnlich einem gerichtlichen Beschluss, erstellt und mittels einer Begleitverfügung in Abschrift übersandt[1]. Eine andere süddeutsche Variante integriert die begründete Einstellungsentscheidung in die Verfügung[2]. Jede der Fassungen hat ihre Vor- und Nachteile, weshalb hier auf eine eindeutige Empfehlung verzichtet werden soll. Im Zweifel wird man sich schon mit Rücksicht auf die Kanzlei und deren Gewohnheiten den örtlichen Gebräuchen anzupassen haben.

Beispiel 1 (norddeutsche Fassung einer Einstellung nach Ermittlungen):

> **Beispiel**

Staatsanwaltschaft Bückeburg   10. 8. 2001   635
531 Js 5569/01

Verfügung

1. Verfahrenseinstellung bzgl Sagebiel gemäß § 170 II StPO aus den Gründen zu Ziff 2.

2. Schreiben an Anzeigeerstatter Kiefer (Bl 2) – höflich/formlos[3] – :

   Betr: Ihre Strafanzeige vom 2. 3. 2001 gegen Sagebiel wegen versuchten Diebstahls

   Der Beschuldigte hat die Tat bestritten. Bei der Spurensuche am Tatort fanden sich zwar Fingerspuren, die aber nach den gutachterlichen Feststellungen des Landeskriminalamtes Niedersachsen nicht von dem Beschuldigten stammen. Der von Ihnen benannte Zeuge Simmering hat den Beschuldigten bei einer Wahlgegenüberstellung nicht als denjenigen wiedererkannt, den er zur Tatzeit in der Nähe Ihres Hauses gesehen hat. Somit bleibt

---

1 Vgl Beispiel 2, Rn 636.
2 Vgl Rn 637.
3 Zur Zustellung siehe Rn 615.

zur Überführung des Beschuldigten lediglich Ihre Aussage, Sie hätten ihn bei der Tatausführung gesehen und erkannt.

Eine Anklageerhebung setzt voraus, dass in einer Hauptverhandlung aufgrund des vorhandenen Beweismaterials eine Verurteilung wahrscheinlicher als ein Freispruch wäre. Im vorliegenden Fall könnte sich der Beschuldigte hingegen immer mit Erfolg darauf berufen, dass angesichts der Lichtverhältnisse und der Entfernung, aus der Sie Ihre Beobachtung gemacht haben, ein Irrtum Ihrerseits nicht auszuschließen ist. Wegen des Fehlens weiterer Beweismittel blieben daher immer Zweifel an der Schuld, so dass ein Freispruch unvermeidlich wäre.

Weitere erfolgversprechende Ermittlungsansätze sind zur Zeit nicht ersichtlich. Da eine Verurteilung trotz der sicherlich fortbestehenden Verdachtsmomente nicht zu erwarten ist, musste ich das Ermittlungsverfahren gemäß § 170 II StPO einstellen.

– Rechtsmittelbelehrung –

3. Je eine Abschrift des Bescheides zu Ziff 2 zu den Akten und den Handakten.

4. 9. 9. 2001 (Beschwerde? Sonst EN an Besch und weglegen)

Müller, StA

Beispiel　　**Beispiel 2** (süddeutsche Fassung I bei derselben Sachlage):

636　Staatsanwaltschaft Freiburg　　　　　　　　　10. 8. 2001
531 Js 5569/01

Auf die Strafanzeige des Installateurs Rainer Kiefer in Freiburg vom 2. 3. 2001

gegen den Maurer Michael Sagebiel

wegen des Verdachts des versuchten Diebstahls

wird die Erhebung der Anklage abgelehnt und das Verfahren eingestellt, da kein hinreichender Tatverdacht besteht (§ 170 II StPO).

Gründe:

Der Anzeigeerstatter überraschte am 1. 3. 2001 gegen 23.00 Uhr bei seiner Rückkehr von einer Feier zuhause eine Person, die dort offensichtlich stehlen wollte und beim Erscheinen des Anzeigeerstatters die Flucht ergriff. Er glaubt, dabei handele es sich um den ihm flüchtig bekannten Beschuldigten.

Der Beschuldigte hat den Tatvorwurf bestritten und erklärt, der Anzeigeerstatter müsse sich irren. Am Tatort gesicherte Fingerspuren stammen nach einem Gutachten des Landeskriminalamtes nicht von dem Beschuldigten. Der Zeuge Simmering, der den flüchtenden Dieb auf der Straße gesehen hat, hat den Beschuldigten bei einer Wahlgegenüberstellung nicht als die fragliche Person wiedererkannt. Weitere Beweismittel sind nicht ersichtlich.

Bei dieser Beweislage ist eine Verurteilung nicht zu erwarten, weil ein Irrtum des Anzeigeerstatters hinsichtlich der Person des Diebes nicht ausgeschlossen werden kann. Daher ist eine Anklageerhebung nicht möglich.

(Müller)
Staatsanwalt

Vfg

1. Beglaubigte Abschrift von obiger Entscheidung unter Beifügung einer Rechtsmittelbelehrung an Anzeigeerstatter Kiefer (Bl 2) übersenden[1].

2. Abschrift von obiger Entscheidung zu den Handakten.

3. 9. 9. 2001 (Beschwerde? Sonst EN und weglegen).

Mü, 12. 8.

---

1 Zur Zustellung siehe Rn 615.

Beispiel 3 (Einstellung mangels Anfangsverdachts, süddeutsche Fassung II):

637 Staatsanwaltschaft Konstanz   22. 10. 2001
102 Js 33412/01

Vfg

1. Betr: Strafanzeige des RA Wilhelmi im Auftrage seines Mandanten August Nehringer gegen den Werber Siegfried Behrend aus Stuttgart

   Von der Einleitung eines Ermittlungsverfahrens wird abgesehen.

Gründe:

Betrug setzt neben Täuschung, Irrtum und Verfügung voraus, dass ein wirtschaftlicher Schaden entstanden ist. Leistung und Gegenleistung müssten daher einen unterschiedlichen wirtschaftlichen Wert aufweisen. Im vorliegenden Fall soll der Anzeigeerstatter darüber getäuscht worden sein, dass das ihm angebotene Zeitschriftenabonnement zu besonders günstigen Konditionen vermittelt werde, während tatsächlich ein marktüblicher Preis verlangt wurde. Der Anzeigeerstatter hat somit eine Gegenleistung erhalten, die wirtschaftlich denselben Wert hat wie die von ihm zu erbringenden Zahlungen. Eine Vermögensminderung ist daher im Ergebnis nicht eingetreten. Ein Schaden im Sinne von § 263 StGB liegt nicht vor.

Bei dieser Sachlage fehlt es an zureichenden tatsächlichen Anhaltspunkten für eine strafbare Handlung (§ 152 II StPO). Die Aufnahme von Ermittlungen ist nicht zulässig, das vorliegende Verfahren daher gemäß § 170 II StPO einzustellen.

2. Abschrift von Ziff 1 gegen EB an RA Wilhelmi (Bl 1) mit Rechtsmittelbelehrung zustellen.

3. Weitere Abschrift zu den Akten und den Handakten.

4. 22. 11. (Beschwerde? Sonst weglegen)

Dr. Schmidt, StAin

Beispiel 4 (Einstellung bei Offizial- und Privatklagedelikt mangels Anfangsverdachts, norddeutsche
Fassung):

Beispiel

Staatsanwaltschaft Bückeburg   13. 6. 2002   638
66 Js 5232/02

Vfg

1. Verfahrenseinstellung gemäß § 170 II StPO aus den Gründen zu
   Ziff 2.

2. Schreiben an Anzeigeerstatterin Timmann (Bl 1) – höflich/
   formlos –:

   Betr: Ihre Strafanzeige vom 22. 5. 2002 gegen Peter Hilscher
   wegen Betruges und Beleidigung

   Ich habe den Sachverhalt geprüft, sehe jedoch keine zureichenden tatsächlichen Anhaltspunkte für noch verfolgbare Straftaten
   (§ 152 II StPO).

   Tatzeit des Verkaufs des angeblich gefälschten Bildes an Sie war
   der April 1993. Betrug verjährt gemäß § 78 Abs 3 Nr 4 in Verbindung mit § 263 StGB innerhalb von 5 Jahren nach Begehung der
   Tat. Die Verjährungsfrist ist somit bereits im April 1998 abgelau-
   fen, was bedeutet, dass die Tat jetzt nicht mehr verfolgbar ist.

   Soweit Sie dem Beschuldigten vorwerfen, Sie anlässlich eines
   Telefonats am 31. Januar 2002 bedroht und beleidigt zu haben,
   wäre dies als Beleidigung nur verfolgbar, wenn Sie den dazu
   gemäß §§ 185, 194 StGB erforderlichen Strafantrag binnen
   3 Monaten nach der Tat gestellt hätten (§ 77b StGB), also spätestens Ende April 2002. Ihre Strafanzeige ist hier aber erst am 26. 5.
   2002 eingegangen, mithin nicht rechtzeitig. Eine Bedrohung
   (§ 241 StGB) setzt die Ankündigung eines Verbrechens voraus.
   Die Äußerung, Sie würden „eine aufs Maul bekommen", beinhaltet zwar die Ankündigung einer Körperverletzung gemäß § 223
   StGB. Hierbei handelt es sich aber nicht um ein Verbrechen, sondern lediglich um ein Vergehen (§ 12 StGB).

   Mangels Vorliegens der Strafverfolgungsvoraussetzungen habe
   ich mich deshalb an der Aufnahme von Ermittlungen gehindert
   gesehen und das Verfahren gemäß § 170 II StPO eingestellt.

Von dieser Einstellung werden selbstverständlich Ihre etwa bestehenden zivilrechtlichen Schadensersatzansprüche gegenüber dem Beschuldigten in keiner Weise berührt.

– Rechtsmittelbelehrung nach Formular mit Zusatz: Vorstehende Rechtsmittelbelehrung gilt jedoch nur, soweit die Einstellung wegen des Verdachts des Betruges erfolgte. Hinsichtlich des Verdachts der Beleidigung bzw Bedrohung könnten Sie Privatklage gegen den Beschuldigten vor dem zuständigen Amtsgericht erheben, sofern Sie sich davon Erfolg versprechen. –

3. Durchschrift des Schreibens zu Ziff 2 zu den Akten und den HA.

4. 12. 7. (Beschwerde? Sonst weglegen)

Esterhaus, StA

639 Auf offensichtlich unbegründete, **querulatorische Anzeigen** wird beim ersten Mal noch ein Bescheid erteilt. Dieser kann jedoch stark verkürzt ergehen. Auch ist es zulässig, eine normalerweise gebotene Rechtsmittelbelehrung zu unterlassen.

Beispiel

Staatsanwaltschaft Kiel   12. 7. 2002
112 Js 70081/02

Vfg

1. Vermerk: Die Anzeige ist offensichtlich haltlos. Der Anzeigeerstatter ist, nach dem Text der Anzeige zu urteilen, möglicherweise nicht mehr in vollem Umfang einsichtsfähig. Aus diesem Grund wird nur ein verkürzter Bescheid ohne Rechtsmittelbelehrung erteilt.

2. Verfahrenseinstellung gemäß § 170 II StPO aus den Gründen zu 1.

3. Schreiben an Anzeigeerstatter Hermannsdorfer (Bl 1) – höflich/formlos –:

     Betr: Ihre Strafanzeige gegen den RiAG Haferkampf vom 13. 3. 2002 wegen Rechtsbeugung.

Ich habe den Sachverhalt unter Beiziehung der Akten des Zivilrechtsstreits 334 C 885/00 ausgewertet. Anhaltspunkte für ein strafrechtlich relevantes Verhalten des entscheidenden Richters haben sich daraus nicht ergeben, weshalb ich das Verfahren gemäß § 170 II StPO eingestellt habe.

4. Abschrift von Ziff 3 zu den Akten und Handakten.

5. Beiakten trennen und an AG Kiel zurücksenden.

6. Keine EN, weil nicht vernommen.

7. Weglegen.

Trondheim, StAin

Bei **Teileinstellungen** oder bei **Abgaben an die Verwaltungs-** 640
behörde empfiehlt es sich, den Anzeigeerstatter darauf hinzuweisen, dass seinem Verfolgungsbegehren wenigstens teilweise weiterhin stattgegeben wird. Oft wird die Aussicht, dass der Beschuldigte doch noch anderweitig zur Verantwortung gezogen werden könnte, die Beschwerdebereitschaft reduzieren.

Beispiel

(Verfügungskopf)

1. Verfahrenseinstellung gemäß § 170 II StPO, soweit dem Beschuldigten ein Vergehen nach § 315c StGB zur Last gelegt wird, aus den Gründen zu Ziff 2.

2. Schreiben – höflich/formlos – an Anzeigeerstatter Werner (Bl 2 dA):

Betr.: Ihre Strafanzeige vom 23. 12. 2001 gegen Junghans wegen Trunkenheit im Verkehr

Eine dem Beschuldigten unmittelbar nach seiner Fahrt entnommene Blutprobe hat eine mittlere Blutalkoholkonzentration (BAK) von 0,94 g ‰ ergeben. Eine Fahruntüchtigkeit ist nach der Rechtsprechung jedoch erst bei einer BAK von 1,1 g ‰ anzunehmen, sofern nicht alkoholbedingte Fahrfehler vorliegen. Solche sind im vorliegenden Fall allerdings nicht beweisbar. Der Unfall hätte auch dann passieren können, wenn der Beschuldigte völlig nüchtern gewesen wäre. Ursächlich für sein Abkommen von der Fahrbahn war nämlich nach dem hier vorliegenden Gutachten des Sachverständigen Dr. Schindel ein nicht vorhersehbarer Reifendefekt. Somit hat sich der Beschuldigte zwar nicht strafbar gemacht, weshalb ich das Ermittlungsverfahren gemäß § 170 II StPO einstellen musste. Allerdings hat der Beschuldigte eine Ordnungswidrigkeit nach § 24a StVG begangen (Verstoß gegen die 0,5-Promille-Grenze), für die er zur Verantwortung zu ziehen sein wird. Zu diesem Zweck habe ich die Akten dem hierfür zuständigen Ordnungsamt in *(Ortsname)* zugeleitet, das das Verfahren in eigener Zuständigkeit fortführen wird.

3. Vermerk: Der Bescheid ergeht ohne Rechtsmittelbelehrung, weil der Anzeigeerstatter nicht durch den Unfall geschädigt und daher nicht Verletzter ist.

4. EN an Beschuldigten Junghans (Bl 1) mit Zusatz: Zur Verfolgung etwaiger Ordnungswidrigkeiten nach § 24a StVG habe ich das Verfahren an das Ordnungsamt in *(Ortsname)* abgegeben.

5. pp *(vgl die Verfügung im Beispiel oben bei Rn 173)*

3. Rechtsmittel gegen die Einstellung

641 Die Einstellung kann von dem Anzeigeerstatter mit der dem Klageerzwingungsverfahren vorgeschalteten **förmlichen Beschwerde zur Generalstaatsanwaltschaft** gemäß § 172 I 1 StPO angefochten werden, falls er zugleich Verletzter ist und keiner der Ausschlussgründe des § 172 II 3 StPO eingreift. In jedem anderen Fall einer Einstellung sowie bei Versäumung der Beschwerdefrist bleibt die **sachliche Dienstaufsichtsbeschwerde** statthaft, über die ebenfalls nach § 147 GVG die Generalstaatsanwaltschaft zu entscheiden hat. Beide Beschwerdearten werden durch den Staatsanwalt praktisch auf die gleiche Weise behandelt.

642 Wendet sich der Anzeigeerstatter gegen die Einstellung, so ist zunächst zu überlegen, ob eine Überprüfung der Entscheidung durch die vorgesetzte Behörde begehrt wird oder ob **lediglich Gegenvorstellungen** erhoben werden sollen, über die der Staatsanwalt selbst befindet. Handelt es sich um letztere und sind diese nicht begründet, so wird dem Anzeigeerstatter durch ein formloses Schreiben mitgeteilt, dass man seine Eingabe geprüft habe, aber keinen Anlass zur Wiederaufnahme der Ermittlungen sehe.

Bei jeder Beschwerde, gleichgültig ob förmliche Beschwerde oder 643
sachliche Dienstaufsichtsbeschwerde, hat der Staatsanwalt das
Beschwerdevorbringen und das Ergebnis der bisherigen Ermittlungen im Rahmen eines **Abhilfeverfahrens** noch einmal gewissenhaft
darauf zu prüfen, ob die Einstellung einer Überprüfung durch die
Generalstaatsanwaltschaft standhalten kann. Sollte dies nicht der
Fall sein, muss er der Beschwerde abhelfen (Nr 105 I RiStBV) sowie
die Ermittlungen wiederaufnehmen (und ggf Anklage erheben). Das
ist selbst dann möglich, wenn die Beschwerde unmittelbar bei der
Generalstaatsanwaltschaft eingelegt wurde. Diese leitet sie zwar
mit einem Berichtsauftrag an den Staatsanwalt weiter, jedoch ist
der Auftrag nicht auszuführen, wenn der Beschwerde abgeholfen
wird. Vielmehr erhält die Generalstaatsanwaltschaft dann nur eine
formlose Mitteilung von der Wiederaufnahme der Ermittlungen[1].

War aus tatsächlichen Gründen heraus eingestellt worden, so wird 644
relevanter **neuer Sachvortrag** regelmäßig zur Wiederaufnahme der
Ermittlungen zwingen. Dasselbe gilt, wenn es noch **offene Ermittlungsansätze** gibt, sofern diese Erfolg versprechen könnten. Wer
die Vernehmung angebotener oder sonst offensichtlich vorhandener
Zeugen unterlässt, riskiert die Aufhebung der Einstellungsverfügung durch die Generalstaatsanwaltschaft. Hingegen ist es nicht
erforderlich, Zeugen ein zweites Mal zu vernehmen, wenn diese
bereits anderweitig, etwa in einem Zivilprozess, zum Thema
erschöpfend ausgesagt haben und eine Aussageänderung nicht zu
erwarten steht. Auch kann auf die Vernehmung des Beschuldigten
bei ansonsten schlechter Beweislage von vornherein verzichtet
werden, da in einer solchen Situation auf ein Geständnis nicht
ernsthaft gehofft werden kann.

Keinen Anlass zur Revidierung der Einstellungsentscheidung bietet 645
die **Behauptung weiterer Straftaten**. Diese können indes Anlass zu
neuen Ermittlungen bieten, was aber dann nach Durchführung des
Beschwerdeverfahrens oder sofort in einem neu einzuleitenden,
gesonderten Verfahren geschehen sollte.

Gelangt der Staatsanwalt zu der Auffassung, **die Ermittlungen** 646
seien **wiederaufzunehmen**, so teilt er dies dem Anzeigerstatter
und ggf auch der Generalstaatsanwaltschaft formlos mit.

---

1 Nr 105 III RiStBV, vgl das Beispiel Rn 646.

Beispiel

(Verfügungskopf)

1. Die Ermittlungen werden wiederaufgenommen.

2. Nachricht von Ziff 1 an

   a) Anzeigeerstatter Bl 1,

   b) Generalstaatsanwaltschaft zu Zs 239/02.

3. pp *(zB Ermittlungsauftrag an Polizei ua)*

(Unterschrift, Dienstbezeichnung, Datum)

647 Hilft der Staatsanwalt der Beschwerde nicht ab, so muss er die Vorgänge mit allen etwa vorhandenen Beiakten und Sonderheften **im
Berichtswege der Generalstaatsanwaltschaft vorlegen.**

Beispiel

Staatsanwaltschaft Hannover   Hannover, ...[1]
– Der Leitende Oberstaatsanwalt –
99 Js 63223/00

Vfg

1. Frau/Herrn AL

2. Herrn BL *(entbehrlich, wenn wie üblich das Zeichnungsrecht auf
   die AL delegiert ist)*

3. Berichten unter Beifügung von:

   a) den Akten

   b) einem Doppel des Einstellungsbescheides Bl 45 dA

   An die Generalstaatsanwaltschaft
   – Herrn Generalstaatsanwalt –
   in Celle

   Betr: Ermittlungsverfahren gegen Werner Minz wegen des Verdachts der Untreue

---

1 Das Datum wird vom Dezernenten offen gelassen und erst von AL bzw
BL bei dessen Unterschrift eingesetzt.

Auftrag vom 28. 5. 2001 – Zs 239/01 – (*sonst:* Ohne Auftrag)

Anlagen: 1 Bd Ermittlungsakten

Anlagen: 1 Einstellungsbescheid vom 9. 5. 2001

Berichtsverfasserin: StAin Heider (Tel ...)

Ich überreiche die Vorgänge. Die Beschwerde vom 20. 5. 2001 (Bl 50 dA), dort eingegangen am 21. 5., richtet sich gegen den Einstellungsbescheid vom 9. 5. (Bl 45 dA), zur Post gegeben am 14. 5. (Bl 48 dA).

Die nicht näher begründete Beschwerde hat mir keinen Anlass zur Abänderung meiner Entscheidung gegeben.

4. Dieses Blatt zu den HA nehmen.

5. Wv 13. 7.

(Unterschrift BL bzw AL)   *(Handzeichen Dezernent, Datum)*

Der **Berichtstext** wird so knapp wie möglich gehalten. Bei einer   648
ernstzunehmenden Beschwerdebegründung sollte aber kurz dargestellt werden, warum gleichwohl kein Anlass zur Wiederaufnahme der Ermittlungen besteht. Dabei ist jedoch von Wiederholungen der Gründe des Einstellungsbescheides abzusehen und
nur auf neue Tatsachen, Beweismittel oder Rechtsausführungen
einzugehen. Bei der Bemessung der **Frist** in der Übersendungsverfügung ist großzügig vorzugehen, denn eine Sachstandsanfrage
oder gar Mahnung der Generalstaatsanwaltschaft wäre ohnehin
höchst untunlich und ist nur in äußersten Dringlichkeitsfällen statthaft. Auch dann sollte man stets die Gründe darlegen, die zur
Nachfrage veranlasst haben.

Bestätigt die Generalstaatsanwaltschaft in ihrer **Beschwerdeent-**   649
scheidung die Einstellung, so veranlasst der Staatsanwalt nach Rückkehr der Akten die noch notwendigen Maßnahmen (zB EN, Trennung
der Beiakten ua), um anschließend das Weglegen zu verfügen.

Die **Rücksendung der Akten** erfolgt im Falle einer sachlichen   650
Dienstaufsichtsbeschwerde zusammen mit der Beschwerdeent-
scheidung, weil dem Beschwerdeführer hiergegen kein ordentlicher
Rechtsbehelf, sondern nur noch die weitere Dienstaufsichts-

beschwerde zum Justizministerium zusteht. In den übrigen Fällen könnte der Beschwerdeführer indes noch den Klageerzwingungsantrag gemäß § 172 II StPO stellen. Die Generalstaatsanwaltschaft wartet daher regelmäßig den Ablauf der insoweit bestehenden Monatsfrist ab, bevor sie die Akten zurückreicht; sie übersendet aber bereits zuvor eine Durchschrift ihrer Entscheidung zur Information. Diese ist mit einer entsprechend zu bemessenden neuen Frist zu den HA zu nehmen.

651 Weist die Generalstaatsanwaltschaft hingegen zur **Wiederaufnahme der Ermittlungen** an, so hat der Staatsanwalt diese zu verfügen, dem Anzeigeerstatter hiervon Mitteilung zu machen und dann die noch notwendige Sachverhaltsaufklärung zu veranlassen (oder ggf Anklage zu erheben). Die entsprechende Weisung der Generalstaatsanwaltschaft wird zu den Handakten genommen, die aufgehobene Einstellung nebst dem Bescheid der Generalstaatsanwaltschaft an den Beschwerdeführer verbleibt aber in den Akten.

652 Ist auch nach Durchführung der weiteren Ermittlungen kein hinreichender Tatverdacht zu begründen, so ist der Staatsanwalt nicht gehindert, **das Verfahren ein zweites Mal** gemäß § 170 II StPO **einzustellen**. Er verfügt dies ebenso wie die erste Einstellung. Streitig ist, ob es dabei einer **erneuten Rechtsmittelbelehrung** und ggf Zustellung bedarf oder ob es auch bei weiteren Beschwerden allein auf die Rechtzeitigkeit der ersten Beschwerde ankommt[1]. Das Klageerzwingungsverfahren richtet sich allerdings jeweils gegen eine konkrete Einstellungsentscheidung und deren Begründung. Durch die Wiederaufnahme der Ermittlungen ist diese erste Einstellungsentscheidung eliminiert und das Ermittlungsverfahren in den Stand versetzt, den es zuvor hatte. Daher erscheint es richtiger, dass weitere Beschwerden gegen folgende Einstellungsverfügungen erneut die Frist des § 172 I StPO zu beachten haben[2]. Das bedeutet, dass auch Folgebescheiden vorsorglich eine erneute Rechtsmittelbelehrung beigefügt werden sollte.

---

1 Vgl die Nachweise bei KM Rn 16 zu § 172 StPO.
2 OLG Düsseldorf NStZ 1989, 13 m ablehnender Anm Rieß.

II. Einstellungen aus Opportunitätsgründen

Literatur: Bandemer: Einstellung hinter der Einstellung, NStZ 1988, 297ff; Kurth: Beschränkung des Prozessstoffs und Einführung des Tonbandprotokolls durch das Strafverfahrensänderungsgesetz 1979, NJW 1978, 2481ff; Momberg: Die Wiederaufnahme bei Einstellungen und ihre rechtliche Kontrolle, NStZ 1984, 535ff; Schmöe: Nochmals: Gedanken und Vorschläge zu § 154c StPO, NJW 1956, 212f.

1. Einstellung gemäß § 153 StPO

Vergehen[1] muss der Staatsanwalt dann nicht verfolgen, wenn die Schuld des Täters als gering anzusehen wäre und kein öffentliches Interesse an einer Verfolgung besteht. Statt dessen kann das Verfahren, ohne dass es der Zustimmung des Beschuldigten bedarf, nach § 153 StPO eingestellt werden. Dies darf auch **schon zu Beginn des Verfahrens** erfolgen und setzt keine Ausermittlung des Sachverhalts voraus. Bedingung ist lediglich, dass abzusehen ist, dass die materiellen Voraussetzungen des § 153 StPO (geringe Schuld, fehlendes öffentliches Interesse) in jedem Fall vorliegen werden. 653

Die Einstellung nach § 153 StPO ist **für die bagatellhafte Kleinkriminalität** zur Entlastung von Staatsanwaltschaft und Gericht in den Fällen **konzipiert**, wo eine Sanktion entweder überhaupt nicht notwendig erscheint oder aber bereits die Tat und die Folgen ihrer Entdeckung so auf den Beschuldigten eingewirkt haben, dass den Präventionsbedürfnissen voraussichtlich Genüge getan ist. Gegenüber Jugendlichen ist § 153 StPO nicht anwendbar, hier ist die praktisch identische Vorschrift des § 45 I JGG einschlägig[2]. 654

Geringe Schuld ist anzunehmen, wenn sie in Relation zu Vergehen gleicher Art deutlich unter dem Durchschnitt liegt[3], was insbesondere dann naheliegt, wenn die zu erwartende Strafe im Bereich der kleineren Geldstrafen anzusiedeln wäre. Das **öffentliche Interesse** besteht umgekehrt jedenfalls dann, wenn die Tat schuldspezifische Besonderheiten aufweist und deshalb eine erhöhte Straferwartung besteht. Insoweit überschneiden sich die Begriffe teilweise. Darüber hinaus können aber persönliche Umstände beim Täter (zB Person 655

---

1 Besteht nur (noch) der Verdacht einer Ordnungswidrigkeit, so ist die ähnliche Regelung des § 47 OWiG anwendbar.
2 Vgl dazu Rn 727.
3 LR-Rieß Rn 22 zu § 153 StPO.

des öffentlichen Lebens) oder beim Geschädigten (zB eine Behörde), Belange der Allgemeinheit (zB sprunghafte Zunahme ähnlicher Taten oder öffentliches Bekanntwerden der konkreten Tat), Gründe der Prozessökonomie (zB umfangreiche Beweisaufnahme stünde in keinem Verhältnis zur zu erwartenden Strafe) oder des fairen Verfahrens (zB vom Beschuldigten nicht zu verantwortende überlange Verfahrensdauer oder Tatprovokation)[1] eine Rolle spielen.

656 Der Staatsanwalt hat hinsichtlich der Einschätzung von Schuld und öffentlichem Interesse einen Beurteilungsspielraum[2]. Er wird aber darauf achten müssen, dass sich die Anwendung an einheitlichen Kriterien orientiert, um nicht als willkürlich empfunden zu werden. Die Landesjustizverwaltungen haben zu einigen Deliktsgruppen (insbesondere Ladendiebstahl und Verkehrsvergehen) Richtlinien erlassen, die grundsätzlich zu beachten sind.

657 Nach dem eindeutigen Gesetzeswortlaut („kann … absehen") steht die Einstellung nach § 153 StPO (anders als etwa die Einstellung nach § 45 II JGG) darüber hinaus an sich im **Ermessen** der Staatsanwaltschaft. Indes werden kaum sachliche Erwägungen denkbar sein, die nicht zugleich bereits im Rahmen der Prüfung von Schuld und öffentlichem Interesse zu berücksichtigen wären. Faktisch ist deshalb die Einstellung durch die Verneinung von öffentlichem Interesse unter gleichzeitiger Annahme geringer Schuld präjudiziert.

658 Die Einstellung bedarf grundsätzlich der **gerichtlichen Zustimmung**. Diese ist allerdings entbehrlich, wenn die Tat nicht mit einer erhöhten Mindeststrafe bedroht ist und die durch sie verursachten Folgen gering sind (§ 153 I 2 StPO). Bei Eigentums- und Vermögensdelikten betrifft dies Vergehen mit einer Schadenshöhe, die die jeweilige Grenze des § 248a StGB (derzeit noch bei 25–30 Euro) nicht übersteigt. Schwieriger ist die Abgrenzung bei Körperverletzungsdelikten. Hier wird man geringfügige Folgen jedenfalls dann zu verneinen haben, wenn ein stationärer Krankenhausaufenthalt, längere Arbeitsunfähigkeit oder dauernde Folgen verursacht wurden.

---

1 Vgl BGHSt 24, 239, 242; 27, 274f; 32, 345, 355.
2 LR-Rieß Rn 36 zu § 153 StPO; aA KK-Schoreit Rn 32 zu § 153 StPO: voll überprüfbare unbestimmte Rechtsbegriffe.

Hat ein Delikt gar **keine messbare Rechtsgutverletzung** zur tat-   659
bestandlichen Voraussetzung (zB die Urkundenfälschung), so dürfte, entsprechend den zu § 248a StGB entwickelten Grundsätzen, die
Anwendung von § 153 I 2 StPO nicht möglich und somit die
gerichtliche Zustimmung immer erforderlich sein. Die Gegenauffas-
sung, die auch hier eine Differenzierung vornehmen will[1], verkennt, dass sich der Unrechtsgehalt insbesondere abstrakter
Gefährdungsdelikte mangels jeder echten tatbestandlichen Folge
eben nicht an irgendwelchen Auswirkungen der Tat messen lässt,
sondern sich allein in der Vornahme einer gefährlichen Handlung
erschöpft. Würde man hier auf Folgen, zB beim gefährdeten Rechts-
gut oder beim möglichen Opfer, abstellen, ergriffe man einen Maßstab, der mit dem Unrecht des Delikts nichts mehr zu tun hätte und
daher willkürlich wäre.

Anders ist bei **Versuchsdelikten** zu verfahren. Auch hier kann es   660
zwar nicht darauf ankommen, dass ein Erfolg nicht eingetreten ist,
weil dies bei jedem Versuch schon begrifflich vorausgesetzt ist.
Jedoch kann man auf den Umfang der geplanten Rechtsgutsverlet-
zung abstellen, weil diese eine hinlängliche Differenzierung nach
dem Schweregrad erlaubt, und danach die Zustimmungspflichtig-
keit bestimmen.

Zuständig für eine zu erteilende Zustimmung wäre das **Gericht der**   661
Hauptsache, also in aller Regel der örtlich zuständige Strafrichter
bzw bei Heranwachsenden, auf die nach § 105 JGG allgemeines
Strafrecht anzuwenden wäre, der Jugendrichter (§ 108 II JGG).

Wie bei der Einstellung nach § 170 II StPO bedarf es eines **Ein-**   662
stellungsbescheides, welcher aber nur mit der Dienstaufsichtsbeschwerde angefochten werden kann (§ 172 II 3 StPO) und
schon aus diesem Grund nicht zugestellt wird. Der Beschuldigte
erhält deshalb auch sofort die EN, falls eine solche nach § 170 II 2
StPO erforderlich ist. Eine **Behörde**, die die Anzeige erstattet hat,
ist auch hier vor der Einstellung zu hören. Wenn die Einstellung
der gerichtlichen Zustimmung bedarf, hat diese Anhörung sogar
noch vor der Einholung der Zustimmung zu erfolgen (Nr 93 I
RiStBV).

---

1 Vgl KM Rn 17 zu § 153 StPO.

Beispiel Beispiel 1 (Vergehen nach § 156 StGB, gerichtliche Zustimmung erforderlich):

663 Staatsanwaltschaft Bochum 17. 6. 2002
213 Js 43511/01

Verfügung

1. Vermerk: Der Beschuldigte ist bislang nicht bestraft worden und räumt die Tat ein. Sein Verschulden erscheint gering, weil die fragliche Falschangabe in dem Verfügungsverfahren 405 C 12354/01, er habe den Kläger vor dem 23. 5. 2001 nicht gekannt, für die Entscheidung des Gerichts unerheblich gewesen ist.

2. U m A und BA 405 C 12354/01

dem AG Bochum

mit dem Antrag übersandt, aus den Gründen zu Ziff 1 einer Verfahrenseinstellung gemäß § 153 StPO zuzustimmen.

3. Wv 1. 7.

Kernbichler, StA

664 **Nach Rückkehr** der Akten mit Zustimmung des Gerichts wird im obigen Beispiel sodann weiter verfügt:

Beispiel

Staatsanwaltschaft Bochum 21. 6. 2002
213 Js 43511/02

Vfg

1. Verfahrenseinstellung gemäß § 153 StPO aus den Gründen zu Ziff 2 (*oder, falls Bescheid nicht erteilt werden muss:* aus den Gründen zu Ziff 1 der Vfg vom 17. 6. 2002).

2. Schreiben an RA Sendler (Bl 1) – höflich/formlos –:

Betr: Ihre Strafanzeige vom 21. 3. 2002 gegen Sebastian Meier wegen Falscher Versicherung an Eides Statt, erstattet für Ihren Mandanten Karl-Uwe Jonas

Der Beschuldigte ist bislang strafrechtlich unbelastet und hat die Tat eingeräumt. Da seine Falschangabe in dem Verfügungsverfahren 405 C 12354/01 offensichtlich in keiner Weise die gerichtliche Entscheidung beeinflusst hat, erscheint das Verschulden gering. Ein öffentliches Interesse an der Verfolgung besteht nicht. Dieser Auffassung hat sich auch das für ein etwaiges Hauptverfahren zuständige AG Bochum angeschlossen. Mit seiner Zustimmung habe ich deshalb das Verfahren gegen den Beschuldigten gemäß § 153 StPO eingestellt.

3. Durchschrift des Bescheides zu Ziff 2 zu den Akten und den Handakten nehmen.

4. EN an Beschuldigten Bl 23.

5. Beiakten 405 C 12354/01 trennen und zurücksenden.

6. Weglegen.

Kernbichler, StA

In der Regel wird sich das Gericht einem Zustimmungsantrag, der plausibel begründet ist, nicht verschließen. Sollte dies doch einmal geschehen und die **Zustimmung verweigert** werden, ist das Verfahren eben fortzusetzen. Auf eine Diskussion mit dem Gericht und weiteres Hin- und Hersenden der Akten sollte man sich grundsätzlich nicht einlassen; dieses kostet nur Zeit und ist gewöhnlich ohne Erfolg. Aussichtsreich ist ein zweites Herantreten an das Gericht nur dann, wenn man, etwa nach Durchführung weiterer Ermittlungen, zusätzlich auf neue, für Schuld oder öffentliches Interesse relevante Umstände hinweisen kann. **665**

Beispiel 2 (Ladendiebstahl, gerichtliche Zustimmung nicht erforderlich):

Beispiel

(Verfügungskopf) **666**

1. Vermerk: Der Beschuldigte ist bisher nicht aufgefallen und räumt die Tat ein. Das Verschulden erscheint auch angesichts der Tatausführung und der geringen Beute als gering, ein öffentliches Interesse an der Verfolgung besteht nicht. Der Schaden ist mit

17,12 Euro gering, weshalb es keiner gerichtlichen Zustimmung bedarf.

2. Verfahrenseinstellung gemäß § 153 StPO aus den Gründen zu Ziff 1 (*ggf:* und 3).

3. *(Bescheid an Anzeigeerstatter, ansonsten Vermerk, dass und warum ein Bescheid nicht erforderlich ist)*

4. *(falls Bescheid:)* Durchschrift des Bescheides zu Ziff 3 zu den Akten und den Handakten.

5. EN für Beschuldigten Bl 2 zu Händen RA Sonnenberg (Bl 11).

6. Weglegen.

(Unterschrift, Dienstbezeichnung)

2. Vorläufige Einstellung nach § 153a StPO gegen Auflagen

667 Im Unterschied zu § 153 StPO ist die Einstellung nach § 153a StPO an die Erfüllung einer Auflage geknüpft. Es wird also eine Sanktion verhängt, die aber keine Strafe im engeren Sinne ist. Anders als bei § 153 StPO hindert ein **öffentliches Verfolgungsinteresse** die Einstellung hier grundsätzlich nicht, sofern dieses als **durch die Sanktion kompensierbar** erscheint. Ferner darf die Schwere der **Schuld** nicht entgegenstehen, also keine überdurchschnittliche Strafe für das konkrete Delikt zu erwarten sein. § 153a StPO kann nur mit Zustimmung des Beschuldigten angewendet werden. Nach Erfüllung der Auflagen entsteht ein – allerdings auf Vergehen beschränktes – Verfahrenshindernis (§ 153a I 5 StPO). Die **gerichtliche Zustimmung** ist ebenso wie bei § 153 StPO grundsätzlich erforderlich. Sie entfällt nur ausnahmsweise bei den Auflagen nach § 153a I Nr 1–5 StPO in denselben Konstellationen wie bei § 153 StPO[1].

668 Bei **Jugendlichen** sowie bei Heranwachsenden, wenn auf diese nach § 105 JGG materielles Jugendrecht anzuwenden ist, gelten statt § 153a StPO die Spezialvorschriften des § 45 II, III JGG[2]. Beim Verdacht einer **Ordnungswidrigkeit** ist eine Einstellung gegen Auflagen nicht vorgesehen (§ 47 III OWiG).

---

1 Rn 658ff.
2 Vgl dazu Rn 728ff.

Somit ist § 153a StPO insbesondere aus prozessökonomischen 669
Gründen auch in Fällen anwendbar, die nicht unbedingt zur Klein-
kriminalität zu zählen sind. Vor allem im Bereich der Steuer- und
Wirtschaftsstraftaten werden zT ganz erhebliche Vorwürfe auf diese
Weise mit allerdings auch erheblichen Auflagen sanktioniert. Der
Staatsanwalt sollte sich aber davor hüten, die **Prozessökonomie**
zum alleinigen Kriterium seiner Entscheidung zu machen. Vielmehr muss er bedenken, dass es mitunter angezeigt ist, ein strafbares Verhalten aus präventiven Gründen durch einen richterlichen
Schuldspruch feststellen zu lassen und so gegenüber Beschuldigtem wie Allgemeinheit die Ernstnahme der Tat zu bekunden. Ferner bedarf es gelegentlich für die Zukunft einer Dokumentation der
Tat im BZR, was über § 153a StPO nicht möglich ist. Zwar wird die
Einstellung im ZStV eingetragen; auf dieses haben aber Verwaltungsbehörden, die zB über die Erteilung von Genehmigungen zu
entscheiden haben, keinen Zugriff. Außerdem führt die Fähigkeit
von Beschuldigten mit gehobenen Einkommen, erhebliche Geld-
beträge zur Auflagenerfüllung anzubieten, leicht dazu, dass diese
im Vergleich zu sozial schlechter gestellten Beschuldigten unge-
rechtfertigt bevorzugt werden. Bedenkt dies der Staatsanwalt bei
seiner Entschließung, so ist gegen eine **maßvolle Anwendung** der
Vorschrift nichts einzuwenden.

Nach dem Gesetzeswortlaut („insbesondere") stellt der Auflagen- 670
katalog in § 153a Nr 1–6 StPO nunmehr **keine abgeschlossene Auflistung** mehr dar, so dass auch gesetzlich nicht vorgesehene Auflagen erteilt werden können, zB die Teilnahme an Beratungen,
Seminaren oder sozialen Trainingskursen. Allerdings ist hier besonders sorgsam zu erwägen, wie belastend solche Auflagen sind,
damit keine unverhältnismäßigen Sanktionen erfolgen. Insbesondere die psychische Inanspruchnahme wird bei Kursen oder Seminaren, die Gewalttätigkeiten oder soziale Kommunikationsdefizite
thematisieren, leicht unterschätzt. Wegen der Fassung des § 153a I
7 StPO bedarf die Anordnung gesetzlich nicht geregelter Auflagen
in jedem Fall vorheriger **gerichtlicher Zustimmung**[1].

Von den in § 153a StPO explizit genannten Auflagen ist die **Zah-** 671
lungsauflage (Nr 2) relativ unproblematisch. Welche Einrichtungen
als gemeinnützig gelten, richtet sich nicht nach der steuerrecht-
lichen Anerkennung, sondern ist vom Staatsanwalt eigenverant-

---

1 KM Rn 14 zu § 153a StPO.

wortlich zu entscheiden. Gemeinnützig sind Einrichtungen, deren Arbeit nicht nur einem begrenzten Personenkreis, etwa den jeweiligen Mitgliedern, zu Gute kommt, sondern in deren Genuss prinzipiell jedermann kommen kann. Oft führen die Verwaltungsgeschäftsstellen der Staatsanwaltschaften Listen über die in Frage kommenden Einrichtungen. Bei der **Auswahl eines geeigneten Empfängers** sollte man beachten, dass Vereine, die sich durch die laufende Zusendung von Werbematerial auszeichnen, oft keine Gewähr dafür bieten, dass eingehende Geldmittel auch überwiegend für die vorgegebenen Zwecke verwendet werden. Bevorzugt werden sollten zum einen lokale Einrichtungen; große überörtliche Hilfswerke verfügen im Zweifel bereits über hinreichende Einnahmequellen. Zum anderen kann es präventiv sinnvoll sein, die Wahl des Empfänger auf die begangene Straftat abzustimmen (zB bei Gewaltdelikten entsprechende Beratungsstellen). Es ist selbstverständlich, keinen Empfänger zu bestimmen, bei welchem man selbst in irgendeiner Form persönlich engagiert ist.

672 Bei einer **Wiedergutmachungsleistung** (Nr 1) ist eine in Geld zu erbringende Leistung betragsmäßig zu bestimmen. Die Auflage der Wiedergutmachung „nach Kräften" ist zu unbestimmt und beschert am Ende nur Probleme bei der Feststellung, ob die Auflage erfüllt wurde. Die Auflage darf auch nicht über das materiell zivilrechtlich Geschuldete hinausgehen[1]. Dass das Opfer seine Ansprüche zivilprozessual nicht hat durchsetzen können (zB aus Beweislastgründen oder wegen Verjährung), spielt hingegen keine Rolle. Möglich ist auch die Festsetzung nicht geldlicher Leistungen, zB einer Schadensbeseitigung in Eigenarbeit oder einer Entschuldigung. Von derartigen Auflagen sollte jedoch mit Zurückhaltung und nur dann Gebrauch gemacht werden, wenn der Geschädigte, dem dies ja eine erneute Konfrontation mit dem Täter abverlangt, sich damit ausdrücklich einverstanden erklärt hat.

673 Sonstige gemeinnützige Leistungen (Nr 3) sind insbesondere **Arbeitsleistungen** in öffentlichen Einrichtungen. Diese Auflage kommt vor allem dann in Betracht, wenn der Beschuldigte arbeitslos ist und daher durch Geldauflagen präventiv eher Schaden angerichtet würde. Bei der Bemessung ist Zurückhaltung geboten; insbesondere darf man nicht, wie bei der Tilgung uneinbringlicher

---

1 Will man den Täter dennoch höher belasten, muss man zusätzlich eine Geldauflage nach Nr 1 anordnen.

Geldstrafen üblich, blindlings die an sich angemessene Geldauflage nach dem Tagessatzsystem in eine Arbeitsauflage umrechnen. Angesichts der deutlich höheren persönlichen Inanspruchnahme durch eine Arbeitsauflage ist allenfalls eine Umrechnung im Verhältnis 1:3 angezeigt. Durchführung und Überwachung der Auflagenerfüllung sollte der Staatsanwalt möglichst der Gerichtshilfe überantworten, sofern diese nach den örtlichen Gepflogenheiten dazu bereit ist. In diesem Fall empfiehlt es sich auch, die Bezeichnung der Einrichtung offen zu lassen und die Formulierung zu wählen, „binnen *(Frist)* X Tage Hilfsdienste nach näherer Weisung der Gerichtshilfe abzuleisten". Die Gerichtshilfe erhält in so einem Fall eine Durchschrift des Einstellungsbescheides mit der Bitte um Durchführung und anschließenden Bericht.

Die Auflage, **Unterhaltspflichten nachzukommen** (Nr 4), die praktisch nur bei Vergehen nach § 170 StGB in Frage kommt, verursacht erfahrungsgemäß in der Durchführung und Überwachung stets erhebliche Probleme. Grund ist einerseits die immer wieder zu beobachtende Nachlässigkeit von Beschuldigten und Empfängern, wenn es darum geht, Zahlungen gegenüber der Staatsanwaltschaft mitzuteilen. Andererseits läuft die Auflage ins Leere, sobald der Beschuldigte mangels Gefährdung des notwendigen Selbstbehalts nicht mehr zur Zahlung in der Lage ist, der Auflage also schuldlos nicht nachkommt. Im Zweifel sind vor einer Entscheidung über die Wiederaufnahme der Ermittlungen daher auch noch die finanziellen Verhälnisse (erneut) aufzuklären. Ferner ergibt sich im Falle schuldhafter Nichterfüllung regelmäßig zugleich der Verdacht einer (weiteren) Begehung des § 170 StGB, so dass es ohnehin ergänzender Ermittlungen, womöglich in einem neuen Verfahren, bedarf. Wegen dieser Summe an Unwägbarkeiten sollte man von einer Unterhaltsauflage nur sehr selten Gebrauch machen und besser anklagen, zumal die Straferwartung bei § 170 StGB erfahrungsgemäß in der Regel ohnehin höher liegt als bei anderen Delikten.

674

Die **Teilnahme an Aufbauseminaren** für alkoholauffällige Verkehrsteilnehmer (Nr 6) nach den §§ 2b II 2, 4 VIII 4 StVG genügt wegen der Regelung in § 69 II StGB nicht, das öffentliche Interesse an der Verfolgung einer der dort genannten Straftaten zu beseitigen, wenn der Beschuldigte im Besitz einer Fahrerlaubnis ist. Denkbar wäre diese Auflage immerhin dann, wenn eine Fahrerlaubnisentziehung aus anderen Gründen nicht in Frage kommt, etwa bei der Trunkenheitsfahrt nach § 316 StGB durch einen Radfahrer.

675

Zum **Täter-Opfer-Ausgleich** (Nr 5) vgl die zusammenfassende Darstellung bei Rn 733ff.

676 Die Einstellung erfolgt in zwei Phasen: Zunächst wird – ggf nach Einholung der gerichtlichen Zustimmung – **vorläufig eingestellt** und dem Beschuldigten aufgegeben, eine der von § 153a I Nr 1–6 StPO vorgesehenen Auflagen binnen einer Frist von maximal 6 Monaten (bzw 1 Jahr bei der Auflage, Unterhaltspflichten nachzukommen) zu erfüllen. Nach Auflagenerfüllung wird dann die endgültige Einstellung (nach § 170 II StPO, wegen des jetzt entstandenen Verfahrenshindernisses) verfügt. Bei der Festsetzung der Auflage ist darauf zu achten, dass mindestens der unredlich erworbene Vermögensvorteil abgeschöpft und möglichst dem Geschädigten im Rahmen der Schadenswiedergutmachung zugeführt wird (Nr 93a RiStBV). Den finanziellen Möglichkeiten des Beschuldigten ist Rechnung zu tragen.

Beispiel Betrug, gerichtliche Zustimmung ist erforderlich:

677 Staatsanwaltschaft Essen   3. 1. 2002
23 Js 34259/01

Vfg

1. Vermerk: Der Beschuldigte ist bislang unbestraft. Der Schaden beträgt nur etwa 200 Euro. Der Beschuldigte hat die Tat begangen, um den Fortbestand seines Betriebes zu sichern. Der Schaden ist inzwischen teilweise wiedergutgemacht.

2. U m A

   dem AG Essen

   mit dem Antrag übersandt, aus den Gründen zu Ziff 1 einer Verfahrenseinstellung gemäß § 153a StPO mit der Auflage zuzustimmen, dass der Beschuldigte binnen 3 Monaten

   a) an die Geschädigte 100 Euro zur weiteren Wiedergutmachung des Schadens und

   b) zusätzlich 100 Euro an das Deutsche Rote Kreuz in Essen

   zu zahlen hat.

3. 19. 1.

von Arle, StAin

Nach Rückkehr der Akten mit Zustimmung des Gerichts wird   678
dann verfügt:

23 Js 34259/01   14. 1. 2002

Vfg

1. Vorläufige Verfahrenseinstellung gemäß § 153a StPO vorbehaltlich der Zustimmung des Beschuldigten aus den Gründen zu
Ziff 1 der Vfg vom 3. 1.

2. Schreiben an Beschuldigten Winterhoff (Bl 23) – höflich/formlos –:

In dem Ermittlungsverfahren gegen Sie wegen Betruges zum
Nachteil Firma Siebler beabsichtige ich, gemäß § 153a StPO
vorläufig von der Erhebung der öffentlichen Klage abzusehen
und das Verfahren einzustellen, wenn Sie dieser Maßnahme
zustimmen und außerdem folgende Auflage erfüllen:

Zahlung von

a) 100 Euro an die Geschädigte zur weiteren Wiedergutmachung des Schadens und

b) zusätzlichen 100 Euro an das Deutsche Rote Kreuz in Essen
(es folgt Anschrift und Kontonummer)

binnen 3 Monaten nach Erhalt dieses Schreibens.

Das zuständige Gericht hat dieser Verfahrensweise bereits zugestimmt. Falls auch Sie zustimmen, bitte ich um die Einzahlung
der genannten Beträge und Übersendung der Zahlungsbelege.
Eine mir nachgewiesene Zahlung sehe ich als Zustimmung an.
Sofern Sie die Auflagen ordnungsgemäß erfüllen, werde ich das
Verfahren mit der Folge endgültig einstellen, dass Sie wegen des
genannten Vorfalls nicht bestraft sind. Eine Eintragung im Bundeszentralregister erfolgt nicht. Eine weitere Nachricht erhalten
Sie in diesem Fall auch nicht.

Sollten Sie mit der Auflage nicht einverstanden sein oder diese
nicht fristgemäß erfüllen, so wird das Verfahren gegen Sie fortgesetzt und Anklage erhoben. Leistungen, die Sie zur Erfüllung

der Auflage bis dahin erbracht haben, würden dann nicht erstattet.

In einem Wiederholungsfall können Sie mit einer solchen Einstellung des Verfahrens nicht mehr rechnen.

3. Durchschrift des Bescheides zu Ziff 2 an Verteidiger (Bl 24) zur Kenntnis übersenden.

4. Schreiben an Anzeigeerstatterin (Bl 1) – höflich/formlos –:

Betr: Ihre Strafanzeige vom 14. 5. 2001 gegen Egon Winterhoff wegen Betruges

Ich übersende anliegende Durchschrift mit der Bitte um Kenntnisnahme. Diese Art der Ahndung des Vorfalles erscheint geboten, weil die Erfüllung der Auflage geeignet ist, das öffentliche Interesse an der Strafverfolgung zu beseitigen, und keine schwere Schuld vorliegt.

Im Falle der endgültigen Verfahrenseinstellung werde ich Ihnen nur dann einen weiteren Bescheid zukommen lassen, wenn Sie dieses ausdrücklich wünschen. Andernfalls gehe ich davon aus, dass Sie auf einen solchen Bescheid verzichten.

5. Dem Schreiben zu Ziff 4 eine Durchschrift des Bescheides zu Ziff 2 beifügen.

6. Eine weitere Durchschrift des Bescheides zu Ziff 2 zu den Handakten.

7. Am 29. 4. (Auflage erfüllt?)

von Arle, StAin

679   **Nach Auflagenerfüllung** wird endgültig eingestellt:

Beispiel

23 Js 34259/01   13. 3. 2002

Vfg

1. Vermerk: Die Auflagen sind erfüllt (vgl Zahlungsbelege Bl 43, 44 dA.)

2. Endgültige Einstellung gemäß § 170 II StPO.

256

3. *(entweder:)*

Schreiben an Anzeigeerstatterin Bl 1 – höflich/formlos –:

Betr: Ihre Strafanzeige vom 14. 5. 2001 gegen Winterhoff wegen Betruges.

Im Nachgang zu meinem Bescheid vom 14. 1. 2002 teile ich Ihnen mit, dass der Beschuldigte die Auflagen erfüllt hat. Die weitere Strafverfolgung wegen eines Vergehens ist daher nicht mehr möglich (§ 153a I 5 StPO). Ich habe deshalb das Verfahren endgültig eingestellt.

– Rechtsmittelbelehrung, Zusatz: Die Beschwerde kann jedoch nur darauf gestützt werden, dass ein Vergehen nicht vorgelegen hat oder die Auflage nicht ordnungsgemäß erfüllt worden ist –

(oder: Kein Bescheid, weil Verzicht.)

4. Frist 9. 4.[1] (Beschwerde? Sonst weglegen)

von Arle, StAin

Vor der endgültigen Einstellung sollte bei **Geldauflagen** grundsätz-   680
lich überprüft werden, ob der Geldbetrag auch tatsächlich **beim
Empfänger eingegangen** ist. Die oftmals nur vorgelegte Durchschrift des Überweisungsträgers beweist ja nicht, dass die Überweisung von der Bank auch ausgeführt wurde. Findet sich auf dem
Überweisungsträger kein Aktenzeichen oder taucht gar das Wort
„Spende" auf, so ist unbedingt das zuständige Finanzamt mit einer
sog „**Kontrollmitteilung**" formlos über die Zahlung und den wahren Hintergrund derselben aufzuklären. Bei der nächsten Steuerer-
klärung des Beschuldigten wird vom Finanzamt dann geprüft, ob
die fragliche Zahlung unzulässigerweise als abzugsfähige Spende
deklariert worden ist (Vergehen nach § 370 AO).

Zahlt der Beschuldigte nicht, wird das Verfahren gegen ihn fort-   681
gesetzt, und zwar möglichst durch Anklage oder, besser noch,
durch Strafbefehlsantrag. Peinlich wäre es, wenn sich dies nach
nochmaliger Prüfung wegen Fehlens des hinreichenden Tatverdachts als nicht machbar herausstellt und das Verfahren gar nach
§ 170 II StPO eingestellt werden muss. Um das zu vermeiden, sollte

---

1 Falls kein Bescheid angeordnet wird, wäre sogleich das Weglegen zu verfügen.

der Staatsanwalt § 153a StPO nur dann anwenden, wenn er ansonsten genausogut sofort anklagen könnte. Dies bedingt, dass § 153a StPO (anders als § 153 StPO) erst am Ende des Ermittlungsverfahrens in die Überlegungen einzubeziehen ist.

682 Wenn die Nichtzahlung auf einem Umstand beruht, den der Beschuldigte nicht zu vertreten hat, kann die Frist zur Auflagenerfüllung einmalig um bis zu drei Monate verlängert werden. Zudem können mit Zustimmung des Beschuldigten die **Auflagen** auch **nachträglich** noch **verändert** werden (§ 153a I 4 StPO). Denkbar wäre etwa der Wechsel von einer Geld- zu einer Arbeitsauflage, wenn der Beschuldigte während der Frist zur Auflagenerfüllung in zuvor nicht abzusehende finanzielle Not gerät, zB arbeitslos wird. Einer gerichtlichen Zustimmung bedarf eine solche Abänderung nur, wenn dadurch eine bereits mit gerichtlicher Zustimmung erteilte Auflage im Ergebnis signifikant leichter oder schwerer würde[1]. Eine **Fristverlängerung** ist in jedem Fall ohne erneute Beteiligung des Gerichts zulässig.

3. Einstellung nach § 153b StPO

683 In den Fällen, in welchen der Richter nach materiellem Recht bei geringer Schuld oder in rücktrittsähnlichen Situationen **von Strafe absehen** könnte, besteht bereits für den Staatsanwalt über § 153b StPO die Möglichkeit, das Verfahren durch Einstellung zu beenden. Dies betrifft zunächst den untauglichen Versuch (§ 23 III StGB), die Fälle des § 60 StGB sowie ua die Delikte nach den §§ 81–87, 98, 99, 113, 129, 129a, 138 iVm 139 I, 153–156 iVm 157 bzw 158, 174, 182, 218, 261 X, 266a, 306–306b iVm 306e I, 307–309 sowie 311–314 jeweils iVm 314a II, 315 und 315b sowie 318 und 319 jeweils iVm § 320 II, 325a II und 326 sowie 328 und 330a jeweils iVm 330b StGB, 19–21 iVm 22 III WStG, 29 iVm 31 BtMG. Ferner ist § 153b StPO auch bei durchgeführtem Täter-Opfer-Ausgleich anwendbar[2].

684 Die Einstellung bedarf stets der **Zustimmung des Gerichts** der Hauptsache. Im Übrigen erfolgt die Durchführung entsprechend dem zur Einstellung nach § 153 StPO[3] Gesagten.

---

1 KM Rn 42 zu § 153a StPO.
2 Vgl dazu Rn 737ff.
3 Rn 663ff.

4. Einstellung nach § 153c StPO bei Auslandsbezug

Bei Taten, die **im Ausland begangen** oder von einem Ausländer im 685
Inland auf einem ausländischen Schiff oder Luftfahrzeug verübt
wurden, kann gemäß § 153c I StPO von der Verfolgung abgesehen
und das Verfahren eingestellt werden. Das gleiche gilt, wenn der
Beschuldigte bereits **im Ausland freigesprochen oder** dort für seine
Tat **verurteilt** worden ist, wenn die im Inland zu erwartende Strafe
nach Anrechnung der ausländischen nicht mehr ins Gewicht fiele.
Bei den sog **Distanztaten** (§ 153c II StPO), zu denen vor allem im
Ausland per Internet begangene Straftaten zählen können, ist die
Einstellung möglich, wenn die Gefahr eines schweren Nachteils
für die Bundesrepublik, etwa wegen zu besorgender außenpoliti-
scher Verstimmungen, oder sonstige öffentliche Interessen der Verfolgung entgegenstehen. Die Entscheidung bedarf keiner gerichtlichen Zustimmung. Die Nr 94–97, 99 RiStBV sind zu beachten.

5. Vorläufige Einstellung nach § 154 StPO

§ 154 StPO erlaubt die Einstellung des gesamten Verfahrens oder 686
einzelner prozessualer Taten, wenn der Beschuldigte wegen anderer Taten bereits verurteilt oder eine solche Verurteilung zu erwarten ist. Die Vorschrift dient der **Konzentration** von Ermittlungs-
und Verfolgungstätigkeiten **auf das Wesentliche** und soll dazu bei-
tragen, Staatsanwaltschaften und Gerichte handlungsfähig zu erhalten.

Der erste der Anwendungsfälle des § 154 StPO betrifft das Vorlie- 687
gen einer anderweitigen **rechtskräftigen Verurteilung** (§ 154 I
Nr 1, 1. Alt StPO). Gegenüber der dort verhängten darf die im einzustellenden Verfahren zu erwartende Sanktion **nicht beträchtlich
ins Gewicht fallen.** Wann dies angenommen werden kann, ist im
Einzelfall zu beurteilen, ein allgemeiner fester Prozentsatz etwa
kann dazu nicht bestimmt werden. Anwenden kann man § 154
StPO aber, wenn nur Geldstrafe gegenüber Freiheitsstrafe zu erwarten ist oder wenn die neue Freiheitsstrafe deutlich niedriger als die
bereits verhängte ausfiele. Dies soll selbst dann anzunehmen sein,
wenn die Differenz zwischen den Strafen weniger als die Hälfte der
bestehenden Sanktion, ja sogar nur ein Viertel derselben betragen
würde[1]. Sind die Strafen gesamtstrafenfähig, so kommt es auf den

---

1 KMR-Müller Rn 3 zu § 154 StPO; Kurth NJW 1978, 2482.

Unterschied zwischen alter Einzelstrafe und neuer Gesamtstrafe an. Deshalb kann auch bei gleicher Einzelstraferwartung eine Einstellung gerechtfertigt sein, wenn die Gesamtstrafe aus beiden Verurteilungen die bereits verhängte Einzelstrafe nicht mehr als im oben bezeichneten Maß übersteigen würde.

688 Darüber hinaus dürfen der Einstellung **general- oder spezialpräventive Gründe nicht entgegenstehen.** Diese Voraussetzung ist zwar nur in § 154 I Nr 2 StPO ausdrücklich genannt, für Nr 1 jedoch entsprechend zu berücksichtigen. Deshalb kann es angezeigt sein, auch Bagatelltaten zu verfolgen, wenn diese aus dem Rahmen der bisherigen kriminellen Karriere fallen (zB Körperverletzung eines sonst nur wegen Diebstahls Verurteilten) oder aus anderen persönlichen Gründen im BZR dokumentiert werden sollten (zB Straftaten, die zur Versagung oder Entziehung einer Erlaubnis führen könnten oder während einer Bewährungszeit begangen wurden).

689 Die Einstellung im Hinblick auf eine rechtskräftige Verurteilung ist endgültiger Natur, auch wenn das Gesetz nur die **vorläufige Einstellung** kennt. Das heißt, dass nach eventuell erforderlichem Bescheid bzw EN und nach Abwicklung von Asservaten am Ende das Weglegen verfügt wird. Dennoch wird in der Verfügung die Gesetzesbezeichnung der „vorläufigen Einstellung" verwendet.

690 Eine Einstellung ist ferner möglich, wenn eine rechtskräftige **Verurteilung** noch nicht vorliegt, aber **zu erwarten steht** (§ 154 I Nr 1, 2. Alt StPO). Die Beurteilung der Erheblichkeit der verfahrensgegenständlichen Tat ist hier noch schwieriger, weil zwei Prognosen gegeneinander abzuwägen sind. Um die damit verbundenen Unsicherheiten zu reduzieren, sollte der Staatsanwalt gegenüber fremden Verfahren grundsätzlich erst dann einstellen, wenn ihm zumindest eine Anklageschrift vorliegt, aus der er Wahrscheinlichkeit und Höhe der anderen Strafe ermessen kann.

691 Dies gilt natürlich nicht für **Teileinstellungen** innerhalb des eigenen Verfahrens. Diese sollten nicht erst mit Anklageerhebung, sondern möglichst frühzeitig vorgenommen werden, um die Ermittlungen von vorneherein nicht weiter als unbedingt nötig auszudehnen und auf die problemloseren Vorwürfe zu konzentrieren (Nr 5, 101 RiStBV).

Darüber hinaus erlaubt § 154 I Nr 2 StPO die Einstellung selbst dann, wenn die zu erwartende Strafe zwar beträchtlich wäre, aber **ein Urteil in angemessener Frist nicht zu erwarten** ist. Hauptanwendungsfeld dieser Alternative sind Teileinstellungen innerhalb von Großverfahren, die durch eine Beschränkung auf relativ wenige Vorwürfe justiziabel bleiben sollen, sofern nur die nach der Einstellung zu erwartende Strafe wenigstens den präventiven Bedürfnissen noch zu genügen vermag. Die Abwägung findet hier also im Grunde nicht so sehr zwischen den einzelnen Strafen, sondern zwischen den von ihnen jeweils ausgehenden Präventionswirkungen statt. Die Präventionswirkung eines erst lange Zeit nach der Tat ergehenden Urteils ist deutlich relativiert, zumal ja auch die Straferwartung mit steigender Verfahrensdauer sinkt. Wenn danach die Verfolgung in Anbetracht der zu erwartenden Verfahrenslänge keinen Präventionserfolg erbrächte, der neben dem Präventionserfolg einer schon geschehenen oder in Kürze zu erwartenden anderweitigen Bestrafung beträchtlich ins Gewicht fiele, wäre eine Einstellung selbst dann zulässig, wenn ein schlichter Vergleich der Strafhöhen die Einstellung noch nicht rechtfertigte.

692

Beispiel 1 (Teileinstellung zu Beginn der Ermittlungen):

Beispiel

(Verfügungskopf)

693

1. Vermerk: Der Anzeigeerstatter legt dem Beschuldigten Betrug und Untreue zur Last. Letztere zu ermitteln, dürfte sich schwierig gestalten. Es wären sämtliche Geschäftsunterlagen zu beschlagnahmen und auszuwerten, der Erfolg wäre zweifelhaft. Demgegenüber erscheint der Betrugsvorwurf durch Vernehmung der Zeugen Wieland, Müller und Sabrinski schnell aufklärbar. Die Straferwartung dürfte bzgl beider Delikte etwa gleich sein. Die für Untreue zu erwartende Strafe fiele daher bei der notwendigen Gesamtstrafbildung nicht erheblich strafschärfend ins Gewicht.

2. Vorläufige Teileinstellung gemäß § 154 StPO aus den Gründen zu Ziff 1, soweit der Verdacht der Untreue besteht.

3. Zur Zeit noch kein Bescheid, da weiter ermittelt wird[1].

---

1 Diese Vorgehensweise ist allerdings nur gerechtfertigt, wenn der Anzeigeerstatter im Falle einer späteren Anklage nach den Grundsätzen Rn 625

4. Keine EN, weil Beschuldigter noch nicht vernommen.

5. U m A

   der Kripo Bad Hersfeld

   mit der Bitte übersandt, die Ermittlungen zu dem Betrugsvorwurf durch Vernehmung der unter Ziff 1 genannten Zeugen sowie des Beschuldigten zu führen.

6. *(Frist)*

(Unterschrift, Dienstbezeichnung)

Beispiel   **Beispiel 2** (Einstellung bei anderweitig zu erwartender Verurteilung):

694   Staatsanwaltschaft Köln   21. 6. 2001
     65 Js 43251/01

Vfg

1. Vermerk: Gegen den Beschuldigten ist im Verfahren 65 Js 323/01 am 23. 5. 2001 Anklage wegen Einbruchdiebstahls in 12 Fällen zum Schöffengericht in Köln erhoben worden.

2. Vorläufige Verfahrenseinstellung gemäß § 154 StPO aus den Gründen zu Ziff 3.

3. Schreiben an Anzeigeerstatterin, Firma Videoland (Bl 1) – höflich/ formlos –:

   Betr: Ihre Strafanzeige vom 31. 5. 2001 gegen Hubert Breitscheid wegen Unterschlagung von 3 Videofilmen

   Gegen den Beschuldigten ist in einem anderen Verfahren wegen Straftaten, für die er eine erhebliche Strafe zu erwarten hat, Anklage zum Schöffengericht in Köln erhoben worden. Demgegenüber fiele die Strafe, die der Beschuldigte für das von Ihnen angezeigte Delikt zu erwarten hätte, nicht beträchtlich ins Gewicht. Ich habe deshalb insoweit von der Erhebung der öffentlichen Klage gemäß § 154 StPO vorläufig abgesehen.

---

ebenfalls keinen Teileinstellungsbescheid erhielte. Legt er dagegen ausgerechnet auf die Verfolgung der einzustellenden Tat besonderen Wert, muss ihm die Teileinstellung jetzt schon mitgeteilt werden.

4. EN an Beschuldigten Bl 4.

5. 21. 10. 2001 (Ausgang in 65 Js 323/01?)

Sachs, StA

Die (Teil-)Einstellung im Hinblick auf eine erst zu erwartende Strafe   695
ist auch in der Sache **nur vorläufig**. Nach ggf erforderlichem Einstellungsbescheid und EN (Beweismittel sind noch nicht herauszugeben) ist eine Frist zur Wiedervorlage zu notieren, damit durch
Sachstandsanfrage bei dem anderen Verfahren überprüft werden
kann, ob es tatsächlich zu einer rechtskräftigen Verurteilung kommt
(Nr 101 III RiStBV). Ist dort hingegen ein Freispruch, eine Einstellung, auch nach § 153a StPO[1], oder die Verurteilung zu einer so
geringen Strafe erfolgt, dass die im eigenen Verfahren zu erwartende demgegenüber doch erheblich ins Gewicht fiele, müssen die
Ermittlungen wiederaufgenommen werden. Dabei gelten die Einschränkungen nach § 154 IV, V StPO für den Staatsanwalt nicht[2].
Ansonsten wird verfügt, dass es bei der vorläufigen Einstellung
verbleibt, und danach (ggf nach Abwicklung noch sichergestellter
Beweismittel) das Weglegen angeordnet.

Ist eine **Teileinstellung** innerhalb des Verfahrens erfolgt, so muss   696
spätestens dann, wenn die Akte nach Abschluss des Hauptverfahrens vom Gericht zurückkommt, geprüft werden, ob die Ermittlungen wiederaufzunehmen sind oder es angesichts der erkannten
Strafe bei der Einstellung verbleiben kann. Da es in einer solchen
Situation sehr unglücklich wäre, wenn der angeklagte Verfahrens-
teil am Ende nur mit einer Einstellung nach den §§ 153f StPO endet,
ist es unbedingt notwendig, für den Sitzungsvertreter in der Handakte einen deutlichen Hinweis auf die Teileinstellung nach § 154
StPO niederzulegen, zB durch die Kopie der Einstellungsverfügung. Er wird dann im Zweifel einer vorgeschlagenen Einstellung in der Hauptverhandlung nicht zustimmen bzw darauf dringen, dass eine solche die nach § 154 StPO behandelte Tat mit
umfasst.

---

1 Vgl dazu aber Bandemer NStZ 1988, 297ff.
2 BGH NStZ 1986, 469; kritisch dazu Momberg NStZ 1984, 535ff.

Beispiel

Beispiel 1 (Akte ist im Beispiel Rn 693 nach Teilein-stellung in derselben Sache und Durchführung des Hauptverfahrens mit Urteil zurückgekommen):

697 *(voller Verfügungskopf)*

1. Es verbleibt bei der vorläufigen Einstellung Bl 22, weil die erkannte Strafe die dort vorausgesetzte Höhe in etwa erreicht hat und die Gründe der Einstellung also fortbestehen.

2. Frau/Herrn Rechtspfleger/in zur Einleitung der Vollstreckung

(Unterschrift/Dienstbezeichnung)

Beispiel

Beispiel 2 (Im Beispiel Rn 694 ist die andere Verfah-rensakte nach Fristablauf beigezogen worden):

698 Staatsanwaltschaft Köln   2. 11. 2001
65 Js 43251/01

Vfg

1. Vermerk: Gegen den Beschuldigten ist im Verfahren 65 Js 323/01 am 19. 9. 2001 wegen Einbruchdiebstahls in 9 Fällen rechtskräftig eine Gesamtfreiheitsstrafe von 1 Jahr 9 Monaten verhängt worden.

2. Es verbleibt bei der vorläufigen Einstellung vom 21. 6. 2001.

3. Akte 65 Js 323/01 trennen und zurücksenden.

4. Weglegen

Sachs, StA

Beispiel

Beispiel 3 (im obigen Fall ist keine Verurteilung erfolgt):

699 Staatsanwaltschaft Köln   2. 11. 2001

Verfügung

1. Der Beschuldigte ist im Verfahren 65 Js 323/01 am 19. 9. 2001 rechtskräftig freigesprochen worden.

2. Die Ermittlungen werden wiederaufgenommen.

3. Mitteilungen von Ziff 2 an Anzeigeerstatterin Bl 1 (*ggf, soweit nicht wegen anstehender Ermittlungen untunlich oder überflüssig:* und an Beschuldigten Bl 4)

4. pp *(zB einzelne Ermittlungsanordnungen)*

Sachs, StA

6. Vorläufige Beschränkung nach § 154a StPO

§ 154a StPO erlaubt zur Vereinfachung des Verfahrens **Beschränkungen innerhalb einer** ansonsten verfolgten **prozessualen Tat**, und zwar vorwiegend bei oder nach Anklageerhebung. Möglich ist das Ausscheiden von bestimmten Zeiträumen bei einem Dauerdelikt wie etwa § 170 StGB oder der Wegfall einzelner Delikte bei (prozessualer) Tateinheit (zB eines Verstoßes gegen das WaffG bei Tateinheit mit Mord oder der nur ordnungswidrigen Herbeiführung eines Verkehrsunfalls bei anschließender Unfallflucht). 700

Ein Vorgehen nach § 154a StPO stellt **keine Einstellung** dar, weil die weitere Verfolgung der fraglichen Tat ja gerade das Charakteristische der Vorschrift ist. Auch ist es grundsätzlich nicht möglich, ein Ermittlungsverfahren insgesamt nach § 154a StPO im Hinblick auf ein anderes Verfahren zu beenden, da der fragliche Tatteil materiell ja notwendig schon Gegenstand des anderen Verfahrens ist, in Wahrheit also gar keine Verfolgungsbeschränkung stattfindet. Falls eine Tat Gegenstand mehrerer Ermittlungsverfahren ist (sog **Doppelverfolgung**), müssen diese vielmehr durch Verbindung zusammengeführt werden. Ist eines der Verfahren bereits angeklagt und rechtshängig, so steht der Fortführung des anderen Verfahrens ein Prozesshindernis entgegen. Es wird dann nach § 170 II StPO eingestellt. 701

Die **Voraussetzungen** von § 154a StPO entsprechen teilweise denen des § 154 StPO[1]. Beim Vergleich der jeweiligen Straferwartungen muss freilich gesehen werden, dass selbst im Falle der Mitverfolgung und -verurteilung des zu beschränkenden Tatteils nur eine Gesamtstrafe mit den ohnehin zu verfolgenden Delikten möglich wäre. Der Einfluss der von einer Beschränkung erfassten Tatteile auf die Straferwartung bleibt also notwendigerweise auf die (mög- 702

---

1 Vgl dazu oben Rn 687.

liche) Schärfung einer Gesamtstrafe begrenzt, so dass die Beschränkungsvoraussetzungen öfter als bei § 154 StPO vorliegen werden. Im Rahmen der daran anknüpfenden Ausübung des **Beschränkungsermessens** sollte der Staatsanwalt § 154a StPO aber nur dann auch tatsächlich anwenden, wenn dies das Verfahren und insbesondere die Beweisaufnahme spürbar erleichtert (Nr 101a I RiStBV). Eine Beschränkung kommt hingegen nicht in Betracht, soweit ihr präventive Erwägungen oder das Bedürfnis, gerade einen bestimmten Straftatbestand auch im BZR zu dokumentieren, entgegenstehen.

703 Gelegentlich bietet eine Verfahrensbeschränkung auch die Möglichkeit zu **taktischen Überlegungen.** Ratsam kann es etwa sein, bei schwieriger Beweislage in einem Mordverfahren einen tateinheitlichen Verstoß gegen das WaffG nach § 154a StPO auszuscheiden. Will das Gericht insgesamt freisprechen, so müsste es zuvor den ausgeschiedenen Tatteil, der ja von der Rechtskraft eines Freispruchs erfasst würde, wieder in das Verfahren einbeziehen. Tut es dies, so erhält der Staatsanwalt auf diesem Weg den Hinweis, wie das Gericht die Sache sieht. Er ist ggf dann in der Lage, durch Beweisanträge weiteres Material vorzulegen und so ein sachlich unzutreffendes Ergebnis noch zu vermeiden, von dem er sonst bei der Urteilsverkündung vielleicht überrascht worden wäre. Vergäße das Gericht in einer solchen Situation die Wiedereinbeziehung hingegen, läge ein klarer Revisionsgrund vor.

704 In der **Anklageschrift** ist auf die vorgenommene Beschränkung hinzuweisen[1]. **Bescheid** und **EN** sind nicht anzuordnen, weil die prozessuale Tat ja weiterhin verfolgt wird.

Beispiel

(Verfügungskopf)

1. Vermerk: Dem Beschuldigten wird Betrug in 12 Fällen mit einem Gesamtschaden von rd 82 000 Euro vorgeworfen. Bei den Taten zu lfd Nr 1, 3–5, 9 und 11 des polizeilichen Schlussberichts Bl 233ff dA besteht ferner der Verdacht einer tateinheitlich begangenen Urkundenfälschung, die der Beschuldigte allerdings im Gegensatz zur betrügerischen Vorgehensweise heftig bestrei-

---

1 Nr 101a III RiStBV, vgl auch unten Rn 808.

tet. Bei der Strafzumessung hätte die Mitverfolgung von § 267 StGB keinen relevanten Einfluss, würde aber die Beweisaufnahme nicht unbedeutend in die Länge ziehen.

2. Vorläufige Beschränkung des Verfahrens gemäß § 154a StPO, soweit § 267 StGB in Betracht kommt, aus den Gründen zu 1.

3. pp *(zB Anklageerhebung)*

(Unterschrift, Dienstbezeichnung)

Die **Wiedereinbeziehung** nach § 154a StPO ausgeschiedener Tat-   705
teile ist jederzeit möglich. Im Hauptverfahren muss das Gericht anders als bei § 154 StPO einem entsprechenden Antrag des Staatsanwalts stattgeben (§ 154a III 2 StPO). Auch dies ist ein Grund, § 154a StPO großzügig anzuwenden. Einerseits kann die Entscheidung jederzeit korrigiert werden, andererseits hat man über den Wiedereinbeziehungsantrag ein Druckmittel in der Hand, das bei der Verständigung über ein Verfahrensergebnis in der Hauptverhandlung durchaus einmal eine Rolle spielen kann.

7. Vorläufige Einstellung nach § 154b StPO bei Auslieferung und Ausweisung

Wird der Beschuldigte **aus dem Bundesgebiet ausgewiesen** oder   706
wegen der fraglichen Tat einer ausländischen Regierung **ausgeliefert**, so ist die vorläufige Einstellung des Verfahrens gemäß § 154b I, III StPO möglich. Im Falle der Ausweisung wird allerdings zu prüfen sein, ob nicht bei schwereren Delikten, wenn Untersuchungshaft angeordnet ist oder zulässig wäre, vor dem Vollzug der Ausweisung aus präventiven Erwägungen zunächst Anklage erhoben werden sollte. Nach Verurteilung und Teilverbüßung der Strafe kann dann zu einem späteren Zeitpunkt gemäß § 456a StPO von der weiteren Strafvollstreckung abgesehen werden.

Wenn die **Auslieferung wegen einer anderen Tat** erfolgt, ist nach   707
der (§ 154 StPO alter Fassung nachgebildeten) Vorschrift von § 154b II StPO die vorläufige Einstellung dann möglich, wenn die hiesige Strafe gegenüber der ausländischen nicht ins Gewicht fällt.

708 Das Verfahren ist wiederaufzunehmen, sofern die Voraussetzungen der Einstellung, also Auslieferung oder Ausweisung, entfallen, insbesondere der Beschuldigte (auch unberechtigt) wieder in die Bundesrepublik einreist. Um dies überwachen zu können, hat der Staatsanwalt nach der Einstellung und dem Vollzug einer **Ausweisung** die **Ausschreibung zur Aufenthaltsermittlung** (bzw zur Festnahme, sofern ein Haftbefehl vorliegt) zu veranlassen[1]. Dabei ist allerdings zu beachten, dass die Ausschreibung **nur national**, also nicht im SIS, erfolgen darf, weil die Ausweisung ja nur den Aufenthalt innerhalb Deutschlands betrifft. Die Ausschreibung ist regelmäßig bis zur Verjährung der Tat zu verlängern.

709 Im Falle der **Auslieferung** muss (über den Rechtshilfedezernenten) der Ausgang des ausländischen Verfahrens entsprechend dem Vorgehen bei § 154 StPO überwacht und nach Vorliegen der ausländischen Entscheidung geklärt werden, ob eine weitere Verfolgung noch möglich und angezeigt ist. Wie bei § 154 IV StPO ist auch die (längere) Frist des § 154b IV StPO für den Staatsanwalt nicht verbindlich.

710 **Nach Anklageerhebung** stellt das Gericht das Verfahren auf Antrag der Staatsanwaltschaft, der nicht abgelehnt werden kann, vorläufig ein. Die Wiederaufnahme ist vor Eintritt der Verjährung jederzeit möglich, im Fall des § 154b II StPO jedoch jetzt nur noch binnen einen Jahres nach Ergehen des ausländischen Urteils (§ 154b IV StPO). Weil die Einstellung hier eine gerichtliche Entscheidung der Nichtverfolgung darstellt und zudem ein Wiederaufnahmeantrag der Staatsanwaltschaft das Gericht nicht bindet, ist in diesen Fällen ein Haftbefehl nicht möglich und daher eine die Wiedereinreise verhindernde Ausschreibung zur Festnahme verwehrt, so dass nur die Fahndung zur Aufenthaltsermittlung veranlasst werden kann.

8. Einstellung nach § 154c StPO bei Opfern einer Erpressung oder Nötigung

711 Der Staatsanwalt kann nach § 154c StPO von der Verfolgung einer Tat absehen, deren Offenbarung dem Beschuldigten als Mittel zu einer Nötigung oder Erpressung gedient hat. Hiervon soll allerdings nur dann Gebrauch gemacht werden, wenn die Nötigung oder Erpressung strafwürdiger erscheint als die Tat des Genötigten

---

1 Rn 527ff.

bzw Erpressten[1]. **Entscheidungsbefugt** ist allein der Behördenleiter (Nr 102 II RiStBV).

9. Vorläufige Einstellung nach § 154d StPO bei Vorliegen einer zivil- oder verwaltungsrechtlichen Vorfrage

Falls die Anklageerhebung von der **Klärung einer zivil- oder verwaltungsrechtlichen Vorfrage** abhängt, kann der Staatsanwalt das Verfahren vorläufig einstellen und dem Anzeigenden eine Frist zur gerichtlichen Austragung der Streitfrage setzen, nach deren fruchtlosem Ablauf das Verfahren endgültig eingestellt wird (§ 154d StPO).
    712

Der tatsächliche **Anwendungsbereich** der Vorschrift ist jedoch sehr viel geringer, als es zunächst den Anschein haben mag. Zum einen ist § 154d StPO nicht anwendbar, wenn die (zB zivilrechtliche) Vorfrage bei an sich klarer (zB bürgerlich-rechtlicher) Rechtslage auf Beweisschwierigkeiten beruht und somit nicht rechtlicher, sondern tatsächlicher Natur ist. Zu ihrer Klärung ist nämlich der Staatsanwalt nicht nur genausogut, sondern wegen des Amtsermittlungsprinzips und der ihm zur Verfügung stehenden Zwangsmittel sogar noch besser in der Lage als das Gericht. Ist hingegen bei klarem Sachverhalt die Rechtslage selbst zweifelhaft, so ist kaum ein Fall denkbar, in dem dies für die Anklagefrage wirklich relevant sein könnte. Dann nämlich können regelmäßig ein unvermeidbarer Verbotsirrtum (§ 17 StGB) oder gar ein Tatbestandsirrtum jedenfalls nicht mehr mit hinreichender Wahrscheinlichkeit ausgeschlossen werden, so dass hier richtigerweise unmittelbar nach § 170 II StPO eingestellt werden müsste. Aus diesen Gründen ist von § 154d StPO nur mit **äußerster Zurückhaltung** Gebrauch zu machen; zumeist erweisen sich derartige Einstellungen nämlich bei genauerer Betrachtung als Verlegenheitsentscheidungen wenig entschließungsfreudiger Dezernenten.
    713

10. Vorläufige Einstellung nach § 154e StPO bei falscher Verdächtigung

Häufig erhebt ein Beschuldigter, der den Tatvorwurf bestreitet, seinerseits gegen den Anzeigeerstatter den Vorwurf einer falschen Ver-
    714

---

1 Nr 102 I RiStBV, kritisch dazu KM Rn 2 und LR-Rieß Rn 8 zu § 154c StPO; Schmöe NJW 1956, 212.

dächtigung nach § 164 StGB. Zur Vermeidung doppelter Arbeit hält § 154e StPO in solchen Fällen den Staatsanwalt an, **das Verfahren hinsichtlich der falschen Verdächtigung** oder Beleidigung bis zum rechtskräftigen Abschluss des Verfahrens wegen der ursprünglich angezeigten Tat ohne weitere Ermittlungen **vorläufig einzustellen.**

715 Aus Gründen der Übersichtlichkeit sollte dies nicht im Ursprungsverfahren geschehen, sondern in einem **gesonderten Vorgang.** Ansonsten bestünde die Gefahr, dass nach Durchführung des Verfahrens wegen der anfangs angezeigten Tat die Anzeige wegen falscher Verdächtigung in Vergessenheit geraten ist und in dem umfangreich gewordenen Vorgang nicht mehr auffällt. Beim Eingang einer entsprechenden Gegenanzeige wird daher zunächst die Abtrennung des Verfahrens wegen falscher Verdächtigung verfügt. Sobald der abgetrennte Vorgang dann eingetragen ist und vorgelegt wird, nimmt man die vorläufige Einstellung vor. Sie ist **dem Anzeigenden mitzuteilen** (Nr 103 RiStBV), eine EN erfolgt jedoch zunächst nicht.

Beispiel

716 Staatsanwaltschaft Berlin   12. 7. 2002
775 Js 23467/02

Vfg

1. Vorläufige Verfahrenseinstellung gemäß § 154e StPO.

2. Schreiben an Anzeigeerstatter Preetsch (Bl 12) – höflich/formlos –:

   Betr: Ihre Strafanzeige vom 22. 5. 2002 gegen Halder wegen falscher Verdächtigung

   Ob der Beschuldigte Sie zu Unrecht des Betruges verdächtigt hat, hängt zunächst davon ab, ob Sie den Ihnen angelasteten Betrug tatsächlich begangen haben oder nicht. Die Klärung dieser Vorfrage erfolgt in dem Verfahren 775 Js 1545/02, das bekanntlich noch nicht abgeschlossen ist. Bis zu dessen Beendigung musste ich daher das Verfahren gegen den Beschuldigten Halder wegen falscher Verdächtigung gemäß § 154e StPO vorläufig einstellen.

Nach Abschluss des genannten Verfahrens gegen Sie werde ich das Verfahren wegen falscher Verdächtigung wiederaufnehmen und dann das Verhalten des Beschuldigten Halder einer abschließenden strafrechtlichen Würdigung unterziehen.

3. Je eine Abschrift des Schreibens zu Ziffer 2

a) zu den Akten,

b) zu den Handakten,

c) zu 775 Js 1545/02.

4. Frist 17. 11. 2002 (Ausgang 775 Js 1545/02?)

Dannemann, StAin

Nach **Abschluss des Ursprungsverfahrens** wird das Verfahren 717 wegen falscher Verdächtigung wiederaufgenommen. Erfolgt danach dessen Einstellung mangels Tatverdachts gemäß § 170 II StPO, so erhält der Antragsteller einen erneuten Bescheid (und zwar jetzt mit Rechtsmittelbelehrung, falls er zugleich Verletzter ist). Auch eine eventuell notwendige EN wird erst zu diesem Zeitpunkt, ggf sogar erst nach Ablauf einer Beschwerdefrist, verfügt.

11. Verweisung auf den Privatklageweg

Privatklagedelikte (§ 374 I StPO), die nicht in prozessualer Tatein- 718 heit mit einem Offizialdelikt stehen, können nur verfolgt werden, wenn ihre Ahndung im **öffentlichen Interesse** liegt (§ 376 StPO). Der Begriff ist hier ebenso wie bei § 153 StPO als Inbegriff eines auch vom Schuldumfang mitgeprägten Präventionsbedürfnisses auszulegen. Bei der Entscheidung ist jedoch zu berücksichtigen, dass nach der Intention des Gesetzgebers die **Verfolgung** eines Privatklagedelikts **die Ausnahme**, die Verweisung auf den Privatklageweg aber die Regel sein soll. Nach Nr 86 II RiStBV ist deshalb ein öffentliches Interesse regelmäßig nur dann anzunehmen, wenn neben schulderhöhenden Merkmalen der Rechtsfrieden über den Lebenskreis des Verletzten hinaus gestört ist und daher generalpräventive Erwägungen ein Untätigbleiben der Justiz verwehren. Dies ist jedenfalls dann nicht der Fall, wenn die Tat im engeren Familien-

oder Bekanntenkreis begangen wurde und keine erheblichen Folgen gezeigt hat.

719 Die **Prüfung** des öffentlichen Interesses hat **so früh als möglich** zu erfolgen (Nr 86 I RiStBV). Beim Fehlen des öffentlichen Interesses ist das Verfahren ohne jegliche Ermittlungen gemäß § 170 II ivm § 376 StPO sofort einzustellen.

Beispiel

(Verfügungskopf)

1. Verfahrenseinstellung mangels öffentlichen Interesses (§§ 170 II, 376 StPO) aus den Gründen zu Ziff 2.

2. Schreiben an Anzeigeerstatter Peterman (Bl 1) – höflich/formlos –:

   Betr: Ihr Strafantrag vom 23. 5. 2002 gegen Hugo Werner wegen Bedrohung

   Nach § 376 StPO kann die Staatsanwaltschaft ein Verfahren wegen des Vorwurfs eines Privatklagedelikts, wie es die von Ihnen angezeigte Bedrohung nach § 241 StGB wäre (§ 374 I Nr 5 StPO), nur durchführen, wenn dies im öffentlichen Interesse liegt. Dies ist hier jedoch nicht der Fall. Nach Ihrem Bekunden hat Sie der Beschuldigte lediglich unter vier Augen bedroht, so dass der Rechtsfrieden über den Kreis der unmittelbar Betroffenen hinaus nicht gestört worden ist. Ich habe daher das Verfahren gemäß § 170 II StPO eingestellt.

   Es bleibt Ihnen unbenommen, wegen der Tat Privatklage gegen den Beschuldigten vor dem zuständigen Amtsgericht zu erheben, sofern Sie sich davon Erfolg versprechen.

3. Durchschrift des Schreibens zu Ziff 2 zu den HA.

4. Keine EN, weil Beschuldigter nicht vernommen wurde.

5. Weglegen.

(Unterschrift, Dienstbezeichnung)

720 Da eine Privatklage gemäß § 80 I 1 JGG gegen **Jugendliche** nicht zulässig ist, hat die Staatsanwaltschaft in Jugendsachen in weiterem

Umfang, als dies § 376 StPO erlaubt, die Möglichkeit bzw die Pflicht, Privatklagedelikte zu verfolgen. Nach § 80 I 2 JGG eröffnen auch erzieherische Bedürfnisse (also die Notwendigkeit zur Sanktionierung gerade des Privatklagedelikts zwecks künftiger Straffreiheit) und berechtigte Interessen des Verletzten (*nicht:* Rache- und Sühneverlangen, wohl aber Richtigstellung falscher Anschuldigungen, zivilrechtliche Bedürfnisse nach Sachaufklärung) die Verfolgung. In der Praxis bewirkt dies, dass sich das Regel-Ausnahmeverhältnis von § 376 StPO nahezu umkehrt. Gegenüber Heranwachsenden gilt § 80 JGG im Übrigen nicht[1], so dass bei ihnen allein die Maßstäbe des § 376 StPO maßgebend sind.

12. Absehen von der Klage nach den §§ 31a, 37 BtMG

Als lex specialis zu § 153 StPO für bestimmte Fälle nicht qualifizierter BtM-Delikte (§ 29 I, II, IV BtMG) erlaubt § 31a BtMG eine Verfahrenseinstellung ohne richterliche Zustimmung. Nach BVerfG NJW 1994, 1577ff ist von dieser Vorschrift im Bereich sog weicher Drogen zur Vermeidung übermäßigen Strafens verstärkt Gebrauch zu machen. Von der Einstellungsmöglichkeit ist freilich ua das Handeltreiben mit BtM ausgenommen. Als Voraussetzung bedarf es zunächst wie bei § 153 StPO geringer Schuld und eines Fehlens des öffentlichen Interesses. Ferner darf sich die Tat nur auf **geringe Mengen** des Betäubungsmittels, die zudem ausschließlich zum **Eigenverbrauch** bestimmt waren, beziehen.

721

Überwiegend wird in der Rspr das Vorliegen einer geringen Menge angenommen, wenn sich die Tat auf bis zu **drei Konsumeinheiten** des jeweiligen Rauschmittels bezieht[2]. Der vom BVerfG angemahnten Vereinheitlichung der Einstellungspraxis der Staatsanwaltschaften sind die Bundesländer mittlerweile durch den Erlass von **Richtlinien** weitgehend nachgekommen. Allerdings sind diese ihrerseits erneut nicht einheitlich ausgefallen[3]. So wurden teilweise nur Obergrenzen für die Anwendung des § 31a BtMG, teilweise Untergrenzen, bis zu deren Erreichen einzustellen ist, und teilweise auch beides festgesetzt.

722

---

1 Vgl § 108 JGG.
2 Körner Rn 1656ff zu § 29 BtMG mwN.
3 Vgl Nachweise bei Körner Rn 29ff zu § 31a BtMG.

723 Eine strukturell § 153a StPO verwandte Sonderregelung stellt § 37 BtMG dar. Diese Vorschrift erlaubt für bereits nicht mehr ganz unerhebliche Fälle von Betäubungsmittelkriminalität die vorläufige **Verfahrenseinstellung im Hinblick auf eine begonnene Suchtthe-rapie**. Zulässig ist sie bei allen Straftaten (also auch bei Verbrechen), solange die Straferwartung zwei Jahre nicht übersteigt und die Tat auf eine Betäubungsmittelabhängigkeit zurückzuführen ist. Damit wird, anders als bei § 31a BtMG, auch die Beschaffungskriminalität erfasst. Insoweit korrespondiert die Regelung mit der vollstre-ckungsrechtlichen Vorschrift des § 35 BtMG, auf die § 37 BtMG hin-sichtlich der in Frage kommenden Therapiemöglichkeiten zudem ausdrücklich verweist. Wegen der Einzelheiten kann daher auf die Ausführungen dazu verwiesen werden[1]. Für den Beschuldigten ergeben sich insoweit Unterschiede, als bei einer Verfahrenseinstel-lung keine Registrierung im BZRG erfolgt und das Verfahren nach erfolgreicher Therapie auch endgültig abgeschlossen ist, während er beim Vorgehen im Wege des § 35 BtMG anschließend noch gemäß § 36 I 3 BtMG eine Bewährungszeit durchzustehen hat.

724 Anders als § 35 BtMG verlangt § 37 BtMG, dass die Resozialisie-rung des Beschuldigten zu erwarten ist, also eine **positive Progno-se**. In echten Abhängigkeitsfällen kann eine solche indes nur höchst selten gestellt werden. Vielmehr müssen erfahrungsgemäß oft meh-rere vergebliche Therapieanläufe unternommen werden, bevor sich irgendwann dauerhafte Erfolge einstellen. Aus diesem Grund kommt § 37 BtMG in der Praxis nur eine untergeordnete Rolle zu[2]. Selbst in Zweifelsfällen wird man eher den Weg einer Anklage mit anschließender Zurückstellung der Vollstreckung gemäß § 35 BtMG wählen, um das Hauptverfahren noch relativ zeitnah zur Tat abschließen zu können und dieses nicht längere Zeit danach mit zwangsläufig erheblich verschlechterter Beweislage durchführen zu müssen.

725 Die Einstellung bedarf in jedem Fall der **richterlichen Zustimmung**. Eingestellt wird nach der Regelung in § 37 I 5 BtMG faktisch für die Dauer von zwei Jahren, was man gegenüber dem Beschuldigten auch klarstellen sollte. Diesem wird in der Einstellungsverfügung ferner aufgegeben, die Behandlung bis zu ihrem – ggf in Absprache mit der Therapieeinrichtung zu bestimmenden – vorgesehenen

---

1 Rn 1099ff.
2 Körner Rn 2 zu § 37 BtMG.

Abschluss fortzuführen und dies zu ebenfalls im Vorhinein fest-
zulegenden Zeitpunkten nachzuweisen. Verletzt er seine Pflichten,
wird er wegen einschlägiger Delikte rückfällig oder steigt die Straferwartung später auf Grund neu bekannt werdender Tatsachen auf
über zwei Jahre, dann ist das **Verfahren fortzusetzen**. Wegen dieser
für eine relativ lange Zeit drohenden Entwicklung ist dringend
anzuraten, vor einer Einstellung die Ermittlungen soweit abzuschließen, dass bei einem etwaigen Scheitern der Therapie ohne
weiteres angeklagt werden kann[1].

13. Einstellung bei Jugendlichen und Heranwachsenden nach § 45 JGG

Gegenüber **Jugendlichen** tritt infolge der Regelung in § 2 JGG an
die Stelle der §§ 153, 153a StPO in vergleichbaren Fällen die Vorschrift des § 45 JGG. Dasselbe gilt gemäß § 109 II JGG für **Heranwachsende**, bei denen nach § 105 JGG voraussichtlich Jugendrecht zur Anwendung gelangt, was in der Mehrzahl der Fälle
wegen letztlich nicht auszuschließender Reifeverzögerungen anzunehmen sein wird.   726

Nach **§ 45 I JGG** kann der Staatsanwalt von der Verfolgung absehen, wenn die Voraussetzungen von § 153 StPO (Vergehen, geringe
Schuld und kein öffentliches Interesse) vorliegen. Insoweit gelten
die Ausführungen dazu entsprechend[2]. Einer richterlichen Zustimmung zur Einstellung bedarf es hier nicht. Die Entscheidung wird
dem **Erziehungsregister** mitgeteilt[3]. Die Nr 31, 32 MiStrA sind zu
beachten.   727

§ 45 II JGG betrifft den klassischen Fall der sog **Diversion**. Eine
Anklageerhebung oder ein richterliches Mitwirken erscheint hier
deshalb nicht erforderlich, weil eine ausreichende erzieherische
Maßnahme bereits außerhalb des eigentlichen Strafverfahrens
durchgeführt wurde bzw eingeleitet ist oder sich der Beschuldigte
um einen Ausgleich mit dem Verletzten bemüht. Die Einstellung
wird daher insbesondere bei bislang noch nicht sanktionierten
Tätern und bei geringeren Verfehlungen in Betracht kommen. Sind   728

---

1 Körner verlangt sogar als Einstellungsvoraussetzung hinreichenden Tatverdacht, was sich allerdings aus dem Gesetzestext, der nur von Verdacht
spricht, nicht herleiten lässt (Rn 3 zu § 37 BtMG).
2 Vgl Rn 653ff.
3 Vgl § 60 I Nr 7 BZRG.

die erzieherischen Maßnahmen noch nicht eingeleitet, kann dies der Staatsanwalt in einem ersten Schritt auch selber veranlassen und zu einem späteren Zeitpunkt die Einstellung verfügen. Dabei bedient er sich der Jugendgerichtshilfe zur Durchführung der Maßnahmen.

Beispiel

Staatsanwaltschaft Hannover   17. 4. 2002
461 Js 56224/02

Verfügung

1. Vermerk: Bei dem Beschuldigten handelt es sich um einen Heranwachsenden, auf den jedoch wegen offenkundiger Reifeverzögerungen (vgl den Bericht der Polizei Bl 6 dA) noch Jugendrecht anzuwenden ist. Die Straftat (Ladendiebstahl mit 13 Euro Schaden) ist nicht schwerwiegend. Der Beschuldigte ist geständig und erstmals aufgefallen. Einer Einschaltung des Richters bedarf es nicht.

2. Es sollen folgende Maßnahmen durchgeführt werden:

   a) ein erzieherisches Gespräch,

   b) ein Tag Hilfsdienst nach näherer Bestimmung durch die Jugendgerichtshilfe.

3. Eine Ablichtung dieser Verfügung zur Handakte nehmen.

4. U m A

   dem Kreisjugendamt Hameln/Pyrmont

   übersandt mit der Bitte um Ausführung bzw Vermittlung und Überwachung der Maßnahmen zu Ziff 2 dieser Verfügung, falls der Beschuldigte dazu bereit ist. Nach Durchführung der Maßnahmen bitte ich um Rückgabe der Akten. Das Verfahren soll dann gemäß § 45 II JGG eingestellt werden.

5. 24. 5. 2002 (Maßnahmen durchgeführt?)

Hecht, Jugendstaatsanwalt

729 **Nach Durchführung** der Maßnahmen erfolgt sodann die Verfahrenseinstellung:

Beispiel

(Verfügungskopf wie oben)

1. Vermerk: Die von hier angeordneten Maßnahmen sind durchgeführt (Bl 12).

2. Einstellung des Verfahrens gemäß § 45 II JGG.

3. Schreiben an Beschuldigten Miesbach (Bl 1) – höflich/ formlos –:

   Das Verfahren ist nach Durchführung der von hier angeordneten Maßnahmen nunmehr gemäß § 45 Absatz 2 Jugendgerichtsgesetz eingestellt worden. Die Einstellung wird in dem so genannten Erziehungsregister, in das aber nur Gerichte und Staatsanwaltschaften Einblick haben, vermerkt und kann, falls Sie erneut eine Straftat begehen sollten, von diesen berücksichtigt werden. Eine erneute Verfahrenseinstellung wird dann nicht mehr möglich sein. Die Eintragung gilt jedoch nicht als Vorstrafe und wird auch nicht in ein polizeiliches Führungszeugnis aufgenommen, so dass Sie sich, soweit es dieses Verfahren betrifft, gegenüber jedermann als „unbestraft" bezeichnen können.

4. Durchschrift des Schreibens zu Ziff 3 übersenden an Kreisjugendamt Hameln/Pyrmont Jugendgerichtshilfe gemäß Nr 32 MiStrA.

5. Schreiben an Anzeigeerstatterin Bl 2 – höflich/formlos –:

   Betr: Ihr Strafantrag vom 5. 3. 2002 gegen Bernd Miesbach wegen Diebstahls.

   Das Verfahren ist nach Durchführung einer erzieherischen Maßnahme gemäß § 45 II JGG eingestellt worden. Ihre eventuellen zivilrechtlichen Ansprüche, die Sie ggf jedoch selbst geltend machen müssten, bleiben von dieser Entscheidung unberührt.

6. Geschäftsstelle mit der Bitte, die Eintragung in das Erziehungsregister (wegen Diebstahls geringwertiger Sachen, §§ 242, 248a StGB) zu veranlassen.

7. Weglegen.

Hecht, Jugendstaatsanwalt

730 Genügt als erzieherische Maßnahme im Sinne von § 45 II JGG schon eine nachdrückliche **Ermahnung**, so kann der Jugendstaatsanwalt diese selbst vornehmen und mit der Einstellungsnachricht verbinden:

Beispiel

(Verfügungskopf)

1. Vermerk: Der Beschuldigte ist erst 15 Jahre alt, geständig, einsichtig und bislang noch nicht aufgefallen. Die Tat ist geringfügig. Eine Ermahnung ohne richterliche Mitwirkung dürfte zur erzieherischen Einwirkung ausreichend sein.

2. Verfahrenseinstellung gemäß § 45 II JGG aus den Gründen zu 1.

3. Schreiben an Beschuldigten Dennis Samuelson z Hd des gesetzlichen Vertreters (Bl 3):

   Das Verfahren gegen dich wegen Schwarzfahrens in zwei Fällen habe ich gemäß § 45 II JGG noch einmal eingestellt, weil du bei deiner polizeilichen Vernehmung die Straftaten eingeräumt hast. Ich gehe deshalb davon aus, dass du eingesehen hast, dass dein Verhalten falsch war und dass du dir dieses Verfahren als Warnung dienen lässt, ohne dass es weiterer Maßnahmen oder gar der Einschaltung des Jugendrichters bedarf.

   Diese Einstellung wird jedoch im sogenannten Erziehungsregister eingetragen ... *(weiter wie im vorstehenden Beispiel zu Ziff 3).*

4. Je eine Abschrift des Schreibens zu Ziff 3 übersenden an:

   a) Stadtjugendamt Hannover – Jugendgerichtshilfe – gemäß MiStrA Nr 32,

   b) Vormundschaftsgericht Hannover gemäß MiStrA Nr 31.

5. Kein Bescheid, weil darauf verzichtet wurde (Bl 2).

6. Geschäftsstelle mit der Bitte um Veranlassung der Eintragung ins Erziehungsregister (wegen Erschleichens von Leistungen in zwei Fällen, §§ 265a, 248a, 53 StGB).

7. Weglegen.

(Unterschrift, Dienstbezeichnung)

Ob man in den vorstehenden Beispielen den Beschuldigten in Ermahnung und EN mit „Sie" oder „Du" anredet, hängt vom Alter und der jeweiligen Kriminalität ab. Es sollte im Interesse der Präventionswirkung stets die Form gewählt werden, die den Beschuldigten voraussichtlich am intensivsten anspricht. Im Zweifelsfall ist die höflichere **Anrede** des „Sie" zu verwenden. 731

Sobald ein Tätigwerden von Jugendamt oder Staatsanwaltschaft zur Einwirkung auf den Beschuldigten alleine nicht mehr ausreichend ist, andererseits ein förmliches Hauptverfahren noch entbehrlich erscheint, kann man auch gemäß § 45 III JGG den **Richter einschalten** und bei diesem die notwendigen Maßnahmen anregen. Als Maßnahmen kommen in diesem Fall allerdings nur bestimmte Weisungen (Arbeitsleistungen, TOA, Verkehrsunterricht) sowie alle in § 15 JGG aufgelisteten Auflagen in Betracht. 732

Beispiel

(Verfügungskopf)

1. Urschriftlich mit Akten

   dem Amtsgericht
   – Jugendrichter
   in Neustadt –

   mit dem Antrag übersandt, die Beschuldigten Kerner und Kleinschmidt zu ermahnen und gegen sie jeweils im Wege der Auflage vier Tage Hilfsdienste anzuordnen. Da beide bislang nicht aufgefallen sind, erscheinen diese Maßnahmen trotz der nicht gerade unbedeutenden Tat zur erzieherischen Einwirkung ausreichend. Eine Anklage soll deshalb nicht erhoben, vielmehr das Verfahren nach Durchführung der Maßnahmen gemäß § 45 III JGG eingestellt werden.

2. Wv … *(Frist von ca 6–8 Wochen)*

(Unterschrift, Dienstbezeichnung)

Folgt der Richter der Anregung und werden die Weisungen bzw Auflagen vom Beschuldigten erfüllt, so stellt der Staatsanwalt nach Rückkehr der Akten das Verfahren wie im Falle des § 45 II JGG ein.

14. Der Sonderfall des Täter-Opfer-Ausgleichs

733   Nach § 155a StPO soll die Staatsanwaltschaft während des gesamten Ermittlungsverfahrens die Möglichkeit prüfen, einen Täter-Opfer-Ausgleich (TOA) durchzuführen, und ggf darauf hinwirken. Ein TOA erfolgt in einem (regelmäßig von dritter Seite vermittelten und moderierten) **Ausgleichsgespräch**, als dessen Ergebnis der eigentliche Ausgleich zwischen Beschuldigtem und Verletztem vereinbart wird. Dabei kann es sich um **materiellen Schadensausgleich** in Form von Geldleistungen an den Verletzten, Naturalrestitution oder auch **andere Leistungen** des Beschuldigten handeln. Diese müssen nicht einmal zwingend dem Verletzten zufließen, solange diesem auch durch Zahlungen zB an gemeinnützige Empfänger subjektiv Genugtuung widerfährt. So mag es sein, dass ein Beamter, der Verletzter eines (folgenlosen) Widerstandes nach § 113 StGB ist, als ihm genügende Wiedergutmachungsleistung eine gemeinnützige Spende durch den Beschuldigten akzeptiert. Über den Schadensausgleich hinaus hat der TOA die Funktion, **Rechtsfrieden** zu stiften, indem im Rahmen des Ausgleichsgesprächs ein künftiges Miteinander der Parteien ermöglicht wird. Wichtig ist in diesem Zusammenhang eine Kommunikation über die Tat, ihre Beweggründe und vor allem ihre Folgen für beide Kontrahenten. Im Idealfall erzielt man damit nicht nur Wiedergutmachung und gegenseitiges Verständnis, sondern auch eine hohe spezialpräventive Wirkung beim Beschuldigten, welche dann eine weitere präventive Einwirkung durch Fortsetzung des Strafverfahrens entbehrlich macht.

734   Der TOA erfolgt entweder durch Vermittlung justizfremder **Ausgleichsstellen** (§ 155b StPO) oder, wo solche noch nicht existieren, über die **Gerichtshilfe**. Die Ausgleichsstelle wird zunächst getrennt Kontakt zu Beschuldigten und Verletzten aufnehmen, um sie über Ausgestaltung, Möglichkeiten und denkbare Folgen sowie die Freiwilligkeit eines Ausgleichsgesprächs zu informieren. Zugleich wird sie in Erfahrung bringen, ob eine ernsthafte Bereitschaft besteht, sich auf ein solches Gespräch einzulassen. Nur wenn dies der Fall ist, lädt die Ausgleichsstelle beide Seiten zu einer von einem erfahrenen Moderator geleiteten Aussprache vor. Im Falle eines erfolgreichen Verlaufes schließen beide Seiten eine ausdrückliche Vereinbarung über die vom Beschuldigten zu erbringenden materiellen oder immateriellen Leistungen.

Voraussetzung eines TOA ist das Vorliegen einer dazu geeigneten **735** Verfahrenskonstellation. Zunächst ist normalerweise erforderlich, dass es überhaupt **individuelle Verletzte** der Tat gibt, weshalb abstrakte Gefährdungsdelikte sowie Delikte zum Nachteil der Allgemeinheit von vorneherein nicht TOA-geeignet sind. Die bei solchen opferlosen Delikten diskutierte symbolische Wiedergutmachung mit einem Vertreter der Allgemeininteressen auf der Opferseite (zB einem Vertreter der Behörde, deren Aufgabe der Schutz des betroffenen Rechtsgutes ist) dürfte sich mit der Konzeption des TOA nur noch bedingt vereinbaren lassen. Ein persönlich involvierter Rechtsgutsträger existiert hier nämlich nicht, so dass eine unmittelbare Konfrontation mit dem Opfer und damit ein wesentliches Element des TOA nicht mehr möglich ist. Aus derselben Erwägung heraus ist ein TOA mit einer **geschädigten juristischen Person** nur sinnvoll, wenn etwa in Gestalt eines persönlich von der Tat Betroffenen, zB des Geschäftsführers oder eines Gesellschafters, eine Personifizierung auf der Opferseite gelingt. Auch scheiden Serientaten aus, weil ein TOA mit einer Vielzahl von Verletzten nicht sinnvoll durchführbar ist. Zudem ist ein TOA nur angebracht, wenn der TOA-fähige Tatbestand unter mehreren vorliegenden Delikten eine für die Strafzumessung bedeutsame und nicht nur eine untergeordnete Rolle spielt. **Kleinkriminalität**, die auch anderweitig erledigt werden kann (§§ 153, 153a StPO, Verweisung auf den Privatklageweg) sollte ebenfalls nicht zum Anlass genommen werden, den relativ aufwändigen TOA einzuleiten, der dem Beschuldigten erheblich mehr an persönlicher Leistung abverlangt als beispielsweise eine vom finanziellen Aspekt her vergleichbare Geldauflage nach § 153a StPO. Dass ein TOA auch nicht gegen den (mutmaßlichen) Willen des Verletzten initiiert werden sollte, ist ohnehin selbstverständlich.

Ein TOA sollte dem Beschuldigten nur dann offeriert werden, wenn **736** er entweder **bereits geständig** oder seine Schuld unabweisbar ist (zB bei einer Festnahme auf frischer Tat) oder aber wenn er selber ausdrücklich einen TOA wünscht. In allen anderen Konstellationen beeinträchtigt das Ansinnen eines TOA nämlich die Verteidigungsrechte, weil der Beschuldigte vor der Wahl stünde, entweder seine Verteidigungsposition aufzugeben und sich auf den TOA einzulassen oder aber diesen abzulehnen. Letzteres verbaut ihm faktisch jedoch die Möglichkeit eines späteren TOA und kann zudem leicht den Eindruck erwecken, er stehe nicht zu seiner (eigentlich ja erst noch festzustellenden) Verantwortung für die Tatfolgen.

737 In das Ermittlungsverfahren kann ein TOA auf zwei Weisen integriert werden: Der erste Weg besteht darin, das Verfahren zunächst nicht förmlich zu unterbrechen, sondern die Durchführung des TOA durch **schlichtes Zuwarten** zu ermöglichen. Nach erfolgreichem TOA wird dann, falls nunmehr gemäß § 46a StGB von Strafe abgesehen werden könnte, in Anwendung von § 153b StPO mit gerichtlicher Zustimmung eingestellt. Wäre nach § 46a StPO lediglich eine Strafmilderung möglich, so mag dies immerhin noch zu einer Zuständigkeitsverschiebung hinsichtlich des Hauptsachegerichts, zur Ermöglichung des Strafbefehlsverfahrens oder zur Milderung der dort zu beantragenden Strafe führen. Der zweite Weg besteht in der **vorläufigen Einstellung** des Verfahrens nach § 153a I Nr 5 StPO zum Zwecke der Vornahme des TOA. Nach dessen erfolgreicher Durchführung folgt später die endgültige Einstellung.

738 Vorzugswürdig ist dabei die erstgenannte Vorgehensweise, und zwar aus mehreren Gründen. Zum einen ist zunächst nicht unbedingt vorhersehbar, ob als Folge des Ausgleichsversuchs überhaupt ein das öffentliche Verfolgungsinteresse beseitigender Ausgleich gelingt. Da aber § 153a I Nr 5 StPO bereits das **ernsthafte Bemühen** des Beschuldigten als genügend erachtet, ist es der Staatsanwaltschaft am Ende trotz eines unbefriedigenden Resultats wegen § 153a I 5 StPO zumeist verwehrt, das Verfahren fortzusetzen. Insbesondere dann, wenn der Verletzte seinerseits jeden Ausgleich ablehnt, ist von vorneherein keinerlei Bemühen des Beschuldigten möglich oder erfolgversprechend, so dass man insoweit auch nichts weiter von ihm verlangen kann. Man ist dann im Grunde gezwungen, zu seinen Gunsten auf eine Verfahrensfortsetzung, im Ergebnis damit aber auch auf jede Sanktionierung und präventive Einwirkung zu verzichten. In anderen Fällen wirft die Feststellung, ob ein ausreichendes Bemühen vorliegt, Probleme auf, etwa wenn der TOA daran scheitert, dass der Beschuldigte Bedingungen des Verletzten nicht erfüllt. In diesem Fall hinge die Bemühensfrage von der Zumutbarkeit dieser Bedingungen ab, die nicht immer eindeutig ist.

739 Solche Schwierigkeiten weist das **Vorgehen über § 153b StPO** nicht auf, weil zum einen die (endgültige) Einstellungsentscheidung in

diesem Fall nicht durch den TOA präjudiziert ist (was man fairerweise dem Beschuldigten aber auch zuvor mitzuteilen hat). Auf diese Weise ist es eher möglich, das weitere Vorgehen differenziert auf die konkreten Resultate des TOA-Versuchs abzustimmen. Beispielsweise könnte so nach einem gescheiterten TOA durch eine darauffolgende vorläufige Einstellung nach § 153a StPO (mit einer anderen Auflage) die durch den TOA-Versuch nicht genügende präventive Einwirkung doch noch erreicht werden. Zum anderen vermeidet dies, den Beschuldigte wie bei der vorläufigen Einstellung nach § 153a StPO unter Erfolgszwang zu stellen, was die angestrebte Verständigung zwischen Täter und Opfer zu einer expliziten, förmlichen Pflicht werden ließe und mit der ursprünglichen Idee des TOA als freiwilligem Aufeinandereinlassen von Täter und Opfer unvereinbar wäre. Ein **erzwungener Ausgleich** steht zudem von vorneherein in der Gefahr späterer Nichterfüllung zugesagter Leistungen, mindestens aber ist zu besorgen, dass der Rechtsfrieden nur vordergründig und rein verfahrentaktisch motiviert wiederhergestellt wird. Zwar soll nicht verkannt werden, dass auch das informelle Angebot eines TOA faktische Zwänge auslöst. Der Beschuldigte kann sich diesen aber verweigern, ohne sich dadurch sogleich dem Makel, für eine gescheiterte Einstellung verantwortlich zu sein, auszusetzen und damit weitere Einstellungschancen zu verbauen.

Wenn man ein nach den geschilderten Kriterien grundsätzlich TOA-geeignetes Verfahren hat (und dafür nicht ein Spezialdezernat zuständig ist)[1], übersendet man gewöhnlich zur Information der Ausgleichsstelle die Ablichtung der Strafanzeige, soweit diese nach den Ermittlungen noch aktuell ist, mit einem entsprechenden **Anschreiben** (§ 155b I 2 StPO). Von der Beifügung umfangreicherer Aktenauszüge sollte man dagegen nicht nur aus Datenschutzgründen absehen. Die Ausgleichsstellen legen nämlich auch Wert darauf, möglichst unbefangen an den TOA herangehen zu können. Keinesfalls wird die Akte selber aus der Hand gegeben. Das TOA-Verfahren ist recht aufwändig und sein Zeitbedarf oft nicht sicher zu kalkulieren. Die Gefahr ist daher groß, dass die Akten zwischenzeitlich, zB wegen Anfragen anderer Verfahrensbeteiligter oder Behörden, benötigt werden. Erfahrungsgemäß ist es aber schwierig,

740

---

1 In einigen Behörden sind für TOA-Sachen Sonderdezernate eingerichtet. In einem solchen Fall ist die Sache mit HA-Verfügung an das Sonderdezernat abzugeben.

sie dann von der Ausgleichsstelle schnell und zugleich ohne Zeitverlust für den TOA zurück zu erhalten. Handelt es sich um eine **justizeigene Ausgleichsstelle**, kann auf die Beifügung von Ablichtungen verzichtet und stattdessen auf eine Einsichtnahme (und die Fertigung von Kopien je nach konkretem Bedarf) auf der Geschäftsstelle verwiesen werden.

741 Bei der **Fristbestimmung** sollte man einen Zeitbedarf von 6–8 Wochen für einen durchgeführten TOA einkalkulieren. Scheitert der Versuch an der fehlenden Zustimmung eines Beteiligten, erfährt man dies ohnehin schon früher.

Beispiel

742 Staatsanwaltschaft Hannover   4. 6. 2002
126 Js 19335/02

Verfügung

1. Vermerk: Das Verfahren scheint für den TOA geeignet, weil der Beschuldigte den Vorwurf des räuberischen Diebstahls in Tateinheit mit gefährlicher Körperverletzung hinsichtlich des objektiven Tatgeschehens einräumt und der geschädigte Kaufhausdetektiv Böhm bereits in seiner Vernehmung signalisiert hat, einem solchen Vorgehen nicht abgeneigt zu sein.

2. Ablichtungen fertigen von der Strafanzeige Bl 1–2 dA.

3. Ablichtungen zu Ziff 2 mit folgendem Anschreiben übersenden an Waage Hannover eV, Lärchenstr. 3, 30161 Hannover – höflich/formlos –:

In pp

erscheint nach Aktenlage das Verfahren für eine außergerichtliche Schlichtung geeignet. Ich bitte Sie daher, einen entsprechenden Versuch einzuleiten und durchzuführen. Die polizeiliche Strafanzeige habe ich zu Ihrer Information beigefügt. Durch die weiteren Ermittlungen haben sich zwischenzeitlich keine relevanten neuen Erkenntnisse ergeben. Der Beschuldigte ist geständig. Geschädigter ist Herr Leon Böhm, Oesterleystr. 14, 30171 Hannover, Tel ...

Für den Fall eines Zustandekommens einer Einigung zwischen dem Beschuldigten und dem Geschädigten wird erwogen, im Hinblick auf den Tatvorwurf zwar Anklage zu erheben und dem Gericht das Ergebnis der Vermittlung mitzuteilen. Gemäß § 46a StGB ist aber für diesen Fall eine Strafmilderung möglich. *(Alternativen: ... wird erwogen, das Verfahren gemäß § 153b StPO einzustellen, wenn das Gericht dieser Verfahrensweise zustimmt; ... das öffentliche Interesse gemäß § 376 StPO zu verneinen; ... unter Anwendung des § 46a StGB einen Strafbefehl mit einer Geldstrafe von ... Tagessätzen zu je ... Euro zu beantragen.)*

Über den Ausgang des Schlichtungsverfahrens bitte ich, mir möglichst bis zum 13. 8. 2002 zu berichten.

4. Wv 15. 8.

Storfinger, StAin

Nach Eingang des Berichts über den erfolgreich abgeschlossenen TOA wird dann, sofern der TOA den Erwartungen entspricht, die angekündigte Art der Verfahrensfortsetzung verfügt. Sind die Voraussetzungen eines **Absehens von Strafe** gemäß § 46a StGB erfüllt, dann ist allerdings zunächst noch die gerichtliche Zustimmung zu der dadurch ermöglichten **Einstellung nach § 153b StPO** einzuholen: **743**

Beispiel

Staatsanwaltschaft Bremen   7. 5. 2002
771 Js 6601/02

Vfg

1. Vermerk: Eine Anhörung nach Nr 90 RiStBV ist im Hinblick auf die entsprechende Äußerung in der Übersendungsverfügung Bl 20 nicht erforderlich[1].

2. U m A

dem AG Bremen

---

1 Andernfalls wäre diese vor Einholung der gerichtlichen Zustimmung durchzuführen, vgl Rn 628f.

mit dem Antrag übersandt, einer Verfahrenseinstellung gemäß § 153b StPO zuzustimmen. Der bislang nur einmal wegen § 316 StGB in Erscheinung getretene Beschuldigte hat zwar in erheblichem Maß Widerstand nach § 113 StGB geleistet und dabei den Beamten Voigt leicht verletzt. Ausweislich des Berichts der hiesigen Ausgleichsstelle vom 23. 4. ist es jedoch zwischen dem Beschuldigten und den Beamten Voigt und Schlegelin im Rahmen eines TOA zu einer Einigung gekommen; der Beschuldigte hat die finanziellen Leistungen an den Geschädigten Voigt mittlerweile erbracht.

Vor diesem Hintergrund erschiene es im Falle einer Anklage angezeigt, gemäß § 46a Nr 1 StGB von Strafe abzusehen, da ein präventives Bedürfnis zu einer weiteren Einwirkung auf den Beschuldigten nicht ersichtlich ist. Ich beabsichtige daher, bereits von der Klageerhebung gemäß § 153b StPO abzusehen.

3. Wv 21. 5.

Boese, StAin

744   Nach **Eingang der Zustimmung** des Gerichts verfügt man in obigem Beispiel dann:

Beispiel

Staatsanwaltschaft Bremen   14. 5. 2002
771 Js 6601/02

                                    Vfg

1. Verfahrenseinstellung gemäß § 153b StPO aus den Gründen der Vfg vom 7. 5. (Bl 31).

2. *(Bescheid an Verletzte ohne RMB oder Vermerk, dass kein Bescheid erforderlich.)*

3. EN an Besch Bl 1.

4. Weglegen.

Boese, StAin

15. Rechtsmittel gegen Einstellungen aus Opportunitätsgründen

Bei allen Einstellungen aus Opportunitätsgründen ist das Klageerzwingungsverfahren ausgeschlossen[1]. Der Anzeigende kann deshalb nur die **sachliche Dienstaufsichtsbeschwerde** erheben, die wie oben bei Rn 641ff geschildert behandelt wird. Eine solche Beschwerde kann nur dann Erfolg haben, wenn der Staatsanwalt die tatbestandlichen Voraussetzungen der Einstellung zu Unrecht angenommen oder, soweit ihm ein Ermessens- oder Beurteilungsspielraum zusteht, dessen Grenzen überschritten hat.

745

Frei.

746–749

III. Die Erhebung der öffentlichen Klage

Literatur: Arndt: Eröffnungsbeschluß, rechtliches Gehör und Menschenrechtskonvention, NJW 1960, 1191 ff; Heghmanns: Auswahlermessen der Staatsanwaltschaft bei Anklageerhebung und gesetzlicher Richter, StV 2000, 277ff; Hellebrand: Die Staatsanwaltschaft, München 1999; Hohendorf: § 225a StPO im Spannungsfeld zwischen Strafrichter und Schöffengericht, NStZ 1987, 389ff; Kunigk: Die staatsanwaltschaftliche Tätigkeit, 3. Auflage Stuttgart 1983; Rahn/Schaefer: Mustertexte zum Strafprozess, 6. Auflage München 1997; Scheffler: Kurzer Prozeß mit rechtsstaatlichen Grundsätzen? NJW 1994, 2191ff; Schweckendieck: Zeugenadresse in der Anklageschrift – muss das sein? NStZ 2002, 408ff.

1. Die Auswahl der Verfahrensart

Soweit hinreichender Tatverdacht vorliegt[2] und keine Möglichkeit besteht, das Verfahren aus Opportunitätserwägungen zu beenden, muss der Staatsanwalt die **öffentliche Klage** erheben. Er kann dies auf verschiedene Weise tun, nämlich durch Erhebung einer Anklage (§§ 170 I, 199ff StPO), durch Antrag auf Aburteilung im beschleunigten Verfahren (§ 417 StPO), durch Beantragung eines Strafbefehls (§ 407ff StPO) oder bei Jugendlichen durch Beantragung der Entscheidung im vereinfachten Jugendverfahren (§ 76ff JGG). Auf welche Verfahrensart die Wahl fällt, hängt von den

750

---

1 § 172 II StPO, zum dort nicht erwähnten § 45 JGG vgl KM Rn 3 zu § 172 StPO.
2 Vgl dazu Rn 233ff.

Umständen der Tat, der Persönlichkeit des Täters und dessen erwartetem Prozessverhalten ab.

751 Grundsätzlich muss der Staatsanwalt danach trachten, die unter dem Blickwinkel der Prozessökonomie günstigste Prozessart zu wählen, ohne dabei die Bedürfnisse der Prävention zu vernachlässigen. Es sollte daher zunächst geprüft werden, ob ein **Strafbefehl** in Betracht kommt[1]. Dieser ist gegen Erwachsene, aber auch gegen Heranwachsende, bei denen die Anwendung des allgemeinen Strafrechts erwartet werden kann, zulässig, sofern allein Vergehen den Gegenstand des Verfahrens bilden. Voraussetzung ist, dass nur eine Geldstrafe, das Absehen von Strafe, bestimmte Nebenfolgen sowie die Entziehung der Fahrerlaubnis bei nicht mehr als zwei Jahren Sperre in Betracht kommen (§ 407 II StPO). Gegen Erwachsene[2] ist es ferner möglich, Freiheitsstrafen, die ein Jahr nicht übersteigen und zur Bewährung ausgesetzt werden sollen, im Strafbefehlswege zu verhängen.

752 Bei der Entscheidung spielt es keine Rolle, ob seitens des Beschuldigten **mit einem Einspruch zu rechnen** ist (Nr 175 III 2 RiStBV). Das Strafbefehlsverfahren hat nämlich den zusätzlichen Vorteil, das Risiko des Nichterscheinens in der nach einem Einspruch notwendigen Hauptverhandlung auf den Angeklagten zu verlagern (§§ 412, 329 StPO). Auch die Unkenntnis der Einkommensverhältnisse sollte wegen der Möglichkeit zur großzügigen Schätzung (§ 40 III StGB) kein Hindernis sein. Die einzigen Gründe, bei Erwartung einer Geld- oder kurzen Bewährungsstrafe vom Strafbefehlsverfahren Abstand zu nehmen, sind präventiver Natur: Ist der Beschuldigte bereits früher und somit offenbar wirkungslos im Strafbefehlswege belangt worden[3], so muss nunmehr zur Einwirkung auf ihn in einer Hauptverhandlung entschieden werden. Auch mag es im Ausnahmefall geboten erscheinen, aus generalpräventiven Erwägungen ein öffentliches Hauptverfahren vorzuziehen.

753 Soll nicht auf eine Hauptverhandlung verzichtet werden, so ist weiter zu überlegen, ob nicht die Aburteilung im **beschleunigten Verfahren** möglich ist. Dieses ist auch gegen Heranwachsende zulässig, bei denen die Anwendung des allgemeinen Strafrechts ansteht

---

1 Vgl Nr 175 III RiStBV.
2 Für Heranwachsende steht dem § 109 III JGG entgegen.
3 Dies kann man oft aus dem BZR-Auszug ersehen, wenn nämlich die Aktenzeichen einzelner Verurteilungen den Zusatz Cs aufweisen.

und keine Freiheitsstrafe von mehr als einem Jahr sowie – außer der Entziehung der Fahrerlaubnis – keine Maßregel der Besserung und Sicherung zu erwarten ist (§ 419 I StPO). Ferner muss der Sachverhalt einfach und die sofortige Aburteilung möglich sein (§ 417 StPO). Es sollte sich also um ein Verfahren handeln, das wenige Taten betrifft und gegen einen erscheinungswilligen (oder inhaftierten), möglichst geständigen Beschuldigten betrieben wird. Zumindest sollte bei einem bestreitenden Beschuldigten der Tatnachweis ohne oder allenfalls mit ganz wenigen Zeugen möglich erscheinen.

Das beschleunigte Verfahren hat den Vorteil, dass das gerichtliche 754 Zwischenverfahren (§§ 199ff StPO) entfällt und sich die Ladungsfrist reduziert (§ 418 StPO). Somit ist eine Aburteilung in kürzester Zeit mit relativ geringem Aufwand erreichbar. Überdies geben die Zeugenaussagen in der Verhandlung noch einen relativ frischen und unverfälschten Eindruck von der Tat wieder. Auf der anderen Seite bringen der Verzicht auf Förmlichkeiten und die Einschränkungen des Beweis- und Beweisantragsrechts[1] in höherem Maße als im Normalverfahren die **Gefahr falscher Entscheidungen** mit sich. Aus dem **Fehlen des Zwischenverfahrens** ergibt sich ohnehin, dass das beschleunigte Verfahren jedenfalls bei zweifelhafter Beweis- oder Rechtslage nicht in Betracht kommen kann, weil ansonsten die gebotene Vorprüfung der Anklage durch das Gericht unter Beteiligung des Beschuldigten und seines Verteidigers nicht möglich wäre.

Eine besondere, freilich auch besonders problematische Erleichte- 755 rung bietet das beschleunigte Verfahren gegenüber **Ausländern**, die der deutschen Sprache nicht mächtig sind. Da eine Antragsschrift grundsätzlich gar nicht erforderlich wäre und die mündliche Erhebung der Anklage ausreicht (§ 418 III StPO), entfällt auch die sonst notwendige kosten- und zeitaufwendige Herstellung einer **Übersetzung von Anklage** oder Strafbefehl. Diesem Beschleunigungseffekt steht jedoch eine erhebliche Einbuße an Verteidigungsmöglichkeiten gegenüber, weil das nur einmalige Hören des Anklagesatzes in der extremen Ausnahmesituation der Hauptverhandlung gerade fremdsprachige Angeklagte oft nicht in die Lage versetzt, Umfang, Tragweite und Einzelheiten des konkreten Vorwurfs in vollem Maße zu realisieren. Den Interessen des Beschuldigten wird zwar durch die Übersetzung der Antragsschrift in der Hauptverhandlung durch den dann anwesenden Dolmetscher Rechnung

---

1 § 420 StPO, dazu näher Scheffler NJW 1994, 2192ff.

zu tragen versucht. Dies kann rechtsstaatlichen Ansprüchen jedoch nur genügen, wenn der Beschuldigte den Tatvorwurf bereits zuvor gestanden hat und er sich dagegen nicht mehr verteidigen will. In allen anderen Fällen sollte entweder dennoch eine schriftliche Übersetzung der Antragsschrift vorgelegt oder, wenn das in vertretbarer Zeit nicht geleistet werden kann, auf das normale Anklageverfahren zurückgegriffen werden.

756 Gegenüber Jugendlichen entspricht das **vereinfachte Jugendverfahren** nach den §§ 76ff JGG dem beschleunigten Verfahren. Es ist zulässig, wenn nur Weisungen, Zuchtmittel, Hilfe zur Erziehung nach § 12 Nr 1 JGG, Entziehung der Fahrerlaubnis mit einer Sperre von nicht mehr als zwei Jahren, Fahrverbot, Verfall und Einziehung zu erwarten sind (§ 76 JGG). Einer Teilnahme des Staatsanwalts an der Hauptverhandlung bedarf es nicht (§ 78 II JGG). Von weiteren Verfahrensvorschriften darf zur Beschleunigung oder zur jugendmäßigen Gestaltung des Verfahrens abgewichen werden, soweit dadurch nicht die Erforschung der Wahrheit beeinträchtigt wird (§ 78 III JGG).

757 Daraus folgt, dass sich **kompliziertere Sachen** nicht für das vereinfachte Verfahren eignen. Auch bei bereits **mehrfach aufgefallenen Jugendlichen** sollte das normale Jugendverfahren bevorzugt werden, selbst wenn noch nicht mit der Verhängung einer Jugendstrafe zu rechnen ist.

758 Allein dann, wenn keine der vorstehend genannten Verfahrensarten möglich ist, sollte der Staatsanwalt das vergleichsweise aufwändige und förmliche **Anklageverfahren** wählen. Dieses ist daher keinesfalls die regelmäßige Erledigungsform anklagereifer Sachen, sondern eher die **ultima ratio** beim Verfahrensabschluss.

2. Die Anklageschrift

759 Entscheidet sich der Staatsanwalt unter Beachtung der soeben genannten Grundsätze dennoch für die Anklageerhebung, so geschieht dies durch Einreichung einer Anklageschrift bei dem zuständigen Gericht (§ 170 I StPO). Deren **notwendiger Inhalt** ergibt sich aus § 200 StPO sowie Nr 110 RiStBV. Einleitend wird zunächst die anklageerhebende Behörde, das Datum der Abfassung der Anklage und das Aktenzeichen des Verfahrens genannt, sodann das Gericht, das mit der Sache befasst werden soll.

a) Das zuständige Gericht

Die **sachliche Gerichtszuständigkeit** für erwachsene Angeschuldigte ist ua in den §§ 24ff, 74ff GVG geregelt und richtet sich weitgehend nach der konkreten Straferwartung. So ist der **Strafrichter** dann zur Entscheidung berufen, wenn nur Vergehen angeklagt werden und nicht mehr als zwei Jahre Freiheitsstrafe zu erwarten sind. Nachdem anfänglich umstritten war, ob – wie nach alter Rechtslage vor dem RpflEntlG – zusätzlich das Merkmal minderer Bedeutung der Sache hinzutreten muss[1], verfährt die Rechtsprechung der Oberlandesgerichte und ihnen folgend die Praxis insgesamt[2] mittlerweile streng nach dem Gesetzeswortlaut[3]. Die aus rechtsstaatlichen und Präventionsgesichtspunkten sicherlich nicht optimale Folge ist, dass nahezu alle Vergehen vor dem Strafrichter verhandelt werden und das Schöffengericht einen erheblichen Teil seiner Funktionen verloren hat. 760

Die **Strafkammer** ist zuständig, wenn mehr als vier Jahre Freiheitsstrafe oder eine Unterbringung nach den §§ 63, 66 StGB zu erwarten sind. Ferner kann die besondere Bedeutung des Falles die Anklage zum Landgericht rechtfertigen (§ 74 I GVG). Letzteres kann sich aus dem Ausmaß oder den verschuldeten Auswirkungen der Rechtsverletzung ergeben (Nr 113 I RiStBV), aber auch aus Persönlichkeit und Stellung des Beschuldigten, soweit diese eine Beziehung zur Tat aufweisen[4], wie etwa bei Verfahren gegen Rechtsanwälte wegen Vergehen im Rahmen ihrer Berufsausübung. 761

Auch ein **besonderer Umfang** des Verfahrens berechtigt für sich genommen zur Annahme der besonderen Bedeutung, wenn damit die Erwartung einer längeren Verfahrensdauer einhergeht[5], weil nur die personell stärker besetzte und von ihrem Zuschnitt her auf längere Verfahren eingerichtete Strafkammer diese organisatorisch zu bewältigen vermag. Als Richtschnur kann die Überlegung dienen, dass Strafrichter oder Schöffengericht angesichts ihrer sonstigen Geschäftsbelastung überfordert werden, sobald eine Sache mehr als einen halben Monat lang ihre Sitzungstätigkeit blockiert. 762

---

1 BVerfG NJW 1967, 2151, 2152.
2 In der – soweit ersichtlich – einzigen BGH-Entscheidung (BGH Wistra 1997, 28f) ist die Frage allerdings noch offen gelassen worden.
3 Nachweise bei KM Rn 3 zu § 25 GVG.
4 BGH NJW 1960, 542, 544; OLG Stuttgart MDR 1975, 1042.
5 LR^{25}-Siolek Rn 18f zu § 24 GVG.

Das bedeutet, dass eine besondere Bedeutung wegen des Umfangs ab einer zu erwartenden Hauptverhandlungsdauer von 6 oder 7 vollen Tagen angenommen werden kann.

763 Bei allen vorsätzlichen Tötungsdelikten ist die Zuständigkeit der Strafkammer als **Schwurgericht** begründet (§ 74 II GVG). Dies gilt auch, soweit es dabei nur um Versuch, Teilnahme oder versuchte Beteiligung geht. Handelt es sich um eine Wirtschaftsstrafsache, so ist nach § 74c GVG eine **Wirtschaftsstrafkammer** zur Entscheidung berufen. Allerdings setzt die Zuständigkeit der Wirtschaftsstrafkammer voraus, dass auch ansonsten eine Strafkammer zuständig wäre. Demnach müsste also zusätzlich eine entsprechende Rechtsfolgenerwartung oder eine besondere Bedeutung der Sache bestehen. Andernfalls werden auch Wirtschaftsstrafsachen vor Strafrichter oder Schöffengericht verhandelt. Wegen der besonderen Zuständigkeit der Staatsschutzkammern vgl § 74a GVG.

764 Alle (großen) Straf- und Jugendkammern mit Ausnahme der Schwurgerichtskammer haben zusammen mit der Eröffnung darüber zu entscheiden, ob sie **in der Hauptverhandlung mit zwei oder drei Berufsrichtern** besetzt verhandeln wollen, wobei ersteres nach dem Willen des Gesetzgebers die Regel sein soll (§§ 76 II GVG, 33b II JGG). Für die Anklageschrift hat diese Besetzungsfrage allerdings noch keine Bedeutung. Hält der Staatsanwalt eine große Besetzung aber wegen des Umfangs oder der Bedeutung der Sache für geboten, so empfiehlt sich ein entsprechender Antrag in der Begleitverfügung[1].

765 In allen verbleibenden Fällen, die weder zum Strafrichter noch zu einer Strafkammer anzuklagen sind, ist das **Schöffengericht** zur Aburteilung zuständig (§§ 28, 24 GVG). In umfangreichen Verfahren kann dieses auf Antrag der Staatsanwaltschaft als **erweitertes Schöffengericht** mit zwei Berufsrichtern besetzt tätig werden (§ 29 II GVG). Allerdings leisten sich leider nur noch die wenigsten Gerichte ein ständig besetztes erweitertes Schöffengericht. Zumeist wird dieses zwar nominell eingerichtet, Vorsitzenden- und Beisitzerstelle werden aber durch Richter wahrgenommen, die nebenher eine volle eigene Abteilung innehaben. In einer solche Konstellation bringt die Verhandlung vor dem erweiterten keine nennenswerten Vorteile gegenüber dem Verfahren vor dem einfachen Schöffenge-

---

1 Vgl Rn 838.

richt. Im Gegenteil: Es ist sogar damit zu rechnen, dass bis zur Terminierung mehr Zeit als sonst üblich verstreicht. Daher kann eine Anklage zum erweiterten Schöffengericht nur dort empfohlen werden, wo ein solches auch vollwertig besetzt ist. Ansonsten ist in Umfangssachen[1] wegen besonderer Bedeutung Anklage zur Strafkammer zu erheben.

In **Zweifelsfällen** sollte sich der Staatsanwalt eher an das höherrangige Gericht wenden. So ist es für dieses leichter, das Verfahren an ein niederrangigeres Gericht abzugeben als umgekehrt[2]. Auch kann es, wie etwa bei Verfahren wegen Vergewaltigung, durchaus legitim sein, durch die Anklage zur Strafkammer die Berufungsmöglichkeit und damit eine wiederholte, das Opfer ein weiteres Mal belastende Beweisaufnahme zu verhindern. Außerdem ist auch die (vor allem general-)präventive Wirkung des Verfahrens umso höher, je nachdrücklicher die Justiz durch die Verhandlung vor einem höherrangigen Gericht zeigt, dass sie Tat und Prozess wirklich ernst nimmt. Schließlich kann auch aus rechtsstaatlichen Erwägungen heraus eher hingenommen werden, dass einmal eine geringere Strafsache vor einer Strafkammer oder einem Schöffengericht verhandelt wird, als dass der Strafrichter über Delikte der gehobenen Kriminalität befindet[3].

766

Bei Verfahren gegen **Jugendliche oder Heranwachsende** sind die Jugendgerichte sachlich zuständig (§§ 33ff, 103 II 1, 108 I JGG). Hier hat der **Jugendrichter** zu entscheiden, solange keine Jugendstrafe zu erwarten ist und auch nicht aus anderen Gründen (zB wegen des Verfahrensumfangs) Anklage zum Schöffengericht erhoben werden soll (§ 39 I JGG). Die **Jugendkammer** befindet über Verfahren, die ansonsten zur Zuständigkeit der Schwurgerichtskammer gehörten (§ 41 I Nr 1 JGG). Alle übrigen Verfahren verhandelt das **Jugendschöffengericht** (§ 40 I JGG), welches gegenüber dem (Erwachsenen-)Schöffengericht eine deutlich erweiterte Rechtsfolgenkompetenz besitzt und Jugendstrafe bis zu deren gesetzlichem Höchstmaß von 10 Jahren verhängen kann. Sachen von besonderem Umfang können vom Jugendschöffengericht an die Jugendkammer abgegeben werden (§§ 40 II, 41 I Nr 2 JGG). Anzuklagen ist aber auch in diesen Fällen zunächst zum Jugendschöffengericht.

767

---

1 Dazu Rn 762.
2 Vgl § 209 StPO.
3 Hohendorf NStZ 1987, 390.

768 Richtet sich das **Verfahren zugleich gegen Jugendliche/Heranwachsende und gegen Erwachsene**, ist ebenfalls prinzipiell[1] die Jugendgerichtsbarkeit zuständig. In diesen Verbundverfahren bestimmt auch die Straferwartung bei den Erwachsenen die Zuständigkeit der Jugendgerichte mit (§§ 39 I 2, 41 I Nr 3 JGG). Hat der mitbeschuldigte Erwachsene mehr als vier Jahre Freiheitsstrafe zu erwarten, so wäre er an sich zur Strafkammer, im gemeinsamen Sachen folglich zur Jugendkammer anzuklagen, selbst wenn diese bei isolierter Betrachtung der Jugendlichen noch gar nicht zuständig gewesen wäre. Wenn sich dagegen bei den Jugendlichen/Heranwachsenden die Zuständigkeit des höherrangigen Gerichts ergibt, bleibt diese maßgebend. Beispielsweise wäre das Jugendschöffengericht zuständig, wenn einem Erwachsenen zwar nur eine Geldstrafe, dem mit anzuklagenden Heranwachsenden aber eine Jugendstrafe droht.

769 In **Jugendschutzsachen** (§ 26 I GVG) ist auch gegen Erwachsene das Jugendgericht zuständig, und zwar ebenfalls nach näherer Maßgabe der allgemeinen Zuständigkeitsregeln. Der Staatsanwalt sollte aber nur dann Anklage zum Jugendgericht erheben, wenn in der Beweisaufnahme voraussichtlich Kinder oder Jugendliche als Zeugen auftreten müssen oder aus anderen Gründen die besondere Kompetenz der Jugendgerichte zur sachgerechten Durchführung des Verfahrens benötigt wird (§ 26 II GVG).

770 Die **örtliche Zuständigkeit** ergibt sich aus den §§ 7ff StPO, bei Jugendlichen und Heranwachsenden aus § 42 JGG. Sind danach mehrere Gerichte im Bezirk der Staatsanwaltschaft örtlich zuständig, so soll nach hM der Staatsanwaltschaft ein Auswahlermessen zustehen[2]. Ein solche verstieße jedoch gegen das Gebot des gesetzlichen Richters in Art 101 I 2 GG. Die Vorschriften der §§ 7ff StPO erlauben indes in verfassungskonformer Auslegung die Bestimmung nur eines einzigen jeweils örtlich zuständigen Gerichts, wenn man folgende **Regeln** anwendet:[3]

– Alle außerhalb des Zuständigkeitsbereichs der jeweils befassten Staatsanwaltschaft begründbaren Gerichtsstände bleiben außerhalb der Betrachtung.

---

1 Ausnahme: § 103 II 2 JGG in einigen Wirtschafts- oder Staatsschutzsachen, wenn zugleich Erwachsene angeklagt sind.
2 LR-Wendisch Rn 20, 43 vor § 7 StPO; BGHSt 21, 212, 215.
3 Heghmanns StV 2000, 279f.

– Unter mehreren danach verbleibenden Gerichtsständen hat der des Tatortes Vorrang.

– Gibt es mehrere Tatorte, ist darunter derjenige maßgebend, an welchem zugleich eine Zuständigkeit des Wohn- oder Aufenthaltsortes nach § 8 StPO besteht.

– Erlaubt auch dies noch keine Entscheidung, ist der chronologisch erste Tatort der ersten anzuklagenden Tat maßgebend.

– Fehlt ein Tatort, ist am Wohn- oder Aufenthaltsort, fehlt auch ein solcher, ist am Ort der Festnahme (§ 9 StPO) anzuklagen.

– Existieren (allein) mehrere Zuständigkeiten nach § 8 oder § 9 StPO, gebührt derjenigen der Vorrang, welche den ältesten anzuklagenden Beschuldigten betrifft.

Das BVerfG hat stets betont, dass die konkrete Zuständigkeit jeweils so eindeutig wie möglich vorhersehbar sein muss und nur zwingende praktische Bedürfnisse wie die Notwendigkeit zur gerichtsinternen Organisation qua Geschäftsverteilungsplan eine Konkretisierung nach außergesetzlichen Kriterien gestatten[1]. Da die obigen, teilweise aus der Struktur des Gesetzes ableitbaren, ansonsten aber zumindest objektiven und nachprüfbaren Regeln durchaus praktikabel sind, dürfte es folglich unzulässig sein, nach anderen, letztlich willkürlichen und unüberprüfbaren Maßstäben zwischen mehreren Gerichtsständen von Fall zu Fall auszuwählen. Denn damit wäre der Bestimmung des entscheidenden Gerichts auch nach (verdeckten) sachfremden Kriterien wie einer bestimmten Strafenpraxis oder der Rechtsauffassung der jeweiligen Richter Tür und Tor geöffnet.

Bei den **Jugendgerichten** ist die Wahl des örtlich zuständigen 771
Gerichts ohnehin eingeschränkt. Hier ist primär das Wohnsitzgericht bzw das Gericht des Vollstreckungsleiters zuständig (§ 42 II JGG).

b) Die Angaben zur Person des Angeschuldigten

Als **Personalien** des Beschuldigten, der in der Anklageschrift im 772
Hinblick auf § 157 StPO als „**Angeschuldigter**" zu bezeichnen ist,
werden (in dieser Reihenfolge) Beruf, Vornamen (Rufname herausgestellt), Nachname, ggf Geburtsname, Geburtsort und -datum,
Anschrift, Familienstand und Staatsangehörigkeit angegeben. Beim

---

1 BVerfGE 9, 228f; 22, 260.

Beruf sind diskriminierende Bezeichnungen (zB Arbeitsloser, Zuhälter) zu vermeiden. Auf die Berufsangabe kann notfalls auch verzichtet werden, wenn – wie es gelegentlich vorkommt – der Beruf aus der Akte nicht zu ersehen ist. Bei zur Zeit der Anklageerhebung noch nicht volljährigen Angeschuldigten werden zusätzlich Namen und Anschrift der gesetzlichen Vertreter aufgeführt. Die **Fundstellen der Personalien** in den Akten werden entweder in Klammern dahinter oder links ausgerückt an den Rand der Anklage geschrieben.

773 **Hinweise auf Vorstrafen** (zB „einschlägig bestraft") sind hier unbedingt zu **unterlassen**. Wenn Anlass besteht, diese mitzuteilen, so ist das Ermittlungsergebnis der dafür vorgesehene Ort.

774 Befand sich der Angeschuldigte in diesem Verfahren in **U-Haft** oder in sonstigem Freiheitsentzug, so sind die Dauer, die Daten eines eventuellen Haft- oder Unterbringungsbefehls sowie bei bestehender Haft der Ort der Verwahrung anzugeben. Bei aktueller Haft wird ferner oben auf die Anklageschrift ein entsprechender Hinweis, auch auf den nächsten Haftprüfungstermin, gesetzt.

775 Im Anschluss an die Haftdaten werden Name und Sitz eines etwaigen **Verteidigers** genannt. Ferner gibt man die Fundstelle in den Akten an, wo sich entweder die schriftliche Vollmacht, die gerichtliche Bestellung oder das Legitimationsschreiben des Verteidigers befindet.

776 **Mehrere Angeschuldigte** werden in der Reihenfolge ihrer Tatbeteiligung genannt, also der Täter vor dem Gehilfen und der an vielen Taten Beteiligte vor dem, der nur in einzelnen Fällen aufgetreten ist. Üblicherweise werden dabei die einzelnen Angeschuldigten mit römischen Ziffern durchnummeriert.

Beispiel Anklagekopf mit Personalien:

777 Staatsanwaltschaft Braunschweig   12. 7. 1996
405 Js 33880/95

An das Amtsgericht   **HAFT!**
– Jugendschöffengericht –   Haftprüfung gemäß § 122 StPO
in Wolfenbüttel   am 13. 9. 96

Anklageschrift

(Bl 1) I. Der Schlosser **Mathias** Ernst **Rabe**, geboren am 23. 11. 1962 in Stralsund, wohnhaft 38304 Wolfenbüttel, Sängerweg 34, verheiratet (getrennt lebend), Deutscher,

- in dieser Sache am 13. 4. 1996 festgenommen und aufgrund des Haftbefehls des AG Wolfenbüttel vom 14. 4. (23 Gs 33/96) seit diesem Tag in Untersuchungshaft in der JVA Wolfenbüttel,

- Verteidiger: RA Jäger, Wolfenbüttel (Bl 32 dA);

(Bl 3) II. **Siegfried Willemsen**, geboren am 12. 12. 1974 in Den Haag/Niederlande, wohnhaft 38300 Wolfenbüttel, Hunsrückstr. 1, ledig, niederländischer Staatsangehöriger,
- in dieser Sache am 13. 4. 1996 festgenommen und aufgrund des Haftbefehls des AG Wolfenbüttel vom 14. 4. (23 Gs 34/96) seit diesem Tag in U-Haft gewesen bis zur Außervollzugsetzung durch Beschluss des AG Wolfenbüttel vom 28. 4. 1996;

(Bl 4) III. der Schüler **Sven Werner**, geboren am 12. 6. 1980 in Wolfenbüttel, wohnhaft ebenda, Osterstr. 14, ledig, Deutscher,
- in dieser Sache am 14. 4. 1996 festgenommen und am selben Tag wieder entlassen,
- gesetzliche Vertreter: Silvia und Henry Werner, wohnhaft 38303 Wolfenbüttel, Osterstr 14,
- Verteidiger: RA Sichler, Braunschweig (Bl 44 dA) und RA Ebersberg, Wolfsburg (Bl 46 dA);

werden angeklagt, ...

c) Der Anklagesatz

An die Personalien schließt sich der eigentliche Anklagesatz an, in welchem neben **Tatort und -zeit** vor allem die **Tat(en)** sowie ihre **gesetzlichen Merkmale** zu einer möglichst genauen und für den Zuhörer in der Verhandlung verständlichen Weise zusammenzufassen sind. Über seine Gestaltung gibt es keine weiteren Vorschriften, weshalb sich auch hier örtlich unterschiedliche Gepflogenheiten gebildet haben. Am weitesten verbreitet ist dabei die Abfassung in der Reihenfolge Tatort und -zeit, gesetzliche Merkmale, konkreter Vorwurf. 778

Beispiel **Beispiel 1:**

... *(Personalien)*

wird angeklagt,

in Bielefeld am 23. 6. 1999

einen Menschen mit der Begehung eines gegen ihn gerichteten Verbrechens bedroht zu haben,

indem er

dem Rentner Erwin Neumann im Zuge eines Streites telefonisch ankündigte, er werde ihn umbringen.

...

779   Vorwiegend in **Süddeutschland** findet sich hingegen eine Fassung, bei der zunächst die Tat geschildert und sodann die Merkmale des anzuwendenden Tatbestandes genannt werden.

Beispiel **Beispiel 2** (in derselben Sache):

... *(Personalien)*

Die Staatsanwaltschaft legt aufgrund ihrer Ermittlungen dem Angeschuldigten folgenden Sachverhalt zur Last:

Der Angeschuldigte rief am 23. 6. 1999 den Rentner Erwin Neumann in Bielefeld an. Im Laufe des Telefongespräches gerieten beide in Streit, an dessen Ende der Angeschuldigte äußerte, er werde Neumann bei Gelegenheit umbringen.

Der Angeschuldigte wird daher angeklagt,

einen Menschen mit der Begehung eines gegen ihn gerichteten Verbrechens bedroht zu haben.

Tatort(e) und zeit(en) sind eingangs des Anklagesatzes möglichst 780
exakt zu benennen, da dies für die Eingrenzung des Verfahrensthe-
mas erforderlich ist und andernfalls im Extremfall zur Unwirksam-
keit des auf der Anklage basierenden Eröffnungsbeschlusses führen
kann. Allerdings genügt es, dass sich die entsprechenden Daten
überhaupt der Anklage entnehmen lassen, weshalb sie auch in der
Konkretisierung oder gar im Ermittlungsergebnis noch nachgeholt
werden können. Gleichwohl ist es üblich, vorab zumindest Tatzeit-
räume und einige der Tatorte aufzuführen, um erste Hinweise auf
Zuständigkeiten und Umfang des Verfahrens zu liefern. Als Faust-
regel kann gelten, dass bis zu drei Tatzeiten und -orte genau auf-
gelistet werden, darüber hinaus aber – jedenfalls an dieser Stelle –
Zusammenfassungen erlaubt sind:

… wird angeklagt,

in Hannover, Hildesheim, Celle und anderen Orten

in der Zeit vom 1. 3. bis 24. 5. 2001 …

Es ist bei mehreren Taten im Übrigen auch möglich, Tatorte und
-zeiten nur bei den jeweiligen Tatbeständen zu nennen, wenn dies
klarer erscheint[1]. Eine solche Lösung verbietet sich allerdings,
sobald derselbe Tatbestand wie im Beispiel Rn 803 mehrfach verwirklicht wurde und daher nur einmal wiedergegeben wird.

Noch vor dem gesetzlichen Straftatbestand erfolgt bei der Anklage 781
von **Jugendlichen oder Heranwachsenden** zunächst ein entsprechender Hinweis:

…

wird/werden angeklagt,

in Heilbronn am 12. 3. 2001 sowie in der Zeit vom 15. bis 17. 5.
2001

als strafrechtlich verantwortliche/r Jugendliche/r …

(*oder*: als Heranwachsende/r …).

---

1 Vgl das Beispiel bei Rn 802.

782 Sodann folgen Angaben zur **Zahl der Taten,** sofern es sich um mehr als eine Tat handelt; im letzteren Fall wird diese Angabe weggelassen. Gemeint ist in diesem Zusammenhang die Tat im materiellrechtlichen Sinn und nicht etwa die prozessuale Tat:

... *(Personalien)*

werden angeklagt,

(Tatorte und -zeiten)

der Angeschuldigte zu I. durch 3, der Angeschuldigte zu II. durch 2 Straftaten ...

Bei **gemeinschaftlicher Begehung** wird diese deutlich herausgestellt:

...

beide Angeschuldigten durch je 3 Straftaten,

die Angeschuldigten im Fall 1 gemeinschaftlich handelnd ... *(Tatbestand)*

(oder bei nicht mitangeklagtem Mittäter: ... gemeinschaftlich handelnd mit dem gesondert verfolgten Stefan Vogler ...).

783 An diese Vorbemerkungen schließt sich die vollständige **Wiedergabe des Tatbestandes** in der konkret verwirklichten Variante an. Beim Betrug etwa sind von den drei möglichen Täuschungshandlungen (Vorspiegeln, Entstellen, Unterdrücken) und den zwei Absichtsformen (Selbst- oder Drittbegünstigung) nur die jeweils tatsächlich zutreffenden Alternativen aufzuführen. Wenn dies verständlicher erscheint, kann man dabei von der Reihenfolge der Tatbestandsmerkmale im Gesetzestext abweichen oder diese sogar vereinfacht wiedergeben, solange es dadurch nicht zu Sinnentstellungen kommt (zulässig ist zB bei § 242 StGB statt „in der Absicht, die Sache sich rechtswidrig zuzueignen" die Formulierung „in der Absicht rechtswidriger Zueignung"[1], nicht aber „in rechtswidriger Zueignungsabsicht"). Auch ist es geboten, bei § 212 StGB den

nichtssagenden Anhang „ohne Mörder zu sein" wegzulassen. Dass kein Mord angeklagt wird, ergibt sich logisch zwingend bereits aus der fehlenden Wiedergabe von Mordmerkmalen.

Wenn ein Delikt wie zB die Trunkenheitsfahrt nach § 316 I StGB sowohl vorsätzlich als auch nach § 316 II StGB fahrlässig begangen werden kann, so ist auf die jeweilige **Schuldform** hinzuweisen. Ansonsten ist dies entbehrlich: 784

… vorsätzlich im Verkehr ein Fahrzeug geführt zu haben, obwohl er infolge des Genusses alkoholischer Getränke nicht in der Lage war, das Fahrzeug sicher zu führen, …

Beim **Versuch** wird nicht der Wortlaut von § 22 StGB wiedergegeben, sondern derjenige des gewollten Delikts mit einem entsprechenden Hinweis auf die Nichtvollendung: 785

… versucht zu haben, einem anderen eine fremde bewegliche Sache in der Absicht rechtswidriger Zueignung wegzunehmen, …

Hingegen wird bei **Anstiftung** oder **Beihilfe** der Wortlaut der §§ 26, 27 StGB mit einem kurzen Hinweis auf die Haupttat verknüpft; es ist nicht notwendig und eher irritierend, deren gesetzliche Merkmale im Einzelnen mit aufzuführen: 786

… einem anderen zu dessen vorsätzlich begangener rechtswidriger Tat (versuchter schwerer Raub) Hilfe geleistet zu haben, …

Ähnlich wird bei Tatbeständen vorgegangen, die ihrerseits im Tatbestand explizit **auf ein anderes Delikt verweisen** (zB die §§ 258, 259, 323a StGB): 787

… sich vorsätzlich durch alkoholische Getränke in einen Rausch versetzt und in diesem Zustand eine rechtswidrige Tat, nämlich Widerstand gegen Vollstreckungsbeamte in Tateinheit mit gefährlicher Körperverletzung, begangen zu haben, derentwegen er nicht

---

1 Unschädlich ist, dass das Merkmal „Sache" dabei entfällt, weil es bereits im Zusammenhang mit der Wegnahme wiederzugeben ist und im Tatbestand des § 242 StGB eine im Grunde sprachlich eher unglückliche Wortwiederholung darstellt.

bestraft werden kann, weil nicht auszuschließen ist, dass er infolge des Rausches schuldunfähig war, ...

788 Bei **Qualifikationen** einschließlich Regelbeispielen und bei Privilegierungen (zB §§ 243, 244, 248a, 250 StGB) wird üblicherweise der Grundtatbestand vollständig wiedergegeben und ein Hinweis auf das Qualifikationsmerkmal angefügt oder integriert:

... versucht zu haben, mit Gewalt gegen eine Person eine fremde bewegliche Sache in der Absicht rechtswidriger Zueignung wegzunehmen, wobei er eine Waffe bei sich führte, ...

... einem anderen eine fremde bewegliche Sache, die gegen Wegnahme besonders gesichert war, in der Absicht, sich die Sache rechtswidrig zuzueignen, weggenommen zu haben ...

Bloße **Strafzumessungsvorschriften**, die keine eigenen Tatbestandsmerkmale besitzen, insbesondere die unbenannten besonders oder minder schweren Fälle (zB §§ 212 II, 250 III StGB) werden hier nicht genannt. Liegt ein solcher Fall vor, so ist nur bei der Liste der Strafvorschriften darauf hinzuweisen.

789 Dagegen wird die **verminderte Schuldfähigkeit** nach § 21 StGB wie eine Privilegierung behandelt:

... *(Tatbestand)*,

wobei seine Fähigkeit, nach seiner Einsicht vom Unrecht der Tat zu handeln, wegen einer krankhaften seelischen Störung erheblich vermindert war, ...

(oder kürzer: ... im Zustand verminderter Schuldfähigkeit ... [Tatbestand] ...).

790 Droht das Gesetz neben der Strafe **Maßregeln** der Besserung und Sicherung (§§ 61ff StGB) oder Nebenstrafen (§ 44 StGB) an, so sind deren Eingriffsvoraussetzungen in geeigneten Fällen an die Darstellung des Tatbestandes anzuhängen oder dieser voranzustellen. Einige Beispiele:

(bei §§ 69, 69a StGB)

… wobei sich aus der Tat ergibt, dass der Angeschuldigte zum Führen von Kraftfahrzeugen ungeeignet ist, ….

(bei § 44 StGB)

… unter Verletzung der Pflichten eines Kraftfahrzeugführers *(Tatbestand)* …

(bei § 63 StGB)

… wobei die Gesamtwürdigung des Angeschuldigten und seiner Tat ergibt, dass von ihm auf Grund seines Zustandes erhebliche rechtswidrige Taten zu erwarten sind und er deshalb für die Allgemeinheit gefährlich ist, …

(bei § 64 StGB)

… wobei der Angeschuldigte die Tat im Rausch beging, er den Hang hat, alkoholische Getränke im Übermaß zu sich zu nehmen, und die Gefahr besteht, dass er infolge seines Hanges weitere erhebliche rechtswidrige Taten begehen wird.

An die Wiedergabe des Tatbestandes schließt sich die Schilderung **791** der Tat als **Konkretisierung des Vorwurfs** an[1]. Die erste Möglichkeit ist, die Schilderung im Indikativ vorzunehmen und mit „indem" einzuleiten (sog „**Indem-Satz**"). Tatbestand und Tatschilderung bilden dann normalerweise einen einzigen Satz, was insbesondere bei längeren Anklagen nicht immer glücklich ist. Allerdings ist man keineswegs gehindert, zu lang und dadurch unübersichtlich oder unverständlich erscheinende Indem-Sätze an geeigneter Stelle durch einen Punkt zu beenden und mit einem neuen Satz fortzufahren.

Eine zweite Variante beginnt von vornherein nach dem Tatbestand **792** mit einem neuen Satz, der mit den Worten „**Dem Angeschuldigten wird zur Last gelegt**: …", „Der Angeschuldigte wird beschuldigt: …" oder einfach „Beschuldigung: …" eingeleitet wird. Die darauffolgende Schilderung kann dann zwanglos je nach sprachlichen Bedürfnissen auch aus mehreren Sätzen bestehen. Sie wird nach örtlich unterschiedlichen Gepflogenheiten entweder im Indikativ („Der Angeschuldigte entwendete im Supermarkt …") oder auch

---

1 Bei der süddeutschen Variante wird diese vorangestellt. Inhalt und Wortlaut werden von dieser Aufbaufrage allerdings nicht berührt.

im Konjunktiv („Der Angeschuldigte habe im Supermarkt ... entwendet.") formuliert.

793 Für den Sinn oder Unsinn sowie die Vorzüge der jeweiligen Formulierungen wurden und werden zahlreiche Argumente vorgetragen, die aber durchweg letztlich nicht zwingend die alleinige Richtigkeit einer der hier vorgestellten Varianten belegen. Denn das einzig wichtige Kriterium, dass der Charakter eines bloßen Vorwurfs deutlich werden muss und die Formulierung nicht die Endgültigkeit des angeklagten Sachverhalts suggerieren darf, erfüllen die heute üblichen Fassungen allesamt. Vor diesem Hintergrund kann nur empfohlen werden, sich den **örtlichen Gebräuchen** anzupassen; alles andere würde nur unnötig für Verwirrung, nicht zuletzt bei den Kanzleien, sorgen.

794 Von diesen Stilfragen abgesehen ist inhaltlich auf eine **präzise** und vollständige **Schilderung des Vorwurfs** zu achten. Unter jedes zuvor im Tatbestand aufgeführte Merkmal muss eine entsprechende Tatsache subsumiert werden. Auch der bei Tatbestandswiedergaben oft entbehrliche subjektive Tatbestand darf dabei nicht vernachlässigt werden. So müssen die zur Annahme des Vorsatzes führenden Tatsachen jedenfalls dann wiedergegeben werden, wenn nicht die vorsätzliche Begehung, wie etwa beim gewöhnlichen Ladendiebstahl, evident ist. Bei Delikten, die im subjektiven Tatbestand zusätzlich eine Absicht erfordern, muss auch dazu eine Konkretisierung vorgenommen werden (zB beim Diebstahl: „..., um die entwendeten Lebensmittel selbst zu verbrauchen"). Die Schilderung von Fahrlässigkeitsdelikten muss in jedem Fall die Sorgfaltswidrigkeit und die Vorhersehbarkeit des Erfolges enthalten. Bei Erfolgsdelikten sind Schäden möglichst genau zu bezeichnen oder gar zu beziffern, weil dies für den Umfang des Vorwurfs erhebliche Bedeutung hat. Formulierungen, die bereits der Gesetzgeber in der Strafvorschrift verwendet hat, sind jedoch unbedingt zu vermeiden, weil sie nur eine Wiederholung, niemals aber eine Konkretisierung des Tatbestandes darstellen können. Beispielsweise darf in der Darstellung eines Gewahrsamsbruchs niemals das Verb „wegnehmen" auftauchen.

795 Zum Verständnis des Vorwurfes als komplexes Geschehen ist es oft erforderlich, mehr zu sagen, als zur unmittelbaren Subsumtion erforderlich wäre. Richter, Verteidiger und Angeklagter würden zwar auf Grund ihrer Akten- und Sachkenntnis auch so verstehen,

um was es geht. Schöffen und Zuhörer jedoch, die sich alleine aus dem einmaligen Hören des Anklagesatzes ein Bild machen sollen, sind darauf angewiesen, dass der Anklagesatz eine anschauliche, **vollständige und verständlich formulierte Story** enthält. Die Konkretisierung darf daher keinerlei Vorwissen voraussetzen, sondern muss selber alle benötigten Informationen liefern. So wäre es falsch, schlicht zu formulieren „indem der Angeschuldigte nach einem unverschuldeten Zusammenstoß mit dem Fahrzeug des Zeugen X, wobei ein Sachschaden von … entstanden war, ohne anzuhalten weiterfuhr." Der unbefangene Zuhörer müsste nun raten, ob es sich hier um einen Zusammenstoß zwischen mehreren Pkw, Fahrrädern oder gar Tretrollern handelte!

Gleichwohl sollte man sich um eine **knappe und pointierte Formu-** 796 **lierung** bemühen. Einzelheiten, die nicht unmittelbar zum Verständnis des Vorwurfs notwendig sind, gehören in das Ermittlungsergebnis. Für den Zuhörer muss klar bleiben, worin genau der Staatsanwalt die Tatbestandsverwirklichung sieht. Deshalb sollte eine eingehendere Schilderung des Geschehens nicht dazu führen, die Strukturen des Vorwurfs zu verdecken. So darf es etwa beim Provisionsbetrug nicht der Phantasie von Gericht und Angeschuldigtem überlassen bleiben, ob ein Betrug zum Nachteil des Kunden oder zum Nachteil des Provision auszahlenden Unternehmens angeklagt sein soll.

Beispiel 1 (Konkretisierung bei fahrlässiger Trunkenheit im Verkehr, Indem-Satz):   **Beispiel**

… *(Tatbestand § 316 II StGB)*   797

indem er

gegen 3.35 Uhr mit einer Blutalkoholkonzentration von mindestens 1,45 g ‰ und damit fahruntüchtig, was er angesichts der genossenen Trinkmengen bei selbstkritischer Betrachtung ohne weiteres hätte erkennen können und müssen, als Führer seines Pkw Opel Omega, Kennzeichen DD-R 5433, unter anderem die Sibeliusstraße in Dresden befuhr.

Beispiel

Beispiel 2 (Konkretisierung im Konjunktiv bei bedingt vorsätzlich versuchter Hehlerei):

798 Dem Angeschuldigten wird zur Last gelegt:

Er habe von einem unbekannt gebliebenen Ausländer am Bahnhof ein gebrauchtes Autoradio der Marke „Blaupunkt" im Wert von rund 250 Euro für 40 Euro gekauft, wobei er aufgrund des Preises und der Umstände des Kaufes davon ausgegangen sei, das Radio könnte gestohlen sein, er aber gleichwohl das Geschäft abgeschlossen habe, um billig an ein wertvolles Gerät zu gelangen. Dessen tatsächliche Herkunft hat sich bis jetzt nicht aufklären lassen.

799 Wenn der Anklage **mehrere Taten** zu Grunde liegen, werden diese durch arabische Ziffern nummeriert und insbesondere bei der Konkretisierung grundsätzlich **in chronologischer Reihenfolge** abgehandelt. Bei der Wiedergabe der Gesetzestexte sollten diese soweit als möglich zusammengefasst werden. Eine wiederholte Wiedergabe desselben Tatbestandes ist tunlichst zu vermeiden. Dass dabei wie im folgenden Beispiel die Nummerierung bei der Wiedergabe der Tatbestände auf den ersten Blick ungeordnet erscheint, ist unschädlich, solange die Zuordnung im Ergebnis klar nachvollziehbar bleibt. Beim bloßen Zuhören wird das zwar zugegebenermaßen schwer fallen. Dieser Mangel relativiert sich freilich, wenn man sich vor Augen hält, dass die Tatbestandsformulierungen ohnehin für den juristischen Laien oft nichtssagend und kaum verständlich sind. Deren Informationsbedürfnissen trägt ohnehin eher die Konkretisierung Rechnung, die schon deshalb stets dem zeitlichen Ablauf folgen muss. Denjenigen aber, die auf eine genauere Subsumtion angewiesen sind (Gericht, Verteidigung, Angeklagter), steht eine schriftliche Fassung zur Verfügung, anhand deren sie alles Notwendige ersehen können.

Beispiel

800 ... wird angeklagt,

in Hannover am 12. und 23. 6. 2002

durch 3 Straftaten,

1. und 3.	eine fremde bewegliche und im Fall 3 geringwertige Sache einem anderen in der Absicht rechtswidriger Zueignung weggenommen zu haben,
	wobei es im Fall 1 beim Versuch blieb;
2.	einen anderen beleidigt zu haben,

indem er

1.	am 12. 6. zur Aufbesserung seines Taschengeldes versuchte, der Hausfrau Gerda Trenkel die Geldbörse mit 120 Euro Bargeld aus der Tasche zu ziehen, was ihm aber nicht gelang, weil das Opfer die Tat bemerkte;
2.	daraufhin die Geschädigte als „alte Schachtel" bezeichnete;
3.	am 23. 6. beim Getränkemarkt „Burg-Quelle" in der Staudestr eine Flasche Korn zum Preise von 6,98 Euro aus dem Regal nahm, unter seine Jacke steckte und ohne Bezahlung der Ware, die er selbst konsumieren wollte, das Geschäft verließ.

…

Bei **Tateinheit** wird zwischen den verklammerten Tatbeständen mit Kleinbuchstaben untergliedert. Bei der Konkretisierung ist die Tat jedoch in einem einzigen Absatz zu schildern. Keinesfalls darf also eine materiellrechtliche Tat in der Konkretisierung weiter auseinanderdividiert und damit in lebensfremder Weise zergliedert werden.   801

Beispiel

… wird angeklagt,

am 14. und 15. 9. 2002 in Frankfurt (Oder)

durch zwei Straftaten,

1. durch dieselbe Handlung

     a) einen Menschen mit der Begehung eines gegen ihn gerichteten Verbrechens bedroht zu haben,

     b) einen anderen beleidigt zu haben;

2. eine fremde bewegliche Sache einem anderen in der Absicht rechtswidriger Zueignung weggenommen zu haben und zur Ausführung der Tat in einen umschlossenen Raum eingebrochen zu sein.

Dem Angeschuldigten wird zur Last gelegt:

1. Am 14. 9. äußerte er im Zuge eines Streites zu dem Rentner Friedhelm Maier vor der Tür von dessen Wohnung: „Du Sau, dich bringe ich um."

2. Am 15. 9. entwendete er zwecks Weiterverkaufs, nach Einschlagen des linken vorderen Fensters, ein Autoradio „Grundig" im Wert von 195 Euro aus dem in der Logenstr verschlossen abgestellten Pkw HH-KM 345 des Zeugen Wolters.

...

802 Sofern eine **Wahlfeststellung** denkbar erscheint, sollte bereits die Anklage alternativ erhoben werden. Würde hier nämlich nur die eine – vielleicht geringfügig wahrscheinlichere – der beiden Alternativen angeklagt, so könnte eine später notwendig werdende Verurteilung wegen der anderen Alternative (oder eine wahlweise Verurteilung) erst nach Erhebung einer Nachtragsanklage erfolgen, sofern nicht beide Alternativen demselben prozessualen Sachverhalt im Sinne des § 264 StPO zugehören.

Beispiel

... wird angeklagt,

entweder

am 11. 8. in Hannover eine fremde bewegliche Sache einem anderen in der Absicht rechtswidriger Zueignung weggenommen zu haben

oder

am 12. 8. in Osnabrück eine Sache, die ein anderer gestohlen hat, angekauft zu haben, um sich zu bereichern,

indem er

entweder

> am 11. 8. in Hannover aus der unverschlossenen Wohnung des Rentners Alfons Niedermeier in der Oesterleystr 15 dessen Camcorder Canon MV 400i im Werte von rund 800 Euro entwendete

oder

> den besagten Camcorder einen Tag später von dem unbekannt gebliebenen Dieb in Osnabrück auf dem Marktplatz für 100 Euro erwarb, um günstig in den Besitz des hochwertigen Geräts zu gelangen, und er angesichts des unangemessen niedrigen Preises und der Umstände des Ankaufs damit rechnete, dass es sich um Diebesgut handelte.

...

Auch bei **mehreren Angeschuldigten** wird bei den gesetzlichen Merkmalen möglichst zusammengefasst formuliert, während bei der Konkretisierung gewöhnlich in chronologischer Reihenfolge vorgegangen wird. 803

Beispiel 1:

Beispiel

... werden angeklagt,

in München, Berchtesgaden und Passau in der Zeit vom 1. 3. bis 5. 4. 2002

der Angeschuldigte zu I.[1] durch 3, die Angeschuldigten zu II. und III. durch je 2 Straftaten,

1.–3. der Angeschuldigte zu I. in den Fällen 1–3, der Angeschuldigte zu II. im Fall 2 und der Angeschuldigte zu III. im Fall 3, dabei in den Fällen 2 und 3 gemeinschaftlich handelnd

> *(zB Tatbestand des Diebstahls)*

---

1 Hier könnten zur Verdeutlichung statt der römischen Ziffern auch die Namen der Angeschuldigten genannt werden.

4. die Angeschuldigten zu II. und III. gemeinschaftlich handelnd

   (zB Tatbestand des Betruges)

indem

1. *(Konkretisierung)*

2. …

usw

804 Bei einer **Vielzahl von Angeschuldigten**, denen verschiedene Delikte zur Last gelegt werden, wird eine solche Konstruktion freilich schnell unübersichtlich. In derartigen Konstellationen kann es vorteilhaft sein, mehrere kleinere Anklagesätze zu bilden. Würden dabei aber zu viele Wiederholungen desselben Tatbestandes notwendig, sollte auf herkömmliche Weise aufgebaut werden.

Beispiel

Beispiel 2 (Gerüst einer Anklage gegen 6 Angeschuldigte, hier nur teilweise wiedergegeben):

… werden angeklagt,

der Angeschuldigte Müller durch 3, die Angeschuldigten Schmidt, Neuhaus sowie Liebeneiner durch je 2 Straftaten und die Angeschuldigten Sonderburg und Karsten durch je eine Straftat,

I. der Angeschuldigte Müller

1. *(Tatbestand)*

2. …

3. …

indem er

1. *(Konkretisierung der Tat zu 1.)*

2. …

3. …

II. die Angeschuldigten Schmidt und Neuhaus in zwei Fällen, jeweils gemeinschaftlich handelnd

    1. + 2. *(Tatbestand)*

indem sie

    1. *(Konkretisierung)*

    2. …

III. der Angeschuldigte Liebeneiner

    1. durch dieselbe Handlung

        a) *(Tatbestand)*

        b) …

    2. …

indem er

    1. *(Konkretisierung)*

    2. …

usw

Auf den eigentlichen Anklagesatz folgt die **Angabe der Strafvorschriften**, die auf die zuvor bezeichnete(n) Tat(en) anwendbar sind. Dazu gehören neben den eigentlichen Deliktsnormen alle einschlägigen Qualifikationen, Privilegierungen (zB §§ 213, 224, 248a StGB) und Strafzumessungsvorschriften (zB §§ 243, 250 III StGB). Bei Vorschriften, die in mehreren Absätzen oder Ordnungsnummern selbständige Tatbestände bzw Tatbestandsalternativen enthalten (zB §§ 224, 315c StGB), müssen diese exakt bezeichnet werden (also zB „§ 315c I Nr 1a, III Nr 2 StGB" für eine fahrlässige Gefährdung des Straßenverkehrs durch Trunkenheit). Anzuwendende Regelungen über Versuch (§§ 22, 23 StGB), Beteiligung (§§ 25 II, 26, 27 StGB), Tateinheit oder Tatmehrheit (§§ 52, 53 StGB) sind ebenso aufzulisten wie die Vorschriften von wahrscheinlich anzuordnenden Nebenstrafen (§ 44 StGB), Maßregeln (§§ 63ff StGB), Verfall oder Einziehung (§§ 73, 74 StGB). Bei Jugendlichen werden ferner die §§ 1, 3 JGG, bei Heranwachsenden die §§ 1, 105 JGG genannt.

805

806 Bei **mehreren Angeschuldigten** kann es hilfreich sein, die für jeden von ihnen anzuwendenden Vorschriften getrennt aufzuführen[1]. Diese Vorgehensweise bringt allerdings keinerlei Vorteil, wenn ohnehin alle Beteiligten dasselbe Delikt verwirklicht haben sollen oder nur unwesentliche Differenzierungen bestehen. In einem solchen Fall ist eine nicht untergliederte Darstellung der Vorschriften vorzuziehen.

807 Eingeleitet wird die Auflistung üblicherweise durch die Worte „Vergehen (*bzw:* Verbrechen *oder sogar:* Verbrechen und Vergehen) (strafbar) nach den §§ ...". Zur Verdeutlichung kann ferner der Deliktsname hinzugefügt werden (zB: „Vergehen des versuchten Betruges nach den §§ ..."). Es folgt die Angabe der Deliktsnormen in aufsteigender **Reihenfolge.** Daran anschließend werden die Vorschriften des Allgemeinen Teils des StGB, wiederum in aufsteigender Reihenfolge genannt. Deliktsnormen außerhalb des StGB werden regelmäßig ans Ende der Delikte, allgemeine Vorschriften außerhalb des StGB ganz ans Ende der Paragraphenkette gesetzt.

808 Nach der Liste der Paragraphen sind bei Strafantragsdelikten noch die **Strafantragsdaten** zu nennen und bei relativen Antragsdelikten ist ggf auf das Vorliegen des **besonderen öffentlichen Interesses** hinzuweisen. Sind Teile der Tat nach § 154a StPO ausgeschieden worden, so wird an dieser Stelle der erforderliche Hinweis darauf gegeben (Nr 101a III RiStBV). Aus diesem Hinweis muss – ua für den späteren Sitzungsvertreter – auch hervorgehen, welche Delikte entfallen sind; der schlichte Zusatz zur Paragraphenliste „...worauf die Strafverfolgung gemäß § 154a StPO beschränkt worden ist" wäre daher unzureichend.

Beispiel	**Beispiel 1:**

Verbrechen und Vergehen, strafbar nach den §§ 242, 243 I Nr 1, 248a, 249, 22, 23, 53 StGB, 1, 105 JGG.

Strafantrag wegen Diebstahls geringwertiger Sachen ist bzgl Fall 2 durch den Geschädigten Kraft am 23. 6. 2001 gestellt worden

---

1 Vgl das Beispiel Rn 809.

(Bl 21). Im Übrigen wird das besondere öffentliche Interesse an der Verfolgung bejaht.

Soweit im Fall 3 weiter eine Beleidigung vorliegen könnte, ist die Verfolgung gemäß § 154a StPO auf den angeklagten Raub beschränkt worden.

Beispiel 2 (zwei Angeschuldigte):

Beispiel

Verbrechen,   809

für den Angeschuldigten Müller strafbar nach den §§ 211, 212, 251, 52 StGB,

für den Angeschuldigten Leibowitz strafbar nach den §§ 250 I Nr 1a, 27 StGB, 1, 105 JGG.

d) Beweismittel

Auf den Anklagesatz folgt die **Benennung der Beweise**, die nach   810
Auffassung des Staatsanwalts in der Hauptverhandlung zu erheben sind, um auf rechtsfehlerfreie Weise zu einer Verurteilung zu gelangen (§ 200 I 2 StPO, Nr 111 RiStBV). Dazu zählen selbstverständlich auch entlastende Beweismittel, und zwar selbst dann, wenn sie als eindeutig widerlegbar erscheinen. Oft ist es nicht nötig, alle Beweismittel zu einem bestimmten Vorgang aufzuführen, sofern dazu mehrere übereinstimmende Angaben vorliegen (Nr 111 II RiStBV). In derartigen Konstellationen sollte man sich auf einige der aussagekräftigsten Beweismittel beschränken, die bereits für sich genommen erwarten lassen, dass das Gericht die notwendige Überzeugung vom Geschehen ohne vernünftige Zweifel gewinnt.

Bei den **Beweismitteln** wird unter Voranstellung römischer Ziffern   811
zwischen den Angaben des Angeschuldigten, den Zeugen, den Sachverständigen, den Urkunden und den Augenscheinsobjekten unterschieden. Bei **Zeugen** ist der Wohnort und die Fundstelle in den Akten anzugeben, während die genaue Anschrift im Interesse vorbeugenden Zeugenschutzes grundsätzlich nicht aufgeführt werden sollte[1]. Verteidigungsrechte werden dadurch nicht berührt, weil

---

1 Schweckendieck NStZ 2002, 414.

der Verteidiger im Wege der Akteneinsicht jederzeit die Möglichkeit hat, die Adresse zwecks näherer Überprüfung in Erfahrung zu bringen. Deshalb ist es nicht geboten, dem Angeschuldigten persönlich die Zeugenanschriften unaufgefordert zu präsentieren. Von Sachverständigen wird deren ladungsfähige Anschrift und die Fundstelle in den Akten angegeben, bei den übrigen Beweismitteln nur letztere.

812 **Angaben des Angeschuldigten** werden immer als Beweismittel aufgeführt, sobald überhaupt Angaben vorliegen, seien es solche zur Sache oder auch nur weitergehende Äußerungen zu den persönlichen Verhältnissen. Selbst bei wertlos erscheinenden Angaben erfolgt deren Benennung. Wenn allerdings – außer zu den eigentlichen Personalien – nichts gesagt wurde, beginnt man sogleich mit der Auflistung der übrigen Beweismittel. Falsch wäre in diesem Zusammenhang die im Falle von schweigenden Angeschuldigten gelegentlich in Anklagen zu findende Bemerkung: „Der Angeschuldigte hatte rechtliches Gehör" (denn dies ist bereits unabdingbare Voraussetzung der Anklage). Mindestens überflüssig ist der Nachsatz „Die Angaben des Angeschuldigten, *soweit er sich eingelassen hat*" (mehr als gesagt wurde, kann ohnehin nicht verwertet werden).

813 Im Falle eines bislang **geständigen Angeschuldigten** kann auf die Benennung weiterer Beweise über dessen Angaben hinaus ganz verzichtet werden, wenn damit die Tat hinreichend zu verdeutlichen ist und kein Widerruf zu erwarten steht (Nr 111 IV RiStBV). Oftmals kann es allerdings für eine angemessene Strafzumessung geboten sein, trotz Geständnisses noch das Tatopfer zu hören, weil nur dieses die Bedeutung und die Folgen der Tat, etwa bei einem Gewaltdelikt, zutreffend schildern kann. Dabei sollte man indes die besonderen Belastungen, die eine Vernehmung des Verletzten bei bestimmten Delikten mit sich bringt, in die Erwägungen mit einbeziehen. Ist mit einer Aussage- oder Zeugnisverweigerung zu rechnen, so empfiehlt sich die Benennung der jeweiligen Verhörspersonen aus dem Vorverfahren, falls deren Vernehmung zulässig wäre; bei Zeugen ist insoweit § 252 StPO zu beachten.

814 Bei den **Urkunden** ist es nicht üblich, den – ja obligatorischen – BZR-Auszug mit aufzuführen. **Beiakten** sind streng genommen als solche keine Urkunden, sondern vielmehr eine Sammlung von solchen, wobei darunter oft nur wenige Blätter tatsächlich Beweisrele-

vanz haben. Zur Vereinfachung hat es sich allerdings eingebürgert, gleichwohl die Beiakte an sich als Urkunde zu benennen und nicht ihre einzelnen relevanten Bestandteile. In Verfahren, in denen Geschäfts- und Buchführungsunterlagen eine Rolle spielen, ist es ebenfalls üblich, diese als Gesamtheit aufzuführen und wegen der Einzelheiten auf das Ermittlungsergebnis zu verweisen, in dem ohnehin die detaillierte Auseinandersetzung mit den einzelnen Belegen zu erfolgen hat (zB: „Geschäftsbücher, -unterlagen und Korrespondenz der Firma X-GmbH, wie im Ermittlungsergebnis näher bezeichnet"). Im Übrigen besitzen hier – anders als nach hM bei § 267 StGB – auch Fotokopien Urkundsqualität[1].

Sichergestellte **Augenscheinsobjekte** müssen bei ihrer Benennung als Beweismittel nicht unbedingt bereits der Anklage beigefügt werden, sofern eine Lagerung bei Gericht unzweckmäßig erscheint. Vielmehr können sie durch das Gericht bei Bedarf von der Asservatenstelle der Staatsanwaltschaft zum Hauptverhandlungstermin angefordert werden. Schriftstücke und Fotografien werden jedoch stets zusammen mit der Akte übersandt.   815

Beispiel

Beweismittel: 816

I.   Die Angaben des Angeschuldigten (Bl 32f).

II. Zeugen:

   1) Jonas Gerolski, 49090 Osnabrück (Bl 1).

   2) Carmen Seeland, 21129 Hamburg (Bl 3).

III. Sachverständiger:

   Prof. Dr. Ernst, Medizinische Hochschule Hannover (Bl 45).

IV. Urkunden:

   1) Ärztliches Attest des Dr. Czychon vom 2. 4. 2002 (Bl 2).

   2) Beiakten 43 Js 4712/98 StA Hildesheim.

V.   Augenscheinsobjekt:

   1 Küchenmesser (Bl 4).

---

1 BGHSt 27, 135, 137.

Sind einige der Beweismittelkategorien nicht vertreten, verschiebt sich die **Nummerierung** entsprechend. Bei nur einem Beweismittel wird selbstverständlich ganz auf eine Bezifferung verzichtet.

817 Im Zusammenhang der Beweismittelliste ergibt sich zudem eine elegante Möglichkeit, den erforderlichen **Hinweis auf Einziehung oder Verfall** bestimmter Gegenstände anzubringen, der im Anklagesatz selber sonst eher störend wirkt. Man muss nur, wenn etwa im obigen Beispiel das Küchenmesser der Einziehung unterläge, die Überschrift entsprechend modifizieren in *„Augenscheins- und Einziehungsobjekt"*[1].

e) Das Ermittlungsergebnis

818 Bei allen Anklagen zu den Schöffengerichten und Strafkammern ist die Darstellung des wesentlichen Ergebnisses der Ermittlungen erforderlich, nicht hingegen bei **Straf- und Jugendrichteranklagen** (§ 200 II StPO). Allerdings sollte auch dort ein Ermittlungsergebnis beigefügt werden, wenn die Sache tatsächlich oder rechtlich schwierig ist, die Akten unübersichtlich geworden sind oder Anlass besteht, Einzelheiten zu den persönlichen Verhältnissen, insbesondere zu Vorstrafen, mitzuteilen. In diesen Fällen muss das Ermittlungsergebnis auch keine vollständige und formvollendete Darstellung enthalten; es genügt dann die Wiedergabe der im Einzelfall relevanten Tatsachen oder gar eine Beschränkung auf die Angaben zur Person.

819 In allen übrigen Fällen beinhaltet das **Ermittlungsergebnis** zumindest Angaben zur Person des Angeschuldigten, den von der Staatsanwaltschaft als erweisbar angenommenen Sachverhalt, die Einlassung des Angeschuldigten und die für die Beweisführung bedeutsamen Tatsachen. In problematischen Fällen können auch Rechtsausführungen oder Darlegungen zur gerichtlichen Zuständigkeit angezeigt sein.

820 Einleitend stehen die **Angaben zur Person** des Angeschuldigten, soweit sie nicht bereits aus den Personalien im Anklagesatz hervorgehen. Im Übrigen sollten alle Angaben zum Lebenslauf mitgeteilt werden, die für das Verständnis der Tat und für die Strafzumessung eine Bedeutung haben könnten. Dazu zählen insbesondere Anga-

---

1 Vgl dazu auch das Anklagemuster bei Rn 832.

ben zu Beruf und Einkommen, eventuellen Unterhaltsverpflichtungen des Angeschuldigten und Vorstrafen. Bei einschlägigen Vorverurteilungen kann es sogar geboten sein, den der früheren Verurteilung zu Grunde liegenden Sachverhalt kurz mitzuteilen, um zu verdeutlichen, dass sich der Angeschuldigte die Bestrafung nicht hat zur Warnung dienen lassen.

Bei **Jugendlichen** ist dafür Sorge zu tragen, dass ihre Erziehung   821
durch die Kenntnisnahme vom Ermittlungsergebnis nicht leidet
(§ 46 JGG). Notfalls sind daher bestimmte Themenbereiche auszuklammern und bei Bedarf in einem gesonderten Vermerk in der
Begleitverfügung niederzulegen.

Anschließend folgen die Ausführungen **zur Sache**. Deren Umfang   822
ist von der Bedeutung des Falls abhängig. Ein Mord erfordert eine
sorgfältigere und detailliertere Darstellung als eine leichte Körperverletzung. Jedoch muss man auch bei einer kürzeren Fassung
diese aus sich heraus ohne vorherige Aktenkenntnis verstehen können. Dazu kann es notwendig sein, vor die Darstellung der eigentlichen Tat einleitende Bemerkungen zu ihrer Vorgeschichte oder
ihrem Hintergrund zu setzen. So wird bei einem Falschaussagedelikt auf das Ursprungsverfahren, bei einem Insolvenzdelikt auf die
Firmengeschichte oder bei einem Betriebsunfall auf den normalen
Betriebsablauf und die Unfallverhütungsmaßnahmen einzugehen
sein.

Es folgt in der Regel eine in sich geschlossene **Darstellung des rele-**   823
vanten Sachverhalts in einer dem Urteilstatbestand vergleichbaren
Form. Dabei ist zunächst auch ein vom Angeschuldigten bestrittener Sachverhalt, soweit er beweisbar erscheint, im Indikativ zu
schildern.

Daran anschließend wird die **Einlassung des Angeschuldigten**   824
wiedergegeben, soweit sie dem zuvor geschilderten Sachverhalt
widerspricht. Ist der Angeschuldigte in vollem Umfang geständig,
so wird nur dies in einem Satz mitgeteilt. Bestreitet er hingegen, so
folgt eine Auseinandersetzung mit seiner Einlassung, insbesondere
eine Darstellung derjenigen Beweismittel, die eine Überführung
erlauben.

Im gesamten Ermittlungsergebnis werden die **Fundstellen** in den   825
Akten, aus denen sich die jeweiligen Tatsachen nach Auffassung

des Staatsanwalts ergeben, entweder links ausgerückt am Rand notiert oder in Klammern gesetzt angefügt.

Beispiel

Wesentliches Ergebnis der Ermittlungen:

I. Zur Person:

Der Angeschuldigte hat nach dem Hauptschulabschluss 1988 eine Lehre als Elektroinstallateur absolviert und seither bei verschiedenen Firmen in diesem Beruf gearbeitet. Zuletzt war er bei der Fa. Wiegand in Tübingen beschäftigt, wo er etwa 1800 DM netto verdient hat (Bl 23). Seit dem 1. 2. 2001 ist er nach der Insolvenz seines Arbeitgebers arbeitslos. Er bezieht derzeit Arbeitslosenhilfe von etwa 650 Euro im Monat (Bl 12).

Der Angeschuldigte ist strafrechtlich bereits erheblich und auch einschlägig aufgefallen, unter anderem wie folgt:

a) Urteil des AG Schweinfurth vom 12. 12. 1998 wegen Diebstahls (Az 34 Ds 33 Js 4315/98) zu 5 Monaten Freiheitsstrafe auf Bewährung;

b) Urteil des AG Tübingen vom 14. 9. 1999 wegen Betruges und Urkundenfälschung (4 Ds 23 Js 13156/99) zu 65 Tagessätzen Geldstrafe zu je 2550 DM;

c) Urteil des AG Tübingen vom 31. 1. 2000 wegen Diebstahls im besonders schweren Fall in 2 Fällen (4 Ls 23 Js 43265/99) unter Einbeziehung der vorgenannten Entscheidung zu 1 Jahr Freiheitsstrafe auf Bewährung.

II. Zur Tat

Im Laufe des 24. 2. 2001 hatte der Angeschuldigte mit dem Zeugen Senkblei in dessen Wohnung in der Grönemeyerstraße größere Mengen Bier zu sich genommen (Bl 21), weshalb er gegen 23.40 Uhr eine mittlere Blutalkoholkonzentration von 2,1 g ‰ aufwies (Bl 9). Gegen 22.00 Uhr verließ der Angeschuldigte die Wohnung des Zeugen und begab sich allein auf den Heimweg (Bl 21, 33).

Gegen 22.15 Uhr kam er auf dem Magnusweg an dem dort befindlichen Elektronikgeschäft Burgsmüller vorbei. Er verweilte einen Augenblick vor dem Geschäft, trat dann die Schaufensterscheibe ein und nahm aus der Auslage einen Videorecorder Hitachi zum Preise von 1190 DM, mit welchem er die Flucht ergriff (Bl 44, 3).

III. Einlassung des Angeschuldigten

Der Angeschuldigte bestreitet die Tat. Er will sich von der Wohnung des Zeugen Senkblei unmittelbar und ohne Aufenthalt auf den Heimweg begeben haben (Bl 14f).

IV. Würdigung

Gegen die Einlassung des Angeschuldigten spricht zunächst, dass der gestohlene Videorecorder bei einer Durchsuchung in seiner Wohnung aufgefunden worden ist (Bl 8). Der Angeschuldigte hat hierzu erklärt, das Gerät ordnungsgemäß wenige Tage zuvor gekauft zu haben (Bl 15). Allerdings hat er weder einen Kaufbeleg vorweisen noch plausibel machen können, woher er angesichts seiner ansonsten bedrängten finanziellen Lage die Mittel zum Kauf gehabt haben will (Bl 16). Außerdem hat die Zeugin Winter aus ihrer dem Geschäft gegenüberliegenden Wohnung die Tat beobachtet (Bl 44). Ihre Beschreibung von der Größe und Statur des Täters passt auf den Angeschuldigten (Bl 9). Der Täter soll eine weiße Lederjacke getragen haben (Bl 44). Auch der Angeschuldigte besitzt eine solche (Bl 8).

Im Gegensatz zu dieser allgemein gebräuchlichen Form des Ermittlungsergebnisses ist es in Teilen Norddeutschlands üblich, im Sachverhalt nur das wirklich Unbestrittene im Indikativ mitzuteilen, alles Übrige aber in indirekter Rede unter Angabe der jeweiligen Erkenntnisquelle. Dies entspricht dem aus der Unschuldsvermutung abzuleitenden Gebot zu verdeutlichen, dass die Anklage noch nicht von einem endgültigen Sachverhalt ausgeht, sondern dessen Feststellung erst der Hauptverhandlung vorbehalten bleibt[1]. Der weitere Aufbau des Ermittlungsergebnisses wird von dieser **norddeutschen Besonderheit** nicht berührt. 826

---

1 Vgl Arndt NJW 1960, 1192f.

Beispiel

827 **Ermittlungsergebnis:**

I. Zur Person

Der Angeschuldigte hat angegeben, nach seiner Ausbildung zum Industriekaufmann zunächst arbeitslos gewesen zu sein. 1990 habe er von seinem Vater rund 12 000 DM geerbt. Mit diesem Geld sowie einem Bankkredit habe er dann einen Industriebedarfshandel begonnen.

Zur Zeit ist der Angeschuldigte arbeitslos und bezieht nach seinen Angaben Arbeitslosenhilfe von rund 500 Euro im Monat (Bl 5). Ausweislich des BZR-Auszuges ist der Angeschuldigte unbestraft.

II. Zur Sache

Der Angeschuldigte hat eingeräumt, am 12. 9. 2001 bei dem Zeugen Sommer 4 Autoreifen für sein Firmenfahrzeug zum Preise von 569,95 DM gekauft und mit einem Scheck bezahlt zu haben (Bl 6f). Der Zeuge Winter hat dazu angegeben, bei Entgegennahme des Schecks gefragt zu haben, ob der Angeschuldigte nicht zwei Euroschecks ausstellen könne, weil er ihn bis dahin nicht gekannt habe. Dieser habe aber glaubhaft versichert, der Scheck sei gedeckt (Bl 2). Bei Vorlage wurde der Scheck mangels Deckung von der bezogenen Bank zurückgegeben (Bl 3).

Der Angeschuldigte hat dazu angegeben, er sei tatsächlich davon ausgegangen, der Scheck werde einlösbar sein. Zwar seien seine Geschäfte schlecht gegangen, doch hätte sich noch wenige Tage zuvor ein ausreichender Geldbetrag auf dem Konto befunden (Bl 7). Demgegenüber geht allerdings aus einem Schreiben vom 7. 9. 2001 der kontoführenden Geschäftsstelle der Stadtsparkasse an den Angeschuldigten hervor, dass dieser zum damaligen Zeitpunkt die ihm eingeräumte Kreditlinie von 10 000 DM um etwa 4500 DM überschritten hatte und die Stadtsparkasse deshalb weitere Überziehungen nicht mehr zulassen wollte. Vielmehr wurde dem Angeschuldigten der Kontokorrentkredit gekündigt und der gesamte Saldo zur Rückzahlung fällig gestellt (Bl 23). Demnach kann der Angeschuldigte nicht davon ausgegangen sein, der Scheck werde gleichwohl noch eingelöst werden.

320

Abweichungen vom Aufbau des Ermittlungsergebnisses, wie er in 828
den obigen Mustern vorgestellt worden ist, können sich zum besseren Verständnis ua dann als notwendig erweisen, wenn mehrere
Taten oder mehrere Angeschuldigte angeklagt werden. Hier ist es
meist sinnvoll, die einzelnen Taten getrennt nach obigem Schema
abzuhandeln. Dabei sollten die Zwischenüberschriften immer auf
die Tat und ihre Bezifferung im Anklagesatz hinweisen (zB: „4. Ein-
brüche zN Müller, Fälle 6 und 7 der Anklage"). Auch wenn der
Angeschuldigte bestreitet und der Tatnachweis nicht ganz einfach
zu führen ist, kann es zweckmäßig sein, anders vorzugehen, zB
zunächst die Tat ohne Nennung des Angeschuldigten als Täter zu
schildern und sodann auszuführen, wie der Verdacht gegen diesen
entstand und wie es schließlich zu seiner Überführung kam.

f) Anträge

Die Anklage schließt mit dem **Antrag auf Eröffnung des Hauptver-** 829
fahrens (Nr 110 III RiStBV). Dabei sind das Gericht und der
Spruchkörper, vor welchem verhandelt werden soll, anzugeben:

Es wird beantragt, das Hauptverfahren vor dem Landgericht Strafkammer in Hagen zu eröffnen.

Sofern bei Anklageerhebung **weitere Anträge** notwendig sind, ins- 830
besondere zu Haftfortdauer (§ 207 IV StPO, Nr 110 IV RiStBV), zur
Verteidigerbestellung (§ 141 III StPO), zur Nebenklagezulassung
(§ 396 II StPO) oder zu vorläufigen Maßnahmen (zB §§ 111a, 132a
StPO), so können diese ebenfalls in die Anklage gesetzt werden.
Notwendig ist dies aber nicht. Es wäre genausogut möglich, für
derartige Anträge die Begleitverfügung zu nutzen[1]. Letzteres ist
sogar dringend zu empfehlen, wenn mit der Anklageerhebung der
Erlass eines Haftbefehls beantragt wird. Andernfalls besteht nämlich die Gefahr, dass dem Angeschuldigten die – möglicherweise
schon an seinen Verteidiger übersandte – Anklage und damit der
Haftantrag bekannt wird, bevor der Haftbefehl beschlossen und
vollstreckt werden kann.

Als letztes folgt die **Unterschrift** des Anklageverfassers[2].

---

1 Vgl Rn 838.
2 Etwaige Ausnahmen qua Regelung im Geschäftsverteilungsplan sind zu
beachten. So kann beispielsweise die Zeichnung von Anklagen in politischen Sachen dem BL vorbehalten sein.

g) Anklageformular und -beispiel

831 Die Anklageschrift folgt also in etwa dem nachstehenden **Formular** (mittlere Spalte). In der linken Spalte sind die Randziffern aufgeführt, bei denen im obigen Text der entsprechende Anklagebestandteil näher behandelt worden ist. In der rechten Spalte finden sich Erläuterungen zum Ausfüllen:

welche Rn im Text?	Anklageformular in ( ) stehen optionale Elemente; Alternativen sind durch / abgetrennt.	Bemerkungen in [ ]; *Einzufügendes in kursiv*
759	Staatsanwaltschaft … …	*Ort, Datum*
	…	*Js-Aktenzeichen*
	An das Amts-/Landgericht	
760ff	– … –	*Spruchkörper*
770f	in …	*Gerichtsort*
774	**(Eilt! Haft!** Nächster Haftprüfungstermin am …)	[Nur in Haftsachen]
	Anklageschrift	
772ff	(I.) (Der/Die …) … , Bl …	*(Beruf), Vorname, Name, Anschrift, Familienstand, Staatsangehörigkeit des Angeschuldigten, Fundstelle der Daten* [Nummerierung nur bei mehreren Angeschuldigten]

welche Rn im Text?	Anklageformular in ( ) stehen optionale Elemente; Alternativen sind durch / abgetrennt.	Bemerkungen in [ ]; *Einzufügendes in kursiv*
774	(in dieser Sache festgenommen am … und auf Grund des Haftbefehls des AG … seit dem / in der Zeit von … bis … in Untersuchungshaft in der JVA …; Haftbefehl aufgehoben / außer Vollzug gesetzt am … und am … aus der Haft entlassen)	*Festnahme, Haft- und Haftbefehlsdaten, Fundstelle des Haftbefehls* [nur bei Freiheitsentziehung in dieser Sache]
772	(gesetzliche/r Vertreter/in: …)	*Name und Anschrift* [nur bei nicht Volljährigen]
775	(Verteidiger/in: …)	*Name, Sitz, Fundstelle der Legitimation* [soweit Verteidiger noch aktuell beauftragt]
776f	(II. …)	[weitere Angeschuldigte folgen ggf nach demselben Schema, dann Nummerierung in römischen Ziffern]
778f	wird/werden angeklagt,	
781	(als strafrechtlich verantwortliche/r Jugendliche/r / als Heranwachsende/r,)	[nur in Jugendsachen]
780	in … am/in der Zeit von … bis …	*Tatort/e, Tatzeit/en*
782	(durch … Straftaten)	*Zahl der Taten* [nur, falls mehr als eine]

welche Rn im Text?	**Anklageformular** in ( ) stehen optionale Elemente; Alternativen sind durch / abgetrennt.	**Bemerkungen** in [ ]; *Einzufügendes in kursiv*
783ff	(1.) …	*gesetzliche/r Tatbestand/Tatbestände* [ggf bei Tatmehrheit mit arabischen Ziffern nummeriert, bei Tateinheit mit Kleinbuchstaben untergliedert]
791ff	indem er / Dem Angeschuldigten wird zur Last gelegt:	[Formulierung nach örtlichen Gepflogenheiten wählen]
794ff	(1.) …	*Konkretisierung* [ggf bei Tatmehrheit wie oben mit arabischen Ziffern nummeriert]
805ff	Verbrechen/und/Vergehen, strafbar nach §(§) …	*anzuwendende Vorschriften*
808	(Strafantrag ist durch den Geschädigten … am … gestellt, Bl … / Es besteht [im Übrigen auch] das besondere öffentliche Interesse an der Verfolgung.)	*Strafantragsdaten* [nur falls Antragsdelikt angeklagt]
808	(Soweit daneben noch … in Betracht kommt, ist die Verfolgung gemäß § 154a StPO auf die/das hier angeklagte/n Delikt/e beschränkt worden.)	*Bezeichnung ausgeschiedener Delikte* [nur bei Vergehen nach § 154a StPO]
810ff 812f	**Beweismittel:** (I. Die Angaben des Angeschuldigten (II. …. usw)	*Beweismittel* [ggf Nummerierung in römischen (Beweismittelkategorien) und arabischen (einzelne Beweismittel) Ziffern]

welche Rn im Text?	Anklageformular in ( ) stehen optionale Elemente; Alternativen sind durch / abgetrennt.	Bemerkungen in [ ]; *Einzufügendes in kursiv*
818ff	**Wesentliches Ergebnis der Ermittlungen:** I. Zur Person … II. Zur Sache …	[stets zu erstellen bei allen Schöffengerichts- und Strafkammeranklagen, nach Bedarf in Straf- und Jugendrichtersachen]
829f	Es wird beantragt, das Hauptverfahren vor dem Amts-/Landgericht – … in … zu eröffnen.	*Spruchkörper, Gerichtssitz* [ggf weitere Anträge, dann Nummerierung der Anträge in arabischen Ziffern]
830	…, O/StA/in	*Unterschrift*

Eine vollständige Anklageschrift könnte dann etwa wie folgendes   832
Beispiel aussehen:

Beispiel

Staatsanwaltschaft Hannover   Hannover, 22. 5. 2002
340 Js 10023/02

An das Amtsgericht
– Schöffengericht –
Hannover

Anklageschrift

Der Arbeiter Andreas L u d o w i t z , geb. 11. 1. 1972 in Bielefeld,
wohnhaft Bandelstr. 34, 30171 Hannover, ledig, Deutscher, (Bl 12)

– in dieser Sache aufgrund des Haftbefehls des AG Hannover vom
1. 4. 2002 (242 Gs 388/02, Bl 22) am 5. 4. 2002 festgenommen

und bis zum folgenden Tag in Untersuchungshaft, Haftbefehl außer Vollzug gesetzt am 6. 4.

– Verteidiger: RA Schönfeld, Hannover, (Bl 20)

wird angeklagt,

in Hannover am 30. 3. 2002

durch dieselbe Handlung

a) einen Menschen rechtswidrig mit Gewalt zu einer Duldung genötigt zu haben,

b) eine andere Person mittels eines gefährlichen Werkzeuges und einer das Leben gefährdenden Behandlung körperlich misshandelt und an der Gesundheit beschädigt zu haben,

indem er

die Kioskbesitzerin Inge Beckebaum in ihrem Kiosk in der Lutherstr. 6 mit einem Gasrevolver derart heftig niederschlug, dass diese blutende Gesichtsverletzungen erlitt und bewusstlos wurde, um darauf aus der Kasse des Kiosk insgesamt mindestens 250,– Euro entnehmen zu können, auf die er einen Anspruch zu haben meinte, und sodann mit seiner Beute floh. Die Geschädigte erlitt als weitere Folge der Schläge lebensgefährliche Gehirnblutungen, die eine Notoperation erforderlich machten.

Vergehen, strafbar nach den §§ 223, 224 I Nr 2, Nr 5, 240, 52, 74 StGB.

Beweismittel:

I. Die Angaben des Angeschuldigten (Bl 7f,18ff)

II. Zeugen:

   1. Inge Beckebaum, 30171 Hannover (Bl 42)

   2. Ralph Jordan, 30171 Hannover (Bl 1)

   3. Dr. med. Wilhelms, zu laden über das Henriettenstift Hannover, Marienstr. 72–90, 30171 Hannover (Bl 31)

III. Augenscheinsobjekte, zu Ziffer 2 zugleich der Einziehung unterliegend:

1. 250,– Euro Bargeld

2. ein Gasrevolver „Röhm", geladen mit 6 CS-Patronen

Wesentliches Ergebnis der Ermittlungen:

Zur Person:

Der Angeschuldigte hat lediglich angegeben, er arbeite seit 15. 5. 2002 wieder, und zwar bei VW, nachdem er durch die Insolvenz seines früheren Arbeitgebers kurzzeitig arbeitslos geworden war.

Ausweislich des Bundeszentralregisterauszuges ist der Angeschuldigte bereits mehrfach strafrechtlich in Erscheinung getreten, ua wie folgt:

a) Urteil des AG Hannover vom 12. 6. 1990 (42 Js 45/90) wegen Diebstahls in 13 Fällen: 2 Wochen Dauerarrest;

b) Urteil des AG Hannover vom 31. 10. 1997 (340 Js 44113/96) wegen schweren Diebstahls in 3 Fällen, Körperverletzung und gefährlicher Körperverletzung: 6 Monate Gesamtfreiheitsstrafe auf Bewährung, Strafaussetzung widerrufen, Strafe verbüßt bis 23. 9. 1999;

c) Urteil des AG Hannover vom 13. 6. 1999 (340 Js 5587/99) wegen Hehlerei, Bandendiebstahls und Urkundenfälschung in Tateinheit mit Betrug: 1 Jahr Gesamtfreiheitsstrafe, Strafaussetzung zur Bewährung bis 12. 6. 2002.

II. Zur Sache:

Der Angeschuldigte und die Zeugin Beckebaum waren seit Frühjahr 2000 befreundet gewesen und hatten zeitweilig auch zusammengelebt. Im Februar 2002 kam es jedoch zur Trennung. Der Angeschuldigte ist der Auffassung, wegen der Anschaffung eines Fernsehers noch 500 Euro von der Zeugin bekommen zu sollen (Bl 19). Dieses Ansinnen hatte die Zeugin in der Vergangenheit wiederholt abgelehnt (Bl 43).

327

Der Angeschuldigte suchte am 30. 3. 2002 gegen 15.00 Uhr den von der Zeugin Beckebaum betriebenen Kiosk in der Lutherstr. 6 auf und sprach sie erneut auf das Geld an. Er sah, dass in der Kasse des Kiosk hinreichend Geld vorhanden war, welches die Zeugin aber nicht herausgeben wollte. Vielmehr sagte sie ihm, er solle sich fortscheren. Daraufhin wurde der Angeschuldigte wütend und schlug auf die Zeugin ein (Bl 7f). Die Zeugin Beckebaum hat dazu angegeben, der Angeschuldigte habe ihr mit der Pistole ins Gesicht geschlagen (Bl 43). Nach Bekundungen des Zeugen Jordan, der den Vorfall aus einiger Entfernung beobachtete, sah es so aus, als gestikuliere der Angeschuldigte heftig (Bl 2).

Anschließend nahm der Angeschuldigte einen Geldbetrag aus der Kasse, dessen genaue Höhe bislang unklar ist. Nach den Angaben der Zeugin Beckebaum fehlen jedoch 300 Euro (Bl 45). Anschließend lief der Angeschuldigte davon.

Die Zeugin Beckebaum hat nach den Angaben des behandelnden Arztes, des sachverständigen Zeugen Dr. Wilhelms, auf Grund des Vorfalls eine Platzwunde an der Schläfe erlitten. Ferner kam es zu einer Gehirnerschütterung sowie zu einer Einblutung im Gehirn, die operativ versorgt werden musste. Als Folge dieser Verletzungen und der Operation leidet die Zeugin bis heute an vermehrten Kopfschmerzen (Bl 31). Sie verbrachte rund 4 Wochen im Krankenhaus und war anschließend noch mindestens drei Wochen krank geschrieben (Bl 45).

Bei einer Durchsuchung der Wohnung des Angeschuldigten wurden 250,– Euro Bargeld lose in der Nachttischschublade gefunden, ferner die Tatwaffe (Bl 5).

Es wird beantragt,

> das Hauptverfahren vor dem Amtsgericht Hannover – Schöffengericht – zu eröffnen.

(König)
Staatsanwältin[1]

---

1 Weitere Muster für Anklageschriften finden sich bei HB-Eschelbach 616ff; Hellebrand Rn 247aff; Kunigk 196ff, 217ff; Rahn/Schaefer 33ff; Roxin § 38 Rn 18.

h) Abschluss- oder Begleitverfügung zur Anklage

Vor Absendung der Anklage ist das Verfahren wegen aller nicht **833** angeklagter Taten entweder einzustellen oder abzutrennen. Da mit Anklageerhebung die Verfahrensherrschaft auf das Gericht übergeht und der Staatsanwalt zudem faktisch nicht mehr in der Lage ist, das Verfahren in allen Einzelheiten im Auge zu behalten, sind auch alle ansonsten **notwendigen Maßnahmen** jetzt anzuordnen, insbesondere eine bereits mögliche Asservatenabwicklung, die Kostenerstattung für Sachverständige oder die Vervollständigung des Haftsonderheftes und der Handakte.

Bei komplizierteren Sachen ist es unbedingt zu empfehlen, zumin- **834** dest die wichtigsten **Aktenbestandteile in Kopie zur Handakte** zu nehmen, damit diese einem mit der Sache nicht vertrauten Sitzungsvertreter in der Hauptverhandlung als Grundlage und Hilfe dienen. Dies gilt vor allem für die wesentlichen Zeugenaussagen, aber zB auch für Schuldfähigkeitsgutachten, Unfallskizzen oder bedeutsamere Ermittlungsberichte.

Zentraler Bestandteil der Begleitverfügung ist der **Abschluss der** **835** **Ermittlungen**, der wegen seiner Bedeutung für das Akteneinsichtsrecht des Verteidigers in jedem Fall festzustellen ist, und zwar entgegen des Wortlautes von § 147 II StPO nicht in Vermerkform, sondern als eine das Ermittlungsverfahren abschließende Entscheidung.

In einer Vielzahl von Fällen sind **Mitteilungen von der Anklageer-** **836** **hebung** erforderlich[1] zumeist durch Übersendung einer Anklagekopie. Wenn eine **Berichtspflicht**[2] besteht, so ist an dieser Stelle ein kurzer Bericht unter Bezugnahme auf eine beizufügende Anklageabschrift notwendig. Die gesondert abzufassende Berichtsverfügung wird zu den Handakten[3] genommen.

---

1 Die wichtigsten Mitteilungspflichten sind in MiStrA Nr 13 (Beschuldigter steht unter Bewährungsaufsicht), 15 (Angehörige des öffentlichen Dienstes), 20, 20a (Bundeswehr- und Zivildienstangehörige), 22 (Geistliche), 23 (Rechtsanwälte und Notare), 24 (Wirtschaftsprüfer, Steuerberater ua), 26 (Angehörige der Heilberufe), 31, 32 (Jugendliche und Heranwachsende), 42 (Ausländer), 43a (Gefangene) und 45 (Betriebsunfälle) enthalten.
2 Vgl oben Rn 121.
3 Es sei denn, es ist ein gesondertes Berichtsheft angelegt.

837   In **Haftsachen** ist dem bisherigen Haftrichter wegen des Übergangs der Haftkontrolle auf das erkennende Gericht (§ 126 II 1 StPO) eine allerdings formlose Nachricht von der Anklageerhebung zu geben. Ein bestehendes **Haftsonderheft** muss im Übrigen den Akten nicht beigefügt werden, sofern es keine Vorgänge (mehr) enthält, die nicht auch in den Akten vorhanden sind. Vielmehr empfiehlt es sich, das Haftsonderheft, wenn es nicht für eine unmittelbar bevorstehende Haftprüfung benötigt wird, zunächst bei den Handakten zu behalten, damit für den Notfall auch bei der Staatsanwaltschaft ein Aktendoppel verfügbar ist. Zudem erspart dies die angesprochene Fertigung von Kopien aus der Akte für den Sitzungsvertreter.

838   Beispiel einer noch durchzunummerierenden **Abschlussverfügung** mit den mindestens erforderlichen Anordnungen (X); in ( ) weitere denkbare Verfügungspunkte an der jeweils richtigen Stelle innerhalb der Verfügung:

Beispiel

Staatsanwaltschaft Bielefeld   12. 8. 2002
155 Js 68821/02

Verfügung

( )   *(Teileinstellungen, Bescheid, EN?)*

( )   *(BZR-Auszüge?)*

( )   *(Asservate abzuwickeln?)*

( )   *(Beiakten noch zu erfordern?)*

( )   *(Abtrennungen, Verfahrenseinleitungen?)*

(X)   Die Ermittlungen sind abgeschlossen.

( )   *(Vermerke zur rechtlichen Würdigung?)*

(X)   Anklage nach Entwurf/Diktat in Reinschrift zu den Akten fertigen.

(X)   (Entwurf und) eine Durchschrift der Anklage zu den Handakten nehmen.

( ) *(Weitere Unterlagen zur Information des Sitzungsvertreters in die HA nehmen?)*

( ) *(Mitteilungen?)*

(X) U m A

dem Amtsgericht
– Schöffengericht –
in Bielefeld

mit dem Antrag aus anliegender Anklageschrift übersandt.

(ggf weitere Anträge zur Strafkammerbesetzung, Verteidiger-bestellung, Nebenklagezulassung ua)

(ggf: Auf den Haftprüfungstermin am … weise ich hin).

(X) Frist: 21. 12. 2002.

Unterschrift, Dienstbezeichnung

Die kürzestmögliche Abschlussverfügung umfasst also mindestens die **fünf Anordnungen,** die im obigen Beispiel mit (X) bezeichnet sind. Nach oben hin sind demgegenüber kaum Grenzen gesetzt. Falls zB zahlreiche Taten jeweils mit einem individuellen Einstellungsbescheid eingestellt werden müssten, kann schnell einmal eine Zahl von zwanzig Verfügungspunkten erreicht oder auch weit überschritten werden. Um derart aufwändige Verfügungen in überschaubaren Grenzen zu halten, sollte man sich gerade bei Einstellungsbescheiden bemühen, standardisierte Texte zu finden, die man einer Vielzahl von Anzeigeerstattern gleichermaßen nur mit jeweils anderem Betreff übersenden kann.   839

Richtet sich das Verfahren gegen einen der deutschen Sprache nicht kundigen **Ausländer,** so hat dieser einen Anspruch auf Erhalt einer in seine Sprache übersetzten Anklageschrift (Art 6 III MRK, Nr 181 II RiStBV). Die Übersetzung obliegt der Behörde, die die fragliche Entscheidung trifft, bei der Anklage also der Staatsanwaltschaft. Damit sind zum Abschluss der Sache allerdings zwei aufeinander folgende Verfügungen erforderlich. In der ersten Verfügung ist alles enthalten, was sonst in die Abschlussverfügung gehört, jedoch mit Ausnahme der Übersendung an das Gericht, die jetzt noch nicht angeordnet wird.   840

Beispiel **Beispiel 1** (Erste Verfügung bei Abfassung der Anklageschrift, ggf weitere Anordnungen sind wie im Beispiel Rn 838 an der entsprechenden Stelle zu ergänzen):

841 Staatsanwaltschaft Bielefeld   12. 8. 2002
155 Js 68821/02

Vfg

1. Die Ermittlungen sind abgeschlossen.

2. Anklage nach Diktat in Reinschrift zu den Akten fertigen.

3. Zweitschrift der Anklage zu den Handakten nehmen.

4. Schreiben unter Beifügung einer Anklagedurchschrift an:

Herrn Kazim Sherara[1]
Im Lerchenfelde 34
33739 Bielefeld – höflich/formlos –.

In pp

bitte ich, die anliegende Anklageschrift in die persische Sprache zu übersetzen. Für eine Übersendung der Übersetzung nebst Ihrer Kostenrechnung binnen 2 Wochen wäre ich dankbar.

5. Wv 11. 9. 2002.

(Unterschrift, Dienstbezeichnung)

842 Nach **Eingang der Übersetzung** wird dann wie folgt weiter verfügt:

Beispiel

(voller Verfügungskopf)

1. Herrn/Frau Kostenbeamten/-beamtin wegen der Rechnung des Dolmetschers Bl 67 dA.

---

1 Ein Verzeichnis der Dolmetscher für die verschiedenen Fremdsprachen wird zumeist auf der Verwaltungsgeschäftsstelle eingesehen werden können.

332

2. Eine Ablichtung der Anklageübersetzung fertigen und zu den HA nehmen.

3. U m A

dem Amtsgericht
– Schöffengericht –
in Bielefeld

mit dem Antrag aus anliegender Anklageschrift übersandt. Eine Übersetzung in die persische Sprache liegt bei.

4. 11. 1. 2003.

(Unterschrift, Dienstbezeichnung)

Bei besonderer Eilbedürftigkeit, vor allem in **Haftsachen**, ist es ausnahmsweise geboten, die Anklage bereits unübersetzt zu erheben.   843

Beispiel 2:

Beispiel

(1.–4. wie in der Verfügung Rn 841)

5. Ablichtung dieser Vfg zu den HA[1]

6. U m A

dem Amtsgericht
– Schöffengericht –
in Bielefeld

mit dem Antrag aus anliegender Anklage übersandt. Die unter Ziff 4 in Auftrag gegebene Übersetzung der Anklageschrift reiche ich sofort nach Eingang nach.

7. 11. 9. 2002 (Übersetzung da? Sonst anmahnen)

(Unterschrift, Dienstbezeichnung)

---

1 Dies gewährleistet, dass aus den HA ersichtlich ist, was nach fruchtlosem Fristablauf zu tun bleibt. Insbesondere hat man damit die Anschrift des zu mahnenden Dolmetschers griffbereit.

3. Antragsschrift im beschleunigten Verfahren

844 Die **Abfassung eines schriftlichen Antrags** ist zwar nach § 417 StPO nicht erforderlich, aber zur Erleichterung für den Richter und den Sitzungsvertreter wie auch im Verteidigungsinteresse des Beschuldigten empfehlenswert. Die Antragsschrift entspricht in ihrem **Aufbau** einer Anklage, wobei allerdings ein Ermittlungsergebnis auch in Schöffensachen üblicherweise nicht gefertigt wird. Der **Antrag** lautet auf Anberaumung einer Hauptverhandlung gegen den **Beschuldigten**, der wegen des Fehlens eines Zwischenverfahrens hier nicht als „Angeschuldigter" bezeichnet wird.

Beispiel   Haftsache nach § 127b StPO:

845 Staatsanwaltschaft Dortmund   1. 8. 2002
71 Js 67441/02

Eilt! Hauptverhandlungshaft!
Haftende gemäß § 127b II StPO am
6. 8. 2002

An das Amtsgericht
– Strafrichter –
in Dortmund

Antragsschrift im beschleunigten Verfahren

Angelika Rosen, geboren am 12. 9. 1967 in Erfurt, zZt ohne festen Wohnsitz, ledig, Deutsche,

– in dieser Sache am 30. 7. 2002 vorläufig festgenommen und aufgrund des Haftbefehls des AG Dortmund gemäß § 127b II StPO vom selben Tag seither in U-Haft in der JVA Dortmund,

wird beschuldigt,

in Unna und Dortmund am 28. und 30. 7. 2002 durch 4 Straftaten

1. eine fremde bewegliche Sache einem anderen in der Absicht rechtswidriger Zueignung weggenommen zu haben,

2.–4. jeweils durch dieselbe Handlung,

    a) in der Absicht, sich einen rechtswidrigen Vermögensvorteil zu verschaffen, das Vermögen eines anderen dadurch beschädigt zu haben, dass sie durch Vorspiegelung falscher Tatsachen einen Irrtum erregte,

    b) zur Täuschung im Rechtsverkehr eine unechte Urkunde hergestellt und gebraucht zu haben,

indem sie

1. am 28. 7. in Unna im Aurora Kaufhaus der Hausfrau Gudrun Zermatt die Geldbörse mit 70 Euro Bargeld sowie ihrer American-Express-Kreditkarte aus dem Einkaufskorb entwendete, um an die darin vermuteten Wertsachen zwecks Verwertung zu eigenen Zwecken zu gelangen,

2.–4. die American-Express-Karte am 30. 7. in Dortmund zur Bezahlung von Einkäufen vorlegte und die unter Verwendung der Kreditkarte erstellten jeweiligen Rechnungsbelege mit „Zermatt" unterzeichnete, woraufhin ihr im Vertrauen auf ihre Berechtigung zur Verwendung der Kreditkarte die gekauften Waren ausgehändigt wurden, und zwar Kosmetika in der Drogerie „Werner" für 143,65 Euro, Lebensmittel im „Vielkauf"-Supermarkt für 63,89 Euro und Schuhe bei „Schuh-Hansa" für 145 Euro.

Vergehen nach den §§ 242, 263, 267, 52, 53 StGB.

Beweismittel: Die Angaben der Angeschuldigten (Bl 8 dA)

Es wird beantragt, Termin zur Hauptverhandlung anzuberaumen und die Beschuldigte im beschleunigten Verfahren abzuurteilen.

Beckmann, StAin

Die **Begleitverfügung** zur Antragsschrift im beschleunigten Verfahren entspricht fast vollständig derjenigen bei Anklageerhebung[1]   846

4. Antragsschrift im vereinfachten Jugendverfahren

Zur **Antragsschrift** im vereinfachten Jugendverfahren gilt das zum beschleunigten Verfahren Gesagte entsprechend. Zu beachten hat   847

---

1 Rn 833ff.

man nur, dass zusätzlich die Angabe eines gesetzlichen Vertreters notwendig ist. Der Antrag lautet auf Anberaumung einer Hauptverhandlung und Aburteilung im vereinfachten Jugendverfahren.

5. Strafbefehlsantrag

848 Zwar erlässt das Gericht den Strafbefehl, doch ist gemäß Nr 176 RiStBV vom Staatsanwalt nach Möglichkeit ein unterschriftsreifer Entwurf zu fertigen, der nach Unterzeichnung durch den Richter (sofern dieser nicht von den Möglichkeiten nach § 408 II, III 2 StPO Gebrauch macht) ohne Weiteres zur Post gegeben werden kann. Der **Strafbefehlsentwurf** hat nach § 409 StPO bis auf das Ermittlungsergebnis im Wesentlichen dieselben Bestandteile wie eine Anklageschrift. Hinzu kommen der Strafausspruch und die Belehrung über die Einspruchsmöglichkeit. Die Anschrift des Beschuldigten wird in ein Sichtfenster gesetzt, während die anderen Personalien so zu platzieren sind, dass sie bei verschlossenem Briefumschlag nicht wahrgenommen werden können.

849 Für Strafbefehlsentwürfe existieren **Vordrucke**, die man tunlichst benutzen sollte. Sie enthalten bereits die notwendigen Belehrungen (§ 410 StPO), Zahlungsanweisungen und weiterer Formalia, so dass die Hinzufügung der Personalien, des Vorwurfs, der Beweismittel und der beantragten Strafe genügt.

850 Zu beachten ist, dass auch die **Verwarnung mit Strafvorbehalt** (§ 59 StGB) sowie eine Freiheitsstrafe bis zu einem Jahr unter Strafaussetzung auf Bewährung im Strafbefehlsweg verhängt werden können (§ 407 II StPO).

Beispiel

851 Frau Lieselotte Wagner
Gelderner Str 44
52078 Aachen

geboren am 23. 8. 1970 in Bürstadt, geschieden, Deutsche,

Strafbefehl

Die Staatsanwaltschaft beschuldigt Sie,

am 12. 2. 2002 gegen 0.15 Uhr in Düren

fahrlässig im Verkehr ein Fahrzeug geführt zu haben, obwohl Sie infolge des Genusses alkoholischer Getränke nicht in der Lage waren, das Fahrzeug sicher zu führen,

indem Sie

nach vorangegangenem Weingenuss im Zustand absoluter Fahruntüchtigkeit (Blutalkoholkonzentration 1,4 g ‰), die Sie angesichts der Trinkmengen bei selbstkritischer Betrachtung hätten erkennen können und müssen, mit Ihrem Pkw VW Lupo unter anderem die Clausewitzstraße in Düren befuhren,

wodurch Sie sich als zum Führen von Kraftfahrzeugen ungeeignet erwiesen haben.

Vergehen der fahrlässigen Trunkenheit im Verkehr nach den §§ 316 II, 69, 69a StGB.

Beweismittel: I. Ihre Angaben (Bl 2)
II. Gutachten des Instituts für Rechtsmedizin in Aachen vom 19. 2. 2002 (Bl 5)

Auf Antrag der Staatsanwaltschaft wird gegen Sie wegen der oben bezeichneten Tat eine Geldstrafe von 30 Tagessätzen verhängt. Die Höhe eines Tagessatzes beträgt 20 Euro und wurde gemäß § 40 III StGB geschätzt. Die Geldstrafe beläuft sich somit insgesamt auf 600 Euro. Es wird Ihnen gestattet, die Strafe in monatlichen Raten von 100 Euro zu zahlen, beginnend mit dem auf die Rechtskraft folgenden Monat und fällig jeweils zum 15. eines jeden Monats. Diese Vergünstigung entfällt, sobald Sie mit einer Rate in Verzug geraten. Ferner wird Ihnen die Fahrerlaubnis entzogen, Ihr Führerschein wird eingezogen. Die Verwaltungsbehörde wird angewiesen, Ihnen vor Ablauf von 8 Monaten keine neue Fahrerlaubnis zu erteilen. Sie haben auch die Kosten des Verfahrens zu tragen …

(alles Übrige ist Formulartext)

Bei einer **Verwarnung mit Strafvorbehalt** würde der Strafaus- 852
spruch im obigen Beispiel wie folgt lauten:

Beispiel

Auf Antrag der Staatsanwaltschaft werden Sie wegen der oben bezeichneten Tat verwarnt. Es bleibt vorbehalten, gegen Sie eine Geldstrafe von 30 Tagessätzen zu je 20 Euro festzusetzen, wobei die Tagessatzhöhe gemäß § 40 III StGB geschätzt wurde. Ferner wird Ihnen die Fahrerlaubnis entzogen ... *(weiter wie im Beispiel Rn 851)*

853 Wenn mehrere Taten verwirklicht wurden, muss aus dem Strafausspruch neben der Gesamtstrafe auch ersichtlich werden, welche **Einzelstrafen** jeweils verhängt wurden und welcher konkreten Tat sie zuzuordnen sind.

854 Im folgenden Beispiel wird eine (Gesamt-) **Freiheitsstrafe auf Bewährung** wegen mehrerer Taten per Strafbefehl festgesetzt:

Beispiel

Auf Antrag der Statsanwaltschaft wird gegen Sie eine Gesamtfreiheitsstrafe von 8 Monaten verhängt (Einzelstrafen: 6 Monate für die Tat zu Ziffer 1. und 5 Monate für die Tat zu Ziffer 2.). Die Vollstreckung der Gesamtfreiheitsstrafe wird zur Bewährung ausgesetzt. Sie haben auch die Kosten des Verfahrens zu tragen.

855 Die bei der Strafaussetzung wie auch bei der Verwarnung mit Strafvorbehalt erforderlichen Nebenentscheidungen zur Dauer der Bewährungszeit und etwaigen Auflagen und Weisungen ergehen in einem gesonderten **Bewährungsbeschluss.** Diesen fertigt das Gericht, so dass der Staatsanwalt dazu keinen Entwurf vorzulegen, sondern nur einen entsprechenden Antrag in der Begleitverfügung zu stellen hat.

856 In der **Begleitverfügung,** die vom Aufbau her vollständig und vom Inhalt her weitgehend der Begleitverfügung zur Anklage entspricht, hat der Staatsanwalt auch anzugeben, ob er für den Fall des Einspruchs die Verhandlung vor dem Strafrichter oder dem Schöffengericht beantragt. Die Verfügung hat daher zumindest den folgenden Inhalt (der ggf um Teileinstellungen, Abtrennungen, Mitteilungen ua zu ergänzen wäre):

Staatsanwaltschaft Aachen   14. 5. 2002
776 Js 23540/02

Vfg

1. Die Ermittlungen sind abgeschlossen.

2. Strafbefehlsentwurf nach beiliegendem Konzept in Reinschrift zu
   den Akten fertigen.

3. Konzept und eine Durchschrift zu den HA nehmen.

4. U m A

   dem AG Düren

   mit dem Antrag übersandt, einen Strafbefehl entsprechend
   anliegendem Entwurf zu erlassen. Für den Fall des Einspruchs
   beantrage ich Verhandlung vor dem Strafrichter. *(Bei Beantragung von Freiheitsstrafe auf Bewährung oder Verwarnung mit
   Strafvorbehalt wäre hier beispielsweise wie folgt zu ergänzen:
   Ich beantrage ferner, die Bewährungszeit auf zwei Jahre festzusetzen, die Mitteilung jeden Wohnsitzwechsels sowie die Zahlung einer Geldauflage von 1000 Euro in monatlichen Raten von
   50 Euro zu Gunsten der Landeskasse aufzugeben.)*

5. Wv 20. 6. 2002

Sperling, StA

Sofern nach Art 6 III a MRK, Nr 181 II RiStBV eine **Übersetzung**   857
des Strafbefehls erforderlich wird, obliegt diese hier nicht der
Staatsanwaltschaft sondern dem Gericht[1]. Denn während die dem
Angeschuldigten übersetzt zuzustellende Anklage eine Entscheidung der Staatsanwaltschaft darstellt, handelt es sich bei dem zuzu-
stellenden Strafbefehl bereits um den vom Gericht unterzeichneten
Antrag, also um eine gerichtliche Entscheidung, deren Übersetzung
folglich auch, anders als bei der Anklageschrift, in die Zuständigkeit des Gerichts fällt.

Liegt, weil eine Freiheitsstrafe beantragt werden soll, nach § 407 II 2   858
StPO ein **Fall notwendiger Verteidigung** vor und hat der Beschul-

---

1 LG Aachen NStZ 1984, 283.

digte noch keinen Verteidiger, so hindert dies gleichwohl nicht, einen solchen Strafbefehl zu beantragen. In diesen Fällen hat der Vorsitzende vielmehr dem Beschuldigten vor der Zustellung des Strafbefehls gemäß § 408b StPO einen Pflichtverteidiger zu bestellen. Darauf sollte in der Begleitverfügung sicherheitshalber kurz hingewiesen werden.

IV. Besondere Verfahrensarten

1. Antragsschrift im Sicherungsverfahren

859 Gegen einen schuldunfähigen Beschuldigten ist eine Anklageerhebung mangels hinreichenden Tatverdachts nicht möglich. Dasselbe gilt bei dauerhafter Verhandlungsunfähigkeit, weil hierdurch ein Verfahrenshindernis entsteht. Um gleichwohl weitere von dem Beschuldigten drohende Straftaten verhindern zu können, erlaubt § 71 StGB in beiden Konstellationen die **selbständige Anordnung von Maßregeln** der Unterbringung nach den §§ 63, 64 StGB, des Berufsverbots und der Entziehung der Fahrerlaubnis im **Sicherungsverfahren**. Die verfahrensrechtlichen Vorschriften finden sich dazu in den §§ 413ff StPO.

860 Ein Verfolgungszwang besteht für den Staatsanwalt hier zwar nicht explizit, so dass die Durchführung des Sicherungsverfahrens formell in seinem **Ermessen** steht. Wegen der spezifischen Voraussetzungen der §§ 63, 64 StGB (ua die Erwartung erheblicher rechtswidriger Taten) wird aber jedenfalls bei Vorliegen der Unterbringungsvoraussetzungen schon aus präventiven Gründen und aus Verantwortung für potenzielle weitere Opfer gefährlicher Beschuldigter ein Untätigbleiben kaum vertretbar sein.

861 Im Übrigen gelten für das **Verfahren** und die Gerichtszuständigkeit die Vorschriften für das Anklageverfahren entsprechend, soweit sich aus den §§ 414f StPO nichts anderes ergibt. Gemäß § 414 III StPO ist bereits im Vorverfahren die Einholung eines **fachpsychiatrischen Gutachtens** obligatorisch. Da in derartigen Fällen regelmäßig keine U-Haft, sondern die vorläufige Unterbringung nach § 126a StPO vollzogen wird, empfiehlt es sich zudem, grundsätzlich die Fertigstellung des Gutachtens abzuwarten, bevor man das Sicherungsverfahren einleitet. Zwar sind auch solche Verfahren wegen der laufenden Freiheitsentziehung beschleunigt zu betrei-

ben[1]. Einer überhasteten Vorgehensweise bedarf es indes nicht, weil bei vorläufigen Unterbringungen nach § 126a StPO keine Haftprüfung gemäß § 122 StPO im Raume steht. Vielmehr sollte man den ja auch für den Beschuldigten belastenden und stigmatisierenden Unterbringungsantrag erst dann erheben, wenn klar ist, dass eine bestehende Gefährlichkeit diesen auch rechtfertigt.

Die Einleitung des Sicherungsverfahrens bedarf einer **Antrags-** **862** **schrift**, die den Anforderungen an eine Anklage entsprechen muss (§ 414 II 2 StPO). Aufbau und Inhalt sind daher dieselben, wobei sich nur im Anklagesatz und beim Antrag Abweichungen ergeben. Das Gesetz verwendet – in der Formulierung verunglückt – auch beim Schuldunfähigen den Begriff „Beschuldigter"[2], obwohl ein Schuldvorwurf ja gar nicht erhoben werden kann. Dennoch sollte man sich hier an die gesetzlichen Vorgaben halten und somit auch in der Antragsschrift vom „Beschuldigten" sprechen. Ansonsten ist aber jedenfalls bei Schuldunfähigkeit durch die übrige Terminologie klarzustellen, dass ein Schuldvorwurf nicht gemacht wird, infolge dessen sich die Formeln „wird beschuldigt" oder „wird zur Last gelegt" von selbst verbieten.

Beispiel

Staatsanwaltschaft Aurich   5. 6. 2002 **863**
43 Js 37761/02

Eilt!
Einstweilige Unterbringung!

An das Landgericht
– Schwurgerichtskammer –
in Aurich

Antragsschrift im Sicherungsverfahren

Der Schlosser Friedhelm Weber, geboren am 20. 1. 1964 in Emden, wohnhaft ebenda, Wulfelader Str. 1, ledig, Deutscher (Bl 11),

– in dieser Sache am 14. 3. 2002 vorläufig festgenommen und aufgrund des Unterbringungsbefehls des AG Emden vom 15. 3.

---

1 Daher sind alle Verfügungen mit „Eilt" oder „Sofort" zu kennzeichnen.
2 ZB in § 415 StPO.

2002 (4 Gs 83/02) seit diesem Tag in einstweiliger Unterbringung im Landeskrankenhaus Osnabrück,

– Verteidiger: RA Sibelius, Emden (Bl 14),

ist hinreichend verdächtig,

in Emden am 14. 3. 2002 gegen 16.00 Uhr

durch dieselbe Handlung

a) versucht zu haben, einen Menschen zu töten,

b) mittels eines gefährlichen Werkzeugs und einer das Leben gefährdenden Behandlung eine andere Person körperlich misshandelt und an der Gesundheit beschädigt zu haben,

wobei er infolge einer krankhaften seelischen Störung nicht in der Lage war, das Unrecht seiner Tat einzusehen,

und auf Grund seines Zustandes erhebliche rechtswidrige Taten von ihm zu erwarten sind, weshalb er für die Allgemeinheit gefährlich ist,

indem er

seiner Mutter in der Küche der gemeinsamen Wohnung mit einem Brotmesser fünf, zum Teil bis zu 8 cm tiefe, lebensgefährliche Stiche in Brust und Bauch versetzte, um sie zu töten, weil er unter einer paranoid-halluzinatorischen Psychose stand und unter deren Einfluss Stimmen hörte, die ihm befahlen, seine Mutter, die ein Teufel sei, umzubringen.

Verbrechen nach den §§ 212, 223, 224 I Nr 2, Nr 5, 20, 22, 23, 52, 63, 71 StGB.

Beweismittel:

I.   Die Angaben des Beschuldigten (Bl 42ff)

II. Zeugen:

   1) Beate Weber, 26723 Emden (Bl 22ff)

   2) Herrmann Scharnofske, 26723 Emden (Bl 4ff)

III. Sachverständiger:

   Prof Dr. Walter Kressin, Universität Münster (Bl 122ff)

IV. Augenscheinsobjekt:

　　1 Brotmesser (Bl 2)

Wesentliches Ergebnis der Ermittlungen:

I.　Zur Person ...

II.　Zur Sache ...

III.　Zu Schuldunfähigkeit und Gefährlichkeit ...

Es wird beantragt,

　　1) das Sicherungsverfahren vor dem Landgericht – Schwurgerichtskammer – in Aurich durchzuführen und die Unterbringung des Beschuldigten in einem psychiatrischen Krankenhaus anzuordnen,

　　2) die Fortdauer der einstweiligen Unterbringung zu beschließen.

Dr. Czychowski, OStA

Im **wesentlichen Ergebnis der Ermittlungen** wird die Darstellung der Erkenntnisse aus der Begutachtung zur Schuldunfähigkeit und zur Gefährlichkeit einen Schwerpunkt bilden. Dem sollte man dadurch Rechnung tragen, dass man die entsprechenden Ausführungen wie im obigen Beispiel in einem gesonderten Gliederungspunkt unterbringt.　　864

2. Antragsschrift im objektiven Verfahren

Wäre die Einziehung von Gegenständen, der Verfall, die Vernichtung oder Unbrauchbarmachung im Falle einer Verurteilung zulässig oder vorgeschrieben[1], so ist nach § 76a I StGB die **selbständige Anordnung der Nebenfolge** auch dann möglich, wenn aus tatsächlichen Gründen niemand verfolgt oder verurteilt werden kann, insbesondere also bei unbekanntem oder flüchtigem Täter. Dasselbe gilt unter anderem dann, wenn das Verfahren aus Opportunitätsgründen eingestellt worden ist (§ 76a III StGB).　　865

---

1 ZB nach den §§ 73, 73d, 74, 74a, 150, 181c, 282, 286, 295, 302 StGB, 56 WaffG, 33 BTMG, 21 III StVG.

866 Die Anordnung erfolgt im **objektiven Verfahren**, das in den §§ 440ff, 432ff StPO geregelt ist. Eine Verfolgungspflicht besteht für den Staatsanwalt hier wie im Sicherungsvefahren nicht (Nr 180 I RiStBV). Zudem lässt sich der gewünschte Erfolg oft schon dadurch erreichen, dass man auf eine informelle Abwicklung sichergestellter Gegenstände hinwirkt. So ist es durchaus sachgerecht, eine Einstellung nach den §§ 153f, 154 StPO von einem Verzicht auf die Rückgabe von Asservaten abhängig zu machen. Hilfreich ist es weiter, den Beschuldigten vorsorglich auf die Rechtslage hinsichtlich des fraglichen Gegenstands und die mögliche Kostenfolge nach § 472b StPO im Falle der Notwendigkeit eines förmlichen Verfahrens hinzuweisen. Sofern kein Einziehungsbeteiligter ersichtlich ist (zB bei aufgegebenen Sachen), bedarf es ohnehin keines förmlichen Verfahrens (Nr 180 IV RiStBV).

867 Falls sich ein objektives Verfahren dennoch als unumgänglich erweist, muss schriftlich ein entsprechender **Antrag** gestellt werden. Dieser ähnelt inhaltlich einer Anklage und muss zudem den fraglichen Gegenstand bzw Vermögenswert sowie die Tatsachen, die die Zulässigkeit der selbständigen Anordnung begründen, bezeichnen (§ 440 II StPO). Für das Verfahren ist das Gericht zuständig, das auch im Falle einer Anklage zur Entscheidung berufen wäre (§ 441 I StPO). Dieses erkennt prinzipiell im schriftlichen Verfahren durch Beschluss (§ 441 II StPO). Es kann allerdings auch von Amts wegen mündlich verhandeln. Auf Antrag der Staatsanwaltschaft oder eines Beteiligten (§ 431 StPO) muss es dies sogar tun. In diesem Fall ergeht auf Grund der mündlichen Verhandlung ein Urteil (§ 441 III StPO). Der Staatsanwalt wird einen **Antrag auf mündliche Verhandlung** aber nur in außergewöhnlichen Fällen zu stellen haben (Nr 180 III RiStBV).

868 Es ist oftmals nicht einfach, die **Antragsschrift** nach dem Muster einer Anklage aufzubauen, weshalb Abweichungen durchaus üblich und zulässig sind, sofern den inhaltlichen Anforderungen dabei genügt wird.

Beispiel

Staatsanwaltschaft Köln   17. 3. 1996
551 Js 3426/96

An das Amtsgericht
– Strafrichter –
in Köln

Antrag im objektiven Verfahren

Die Hausfrau Silke Rost geb Wenzelburg, geboren am 12. 2. 1952 in Unna, wohnhaft in 50676 Köln, Weberstr 26, geschieden, Deutsche,

– Einziehungsbeteiligte –

ist verdächtig,

in Köln von Ende 1991 bis zum 21. 12. 1995

entgegen § 8 I 1 Nr 3 der 1. WaffVO die tatsächliche Gewalt über einen Gegenstand ausgeübt zu haben, der nach seiner Beschaffenheit und Handhabung dazu bestimmt ist, durch Würgen die Gesundheit zu beschädigen,

indem sie

nach dem Auszug ihres früheren Ehemannes, des gesondert verfolgten Marius Rost, aus der gemeinsamen Wohnung dessen Nunchaku, das dieser aufgegeben und zurückgelassen hatte, für sich behielt und aufbewahrte,

weshalb dieses nach den §§ 56, 53 III Nr 3 WaffG, 8, 42a Nr 3 1. WaffVO, 76a I, III StGB der Einziehung unterliegt, nachdem das Ermittlungsverfahren gegen die Einziehungsbeteiligte wegen der bezeichneten Tat gemäß § 154 StPO eingestellt worden ist.

Beweismittel:

I.   Die Angaben der Einziehungsbeteiligten (Bl 13f)

II.   Augenscheinsobjekt:

    1 Nun-chaku (Bl 7)

Es wird beantragt, durch Beschluss die selbständige Einziehung des Nun-chaku anzuordnen.

Larsen-Olchowski, StA

Frei.   869

E. Das Verfahren zwischen Anklage und Urteil

I. Das Zwischenverfahren

870 Nach Anklageerhebung hat das Gericht zu erwägen, ob und ggf mit welchen Änderungen die Anklage zum Hauptverfahren zuzulassen ist. Prüfungsmaßstab ist dabei ebenfalls der hinreichende Tatverdacht (§ 203 StPO). Erweist sich die Anklageentscheidung als zutreffend, so erlässt das Gericht den **Eröffnungsbeschluss**, der in das Hauptverfahren überleitet.

871 Gelegentlich wird es allerdings vorkommen, dass das Gericht aus rechtlichen oder tatsächlichen Gründen **Bedenken gegen die Eröffnung** hegt und daher die Akten zur Stellungnahme zurücksendet. Grund sind oftmals nach Meinung des Gerichts noch fehlende Ermittlungen. Erkennt der Staatsanwalt nach nochmaliger Prüfung, dass er, was ja immer einmal vorkommen kann, relevante Aspekte tatsächlich unaufgeklärt gelassen hat, so wird er seinerseits die noch fehlenden Maßnahmen veranlassen. Nach Durchführung der ergänzenden Ermittlungen muss dann geprüft werden, ob die Anklage aufrechterhalten oder zurückgenommen wird.

872 Dasselbe gilt, wenn der Beschuldigte erstmals nach Anklagezustellung **Entlastungsbeweise** vorträgt. Zwar wäre hier nach § 202 StPO an erster Stelle das Gericht zur Aufklärung verpflichtet, doch sollte der Staatsanwalt gerichtliche Ermittlungen unbedingt vermeiden und die weitere Aufklärung lieber in die eigenen Hände nehmen. Für eine derartige Tätigkeit ist das Gericht oftmals weder zeitlich in der Lage noch besitzt es die notwendige Erfahrung und Phantasie bei Ermittlungen. Dagegen vermag der Staatsanwalt, zudem ohne eine Befangenheitsrüge scheuen zu müssen, durch weiterführende Überprüfung der angebotenen Entlastungsbeweise noch am ehesten eine sachgemäße Aufklärung zu gewährleisten.

873 Hält der Staatsanwalt allerdings die vom Gericht angeregten **Ermittlungen** für **entbehrlich**, weil der entsprechende Beweis, um rechtsfehlerfrei zu einer Verurteilung gelangen zu können, auch in einer Hauptverhandlung gar nicht erhoben werden müsste, so sollte er das Gericht auf § 202 StPO verweisen. Oftmals wird dieses dann ohne weiteres das Hauptverfahren eröffnen.

874 Beschließt das Gericht hingegen gemäß § 202 StPO förmlich die **Durchführung weiterer Ermittlungen**, die der Staatsanwalt an

sich für entbehrlich hält, so sollte er sich gleichwohl überlegen, ob er die Vollziehung des Beschlusses dem Gericht überlassen oder nicht doch selbst tätig werden will. Verpflichtet ist er zu solchen Ermittlungen nicht[1]. Es kann sich aber empfehlen, sie selbst zu veranlassen. Dies hilft, den Überblick über das Verfahren nicht zu verlieren und die Notwendigkeit weiterführender Ermittlungen rechtzeitig zu erkennen.

Im Übrigen ist der Staatsanwalt auch ohne gerichtliche Anordnung nicht gehindert, neuen Ermittlungsansätzen von sich aus nachzugehen. Die Rechtshängigkeit des Verfahrens steht dem nicht entgegen, weil das Gericht frei bleibt, seinerseits das Verfahren unabhängig von dem **neuerlichen Tätigwerden der Staatsanwaltschaft** nach eigener Bewertung zu führen und auch abzuschließen. Wenn allerdings mögliche neue Erkenntnisse Einfluss auf das laufende Verfahren und unmittelbar bevorstehende Entscheidungen haben könnten, muss das Gericht unbedingt über die ergänzenden Ermittlungsversuche unterrichtet werden. **875**

Ist im Laufe des Zwischenverfahrens die Grundlage für die Anklage eindeutig entfallen, sei es durch eine (neue) Einlassung des Angeschuldigten oder ergänzende Ermittlungen, so sollte der Staatsanwalt vor einer **Rücknahme der Anklage** nicht zurückscheuen[2]. In Zweifelsfällen ist es hingegen auch im Interesse des Angeschuldigten an einer abschließenden Klärung – besser, eine (notfalls auch Nicht-)**Eröffnungsentscheidung** herbeizuführen. Hierfür spricht zudem, dass sich das Verfahren nach einer Anklagerücknahme wieder im Ermittlungsstadium befindet und es nun formell noch der Verfahrenseinstellung nach § 170 II StPO bedarf. Eine solche kann gegenüber einem Anzeigeerstatter in aller Regel nicht so überzeugend dargestellt werden wie der gerichtliche Beschluss über die Ablehnung der Eröffnung. Zusätzliche Kosten entstehen dadurch nicht[3]. **876**

Hat das Gericht ganz oder teilweise die **Eröffnung des Hauptverfahrens abgelehnt** (§ 204 StPO), so muss der Staatsanwalt überlegen, ob er dagegen die sofortige Beschwerde (§ 210 II StPO) einlegen will. Dies sollte – wie bei jedem Rechtsmittel – nur geschehen, **877**

---

1 KG JR 1966, 230f; KK-Tolksdorf Rn 8 zu § 202 StPO; KM Rn 3 zu § 202 StPO; aA LG Münster JR 1979, 40.
2 Vgl § 156 StPO.
3 Vgl §§ 467, 467a StPO.

wenn ein Erfolg der Beschwerde zu erwarten steht (Nr 147 I RiStBV), also bei Rechtsfehlern des Eröffnungsgerichts oder wenn dieses den Sachverhalt nur unzureichend ausgeschöpft hat. Beruht die Entscheidung lediglich auf einer abweichenden, aber vollständigen Würdigung der Beweise, so ist die Eröffnungsablehnung im Zweifel hinzunehmen. Wegen des Beschwerdeverfahrens vgl Rn 997ff.

878 Der Ablehnung der Eröffnung kann es gleichstehen, wenn das Gericht ablehnt, über eine Eröffnung zu entscheiden, zB wegen Überlastung oder vorrangiger anderer Sachen. Sofern dies einer faktisch endgültigen Nichteröffnung gleichkommt, etwa wegen drohender Verjährung einzelner Taten, kann und sollte die Staatsanwaltschaft eine sog **Untätigkeitsbeschwerde** erheben[1]. Diese wird entsprechend einer gewöhnlichen Beschwerde erhoben[2].

879 Sobald eine das gesamte Verfahren betreffende **Nichteröffnung rechtskräftig** geworden ist, muss nach etwaiger Mitteilung an den Verletzten gemäß § 406d StPO, Abwicklung der Asservate usw nur noch das Weglegen der Akte verfügt werden. Etwas anderes gilt nur, wenn sich weitere Ermittlungsansätze ergeben haben, denen noch nachzugehen wäre. Bei einer **teilweisen Nichteröffnung** oder bei im Zwischenverfahren vorgenommenen **Beschränkungen nach § 154a StPO** hat der Staatsanwalt gemäß § 207 III StPO eine dem Eröffnungsbeschluss entsprechende neue Anklageschrift zu fertigen. Von der Darstellung des Ermittlungsergebnisses kann dabei abgesehen werden (§ 207 III 2 StPO), sofern die alte Anklageschrift durch die Änderungen nicht unübersichtlich oder missverständlich geworden ist (Nr 115 II RiStBV). Ansonsten entsprechen Aufbau und Inhalt einer normalen Anklage. Der sonst am Ende stehende Antrag auf Hauptverfahrenseröffnung ist allerdings wegen der ja bereits erfolgten Eröffnung nicht mehr anzufügen.

880 Scheitert die Anklagezustellung am **unbekannten Aufenthalt des Angeschuldigten**, so ist das Verfahren durch Gerichtsbeschluss gemäß § 205 StPO vorläufig einzustellen. Die notwendigen Fahndungsmaßnahmen[3] hat anschließend der Staatsanwalt zu veranlassen. Während der Dauer der Fahndung verbleibt auch die Akte

---

1 Vgl OLG Frankfurt/M NJW 2002, 453 mit Anm Wirringer NStZ 2002, 389f.
2 Vgl dazu Rn 998.
3 Vgl dazu Rn 525ff.

wieder bei der Staatsanwaltschaft. Die von Zeit zu Zeit erforderlichen Fahndungsverlängerungen unterbrechen hier, anders als bei einer Einstellung im Ermittlungsverfahren, die Verjährung (§ 78c I Nr 10 StGB), und zwar selbst dann, wenn sie nicht vom Staatsanwalt persönlich, sondern auf seine Anordnung durch den Rechtspfleger vorgenommen werden. Bei endgültigem Verjährungseintritt (§ 78c III StGB) ist, soweit noch möglich, die Anklage zurückzunehmen. Andernfalls muss gemäß § 206a StPO verfahren werden. Auf jeden Fall ist sicherzustellen, dass nicht über den Verjährungseintritt hinaus gefahndet wird.

II. Die Hauptverhandlung

Literatur: Böttcher / Widmaier: Absprachen im Strafprozeß? JR 1991, 353ff; Dahs: Absprachen im Strafprozeß, NStZ 1988, 153ff; Erb: Überlegungen zum Rechtsmittelverzicht des Angeklagten unmittelbar nach der Urteilsverkündung, GA 2000, 511ff; Haller: Der Eid im Strafverfahren, Sinzheim 1998; Riess: Zweifelsfragen zum neuen Strafbefehlsverfahren, JR 1988, 133ff; Schmidt-Hieber: Absprachen im Strafprozeß Privileg des Wohlstandskriminellen, NJW 1990, 1884ff; Weigend: Eine Prozeßordnung für abgesprochene Urteile? NStZ 1999, 57ff; Wolfslast: Absprachen im Strafprozeß, NStZ 1990, 409ff; Zschockelt: Die Urteilsabsprache in der Rechtsprechung des BVerfG und des BGH, NStZ 1991, 305ff.

1. Allgemeines

Die Hauptverhandlung wird vom Gesetz als Höhepunkt des Verfahrens betrachtet, obwohl die Bedeutung des Ermittlungsverfahrens faktisch ständig gestiegen ist und seine Ergebnisse in der Sitzung im Idealfall nur noch reproduziert werden. Die Verpflichtung des Staatsanwalts zur **Teilnahme und Anwesenheit** folgt aus § 226 StPO. Etwas anderes gilt allein im vereinfachten Jugend- sowie im Ordnungswidrigkeitenverfahren (§§ 78 II JGG, 75 OWiG).   881

Der Staatsanwalt tritt in seiner **Amtstracht** auf, wovon nur im Jugendverfahren (oder bei großer Hitze) mit Genehmigung des Vorsitzenden abgesehen werden kann.   882

In der Hauptverhandlung nimmt der Staatsanwalt grundsätzlich **keine Parteirolle** ein. Er hat vielmehr auf die Beachtung des Gesetzes hinzuwirken (Nr 127 RiStBV), damit ein sachlich richtiges Urteil ergeht, wie auch immer dies ausschauen mag. Er darf daher keines-   883 wegs eine Verurteilung anstreben, wenn auf dem Wege dahin rechtliche Bestimmungen verletzt würden oder am Ende ein zwar formell korrektes, materiell aber falsches Urteil stünde. Vielmehr entspricht es der historischen Rolle der Staatsanwaltschaft, gegenüber dem Gericht die Funktion des **Gesetzeswächters** einzunehmen, um falsche Ergebnisse zu vermeiden und notfalls durch die Einlegung von Rechtsmitteln korrigieren zu lassen. Allerdings werden sich die Interessen von Staatsanwalt und Gericht weitgehend decken, solange letzteres, was selbstverständlich die Regel ist, fehlerfrei arbeitet. Der Staatsanwalt wird sich daher im Interesse eines reibungslosen Ablaufes vor und während der Sitzung um ein vertrauensvolles Verhältnis zum Gericht bemühen.

884 Aus der Rolle des Staatsanwalts ergibt sich, dass er mit einem etwaigen **Nebenkläger**, dessen Interesse einseitig auf die Verurteilung des Angeklagten zielt, nur bedingt kooperieren kann. Oftmals, etwa bei der Frage einer Verfahrenseinstellung nach den §§ 153ff StPO, sind Interessenkollisionen zu befürchten, die eine gewisse Distanz zu dem „Streitgenossen" schon von vorneherein empfehlenswert machen.

2. Die Vorbereitung der Sitzung

885 Die unterschiedliche Organisation und Geschäftsverteilung von Staatsanwaltschaft und Gerichten macht es leider oft erforderlich, dass die Anklage in der Sitzung von einem anderen Staatsanwalt als dem Anklageverfasser vertreten wird. Während der gelegentlich mehrtägigen Sitzungsdauer ist der **Sitzungsvertreter** dann auch für alle Aufgaben zuständig, die ansonsten dem Dezernenten obliegen.

886 Gerade bei ihm zunächst unbekannten Sachen wird sich der Sitzungsvertreter zunächst anhand der vorgelegten Handakte, die während der gesamten Sitzungsdauer bei ihm verbleibt, **gründlich vorbereiten**. Dazu gehört eine Überprüfung der Anklage auf ihre Schlüssigkeit hin und die Orientierung über eventuelle rechtliche Probleme. Eine Hilfe ist es dabei in komplizierteren Sachen, wenn sich die wichtigeren Teile der Akte in Kopie bei der Handakte befinden[1]. Diese Vorbereitung sollte man auch als routinierter Staatsanwalt nicht auf den Tag vor der Sitzung verschieben, sondern **unmittelbar nach Erhalt der Handakten** angehen. Denn häufig tau-

---

1 Vgl Rn 834.

chen Fragen, Unklarheiten oder Informationslücken auf, zB über den Stand von parallelen Ermittlungsverfahren, deren Klärung nicht immer ad hoc gelingen kann.

Fallen dem Staatsanwalt bei der Vorbereitung aufklärungsbedürf- **887** tige Punkte auf, so empfiehlt es sich, diese **vorsorglich zu notieren**. Dasselbe gilt für Aspekte, die ansonsten in der Hektik der Sitzung oft untergehen, wie etwa die notwendige Einziehung von Asservaten oder die Beachtung eines bestehenden Haftbefehls.

Bei größeren Unklarheiten, etwa auch über das im Raum stehende **888** Strafmaß in Sachen, die aus Spezialdezernaten stammen, ist eine **Rücksprache mit dem Anklageverfasser** angebracht. Hilfreich kann ferner ein Telefonat mit dem zuständigen Richter sein, das häufig Aufschlüsse über das neueste Verteidigungsvorbringen und die Vorstellungen des Gerichts über die Behandlung der Sache erbringen wird. Im Notfall ist es bei einer Verhandlung vor einem Gericht am Sitz der Staatsanwaltschaft sogar möglich, die Akten selber an einem der Tage vor der Sitzung kurz einzusehen.

In komplizierteren Sachen kann es vorkommen, dass das Gericht **889** oder die Verteidigung von sich aus ein Gespräch über Organisation und Ablauf der Hauptverhandlung, aber auch über die Möglichkeiten von Verfahrenseinstellungen und die Vorstellungen der Staatsanwaltschaft hinsichtlich des möglichen Strafmaßes suchen. Gegenüber solchen, eher auf die Verfahrensgestaltung bezogenen **Verständigungsversuchen** sollte man sich grundsätzlich aufgeschlossen zeigen. Dabei wird man allerdings vor allem, wenn man nicht zugleich zuständiger Dezernent ist, keinerlei verbindliche Zusagen machen können. Unbedenklich ist es allerdings, Prognosen über das eigene Prozessverhalten (zB über das zu beantragende Strafmaß auf der Basis der Aktenlage) abzugeben, solange man diese ausdrücklich unter den Vorbehalt neuer Erkenntnisse aus der Hauptverhandlung stellt. Dies entkrampft oft die Verhandlungsatmosphäre, die sonst von womöglich völlig überzogenen Vorstellungen der Verteidigung über die Verfahrensziele der Staatsanwaltschaft belastet wäre.

Auch mag es in Einzelfällen gelingen, die **Beweisaufnahme abzu-** **890** **kürzen**, wenn sich herausstellt, dass einige Tatsachen, die nach Aktenlage strittig erschienen, in Wahrheit vom Angeklagten eingeräumt oder wenigstens nicht in Abrede gestellt werden sollen. Häufig kommt es auch vor, dass Angeklagte, die im Ermittlungsverfahren von ihrem Schweigerecht Gebrauch gemacht hatten, in der Hauptverhandlung aussagebereit sind. Weiß man dies vorher, erweisen sich oft viele der sonst notwendigen Beweismittel als entbehrlich.

3. Beginn der Hauptverhandlung

891 Der Staatsanwalt, der vor Erscheinen des Gerichts seinen **Platz im Sitzungssaal** eingenommen haben sollte, hat sich wie jeder andere beim Eintritt des Gerichts zu erheben (Nr 124 II RiStBV).

892 Nach dem Aufruf der Sache und Feststellung der erschienenen Beteiligten folgt die **Vernehmung des Angeklagten zur Person**, und zwar zunächst durch den Vorsitzenden. Nach diesem und den übrigen Mitgliedern des Gerichts hat der Staatsanwalt das Recht, selber Fragen zu stellen. Hat sich das Gericht auf die reinen Personalien beschränkt, so wird der Staatsanwalt an dieser Stelle kaum einmal tätig werden müssen. Häufig wird jedoch bereits hier ausführlich auf den Werdegang sowie die persönlichen und wirtschaftlichen Verhältnisse des Angeklagten eingegangen. Dabei ist zu beachten, dass dieser zu Angaben über seine Personalien im engeren Sinne hinaus nicht verpflichtet ist, worüber er ggf bereits jetzt belehrt werden muss. Verfährt das Gericht so, dann sollte sich der Staatsanwalt im Rahmen seines Fragerechts nicht scheuen, nach seiner Auffassung noch offene Punkte, insbesondere zu den Einkommensverhältnissen und zu den privaten wie beruflichen Perspektiven des Angeklagten, anzusprechen.

893 Ist der **Angeklagte nicht erschienen**, so gibt es zumeist mehrere Handlungsalternativen, von denen der Staatsanwalt auf die jeweils sachdienlichste hinzuwirken hat. Liegen die Voraussetzungen der §§ 231a, 232, 233 StPO vor, so kann auch **in Abwesenheit des Angeklagten** zur Sache verhandelt werden. Die Bedeutung dieser Vorschriften ist allerdings seit Einführung der Möglichkeit, noch im Hauptverfahren einen Strafbefehl zu erlassen, deutlich gesunken.

894 § 408a StPO erlaubt nämlich sowohl beim entschuldigten wie auch beim unentschuldigten Ausbleiben des Angeklagten im Verfahren vor dem Strafrichter und Schöffengericht selbst nach Eröffnung noch den **Erlass eines Strafbefehls**. Sofern also eine Geldstrafe oder eine Freiheitsstrafe von nicht mehr als einem Jahr auf Bewährung als Sanktion ausreichend erscheint, sollte der Staatsanwalt

einen entsprechenden Strafbefehlsantrag stellen. Dabei reicht es aus, diesen unter Bezugnahme auf die zugelassene Anklageschrift handschriftlich zu fertigen[1]. Entsprechende Formulare stellen die Gerichte dem Sitzungsvertreter in der Regel zur Verfügung. Antrag und Entscheidung des Gerichts erfolgen formell außerhalb der Sitzung, tatsächlich jedoch zumeist noch im Sitzungssaal[2]. Um eine Ablehnung nach § 408a II 2 StPO zu vermeiden, ist es angebracht und üblich, die eigenen Vorstellungen vom Strafmaß dem Richter mündlich vorzustellen und notfalls den Antrag entsprechend zu korrigieren. Dabei ist allerdings zu vermeiden, dass für etwa anwesende Zuhörer der Eindruck einer unzulässigen Einflussnahme auf das Gericht entsteht (Nr 123 RiStBV).

Falls diese Form der Erledigung nicht möglich ist, etwa weil eine   895 längere oder eine zu vollstreckende Freiheitsstrafe zu erwarten steht, beantragt der Staatsanwalt die Vorführung oder den Erlass eines Haftbefehls, sofern der Angeklagte **unentschuldigt** fehlt (§ 230 II StPO). Eine **Vorführung** des Angeklagten ist allerdings nur möglich, wenn sein Aufenthaltsort bekannt ist und dieser zudem in der Nähe des Gerichts liegt. Wenn diese Voraussetzungen erfüllt sind, sollte das Gericht zur Vermeidung einer Aussetzung der Hauptverhandlung aufgefordert werden, die Vorführung sofort durch die Polizei zu veranlassen, soweit der Terminplan dies zulässt.

Nur wenn eine Vorführung nicht möglich ist oder von vorneherein   896 kaum Erfolg verspricht, sollte als ultima ratio der Erlass eines **Haftbefehls** nach § 230 II StPO beantragt werden. In diesem Fall ist freilich eine Aussetzung der Hauptverhandlung kaum zu vermeiden, da die notwendigen Fahndungsmaßnahmen eine Vertagung auf einen bestimmten Termin innerhalb der Frist des § 229 I StPO zumeist nicht zulassen werden.

Beim **entschuldigten Ausbleiben** des Angeklagten (gegen den kein   897 Strafbefehl nach § 408a StPO möglich oder tunlich ist), bleibt nur

---

1 Riess JR 1988, 136, OLG Hamburg NStZ 1988, 522.
2 Wegen dieser Besonderheit muss im Einzelfall geprüft werden, ob Referendare und Amtsanwälte in Sachen, die nicht zu den Dezernatsgeschäften des Amtsanwalts gehören, zur Antragstellung befugt sind. Ist das nicht der Fall, bietet es sich an, mit einem Antragsbefugten telefonisch Kontakt aufzunehmen und dessen Entscheidung als Bote dem Gericht zu übermitteln.

die Anberaumung eines neuen Hauptverhandlungstermins. Überwiegend wird es sich hier um Konstellationen handeln, in welchen die Entschuldigung auf einer **Erkrankung** basiert. Bestehen dabei Zweifel an der tatsächlichen Verhandlungsunfähigkeit, so ist auf eine amtsärztliche Untersuchung hinzuwirken und der Erlass eines Haftbefehls für den Fall vorzubehalten, dass die Entschuldigung sich als nicht stichhaltig erweist. Zu beachten ist, dass die übliche ärztliche Krankschreibung nicht ausreichend ist, weil die damit nur attestierte Arbeitsunfähigkeit mit einer Verhandlungsunfähigkeit nicht identisch ist. Beide haben vielmehr ganz verschiedene Voraussetzungen, so dass es durchaus sein kann, dass jemand wegen spezifischer beruflicher Anforderungen zwar arbeitsunfähig, gleichwohl aber verhandlungsfähig ist (zB Beinbruch bei Arbeiter).

898 Auf die Erörterung der Personalien folgt die **Verlesung der Anklage**. Dabei trägt der Staatsanwalt nicht die gesamte Anklageschrift, sondern nur den Anklagesatz bis hin zu den angewendeten Vorschriften vor, jedoch ohne die etwaigen Zusätze zu Strafanträgen, besonderem öffentlichen Interesse oder Beschränkungen nach § 154a StPO. Die – ja gerade erst erörterten – Personalien werden dabei nicht wiederholt.

Beispiel

„Der Schlosser Werner Müller

wird angeklagt,

in Paderborn am 13. 4. 1999

eine Sache, die gepfändet war, ganz der Verstrickung entzogen zu haben,

indem er

ein von dem Gerichtsvollzieher Baumann am 12. 4. 1999 im Wege der Zwangsvollstreckung gepfändetes und mit Dienstsiegel versehen bei ihm belassenes Klavier aus seiner Wohnung schaffte und verschwinden ließ.

Vergehen, strafbar nach § 136 I StGB."

Der Staatsanwalt erhebt sich zu der Verlesung von seinem Platz. 899
Vor allem im Interesse der Schöffen und Zuhörer, die bei dieser
Gelegenheit erstmals genauer erfahren, um was es überhaupt geht,
ist auf eine nicht zu schnelle, klare und **verständliche Aussprache**
zu achten.

Sofern sich der Verfahrensstoff durch zwischenzeitliche Beschrän- 900
kungen nach § 154a StPO, Einstellungen nach § 154 StPO oder die
Abtrennung einzelner Angeklagter geändert hat, muss die Anklage
in entsprechend **aktualisierter Form** verlesen werden (§ 243 III
StPO). Hierbei empfiehlt es sich wegen der notwendigen Umformu-
lierungen, bereits im Rahmen der Sitzungsvorbereitung einen entsprechenden Entwurf zu fertigen. Ist der Vorwurf im Eröffnungsbeschluss rechtlich anders gewürdigt worden, so trägt der Staatsanwalt die Anklage unter Berücksichtigung dieser Änderungen
vor. Es steht ihm dabei frei, seine abweichende Auffassung im
Wege einer anschließenden Erklärung dazu darzulegen (§ 243 III 3
StPO).

Offensichtliche **Lücken oder Schreibfehler** in der Anklage werden 901
ebenfalls bereits bei der Verlesung korrigiert:

„... eine fremde – ich ergänze: bewegliche – Sache einem anderen
in der Absicht rechtswidriger Zueignung weggenommen zu haben,
...“

„... indem er am 12. 3. 1899 – ich korrigiere: hier muss es 1999
heißen – in der Klagesstraße ...“

4. Die Beweisaufnahme

Nach der Verlesung der Anklage folgt die **Vernehmung des Ange-** 902
klagten zur Sache, sofern er sich überhaupt äußern will. Anschließend wird die Beweisaufnahme mit der Erhebung der übrigen
Beweise fortgesetzt.

Die **Vernehmung** der Zeugen (wie auch des Angeklagten) obliegt 903
wiederum zunächst dem Vorsitzenden (§ 238 StPO). Der Staatsanwalt wird daher erst dann in die Beweisaufnahme eingreifen,
wenn das Gericht keine weiteren Fragen an den jeweils zu Vernehmenden zu stellen beabsichtigt. Ist nach Auffassung des Staatsanwalts die Befragung erschöpfend erfolgt, so kann er auf eigene
Fragen verzichten. Allerdings wird es häufiger vorkommen, dass

das Gericht auf dem Hintergrund seiner Aktenkenntnis für Uninformierte noch aufklärungsbedürftige Punkte übergeht. Dem Sitzungsvertreter obliegt es dann, durch die eigene Befragung für eine Vervollständigung zu sorgen.

904 Im Zusammenhang mit der **Vernehmung des Angeklagten** sollte dieser in geeigneten Fällen befragt werden, ob er auf die Rückgabe sichergestellter oder beschlagnahmter Asservate verzichtet. Geschieht dies, dann muss dieser Verzicht und seine Annahme durch den Sitzungsvertreter ausdrücklich in das Protokoll aufgenommen werden.

905 Wenn der Angeklagte den **Vorwurf leugnet** und man seine Version für nicht glaubhaft hält, lohnt es zumeist dennoch nicht, allzu insistierend zu versuchen, die Einlassung zu erschüttern. Denn es wäre vermessen zu glauben, man könne den Angeklagten mit Logik überzeugen, selbst wenn es gelingt, ihm Widersprüche vor Augen zu führen. In aller Regel ist Zurückhaltung der Sache dienlicher. Man sollte deshalb zunächst die Aufnahme der übrigen Beweise abwarten und erst danach – wenn überhaupt – versuchen, dem Angeklagten die Zwecklosigkeit seiner Verteidigungstaktik zu verdeutlichen. Oft ist es allerdings ratsam, derartige direkte Auseinandersetzungen mit dem Angeklagten gänzlich zu meiden und sich darauf zu beschränken, erst im Plädoyer die Haltlosigkeit seiner Einlassung darzulegen.

906 Bei der anschließenden **Befragung der Zeugen durch den Verteidiger** oder Angeklagten wird insbesondere bei dem durch die Straftat Verletzten darauf zu achten sein, dass dieser nicht größeren psychischen Belastungen als unerlässlich ausgesetzt wird (Nr 130a, 19a RiStBV). Der Staatsanwalt sollte sich nicht scheuen, ihm ungeeignet erscheinende Fragen, insbesondere ständige Wiederholungen derselben Frage, nicht zur Sache gehörende oder verletzende **Fragen** zu **beanstanden.** Auch wenn die Beanstandung im Ergebnis keinen Erfolg hat, so verschafft sie doch durch die notwendig werdende Entscheidung des Gerichts dem Zeugen eine Pause und nimmt so etwas von dem auf ihm lastenden Druck.

907 Bei persönlich **gefährdeten Zeugen** ist darauf hinzuwirken, dass diesen die Angabe ihres Wohnortes erlassen (§§ 68 II StPO, Nr 130a RiStBV) oder bei ihrer Vernehmung die Öffentlichkeit ausgeschlossen wird (§ 172 Nr 1a GVG). In extremen Fällen kann durch die Polizei eine Betreuung bis hin zur Verschaffung neuer Identitäten

(§ 5 ZSHG) und Wohnungen erfolgen (sog Zeugenschutzprogramme). In derartigen Fällen erfolgt die Ladung über die betreuende Polizeidienststelle (§ 2 ZSHG), so dass der neue Name und die Anschrift weder in den Akten auftauchen noch dem Gericht bekannt sind. Die entsprechenden Unterlagen werden aber bei der Staatsanwaltschaft verwahrt und erst nach Ende der Gefährdung zu den Akten genommen (§§ 68 III StPO, 10 III ZSHG). Die Zeugen selber sind bei ihrer Vernehmung nur verpflichtet, Angaben zu ihrer früheren Identität zu machen (§ 68 III StPO).

Auf besondere Fürsorge wird bei der Vernehmung vor allem **jugendlicher Opfer** von Sexualstraftaten zu achten sein. Neben dem Ausschluss der Öffentlichkeit (§§ 171b I, 172 Nr 5 GVG) sowie des Angeklagten (§ 247 S 2 StPO) und der Befragung allein durch den Vorsitzenden (§ 241a StPO) kommt dann, wenn bereits im Vorverfahren eine **Videoaufzeichnung** der Aussage hergestellt wurde, deren Vorspielen an Stelle einer erneuten Vernehmung in Betracht (§ 255a II StPO). Bleibt eine Befragung des Zeugen unumgänglich, weil kein Fall des § 255a II StPO vorliegt, kein Vernehmungshindernis besteht (§ 255a I iVm § 251 StPO) oder eine ergänzende Vernehmung erforderlich wird (§ 255a II 2 StPO), besteht immer noch die Möglichkeit, diese in einem **separaten Raum** unter gleichzeitiger Übertragung in den Sitzungssaal durchzuführen (§ 247a StPO). Daneben können weitere Maßnahmen die psychischen Belastungen von Opferzeugen reduzieren. So sollten vor allem zu vernehmende Kinder Gelegenheit erhalten, bereits vor dem Verhandlungstag Gerichtssaal, Richter und Staatsanwalt kennenzulernen. Verhandlung ohne Robe, häufige Vernehmungsunterbrechungen und Betreuung durch einen Rechtsanwalt (§ 406f I, II StPO, Prozesskostenhilfe über §§ 406g III, 397a StPO möglich) sowie zusätzlich die Anwesenheit einer Vertrauensperson (§ 406f III StPO), wobei diese auch ein Psychologe sein kann, sollten selbstverständlich sein. Ggf sind Jugendamt und Vormundschaftsgericht einzuschalten, wenn Kind und Eltern nicht von sich aus in der Lage sind, die dazu notwendigen Initiativen zu ergreifen.

908

Selbst dann, wenn eine Aussagevermeidung nicht zulässig wäre, sollte eine vorhandene **Videoaufzeichnung** dennoch wenigstens **ergänzend zur Vernehmung** in der Hauptverhandlung vorgespielt werden, sofern nicht die Beweislage völlig eindeutig ist. Denn oft ist eine Aussage kurz nach dem Taterlebnis sehr viel beeindruckender als die Vernehmung in der Hauptverhandlung, bei der sich in

909

der Erinnerung des Zeugen durch Verdrängungsprozesse und die unumgängliche Erlebnisverarbeitung im Laufe der Zeit manches nivelliert hat und jetzt weniger dramatisch geschildert wird, als es tatsächlich seinerzeit geschehen ist.

910 Zur Vorbereitung des Plädoyers sollte man den **wesentlichen Inhalt** aller Aussagen **stichwortartig notieren**, soweit sie für die Beweiswürdigung nicht ersichtlich ohne jede Bedeutung bleiben. Dabei empfiehlt es sich der Übersichtlichkeit halber, entweder für jeden Zeugen oder alternativ für jede Tat ein gesondertes Blatt anzulegen. Passagen, die im Plädoyer ausführlicher gewürdigt werden müssen, sollten besonders markiert oder auf ein weiteres Blatt, auf welchem parallel zur Beweisaufnahme bereits der Aufbau des späteren Plädoyers skizziert wird, übertragen werden.

911 Ergibt sich im Laufe des Verfahrens der begründbare Verdacht, ein Zeuge habe **falsch ausgesagt**, so mag der Staatsanwalt die wörtliche Protokollierung der fraglichen Aussage beantragen (§ 183 GVG, Nr 136 RiStBV), um die spätere Strafverfolgung wegen einer Tat nach den §§ 153ff StGB zu erleichtern. In der Regel folgen die Gerichte derartigen Anträgen freilich nicht. Denn zum einen ist eine wirklich wortgetreue Rekonstruktion ohnehin kaum realistisch, weil oft nicht sofort klar ist, dass tatsächlich eine mutmaßliche Falschaussage vorliegt, diese daher im Nachhinein rekonstruiert werden muss. Zum anderen gibt es für die Aussage in der Hauptverhandlung regelmäßig genügend Zeugen, so dass ein Beweismittelverlust nicht zu besorgen ist. Vor diesem Hintergrund ist dem Sitzungsvertreter dringend zu raten, kritische Aussagen selbst möglichst vollständig und auch in ihren Nuancen zutreffend schriftlich festzuhalten. Denn zu den Aufgaben des Sitzungsstaatsanwalts gehört es, in einem solchen Fall ein Ermittlungsverfahren gegen den Zeugen einzuleiten. Da man dies aber regelmäßig erst nach der Sitzung tut[1], schleichen sich bei ungenauen, oberflächlichen Sitzungsaufzeichnungen schnell Unsicherheiten und Lücken ein, die das neue Ermittlungsverfahren gegen den Zeugen in völlig falsche Bahnen lenken können.

912 Entsprechend ist vorzugehen, wenn während der Hauptverhandlung **Straftaten** anderer Art (zB Bedrohungen, Beleidigungen ua) **begangen werden**.

---

1 Vgl das Beispiel Rn 219.

Auf eine **Vereidigung von Zeugen** und Sachverständigen (§§ 59, 79 913
StPO) sollte regelmäßig verzichtet werden. Die Bedeutung des
Eides ist innerhalb der Bevölkerung längst nicht mehr so hoch wie
früher, so dass bezweifelt werden muss, ob die Vereidigung überhaupt noch ein taugliches Mittel darstellt, wahre Aussagen herbeizuführen. Hat ein Zeuge nämlich erst einmal falsch ausgesagt, so
wird es ihm psychisch oft leichter fallen, nunmehr auch noch falsch
zu schwören, als das für ihn peinliche Eingeständnis zu machen,
bislang gelogen zu haben. Da vorrangig solche Zeugen für eine Vereidigung in Betracht kommen, die bereits im Geruch stehen, bislang
unzutreffend ausgesagt zu haben, entstünde ohnehin eine im
Grunde widersprüchliche Lage: Einerseits traut man dem Zeugen
nicht, andererseits setzt die Erwartung einer Beeindruckbarkeit
durch den Eid gerade eine besondere Normtreue voraus. Zudem
trägt das Gericht, betreibt es in Kenntnis einer solchen Verdachts-
situation die Vereidigung, einen erheblichen Anteil Verantwortung
für die folgende, oft sicher vorhersehbare Begehung des Meineides[1].

Erscheint, insbesondere durch eine geständige Einlassung des 914
Angeklagten, die Tat bereits als nachgewiesen, ist ein **Verzicht auf
die Vernehmung** der erschienenen Zeugen möglich. Allerdings ist
zu berücksichtigen, dass die Darstellung des Geschehens durch den
geständigen Angeklagten aus dessen subjektiver Erlebniswarte heraus erfolgt und vor allem bei Gewaltdelikten die Angst und die
Auswirkungen beim Opfer kaum treffend wiedergeben wird. Da
diese Aspekte aber für die Strafzumessung ihre Bedeutung haben,
sollte man in geeigneten Fällen wenigsten auf eine Kurzbefragung
des Opfers dringen. Dies setzt selbstverständlich voraus, dass dem
Opfer hierdurch keine zu großen zusätzlichen psychischen Belastungen entstehen. Wären diese zu erwarten, dann ist es eher
akzeptabel, eine vielleicht der Tat nicht ganz adäquat milde Bestrafung des Täters zu akzeptieren, als neue Schädigungen beim Opfer
zu riskieren.

Falls ein **Zeuge unentschuldigt** nicht erschienen ist, wirkt der 915
Staatsanwalt auch dann, wenn auf die Vernehmung ansonsten verzichtet werden kann, auf den Erlass eines Ordnungsgeldes hin (§ 51
I 2 StPO). Bleibt die Vernehmung unerlässlich, ist in geeigneten Fällen daneben die Vorführung des Zeugen anzuordnen (§ 51 I 3

---

1 Eingehend Haller 190ff.

StPO). Diese setzt allerdings voraus, dass eine Vorführung überhaupt ausführbar erscheint, dh insbesondere kein Transport über eine längere Wegstrecke erforderlich wäre.

916 Gelegentlich kommt es vor, dass ein Gericht schon während der Verhandlung erkennen lässt, dass es zu einem Freispruch tendiert, und deshalb – nach Auffassung des Staatsanwalts gebotene – Beweiserhebungen von sich aus nicht oder nur zögerlich durchführt. Sofern der Sitzungsvertreter in einer solchen Situation eine Verurteilung weiterhin materiell für richtig und geboten sowie den Vorwurf noch für beweisbar hält, darf er nicht vor der Ausschöpfung des ihm zur Verfügung stehenden Arsenals prozessualer Angriffsmittel zurückschrecken. Dazu zählen in erster Linie **Beweisanträge**. Diese sind zur Vermeidung von Fehlern schriftlich niederzulegen und müssen zumindest die Beweistatsache, das Beweismittel und das unbedingte Begehren auf Durchführung der Beweiserhebung enthalten (vgl § 219 I StPO). Bei der Beweistatsache ist darauf zu achten, dass diese als Behauptung und nicht etwa als Beweisfrage formuliert wird (*falsch* daher: „Zur Frage der Schuldfähigkeit beantrage ich ..."; *richtig* dagegen: „Dafür, dass der Angeklagte zur Tatzeit schuldfähig war, beantrage ich ...").

Beispiel

917 Staatsanwaltschaft Trier   14. 8. 2002

62 Js 43264/00
An das Amtsgericht
– Strafrichter –
Trier

Beweisantrag

In der Strafsache gegen Karl Degersen

wegen Betruges

wird die Vernehmung des Bankangestellten Gerolf Krüger, zu laden über die Dresdner Bank Trier, Bahnhofstr 12, Trier, als Zeuge beantragt. Der Zeuge wird bekunden, dass die Dresdner Bank im Juni 1999 weitere Überziehungen des Girokontos Nr 3244636 des Angeklagten nicht mehr hinzunehmen bereit war, ihm vielmehr bereits mündlich angedroht hatte, den Kontokorrentkredit insgesamt fällig zu stellen, weshalb der Angeklagte schon bei der Bestellung am 19. 6. 1999 nicht mehr damit rechnen konnte, durch Überweisung zu Lasten des genannten Kontos die zu erwartende Rechnung des Zeugen Schneider vom 30. 6. 1999 noch begleichen zu können.

Stettler, StA

Gegenüber **Beweisanträgen seitens des Angeklagten** oder seines Verteidigers hat der Staatsanwalt eine Stellungnahme abzugeben. Diese sollte keinesfalls durch nichtssagende Floskeln (zB „Ich stelle anheim") das Gericht bei seiner oft schwierigen Entscheidung allein lassen. Vielmehr muss der Staatsanwalt durch argumentative Mithilfe darauf hinwirken, dass das Gericht eine Entscheidung trifft, die notfalls auch revisionsgerichtlicher Überprüfung standhalten könnte. Deshalb sollte die Ablehnung eines Beweisantrages nur dann beantragt werden, wenn tatsächlich einer der Ablehnungsgründe von § 244 III-V StPO vorliegt. Im Zweifel ist es besser, einem Beweisantrag nachzugehen, solange dies mit vertretbarem Aufwand möglich ist, als einen revisiblen Fehler zu riskieren.

918

In Ausnahmefällen mag sich auch für den Staatsanwalt die Überlegung ergeben, ob er einen Richter wegen Besorgnis der **Befangenheit** abzulehnen hat (§§ 24ff StPO). Im Hinblick auf die Folgen eines unbegründeten Antrages für das Verhandlungsklima sollte man mit diesem Instrument indes sehr zurückhaltend arbeiten und nur in Fällen extremer Entgleisungen des Richters davon Gebrauch machen. Wichtig ist, dass Befangenheit unverzüglich gerügt (§ 25 II Nr 2 StPO) und der Befangenheitsgrund glaubhaft gemacht wird, was durch Bezugnahme auf eine dienstliche Erklärung des abgelehnten Richters, Urkunden oder auch das Sitzungsprotokoll geschehen kann. Zur Formulierung eines Befangenheitsantrages muss auf Antrag sofort eine Verhandlungsunterbrechung gewährt werden; verweigert das Gericht diese, kann es dem bei nächster sich bietender Gelegenheit nachgereichten Befangenheitsantrag nicht dessen Verspätung entgegenhalten. Um dies sicherzustellen, ist darauf zu achten, dass der Unterbrechungsantrag und seine Ablehnung im Protokoll verzeichnet sind. Am einfachsten gelingt das natürlich, wenn man den Antrag schriftlich abfasst,

919

vorträgt und dann als Anlage zu Protokoll überreicht. Die gewährte Verhandlungsunterbrechung sollte natürlich auch dazu genutzt werden, sich noch einmal in aller Ruhe darüber klar zu werden, ob man den Befangenheitsantrag wirklich stellen will oder nicht.

Beispiel

920   Staatsanwaltschaft Braunschweig

An das
Amtsgericht Goslar
– 7 Ds 404 Js 32445/99 –

Befangenheitsantrag

In der Strafsache Scharlemann wegen sexueller Nötigung

lehne ich den RiAG Bernstein wegen der Besorgnis der Befangenheit ab. RiAG Bernstein hat in öffentlicher Hauptverhandlung nach Verlesung der Anklageschrift auf das Bemerken des Verteidigers, die Anklageschrift des Anklageverfassers, StA Munthaupt, sei „wie immer ein Witz", zum Unterzeichner geäußert, das sehe er genauso, obwohl zu diesem Zeitpunkt weder der Angeklagte zur Sache ausgesagt hatte noch sonst Beweis erhoben worden war. Zur Glaubhaftmachung dieses Sachverhalts beziehe ich mich auf die dienstliche Äußerung des abgelehnten Richters.

Das Verhalten des RiAG Bernstein lässt besorgen, dass sein Urteil über den Anklagevorwurf bereits jetzt feststeht und er nicht mehr in der Lage sein wird, die Ergebnisse der weiteren Hauptverhandlung in seine Überlegungen einzubeziehen und schließlich unbefangen über die Sache zu urteilen.

Fink, StA, 27. 6. 2000

921   Beim Verfahren über die Entscheidung von Befangenheitsanträgen ist zu beachten, dass diese nicht zur Unterbrechung der Hauptverhandlung führen müssen (§ 29 II 1 StPO). In seiner **Stellungnahme zu Befangenheitsanträgen** seitens des Angeklagten oder seines Verteidigers sollte der Staatsanwalt daher stets beantragen, die Hauptverhandlung mindestens an diesem Tag bzw bis zum Schluss

der Beweisaufnahme fortzusetzen. Eine sofortige Unterbrechung ist nur dann sinnvoll, wenn der Antrag offensichtlich begründet ist.

5. Öffentlichkeit und Störungen der Sitzung

Im Grundsatz finden Hauptverhandlungen öffentlich statt (§ 169 GVG). Eine Ausnahme bilden allein **Verfahren gegen** (zur Tatzeit) **Jugendliche**, die gemäß § 48 I JGG nichtöffentlich sind. Selbst dies gilt jedoch nach § 48 III JGG nur, solange nicht zugleich gegen Heranwachsende oder Erwachsene zu verhandeln ist. 922

Das Gesetz erlaubt allerdings in einer Reihe von Fällen den zeitweisen **Ausschluss der Öffentlichkeit**[1]. Auf einen Ausschluss zum Schutz des Persönlichkeitsrechts eines Prozessbeteiligten, Zeugen oder Verletzten (§ 171b GVG) wirkt der Staatsanwalt hin, wenn die fragliche Person das ihr zustehende Antragsrecht wegen Abwesenheit oder aus sonstigen Gründen nicht selbst wahrnehmen kann (Nr 131a RiStBV). Müssen in einer Hauptverhandlung sicherheitsrelevante Details aus Polizeiarbeit oder Justizvollzug sowie neuartige Kriminalitätsformen erörtert werden, so kann wegen Gefährdung der öffentlichen Ordnung ein Ausschluss der Öffentlichkeit angezeigt sein (§ 172 Nr 1 GVG, Nr 133 RiStBV). Erst recht ist bei einer persönlichen Gefährdung eines Zeugen auf eine nichtöffentliche Vernehmung zu dringen (§ 172 Nr 1a GVG). 923

Nach erfolgtem Ausschluss der **Öffentlichkeit** ist unbedingt darauf zu achten, dass diese unverzüglich nach Wegfall oder Erledigung des Ausschlussgrundes **wiederhergestellt** wird, weil ansonsten ein absoluter Revisionsgrund vorläge (§ 338 Nr 6 StPO). In jedem Fall ist die Urteilsverkündung öffentlich (§ 173 I GVG). 924

Die **Wahrung der Ordnung** während der Hauptverhandlung ist zwar primär Aufgabe des Gerichts (§ 176 GVG), jedoch obliegt es dem Staatsanwalt, dieses hierbei durch die Rüge einer etwaigen Ungebühr oder durch die Anregung von Ordnungsmitteln (§ 178 GVG) zu unterstützen (Nr 128 RiStBV). Oft lässt sich allein durch ein derartiges Eingreifen des Sitzungsvertreters eine bestehende Störung beseitigen, ohne dass es zur Verhängung förmlicher Sanktionen kommen muss. In extremen Fällen, wenn anders die Ordnung nicht wiederher- 925

---

1 §§ 171a ff GVG, vgl dazu näher Roxin § 45 Rn 7ff.

stellbar ist, kann es sogar angezeigt sein, die Öffentlichkeit gemäß § 172 Nr 1 GVG vorübergehend auszuschließen.

6. Nachtragsanklage

926 Es mag gelegentlich vorkommen, dass durch die Aussage eines Zeugen oder die Angaben des Angeklagten der Verdacht entsteht, dass dieser eine weitere Straftat als die bereits angeklagte(n) begangen hat. Maßgebend ist in diesem Kontext bei der Frage, ob eine **andere Tat** vorliegt, der prozessuale und nicht der materielle Tatbegriff. Ist der Sachverhalt hinsichtlich der neuen Tat hinreichend aufgeklärt oder ist dies voraussichtlich ohne Schwierigkeiten möglich und der Verdacht zugleich so erheblich, dass eine Verurteilung wahrscheinlich erscheint, so sollte man prüfen, ob eine Nachtragsanklage (§ 266 StPO) erhoben werden kann. Weitere Voraussetzungen sind dafür die Zuständigkeit des Gerichts und die Zustimmung des Angeklagten. Liegen diese Voraussetzungen vor, so empfiehlt sich die **Erhebung der Nachtragsanklage** zum Zwecke einer umfassenden und schnellen Verfahrenserledigung, aber auch im Interesse des Angeklagten an einem endgültigen Abschluss der Verfahren gegen ihn. Denn ansonsten wäre ja wegen der neu entdeckten Tat durch den Sitzungsvertreter ein weiteres Verfahren gegen ihn einzuleiten.

927 Es empfiehlt sich dringend, trotz der Möglichkeit zur mündlichen Erhebung (§ 266 II StPO) die Nachtragsanklage (hand-)**schriftlich niederzulegen**, sie für die Handakte zu fotokopieren und nach der Verlesung als Anlage zum Hauptverhandlungsprotokoll zu geben. Gemäß § 266 II StPO enthält die Nachtragsanklage zumindest die Angaben nach § 200 I StPO; sie entspricht daher fast vollständig einer normalen Anklage, freilich ohne Ermittlungsergebnis.

Beispiel Abweichungen zur normalen Anklage in *Kursivdruck*:

Staatsanwaltschaft Bückeburg 15. 8. 2002
112 Js 55421/01

An das Amtsgericht
– Schöffengericht –
Stadthagen
4 Ls 34/02

*Nachtrags*anklage

Der Elektriker Martin Steffen, geb am 31. 5. 1963 in Paderborn, wohnhaft Ottenstr. 2, 31655 Stadthagen, ledig, Deutscher,

wird *weiter* angeklagt,

in Paderborn am 23. 3. 2001

fahrlässig im Verkehr ein Fahrzeug geführt zu haben, obwohl er infolge des Genusses alkoholischer Getränke nicht in der Lage war, das Fahrzeug sicher zu führen,

indem er

nach vorangegangenem erheblichen Biergenuss mit seinem Mofa Zündapp von einer Feier in der Grasemannstr. nach Hause fuhr, dabei infolge alkoholbedingter Fahruntüchtigkeit, die er bei genügender Sorgfalt hätte erkennen können, auf dem Wiesenweg von der Fahrbahn abkam und mit dem Fahrzeug stürzte, wodurch er sich zum Führen von Kraftfahrzeugen als ungeeignet erwiesen hat.

Vergehen der Trunkenheit im Verkehr nach den §§ 316 II, 69, 69a StGB.

Beweismittel: Die Angaben des Angeklagten *in der heutigen Hauptverhandlung*

Es wird beantragt, die *Nachtragsanklage in das Hauptverfahren gegen den Angeklagten wegen Diebstahls ua (4 Ls 34/02) einzubeziehen.*

Rosenberg, StAin

7. Einstellungen

Nahezu alle Einstellungsvorschriften können auch im Hauptverfahren durch das Gericht[1] angewendet werden[2]. Einstellungen in der Hauptverhandlung bedürfen aber der **Zustimmung des Staatsanwalts**, so dass gegen seinen Willen nicht eingestellt werden kann. Ob die Zustimmung im Einzelfall zu erteilen ist, bedarf sorgfältiger

928

---

1 ZT modifiziert, vgl §§ 45, 47 JGG.
2 Eine Ausnahme stellen die §§ 153c, 153d StPO dar. Bei diesen kann in Abweichung von § 156 StPO statt dessen die Klage auch nach Eröffnung noch zurückgenommen werden (§§ 153c III, IV, 153d II StPO).

Abwägung. Dabei ist zu berücksichtigen, dass für den Dezernenten nach Aktenlage zum Zeitpunkt der Anklageabfassung eine Einstellung offenbar nicht in Betracht gekommen war. Ohne Rücksprache mit ihm sollte der Sitzungsvertreter deshalb bei unveränderter Sachlage grundsätzlich keiner Einstellung zustimmen. Rechtfertigen hingegen neue Erkenntnisse eine andere Beurteilung, etwa zum Maß des Verschuldens, so ist der Staatsanwalt in der Hauptverhandlung frei, eine Verfahrenseinstellung mitzutragen.

929 Eine etwas andere Handhabung ist in **Jugendverfahren** angezeigt. Hier wird gelegentlich auch nur zu dem Zweck angeklagt, die Hauptverhandlung als solche erzieherisch und damit präventiv auf den Angeklagten einwirken zu lassen. Hier bestehen auch bei ansonsten unveränderter Sachlage keine Bedenken gegen eine Einstellung nach § 47 JGG, zumal diese – anders als bei allen anderen Einstellungen – in das Bundeszentralregister eingetragen wird (§ 60 I Nr 7, II BZRG) und damit bei künftigen Auffälligkeiten als Vorbelastung ersichtlich bleibt.

8. Verständigung über das Verfahrensergebnis

930 Eine besondere Verantwortung obliegt dem Staatsanwalt, wenn es in oder neben der Hauptverhandlung zwischen den Prozessbeteiligten zu Gesprächen oder gar Absprachen über das Verfahrensergebnis kommen soll. Das Phänomen der Absprachen ist mittlerweile nicht mehr auf bestimmte Deliktsgruppen beschränkt, sondern bei fast allen tatsächlich schwierigen Verfahren zu beobachten. Thema solcher Verständigungsversuche ist in der Regel der Verzicht auf Verteidigungsmöglichkeiten seitens des Angeklagten im Austausch gegen einen Verzicht der Strafverfolgungsbehörden auf eine Bestrafung jenseits einer bestimmten Strafhöhe. Gelegentlich dienen dabei als Mittel zum Zweck großzügige Teileinstellungen nach § 154 StPO, die das vereinbarte Strafmaß plausibel erscheinen lassen.

931 Verständigungen dieser Art sind letztlich systematisch nicht in den inquisitorischen, an materieller Wahrheit und Gerechtigkeit orientierten Strafprozess zu integrieren. Sie bilden vielmehr in ihm einen **Fremdkörper**, weil nicht mehr die Schuld, sondern die Verhandlungsmacht der Beteiligten die Strafe bestimmt. Die Gefahren einer solchen Entwicklung ohne entsprechende rechtsstaatlich orientierte Rahmenbedingungen, die ein risikoloses Wahlrecht des Angeklag-

ten, ob er sich auf eine Verständigung einlassen will oder nicht, garantieren, liegen auf der Hand und sind längst bekannt. De lege ferenda erscheint, wenn man konsensorientierte Verfahrenserledigungen angesichts der steigenden Überlastung der Justiz faktisch nicht mehr vermeiden kann[1], die Einführung eines gesonderten Verfahrenstyps des Konsensverfahrens unausweichlich. Dazu allerdings hat sich der Gesetzgeber bislang nicht durchringen können, so dass bis auf Weiteres mit dem praktizierten Vorgehen einer Verständigung innerhalb des normalen Strafverfahrens auszukommen ist. Dabei ist zu beachten, dass die – allerdings sehr uneinheitliche – höchstrichterliche Rechtsprechung hierzu enge Grenzen und mittlerweile auch **Grundregeln** entwickelt hat, die insbesondere einseitige oder heimliche, den Anschein der vollständigen Bindung des Gerichts erweckende Abreden ausschließen[2]. So läuft das Gericht bei einseitigen Kontaktaufnahmen unter Ausschluss eines Prozessbeteiligten, bei Zusagen oder auch nur Prognosen eines Verhandlungsergebnisses außerhalb der Hauptverhandlung Gefahr, mit Erfolg wegen Besorgnis der Befangenheit abgelehnt zu werden[3].

Als unbedenklich wird man daher nur Gespräche im Zusammenhang der Hauptverhandlung ansehen können, bei denen das Gericht auf Grund des bisherigen Verfahrensverlaufes **Prognosen über das zu erwartende Strafmaß**, und zwar auch eventualiter für den Fall eines Geständnisses, macht[4]. Teilt das Gericht in diesem Zusammenhang eine Strafmaßobergrenze mit, dann ist es daran auch gebunden, sofern nicht gravierende, später hinzutretende Umstände eine andere Bewertung gebieten[5]. Damit stehen derartige Prognosen zwar immer unter dem Vorbehalt neuer Entwicklungen und der abschließenden Beratung, haben aber durch die Strafzumessungserfahrung des Gerichts und durch die Verpflichtung, bei anstehenden Abweichungen zuvor auf diese hinzuweisen und Verteidigungsgelegenheiten zu eröffnen[6], faktisch eine gewisse Verlässlichkeit[7]. Grundsätzlich sollen Verständigungen in öffent-

932

---

1 Wolfslast NStZ 1990, 415f.

2 Vor allem BGHSt 43, 195ff; dazu kritisch Weigend NStZ 1999, 57ff; BGH NStZ 1991, 246f; BVerfG NStZ 1987, 419f; Zschockelt NStZ 1991, 305ff.

3 Vgl BGH NStZ 1990, 502; 1991, 246.

4 Böttcher/Widmaier JR 1991, 355.

5 BGHSt 43, 195, 210.

6 BGH aaO.

7 Schmidt-Hieber NJW 1990, 1884f.

licher Hauptverhandlung stattfinden, was allerdings vorbereitende Gespräche hinter verschlossenen Türen nicht ausschließt, deren Inhalt dann aber allen Beteiligten offengelegt werden muss[1].

933 Für den Staatsanwalt bedeutet dies, dass er **vor Beginn** des Hauptverfahrens seinerseits **keine verbindlichen Zusagen** über seine Antragstellung oder die Nichteinlegung von Rechtsmitteln im Falle eines bestimmten Strafmaßes machen kann. Andererseits ist es unbedenklich, die eigenen Vorstellungen von einer angemessenen oder noch vertretbaren Strafe zu äußern. Diese sind selbstverständlich auf der Basis seines auf die (oft nur Hand-)Aktenlage beschränkten Wissens bloß vorläufig, was auch gegenüber den Gesprächspartnern klar zu stellen ist.

934 Erfährt der Staatsanwalt von durch das Gericht abgegebenen Zusagen oder Versprechungen gegenüber Verteidigern oder Angeklagten, die außerhalb der Hauptverhandlung ohne seine vorherige Information und Mitwirkung gemacht wurden, so wird die **Ablehnung der Gerichtsmitglieder** zu prüfen sein[2]. Etwas anderes mag gelten, soweit man die fraglichen Zusagen in der Sache mittragen könnte. Dann ist aber in jedem Fall bei geeigneter Gelegenheit außerhalb der Hauptverhandlung gegenüber dem Gericht das Procedere als solches im Interesse künftiger vertrauensvollerer Zusammenarbeit zu rügen.

935 Im Rahmen der fortgeschrittenen **Hauptverhandlung** ist der Staatsanwalt dagegen nicht gehindert, konkrete Aussagen zu dem von ihm gewünschten Verhandlungsergebnis zu treffen und in diesem Zusammenhang seinerseits auch Zusagen über die Akzeptanz eines bestimmten Strafmaßes zu machen. Wenn man nicht selber der zuständige Dezernent ist, sollte man dies allerdings in bedeutsameren Sachen zuvor mit diesem absprechen.

936 Selbstverständlich ist darauf zu achten, dass das fragliche Ergebnis den spezial- wie generalpräventiven Bedürfnissen Rechnung trägt. Dahingegen ist die **Schuldangemessenheit** der Strafe ein eher untergeordneter, wenngleich nominell stets eingeforderter Gesichtspunkt[3]. Wie schon § 154 I Nr 2 StPO deutlich macht, fordert selbst das Gesetz diese nicht mehr uneingeschränkt, solange nur den **Prä-**

---

1 BGHSt 43, 195, 205f.
2 Vgl BGH NStZ 1991, 346.
3 Wolfslast NStZ 1990, 412f; BGHSt 43, 195, 208ff.

ventionserfordernissen Genüge getan wird. In entsprechender Weise sind daher auch Verständigungen auf ihre Vertretbarkeit hin zu prüfen. Das Ergebnis wie seine Findung müssen deshalb insbesondere stets gegenüber der Öffentlichkeit als noch akzeptabel darzustellen sein, weil sonst die (general-)präventiven Bedürfnisse eben nicht mehr in ausreichendem Maße berücksichtigt sind.

Die Generalstaatsanwälte haben nahezu bundesweit[1] einheitliche **Hinweise für die Verständigung** im Strafverfahren beschlossen[2], die auch vor dem Hintergrund der Grundsatzentscheidung BGHSt 43, 195 noch Geltung beanspruchen können. Danach ist der Sitzungsvertreter unter anderem gehalten, eine Verständigung, sofern dies nicht bereits zuvor geschehen ist, in seinem Schlussvortrag öffentlich bekanntzugeben. Zusagen, die die Entscheidungsbefugnis der Beteiligten überschreiten (zB über den Strafvollzug oder einen Gnadenerweis), hat er entgegenzuwirken. Von eigenen Zusagen darf er nur aus gewichtigen Gründen abweichen; ggf sind die anderen Beteiligten davon unverzüglich zu unterrichten.   937

AL und ggf auch BL sind über eine bevorstehende Absprache jedenfalls in bedeutsameren Sachen regelmäßig in Kenntnis zu setzen. Art und Inhalt der Verständigung werden stets in einem **Handaktenvermerk** dokumentiert.   938

9. Das Plädoyer

a) Aufbau, Inhalt und Vortragsstil

Unmittelbar nach Abschluss der Beweisaufnahme erhält der Staatsanwalt zu seinem **Schlussvortrag** (§ 258 I StPO) das Wort. Je nach Verlauf der Hauptverhandlung steht er damit vor einer einfachen oder auch sehr anspruchsvollen Aufgabe. Er soll dem Gericht nachvollziehbar vermitteln, zu welchem Urteil es auf Grund der Beweisaufnahme nach Auffassung der Staatsanwaltschaft gelangen müsste und warum keine andere Entscheidung möglich ist. Für den Richter ist ein gutes Plädoyer immer eine Hilfe, und zwar hauptsächlich durch die zu Zweifelsfragen gelieferten Gedanken und Argumente. Sie sollen Entscheidungs- und Begründungshilfen liefern, aber auch dem bereits zu einem bestimmten Urteil neigenden Richter Anlass   939

---

1 Ausnahmen: OLG-Bezirke Erfurt und Köln.
2 Veröffentlicht StV 1993, 280.

zum erneuten Überdenken einer bereits vorgefassten Meinung bieten.

940 Der **Aufbau** eines ausführlichen Plädoyers folgt im Wesentlichen dem des strafrichterlichen Urteils. Es nimmt dabei zu allen Fragen Stellung, die auch das Gericht im Laufe seiner Entscheidungsfindung beantworten muss. Daher ist, sofern auf **Verurteilung** plädiert wird, zunächst der Sachverhalt vorzutragen, der nach Auffassung der Staatsanwaltschaft nachgewiesen ist. Sodann sind dieser Darstellung entgegenstehende Beweismittel oder Einlassungen des Angeklagten zu würdigen und zu widerlegen. Es folgt die rechtliche Subsumtion, welche Strafvorschriften der festzustellende Sachverhalt erfüllt. Dies leitet zur Frage der Strafzumessung über. Abschließend ist der konkrete Antrag zu stellen.

941 Wird hingegen auf **Freispruch** plädiert, so wird in der Regel zunächst der Vorwurf kurz wiederholt und sodann vorgetragen, in welchen Punkten und warum sich dieser nun doch als nicht zutreffend erwiesen hat. Ggf ist vor dem Antrag noch zu erwägen, inwieweit Entschädigungsansprüche nach dem StrEG bestehen.

942 Allerdings gelten diese Grundsätze nicht uneingeschränkt. Wer in wesentlichen Fragen überzeugen will, muss sich in die **Zuhörerperspektive** versetzen und sich nach den jeweiligen Informationsbedürfnissen des Auditoriums richten. Er darf sich daher nicht mit der Abhandlung unwichtiger oder bereits geklärter Fragen und mit der Wiederholung schon vorgetragener Argumente verzetteln, sondern muss schnell zum Kern der Problematik vordringen. Die Aufmerksamkeit der Zuhörer lässt mit zunehmender Dauer des Plädoyers merklich nach. Sie wird zusätzlich durch unnötige Wiederholungen gerade erst in der Beweisaufnahme gehörter Aussagen, vermeidbare Längen und monotonen Vortrag reduziert. All dies bewirkt nur eines: Das Abschalten beim Zuhörer.

943 Deshalb gilt es zunächst, **Schwerpunkte** zu **bilden**, die man zweckmäßigerweise zu Beginn des Plädoyers nennt. Der damit dem Zuhörer gelieferte Überblick über den Aufbau und das, was er noch zu erwarten hat, erleichtert es ihm, den Vortrag zu verfolgen. Demgegenüber ist all das zu kürzen oder gar wegzulassen, was ohnehin schon sämtlichen Beteiligten klar ist. Bei einem Geständnis kann zum Sachverhalt auf den in der Anklage niedergelegten Vorwurf oder auf eine den Zuhörern noch gegenwärtige Einlassung

Bezug genommen werden, um sogleich zur wichtigeren Straf-zumessungsfrage vorzustoßen. Kommt es auf die Beweiswürdi-gung an, so kann diese an den Anfang und der Sachverhalt als logi-scher Schluss daraus hintenan gestellt werden. In einer tatsächlich, rechtlich und auch von der Straffrage her unproblematischen Sache vor dem Jugend- oder Strafrichter kann das Plädoyer extrem ver-kürzt werden und braucht nicht länger als einige wenige Minuten zu dauern.

Die Wirksamkeit des Plädoyers kann zusätzlich durch einen lebhaf-ten, fesselnden **Vortragsstil** gesteigert werden. Dazu gehört die freie Rede, was nicht ausschließt, dass man stichwortartige Notizen benutzt, um nicht wichtige Punkte im Eifer des Gefechts zu verges-sen. Ein gelegentlicher Blickkontakt mit den Prozessbeteiligten bewirkt, dass diese sich persönlich angesprochen fühlen und kon-zentriert bleiben. Kurze Kunstpausen vor wichtigen Passagen mit einem entsprechenden Hinweis auf die Relevanz dessen, was jetzt folgt, können zudem helfen, auch bereits ermüdete Zuhörer noch einmal zu voller Aufmerksamkeit zu motivieren. Einige wenige Gesten an entscheidenden Stellen können Argumente unterstrei-chen, eine übertriebene Theatralik stößt den Zuhörer hingegen ab und nimmt ihn gegen den Vortragenden ein.   944

Die **Sprache** sollte lebendig, anschaulich und natürlich sein. Auch juristische Ausführungen sind so darzustellen, dass sie den Schöf-fen und dem Angeklagten verständlich bleiben. Jede Polemik ist zu vermeiden, weil sie dazu führt, dass ein neutraler Zuhörer sich innerlich von ihr und ihrem Urheber distanziert. Man sollte sich ferner bei aller Entschiedenheit in der Begründung vor einer einsei-tigen Darstellung hüten. Nur wer alle Gegenargumente ernst nimmt und diese mit der gebotenen Sachlichkeit widerlegt, wird auch seinerseits ernstgenommen. Wer dies nicht beachtet, damit unnötig der Verteidigung Angriffsflächen bietet und den inneren Widerspruch des Gerichts herausfordert, läuft Gefahr, dass auch an sich unzweifelhafte Passagen seines Vortrages an Gewicht verlie-ren.   945

Ob der Vortrag mit einer **Anrede** des Gerichts und der übrigen Pro-zessbeteiligten eingeleitet wird, sollte sich nach den örtlich unter-schiedlichen Gepflogenheiten richten.   946

b) Strafzumessungserwägungen

947 Wie bereits dargestellt, ist zwar der Inhalt des Vortrages von der Problematik der jeweiligen Sache abhängig. Jedoch ist in jedem Fall der Frage der **Strafzumessung** gebührender Raum zu gewähren[1]. Auch hier ist es verfehlt, moralisierend den Angeklagten anzugreifen. Es genügt völlig, die schuldrelevanten Gesichtspunkte wie ua kriminelle Energie, Auswirkungen der Tat, Bedeutung des Delikts und Vorleben sowie Person des Angeklagten[2] nüchtern und sachlich aufzuführen und daraus eine Einordnung der Tat in das Spektrum des gesetzlichen Strafrahmens – auch im Vergleich zu ähnlichen Deliktsbegehungen – abzuleiten. Im Falle von Tatmehrheit hat dies **für jede Tat gesondert** zu geschehen.

948 Sofern man dabei zu einer (bzw mehreren) Strafe(n) im Bereich **bis zu 6 Monaten** gelangt, genießt nach § 47 StGB die Verhängung von Geldstrafe Vorrang. Etwas anderes gilt allein beim Vorliegen besonderer Umstände, die aus spezial- oder generalpräventiven Gründen die Verhängung von Freiheitsstrafe unerlässlich machen. Im Vortrag sind solche Ausnahmekonstellationen (zB vergebliche frühere Bestrafungen mit Geldstrafen) ausdrücklich zu benennen. Im Strafbereich oberhalb von **6 Monaten bis zu einem Jahr** stehen Geld- und Freiheitsstrafe gleichberechtigt nebeneinander; die Auswahl kann hier je nach präventiver Zweckmäßigkeit erfolgen, ohne dass es dabei entsprechender *besonderer* Umstände bedarf. Zu beachten ist, dass im Falle von Tatmehrheit bereits bei den Einzelstrafen zu klären ist, ob diese jeweils auf Freiheits- oder Geldstrafe lauten sollen.

949 Falls danach (einzelne) Strafen auf **Geldstrafe** lauten, muss neben der Tagessatzzahl auch die **Tagessatzhöhe** angegeben werden. Diese errechnet sich nach dem in § 40 II StGB verankerten Nettoeinkommensprinzip, wobei im Regelfall vom Bruttoeinkommen der gesamten Familie ausgehend die Steuern und die Arbeitnehmeranteile zur Sozialversicherung, bei nicht Sozialversicherungspflichtigen entsprechende Vorsorgeaufwändungen, abzuziehen sind. Vom so ermittelten Nettoeinkommen sind ferner zunächst die (nach den einschlägigen Unterhaltstabellen zu bestimmenden) Unterhaltsverpflichtungen gegenüber Kindern abzusetzen. Der verblei-

---

1 Vgl Nr 138 RiStBV.
2 Vgl § 46 StGB.

bende Rest wird schließlich bei Ehegatten aufgeteilt, wobei ein erwerbstätiger Partner einen gewissen Vorrang gegenüber dem nichterwerbstätigen genießt. Was danach auf den Angeklagten entfällt, teilt man durch 30, um so das Tageseinkommen zu ermitteln. Die endgültige Tagessatzhöhe erhält man schließlich durch Abrundung des so errechneten Betrages, wobei nach der Einführung des Euro die früher übliche Abrundung auf durch fünf teilbare Beträge wohl nicht mehr überall gepflegt, sondern zunehmend auf den jeweils nächstniedrigeren vollen Eurobetrag abgestellt wird.

Besonderen Einkommens- oder Vermögensverhältnissen ist durch Berücksichtigung auch anderer Faktoren Rechnung zu tragen. So sind bei **Sozialhilfeempfängern** oder bei Soldaten auch unbare, geldwerte Leistungen, wie zB kostenlose Unterbringung oder Verpflegung, dem Nettoeinkommen zuzuschlagen. Wer ein größeres Vermögen sein eigen nennt, muss ebenfalls mit entsprechenden Zuschlägen rechnen. Unklarheiten (oder offenkundigen Unwahrheiten) ist im Wege großzügiger **Schätzung** zu begegnen (§ 40 III StGB). 950

Im Falle von Tatmehrheit ist aus den so gewonnenen Einzelstrafen am Ende eine **Gesamtstrafe** zu bilden, die zwischen der höchsten Einzelstrafe und der Summe der Einzelstrafen anzusiedeln ist (§ 54 StGB). Die genaue Bestimmung erfolgt auf der Basis einer erneuten Gesamtwürdigung von Taten und Täter, wobei jetzt auch die Häufung der Taten oder ihre Gleichartigkeit eine Rolle spielen können. Im Normalfall einiger weniger Einzelstrafen hat sich eingebürgert, dabei das Mittel des Gesamtstrafenrahmens zu beantragen. Dieses errechnet sich am einfachsten, wenn man zur Summe der Einzelstrafen die höchste Einzelstrafe noch einmal hinzuaddiert und die so gewonnene Summe durch zwei teilt. 951

Vorsicht ist geboten, wenn einzelne jetzt abzuurteilende Taten chronologisch noch vor früheren Verurteilungen wegen anderer Taten liegen. In diesen Konstellationen ist möglicherweise gemäß § 55 StGB eine **nachträgliche Gesamtstrafenbildung** vorzunehmen. Diese erfolgt prinzipiell genauso wie eine normale Gesamtstrafenbildung. Besteht eine einzubeziehende Vorverurteilung ihrerseits aus einer Gesamtstrafe, muss dabei nicht auf diese, sondern auf ihre Einzelstrafen abgestellt werden. Komplizierter wird es, sofern eine an sich mögliche nachträgliche Gesamtstrafenbildung an der vollständigen Vollstreckung der Vorverurteilung scheitert. Um hier 952 keine ungerechtfertigte Benachteiligung zu verursachen, darf auch in diesem Fall im Ergebnis nicht mehr an Strafe verhängt werden, als bei durchführbarer Gesamtstrafenbildung möglich gewesen wäre. Den von der Rechtsprechung deshalb verlangten Härteausgleich erreicht man am besten durch die sogenannte **fiktive Gesamtstrafenbildung**. Dabei wird zunächst so getan, als sei die Gesamtstrafenbildung doch möglich. Von dem so fiktiv ermittelten Strafmaß subtrahiert man die Vorverurteilung. Verhängt werden darf dann nur noch die sich daraus ergebende Differenz[1].

953   Auch bei der Gesamtstrafe ist – sofern sie im Bereich **bis zu zwei Jahren** liegt (§ 54 II StGB) – prinzipiell Geld- wie Freiheitsstrafe möglich. Allerdings ist dies nunmehr im Ergebnis durch § 54 I 2 StGB vorgegeben: Sobald auch nur eine Einzelstrafe auf Freiheitsstrafe lautet, muss die Gesamtstrafe eine Freiheitsstrafe sein. Andererseits kann aus ausschließlich Geldstrafen keine Gesamtfreiheitsstrafe gebildet werden.

954   Ist man am Ende zu einer (Gesamt-)Geldstrafe im Bereich bis zu 180 Tagessätzen gelangt, ist stets zu prüfen, ob man diese nicht gewissermaßen zur Bewährung aussetzen kann, und zwar im Wege der **Verwarnung mit Strafvorbehalt** (§ 59 StGB). In Betracht kommt dies insbesondere bei Ersttätern mit positiver Prognose. Dem Bedürfnis nach einer dennoch fühlbaren Sanktionierung kann durch die Erteilung von Auflagen (§ 59a II StGB) genügt werden. Für den Verurteilten hat die Verwarnung mit Strafvorbehalt den großen Vorteil, dass die Eintragung im Bundeszentralregister unmittelbar nach erfolgreichem Ablauf der Bewährungsfrist und der darauf folgenden Entscheidung, dass es damit sein Bewenden hat (§ 59b II StGB), getilgt wird (§ 12 II 2 BZRG).

955   Bleibt es dagegen bei einer vollstreckbaren Geldstrafe, dann können bereits im Urteil Zahlungserleichterungen, vor allem **Ratenzahlung**, gewährt werden (§ 42 StGB). Im Ergebnis werden heute Geldstrafen überwiegend in Raten bezahlt, und zwar spätestens auf Grund einer Bewilligung durch den vollstreckenden Rechtspfleger (§ 459a StPO). Da es vom Arbeitsablauf und -aufwand her sehr viel einfacher ist, dies bereits im Urteil zu gestatten, sollte der Staatsanwalt regelmäßig schon im Plädoyer einen entsprechenden Antrag stellen.

---

1 TF Rn 22f zu § 55 StGB.

Bei allen am Ende herauskommenden (Gesamt-)Freiheitsstrafen bis **956**
zu zwei Jahren ist der Möglichkeit einer **Strafaussetzung** und ggf
eventueller Bewährungsauflagen besondere Aufmerksamkeit zu
widmen. Wesentlich ist dabei zunächst die Frage der **Prognose**.
Entgegen einer oft anzutreffenden schematischen Handhabung ist
nicht jeder, der erstmalig zu einer Freiheitsstrafe verurteilt wird,
damit automatisch zugleich bewährungswürdig. Andererseits
kann selbst der Bewährungsversager auf Grund geänderter persönlicher Verhältnisse durchaus noch eine weitere Chance verdienen.
Bei Freiheitsstrafen von 6 Monaten an aufwärts ist zu bedenken,
dass unabweisbare generalpräventive Bedürfnisse einer Aussetzung trotz positiver Kriminalprognose entgegenstehen können
(§ 56 III StGB). Im Strafbereich oberhalb von einem Jahr bedarf es
zusätzlich besonderer Umstände (§ 56 II StGB), die explizit im Plädoyer benannt werden müssen. Bei der insoweit vorzunehmenden
Gesamtbewertung dürfen jedoch auch Gegenindikatoren wie zB
eine besondere Schuldschwere nicht außer Acht bleiben.

Sobald an Stelle oder neben einer Strafe **Maßregeln** der Besserung **957**
und Sicherung, Einziehung, Verfall oder andere **Nebenfolgen** ernsthaft in Betracht kommen, ist auf deren Voraussetzungen näher einzugehen. Einziehung und Verfall sind selbstverständlich entbehrlich, soweit der Angeklagte auf die Rückgabe sichergestellter
Sachen in der Verhandlung verzichtet hat. Zu den **Verfahrenskosten** äußert man sich normalerweise nicht. Nur bei Abweichungen von der regelmäßigen Kostenfolge des § 465 StPO sollte dazu
ausdrücklich ein Antrag gestellt werden, etwa in den Fällen der
§§ 74 JGG, 465 II, 472 I 2 StPO.

Soweit es um die Maßregel der **Fahrerlaubnisentziehung** geht **958**
(§§ 69, 69a StGB), sind am Ende in der Regel drei Anträge zu stellen, nämlich auf Entziehung der Fahrerlaubnis, Einziehung des
Führerscheins und Erteilung einer Sperrfrist zum Erwerb einer
neuen Fahrerlaubnis. Befindet oder befand sich der Führerschein
auf Grund einer Anordnung nach § 111a StPO bei den Akten,
muss die Zeit der Verwahrung auf die zu beantragende Sperrfrist
angerechnet werden (§ 69a IV StGB). Falls dadurch weniger als
drei Monate restlicher Sperrfrist verbleiben, ist eine Entziehung
der Fahrerlaubnis nicht mehr möglich. Gemäß § 44 StGB ist dann
an deren Stelle ein **Fahrverbot** zu beantragen, das allerdings nur
noch deklaratorischen Charakter hat, weil es bereits durch die
auch hier anzurechnende Zeit der Verwahrung des Führerscheins

bei den Akten als vollstreckt gilt[1]. Im Hinblick auf den nicht durch die Anrechnung dieses Fahrverbots erledigten Zeitraum der vorläufigen Entziehung der Fahrerlaubnis läge umgekehrt formell sogar ein Entschädigungsfall nach den §§ 2 II Nr 5, 4 I Nr 2 StrEG vor. Um dem zu begegnen, sollte daher zur Klarstellung ferner ein Ausschluss der Entschädigung nach § 5 I Nr 3 StrEG beantragt werden.

959 Besteht ein **Haftbefehl** nach den §§ 112f StPO, so muss sich der Staatsanwalt dazu äußern, ob dieser – ggf unter Aussetzung des Vollzuges – aufrechtzuerhalten oder aufzuheben ist. Andererseits kann es auch einmal geboten sein, einen bislang auf freiem Fuß befindlichen Angeklagten, gegen den eine empfindliche Strafe beantragt wird, zu inhaftieren. Der entsprechende Haftbefehlsantrag sollte dann aber nicht in öffentlicher Sitzung gestellt, sondern schriftlich dem Gericht zur Urteilsberatung zugeleitet werden.

960 Erlittene U-Haft wird gemäß § 51 I 1 StGB auf die zu verhängende Strafe angerechnet. Dies ändert aber nichts am Strafausspruch; die Anrechnung erfolgt erst später im Wege der Vollstreckung bei der dann vorzunehmenden Strafzeitberechnung (§§ 36ff, 39 StVollstrO). Das bedeutet, dass es dazu eines Antrages oder einer gerichtlichen Entscheidung im Rahmen der Hauptverhandlung nicht bedarf; der Ausnahmefall des § 51 I 2 StGB kommt praktisch nicht vor. Bei anzurechnender **im Ausland erlittener Freiheitsentziehung** (insbesondere Auslieferungshaft) ist allerdings der Maßstab der Umrechnung auf die jetzt anstehende Strafe festzulegen (§ 51 IV 2 StGB), weshalb in derartigen Fällen im Plädoyer am Ende der Strafzumessungserwägungen auch insoweit ein konkreter Antrag zu stellen wäre. In westeuropäischen Staaten erlittene Freiheitsentziehung wird dabei regelmäßig im Verhältnis 1:1 angerechnet; in Staaten mit härteren Haftbedingungen sind Umrechnungen bis zum Verhältnis von 3:1, in Extremfällen bis hin zu 5:1, festzulegen[2].

961 Im Falle eines **Freispruchsantrages** wird in geeigneten Fällen auf eine von § 467 I StPO abweichende Kostenentscheidung zu dringen sein. Dies liegt insbesondere bei säumnisbedingten Mehrkosten, falschen Geständnissen, falschen Anzeigen oder bei Rücknahme eines Strafantrages nahe[3]. Ferner ist die **Entschädigungsfrage** zu klären

---

1 TF Rn 3 zu § 44 StGB.
2 Vgl dazu näher die Nachweise bei TF Rn 18a zu § 51 StGB.
3 Vgl die §§ 467 II, III, 469, 470 StPO.

und auf eine entsprechende Entscheidung im Urteil (§ 8 StrEG) hinzuwirken (Nr 139 III RiStBV).

c) Vorbereitung und Halten des Plädoyers

Ein gutes Plädoyer erfordert jedenfalls in allen nicht ganz einfachen Sachen auch von dem erfahrenen Staatsanwalt eine gründliche **Vorbereitung.** Diese beginnt spätestens zu Beginn der Sitzung bei den Angaben des Angeklagten zur Person, weil schon hier die Einkommensverhältnisse für den späteren Strafantrag von Bedeutung sein können (Tagessatzhöhe). Es empfiehlt sich daher, bereits während der gesamten Beweisaufnahme (neben der ohnehin erfolgenden Notiz der jeweiligen Aussagen) auf einem gesonderten Blatt den geplanten Aufbau, die wichtigen Fragen sowie die entscheidenden Argumente und Beweismittel zu notieren und laufend zu ergänzen. 962

Niemand kann verlangen, dass sich der Staatsanwalt in jedem Verfahren unmittelbar nach Schluss der Beweisaufnahme zu seinem Vortrag erhebt. Zwar ist dies einem erfahrenen Sitzungsvertreter in einfacheren Sachen noch möglich. Insbesondere in schwierigeren Sachen oder als Neuling sollte man sich aber nicht scheuen, zur besseren Vorbereitung um eine **kurze Pause** zu bitten. Kein Gericht wird sich einem solchen Ansinnen verschließen oder dies gar übelnehmen, da es doch selbst weiß, dass auch ein gutes Urteil längerer Überlegung und Beratung bedarf. 963

Es ist auch gar nicht unbedingt erforderlich, bereits alles gewissermaßen vorformuliert im Kopf zu haben, wenn man zu reden beginnt. Gerade Argumente zur Beweiswürdigung ergeben sich oft erst beim Besprechen der jeweiligen Beweismittel. Festlegen sollte man für sich allerdings zumindest das Ergebnis und im Falle eines Antrages auf Verurteilung auch das zu fordernde Strafmaß. Es ist auch dringend zu empfehlen, **die Höhe der zu beantragenden Strafe** zu **notieren**, insbesondere, wenn wegen mehrerer Taten Einzelstrafen und daraus eine Gesamtstrafe zu bilden sind. Nichts ist peinlicher, als wenn man sich später beim Abfassen des Sitzungsvermerks in den Handakten hilfesuchend an den Protokollführer wenden muss, um in Erfahrung zu bringen, was man eigentlich gerade an Einzel- und Gesamtstrafen beantragt (und im Eifer des Gefechts sofort wieder vergessen) hat. 964

965 Jeden Anfänger plagt vor Beginn des Plädoyers die **Nervosität**. Das ist völlig normal, keine Schande und braucht auch nicht verheimlicht zu werden. Manchmal genügt es, sich zu erheben, dann aber tief durchzuatmen und einen kurzen Moment abzuwarten, um sich zu sammeln. Auch kann es hilfreich sein, zunächst nicht starr zu stehen, sondern sich etwas zu bewegen, etwa den Stuhl zurechtzurücken oder die Papiere zu ordnen, um so den gesteigerten Adrenalinspiegel etwas zu senken. Hat man dann erst einmal mit dem Reden angefangen, so wird man erfahrungsgemäß von alleine ruhiger und konzentrierter. Auch lässt die Aufregung mit zunehmender Erfahrung ohnehin immer mehr nach. Für den Anfänger ist es hilfreich, sich einen oder mehrere einleitende Sätze zurechtzulegen und einzuprägen. Sind diese erst einmal ausgesprochen, so fällt die Fortsetzung in freier Rede erfahrungsgemäß leichter.

966 Selbst dem besten Redner kann es passieren, dass er bei aller Konzentration auf die Sache plötzlich entdeckt, dass er einen Satz begonnen hat, der sich nicht mehr grammatikalisch korrekt beenden lässt. Verkehrt wäre es, nun den verunglückten Satz einfach abzubrechen. Vielmehr ist es am elegantesten, ihn ungerührt falsch zu Ende zu bringen. Oft fällt ein solcher Fehler gar nicht groß auf. Ist der **Satz völlig unverständlich** geworden, so besteht immer noch die Möglichkeit, das Gesagte anschließend noch einmal zu wiederholen (zB „Um es noch einmal deutlich zu sagen, …" oder „Im Klartext noch einmal: …"). Ein Schuss Selbstironie kann dabei nicht schaden.

967 Entdeckt man während des Plädoyers, dass man zu einem ansonsten bereits abgehandelten Punkt doch noch etwas zu sagen vergessen hat, so sollte man sich auch dadurch nicht aus der Ruhe bringen lassen. Sofern es sich um einen tatsächlich wesentlichen und unentbehrlichen Punkt handelt, kann dieser am Ende des gerade behandelten Abschnittes eingeschoben werden (zB „Ich möchte hier noch einmal kurz auf die Frage … zurückkommen. Hier hatte ich vorhin zu sagen vergessen, dass …"). Weniger bedeutende **Nachträge** sollten aber besser unterlassen werden.

Beispiel 1 (kürzeres Plädoyer wegen eines Diebstahls. Der nicht zum ersten Mal aufgefallene Angeklagte hat in der Hauptverhandlung zum Vorwurf
geschwiegen und nur Angaben zur Person
gemacht):

Beispiel

„Meine Damen und Herren,

968

in diesem Verfahren sind zwei Fragen wesentlich:

1. Hat der Angeklagte die ihm vorgeworfene Tat begangen? und

2. Falls ja, kann dann noch einmal Geldstrafe verhängt oder muss
diesmal durch Freiheitsstrafe reagiert werden?

Die erste Frage ist mE eindeutig zu beantworten. Der Angeklagte,
der heute zur Sache von seinem Schweigerecht Gebrauch macht,
wird durch die Aussagen der Zeugen Behrens und Carstensen, an
deren Glaubhaftigkeit ich zu zweifeln keinen Anlass sehe, überführt,
am 13. 2. in der Elektroabteilung des X-Supermarktes den in Rede
stehenden CD-Player eingesteckt zu haben. Der Zeuge Behrens hat
gesehen, dass sich der Angeklagte längere Zeit alleine vor dem
fraglichen Regal aufhielt, wo er später den leeren Karton des CD-
Players vorfand. Die damalige Einlassung des Angeklagten, er
habe das durch den Zeugen Carstensen bei ihm aufgefundene
Gerät seinerzeit ordnungsgemäß gekauft und seit Wochen in Besitz,
ist demgegenüber leicht zu widerlegen. Zum einen handelt es sich
um ein Gerät des nämlichen Typs aus der leeren Verpackung. Zum
zweiten wies das vorgefundene Gerät noch keinerlei Gebrauchs-
spuren auf, ganz im Gegenteil: Drittens nämlich fanden sich sogar
noch Reste der Plastikumhüllung an dem Gerät. Und viertens ent-
hielt es keine Batterien und der Angeklagte hatte auch keine CD bei
sich. Was aber macht es für einen Sinn, einen solchen CD-Player
ohne Batterien in der Jackentasche mit sich herumzutragen?

Nach all dem bin ich davon überzeugt, dass der Angeklagte dieses
Gerät eingesteckt hat, um es ohne Bezahlung aus dem Geschäft zu
entwenden. Diese Handlung ist als Diebstahl nach § 242 StGB zu
bestrafen.

Wie muss nun darauf reagiert werden? Der Angeklagte ist bereits
zweimal mit Geldstrafen belegt worden, einmal vor 2 Jahren wegen

einer Trunkenheitsfahrt und zuletzt 4 Monate vor der jetzt abzuurteilenden Tat wegen eines Betruges. Da ihn dies offenbar nicht davon abgehalten hat, erneut straffällig zu werden, müsste man an sich auf die Idee kommen, dass zur Einwirkung auf ihn nunmehr die Verhängung einer kurzen Freiheitsstrafe unerlässlich ist. Wenn ich hier gleichwohl ein letztes Mal eine Geldstrafe fordere, dann aus zwei Gründen: Zum ersten handelt es sich bei der Trunkenheitsfahrt, die zudem laut BZR-Auszug nur fahrlässig begangen wurde, um keine einschlägige Verurteilung. Zum zweiten kann man seit dem Diebstahlsgeschehen eine gewisse Stabilisierung in den persönlichen Verhältnissen des Angeklagten feststellen. Er hat wieder Arbeit gefunden und ist dabei, eine neue Familie zu gründen. Dies lässt erwarten, dass zur Ahndung und zur Gewährleistung künftiger Straffreiheit ein letztes Mal mit einer Geldstrafe auszukommen ist.

Bei deren Bemessung muss natürlich der nicht unerhebliche Wert des Gerätes von 99 Euro sowie der Umstand in Rechnung gestellt werden, dass es sich eben nicht um die erste Auffälligkeit des Angeklagten handelt. Von daher denke ich, dass eine etwas empfindlichere Geldstrafe, und zwar in Höhe von 75 Tagessätzen, schuldangemessen und erforderlich ist. Die Höhe eines Tagessatzes bemisst sich nach den derzeitigen Einkommensverhältnissen des Angeklagten und unter Berücksichtigung seiner Unterhaltszahlungen gegenüber dem Kind aus erster Ehe auf 27 Euro.

Ich beantrage daher, den Angeklagten wegen Diebstahls zu einer Geldstrafe von 75 Tagessätzen zu je 27 Euro zu verurteilen. Dem Angeklagten sollte ferner die Möglichkeit eröffnet werden, diese Strafe in monatlichen Raten von 100 Euro zu bezahlen."

Beispiel **Beispiel 2** (extrem verkürztes Plädoyer bei geständigem Ersttäter nach § 316 II StGB):

969 „Frau Vorsitzende,

der Angeklagte hat, was für ihn spricht, die ihm vorgeworfene fahrlässige Trunkenheitsfahrt nach § 316 II StGB uneingeschränkt eingeräumt. Die deswegen zu verhängende Strafe lautet bei Ersttätern regelmäßig auf 30 Tagessätze und ich sehe auch keinerlei Veranlassung, hier etwas anderes zu beantragen. Die Höhe eines Tagessatzes beläuft sich unter Anrechnung der Unterhaltsverpflichtung gegenüber der Ehefrau des Angeklagten auf 25 Euro. Selbstverständlich sind daneben die Fahrerlaubnis zu entziehen und der Führerschein einzuziehen. Die Sperrfrist für den Erwerb einer neuen Fahrerlaubnis, die wie üblich insgesamt 1 Jahr dauern sollte, verkürzt sich durch Anrechnung der Zeit der vorläufigen Entziehung auf noch 7 Monate.

Ich beantrage daher Verurteilung wegen fahrlässiger Trunkenheit im Verkehr zu einer Geldstrafe von 30 Tagessätzen zu je 25 Euro, wobei Raten von monatlich 75 Euro bewilligt werden sollten. Ferner beantrage ich Entziehung der Fahrerlaubnis, Einziehung des Führerscheins und Verhängung einer Sperrfrist von weiteren 7 Monaten."

Hat man damit seine Arbeit (weitgehend) getan, dann entspricht es einem selbstverständlichen Gebot der Höflichkeit, dem folgenden **Plädoyer der Verteidigung** mit derselben Aufmerksamkeit zu folgen, wie man dies von den eigenen Zuhörern erwartet. Im Übrigen steht dem Staatsanwalt das Recht zu, auf die Ausführungen des Verteidigers eine **Erwiderung** abzugeben. Dies wird insbesondere dann geboten sein, wenn der Verteidiger in seinem Plädoyer Tatsachen vorgetragen hat, die bislang nicht erörtert waren oder mit denen man sich versehentlich nicht auseinandergesetzt hatte. Auch kann es notwendig sein, unsachliche oder unverdiente Kritik an den Ermittlungsbehörden zurückzuweisen. Allerdings sollte der Staatsanwalt hier Zurückhaltung üben. Oft nimmt es dem Vortrag des Verteidigers eher die Wirkung, wenn man ihn mit seiner Polemik allein lässt. Dasselbe gilt, wenn der Verteidiger die Tatsachen offensichtlich falsch wiedergibt oder interpretiert. Zumeist wird das auch den anderen Beteiligten ohne Weiteres deutlich. Eine Richtigstellung wäre dann überflüssig und eher noch störend. 970

10. Maßnahmen nach Urteilsverkündung

Seinen Antrag und die Entscheidung des Gerichts nebst aller relevanten Nebenentscheidungen (zB Bewährungsbeschluss, Ordnungsgelder gegen Zeugen, Haftbefehlsaufhebungen) muss der Staatsanwalt auf einem Formblatt **in den Handakten vermerken**, um Dezernenten, AL und möglicherweise Behördenleitung über den Ausgang des Verfahrens zu informieren. Dasselbe gilt bei einer 971

Verfahrenseinstellung. Im Falle einer Einstellung, eines Freispruchs oder eines vom Antrag erheblich abweichenden Urteils sind zudem die Gründe der Entscheidung anzuführen, ggf mit einer Empfehlung zur Frage eines Rechtsmittels. Sofern der Verdacht einer Falschaussage entstanden ist, muss insoweit parallel per gesonderter Verfügung ein neues Verfahren eingeleitet werden[1].

972 Der Sitzungsvertreter kann grundsätzlich unmittelbar nach Urteilsverkündung einen **Rechtsmittelverzicht** erklären. Dies setzt allerdings einen vorherigen Verzicht des Angeklagten voraus. Auf einen solchen soll zwar nicht seitens des Gerichts hingewirkt werden[2]. Es bestehen aber keine Bedenken, eine entsprechende Erklärung entgegenzunehmen oder auch zu erfragen, wenn ein Verteidiger anwesend ist oder wenn der Angeklagte das Urteil sichtlich akzeptiert.

973 Handelt es sich um eine Sache aus einem **Spezialdezernat**, so sollte der Sitzungsvertreter nur nach vorheriger Rücksprache mit dem Dezernenten seinerseits Erklärungen zu einem Rechtsmittelverzicht abgeben. **Referendare**, die zum Sitzungsdienst eingeteilt sind, dürfen auf Rechtsmittel nur verzichten, wenn ihnen dies ausdrücklich im Einzelfall gestattet worden ist. Bei einem **Freispruch** darf kein Sitzungsvertreter einen Rechtsmittelverzicht erklären. Das gilt selbst dann, wenn das Urteil auf Antrag ergeht oder der Sitzungsvertreter der Anklageverfasser ist.

974 Sofern ein bestehender **Haftbefehl** mit der Urteilsverkündung aufgehoben oder außer Vollzug gesetzt worden ist, hat der Staatsanwalt darauf hinzuwirken, dass der Angeklagte auch tatsächlich aus der Haft entlassen wird. Dazu ist vom Sitzungsvertreter das notwendige Entlassungsersuchen gegenüber der JVA zu erteilen, falls nicht bereits das Gericht wie allerdings üblich dies bereits von sich aus tut. Andererseits darf eine eventuelle **Überhaft** nicht übersehen werden. Auch in diesem Fall wird zwar für die verhandelte Sache die Entlassung verfügt, gleichwohl aber der Angeklagte nicht auf freien Fuß gesetzt, sondern für die Überhaftsache in Gewahrsam genommen.

975 Die Handakte mit dem entsprechenden Sitzungsvermerk wird über AL und ggf auch BL dem Dezernenten zugeleitet. Soweit die Sache

---

1 Vgl dazu das Beispiel bei Rn 219.
2 Nr 142 II RiStBV; Erb GA 2000, 523.

noch nicht rechtskräftig ist, hat dieser über die **Einlegung eines Rechtsmittels** zu entscheiden.

Einlegung einer Berufung:

Beispiel

Verfügung

Sofort!

1. Einlegung der Berufung gegen das Urteil des AG Syke vom 25. 2. fertigen und mir zur Unterschrift vorlegen.

2. Herrn AL zK[1].

3. Wv 12. 4[2].

Nestler, StA, 28. 2. 2002

Bei auswärtigen Gerichten sollte soweit möglich die Übersendung **vorab per Telefax** erfolgen, um eine verspätete Einlegung auszuschließen.

Wird **kein Rechtsmittel** eingelegt, so verfügt man in derselben Sache lediglich: 976

Beispiel

Vfg

1. Kein Rechtsmittel.

2. 12. 4.

Ne, 28. 2.

11. Besonderheiten im Jugendverfahren

Die **Hauptverhandlung** in Jugendsachen entspricht zwar im Ablauf weitgehend der Hauptverhandlung vor den Erwachsenengerichten,   977

---

1 Vgl Nr 14 II b OrgStA.
2 Die Frist orientiert sich an derjenigen des § 275 I StPO.

weist aber einige Besonderheiten auf. Zunächst ist sie im Grundsatz nichtöffentlich[1]. **Erziehungsberechtigte** werden zur Hauptverhandlung geladen (§ 50 II JGG) und sind dort zu hören. Ihnen steht zudem ein eigenes Antrags- und Rechtsmittelrecht zu (§ 67 JGG).

978 Ferner nimmt in der Regel ein Vertreter der **Jugendgerichtshilfe** am Hauptverhandlungstermin teil (§ 50 III JGG). Gegen Schluss der Beweisaufnahme wird dieser einen Bericht zu dem Werdegang und den persönlichen Verhältnissen des Angeklagten mit einem Vorschlag zur Ahndung der Tat erstatten. Ist dieser Vorschlag nach Auffassung des Sitzungsvertreters richtig, so kann er im Plädoyer darauf Bezug nehmen und seine eigenen Ausführungen damit abkürzen.

979 Im **Schlussvortrag** sind einige Besonderheiten zu beachten. Bei **Heranwachsenden** ist zu überlegen, ob wegen nicht auszuschließender **Reifeverzögerungen** oder dem Vorliegen einer typischen Jugendverfehlung noch Jugendrecht Anwendung finden kann (§ 105 JGG). Als typische **Jugendverfehlung** gilt eine Tat, die etwa auf einer spezifisch jugendlichen Motivation beruht (zB Mutprobe, Übermut, Gruppenverhalten). Nicht erforderlich ist, dass normalerweise nur Jugendliche solche Taten begehen. Erfahrungsgemäß wird in Anwendung der in-dubio-Regel in der überwiegenden Zahl der Fälle bei Heranwachsenden auf eine **jugendrechtliche Sanktion** zu erkennen sein.

980 Als solche sieht das Jugendrecht **Erziehungsmaßregeln** (§§ 9ff JGG), **Zuchtmittel** (§§ 13ff JGG) und beim Vorliegen schädlicher Neigungen oder schwerer Schuld auch **Jugendstrafe** vor (§ 17 JGG). Bei mehreren Taten werden keine Einzelstrafen verhängt. Vielmehr wird stets nur eine einheitliche Rechtsfolge festgesetzt (**Prinzip der Einheitsstrafe**, § 31 I JGG), die allerdings aus einer Kombination mehrerer Sanktionen bestehen kann (§ 8 JGG). Eine Gesamtstrafenbildung findet also nicht statt. Über § 55 StGB hinaus sieht § 31 II JGG zudem vor, dass alle noch nicht erledigten Vorverurteilungen in das neue Urteil einzubeziehen sind, soweit nicht erzieherische Gründe dem entgegenstehen (§ 31 III JGG).

981 Im Falle einer Verurteilung eröffnet § 74 JGG die Möglichkeit, von der Auferlegung der **Kosten und Auslagen** abzusehen. Der Staatsanwalt sollte dies insbesondere bei Jugendlichen beantragen, die

---

1 Vgl Rn 922.

über kein oder nur ein geringes eigenes Einkommen verfügen, so dass die Kosten letztlich ohnehin nicht beizutreiben sind oder aber den Eltern zur Last fallen würden.

Bei der Frage eines **Rechtsmittelverzichts** spielt § 55 JGG eine Rolle. Da eine Anfechtung hinsichtlich des Strafmaßes nur möglich ist, wenn auf Jugendstrafe erkannt oder fälschlicherweise nicht erkannt wurde, wird ein Großteil der Verurteilungen ohnehin einem zulässigen Rechtsmittel nicht zugänglich sein, so dass auch großzügiger als sonst auf Rechtsmittel verzichtet werden kann. 982

Frei. 983–989

F. Die Rechtsmittel

I. Allgemeines

990 Entscheidungen des Gerichts können angefochten werden, soweit das Gesetz nicht ausdrücklich etwas anderes bestimmt (zB in den §§ 28 I, 305, 322a, 419 II StPO). Ein Rechtsmittel der Staatsanwaltschaft kann sowohl zu Lasten wie auch zu Gunsten des Beschuldigten eingelegt werden; in jedem Fall eröffnet es die Möglichkeit, von der angefochtenen Entscheidung auch zu Gunsten des Beschuldigten abzuweichen (§ 301 StPO). Eine **reformatio in peius** ist bei der Beschwerde in jedem Fall möglich, bei Berufung und Revision nur, wenn mindestens ein Rechtsmittel[1] in zulässiger Weise zu Lasten des Beschuldigten eingelegt wurde.

991 Der Staatsanwalt sollte Rechtsmittel **sparsam verwenden**. Deshalb wird nur im Ausnahmefall, wenn wesentliche Belange der Allgemeinheit oder der Beteiligten es gebieten, die Anfechtung einer gerichtlichen Entscheidung zu erklären sein. Weitere Bedingung ist, dass das Rechtsmittel voraussichtlich erfolgreich sein wird. Nicht erfolgversprechende oder gar aussichtslose Rechtsmittel unterbleiben. Auch stellen bloße Fehler in der Rechtsanwendung für sich genommen noch keinen Anlass zur Anfechtung dar, solange das Ergebnis in der Sache angemessen oder zumindest vertretbar ist (Nr 147 I RiStBV). Eine Berufung etwa wird dann nicht eingelegt, wenn im Urteil beispielsweise statt einer Unterschlagung fälschlich ein Diebstahl angenommen, dabei aber auf eine selbst bei richtiger Sicht der Rechtslage schuldangemessene Strafe erkannt wurde.

992 Ein **Rechtsmittel zu Gunsten des Beschuldigten** (§ 296 II StPO) kommt nur in Betracht, wenn dieser durch eine unrichtige Entscheidung eklatant benachteiligt ist (Nr 147 III RiStBV). Hat der Beschuldigte einen Verteidiger, so kann diesem die Anfechtung überlassen werden, sofern nicht entweder auch nach außen hin dokumentiert werden muss, dass sich die Staatsanwaltschaft von der falschen Entscheidung distanziert, oder aber der Verteidiger aus unbekannten oder inakzeptablen Gründen seinerseits erkennbar untätig bleiben will.

---

1 Es genügt dabei auch ein zulässiges Rechtsmittel eines Nebenklägers.

Bei fristgebundenen Rechtsmitteln ist auch die **vorsorgliche Einlegung** zulässig, wenn eine abschließende Meinungsbildung über die Durchführung des Rechtsmittelverfahrens vor Fristablauf noch nicht möglich ist. Die Tatsache der rein vorsorglichen Anfechtung wird dabei nicht offengelegt (Nr 148 RiStBV). 993

Spätestens vor der Weiterleitung der Akten an das Rechtsmittelgericht hat der Staatsanwalt anders als der Beschuldigte jedes von ihm eingelegte **Rechtsmittel zu begründen**. Dabei muss dargelegt werden, welche rechtlichen Fehler dem Gericht vorgeworfen werden und zu welchem Ergebnis die angefochtene Entscheidung richtigerweise hätte gelangen müssen (Nr 156 I, II RiStBV). Lässt sich der Nachweis eines Fehlers nicht führen, so wird im Zweifel die Rücknahme des zuvor eingelegten Rechtsmittels zu erklären sein. 994

Zu beachten ist, dass Verfügungen und Schriftsätze, durch welche die Staatsanwaltschaft Rechtsmittel einlegt, begründet, beschränkt oder zurücknimmt, dem **AL zur Kenntnisnahme** vorzulegen sind (Nr 14 IIb OrgStA). Die Reinschrift der Rechtsmittel- und Begründungsschrift ist von dem Dezernenten zu unterzeichnen (Nr 149 RiStBV). Die Unterschrift unter dem Entwurf reicht also nicht aus. 995

Rechtsmittelsachen sind Eilsachen und beschleunigt zu bearbeiten (Nr 153 RiStBV). Verfügungen müssen daher in der Regel mit „Eilt" gekennzeichnet werden. 996

II. Die Beschwerde

1. Beschwerde der Staatsanwaltschaft

Sofern gegen einen Gerichtsbeschluss oder eine Verfügung des Richters Beschwerde eingelegt werden soll, ist zunächst zu prüfen, ob die **einfache** (§§ 304ff StPO) **oder die sofortige Beschwerde** (§ 311 StPO) statthaft ist. Letzteres ist etwa bei Eröffnungsablehnungen (§ 210 II StPO), der Aussetzung des Strafrestes (§ 454 III StPO), dem Widerruf der Strafaussetzung und dem Erlass der Strafe (§ 453 II 3 StPO) sowie bei nachträglicher Gesamtstrafenbildung (§ 462 III StPO) der Fall. Während die einfache Beschwerde nicht fristgebunden ist, muss die sofortige Beschwerde binnen einer Woche nach dem Eingang der Akten (bzw einer gesondert zugestellten Entscheidung) eingelegt werden (§§ 311 II, 35, 37, 41 StPO), und zwar bei dem Gericht, dessen Entscheidung angefochten wird (§ 306 I StPO). 997

998 Bei der **einfachen Beschwerde** hat zunächst das Gericht, dessen Entscheidung angegriffen wird, darüber zu befinden, ob es der Beschwerde abhilft oder an seiner Entscheidung festhält (§ 306 II StPO). Im Falle der Nichtabhilfe erfolgt sodann die Vorlage an das Beschwerdegericht. In der Regel übersendet das Gericht die Akten zu diesem Zweck über die Staatsanwaltschaft. Es kann die Vorgänge allerdings auch unmittelbar dem Beschwerdegericht zuleiten, sofern nicht die Staatsanwaltschaft sich ersichtlich noch weitere Erklärungen vorbehalten hat. Das Beschwerdegericht entscheidet im schriftlichen Verfahren und erlässt ggf die in der Sache erforderliche Entscheidung (§ 309 StPO). Eine Zurückverweisung findet also grundsätzlich nicht statt[1] Aus diesem Umstand folgt, dass bei der Rechtsmitteleinlegung oder spätestens bei seiner Begründung neben der Erklärung der Anfechtung auch ein **Antrag** auf eine bestimmte Entscheidung zu stellen ist.

999 Eine Anfechtung der Entscheidung des Beschwerdegerichts ist nur in Haft- und Unterbringungssachen statthaft (**weitere Beschwerde**, § 310 StPO). Eine Ausnahme gilt für den Fall, dass das Beschwerdegericht neben der eigentlichen Beschwerdesache darüber hinaus gehende Anordnungen getroffen hat, zB, wenn es im Beschwerdeverfahren wegen einer Beschlagnahme dem Beschuldigten einen Verteidiger beigeordnet hat.

1000 Daneben kann eine weitere Überprüfung der Beschwerdeentscheidung bei Nichtanhörung des Beschwerdegegners verlangt werden (§ 311a StPO). Dieses **Nachverfahren** ist unabhängig davon zulässig, ob die Nichtanhörung rechtswidrig oder zulässig war (zB in den Fällen des § 33 IV StPO) und geht daher weiter als das Nachverfahren nach § 33a StPO. Anders als bei der weiteren Beschwerde entscheidet im Wege des § 311a StPO das Beschwerdegericht und nicht die nächsthöhere Instanz.

1001 Bei der **sofortigen Beschwerde** entfällt im Gegensatz zur einfachen Beschwerde regelmäßig das Abhilfeverfahren (§ 311 III StPO). Allerdings kann das Gericht ausnahmsweise bei einer Verletzung des rechtlichen Gehörs und gleichzeitiger sachlicher Begründetheit der Beschwerde abhelfen (§ 311 III 2 StPO).

1002 Beschwerden haben grundsätzlich **keine aufschiebende Wirkung** (§ 307 I StPO). Etwas anderes gilt ua bei Unterbringungsbeschlüs-

---

1 Zu den wenigen Ausnahmen vgl KM Rn 4ff zu § 309 StPO.

sen nach § 81 IV StPO sowie bei Beschwerden der Staatsanwaltschaft gegen die Aussetzung des Strafrestes (§ 454 III StPO) und die Unterbrechung des Strafvollzuges (§ 462 III 2 StPO). In allen übrigen Fällen muss ggf, wenn der Vollzug der Entscheidung vollendete Tatsachen schaffen würde (zB die Außervollzugsetzung eines Haftbefehls), zusammen mit der Beschwerdeeinlegung die Anordnung der Vollzugshemmung gemäß § 307 II StPO beantragt werden.

Beschwerdegerichte sind bei Entscheidungen des Amtsgerichts die   1003
Straf- bzw Jugendkammern, bei Entscheidungen der Straf-, Jugend- und Strafvollstreckungskammern die Senate beim OLG. Bei Entscheidungen eines auswärtigen Ermittlungsrichters nach § 162 I 1 StPO sowie in Vollstreckungssachen kann es dabei durchaus vorkommen, dass man das Beschwerdeverfahren vor einem Land- oder Oberlandesgericht zu betreiben hat, das außerhalb des eigenen (OLG-)Bezirks liegt. Besonderheiten entstehen dadurch nicht; auch für ein solches auswärtiges Beschwerdeverfahren besteht im Sinne des § 143 I GVG die örtliche Zuständigkeit der Staatsanwaltschaft, solange sie für das (Ermittlungs-/Vollstreckungs-)Verfahren als solches zuständig ist.

Beispiel 1 (Einlegung einer einfachen Beschwerde):   **Beispiel**

Staatsanwaltschaft Trier   28. 6. 2002 1004
33 Js 52354/02

Verfügung

Eilt!

1. Frau AL zur Kenntnis

2. U m A

dem Amtsgericht Trier

nach Zustellung zurückgesandt. Gegen den dortigen Beschluss vom 24. 6. 2002 – 12 Gs 45/02 (Bl 11 dA) lege ich das Rechtsmittel der

Beschwerde

ein.

389

Das Gericht ist fälschlich der Auffassung, es bestünde kein Anfangsverdacht der Hehlerei gegen den Beschuldigten. Es hat deshalb den beantragten Durchsuchungsbeschluss zum Zwecke der Auffindung von Diebesgut zu Unrecht nicht erlassen.

Zwar ist der Beschuldigte bislang nur durch ein anonymes Schreiben belastet worden (Bl 1 dA). Dieses ist aber ausgesprochen detailreich und offenkundig keine haltlose Erfindung, sondern ersichtlich von einem nahen Bekannten des Beschuldigten verfasst worden. Ferner darf nicht außer Acht gelassen werden, dass der Beschuldigte bereits mehrfach einschlägig in Erscheinung getreten ist (vgl anliegenden BZR-Auszug). Anfangsverdacht setzt nur die nach kriminalistischen Erfahrungen bestehende Möglichkeit einer Straftat voraus (Kleinknecht/Meyer-Goßner Rn 4 zu § 152 StPO mwN). Eine solche kann im vorliegenden Fall nicht verneint werden.

Es wird daher beantragt, die angefochtene Entscheidung aufzuheben und die Durchsuchung der Wohnräume und Sachen des Beschuldigten, wie Bl 4 dA näher bezeichnet, anzuordnen.

3. 14. 7.

Kostner, StA

1005 Bei der **sofortigen Beschwerde** ist eine Begründung wegen der fehlenden Abhilfemöglichkeit nicht in jedem Fall schon zusammen mit der Einlegung erforderlich.

Beispiel   **Beispiel 2** (Einlegung einer sofortigen Beschwerde):

Staatsanwaltschaft Göttingen   3. 1. 2002
4 Js 3465/96
                              Verfügung
                              Sofort!
1. Herrn AL zur Kenntnisnahme.

2. U m Vollstreckungsheft (2 Bde)

der StVK
in Hildesheim

nach Zustellung zurückgesandt. Gegen den dortigen Strafaussetzungsbeschluss vom 28. 12. 2001 (Bl 34 Bd II VH) lege ich

sofortige Beschwerde

ein. Ich bitte um umgehende Rückgabe zur Begründung und Weitergabe an das OLG Celle.

3. 15. 1.

von Simson, StAin

Wird eine Entscheidung des Landgerichts angefochten, so werden die Akten, da die Staatsanwaltschaft (bei dem LG) vor den Oberlandesgerichten nicht postulationsfähig ist, nach Einlegung und Begründung der Beschwerde mit einem **Bericht** an die zuständige Generalstaatsanwaltschaft weitergegeben, die die Sache dann ihrerseits dem Senat vorlegt. Das gilt im Prinzip auch, wenn es sich um ein anderes OLG handelt. In diesem Fall „berichtet" man aber nicht im eigentlichen Sinne, weil Berichte sich nur an vorgesetzte Behörden richten, wozu eine fremde Generalstaatsanwaltschaft nicht zählt. Vielmehr wird – ansonsten in gleicher Form wie beim Bericht – ein Anschreiben unmittelbar an die fremde Generalstaatsanwaltschaft gerichtet und vom Dezernenten selbst abgezeichnet; eine Beteiligung der eigenen vorgesetzten Behörde erfolgt also nicht.

1006

Beispiel

Staatsanwaltschaft Frankfurt (Oder)   4. 6. 2002   1007
221 Js 4478/98

Verfügung

1. Schreiben an:

Generalstaatsanwaltschaft
in Bremen

Betr: Strafvollstreckungssache gegen den Arbeiter Klaus-Dieter
      Simak aus Bremen

Anlagen: 1 Bewährungsheft

– Ohne Auftrag –

Ich überreiche die Vorgänge zur Durchführung des Beschwerdeverfahrens im Hinblick auf die hiesige Beschwerde vom 24. 5. 2002 (Bl 55 BewH), der die Strafvollstreckungskammer nicht abgeholfen hat (Bl 56 BewH). Die Beschwerde richtet sich gegen den Beschluss der Strafvollstreckungskammer vom 17. 5. 2002 (Bl 50 BewH), durch welchen sie den hiesigen Antrag auf Widerruf der Reststrafenaussetzung vom 19. 7. 2001 (Bl 10 BewH) abgelehnt hat.

2. Dem Schreiben zu Ziff 1 die Akten beifügen.

3. Wv 18. 7.

Stechlin, StA

Würde man in derselben Sache das **Beschwerdeverfahren vor dem eigenen OLG** durchführen, dann müsste man lediglich in Ziff 1 und 2 das Wort „Schreiben" durch „Bericht" ersetzen. Auch diesen Bericht zeichnet der Dezernent selber, da die Generalstaatsanwaltschaft hier nicht in ihrer Funktion als vorgesetzte Behörde beteiligt wird. Die **Beschwerdebegründung** gehört in keinem Fall in Bericht oder Übersendungsverfügung. Hat man sie nicht sogleich bei der Beschwerdeeinlegung erstellt, dann sollte man sie als gesondertes Blatt – ähnlich der Berufungs- oder Revisionsbegründung – fertigen[1].

1008   Entbehrlich ist dieses etwas umständliche Prozedere, sofern das **Landgericht die Weiterleitung** von sich aus **veranlasst**[2]. Man kann sich daher die Arbeit erleichtern (und nebenbei das Verfahren beschleunigen), wenn man den Kammervorsitzenden dazu bewegt, diesen etwas weniger formellen Weg einzuschlagen.

2. Beschwerde des Beschuldigten

1009   Geht eine Beschwerde des Beschuldigten direkt bei der Staatsanwaltschaft ein, so ist sie möglichst mit den Akten und einer **Stellungnahme** unverzüglich an das Gericht weiterzuleiten. Im Falle

---

1 Vgl Rn 1016f.
2 Vgl dazu das ähnliche Beispiel bei Rn 1010.

einer sofortigen Beschwerde kann es bei sonst drohendem Fristablauf ausnahmsweise auch einmal geboten sein, die Beschwerdeschrift zur Fristwahrung bereits gesondert dem Gericht zuzuleiten, wenn die Akten nicht sofort greifbar sind. Wird eine Beschwerdeschrift vom Gericht an die Staatsanwaltschaft weitergeleitet, so ist, sofern nicht bereits geschehen, bei einer einfachen Beschwerde zunächst eine Abhilfeentscheidung herbeizuführen oder ansonsten die **Weitergabe an das Beschwerdegericht** zu veranlassen.

Beispiel

Staatsanwaltschaft Darmstadt   28. 8. 2002   1010
98 Js 35512/02

Verfügung

Eilt!

1. U m A (2 Bde)

dem Amtsgericht Darmstadt
mit dem Antrag übersandt, der Beschwerde der Beschuldigten gegen den dortigen Beschluss vom 1. 8. 2002, betreffend die vorläufige Entziehung der Fahrerlaubnis (Bl 233 Bd I), nicht abzuhelfen und die Akten sodann unmittelbar

dem LG Darmstadt – Jugendkammer –

zu übersenden. Dort wird beantragt, die Beschwerde aus den zutreffenden Gründen der angefochtenen Entscheidung als unbegründet zu verwerfen. Ergänzend sei noch angeführt, dass auch der zwischenzeitlich vernommene Zeuge Ahrendorfer bekundet hat, die Beschuldigte sei in Schlangenlinien gefahren (Bl 12 Bd II), was die Annahme einer alkoholbedingten Fahruntüchtigkeit zusätzlich stützt.

2. 12. 9.

Niedermaier, StAin

Sofern als Beschwerdegericht das dem eigenen Bezirk zugeordnete OLG zuständig ist, erfolgt die Weiterleitung auch hier mittels eines **Berichts**, der aus den Akten heraus verfügt und vom Dezernenten   1011 unterzeichnet wird[1]. Eine Antragstellung ist in diesem Fall wiederum entbehrlich, sie muss durch die Generalstaatsanwaltschaft erfolgen:

Beispiel

Staatsanwaltschaft Bremen   13. 5. 2002
765 Js 26699/02

Vfg

Eilt!

1. Berichten an die

   Generalstaatsanwaltschaft
   in Bremen

   Betr: Strafverfahren gegen den Kaufmann Hermann Suhren aus Delmenhorst wegen Bankrotts.

   Anlagen: 1 Bd Akten

   – Ohne Auftrag –

   Ich überreiche die Vorgänge zur Durchführung des Beschwerdeverfahrens im Hinblick auf die Beschwerde des Angeklagten vom 6. 5. 2002 (Bl 155), der die Strafkammer nicht abgeholfen hat (Bl 156). Die Beschwerde richtet sich gegen den Beschluss der Strafkammer vom 30. 4. 2002 (Bl 150), durch welchen sie den Antrag des Angeklagten auf Bestellung eines weiteren Pflichtverteidigers (Bl 142) abgelehnt hat.

2. Dem Bericht zu Ziff 1 die Akten beifügen.

3. Berichtsdoppel zu den HA.

4. Wv 9. 6.

Schreiber, StA

---

1 Vgl Rn 118, 1007.

III. Die Berufung

1. Berufung der Staatsanwaltschaft

Die Berufung ist immer zulässig gegen Urteile des Amtsgerichts, durch welche der Angeklagte zu mehr als 15 Tagessätzen Geldstrafe verurteilt wurde. Im Falle eines Freispruches oder einer Einstellung gemäß § 260 III StPO ist die Anfechtung uneingeschränkt möglich, sofern die Staatsanwaltschaft in erster Instanz mehr als 30 Tagessätze Geldstrafe beantragt hatte. Wenn diese Grenzwerte nicht überschritten sind, bedarf es zur Zeit noch[1] der gesonderten **Annahme der Berufung** (§§ 313, 322a StPO). Bei Verurteilungen zu jugendrechtlichen Sanktionen sind die besonderen Zulässigkeitsvoraussetzungen von § 55 I JGG zu beachten. **1012**

Berufungsgerichte sind die kleinen Strafkammern (§§ 74 III, 76 I GVG). Über Berufungen gegen Urteile des Jugendrichters entscheidet die kleine Jugendkammer, über solche gegen Urteile des Jugendschöffengerichts die große Jugendkammer (§ 33b I JGG). **1013**

Wegen des Aufwandes, der mit einem Berufungsverfahren einhergeht und den der ersten Instanz regelmäßig übersteigt, sollten Urteile erst recht nur bei eklatant falschen Ergebnissen angefochten werden. Eine Ausnahme gilt, wenn bereits der Angeklagte seinerseits Rechtsmittel eingelegt hat. Zwar rechtfertigt auch dies für sich genommen noch nicht die **Anfechtung** auch **durch die Staatsanwaltschaft** (Nr 147 I 4 RiStBV). Allerdings bedeutete diese dann keinen nennenswerten Mehraufwand, so dass der prozessökonomische Gesichtspunkt hier zurücktritt. Deshalb ist es in einem solchen Fall eher möglich, ein zwar nicht unvertretbares, aber andererseits nicht völlig zufriedenstellendes Ergebnis der ersten Instanz auch seitens der Staatsanwaltschaft noch einmal nachprüfen zu lassen. **1014**

Eine **Beschränkung der Berufung** auf einzelne Anklagepunkte oder auf den Rechtsfolgenausspruch[2] kann helfen, das Verfahren zügig durchzuführen. Im Übrigen ist es nicht erforderlich, dass das Rechtsmittel sogleich als Berufung bezeichnet wird. Legt man **1015**

---

1 Mit der Abschaffung der Annahmeberufung, die sich in der Praxis nicht bewährt hat, ist demnächst zu rechnen. In diesem Fall wäre die Berufung gegen Urteile des Strafrichters und Schöffengerichts wieder unbeschränkt zulässig.
2 Vgl § 318 StPO.

zunächst ein **unbenanntes Rechtsmittel** ein, so bleibt nach Zustellung des Urteils noch die Möglichkeit, eine Revision durchzuführen, falls diese aussichtsreicher erscheint. Ebenso ist es möglich, innerhalb der Revisionsbegründungsfrist von der zunächst ausdrücklich eingelegten Berufung zur Revision überzugehen wie auch umgekehrt. Erst die zweite Erklärung, sei es die Präzisierung des bis dahin unbenannten Rechtsmittels oder der Wechsel von einem Rechtsmittel zum anderen, bindet den Rechtsmittelführer endgültig[1].

1016 Nach § 317 StPO soll die **Berufungsbegründung** zwar binnen einer Woche nach Urteilszustellung bei dem Gericht erster Instanz angebracht werden. Da die Verletzung dieser Frist- und Formvorschrift aber rechtlich bedeutungslos ist[2], wird zur Vereinfachung die Berufungsbegründung erst bei der Weitergabe an das Berufungsgericht gefertigt und dem Amtsgericht gar nicht mehr bekannt gegeben. Berufungsbegründung und -einlegung werden dem Angeklagten bzw. seinem Verteidiger zugestellt (§ 320 StPO). Um dies zu erleichtern, wird die Berufungsbegründung wie die Anklage als gesondertes Schriftstück erstellt; die daneben notwendigen Anordnungen sind in einer Begleitverfügung zu treffen.

Beispiel

1017 Staatsanwaltschaft Wuppertal   24. 6. 2002
2051 Js 2436/02

Berufungsbegründung

In dem Strafverfahren gegen Johann Gerlander und Karl Gabel wegen Einbruchdiebstahls wird die Berufung gegen das Urteil des Schöffengerichts Wuppertal vom 13. 5. 2002 hinsichtlich des Angeklagten Gabel auf den Rechtsfolgenausspruch beschränkt. Ziel der Berufung ist die Verurteilung beider Angeklagter zu einer Freiheitsstrafe ohne Bewährung.

Das Schöffengericht hat den Angeklagten Gerlander zu Unrecht freigesprochen. Auch wenn beide Angeklagten angeben, Gerlander habe von dem Einbruch nichts gewusst, so haben doch die Zeugen Winterstein und Weller übereinstimmend ausgesagt, Gerlander

---

1 KK-Kuckein Rn 4f zu § 335 StPO; HK-Temming Rn 3f zu § 335 StPO.
2 KM Rn 2 zu § 317 StPO.

habe auf der gegenüberliegenden Straßenseite in unmittelbarer Nähe des Tatortes gestanden. Der Zeuge Weller hat zudem bekundet, einen Pfiff gehört zu haben, als sich das Polizeifahrzeug der Zeugen PHM Reinders und POM Sixtus genähert habe. Da niemand sonst in der Nähe war, muss dieser Pfiff von dem Angeklagten Gerlander gekommen sein. Dieser hat also nicht nur teilnahmslos herumgestanden, sondern offenbar den Angeklagten Gabel warnen wollen. Daraus muss der Schluss gezogen werden, dass es seine Aufgabe war, während des Einbruchs aufzupassen. Dies begründet zweifelsfrei die Annahme von Mittäterschaft.

Das Schöffengericht hat ferner zu Unrecht die Vollstreckung der Freiheitsstrafe von 18 Monaten gegen den Angeklagten Gabel zur Bewährung ausgesetzt. Abgesehen davon, dass aufgrund des Bewährungsversagens dieses Angeklagten bereits eine positive Prognose mehr als fragwürdig ist, so sind jedenfalls besondere Umstände im Sinne des § 56 II StGB im Rahmen einer Gesamtbewertung von Tat und Persönlichkeit des Angeklagten nicht ersichtlich. Das Schöffengericht hat hierzu in seinem Urteil auch lediglich ausgeführt, es nehme wegen des Geständnisses besondere Umstände an. Dies begegnet jedoch Bedenken. Zwar mag ein Geständnis grundsätzlich strafmildernd zu berücksichtigen sein. Da dem Angeklagten angesichts der Festnahme auf frischer Tat aber kaum ein anderes sinnvolles Verteidigungsverhalten übrig blieb, als die Tat zu gestehen, handelt es sich insoweit allenfalls um einen durchschnittlichen Milderungsgrund, der weder für sich genommen noch im Zusammenwirken mit den übrigen Strafzumessungsfaktoren einen besonderen Umstand darzustellen vermag. Die Strafaussetzung hätte daher nach § 56 II StGB versagt werden müssen.

Petersen, StA

Die **Begleitverfügung** dazu könnte dann wie folgt lauten:

Beispiel

Staatsanwaltschaft Wuppertal	24. 6. 2002	1018
2051 Js 2436/02		

Vfg
Eilt!

1. Frau AL wegen anliegender Berufungsrechtfertigung.

2. Berufungsrechtfertigung in Reinschrift fertigen mit 6 Durchschriften, davon 3 beglaubigt.

3. 3 beglaubigte Abschriften der Berufungseinlegung Bl 144 dA fertigen.

4. Je eine beglaubigte Abschrift der Berufungseinlegung und -rechtfertigung an den Verteidiger des Angeklagten Gerlander (Bl 14 dA) gegen EB zustellen.

5. Formlose Nachricht von Ziff 4 an den Angeklagten Gerlander unter Beifügung je einer beglaubigten Abschrift von Berufungseinlegung und -rechtfertigung.

6. Je eine beglaubigte Abschrift der Berufungseinlegung und -rechtfertigung dem Angeklagten Gabel (Bl 55 dA) gegen ZU zustellen.

7. Entwurf und Durchschrift der Berufungsrechtfertigung zu den HA.

8. Überstück des angefochtenen Urteils zu den HA nehmen.

9. U m A (1 Bd) und BA 205 Js 2347/99 (2 Bde)

Herrn Vorsitzenden der kleinen Strafkammer
bei dem Landgericht
in Wuppertal

auf die Berufung Bl 144 dA mit dem Antrag auf Terminsbestimmung. Es wird vorgeschlagen, die Ladung der in erster Instanz vernommenen Zeugen (Bl 110 dA) anzuordnen.

10. Wv 6. 10. 2002.

Petersen, StA

1019 Bei der **Benennung der Zeugen** ist darauf zu achten, dass nur die unbedingt notwendigen Personen aufgeführt werden. Wer schon in erster Instanz nichts zur Sache aussagen konnte, muss nicht erneut zur Vernehmung bemüht werden (Nr 158 RiStBV).

2. Berufung des Angeklagten

1020 Werden dem Staatsanwalt vom Amtsgericht die Akten mit einer Berufung des Angeklagten übersandt, so prüft er zunächst die **Rechtzeitigkeit der Anfechtung**. Falls diese Prüfung ergibt, dass die Wochenfrist des § 314 StPO nicht eingehalten worden ist, wird gegenüber dem Gericht erster Instanz die Verwerfung der Berufung als unzulässig beantragt (§ 319 I StPO). Andernfalls erfolgt die umgehende **Weitergabe an das Berufungsgericht**:

Staatsanwaltschaft Freiburg/Brsg   29. 8. 2002   1021
870 Js 11643/01

Verfügung

1. Überstück des Urteils zu den HA nehmen.

2. U m A (1 Bd, 2 SH)

   der/dem Frau/Herrn Vorsitzenden der kleinen Strafkammer in Freiburg/Brsg

   auf die Berufung des Angeklagten Seibold (Bl 211) gegen das Urteil des Strafrichters in Freiburg/Brsg vom 20. 6. 2002 (Bl 201ff) mit dem Antrag auf Terminsbestimmung übersandt. Zeugen werden, da es sich um eine Strafmaßberufung handelt, nicht für erforderlich gehalten.

3. Frist 13. 12.

Wieland-Gundelach, StAin

In der **Berufungshauptverhandlung**, die ansonsten weitgehend wie die erstinstanzliche Hauptverhandlung abläuft, wird anstelle der Anklage durch den Berichterstatter das Urteil erster Instanz verlesen (§ 324 StPO), soweit es für die Berufung von Bedeutung ist. Bei den Schlussvorträgen hat zunächst der Berufungsführer zu plädieren. Bei beiderseitiger Berufung gebührt demjenigen der Vorzug, dessen Berufung das Urteil weitergehend anficht. Gibt es zwischen beiden Berufungen insoweit keine Unterschiede, dann plädiert wie in erster Instanz der Staatsanwalt zuerst. In jedem Fall hat auch hier der Angeklagte das letzte Wort (§ 326 StPO).   1022

Eine **Einstellung** des Verfahrens wird, wenn in erster Instanz auf Verurteilung erkannt wurde, regelmäßig nicht mehr in Betracht kommen. Ansonsten müsste der Richter beim Amtsgericht zu Recht den Eindruck gewinnen, sein Engagement in der Sache sei völlig nutzlos gewesen und künftig nicht mehr erforderlich, weil die Strafkammer ohnehin den bequemen Weg des geringsten Wider-   1023 standes geht. Auch bestünde die Gefahr, dass damit künftig Berufungen provoziert würden, deren einziges Ziel mangels anderweitiger Erfolgsaussichten das einer Verfahrenseinstellung ist. Ausnahmen wird man allenfalls dann machen müssen, falls sich die für die Entscheidung über eine Einstellung relevanten tatsächlichen Verhältnisse mittlerweile geändert haben, zB wenn auf Grund einer weiteren Verurteilung nunmehr nach § 154 StPO verfahren oder wegen der erst jetzt erklärten Bereitschaft des Opfers, sich auf einen TOA einzulassen, nach § 153a I Nr 5 StPO vorläufig eingestellt werden kann.

1024 Ohne Verhandlung zur Sache wird die Berufung des Angeklagten gemäß § 329 StPO verworfen, wenn er **unentschuldigt nicht erscheint**. Auf eine Berufung der Staatsanwaltschaft kann in diesem Fall auch in Abwesenheit gegen den Angeklagten verhandelt werden, sofern seine Anwesenheit nicht aus Gründen der Aufklärungspflicht unumgänglich ist[1].

IV. Die Revision

Literatur: Amelunxen: Die Revision der Staatsanwaltschaft, Lübeck 1980; Dahs/Dahs: Die Revision im Strafprozeß, 6. Auflage München 2001; Sarstedt/Hamm: Die Revision in Strafsachen, Berlin ua 1998.

1. Revision der Staatsanwaltschaft

1025 **Revision** kann zum einen gegen erstinstanzliche Urteile der Strafkammern eingelegt werden; Revisionsgericht ist dabei der BGH (§§ 333 StPO, 135 I GVG). Zum zweiten ist sie möglich gegen Berufungsurteile der Strafkammern, wobei hierüber das OLG entscheidet (§§ 333 StPO, 121 I Nr 1b GVG). Schließlich ist die Sprungrevision gegen Urteile des Strafrichters oder Schöffengerichts statthaft, die ebenfalls zum OLG geht (§ 335 StPO). Bei den Jugendgerichten gilt dies entsprechend.

1026 Besteht die Möglichkeit, sowohl Berufung als auch Revision einzulegen, also gegenüber Urteilen des Amtsgerichts, so wird die **Wahl des Rechtsmittels** im Zweifel auf die Berufung fallen. Denn durch sie kann im Gegensatz zur Revision[2] das Verfahren auch im

---

1 Vgl KM Rn 35ff zu § 329 StPO.
2 Vgl §§ 353f StPO.

Erfolgsfalle abgeschlossen werden und bedarf nicht (nach Aufhebung und Zurückverweisung) einer erneuten Hauptverhandlung. Eine Revision kommt demgegenüber in Betracht, wenn eine Rechtsfrage grundsätzlicher Art zu entscheiden ist oder ein so klarer Rechtsverstoß vorliegt, dass sie die schnellere Aufhebung der falschen Entscheidung verspricht.

Mit der Revision kann zum einen die Verletzung des materiellen Rechts gerügt werden. Diese sog **Sachrüge** ist von dem im Urteil festgestellten Sachverhalt ausgehend bei einer falschen Subsumtion unter das Strafgesetz einschließlich der Strafzumessungsvorschriften begründet. Gegenstand der Sachrüge kann aber auch eine falsche Tatsachenfeststellung sein, wenn diese gegen Denkgesetze oder die allgemeine Lebenserfahrung verstößt, in sich widersprüchlich oder unvollständig ist[1].   **1027**

Zum zweiten kann die Revision auf eine Verletzung der prozessrechtlichen Vorschriften gestützt werden. Unter diese sog **Verfahrensrüge** fällt neben der Verletzung sonstiger Verfahrenspflichten insbesondere auch die Missachtung der Aufklärungspflicht[2].   **1028**

Eine Rechtsverletzung, betrifft sie nun das materielle oder das formelle Recht, kann jedoch nur dann mit Erfolg gerügt werden, wenn es möglich erscheint, dass das Urteil auf ihr beruht (§ 337 I StPO). Dieses **Beruhen auf dem Fehler** wird nur bei den absoluten Revisionsgründen nach § 338 StPO vom Gesetz unwiderleglich vermutet (§ 338 StPO). In allen anderen Fällen muss es im Einzelfall nachgewiesen werden. Bei der Sachrüge ergibt sich das Beruhen allerdings zumeist problemlos aus der Logik der Entscheidungsgründe, soweit es sich bei den fraglichen Urteilspassagen nicht um bloße Hilfserwägungen handelt.   **1029**

Die besondere Schwierigkeit der Revision liegt in den nicht immer ganz einfach zu beachtenden **Frist- und Formvorschriften** der §§ 341, 344f StPO. Hier ist neben der Frist zur Einlegung des Rechtsmittels (§ 341 StPO) die anschließende Revisionsbegründungsfrist nach § 345 I StPO einzuhalten, die gegenüber der Staatsanwaltschaft regelmäßig mit der Zustellung des Urteils (unter Beifügung der Akten) beginnt.   **1030**

---

1 Vgl näher bei Dahs/Dahs Rn 395ff; Sarstedt/Hamm Rn 890ff.
2 Vgl hierzu Dahs/Dahs Rn 475ff, Sarstedt/Hamm Rn 247ff.

1031   Hinsichtlich der **Begründung** fordert § 344 StPO für die Sachrüge zwar nur die bloße Erklärung, dass die Verletzung des materiellen Rechts gerügt werde. Die Staatsanwaltschaft hat aber darüber hinaus klarzustellen, welche Ausführungen des angefochtenen Urteils fehlerhaft sind und auf welche Gründe sie ihre Rechtsauffassung stützt (Nr 156 II RiStBV). Bei der Verfahrensrüge sind zusätzlich die den Mangel enthaltenden Tatsachen anzuführen (§ 344 II 2 StPO). Dies geschieht zweckmäßigerweise durch die wörtliche Wiedergabe der fraglichen Passagen aus Urteil bzw Protokoll[1].

1032   Weiterhin ist – üblicherweise am Ende der Revisionsbegründung – ein Antrag zu stellen, inwieweit die Aufhebung des angefochtenen Urteils begehrt wird (**Revisionsantrag**, § 344 I StPO).

1033   Die **Revisionsbegründungsschrift** wird wie die Berufungsbegründung als selbständiges Schriftstück gefertigt. Die weiteren Maßnahmen ordnet man in einer Begleitverfügung an.

Beispiel

Beispiel 1 (Sachrüge bei Freispruch):

Staatsanwaltschaft Stuttgart   30. 8. 2002
48 Js 5434/02

Revisionsbegründung

In der Strafsache gegen den Gastwirt Antonio Esposito, geboren am 23. 3. 1964 in Barcelona, wohnhaft Stuttgart, Waldstr. 33,

wegen Hehlerei

begründe ich die am 27. 6. 2002 gegen das Urteil des Strafrichters in Stuttgart vom 21. 6. 2002 eingelegte Revision wie folgt:
Es wird die Verletzung materiellen Rechts gerügt, insbesondere die Verletzung der §§ 259, 22 StGB.

Das Gericht hat in den Urteilsgründen zur Rechtfertigung des Freispruchs des Angeklagten festgestellt, es sei nicht nachzuweisen, dass das durch den Angeklagten von einem Unbekannten erworbene und später von der Polizei sichergestellte Autoradio gestohlen

---

1 Nr 156 III RiStBV, vgl ausführlicher bei Dahs/Dahs Rn 464ff; Amelunxen 49ff.

gewesen sei (UA Seite 3). Zwar ließen der Erwerb zu dem ausgesprochen günstigen Preis von 50 Euro bei einem Wert des Gerätes zur Tatzeit von etwa 650 Euro und die Tatsache, dass der Angeklagte das Radio am Bahnhof von einem ihm Unbekannten gekauft habe, auf die Möglichkeit eines Diebstahls schließen. Da die Gerätenummer abgekratzt gewesen sei, habe sich der diesbezügliche Nachweis aber nicht mit der erforderlichen Sicherheit führen lassen (UA Seite 4).

Angesichts dieser Feststellungen musste sich dem Gericht die Möglichkeit einer versuchten Hehlerei (§§ 259, 22, 23 StGB) aufdrängen. Dazu reichte es aus, wenn der Angeklagte die Möglichkeit eines vorherigen Diebstahls erkannt und sich gleichwohl wegen des günstigen Preises für einen Erwerb entschieden hätte. Auf diese naheliegende Möglichkeit gehen die Urteilsgründe jedoch nicht ein. Sie sind daher unvollständig und somit fehlerhaft.

Es wird daher beantragt,

das Urteil des Strafrichters vom 21. 6. 2002 in vollem Umfang aufzuheben und die Sache zu neuer Verhandlung und Entscheidung an eine andere Abteilung des AG Stuttgart zurückzuverweisen.

Dr. Lüders, StA

Beispiel 2 (Verfahrensrüge):

Beispiel

(Kopf wie in Beispiel 1) 1034

Es wird die Verletzung formellen Rechts, und zwar des § 244 III 2 StPO, gerügt.

In der Sitzung vom 20. 6. 2002 hat die Sitzungsvertreterin der Staatsanwaltschaft folgenden Beweisantrag gestellt:

„Es wird die Vernehmung des Zeugen Rolf Gerhardt, Sängergasse 3, Gössenheim, beantragt. Der Zeuge wird bekunden, dass der Angeklagte zur Tatzeit am 23. 5. 2001 gegen 14.00 Uhr nicht in der Wohnung des Zeugen Müller war" (Bl 244 Bd II dA).

Das Amtsgericht hat daraufhin in derselben Sitzung folgenden Beschluss verkündet:

„Der Beweisantrag der Staatsanwaltschaft wird abgelehnt, weil das Beweismittel unerreichbar ist. Der Zeuge Gerhardt wurde zum heutigen Hauptverhandlungstermin durch Postzustellungsurkunde geladen. Diese kam mit dem Vermerk: ‚Empfänger unbekannt verzogen' zurück." (Bl 246 Bd II dA)

Die angeführten Tatsachen rechtfertigen nicht die Ablehnung wegen Unerreichbarkeit. Ein Beweismittel ist unerreichbar, wenn alle seiner Bedeutung und seinem Wert entsprechenden Bemühungen des Gerichts, es beizubringen, erfolglos geblieben sind und keine begründete Aussicht besteht, es in absehbarer Zeit herbeizuschaffen[1]. Nur ausnahmsweise darf ein Gericht solche Bemühungen von vorneherein unterlassen[2]. Dass ein Zeuge unbekannt verzogen ist, macht ihn nicht ohne weiteres unerreichbar[3]. Im vorliegenden Fall sind keinerlei Anhaltspunkte dafür ersichtlich, dass der Zeuge Gerhardt nicht durch eine Meldeanfrage beim Einwohnermeldeamt Gössenheim, bei seinem bisherigen Vermieter oder den Nachbarn sowie seinem Arbeitgeber zu ermitteln gewesen wäre. Angesichts der Bedeutung des Beweismittels für die Beweisführung waren solche einfachen Nachfragen aber erforderlich, bevor eine Ablehnung des Beweisantrages wegen Unerreichbarkeit in Betracht kam.

Das Urteil beruht auch auf dem Fehler. Durch den Zeugen könnte nämlich das Alibi des Angeklagten, dass ihm der Zeuge Müller durch die Aussage, der Angeklagte habe sich zur Tatzeit in seiner, des Zeugen Müllers, Wohnung aufgehalten, verschafft hat und dass nach Auffassung des Gerichts ohnehin bereits nicht zweifelsfrei ist (UA Seite 11), endgültig widerlegt werden, so dass eine Verurteilung des Angeklagten möglich erscheint.

Es wird beantragt, … *(weiter wie oben im Beispiel Rn 1033).*

1035   Die Revisionsbegründung ist in der Frist des § 345 I StPO dem Gericht, dessen Urteil angefochten wird, zur Kenntnis zu bringen. Das Gericht veranlasst sodann die nach § 347 I StPO notwendige

---

1 BGH NStZ 1982, 78.
2 BGH GA 1968, 19.
3 BGH bei Herlan, MDR. 1954, 531; OLG Koblenz GA 1974, 120, 121.

Zustellung an den Angeklagten[1]. Werden die Vorschriften über die Formalien und Fristen von Revisionseinlegung und Begründung nicht peinlich genau eingehalten, so droht die Verwerfung als **unzulässig** gemäß §§ 346 I, 349 I StPO.

Die **Begleitverfügung** zur Revisionsbegründung könnte in den obigen Beispielen Rn 1033f wie folgt aussehen: 1036

Beispiel

Staatsanwaltschaft Stuttgart   30. 8. 2002
48 Js 5434/02

Verfügung

1. Herrn AL wegen anliegender Revisionsbegründung.

2. Revisionsbegründung nach anliegendem Entwurf in Reinschrift zu den Akten fertigen mit 5 Abschriften[2].

3. Entwurf und eine Abschrift zu den HA nehmen.

4. Drei Abschriften der Revisionsbegründung beglaubigen[3].

5. Zwei beglaubigte Abschriften der Revisionsbegründung lose zu den HA nehmen[4].

6. U m A (2 Bde)

   dem Amtsgericht
   – Strafrichter –
   in Stuttgart

   gemäß § 345 StPO unter Bezugnahme auf anliegende Revisionsbegründung übersandt. Eine beglaubigte und eine einfache Abschrift liegen für die Zustellung bei.

7. 14. 9. (Akte zurück? Dann Revisionsübersendungsbericht).

Dr. Lüders, StA

---

1 KM Rn 1 zu § 347 StPO.

2 Weitere Abschriften sind erforderlich, falls Mitangeklagte oder Nebenbeteiligte vorhanden sind, ferner bei einer Revision zum BGH.

3 Je eine weitere Beglaubigung ist für Mitangeklagte, Nebenkläger bzw bei einer Revision zum BGH erforderlich.

4 Diese werden für den später zu erstellenden Revisionsübersendungsbericht benötigt. Wird eine Revision zum BGH erhoben, so ist eine weitere beglaubigte Abschrift für die Generalstaatsanwaltschaft, über welche die Vorlage an den Generalbundesanwalt erfolgt, zu den Handakten zu nehmen.

1037 Nachdem die Akten von dem Gericht, dessen Urteil angefochten wurde, erneut zurückgekehrt sind, erfolgt ihre Übersendung an das Revisionsgericht über die Generalstaatsanwaltschaft und ggf auch über den Generalbundesanwalt (§ 347 II StPO, Nr 163 RiStBV). Dies geschieht mittels des **Revisionsübersendungsberichts**, dessen Inhalt sich aus Nr 164–166 RiStBV ergibt. Der Entwurf dieses Berichtes ist in der Regel durch die Landesjustizverwaltungen dem Rechtspfleger übertragen worden. Der Staatsanwalt braucht daher im obigen Beispielsfall nur noch zu verfügen:

Verfügung

Herr/Frau Rechtspfleger/in mit der Bitte um Erstellung des Revisionsübersendungsberichts.

Dr. Lü, 16. 9.

2. Revision des Angeklagten

1038 Auch bei einer Revision des Angeklagten wird das Urteil unter Beifügung der Akten der Staatsanwaltschaft zugestellt. Hier ist zunächst zu prüfen, ob die **Revision form- und fristgerecht** eingelegt wurde. Wenn dies der Fall ist, werden die Akten erst einmal in der Regel, ohne weiteres zu veranlassen, an das Gericht zurückgesandt:

Beispiel

1039 Staatsanwaltschaft Tübingen   30. 8. 2002
870 Js 24360/01

Vfg

1. Abschrift des Urteils zu den HA nehmen.

2. U m A (2 Bd)

   Herrn Vorsitzenden der Strafkammer 3
   in Tübingen

   nach Zustellung zur weiteren Überwachung der Revisionsbegründungsfrist zurückgesandt.

3. 30. 9.

Winterfeld, StAin

Bei einer verspätet oder nicht formgerecht eingelegten Revision wird stattdessen mit der Rücksendung die **Verwerfung als unzulässig** beantragt (§ 346 I StPO).

1040

(Verfügungskopf wie im obigen Beispiel)

1. Abschrift des Urteils zu den HA nehmen.

2. U m A (2 Bd)

Herrn Vorsitzenden der Strafkammer 3
in Tübingen

nach Zustellung mit dem Antrag zurückgesandt, die Revision des Angeklagten gegen das Urteil der Strafkammer vom 29. 7. 2002 gemäß § 349 I StPO als unzulässig zu verwerfen. Die Revision gegen das in Anwesenheit des Angeklagten verkündete Urteil ist ausweislich des Eingangsstempels erst am 6. 8. 2002 bei Gericht eingegangen (Bl 54 Bd II). Die Frist des § 341 I StPO ist somit um einen Tag überschritten.

3. 30. 9.

Winterfeld, StAin

Bei zulässiger Revisionseinlegung werden die Akten vom Gericht dem Staatsanwalt ein zweites Mal mit der **Zustellung der Revisionsbegründung** bzw nach Ablauf der Frist dazu vorgelegt. Es ist jetzt zunächst zu prüfen, ob die Revision rechtzeitig und **formgerecht begründet** worden ist. Dies betrifft allerdings zunächst nur die Formvorschrift des § 345 StPO, also Rechtzeitigkeit der Begründung und Unterzeichnung durch einen Rechtsanwalt bzw Erklärung zu Protokoll der Geschäftsstelle. Weitere Formfehler, etwa die inhaltlich mangelhaft ausgeführte Begründung einer Verfahrensrüge, die erst durch das Revisionsgericht sanktioniert werden (§ 349 I StPO), brauchen daher an dieser Stelle noch nicht beachtet zu werden. Genügt die Revisionsbegründung formal den Anforderungen von § 345 nicht, werden die Akten entsprechend dem Beispiel Rn 1040 dem Gericht mit einem Verwerfungsantrag gemäß § 349 I StPO zurückgesandt.

1041

1042 Bei äußerlich zulässiger Revisionsbegründung hingegen wird nunmehr die Entscheidung des Revisionsgerichts herbeizuführen sein. Zu diesem Zweck ist zunächst zu erwägen, ob eine **Gegenerklärung** gemäß § 347 I 2 StPO abgegeben werden soll. Eine solche Gegenerklärung enthält nicht etwa inhaltliche Auseinandersetzungen mit der Revision. Vielmehr gibt sie lediglich diejenigen Tatsachen aus Urteil und Protokoll wieder, die für die Überprüfung erhobener Rügen benötigt werden. Sie soll damit dem Revisionsgericht die Entscheidungsvorbereitung erleichtern, nicht aber den inhaltlichen Standpunkt der Staatsanwaltschaft dokumentieren. Diese sehr begrenzte Funktion lässt die Geringschätzung der Revisionsgegenerklärung in der Praxis verständlich erscheinen. Sie legt zugleich nahe, bei der Entscheidung, ob man von der Gelegenheit, eine Gegenerklärung abzugeben, Gebrauch machen soll, einen restriktiven Maßstab anzulegen.

1043 Soweit nur die Sachrüge erhoben wird, ist eine Gegenerklärung zumeist entbehrlich (Nr 162 I RiStBV). Werden (zusätzlich) Verfahrensfehler gerügt, so ist allenfalls dann eine Gegenerklärung abzugeben, wenn dadurch die **Nachprüfung der Revisionsrügen** ersichtlich **erleichtert** werden kann (Nr 162 II RiStBV). Bei einer vollständigen, verständlichen und übersichtlichen Revisionsbegründung, die nur einige wenige formelle Rechtsfehler rügt, ist eine Gegenerklärung daher nicht erforderlich, wohl aber bei einer Vielzahl von Rügen oder einem ungeordneten und nicht unmittelbar verständlichen Revisionsvortrag. Hinsichtlich der inhaltlichen Anforderungen wird auf die ausführlichen Hinweise in Nr 162 II RiStBV Bezug genommen.

1044 Auch die **Revisionsgegenerklärung** wird als selbständiges Schriftstück gefertigt und mit einer Begleitverfügung versehen.

Beispiel

Staatsanwaltschaft Tübingen   31. 10. 2002
870 Js 24360/01

Revisionsgegenerklärung

zu der Revisionsbegründung des Angeklagten Hermann Ohlendorf vom 11. 9. 2002 (Bl 131 Bd II dA):

1. Zu Ziffer I 1 der Revisionsbegründung (Nichtvereidigung der Zeugin Wehner):

In der Niederschrift über die Sitzung der 12. Strafkammer vom 26. 8. 2002 heißt es unter anderem (Bl 279 Bd I dA):

„5. Zeugin:

Zur Person: Ich heiße Regina Wehner, bin 33 Jahre alt, von Beruf Elektroinstallateurin. Ich bin mit dem Angeklagten nicht verwandt oder verschwägert.

Die Zeugin sagte zur Sache aus.

Entscheidung des Vorsitzenden:

Die Zeugin bleibt gemäß § 60 Nr 2 StPO unvereidigt, weil sie der Beihilfe zum angeklagten Betrug verdächtig ist."

Ein Gerichtsbeschluss über die Nichtvereidigung der Zeugin ist im Protokoll nicht wiedergegeben.

2. Zu Ziffer I 2 der Revisionsbegründung (Nichtgewährung des letzten Wortes):

In der Niederschrift über die Sitzung vom 27. 8. 2002 heißt es insoweit (Bl 286f Bd I dA):

„Der Verteidiger beantragte: Freispruch

Der Angeklagte hatte das letzte Wort. Er erklärte: – nichts –.

Das Gericht zog sich um 12.56 Uhr zur Beratung zurück.

Nach Beratung wurde sodann um 14.30 Uhr folgendes Urteil verkündet:

Im Namen des Volkes! ..."

Winterfeld, StAin

Bei der Erstellung der **Begleitverfügung** ist anzuordnen, dass die Gegenerklärung dem Angeklagten bzw seinem Verteidiger formlos mitgeteilt wird. Eine Zustellung ist nur erforderlich, falls sie erhebliche neue Tatsachen oder Beweismittel enthält oder auf diese Bezug nimmt, zB eine dienstliche Erklärung des Richters (Nr 162 III RiStBV). 1045

Beispiel *(in obiger Sache)*

1046 Staatsanwaltschaft Tübingen   31. 10. 2002
870 Js 24360/01

Verfügung

1. Herrn AL mit der Bitte um Kenntnisnahme.

2. Revisionsgegenerklärung nach anliegendem Entwurf in Reinschrift zu den Akten fertigen.

3. 5 Abschriften der Gegenerklärung fertigen, davon 3 beglaubigt[1].

4. 2 beglaubigte Abschriften zunächst lose zur HA nehmen[2].

5. Eine beglaubigte Abschrift gegen EB an Verteidiger Bl 21 Bd I dA zustellen.

6. Nachricht von Ziff 5 formlos an Angeklagten Ohlendorf (Bl 200 Bd I dA) unter Beifügung einer einfachen Abschrift der Gegenerklärung.

7. U m A (2 Bd)

Herrn Vorsitzenden der Strafkammer 12
in Tübingen

gemäß § 347 I 2 StPO zur Kenntnisnahme von anliegender Revisionsgegenerklärung übersandt.

8. 10. 11. (Revisionsübersendungsbericht).

Winterfeld, StAin

1047 Erst nach erneuter Rückkehr der Akten wird auf Anordnung des Dezernenten der **Revisionsübersendungsbericht** durch den Rechtspfleger gefertigt[3].

---

1 Weitere beglaubigte Abschriften sind bei einer Revision zum BGH erforderlich sowie für weitere Angeklagte oder Nebenkläger.

2 Für den späteren Revisionsübersendungsbericht. Bei einer Revision zum BGH werden hier 3 Abschriften benötigt.

3 Vgl Rn 1037.

Soll **keine Gegenerklärung** abgegeben werden, so wird dieses   1048
anlässlich der Zustellung der Revisionsbegründung vermerkt und
die Akte anschließend sofort dem Rechtspfleger zugeschrieben.

Beispiel

870 Js 24360/01

Vfg

1. Keine Gegenerklärung, weil nur die Verletzung materiellen Rechts gerügt wird.
2. Frau Rechtspflegerin mit der Bitte um Fertigung des Revisionsübersendungsberichts.

Wi, 31. 10.

V. Die Rechtsbeschwerde im Ordnungswidrigkeitenverfahren

Gegen Urteile und Beschlüsse des Amtsgerichts in Owi-Sachen ist   1049
lediglich die **Rechtsbeschwerde** zum OLG zulässig (§ 79 OWiG),
auch diese jedoch nur unter den engen Voraussetzungen des § 79 I
OWiG. Danach gibt es drei Gruppen zulässiger Rechtsbeschwerden:

– Wegen der festgesetzen oder beantragten **Rechtsfolgen** (§ 79 I
  Nr 1–3 OWiG). Für den Betroffenen bedeutet das insbesondere,
  dass eine Beschwer von mehr als 250 Euro vorliegen muss. Bei
  einem Freispruch kann die Staatsanwaltschaft Rechtsbeschwerde
  einlegen, wenn im Bußgeldbescheid eine Geldbuße von mehr als
  600 Euro oder ein Fahrverbot festgesetzt oder solche Rechtsfolgen
  in der Hauptverhandlung beantragt worden waren.

– Wegen bestimmter **Verfahrensweisen** bei der Behandlung des
  Einspruchs (§ 79 I Nr 4, Nr 5 OWiG).

– Im Falle ihrer **Zulassung** durch das Rechtsbeschwerdegericht
  (§ 80). Diese Möglichkeit besteht zur Fortbildung des Rechts, zur
  Sicherung einheitlicher Rechtsprechung oder wegen Versagung
  rechtlichen Gehörs. Die weiteren Einschränkungen in § 80 II
  OWiG sind zu beachten.

Für die Rechtsbeschwerde gelten die die Revision betreffenden Vor   1050
schriften der StPO entsprechend (§ 79 III OWiG). Der Staatsanwalt

bearbeitet sie daher genauso, wie er eine Revision behandeln würde[1]. Der **Zulassungsantrag** nach § 80 OWiG unterliegt denselben Anforderungen wie die Rechtsbeschwerde selbst (§ 80 III 1 OWiG) und wird daher ebenfalls analog einer Revision bearbeitet.

VI. Die Wiederaufnahme des Verfahrens

1. Wiederaufnahme zu Gunsten des Verurteilten

1051 Unter bestimmten Voraussetzungen gestattet § 359 StPO die Wiederaufnahme des Verfahrens zu Gunsten des Verurteilten, wobei das **Auftauchen neuer Beweismittel** (§ 359 Nr 5 StPO) sicherlich der am häufigsten vorkommende Fall ist.

1052 Der Wiederaufnahmeantrag muss die inhaltlichen und formalen Anforderungen des § 366 StPO erfüllen; andernfalls ist er als unzulässig zu verwerfen (§ 368 I StPO). Hierbei bedarf es besonderen Augenmerks hinsichtlich der **Eignung des Beweismittels**. In diesem Zusammenhang ist in gewissen Grenzen auch eine Vorwegnahme der Beweiswürdigung zulässig und erforderlich[2].

1053 Wird dem Staatsanwalt ein Wiederaufnahmeantrag vorgelegt, so leitet er diesen, ggf bereits mit einem zu begründenden **Verwerfungsantrag** nach § 368 I StPO, dem zuständigen Gericht zu. Dabei ist zu beachten, dass alle Erklärungen im Wiederaufnahmeverfahren dem **AL zur Kenntnisnahme** vorzulegen sind (Nr 14 IIc OrgStA).

1054 Der Staatsanwalt, der bereits in eigener Person mit dem Ursprungsverfahren befasst war, soll bei der Wiederaufnahme nicht mitwirken (Nr 170 I RiStBV). In diesem Fall haben AL bzw BL einen anderen Dezernenten mit der Sachbearbeitung zu betrauen. Auf einen solchen Fall der **Verhinderung** weist man den AL per Handaktenverfügung hin.

1055 Zuständiges **Wiederaufnahmegericht** ist ein anderes Gericht als dasjenige, dessen Entscheidung angegriffen wird, jedoch mit gleicher sachlicher Zuständigkeit (§§ 367 I StPO, 140a GVG). Welches Gericht im Einzelfall zu befinden hat, ergibt sich aus einem jeweils vor Beginn des Geschäftsjahres gefassten Beschluss des Präsidiums des OLG (§ 140a II GVG), der auf der Verwaltungsgeschäftsstelle

---

1 Vgl dazu oben Rn 1025ff.
2 KM Rn 9 zu § 368 StPO.

der Staatsanwaltschaft eingesehen werden kann, soweit er nicht ohnehin bei den Dezernenten vorhanden ist.

Wird eine Entscheidung einer Strafkammer angegriffen, so ist zur Entscheidung über den Wiederaufnahmeantrag daher regelmäßig die Strafkammer eines anderen Landgerichts zuständig. Da die **Zuständigkeit der Staatsanwaltschaft** sich an derjenigen des Gerichts orientiert, wird in diesem Fall auch das Wiederaufnahmeverfahren seitens der Staatsanwaltschaft von der Behörde betrieben, die dem Wiederaufnahmegericht örtlich zugeordnet ist. Dieser werden die Akten mit dem Wiederaufnahmeantrag zugeleitet, ohne dass zuvor noch weitere eigene Maßnahmen notwendig wären. Bei der neuen Behörde wird das Verfahren wie eine Abgabe behandelt und folglich als neue Js-Sache eingetragen. Die Akten verbleiben dort bis zum endgültigen Abschluss des Verfahrens, ggf einschließlich der weiteren Vollstreckung. Sie werden danach auch von dieser Staatsanwaltschaft weggelegt und später, nach Ablauf der Aufbewahrungsfristen, vernichtet. 1056

Sofern der Wiederaufnahmeantrag zulässig ist, wird nach Durchführung des **Probationsverfahrens** gemäß § 369 StPO zu entscheiden sein, ob er auch begründet ist (§ 370 StPO). Dies ist nur dann der Fall, wenn aufgrund der neuen Beweismittel und Tatsachen eine Freisprechung wahrscheinlicher erscheint als die Bestätigung des alten Urteils[1]. Kann dies erwartet werden, so ordnet das Gericht die **Erneuerung der Hauptverhandlung** an (§ 370 II StPO). Nur ganz ausnahmsweise wird der Staatsanwalt einer Freisprechung ohne Hauptverhandlung gemäß § 371 II StPO zustimmen können (Nr 171 RiStBV). Wenn allerdings der Verurteilte bereits verstorben ist, findet eine neue Hauptverhandlung selbstverständlich nicht mehr statt[2]. 1057

2. Wiederaufnahme zu Ungunsten des Beschuldigten

Eine **Wiederaufnahme zu Ungunsten des Beschuldigten** ist nur unter den sehr engen Voraussetzungen von § 362 StPO zulässig. In der Praxis kommen vor allem gelegentlich Fälle einer Falschaussage (§ 362 Nr 2 StPO) oder eines Geständnisses (§ 362 Nr 4 StPO) vor. 1058

---

1 Eingehend und kritisch dazu Roxin § 55 Rn 16.
2 Vgl § 371 I StPO.

Letzteres ist auch außergerichtlich und sogar gegenüber Privatpersonen möglich.

1059 Liegen die Voraussetzungen einer solchen Wiederaufnahme vor, so leitet der Staatsanwalt die Akten mit einem entsprechenden **Antrag** dem Wiederaufnahmegericht zu.

Beispiel

Staatsanwaltschaft Hannover	9. 9. 1996
84 Js 5454/94	

Verfügung

1. Herrn AL VIII zu Kenntnisnahme.

2. Durchschrift dieser Verfügung zu den HA nehmen.

3. U m A (2 Bd)

   dem Amtsgericht Schöffengericht
   in Hameln

   mit dem Antrag übersandt, die Wiederaufnahme des Verfahrens zu Ungunsten des Beschuldigten Arno Frerichs, geb 2. 6. 1953 in Bremen, wohnhaft 30171 Hannover 1, Oesterleystr. 14, anzuordnen.

   Das Schöffengericht Hannover hat den Beschuldigten durch rechtskräftiges Urteil vom 12. 4. 1995 vom Vorwurf des Einbruchdiebstahls zum Nachteil Firma Schönberg, Lavesstr. (vgl die Anklageschrift vom 30. 11. 1994, Bl 110ff Bd I dA), aus tatsächlichen Gründen freigesprochen (Bl 1ff Bd II dA). Im Urteil heißt es dazu, die Tat habe dem Beschuldigten, der jede Beteiligung bestritten habe, nicht mit der erforderlichen Sicherheit nachgewiesen werden können. Insbesondere habe der Zeuge Müller, der die Tat beobachtet hatte, erklärt, bei dem Beschuldigten könne es sich um den Täter handeln, sicher sei er sich aber nicht.

   Es liegt nunmehr der Wiederaufnahmegrund des § 362 Nr 4 StPO vor. Der Beschuldigte hat ein außergerichtliches Geständnis abgelegt. Der Zeuge Udo Wiechert hat nämlich im Rahmen eines anderen Verfahrens ausgesagt, er habe im Juli 1996 zusammen mit dem Beschuldigten Frerichs, der dort seinerzeit eine Ersatzfreiheitsstrafe aus dem Urteil des AG Stadthagen vom 27. 10. 1995 verbüßte (13 Js 43537/94 StA Bückeburg), eine Zelle in der JVA Meppen geteilt. In dieser Zeit habe Frerichs, mit dem er sich angefreundet hätte, ihm unaufgefordert wiederholt von verschiedenen unentdeckt gebliebenen Straftaten berichtet. Unter anderem habe er ihm einmal im Vertrauen erzählt, er sei am Neujahrstag 1994 in ein Bürogebäude in der Lavesstr. eingestiegen und habe dort aus der Personalkasse rund 400 DM erbeutet. Wegen dieser Tat sei er zwar angeklagt, dann aber doch freigesprochen worden (Bl 145ff Bd II dA).

Alle von dem Zeugen Wiechert geschilderten Einzelheiten der Tat stimmen mit dem Vorfall zum Nachteil Firma Schönberg überein, so dass seine Aussage glaubhaft sein dürfte. Auch ist kein Grund ersichtlich, warum Frerichs sich gegenüber einem Freund zu Unrecht der Tatbegehung bezichtigen sollte. Es ist deshalb wahrscheinlich, dass Frerichs im Falle einer erneuten Hauptverhandlung, bei welcher auch der Zeuge Wiechert vernommen wird, wegen der Tat verurteilt würde. Deshalb ist die Wiederaufnahme des Verfahrens anzuordnen.

4. 14. 11. 1996 (Beweisaufnahme gemäß § 369 StPO?).

Lehndorf, StA

G. Das Vollstreckungsverfahren

I. Maßnahmen nach Beendigung des Hauptverfahrens

1. Allgemeines

1060 Sobald die Akte nach Rechtskraft des Urteils bzw mit einem endgültigen Einstellungsbeschluss vom Gericht zur Staatsanwaltschaft zurückkehrt, ist eine Reihe von Maßnahmen erforderlich, die teils dem Staatsanwalt, teils dem **Rechtspfleger** obliegen. Letzterem ist mit Ausnahme der in der BegrVO aufgeführten Geschäfte insbesondere die gesamte Strafvollstreckung übertragen (§ 31 II RPflG). Gleichzeitig nimmt er auch alle damit sonst verbundenen Aufgaben wahr, etwa die Erhebung der Verfahrenskosten.

1061 Wichtigste Aufgabe ist, sofern eine Verurteilung vorliegt, zunächst die **Einleitung der Vollstreckung.** Selbst dann, wenn sich das Verfahren gegen mehrere Beschuldigte richtet und das Urteil erst gegen einen von ihnen rechtskräftig ist, wird grundsätzlich gegenüber diesem bereits die Vollstreckung eingeleitet, bevor das Rechtsmittelverfahren gegen die übrigen durchgeführt wird. Etwas anderes gilt nur, sofern der Ausnahmefall des § 357 StPO zu erwarten ist[1].

1062 Zum Zweck der Vollstreckungseinleitung ist die Akte dem Rechtspfleger zuzuschreiben. Dasselbe gilt im Übrigen schon während des laufenden Verfahrens, falls **Ordnungsgeldbeschlüsse**, etwa gegen im Termin ausgebliebene Zeugen, zu vollstrecken sind.

1063 Auch wenn **kein Rechtsmittel** eingelegt und das Urteil rechtskräftig geworden ist, bleibt gleichwohl noch zu prüfen, ob das Verfahren tatsächlich bereits insgesamt abgeschlossen ist, ob also die vorliegenden Urteile (und ggf Teileinstellungsbeschlüsse) alle Angeklagten und Taten erfassen. Andernfalls sind die Akten nach der Vollstreckungseinleitung dem Gericht zur Fortsetzung des Verfahrens hinsichtlich der unerledigten Teile zurückzugeben.

1064 War mit Anklageerhebung eine vorläufige **Teileinstellung nach § 154 StPO** im Hinblick auf die angeklagte(n) Tat(en) erfolgt, so ist nach Rechtskraft zu prüfen, ob es bei dieser Einstellung verbleiben kann, ob insbesondere die seinerzeit erwartete Strafe verhängt wur-

---

1 Vgl § 19 StVollstrO.

de, demnach also die Voraussetzungen von § 154 StPO noch fortbestehen. Bei einem Freispruch oder einer Einstellung der angeklagten Tat(en) im Hauptverfahren sind die Voraussetzungen der
Einstellung selbstverständlich entfallen. Folglich ist dann die Wiederaufnahme der Ermittlungen zu verfügen.

Falls noch **Asservate** vorhanden sind, die nicht eingezogen, für ver-   1065
fallen erklärt oder bereits zurückgegeben wurden, hat der Staatsanwalt nunmehr deren Abwicklung zu veranlassen[1]. **Beiakten**
sind zu trennen und an die jeweils aktenführende Stelle zurückzugeben. Kopien von Beiakten oder Unterlagen hingegen verbleiben als Aktenbestandteile beim Vorgang.

Die nach der MiStrA oder nach § 406d StPO notwendigen **Mittei-**   1066
lungen über den Verfahrensausgang erledigt der Rechtspfleger im
Rahmen der Vollstreckungseinleitung, sofern ein Urteil ergangen
ist. Ist das Verfahren durch eine Einstellung beendet worden und
kommt es deshalb nicht zur Vollstreckung, bleibt dies dagegen Aufgabe des Dezernenten. Mitteilungen über den Ausgang des Hauptverfahrens sind nach den einzelnen Vorschriften der MiStrA immer
dann notwendig, wenn bereits die Klageerhebung zu übermitteln
war[2]. Gewöhnlich erfolgt dies durch Übersendung einer Abschrift
der abschließenden Entscheidung (Nr 6 VII, 9 MiStrA).

Bestand eine **Berichtspflicht**, so ist jetzt in aller Kürze abschließend   1067
über den Verfahrensausgang durch Übersendung einer Urteils-
oder Beschlussabschrift zu berichten[3]. Dies obliegt in jedem Fall
dem Dezernenten.

(ausführlichere Verfügung nach Verfahrensabschluss)   **Beispiel**

340 Js 4367/99   1068

Vfg

1. Es verbleibt bei der Teileinstellung gemäß § 154 StPO Bl 245 Bd
   I dA.

---

1 Vgl oben Rn 461ff.
2 Vgl etwa Nr 16 I Ziff 4 MiStrA.
3 Vgl das ähnliche Beispiel Rn 123.`

2. Beiakten trennen und zurücksenden.

3. Herrn/Frau Rechtspfleger/in zur Vollstreckungseinleitung.

4. Schreiben an Steuerberater Wollenweber (Bl 44 Bd I) – höflich/formlos –:

   In pp

   sind am 23. 5. 1999 bei Ihnen Buchführungsunterlagen Ihres Mandanten, des Beschuldigten Wessels, beschlagnahmt worden, die nunmehr nach Abschluss des Verfahrens an Sie herausgegeben werden könnten. Ich bitte daher, die fraglichen Unterlagen binnen 3 Wochen nach Erhalt dieses Schreibens bei der hiesigen Asservatenstelle, Zimmer 34, gegen Vorlage dieses Schreibens abzuholen bzw dies zu veranlassen (Asservaten-Nr 55/99).

   Erfolgt in der genannten Frist keine Abholung, so werde ich die Herausgabe an den Beschuldigten bzw die Vernichtung der Unterlagen erwägen[1].

5. Durchschrift des Schreibens zu Ziff 4 Herrn Asservatenverwalter im Hause zu Asservaten-Nr 55/99 zur Kenntnis und weiterer Veranlassung[2].

6. 7. 10. (Asservate abgeholt? Sonst Herausgabe an Beschuldigten)

Hellmer, StA, 7. 9. 2001

1069   Sofern noch nicht während des Ermittlungsverfahrens geschehen (§ 81g StPO), wäre zudem jetzt der richtige Zeitpunkt, eine nach § 2 DNA-IFG erforderliche **DNA-Analyse** zur Sicherstellung künftiger Strafverfolgung zu veranlassen. Die materiellen Voraussetzungen entsprechen denen des § 81g StPO[3]; zuständig für die Entscheidung ist auch hier der Ermittlungsrichter.

---

1 Diese Fassung der Herausgabeanordnung ist keineswegs allgemein verbindlich. Hinsichtlich der Asservatenabwicklung gibt es bei nahezu jeder Behörde eigene Formulare, deren man sich tunlichst bedienen sollte.
2 Siehe vorstehende Fußnote.
3 Vgl dazu oben Rn 427ff.

2. Durchführung eines Entschädigungsverfahrens

Wird der Angeklagte freigesprochen oder das Verfahren gegen ihn durch Gerichtsbeschluss endgültig eingestellt und hatte er eine der in § 2 StrEG genannten Maßnahmen (zB Haft, vorläufige Entziehung der Fahrerlaubnis oder eine Beschlagnahme) erdulden müssen, so hat das Gericht zugleich mit seiner abschließenden Entscheidung dem Grunde nach über etwaige **Entschädigungsansprüche** zu befinden (§ 8 StrEG). Eine Entschädigung ist ua dann zu versagen, wenn der Beschuldigte die fragliche Strafverfolgungsmaßnahme beispielsweise durch falsche Angaben mindestens grob fahrlässig selbst verschuldet (§ 5 II StrEG), nur ein Verfahrenshindernis die Verurteilung verhindert hat (§ 6 I Nr 2 StrEG) oder bei einer Einstellung aus Opportunitätsgründen eine Entschädigung unbillig wäre (§ 3 StrEG). {1070}

Vergleichsweise häufig wird im Eifer der Hauptverhandlung die Notwendigkeit übersehen, im Urteil oder im Einstellungsbeschluss zugleich über Entschädigungsansprüche mit zu entscheiden. In diesem Fall hat der Staatsanwalt zu veranlassen, dass dies **nach Abschluss des Hauptverfahrens nachgeholt** wird. {1071}

Beispiel

Staatsanwaltschaft Heilbronn   11. 7. 2002 {1072}
510 Js 34688/00

Verfügung

1. U m A

dem AG Heilbronn, Abt 33

noch einmal übersandt. Die Beschuldigten sind ausweislich Bl 3ff, 6ff am 24. 4. 2000 vorläufig festgenommen und am folgenden Tage wieder entlassen worden. Gemäß §§ 2, 8 I StrEG wäre aus diesem Grunde bereits mit dem Einstellungsbeschluss Bl 203 dA über etwaige Entschädigungsansprüche zu entscheiden gewesen.

Es wird nunmehr beantragt,

festzustellen, dass dem Beschuldigten Müller keine Entschädigungsansprüche zustehen, der Beschuldigte Vancovic aber für die in dieser Sache erlittene Inhaftierung zu entschädigen ist.

Der Beschuldigte Müller hat die Tat eingeräumt. Die Festnahme war seinerzeit auch angesichts des Tatverdachts durchaus angemessen. Eine Entschädigung entspräche bei dieser Sachlage nicht der Billigkeit (§ 4 StrEG).

Demgegenüber hat sich im Laufe der Ermittlungen die Unschuld des Beschuldigten Vancovic hinsichtlich des Diebstahls, der Anlass seiner Festnahme war, herausgestellt. Die jetzt erfolgende Einstellung gemäß § 153a StPO beruht auf einer völlig anderen Tat (Verstoß gegen das PflVersG), deretwegen eine Festnahme aber niemals erfolgt wäre. Es wäre hier unbillig, diesem Beschuldigten eine Entschädigung zu verwehren, zumal auch andere Versagungsgründe nicht ersichtlich sind.

2. Wiedervorlage 8. 8.

Dr. Grüneberg, StAin

1073 Sobald die Entschädigungspflicht durch das Gericht dem Grunde nach festgestellt ist, muss der Berechtigte durch die Staatsanwaltschaft darüber **belehrt** werden, dass er seinen Anspruch innerhalb von sechs Monaten anzumelden hat. Über dessen **Höhe** entscheidet anschließend die Justizverwaltung (§ 10 StrEG). Prüfungs- und Entscheidungsstellen sind hier je nach Bundesland der Leitende Oberstaatsanwalt, die Generalstaatsanwaltschaft oder das Justizministerium. Ist die Staatsanwaltschaft nicht selbst entscheidungsbefugt, so wird die Sache mit einem Bericht der zuständigen Stelle vorgelegt. Die Einzelheiten sind in den Ausführungsvorschriften zum StrEG (Anlage C der RiStBV) geregelt. Der Berichtsentwurf ist in der Regel dem Rechtspfleger übertragen.

3. Nachträgliche Gesamtstrafenbildung

1074 Vielfach wird erst nach rechtskräftiger Aburteilung – etwa durch eine Mitteilung des Bundeszentralregisters gemäß § 23 BZRG – das Vorliegen der Voraussetzungen des § 55 StGB bekannt. In einem solchen Fall ist eine nachträgliche Gesamtstrafenbildung durchzuführen, sofern nicht eine der Strafen bereits vollstreckt oder erlassen ist. Zuständig ist hierfür nach § 462a III StPO das Gericht des ersten Rechtszuges aus dem Verfahren, in welchem auf die schwerste Strafe erkannt wurde. Die **Antragstellung** obliegt entsprechend derjenigen Staatsanwaltschaft, die bei diesem Gericht besteht. Eine danach unzuständige Staatsanwaltschaft leitet Akten und VH der anderen Behörde unter Hinweis auf die erforderliche Gesamtstrafenbildung formlos zu.

Die zuständige Behörde beantragt bei dem Gericht unter Vorlage der beteiligten Verfahren die neue Gesamtstrafe:[1]   1075

Beispiel

Staatsanwaltschaft Köln   4. 9. 2002
312 Js 436/02

Verfügung

1. Vermerk:

Der Beschuldigte Claudius Sabrinsky, geb 31. 1. 1954, wohnhaft 30139 Hildesheim, Am Anger 3, ist wie folgt rechtskräftig verurteilt:

a) Durch Urteil des AG Köln vom 14. 5. 2002 (Bl 67ff dA) wegen Diebstahls in 2 Fällen zu einer Gesamtgeldstrafe von 65 Tagessätzen zu je 15 Euro (Einzelstrafen 50 bzw 30 Tagessätze).

Tatzeiten: 27. 11. 2001 und 12. 12. 2001

Die Strafe ist teilweise vollstreckt (vgl Bl 23 VH).

b) Durch Strafbefehl des AG Burgwedel vom 23. 6. 2002 (Bl 32 BA 667 Js 32555/02 StA Hannover) wegen Trunkenheit im Verkehr zu einer Geldstrafe von 30 Tagessätzen zu je 15 Euro. Es wurde eine Sperrfrist gemäß § 69a StGB bis zum 25. 4. 2003 angeordnet.

Tatzeit: 24. 4. 2002

Die Strafe ist bislang nicht vollstreckt.

2. U m A (1 Bd), VH (1 Bd) sowie BA 667 Js 32555/02 StA Hannover (1 Bd Akten, 1 VH)

dem AG Köln

---

1 Der Entwurf dieser Verfügung, nicht jedoch die Bestimmung der zu beantragenden Gesamtstrafe und die Unterzeichnung, ist in einigen Bundesländern ebenfalls Aufgabe des Rechtspflegers.

mit dem Antrag übersandt, aus den unter Ziff 1 dieser Verfügung genannten Verurteilungen unter Auflösung der Gesamtstrafe aus dem Urteil des AG Köln vom 14. 5. 2002 gegen den Beschuldigten eine neue Gesamtgeldstrafe von 80 Tagessätzen zu je 15 Euro zu verhängen sowie die Maßregel aus dem Strafbefehl des AG Burgwedel aufrechtzuerhalten. Unter Abwägung aller für und gegen den Beschuldigten sprechenden Umstände erscheint die beantragte Strafe tat- und schuldangemessen.

3. 16. 10. 2002

Melzer-Dynhoff, StAin

1076　Bei der Beantragung einer neuen **Gesamtstrafe aus Geld- und Freiheitsstrafe** macht man gern von der Möglichkeit des § 53 II 2 StGB Gebrauch und lässt beide Strafen nebeneinander stehen. Dies ist im Prinzip zulässig, falls und soweit die Voraussetzungen der §§ 41, 53 II 2 StGB tatsächlich vorliegen, also entweder eine Bereicherung wenigstens angestrebt wurde (§ 41 StGB) oder aber aus besonderen präventiven Erwägungen heraus ausnahmsweise eine getrennte Verhängung von Geld- und Freiheitsstrafe erforderlich erscheint (§ 53 II 2 StGB). Liegen diese besonderen Konstellationen allerdings nicht vor, dann ist genau zu prüfen, ob das Nebeneinander-bestehen-lassen der alten Strafen den Beschuldigten nicht schlechter stellen würde als im Falle der gleichzeitigen Aburteilung in derselben Hauptverhandlung, wo dann nämlich einheitlich auf Freiheitsstrafe erkannt worden wäre. Beim Zusammentreffen von bedingter Freiheitsstrafe und Geldstrafe wird daher eher eine Gesamtfreiheitsstrafe in Betracht kommen, beim Zusammentreffen von Freiheitsstrafe ohne Bewährung mit Geldstrafe eher ein Beibehalten der verschiedenen Strafarten.

1077　Auch wenn es danach nicht zu einer Zusammenführung der bisherigen Strafen zu einer einheitlichen (Freiheits-)Strafe kommt, vielmehr in der Sache keine Veränderung der bisherigen Strafen vorgenommen wird, so darf gleichwohl nicht die formelle Beschlussfassung des Gerichts unterbleiben. Vielmehr ist in jedem Fall ein **neuer Strafausspruch** herbeizuführen, der die bisherigen Entscheidungen als neue einheitliche Grundlage der Vollstreckung ersetzt.

1078　War bislang die Vollstreckung der bisher verhängten Freiheitsstrafen zur Bewährung ausgesetzt, so ist auf der Basis der neuen Strafentscheidung erneut über die **Strafaussetzung** zu befinden[1] Das Verbot der reformatio in peius gilt dabei nicht. Vorsicht ist hier angebracht, sofern die bisherigen Urteile bereits längere Zeit zurückliegen. War nämlich zwischenzeitlich ein noch nicht bekannt gewordener Widerrufsgrund entstanden, insbesondere wegen einer Straftat des Verurteilten in der Bewährungszeit, und wird dieser Widerrufsgrund jetzt bei der Gesamtstrafenbildung nicht berücksichtigt und daher erneut Strafaussetzung gewährt, so ist ein späterer Widerruf aus demselben Anlass nicht mehr zulässig[2]. Vor der Beantragung einer Bewährungsstrafe ist daher genau zu prüfen, ob bereits neue Verfahren gegen den Verurteilten anhängig sind. Ggf ist die Gesamtstrafenbildung bis zur Klärung eines Widerrufsgrundes zurückzustellen.

II. Die Strafvollstreckung

Literatur: Bammann: Die Unterbrechung der Strafvollstreckung bei Auslieferung oder Ausweisung, MschKrim 2001, 91ff; Isak/Wagner: Strafvollstreckung, 6. Auflage, München 1999; Stree: Probleme des Widerrufs einer Strafaussetzung wegen einer Straftat, NStZ 1992, 153ff; Volckart: Maßregelvollzug, 5. Auflage, Neuwied ua 1999.

1. Allgemeines

Die **Tätigkeiten des Staatsanwalts** in der Vollstreckung fürchtet der Anfänger oft am meisten, weil es sich zum einen um eine für ihn bis dahin weitgehend unbekannte Rechtsmaterie handelt und zum anderen bereits der Umfang der dazu vorgelegten Akten abschreckend wirkt. Tatsächlich aber gibt es nur eine begrenzte Zahl von Fragestellungen, so dass schnell Routine einkehrt. Auch der Leseaufwand hält sich selbst bei völlig unbekannten Akten in engen Grenzen[3].   1079

Die Strafvollstreckung obliegt ohnehin weitgehend dem **Rechtspfleger**[4]. Der Staatsanwalt wird in diesem Verfahrensabschnitt vor allem dann tätig, wenn gerichtliche Entscheidungen zu veranlassen sind, ein Gnadenverfahren durchzuführen oder über Strafaufschub   1080

---

1 Vgl § 58 II StGB.
2 Vgl TF Rn 3a zu § 56f StGB.
3 Dazu näher bei Rn 1085.
4 § 31 II RPflG, vgl dazu die Übersicht bei Isak/Wagner Rn 24ff.

bzw -unterbrechung zu entscheiden ist[1]. Ferner entscheidet er in bestimmten Fällen über Einwendungen gegen Maßnahmen des Rechtspflegers (§ 31 VI RPflG). Das bedeutet, dass der **Staatsanwalt nur phasenweise** in die Vollstreckung einbezogen wird und seine Tätigkeit zumeist mit der Entscheidung der konkret anstehenden Frage bis auf Weiteres erst einmal endet. Als weitere Folge dessen ist die Bestimmung und Überwachung der längeren Fristen in der Vollstreckung (zB der Fristen für das Vollstreckungsende, den $^2/_3$-Termin bei Freiheitsstrafen oder das Ende einer Bewährungszeit) ebenfalls nicht Sache des Dezernenten, sondern des Rechtspflegers.

1081   Für die **Vollstreckung gegenüber Jugendlichen** ist allein der Jugendrichter als Vollstreckungsleiter zuständig (§ 82 I JGG). Der Staatsanwalt hat lediglich zu anfallenden Entscheidungen des Vollstreckungsleiters Stellung zu nehmen, entscheidet also in der Sache selber nichts. Dasselbe gilt für die Vollstreckung gegenüber **Heranwachsenden**, soweit gegen diese nach § 105 JGG im Urteil materielles Jugendstrafrecht angewendet wurde (§ 110 I JGG). Erfolgte hingegen die Verurteilung unter Anwendung allgemeinen Strafrechts, stehen Heranwachsende vollstreckungsrechtlich den Erwachsenen gleich.

1082   Strafvollstreckung setzt die **Rechtskraft** der Verurteilung voraus (§ 449 StPO). Allerdings ist es nicht erforderlich, dass bereits das gesamte Urteil rechtskräftig geworden ist. Hat beispielsweise nur einer von mehreren Angeklagten Rechtsmittel eingelegt, so kann in der Regel gegen die anderen die Vollstreckung betrieben werden (§ 19 StVollstrO). Auch bei einer Verurteilung zu einer Gesamtstrafe, die nur teilweise angefochten oder im Wege der Revision nur zum Teil aufgehoben wurde, kann eine bereits rechtskräftig gewordene Einsatzstrafe vorab vollstreckt werden.

1083   Die Vollstreckung ist im Interesse einer wirksamen Prävention mit Nachdruck und **beschleunigt zu betreiben** (§ 2 I StVollstrO). Insbesondere durch vollstreckungsrechtliche Rechtsbehelfe, Anträge und Eingaben des Verurteilten darf grundsätzlich keine Verzögerung eintreten, sofern nicht ausnahmsweise eine aufschiebende Wirkung gesetzlich geregelt ist[2].

---

1 Einzelheiten bei Isak/Wagner Rn 24ff.
2 Vgl die Ausnahmeregelungen zu § 307 I StPO zB in den §§ 458 III, 462 III 2 StPO.

Sämtliche Vorgänge, die die Vollstreckung betreffen, sind in ein **1084**
Vollstreckungsheft (VH) zu nehmen (§ 16 StVollstrO), welches
nunmehr zum wichtigsten Teilvorgang der Akten wird. Das VH
enthält eingangs eine beglaubigte Urteilsabschrift mit Rechtskraft-
vermerk als urkundliche Grundlage der Vollstreckung (§§ 451 StPO,
13f StVollstrO). Sind mehrere Beschuldigte verurteilt worden, so
wird für jeden ein eigenes VH angelegt (§ 15 StVollstrO).

Zur schnellen **Orientierung** über den Stand der Vollstreckung dient **1085**
bei Freiheitsstrafen ein Blick auf die letzte Strafzeitberechnung
durch die JVA oder, sofern vorhanden, auf die im VH vorgeheftete,
vom Rechtspfleger erstellte Übersicht über die Vollstreckung sowie
auf die zeitlich letzten Vorgänge innerhalb des VH. Oft kann man
schon vor dem Hintergrund der dadurch gewonnenen Übersicht
den konkreten Vorlagegrund der Akten einordnen und erkennen,
was zu veranlassen ist. Erst dann lohnt es sich möglicherweise,
gezielt nach weiteren Informationen aus der bisherigen Vollstre-
ckungsgeschichte in VH, uU auch in BewH oder GnH, zu suchen.
Die Lektüre der Akten selber wird man regelmäßig vermeiden können.

Das VH wird, solange die Vollstreckung läuft, grundsätzlich nur **1086**
kurzfristig aus der Hand gegeben. Ist ausnahmsweise doch einmal
eine längere Versendung notwendig, etwa bei einer Berichtspflicht,
so ist vorsorglich ein **Ersatz-VH** anzulegen.

2. Die Vollstreckung von Geldstrafen

Im Rahmen der Vollstreckung von Geldstrafen wird der Staats- **1087**
anwalt nur höchst selten tätig werden müssen. Die notwendigen
Entscheidungen, insbesondere die Bewilligung von Zahlungserleichterungen (§ 459a StPO), die Beitreibung der Strafe und die
Anordnung der Vollstreckung einer Ersatzfreiheitsstrafe (§ 459e
StPO) obliegen dem **Rechtspfleger**. Nur wenn auf Antrag oder von
Amts wegen eine gerichtliche Entscheidung über die Anordnung
des Unterbleibens der Vollstreckung (§§ 459d, 459f StPO) herbeizuführen ist, übersendet der Staatsanwalt das VH mit einem ent-
sprechenden Antrag oder seiner Stellungnahme dem nach § 462a
StPO zuständigen Gericht.

Art 293 EGStGB hat die Bundesländer ermächtigt, im Wege der **1088**
Rechtsverordnung die Abwendung einer Ersatzfreiheitsstrafe durch

die Ableistung unentgeltlicher, **gemeinnütziger Arbeit** zu gestatten. Die Länder haben überwiegend von dieser Möglichkeit Gebrauch gemacht und die Entscheidungsbefugnis dabei in der Regel dem Rechtspfleger übertragen. Eine Ausnahme bilden Bayern und Sachsen. Dort existieren nur entsprechende Ministerialerlasse, die gemeinnützige Arbeit weiterhin ausschließlich als Gnadenerweis ermöglichen[1].

3. Die Vollstreckung von Freiheitsstrafen

1089 Sofern der Verurteilte sich noch auf freiem Fuß befindet, wird er nach Rechtskraft durch den Rechtspfleger mit einer Frist von gewöhnlich einer Woche (§ 27 II StVollstrO) zum Strafantritt geladen. Nach Ablauf dieser Frist ergeht ebenfalls durch den Rechtspfleger der **Vollstreckungshaftbefehl** gemäß § 457 StPO.

a) Strafaufschub

1090 Häufig wird durch den Verurteilten nach Erhalt der Ladung zum Strafantritt **Strafaufschub** beantragt. Ein solcher kommt bei schweren **Erkrankungen**, insbesondere Geisteskrankheiten, oder bei akuter Lebensgefahr (§ 455 StPO) in Betracht. Wird eine solche Erkrankung (zB Krebs, Herz-Kreislauf-Erkrankungen, Aids) geltend gemacht, so wird, sofern die Krankheit nicht bereits anderweitig nachgewiesen ist, zunächst die Untersuchung des Verurteilten durch einen Amtsarzt oder einen anderen medizinischen Sachverständigen auf seine Haftfähigkeit hin zu veranlassen sein. Bis diese erfolgt ist, wird, sofern der Verurteilte eine Erkrankung nicht offensichtlich nur vorschützt, **von Zwangsmaßnahmen** gegen den Verurteilten **abgesehen**[2]. Dies bedeutet, dass sich der Verurteilte zwar weiterhin der Vollstreckung stellen und die Strafe dann auch vollzogen werden kann. Es ergeht zu diesem Zweck aber vorerst kein Vollstreckungshaftbefehl bzw ein bereits existierender Haftbefehl wird vorübergehend nicht zur Fahndung gegeben.

---

1 Vgl die Übersicht über die einzelnen Regelungen bei KK-Fischer Rn 9 zu § 459e StPO.
2 Vgl im folgenden Beispiel die Anordnung in Ziff 2.

Beispiel

Staatsanwaltschaft Hildesheim   17. 9. 2002   1091
450 Js 23651/00

Verfügung

1. Vermerk: Der Verurteilte beruft sich im Hinblick auf die in seiner anliegenden Eingabe, mit der er Strafaufschub begehrt, vorgetragenen Herzbeschwerden offensichtlich auf § 455 II StPO. Da er bereits im Laufe des Ermittlungsverfahrens einen Herzinfarkt erlitten hat, erscheint es plausibel, dass ein Grund zum Strafaufschub vorliegt.

2. Vorerst kein Zwang[1].

3. Herrn/Frau Rechtspfleger/in zur Kenntnisnahme von Ziff 2.

4. Ablichtung der Eingabe Bl 23f VH fertigen.

5. Schreiben an Landkreis Hildesheim Gesundheitsamt unter Beifügung der Ablichtungen zu Ziff 4:

   In pp

   bitte ich den Verurteilten Johannes Kasperecz, Böhmerstr. 23, 31137 Himmelsthür, auf seine Haftfähigkeit hin amtsärztlich untersuchen zu lassen und mir das Ergebnis umgehend mitzuteilen. Ggf bitte ich auch um Stellungnahme, ob eine Inhaftierung im Anstaltskrankenhaus der JVA Lingen möglich wäre. Ich wäre für eine beschleunigte Erledigung dankbar.

6. Schreiben an Verurteilten (Bl 23 VH) – höflich/formlos –:

   In pp

   habe ich auf Ihre Eingabe vom 14. 9. 2002 Ihre Untersuchung durch den amtsärztlichen Dienst veranlasst. Nach Vorliegen des Ergebnisses wird über den begehrten Strafaufschub entschieden werden.

7. 11. 10.

Walter, StA

---

1 Diese Anordnung wie auch die Gewährung von Strafaufschub kann durch Geschäftsverteilungsplan dem AL oder gar dem BL vorbehalten sein.

427

1092 Liegt nach dem Ergebnis der ärztlichen Untersuchung tatsächlich ein Grund vor, **Strafaufschub** zu gewähren, so erfolgt dieser **befristet**, wobei je nach Lage der Erkrankung spätestens nach einem Jahr eine erneute Untersuchung oder die Ladung zum Strafantritt verfügt wird. Bei kürzeren Strafaufschüben ist eine erneute Ladung auch entbehrlich, weil der Verurteilte dann mit der Bewilligung des Strafaufschubes zugleich zum Strafantritt nach dessen Ablauf aufgefordert werden kann. Die Mitteilung vom erfolgten Strafaufschub sowie die weiteren Maßnahmen obliegen dann wieder dem Rechtspfleger.

Beispiel

1093 Staatsanwaltschaft Bielefeld   13. 8. 2002
455 Js 43688/99

Verfügung

1. Vermerk: Nach dem Bericht des Amtsarztes ist von einer noch etwa dreiwöchigen Haftunfähigkeit auszugehen.

2. Strafaufschub für den Verurteilten Karl-Heinz Sieber wird aus den Gründen zu Ziff 1 gemäß § 455 III StPO bis zum 9. 9. 2002 einschließlich gewährt.

3. Herrn AL wegen Ziff 2[1].

4. Dies zum VH III[2] nehmen.

5. Frau Rechtspflegerin zur weiteren Veranlassung.

Müller-Scherbacher, StAin

---

1 Sofern die Gewährung (bzw die Ablehnung) von Strafaufschub durch den Geschäftsverteilungsplan dem AL vorbehalten ist.

2 Es handelt sich offenbar um das dritte in dieser Sache angelegte VH, nicht etwa um den dritten Band des VH betreffend den Verurteilten Sieber. Die VH I und VH II betreffen also andere, in demselben Verfahren verurteilte Beschuldigte.

Andernfalls erfolgt die **Ablehnung des Antrags:** 1094

Beispiel

Staatsanwaltschaft Bielefeld   13. 8. 2002
455 Js 43688/99

Verfügung

1. Vermerk: Nach der Mitteilung des Amtsarztes ist die bestehende Erkrankung (Rheuma) kein Hindernis für eine Inhaftierung.

2. Herrn AL wegen Ziff 3[1].

3. Schreiben an Verurteilten Sieber (Bl 44 VH III) – höflich/formlos –:

   Betr: Ihr Gesuch um Strafaufschub vom 31. 7. 2002.

   Nach Auskunft des untersuchenden Arztes ist Ihre Haftfähigkeit durch die bestehende Erkrankung nicht eingeschränkt. Ich lehne Ihr Gesuch um Strafaufschub daher ab.

   Die Ladung zum Strafantritt war Ihnen bereits zugestellt worden. Sie haben die Strafe nunmehr bei Meidung von Zwangsmaßnahmen unverzüglich anzutreten.

4. Diese Vfg zum VH III nehmen.

5. Frau Rechtspflegerin zur weiteren Veranlassung (Strafantritt? Haftbefehl?).

Müller-Scherbacher, StAin

Strafaufschub nach § 455a StPO, der den Fall des zeitweisen Mangels an geeigneten Haftplätzen betrifft, begegnet dem Staatsanwalt in der Praxis eher selten. Häufiger dagegen begehren Verurteilte unter Hinweis auf einen drohenden Verlust des Arbeitsplatzes, familiäre Krisen oder eine zeitaufwändigere Vorbereitung auf die Inhaftierung gemäß § 456 StPO **Strafaufschub wegen eines persönlichen Härtefalles**. Derartigen Anträgen ist mit besonderer Vorsicht zu begegnen. Jede Inhaftierung, vor allem bei längerer Strafdauer, bedeutet für den Verurteilten und seine Familie einen empfindlichen Schlag. Dies ist jedoch nicht zu vermeiden, solange Freiheits-   1095

---

1 Sofern die Gewährung (bzw die Ablehnung) von Strafaufschub durch den Geschäftsverteilungsplan dem AL vorbehalten ist.

strafe in bestimmten Fällen vollstreckt werden muss. Strafaufschub kann daher gemäß § 456 StPO nur in Betracht kommen, wenn der fragliche Verurteilte durch die sofortige Inhaftierung einen im Vergleich zu anderen Verurteilten überdurchschnittlich großen, ungerechtfertigten und durch den Aufschub behebbaren Nachteil erleiden würde. Notgedrungen muss es sich hierbei um absolute **Ausnahmefälle** handeln. Ein solcher mag etwa im Hinblick auf die bevorstehende Geburt eines Kindes, bei der notwendigen Einarbeitung eines Vertreters für einen selbständigen Gewerbetreibenden oder bei einer kurzfristig abschließbaren Ausbildung angenommen werden können. Da Strafaufschub nach § 456 II StPO **auf maximal 4 Monate befristet** ist, muss es sich zudem um vorübergehende Härten handeln. Der dauerhaft drohende Verlust des Arbeitsplatzes im Falle der Inhaftierung stellt daher keinen Aufschubsgrund dar.

1096   Im Zweifel sollte man sich über den vorgetragenen Härtegrund entsprechende Bescheinigungen vorlegen lassen oder einen Bericht der Gerichtshilfe erbitten. **Gewährung** und Ablehnung des Strafaufschubes werden wie bei § 455 StPO verfügt. Die 4-Monats-Frist des § 456 II StPO beginnt mit der Ladung zum Strafantritt oder, falls eine solche noch nicht ergangen war, mit dem Tag der Bewilligung. Wird längerer Aufschub benötigt, so ist dies nur im **Gnadenwege** möglich[1].

1097   Bei offensichtlich unbegründeten oder jedenfalls zweifelhaften Anträgen ist zu beachten, dass **keine Vollstreckungshemmung** eintritt und vielmehr nach § 2 II StVollstrO ohne Weiteres und überdies unter Anwendung von Zwangsmitteln vollstreckt werden kann. Deshalb ist es möglich und im Einzelfall uU sogar geboten, vor etwaigen Nachforschungen zur Begründetheit des Antrages das VH zunächst dem Rechtspfleger zum Erlass des Vollstreckungshaftbefehls vorzulegen. Andernfalls droht nämlich wochen- und monatelange Verzögerung der Vollstreckung, die faktisch einer Gewährung des womöglich gar nicht begründbaren Strafaufschubs gleichkommt. Zudem erledigen sich oft entsprechende zweifelhafte Gesuche von alleine, sobald der Verurteilte erst einmal festgenommen ist.

1098   Über **Einwendungen** gegen die Ablehnung des Strafaufschubes nach den §§ 455, 456 StPO durch die Staatsanwaltschaft entscheidet das Gericht (§ 458 II StPO).

---

1 Vgl dazu Rn 1166ff.

b) Zurückstellung der Strafvollstreckung nach § 35 BtMG

Bei Verurteilungen zu nicht mehr als 2 Jahren (Gesamt-)Freiheits- 1099
strafe wegen Straftaten gegen das BtMG oder aufgrund von Betäubungsmittelabhängigkeit kann die Vollstreckung für maximal 2
Jahre zurückgestellt werden, wenn der Verurteilte sich in einer
Suchttherapie befindet oder sie aufnehmen will und ihr Beginn
gewährleistet ist (§ 35 I BtMG). Dasselbe gilt, wenn zwar auf höhere
Strafe erkannt wurde, der noch zu vollstreckende Strafrest aber
weniger als zwei Jahren beträgt (§ 35 III BtMG). Die Zurückstellung
bedarf der Zustimmung des Gerichts erster Instanz. Sie wird nicht
durch vorangegangene vergebliche Therapieversuche gehindert,
zumal erfahrungsgemäß oftmals mehrere Anläufe bis zur Bewälti-
gung einer Sucht erforderlich sind.

Bei einer noch nicht angetretenen Therapie ist eine Zurückstellung 1100
nur dann möglich, wenn eine **Bescheinigung der fraglichen Therapieeinrichtung** und eine **Kostenübernahmeerklärung** des Sozialver-
sicherungsträgers sicherstellt, dass ein Therapieplatz für den Verurteilten bereitsteht und der Beginn der Therapie gewährleistet ist.
Dazu gehört auch, dass etwaige Bedingungen der Therapieeinrichtung für die Aufnahme erfüllt werden, zB die vorherige Entgiftung
oder eine sonstige ärztliche Behandlung. Es ist Sache des Verurteilten,
die entsprechenden Nachweise zu beschaffen und vorzulegen.

Liegen ansonsten alle Voraussetzungen der Zurückstellung vor, so 1101
wird das VH (ggf zur Information unter Beifügung der Akten) dem
Gericht zur **Zustimmung** nach § 35 I BtMG und zur Beschlussfassung gemäß § 36 I 2 BtMG über die Anrechnungsfähigkeit des Aufenthalts auf die Strafzeit vorgelegt.

Beispiel

Staatsanwaltschaft Hamburg   18. 9. 2002
3100 Js 43269/01

Vfg

1. Vermerk: Es ist beabsichtigt, die Vollstreckung gemäß § 35
BtMG zurückzustellen. Der Strafrest beträgt ausweislich der
Strafzeitberechnung Bl 23 VH keine 2 Jahre mehr. Therapieplatz
(Bl 36 VH) und Kostenzusage (Bl 38 VH) liegen vor.

2. U m VH und A

Frau Vorsitzender des Schöffengerichts Abt 122

– hier –

unter Hinweis auf die Eingabe des Verurteilten Bl 34ff VH mit den Anträgen übersandt,

a) der Zurückstellung der Vollstreckung zuzustimmen,

b) ggf zu beschließen, dass die Dauer des Aufenthalts in der Therapieeinrichtung „Gut Grafenberg" (Bl 36 VH) gemäß § 36 BtMG auf die Strafe anrechenbar ist.

3. 29. 9.

Sarin, StA

1102 Zum Teil wird von den Oberlandesgerichten selbst für den Fall, dass eine beantragte **Zurückstellung unzulässig** ist, noch verlangt, dass eine versagende gerichtliche Stellungnahme eingeholt wird. Diese Auffassung steht freilich mit dem Gesetzeswortlaut des § 35 BtMG nicht recht in Einklang. Wenn der Vollstreckungsbehörde selbst für den Fall der gerichtlichen Zustimmung ein Ermessensspielraum zusteht, sie also selbst dann die Zurückstellung versagen kann, ist nicht einzusehen, warum sie in anderen Fällen hierzu gleichsam die gerichtliche Genehmigung einholen sollte. Die Fortsetzung der Vollstreckung auf der Basis der gerichtlichen Verurteilung muss stets möglich sein; nur die Abweichung von dieser regelmäßigen Urteilsfolge bedarf gerichtlicher Billigung[1].

1103 Sobald die Zustimmung durch das Gericht vorliegt, kann die **Zurückstellung** verfügt werden. Befindet sich der Verurteilte bereits in Haft, so ist durch geeignete Maßnahmen sicherzustellen, dass er die Therapieeinrichtung auch unverzüglich aufsucht:

---

1 Körner Rn 156f zu § 35 BtMG.

Staatsanwaltschaft Hamburg   25. 9. 2002
3100 Js 43269/01

Vfg

Eilt!

1. Die Vollstreckung der Strafe wird mit Zustimmung des Gerichts gemäß § 35 BtMG vom 1. 10. 2002 an für 2 Jahre zurückgestellt, weil der Verurteilte eine Drogentherapie in der therapeutischen Einrichtung „Gut Grafenberg" aufnehmen will, wo ihm ab 1. 10. 2002 ein Therapieplatz zur Verfügung steht (vgl Bl 36 VH).

2. Schreiben an Verurteilten Petersen (Bl 34 VH) – höflich/formlos –:

Gemäß § 35 I BtMG wird mit Zustimmung des Gerichts die Vollstreckung der gegen Sie durch Urteil des Amtsgerichts Hamburg vom 6. 6. 2002 (112 Ds 3100 Js 43269/01) verhängten Gesamtfreiheitsstrafe von 1 Jahr und 10 Monaten vom 1. 10. 2002 an für die Dauer von 2 Jahren zurückgestellt, weil Ihnen ab dem genannten Tag ein Therapieplatz in der Therapieeinrichtung „Gut Grafenberg" in Elmshorn zur Verfügung steht.

Sie sind verpflichtet, unaufgefordert einen Nachweis über die Aufnahme und die Fortführung der Behandlung zu erbringen, erstmals unmittelbar nach der Aufnahme, danach im Abstand von 3 Monaten.

Der Aufenthalt in der Therapieeinrichtung kann gemäß § 36 I BtMG auf zwei Drittel der Strafe angerechnet werden, sofern Sie den Nachweis über den Therapieaufenthalt erbringen.

Sie werden darauf hingewiesen, dass die Zurückstellung der Vollstreckung widerrufen wird und Haftbefehl gegen Sie ergehen kann, wenn die Behandlung nicht aufgenommen oder fortgesetzt wird oder Sie die entsprechenden Nachweise nicht erbringen. Die Zurückstellung wird ferner widerrufen, wenn eine weitere Strafe zu vollstrecken ist oder eine Unterbringung angeordnet wird. Im Übrigen ist die Therapieeinrichtung verpflichtet, einen vorzeitigen Abbruch der Therapie nach hier mitzuteilen.

3. Schreiben an Therapieeinrichtung (Bl 36 VH) – höflich/formlos –:

Betr: Hans-Jürgen Petersen, geboren 29. 3. 1967, zur Zeit JVA Hamburg-Fuhlsbüttel.

Dem Vorgenannten steht ab 1. 10. 2002 ein Therapieplatz in Ihrer Einrichtung zur Verfügung. Ich habe heute angeordnet, dass die Vollstreckung der durch Urteil des Amtsgerichts Hamburg vom 6. 6. 2002 verhängten Gesamtfreiheitsstrafe von 1 Jahr 10 Monaten vom 1. 10. 2002 an zurückgestellt wird, um die Therapie zu ermöglichen.

Sie werden gemäß § 35 II BtMG gebeten, einen Abbruch der Therapie unverzüglich nach hier mitzuteilen. Auch über ein kurzfristiges Verlassen der Therapieeinrichtung bitte ich Sie, mich zu informieren. Ein solches Verhalten führt nicht unbedingt zum Widerruf der Zurückstellung, ist aber für die Anrechnung auf die Strafe von Belang.

4. Vermerk: Ich habe den Sozialarbeiter Steffen der Therapieeinrichtung vorab fernmündlich über die Zurückstellung informiert. Herr Steffen wird dafür Sorge tragen, dass der Verurteilte von einem Mitarbeiter der Einrichtung aus der JVA abgeholt und nach Elmshorn gebracht wird.

5. Durchschrift des Schreibens zu Ziff 2 an JVA Hamburg-Fuhlsbüttel zu Gefangenenbuch-Nr 3664/89/02 zur Kenntnisnahme mit Zusatz: Ich bitte, den Verurteilten am 1. 10. 2002 zu entlassen. Er wird von einem Mitarbeiter der Therapieeinrichtung „Gut Grafenberg" abgeholt.

6. Frau Rechtspflegerin zur weiteren Veranlassung.

7. Wv 19. 10. (Therapie angetreten?)

Sarin, StA

1104   Ergibt sich aus der Strafzeitberechnung, dass der Verurteilte **mehrere Strafen verbüßen** muss, so ist eine Zurückstellung nur möglich, wenn sie in allen Verfahren gleichzeitig gewährt werden kann. In solchen Fällen gibt man umgehend eine Kopie des Zurückstellungsantrages zu den übrigen Verfahren mit der Bitte um Mitteilung, ob auch dort entsprechend verfahren wird. Sind eine oder mehrere der übrigen Strafen nicht zurückstellungsfähig (zB Ersatzfreiheitsstrafen) oder lehnt die dortige Vollstreckungsbehörde eine Zurückstellung ab, so sind, bevor die Vollstreckung in der vorliegenden Sache zurückgestellt werden kann, zunächst die anderen Strafen zu verbüßen[1]. Zu diesem Zweck ist notfalls die vorgesehene Reihenfolge der Strafvollstreckung zu ändern (§ 43 IV, V StVollstrO).

Gegen die Ablehnung des Zurückstellungsantrages steht dem Verurteilten der **Rechtsweg nach § 23 EGGVG** offen[2]. Einwendungen des Verurteilten sind zunächst im Rahmen der Vorschaltbeschwerde gemäß § 24 II EGGVG mit einem Bericht der Generalstaatsanwaltschaft vorzulegen[3]. Gegen deren ablehnenden Bescheid kann gerichtliche Entscheidung beantragt werden. Die Staatsanwaltschaft kann gesondert die Verweigerung der gerichtlichen Zustimmung mit der Beschwerde anfechten (§ 35 II 1 BtMG). 1105

Insbesondere bei einem Therapieabbruch ist der **Widerruf der Zurückstellung** zu verfügen, sofern nicht die alsbaldige Wiederaufnahme der Behandlung zu erwarten ist (§ 35 V, VI BtMG): 1106

Beispiel

Staatsanwaltschaft Hamburg   12. 11. 2002
3100 Js 43269/01

Vfg

Sofort!

1. Vermerk: Die Therapieeinrichtung „Gut Grafenberg" hat soeben mitgeteilt, dass der Verurteilte Petersen vorgestern unerlaubt die Einrichtung verlassen hat und seither verschwunden ist.

2. Die Zurückstellung der Vollstreckung wird gemäß § 35 IV BtMG widerrufen, weil der Verurteilte die Behandlung nicht fortgesetzt hat.

3. Frau Rechtspflegerin (Haftbefehl, BZR-Nachricht usw).

Sarin, StA

---

1 Vgl § 35 VI Nr 2 BtMG.
2 § 35 II 2 BtMG, Körner Rn 189 zu § 35 BtMG.
3 Dass eine Vorschaltbeschwerde erforderlich ist, erkennt die mittlerweile ganz hM an. Vgl dazu die Nachweise bei Körner Rn 190 zu § 35 BTMG.

Ein Widerruf steht im Übrigen einer **erneuten Zurückstellung** nicht entgegen.

c) Absehen von der Vollstreckung bei Ausländern

1107 Hat ein Ausländer eine Freiheitsstrafe zu verbüßen, so kann von deren Vollstreckung abgesehen werden, wenn der Verurteilte **ausgeliefert** oder **ausgewiesen** wird (§ 456a StPO). Die Terminologie des Gesetzes ist insoweit ungenau, weil eigentlich nicht endgültig von der Vollstreckung abgesehen, sondern diese nur vorläufig für die Dauer des Aufenthalts außerhalb der Bundesrepublik unterbrochen wird[1]. Von der Regelung sollte schon zur Entlastung des kostenträchtigen Strafvollzuges großzügig Gebrauch gemacht werden.

1108 Bei nicht nur ganz kurzfristigen Freiheitsstrafen wird ein Absehen von der Vollstreckung aus präventiven Gründen allerdings erst möglich sein, wenn sie bereits teilweise verbüßt sind. Insoweit hat sich die Praxis eingebürgert, § 456a StPO so anzuwenden, dass das Absehen bei voraussichtlicher Entlassung nach Zweidrittelverbüßung **zum Halbstrafentermin** erfolgt. Ist die gerichtliche Reststrafenaussetzung bereits zum Halbstrafentermin zu erwarten, wird nicht allzu lange vor diesem Termin nach § 456a StPO verfahren. Müsste die Strafe voraussichtlich vollständig verbüßt werden, verschiebt sich der Zeitpunkt des Absehens auf die Zeit um oder nach dem $^2/_3$-Termin. Dies gewährleistet einerseits eine hinlängliche präventive Einwirkung, beugt (wegen der sonst drohenden Vollstreckung der weiteren Strafe) der Wiedereinreise vor und macht andererseits oft eine förmliche gerichtliche Entscheidung nach den §§ 57, 57a StGB entbehrlich. Deswegen wird bei nur noch geringfügigen Strafresten auch sehr ungern nach § 456a StPO verfahren, weil diese kaum vor einer erneuten Einreise abschrecken und dennoch die Vollstreckungsüberwachung bis zum Verjährungszeitpunkt fortgesetzt werden muss.

1109 Die Länder haben jeweils **Richtlinien** zur Anwendung des § 456a StPO erlassen, die sich nur in Details unterscheiden[2]. Ein Absehen von der Vollstreckung unterbleibt danach regelmäßig bei organisierter oder Bandenkriminalität, ferner bei erheblicheren BtM-Delik-

---

1 Bammann MschKrim 2001, 91.
2 Vgl die Übersicht bei Bammann MschKrim 2001, 95f.

ten. Bei lebenslanger Freiheitsstrafe schwanken die Länderregelungen zwischen Mindestverbüßungszeiten von 8 und 15 Jahren[1].

Formelle Voraussetzung eines Absehens von der Vollstreckung ist, dass eine Auslieferungsentscheidung nach den §§ 2ff IRG, eine **Ausweisungs-, Ab- oder Zurückschiebungsverfügung** bzw die Feststellung der Pflicht zur Ausreise (§ 42 AuslG) vollziehbar und bestandskräftig geworden ist. In geeigneten Fällen sollte die Vollstreckungsbehörde von sich aus an die zuständige Ausländerbehörde herantreten, um zu erkunden, ob eine solche Maßnahme bereits vorliegt oder zu erwarten steht. Auf jeden Fall sollte vermieden werden, dass eine Strafe vollständig verbüßt wird und der Verurteilte danach noch in Abschiebungshaft genommen werden muss.　1110

Ein **Antrag des Verurteilten** oder auch nur seine Zustimmung sind nicht erforderlich. Im Falle eines Antrags muss allerdings stets eine Prüfung erfolgen und die Entscheidung dem Antragsteller mitgeteilt werden. Darüber hinaus ist aber in den denkbaren Fällen vor Vollstreckungseinleitung sowie zum Halbstrafen- und Zweidrittelzeitpunkt **von Amts wegen** zu prüfen, ob nach § 456a StPO verfahren werden kann.　1111

Wenn **mehrere Freiheitsstrafen** vollstreckt werden, muss ggf in jeder dieser Sachen eine Entscheidung nach § 456a StPO getroffen werden. Deshalb ist es notwendig, Anträge des Verurteilten bzw eigene Initiativen, die auf ein Absehen von der Vollstreckung hinauslaufen sollen, auch zu den anderen Vollstreckungssachen mitzuteilen.　1112

Mit der Bewilligung des Absehens wird zugleich gemäß § 456a II 3 StPO für den Fall der Rückkehr die Nachholung der restlichen Vollstreckung angeordnet. Zu diesem Zweck wird der Verurteilte nach erfolgter Auslieferung oder Abschiebung bis zum Eintritt der Vollstreckungsverjährung (§ 79 StGB) zur Festnahme ausgeschrieben, um für den Fall der Rückkehr in das Bundesgebiet die weitere Strafverbüßung sicherzustellen. Dabei ist aber unbedingt zu beachten, dass die **Fahndung auf das Gebiet der Bundesrepublik beschränkt** wird, weil nur für den Fall der Wiedereinreise nach Deutschland die weitere Vollstreckung zulässig wäre.　1113

---

1 Bammann MschKrim 2001, 100.

1114 Nach der OrgStA trifft zwar der **Dezernent** die Entscheidung nach § 456a StPO. Jedoch kann durch Geschäftsverteilungsplan örtlich auch eine **Zeichnung durch AL oder BL** vorgesehen sein.

Beispiel   Bewilligung nach § 456a StPO:

1115 Staatsanwaltschaft Göttingen   21. 7. 2002
71 Js 9912/97

Verfügung

Eilt!

1. Vermerk: Der Verurteilte Sahin hat in Kürze Zweidritteltermin. Inzwischen liegt die bestandskräftige Ausweisungsverfügung des Landkreises Helmstedt vor (Bl 144 VH). Nach telefonischer Mitteilung des Landkreises, Herr Stachunsky, könnte Sahin am 1. 8. 2002 abgeschoben werden.

2. Von der weiteren Vollstreckung der Strafe aus dem Urteil des AG Göttingen vom 23. 9. 1998 wird gemäß § 456a StPO mit Wirkung zum 1. 8. 2002 abgesehen, weil der Verurteilte Sahin aus dem Bundesgebiet abgeschoben wird. Für den Fall, dass der Verurteilte in das Bundesgebiet zurückkehrt, wird die Nachholung der Vollstreckung angeordnet.

3. Herrn AL wegen Ziff 2.

4. Herrn Rechtspfleger (Nachricht an Landkreis, JVA, Verurteilten, Haftbefehl und Ausschreibung).

Sindermann, StAin

1116 Aufgrund des **Übereinkommens über die Überstellung verurteilter Personen** vom 21. 3. 1983[1] ist es auch möglich, eine Strafe im Heimatland des Ausländers vollstrecken zu lassen, sofern der Verurteilte dies wünscht. Geht ein solches Gesuch ein, so berichtet die Staatsanwaltschaft dem Justizministerium, welches über das Überstellungsersuchen gegenüber der ausländischen Regierung zu entscheiden hat, unter Berücksichtigung präventiver Erwägungen, ob

---

1 BGBl II 1992, 1007.

eine Überstellung angezeigt erscheint. Dabei ist auch mitzuteilen, wann ansonsten die Aussetzung des Strafrestes oder eine Entscheidung nach § 456a StPO in Betracht käme. Dem Bericht sind neben dem VH mit dem Gesuch des Verurteilten eine Stellungnahme der JVA, die aktuelle Strafzeitberechnung, ein neuer BZR-Auszug sowie eine Urteilsabschrift beizufügen.

Im Falle einer Übereinkunft der beteiligten Staaten über die Überstellung ordnet das Gericht vor der Übergabe an die Behörden des Vollstreckungsstaates das Festhalten des Verurteilten für den Fall an, dass dieser vor Ablauf der Hälfte der Strafzeit wieder in der Bundesrepublik angetroffen wird[1]. Auf Grund dieser Anordnung wird durch eine bis zum Halbstrafenzeitpunkt zeitlich begrenzte **Ausschreibung zur Festnahme** sichergestellt, dass der Verurteilte bei einer etwaigen Entweichung und Rückkehr ergriffen werden kann. Auch diese Fahndung darf nur national beschränkt erfolgen. Das weitere Verfahren richtet sich nach den §§ 6ff ÜAG. 1117

Sofern neben der Überstellung auch ein Absehen von der Vollstreckung nach § 456a StPO möglich ist, hat die Vollstreckungsbehörde nach pflichtgemäßem Ermessen zu entscheiden, welcher Weg einzuschlagen ist. Dabei dürfte **§ 456a StPO im Zweifel vorzuziehen** sein, insbesondere wegen des sehr viel einfacheren Verfahrens. Eine Überstellung wird hingegen vor allem dann näher liegen, wenn aus präventiven Gründen noch eine länger dauernde weitere Vollstreckung geboten erscheint. 1118

d) Strafunterbrechung und Hafturlaub

Eine bereits begonnene Vollstreckung von Freiheitsstrafe kann gemäß § 455 IV StPO nur dann unterbrochen werden, wenn der Verurteilte entweder in Geisteskrankheit verfällt oder sonst so schwer erkrankt, dass seine **Behandlung im Vollzug unmöglich** erscheint. Entsprechende Berichte der JVA oder Anträge des Verurteilten bearbeitet man ähnlich der Anträge auf Strafaufschub[2]. In der Regel entspricht auch die Zeichnungsbefugnis derjenigen beim Strafaufschub. 1119

---

1 §§ 4f des Gesetzes zur Ausführung des Übereinkommens (ÜAG).
2 Vgl dazu Rn 1090ff.

1120 Vor einer Entscheidung ist in jedem Fall die **Stellungnahme der JVA** einzuholen, sofern diese nicht von sich aus die Strafunterbrechung angeregt hat. Die Strafunterbrechung wird stets **befristet**, und zwar auf die voraussichtliche Dauer bis zur Genesung oder, falls diese nicht absehbar ist, auf maximal ein Jahr. In letzterem Fall ist eine Frist so zu verfügen, dass rechtzeitig vor Ablauf der Unterbrechungsdauer geklärt werden kann, ob weiterhin Vollzugsuntauglichkeit vorliegt. Bei kürzeren Haftunterbrechungen wird der Verurteilte dagegen zugleich mit der Bewilligung der Unterbrechung zum anschließenden Wiederantritt der Strafe aufgefordert. Damit liegt es bei ihm, wider Erwarten fortdauernde Vollzugsuntauglichkeit von sich aus geltend zu machen.

1121 Sieht man einmal von dem höchst seltenen Ausnahmefall des § 455a StPO ab, so kann die Vollstreckung aus weiteren, insbesondere familiären Gründen nur im **Gnadenwege** unterbrochen werden[1].

1122 Die Dauer einer Strafunterbrechung wird auf die Strafverbüßung nicht angerechnet, weshalb sich nach erneutem Strafantritt die **Strafzeitberechnung** ändert[2]. Anders ist dies bei einer Beurlaubung nach dem StVollzG. **Urlaub** aus der Strafhaft kann, sofern ein Missbrauch nicht zu befürchten ist, an bis zu 21 Tagen im Jahr gewährt werden (§ 13 StVollzG). Daneben wird aus wichtigem Anlass **Sonderurlaub** bewilligt (§ 35 StVollzG).

1123 Über die Gewährung von Urlaub entscheidet allein die **JVA**. Beantragt ein Gefangener gegenüber der Staatsanwaltschaft Urlaub oder eine Strafunterbrechung, die in der Form des Hafturlaubes möglich wäre, so leitet der Staatsanwalt das Gesuch zunächst der JVA zu, damit dort eine Beurlaubung geprüft werden kann. Erst wenn diese nicht gewährt wird, sollte eine Strafunterbrechung, ggf als Gnadenmaßnahme, in Frage kommen. In diesem Zusammenhang sollte man stets erkunden, wieso Urlaub nach dem StVollzG nicht in Frage kam; manches Mal ist dadurch auch die Entscheidung der Staatsanwaltschaft über eine Strafunterbrechung vorgezeichnet.

e) Die Aussetzung des Strafrestes

1124 Die Vollstreckung des Restes einer zeitigen Freiheitsstrafe kann regelmäßig nach **Verbüßung von zwei Dritteln**, mindestens zwei

---

1 Vgl bei Rn 1166ff.
2 Die Veranlassung der Neuberechnung ist Sache des Rechtspflegers.

Monaten, zur Bewährung ausgesetzt werden (§ 57 I StGB). Daneben können Erstverbüßer einer Strafe von nicht mehr als zwei Jahren auch bereits nach deren **Hälfte**, mindestens 6 Monaten, bedingt entlassen werden (§ 57 II Nr 1 StGB). Alternativ ist Halbstrafenaussetzung auch bei längeren Strafen und vollzugserfahrenen Gefangenen zulässig, wenn besondere Umstände vorliegen (§ 57 II Nr 2 StGB). Bei **lebenslanger Freiheitsstrafe** erfolgt die Aussetzung – vorbehaltlich besonderer Schuldschwere – frühestens nach 15 Jahren (§ 57a I StGB).

Die Entscheidung trifft im Regelfall die Strafvollstreckungskammer (**StVK**), in deren Bezirk die jeweilige JVA liegt (§ 462a I StPO). Selbst wenn danach die StVK eines anderen LG-Bezirks zuständig ist, ändert dies an der Zuständigkeit der Staatsanwaltschaft als Vollstreckungsbehörde nichts. Voraussetzungen der Strafaussetzung sind die Einwilligung des Verurteilten und eine günstige **Kriminalitätsprognose**, an die allerdings, wie schon der Wortlaut des § 57 StGB verdeutlicht („verantwortet werden kann") nicht so strenge Anforderungen zu stellen sind wie an diejenige nach § 56 I 1 StGB. Insbesondere hat sie neben der Wiederholungswahrscheinlichkeit auch die Art möglicher Rückfalltaten mit in den Blick zu nehmen. 1125

Die Entscheidungen nach den §§ 57 I, II Nr 1, 57a StGB erfolgen **von Amts wegen**. Eine Ausnahme gilt allerdings für den Fall, dass durch die Vollstreckungsbehörde bereits eine Prüfung zum Halbstrafentermin nach § 57 II Nr 1 veranlasst und durch die StVK Strafaussetzung versagt wurde. In dieser Konstellation bedarf es nach der Rspr zum Zweidrittltermin keines erneuten Tätigwerdens von Amts wegen[1]. Der Verurteilte ist hier darauf verwiesen, weitere Prüfungen einer Reststrafenaussetzung durch eigene Anträge in die Wege zu leiten. 1126

Für die von Amts wegen zu beachtenden Prüfungstermine obliegt es dem Rechtspfleger, das VH rechtzeitig dem Dezernenten vorzulegen, nachdem er die erforderliche **Stellungnahme der JVA** zur Strafaussetzung erfordert hat. Der Staatsanwalt legt nach deren Eingang das VH der StVK mit seinem Antrag vor, wobei dies im Regelfall spätestens einen Monat vor dem möglichen Entlassungstermin zu geschehen hat. Ist zu diesem Zeitpunkt die Stellungnahme der JVA noch nicht eingegangen, so wird diese ggf telefonisch ange- 1127

---

1 OLG Oldenburg StV 1987, 70; KM Rn 5 zu § 454 StPO.

mahnt und später nachgereicht. Betrifft die Vollstreckung allerdings eine lebenslange oder eine mehr als zweijährige Freiheitsstrafe wegen eines Verbrechens oder einer der sonstigen in § 66 III StGB aufgeführten Taten (ua Sexualstraftaten, gefährliche Körperverletzung), dann muss das VH der StVK erheblich früher übersandt werden, weil diese gemäß § 454 II StPO vor einer Bewilligung der Strafaussetzung ein **Sachverständigengutachten** über die Gefährlichkeit des Verurteilten einzuholen hat.

1128   Eine Entscheidung der StVK ist nur dann entbehrlich, wenn die **Einwilligung des Verurteilten**, die gewöhnlich von der JVA mit übersandt wird, fehlt. In diesem Fall wird der Vorgang durch den Rechtspfleger auf den Zeitpunkt des Strafendes verfristet. Eine Vorlage an den Dezernenten ist dann nicht notwendig und erfolgt allenfalls zur Kenntnisnahme.

1129   Liegen Einwilligung und günstige Prognose vor, so muss die Strafaussetzung nach Verbüßung von zwei Dritteln nach § 57 I StGB gewährt werden; ein Entscheidungsspielraum besteht hier nicht. Anders ist dies bei der **Prüfung zum Halbstrafentermin**, da es sich hierbei gemäß § 57 II StGB um eine „kann"-Entscheidung handelt. Hier können auch generalpräventive Erwägungen oder die besondere Schwere der Tat Berücksichtigung finden und dazu führen, dass eine Aussetzung trotz Vorliegens ihrer sonstigen Voraussetzungen versagt wird[1].

| Beispiel | Strafaussetzung zum Zweidritteltermin: |

1130   Staatsanwaltschaft Hannover   24. 9. 2002
970 Js 32456/98

Verfügung

1. U m VH

Herrn Vorsitzenden der StVK
in Bielefeld

mit dem Antrag übersandt, die Vollstreckung des Strafrestes nach Verbüßung von zwei Dritteln am 27. 10. 2002 zur Bewäh-

---

1 S/S-Stree Rn 25 zu § 57 StGB.

rung auszusetzen. Zur Begründung nehme ich auf die Stellungnahme der JVA Bielefeld (Bl 177ff VH) Bezug. Die abgeschlossene Berufsausbildung und die familiäre Festigung bieten eine gewisse Gewähr dafür, dass der Verurteilte künftig straffrei leben wird.

2. 26. 10. (Entscheidung StVK?)

Rosenberg, StA

Werden **mehrere Freiheitsstrafen** nacheinander verbüßt, so sorgt der Rechtspfleger dafür, dass die Vollstreckung der einzelnen Strafen jeweils zwecks Verbüßung der übrigen unterbrochen wird, sobald ihr möglicher Aussetzungszeitpunkt erreicht ist (§ 454b II StPO). Über die Reststrafenaussetzung wird dann gleichzeitig für alle Strafen in dem Moment entschieden, in welchem eine Strafaussetzung insgesamt möglich wäre (§ 454b III StPO). Sind dabei mehrere Vollstreckungsbehörden beteiligt, so stellt jede den Antrag für die sie betreffenden Strafen. Wird innerhalb einer Behörde von mehreren Dezernaten vollstreckt, so ist es zumeist üblich, dass nur ein Dezernat für alle Sachen zusammen tätig wird.   **1131**

Neben der Prüfung von Amts wegen in den beschriebenen Fällen kann eine **Reststrafenaussetzung** jederzeit **auf Antrag des Verurteilten** geprüft werden. Insbesondere ist dies auch zum Halbstrafentermin möglich, wenn kein Fall des § 57 II Nr 1 StGB vorliegt, der Verurteilte aber gemäß § 57 II Nr 2 StGB das **Vorliegen besonderer Umstände** (neben einer günstigen Prognose) geltend macht. Auch bei einer zunächst negativen Entscheidung der StVK kann oftmals nach weiterer Strafverbüßung jenseits des Halbstrafen- oder Zweidritteltermins eine erneute Antragstellung erfolgversprechend sein.   **1132**

Wird dem Staatsanwalt ein solcher **Antrag des Verurteilten** ohne zeitlichen Zusammenhang mit einem der von Amts wegen zu beachtenden Prüfungstermine vorgelegt, so ist dieser in Kopie an die JVA zur umgehenden Stellungnahme zu geben. Das VH wird dabei nicht mit übersandt, damit es bei Bedarf weiterhin zur Verfügung steht.   **1133**

Beispiel

64 Js 2645/89

Verfügung

1. Ablichtung des Gesuches Bl 109f VH fertigen.

2. Ablichtung zu Ziff 1 an JVA Burgdorf zu Gefangenenbuch-Nr 6563/44/97 senden mit der Bitte um umgehende Stellungnahme zu der beantragten Strafaussetzung, und zwar spätestens bis zum 24. 10. 2002, notfalls vorab fernmündlich.

3. 25. 10. (Stellungnahme? Sonst anrufen und VH an StVK!)

Mü, 2. 10.

1134 Nach Eingang der Entscheidung der StVK hat die Staatsanwaltschaft zu prüfen, ob sie **sofortige Beschwerde** (§ 454 II StPO) einlegen muss, die im Falle der Strafaussetzung aufschiebende Wirkung hätte[1]. Sofern die Entscheidung nicht angefochten werden soll, wird das VH mit einem entsprechenden Vermerk dem Rechtspfleger vorgelegt, der alles Weitere veranlasst.

1135 Wenn **Jugendstrafe** vollstreckt wird, entscheidet anstelle der StVK der **Jugendrichter als Vollstreckungsleiter** über die Reststrafenaussetzung (§ 82 I JGG). Statt der Prüfungstermine gemäß § 57 StGB sind die relativ komplizierten Bestimmungen nach § 88 JGG zu beachten. Die Tätigkeit der Staatsanwaltschaft beschränkt sich hier darauf, einen Antrag zur Frage der Strafaussetzung bei Vorlage des VH durch den Jugendrichter zu stellen; die übrigen Aufgaben obliegen diesem.

f) Maßnahmen bei Vollverbüßung

1136 Kommt es wegen fehlender Einwilligung des Verurteilten oder auf Grund negativer Entscheidung der StVK über die Reststrafenaussetzung zur vollständigen Verbüßung einer Strafe, so tritt bei Freiheitsstrafen von mindestens zwei Jahren wegen vorsätzlicher Taten mit der Entlassung **Führungsaufsicht** ein (§ 68f I StGB). In diesen Fällen ist drei Monate vor dem Strafende das VH der zuständigen StVK zuzuleiten, damit diese die notwendigen Entscheidungen

---

1 Zum Verfahren vgl oben Rn 1001ff.

nach den §§ 68a-c StGB treffen kann (§ 54a II StVollstrO). Bei günstiger Prognose kann die StVK stattdessen auch anordnen, dass die Maßregel entfällt (§ 68f II StGB). Dies kommt vor allem dann in Betracht, wenn die bedingte Entlassung nur an der fehlenden Einwilligung des Verurteilten gescheitert war.

Die Überwachung des Verurteilten während der Dauer der Führungsaufsicht übernehmen die von den Landesjustizverwaltungen eingerichteten **Führungsaufsichtsstellen** (§§ 68a StGB, 463a StPO). Diese legen ein Führungsaufsichtsheft (FA-Heft) an, worin alle die Führungsaufsicht betreffenden Vorgänge genommen werden. Der Staatsanwaltschaft obliegt die Berechnung und Überwachung der Dauer der Führungsaufsicht (§ 54a IV StVollstrO), die sich wegen der Vorschrift des § 68c II StGB bei rückfälligen Tätern gelegentlich ändern kann. Ansonsten ist sie zu notwendig werdenden gerichtlichen Entscheidungen nach § 68c (Dauer), § 68d (Weisungen) sowie § 68e StGB (Aufhebung der Führungsaufsicht) zu hören.   **1137**

Tritt nach voller Verbüßung der Strafe keine Führungsaufsicht ein oder wird diese später aufgehoben, so ist die **Vollstreckung** damit **beendet** und die gesamten Akten werden weggelegt.   **1138**

4. Bewährungsstrafen

Wenn Freiheitsstrafen nach § 56 StGB oder Strafreste nach den §§ 57, 57a StGB zur Bewährung ausgesetzt worden sind, obliegt die **Bewährungsaufsicht** dem Gericht (§ 453b StPO). Zuständig ist dabei die StVK, wenn der Verurteilte sich zuvor in Strafhaft befunden hat, andernfalls das Gericht des ersten Rechtszuges (§ 462a StPO). Letzteres kann eine bei ihm angefallene Bewährungsaufsicht an das Amtsgericht abgeben, in dessen Bezirk sich der Verurteilte aufhält (§ 462a II 2 StPO). Die StVK hat diese Möglichkeit nicht. Vielmehr bleibt die einmal mit der Sache befasste StVK selbst dann auch für die weitere Zukunft zuständig, wenn die Strafe unterbrochen oder ausgesetzt wird. Lediglich einzelne Entscheidungen kann sie gemäß § 462a I 3 StPO an das Gericht des ersten Rechtszuges abgeben.   **1139**

Das Gericht trägt die Sache in das dort geführte Brs-Register ein und legt ein **Bewährungsheft** (BewH) an, in das eine Urteilsausfertigung, eine Abschrift des Bewährungs- oder Aussetzungsbeschlusses sowie ferner alle Vorgänge genommen werden, die die Bewäh-   **1140** rung betreffen. Dieses Bewährungsheft verbleibt, solange die Bewährung noch läuft, bei dem jeweils Bewährungsaufsicht führenden Gericht. Nach Straferlass oder Widerruf der Strafaussetzung wird es zu den bei der Staatsanwaltschaft verbliebenen restlichen Vorgängen genommen und später mit diesen zusammen weggelegt.

1141 Trotz der primär gerichtlichen Zuständigkeit wird der Staatsanwalt in Bewährungsverfahren relativ häufig tätig werden müssen. So gehen nahezu alle **Mitteilungen,** die von anderen Behörden im Hinblick auf die laufende Bewährung erfolgen, zunächst bei der Staatsanwaltschaft ein und müssen von dieser an das zuständige Gericht weitergeleitet werden. Auch erfährt der Dezernent oft als erster von **neuen Verfahren** gegen den Verurteilten oder von anderen, für die Strafaussetzung bedeutsamen Entwicklungen. Daneben ist er zu allen Entscheidungen während der Bewährungszeit zu hören.

1142 Werden dem Staatsanwalt gemäß Nr 13 MiStrA eine weitere **Anklageschrift,** ein neues Urteil oder gemäß § 22 BZRG die Mitteilung über eine **Nachverurteilung** vorgelegt, so muss er diese an das Gericht weiterleiten und ggf einen Antrag auf Widerruf der Strafaussetzung, auf Verlängerung der Bewährungsfrist oder auf Erteilung weiterer Auflagen oder Weisungen stellen (§ 56f I Nr 1, II StGB). Zur Vermeidung unnötigen Aktenumlaufs sollte man zu diesem Zweck nicht erst das BewH erfordern. Der Stand der Bewährung ist auch aus einem gut geführten VH ersichtlich, so dass dem Staatsanwalt zumeist alle für die Entscheidung relevanten Umstände bekannt sind. Deshalb empfiehlt sich eine Verknüpfung von Übersendung der Mitteilung und Antragstellung:

Beispiel

1143 Staatsanwaltschaft Essen   27. 9. 2001
767 Js 6643/98

Vfg

1. Ablichtung dieser Vfg und der anliegenden Mitteilung fertigen und zum VH nehmen.

2. Urschriftlich mit anliegender BZR-Mitteilung

  dem AG Düsseldorf
  (33 Brs 465/00)

mit dem Antrag übersandt, die Bewährungszeit im Hinblick auf die anliegende Nachverurteilung gemäß § 56f II Nr 2 StGB um 1 Jahr auf nunmehr 4 Jahre zu verlängern. Der Verurteilte hat in der Bewährungszeit erneut eine vorsätzliche Straftat (§ 21 StVG) begangen. Da diese nicht einschlägig und zudem von relativ untergeordneter Bedeutung ist, sollte von einem Widerruf der Strafaussetzung noch einmal abgesehen werden. Allerdings ist dem Verurteilten durch die Verlängerung der Bewährungszeit deutlich vor Augen zu führen, dass er bei weiteren Auffälligkeiten mit dem Widerruf zu rechnen hat.

3. 23. 10. (Verlängerung?)

Sternheim, StA

Keine neue Verurteilung sollte ohne Reaktion bleiben, jedoch ist ein Widerruf der Strafaussetzung nur dort zu beantragen, wo entweder erhebliche neue Straftaten begangen wurden oder aber der Verurteilte trotz einer bereits erfolgten Verlängerung wiederum straffällig geworden ist. Allerdings wird bei einer **Nachverurteilung zu** einer weiteren **Bewährungsstrafe** regelmäßig nur die Verlängerung der Bewährungszeit erreichbar, ein Widerruf hingegen (wegen der positiven Prognose durch ein erkennendes Gericht) zwar theoretisch möglich, aber selten zu rechtfertigen sein[1]. Die schematische Beantragung des Widerrufs bei jeder neuen Straftat sollte ohnehin tunlichst unterbleiben; eine solche Praxis führt allenfalls dazu, dass der Staatsanwalt vom Gericht nicht mehr ernst genommen wird.   1144

Die **Bewährungszeit** kann bis zum Höchstmaß von 5 Jahren ohne Weiteres verlängert werden. Über die Grenze von 5 Jahren hinaus ist eine Verlängerung aber nur bis zum Anderthalbfachen der ursprünglichen, das heißt im Urteil oder Gesamtstrafenbeschluss festgesetzten, Bewährungszeit (§ 56f II 2 StGB) möglich. Diese absoluten Obergrenzen gelten auch, wenn die Bewährungszeit mehrfach hintereinander verlängert werden muss. Die Bewährungszeit kann also von ursprünglich 4 auf maximal 6 Jahre bzw von zunächst 5 auf höchstens 7 ½ Jahre verlängert werden.   1145

---

1 Vgl BVerfG NStZ 1985, 357; LG Berlin MDR 1988, 794; Stree NStZ 1992, 153.

1146 Ist eine **Maßnahme** erkennbar **nicht erforderlich** (zB wegen einer Straftat noch vor der Strafaussetzung oder einer zwischenzeitlich erfolgten Gesamtstrafenbildung), so wird lediglich die Übersendung der Mitteilung veranlasst, einer Fristbestimmung bedarf es dann nicht:

Beispiel

Staatsanwaltschaft Bochum   27. 9. 2001
621 Js 25461/98

Verfügung

1. Urschriftlich mit anliegender Urteilsabschrift

der StVK Wuppertal
(23 Brs 46/01)

zur Kenntnisnahme übersandt. Da die neu abgeurteilte Tat noch vor der Aussetzung der Reststrafe in dieser Sache begangen wurde, sind Maßnahmen nicht erforderlich.

2. Zur notierten Frist des Rechtspflegers.

Mannstein, StAin

1147 Insbesondere bei mitgeteilten Anklageschriften oder noch nicht rechtskräftigen Verurteilungen kann es zweifelhaft sein, ob ein Widerruf bzw eine andere Maßnahme beantragt werden soll oder nicht. § 56f I Nr 1 StGB fordert, dass die **neue Straftat** zur Überzeugung des die Bewährungsaufsicht führenden Gerichts **feststeht**[1]. Dies bedeutet nicht, dass bereits ein rechtskräftiges Urteil vorliegen muss. Vielmehr genügt es, wenn die Begehung der Tat anderweitig festgestellt werden kann, etwa durch ein in der Anklageschrift mitgeteiltes Geständnis des Verurteilten oder eine Verurteilung in erster Instanz[2]. Sind auch diese Voraussetzungen noch nicht ersichtlich, so muss zunächst abgewartet werden.

---

1 TF Rn 3c zu § 56f StGB.
2 HM, vgl BVerfGE NStZ 1987, 118; OLG Köln NJW 1991, 505; OLG Hamburg NStZ 1992, 130; OLG Düsseldorf NStZ 1992, 131; Stree NStZ 1992, 153ff; aA OLG Celle StV 1990, 504.

Staatsanwaltschaft Hannover
990 Js 43266/98

23. 9. 2002   1148

Vfg

1. U mit anliegender Anklageabschrift

dem LG Hildesheim
zu 15 Brs 34/01

zur Kenntnisnahme übersandt. Der Ausgang des neuen Verfahrens bleibt abzuwarten.

2. Zur Frist[1]

Specht, StA

Dauert das neue Verfahren voraussichtlich noch längere Zeit, insbesondere über den Ablauf der Bewährungsfrist hinaus, so hindert dies den **späteren Widerruf** grundsätzlich nicht. Allerdings ist in diesen Fällen der Verurteilte zur Vermeidung eines ungerechtfertigten Vertrauens auf den Bestand der Bewährung durch das Gericht darauf hinzuweisen, dass ein Widerruf noch geprüft wird[2].   1149

Auch die **Nichterfüllung von Bewährungsauflagen** oder die **Missachtung von Weisungen** kann einen Widerruf nach sich ziehen, sofern die Zuwiderhandlung gröblich oder beharrlich geschieht. Bei einem Weisungsverstoß muss hinzukommen, dass wegen des Verstoßes Anlass zu der Besorgnis besteht, dass neue Taten begangen werden. Insbesondere bei der Nichterbringung von Geld- oder Unterhaltsauflagen ist zu beachten, dass nur **schuldhafte Verstöße** Maßnahmen rechtfertigen können, wenn also der Verurteilte trotz finanzieller Leistungsfähigkeit nicht oder nur unzureichend zahlt. Vor einer Antragstellung sollte daher das Gericht veranlasst werden, die Gründe der Nichtzahlung zu ermitteln. Ein probates Mittel hierzu ist die Einschaltung der **Gerichtshilfe** (§ 463d StPO).   1150

---

1 Man muss hier keine eigene Frist bestimmen. Der Ausgang des neuen Verfahrens wird ohnehin mitgeteilt werden. Vorherige Anfragen sind zumeist sinnlos.

2 Vgl OLG Koblenz VRS Bd 72, 288; TF Rn 2a zu § 56f StGB.

1151 Vor einem Widerruf muss der **Verurteilte angehört** werden, bei einem Verstoß gegen Auflagen bzw Weisungen grundsätzlich mündlich (§ 453 I 2,3 StPO). Ist er unbekannten Aufenthalts, so entfällt ausnahmsweise die Anhörungspflicht[1]. Oft ist in derartigen Fällen aber auch der Erlass eines **Sicherungshaftbefehls** nach § 453c StPO möglich. Dieser setzt voraus, dass ein Widerruf zu erwarten steht und zugleich entweder einer der Haftgründe des § 112 II Nr 1,2 StPO oder Wiederholungsgefahr vorliegt. Die Anhörung und auch die Beantragung des Widerrufs können dann bis zur Ergreifung zurückgestellt werden. Allerdings ist nach längerer vergeblicher Fahndung, vor allem gegen Ende der Bewährungszeit, das Widerrufsverfahren in Abwesenheit des Verurteilten durchzuführen. Die Mitteilung des Antrages der Staatsanwaltschaft und der Widerrufsbeschluss werden dann öffentlich zugestellt[2].

Beispiel

1152 Staatsanwaltschaft Osnabrück   12. 6. 2002
440 Js 4364/00

                              Vfg

1. U m BewH

   dem AG Emden

   nach Kenntnisnahme zurückgesandt. Im Hinblick auf die neue Verurteilung zu einem Jahr Freiheitsstrafe (Bl 34ff BewH) ist der Widerruf der Strafaussetzung zu erwarten. Der Verurteilte ist ausweislich der Mitteilung der Polizei Bl 50 BewH offenbar unbekannten Aufenthalts. Ich beantrage daher zunächst gemäß § 453c StPO Sicherungshaftbefehl.

   Für den Fall antragsgemäßer Entscheidung bitte ich um umgehende Rückgabe des BewH zur Einleitung der Fahndung.

2. 14. 7.

Salzberger, StA

---

1 OLG Hamm NStZ 1987, 247.
2 KM Rn 6 zu § 453 StPO.

Bei **Ablauf der Bewährungszeit** ist über den **Erlass der Strafe** zu entscheiden (§ 56g I StGB). Wird dem Staatsanwalt das BewH aus diesem Anlass vom Gericht vorgelegt, so sollte er überprüfen, ob die etwaigen Bewährungsauflagen erfüllt sind. Ist dies noch nicht der Fall, so könnte bei einer schuldlosen Nichterfüllung die Verlängerung einer noch nicht abgelaufenen Bewährungszeit gemäß § 56a II 2 StGB in Betracht kommen, um dem Verurteilten Gelegenheit zu geben, den Auflagen doch noch nachzukommen. Sind die Auflagen schuldhaft unerfüllt geblieben, so wird statt des Straferlasses der Widerruf oder die Verlängerung der Bewährungszeit gemäß § 56f I Nr 3, II Nr 2 StGB zu erwägen sein. **1153**

Bei dieser Gelegenheit wird anhand eines aktuellen BZR-Auszuges geprüft, ob alle **Nachverurteilungen** bekannt geworden sind. War dies nicht der Fall, muss man sich jetzt Gedanken über den Widerruf oder die Verlängerung gemäß § 56f I Nr 1, II Nr 2 StGB machen. Schließlich ist bei der örtlichen Polizei und beim Js-Register zu erfragen, ob noch **aktuelle Verfahren** gegen den Verurteilten laufen. Werden solche mitgeteilt, bedarf es weiter der Klärung, ob sie Taten während der Bewährungszeit zum Gegenstand haben. Sollte dies der Fall sein, wird vor einem Straferlass der Ausgang der neuen Ermittlungen abzuwarten sein. Der Verurteilte ist auch hier darüber zu unterrichten, dass im Hinblick auf das neue Verfahren die Entscheidung über den Straferlass vorübergehend ausgesetzt wird. **1154**

Wenn die genannten Überprüfungen nichts ergeben haben, was einem **Straferlass** entgegenstehen könnte, beantragt man diesen unter Rücksendung des BewH. Sofern nachträglich eine Gesamtstrafe gebildet worden war, ist darauf zu achten, dass im Erlassbeschluss diese und nicht versehentlich die ursprüngliche, im BewH vorgeheftete Verurteilung genannt wird. Erhält der Staatsanwalt vom Gericht anschließend das BewH mit dem antragsgemäßen Straferlass, verfügt er lediglich noch die Vorlage an den Rechtspfleger, der das Weitere veranlasst und später, nach den erforderlichen Mitteilungen zum BZR, die gesamte Akte weglegt. **1155**

Falls doch noch nachträglich eine Verurteilung wegen einer während der Bewährungszeit begangenen Straftat bekannt wird, kann unter den Voraussetzungen von § 56g II StGB der **Widerruf des Straferlasses** herbeigeführt werden. Wegen der relativ engen Fristen und des Erfordernisses einer mindestens 6 Monate betragen- **1156** den Strafe bei der Nachverurteilung bleibt diese Möglichkeit allerdings die große Ausnahme.

1157 Die obigen Ausführungen zur Freiheitsstrafe auf Bewährung gelten entsprechend für die „Geldstrafe auf Bewährung", die **Verwarnung mit Strafvorbehalt** nach § 59 StGB. An die Stelle des Widerrufs tritt hier die Verurteilung zu der vorbehaltenen Strafe (§ 59b I StGB) und statt eines Straferlasses wird nach Ablauf der Bewährungsfrist festgestellt, dass es bei der Verwarnung sein Bewenden hat (§ 59b II StGB).

5. Die Vollstreckung von freiheitsentziehenden Maßregeln der Besserung und Sicherung

1158 Für die **Vollstreckung der Unterbringungen** im psychiatrischen Krankenhaus (§ 63 StGB), in der Entziehungsanstalt (§ 64 StGB) und der Sicherungsverwahrung (§ 66 StGB) gelten die meisten Ausführungen zur Vollstreckung von Freiheitsstrafen sinngemäß[1].

1159 Sind **Maßregeln** gleichzeitig **mit Freiheitsstrafen** verhängt worden, so sind bei Unterbringungen nach den §§ 63, 64 StGB im Regelfall zunächst diese zu vollstrecken (§ 67 I StGB), wenn nicht das erkennende Gericht (§ 67 II StGB) oder später die StVK (§ 67 III StGB) eine anderen Reihenfolge anordnen. Beim **Vorwegvollzug der Maßregel** wird deren Vollzugsdauer auf maximal zwei Drittel der Freiheitsstrafe angerechnet. Zum (fiktiven) Halbstrafentermin wird hier von Amts wegen erstmals die Aussetzung von Strafe und Maßregel geprüft (§ 67 V StGB).

1160 Bei einem **Vorwegvollzug der Strafe** ist vor einem Wechsel in den Maßregelvollzug durch die StVK zu prüfen, ob der Zweck der Maßregel die Unterbringung noch erfordert. Andernfalls wird diese zur Bewährung ausgesetzt und Führungsaufsicht angeordnet (§ 67c I StGB).

1161 Eine **Sicherungsverwahrung** wird immer nach noch zu verbüßenden Freiheitsstrafen vollstreckt (§ 44 StVollstrO).

1162 Die jeweiligen Vollstreckungsbehörden bestimmen die Reihenfolge der Vollstreckung, wenn auf **Strafe und Unterbringung in verschiedenen Urteilen** erkannt worden ist. Kommt es dabei nicht zu

---

1 Vgl auch § 463 StPO.

einer Einigung, so entscheidet die Generalstaatsanwaltschaft, zu deren Bezirk diejenige Staatsanwaltschaft gehört, welche die (höchste) Freiheitsstrafe zu vollstrecken hat (§ 44b II iVm §§ 44 IV, 43 VII StrVollstrO). Eine Anrechnung der Maßregelverbüßung auf die Strafe findet hier nicht statt, weshalb ein Vorwegvollzug der Maßregel, wie ihn § 44b I StrVollstrO für diesen Fall als Regel vorsieht, zu dem misslichen Ergebnis führen kann, dass nach erfolgreicher Therapie noch Strafe zu vollziehen ist, was wiederum den Therapieerfolg in Frage stellen könnte. Hier kann nur durch einen Vorwegvollzug der Strafe bis zum Halbstrafentermin, anschließende Unterbrechung und nunmehrigen Vollzug der Maßregel eine einigermaßen vernünftige Regelung getroffen werden, weil dann nämlich nach erfolgreichem Maßregelvollzug die Reststrafe gemäß § 57 II Nr 2 StGB ausgesetzt werden kann.

Die Notwendigkeit des weiteren Vollzuges der Maßregeln ist jeweils vor Ablauf bestimmter **Prüfungsfristen** zu kontrollieren. Bei der Unterbringung in der Entziehungsanstalt muss alle 6 Monate, bei der Unterbringung im psychiatrischen Krankenhaus jährlich und bei der Sicherungsverwahrung alle 2 Jahre von Amts wegen eine Entscheidung der StVK über die Fortdauer der Maßregel herbeigeführt werden. 1163

Zur Vorbereitung holt der Rechtspfleger rechtzeitig vor dem Prüfungstermin eine Stellungnahme der jeweiligen Anstalt zur Notwendigkeit der weiteren Unterbringung aus vollzuglicher Sicht ein. Der Staatsanwalt sollte sich hier insbesondere bei der Unterbringung nach § 63 StGB, die ja nicht nach § 67d I StGB befristet ist, keinesfalls mit schematischen, sich jährlich wiederholenden ärztlichen Stellungnahmen zufriedengeben, sondern auf einer detaillierten Schilderung der Behandlungsmaßnahmen und der weiteren Perspektive der Therapie bestehen. Ohnehin ist spätestens dann, wenn eine Aussetzung des weiteren Maßregelvollzugs ernsthaft in Betracht kommt, die **Begutachtung** durch einen anderen Sachverständigen notwendig (§ 463 III 3 iVm § 454 II StPO). Aber auch sonst sollte von Zeit zu Zeit die notwendig einseitige Sicht des behandelnden Arztes durch die Einschaltung eines nicht in die Behandlung involvierten Gutachters verifiziert werden. Zu beachten ist, dass dann, wenn ein anderer Sachverständiger eingeschaltet werden soll, das VH früher als sonst der StVK zugeleitet werden 1164 muss, damit die Begutachtung noch rechtzeitig vor dem Prüfungstermin durchgeführt werden kann.

1165 Während für den **Vollzug der Sicherungsverwahrung** das StVollzG des Bundes gilt[1], ist die Ausgestaltung des **Vollzuges der Maßregeln nach den §§ 63, 64 StGB** den Ländern überlassen (§ 138 StVollzG). Diese haben den Maßregelvollzug in unterschiedlicher Weise geregelt und zum Teil eigene Maßregelvollzugsgesetze erlassen, teils den Vollzug in den Gesetzen über die Hilfen für psychisch Kranke mitgeregelt[2]. Grundsätzlich entscheidet die jeweilige Entziehungs- oder Krankenanstalt über die nähere Vollzugsgestaltung in eigener Kompetenz[3].

III. Das Gnadenwesen

Literatur: B-D Meier: Handhabung und Wirkung des Gnadenrechts – terra incognita der Kriminologie? MschKrim 2000, 176ff; Müller-Dietz: Recht und Gnade, DRiZ 1987, 474ff; Schätzler: Handbuch des Gnadenrechts, 2. Auflage, München 1992.

1166 Nicht die Verurteilung an sich, wohl aber ihre Rechtsfolgen können im Wege der Gnade gemildert oder gar beseitigt werden. Das **Begnadigungsrecht** steht grundsätzlich den Ländern zu, sofern nicht in erster Instanz gemäß § 120 I, II GVG ein OLG entschieden hat (§ 452 StPO). Der Gnadenerweis ist ein Akt der Exekutive, der im Hinblick auf Art 92 GG keinen Rechtsprechungsakt ersetzen oder ignorieren darf.

1167 Damit werden zugleich die **Grenzen des Gnadenrechts** deutlich: Ein Urteil, das nicht in eklatantem Widerspruch zur Rechtsordnung steht, darf durch einen Gnadenakt nicht angetastet werden, solange die Voraussetzungen, unter denen es ergangen ist, unverändert fortbestehen. Jedoch ist die Gnade das gebotene Mittel zur Anpassung der Folgen des Rechtspruchs an eine veränderte Lage des Rechts (zB Gesetzesänderung nach Verurteilung), des Individuums (zB neue Entwicklung in der persönlichen Situation des Verurteilten) oder der Umwelt[4].

---

1 Vgl §§ 1, 129ff StVollzG.
2 Abdruck bei Volckart 247ff.
3 Vgl Volckart 118ff.
4 Schätzler 7.

Ein Gnadenerweis bleibt im Gegensatz zur Amnestie immer eine 1168
Einzelfallentscheidung mit **Ausnahmecharakter**. Nur außerge-
wöhnliche Umstände dürfen die Exekutive veranlassen, durch den
Gnadenakt gewissermaßen das im Urteil gesprochene Recht zu bre-
chen. Gnade ist zu jeder strafprozessual zugelassenen Möglichkeit
der Rechtsanpassung **subsidiär**. Es muss daher vor einem Gnadenerweis stets geprüft werden, ob man dieselbe Maßnahme nicht auch
„ordnungsgemäß" anordnen könnte[1]. In diesem Zusammenhang
spielt es keine Rolle, ob der Antrag auf dem ordentlichen prozessualen Weg begründet wäre oder nicht; entscheidend ist nur, dass
er dort zu einer Sachentscheidung führen würde, als deren Folge
theoretisch die begehrte Maßnahme stehen könnte.

Die Länder haben das Gnadenwesen in ihren **Gnadenordnungen**[2] 1169
in höchst unterschiedlicher Weise geregelt und die Befugnisse zum
Gnadenerweis auf die verschiedensten Stellen delegiert. **Gnaden-
behörden** sind zumeist der Leitende Oberstaatsanwalt (als Vollstreckungsbehörde), der Generalstaatsanwalt oder die Justizmini-
sterien. Oft ist die Zuständigkeit von der Art des fraglichen Gna-
denaktes abhängig. Die Ablehnung eines Gnadenerweises kann
der einen, seine Bewilligung einer anderen Stelle obliegen.

Soweit die Staatsanwaltschaft nicht selbst entscheidungsbefugt ist, 1170
hat sie die Sache der hierzu berufenen Stelle mit einem **Gnadenbericht** vorzulegen. Dabei gelten die allgemeinen Grundsätze über die
Abfassung von Berichtsverfügungen entsprechend[3], es sei denn, in
der jeweiligen Gnadenordnung finden sich abweichende Regelungen.

Im Allgemeinen obliegt der Staatsanwaltschaft die Entgegennahme 1171
von Gnadengesuchen und die Vorbereitung der Entscheidung.
Auch kann sie ein **Gnadenverfahren von Amts** wegen einleiten,
wenn erhebliche Gnadengründe vorliegen und ein Gnadengesuch
anderweitig nicht gestellt wird. **Gnadengesuche** können auch nicht
nur von dem Verurteilten, sondern daneben von seinen Angehörigen oder von der Sache sonst Betroffenen gestellt werden. Unbeteiligte Dritte können allenfalls Anregungen geben, die Einleitung

---

1 ZB Strafaufschub nach § 456 StPO oder Strafaussetzung nach § 57 StGB;
 vgl auch Müller-Dietz DRiZ 1987, 476.
2 Texte für die einzelnen Bundesländer bei Schätzler 289ff.
3 Vgl oben Rn 117ff.

eines Gnadenverfahrens von Amts wegen zu prüfen. Sie werden ggf formlos beschieden.

1172 Vielfach werden **Eingaben** nicht ausdrücklich als Gnadengesuch bezeichnet oder es ist unklar, was der Einsender genau erreichen will. Der Staatsanwalt hat hier den Antrag auszulegen und zunächst herauszufinden, was in der Sache begehrt wird. Ggf ist bei dem Antragsteller nachzufragen. In anderen Gesuchen werden aus Unkenntnis Gnadenerweise wie etwa der teilweise Straferlass verlangt, die wegen ihrer zu weitgehenden Eingriffe in das Urteil nur höchst selten in Betracht kommen werden oder sonst nicht möglich sind, während realistischere, den Interessen des Verurteilten genauso gerecht werdende Vergünstigungen wie zB die Strafaussetzung zur Bewährung unerwähnt bleiben. Auch hier muss der Staatsanwalt das Gesuch **verständig auslegen** und so interpretieren, wie dies den Interessen des Einsenders am ehesten entspricht.

1173 Wenn auf diese Weise geklärt ist, was eigentlich begehrt wird, bleibt wegen des **Vorranges der ordentlichen Entscheidung** weiter zu überlegen, ob die gewünschte Vergünstigung nicht auch auf dem gesetzlichen Weg erlangt werden kann, wobei es wie erwähnt weniger auf die konkreten Erfolgsaussichten als auf die formelle Zulässigkeit ankommt. Bittet ein einsitzender Verurteilter also um eine Reststrafenaussetzung und wäre diese nach § 57 I, II StGB an sich möglich, so ist kein Gnadenverfahren einzuleiten, sondern die Sache der zuständigen StVK vorzulegen. Daraus ergibt sich für die Reststrafenaussetzung, dass ein Gnadenverfahren überhaupt nur vor Erreichen des Halbstrafenzeitpunktes bzw während laufender Sperrfristen nach § 57 VI StGB eingeleitet werden darf. Bei lebenslanger Freiheitssstrafe wäre dies entsprechend nur vor Erreichen der jeweiligen Mindestverbüßungszeit bzw während des Laufes von Sperrfristen nach § 57a VI StGB der Fall.

1174 Sofern aus diesen Gründen der Vorgang als Antrag auf Erlass einer ordentlichen Entscheidung behandelt wird, erhält der Einsender eine kurze Mitteilung darüber, wie und warum so mit seiner Eingabe verfahren wird. Bleibt hingegen nur die Behandlung als Gnadengesuch (zB bei einem Begehren nach Strafaufschub über 4 Monate hinaus), so leitet der Staatsanwalt förmlich das Gnadenverfahren ein. Die Sache wird dann in das Gns-Register[1] eingetragen und, sofern nicht aus früheren Gnadenverfahren bereits vorhanden, ein **Gnadenheft** (GnH) angelegt, in welches alle das Gnadengesuch betreffenden Vorgänge genommen werden.

Gnadensachen sind Eilsachen, was bei jeder Verfügung zu beach-   1175
ten ist. Der Staatsanwalt zeichnet seine Verfügungen, soweit er dazu befugt ist[2], mit dem Zusatz „im Auftrag" (iA).

Gnadengesuche bewirken grundsätzlich **keine Vollstreckungshem-**   1176
mung, soweit dies nicht im Einzelfall – zB bei einem offensichtlich begründeten Begehren – ausnahmsweise einmal ausdrücklich ange-ordnet wird. In den übrigen Fällen ist sicherzustellen, dass die Voll-streckung durch die Verfügung im Gnadenverfahren nicht gehin-dert wird. Deshalb sollte man bei Übersendungen des GnH das VH normalerweise nicht mitsenden; was an Informationen aus dem VH zur Behandlung des Gnadenantrages benötigt wird, ist zu diesem Zweck in Kopie zum GnH zu nehmen.

Wird der Antragsteller (was häufiger vorkommt) bei dem Staats-   1177
anwalt **persönlich vorstellig**, so sollte man alles vermeiden, was den Eindruck erwecken könnte, es bestünde begründete Aussicht auf einen Gnadenerweis. Vielmehr ist klarzustellen, dass man sel-ber keine Entscheidungsbefugnis besitzt und deshalb das weitere Verfahren abzuwarten bleibt.

In der Regel sind zunächst, soweit nicht ergänzende Ermittlungen   1178
zu den Gnadengründen vorgenommen werden müssen (zB durch die Einholung eines Berichts der Gerichtshilfe), die von der jeweili-gen Gnadenordnung vorgeschriebenen **Stellungnahmen** einzuho-len. Zu hören sind gewöhnlich die mit der Sache befassten erken-nenden Gerichte, die StVK und die JVA. Es können aber auch im Einzelfall Stellungnahmen anderer Behörden, etwa des Finanz-amtes, erforderlich werden.

---

1 Rn 69.
2 Abschließende Entscheidungen sind dem BL vorbehalten, vgl Nr 13 I e OrgStA.

Beispiel

1179 Staatsanwaltschaft Hannover 30. 9. 2002
– Der Leitende Oberstaatsanwalt –
360 Gns .../02
(360 Js 11643/00)

Verfügung

Eilt!

1. Vermerk: Mit anliegender Eingabe verlangt der Verurteilte offenbar einen Strafaufschub von 6 Monaten. Dies ist nur im Gnadenwege möglich.

2. Als Gns-Sache eintragen und Aktenzeichen oben ergänzen.

3. GnH anlegen.

4. In das GnH sind zu nehmen:

   a) Das Gesuch Bl 21 VH

   b) diese Verfügung.

5. Aktuellen BZR-Auszug für Verurteilten Sundermann (Bl 1 VH) erfordern.

6. Vermerk: Eine Vollstreckungshemmung tritt durch das Gnadengesuch nicht ein. Eine positive Gnadenentscheidung drängt sich zudem nicht unbedingt auf, weshalb von dem Gebot zügiger Vollstreckung (§ 2 StVollstrO) nicht abgewichen werden soll.

7. Herrn Rechtspfleger zur Kenntnisnahme von Ziff 6 mit der Bitte, die Ladung zum Strafantritt zu verfügen.

8. U m GnH und Akten (ohne VH)

   Herrn Vorsitzenden der Strafkammer 12
   in Hannover

   mit der Bitte um Stellungnahme zu dem Gesuch des Verurteilten vom 29. 9. um Strafaufschub.

9. 13. 10.

iA Watermann, StAin

Über ein **Gnadenbegehren für mehrere Verurteilungen** kann nur   1180
dann in einem einzigen Gnadenverfahren entschieden werden,
wenn jeweils dieselbe Vollstreckungsbehörde betroffen ist. In diesem Fall bedarf es behördeninterner Klärung, welches Dezernat
für die Bearbeitung führend zuständig ist. Möglich wäre hier eine
Zuständigkeit des gerade vollstreckenden Dezernats, aber auch
eine solche in analoger Anwendung von § 462a III StPO. Sofern
mehrere Vollstreckungsbehörden betroffen sind, betreibt jede von
ihnen ein selbständiges Gnadenverfahren. Von einem entsprechenden Gnadengesuch sind daher als erstes Ablichtungen an die in
Frage kommenden anderen Staatsanwaltschaften zu senden. Ist
aus mehreren Verurteilungen eine **Gesamtstrafe** gebildet worden,
so liegt die Gnadenkompetenz ausschließlich bei der Behörde, die
für die Vollstreckung der Gesamtstrafe zuständig ist.

Nur durchgreifende **Gnadengründe** können einen Gnadenerweis   1181
rechtfertigen. Der Staatsanwalt muss sich bei seiner Entschließung,
ob er einen Gnadenakt veranlassen oder vorschlagen soll, stets fragen, ob dieser von den Mitgefangenen des Verurteilten, aber auch
von der Öffentlichkeit, wenn sie von dem Gnadenerweis und seinen Gründen erführe, nachvollzogen und akzeptiert werden könnte. Als Gnadengrund für sich allein unzureichend bleibt eine bisher
untadelige Lebensführung; diese wird mit Sicherheit nämlich
bereits bei der Strafzumessung berücksicht worden sein. Keinesfalls
gnadenwürdig ist derjenige, der zum Verbleib der Beute schweigt[1],
Vollzugslockerungen missbraucht oder sein Gnadengesuch mit falschen Angaben begründet hat[2].

In einigen Bundesländern wird der Gnadenakt über den hier   1182
beschriebenen Rahmen hinaus eingesetzt, um vom Gesetz nicht
vorgesehene, aber politisch erwünschte Vollzugserleichterungen zu
gewähren. Bekannt sind in diesem Zusammenhang die **Sammelgnadenerweise** im Rahmen sog „Weihnachtsamnestien"[3], bei welchen Strafgefangene frühzeitiger, als dies § 16 II StVollzG zuließe,
vor Weihnachten entlassen werden, oder die bedingte Aussetzung
von Ersatzfreiheitsstrafen nach Verbüßung der Hälfte der Strafe[4].
Die damit einhergehende schematische Ausübung des Gnaden-

---

1 Vgl auch § 57 V StGB.
2 Zu möglichen Gnadengründen vgl im einzelnen bei Schätzler 85ff.
3 Die Bezeichnung als Amnestie ist sprachlich unkorrekt.
4 Vgl dazu näher Meier MschKrim 2000, 178, 181.

rechts ist freilich schon deshalb verfehlt, weil sie letztlich auf eine Rechtsänderung hinausläuft, die nicht der Exekutive, sondern allein der Legislative zusteht. Der Gnadenerweis darf kein Mittel sein, das Gewaltenteilungsprinzip systematisch zu unterlaufen; er ist allein dazu da, ungerechtfertigte Einzelfallhärten zu beseitigen.

1183 Ein **Gnadenerweis** wird gegenüber dem Antragsteller nicht begründet. In **ablehnenden Bescheiden** werden die tragenden Gründe für die Nichtgewährung in aller Kürze mitgeteilt. Lange Ausführungen sind dem Charakter der Gnadenentscheidung als freiem Ermessensakt nicht angemessen und verführen nur zu Gegenvorstellungen oder weiteren, nunmehr sinnlos gewordenen Anträgen.

1184 Wird ein Strafaufschub, eine Strafunterbrechung oder eine Strafaussetzung zur Bewährung im Gnadenwege bewilligt, so obliegt der Staatsanwaltschaft gewöhnlich auch die weitere **Überwachung des Verurteilten** und ggf der **Widerruf des Gnadenerweises**, falls Auflagen oder Weisungen nicht nachgekommen wird oder der Verurteilte eine neuerliche Straftat begeht.

1185 Entscheidungen der Justizbehörden auf Gnadengesuche hin sind grundsätzlich **gerichtlich nicht nachprüfbar**[1]. Eine Ausnahme gilt lediglich für den Widerruf eines einmal gewährten Gnadenerweises, etwa die Anordnung der Vollstreckung nach zuvoriger Reststrafenaussetzung im Gnadenweg. Hiergegen ist der Rechtsweg nach §§ 23ff EGGVG eröffnet[2].

---

1 OLG Stuttgart NStZ 1985, 331, 332.
2 BVerfG NJW 1971, 795.

Stichwortverzeichnis

Die Zahlen verweisen auf die jeweiligen Randnummern im Text. Bei mehreren Fundstellen bezeichnet eine fettgedruckte Zahl einen Abschnitt, in dem eine vertiefende Darstellung zu finden ist.

Ein gesondertes Verzeichnis der Beispiele für Verfügungen ua findet sich im Anschluss an das Inhaltsverzeichnis.

Müller-Gugenberger / Bieneck (Hrsg.)

Wirtschaftsstrafrecht

Handbuch des Wirtschaftsstraf- und -ordnungswidrig-
keitenrechts. Herausgegeben von Dr. *Christian Müller-
Gugenberger* und *Klaus Bieneck*. Bearbeitet von Dr. *Peter
Bender, Klaus Bieneck, Gernot Blessing, Jens Gruhl*, Dr.
Johannes Häcker, Klaus Heitmann, Dr. *Erwin Küster*, Dr.
*Christian Müller-Gugenberger, Armin Nack, H. H. Jürgen
Niemeyer, Jürgen R. Niemeyer*, Dr. *Michael Pfohl*, Dr. *Hans
Richter, Wolfgang Schmid*, Dr. *Werner Schmidt-Hieber*.
Aschendorff Rechtsverlag. 3. Auflage 2000, 2468 S.,
gbd. 129,– €. ISBN 3-933188-06-7

Handbuchartig enthält dieses Werk eine umfassende
Darstellung der Straftaten in der Wirtschaft und gegen
die Wirtschaft in ihrer ganzen, vielschichtigen und unübersichtlichen, über zahllose Gesetze und Verordnun-
gen verstreuten Bandbreite. Ein pragmatisches Konzept,
das dort ansetzt, wo die Wirtschaftsstraftat beginnt und
endet, nämlich im Unternehmen, sorgt für besondere
Praxisnähe. So sind alle denkbaren Straf- und Owi-Tat-
bestände den großen Teilabschnitten: Pflichtverstöße
bei Gründung des Unternehmens, beim Betrieb und
bei Beendigung / Sanierung des Unternehmens zugeordnet.

Aschendorff	Verlag
Rechtsverlag	Dr. Otto Schmidt
Münster	Köln

oVs